Heinz Helfgen

ICH RADLE UM DIE WELT

Bielefelder Verlagsanstalt KG

Titelfoto: Peter Smolka
Gesamtherstellung: Graphischer Betrieb Ernst Gieseking GmbH, Bielefeld
ISBN 3-87073-032-3

VORWORT

Das Abenteuer „Rund um unsere Welt per Fahrrad“ war damals vor über dreißig Jahren so einmalig, daß die großen Rundfunkanstalten jahrelang im Schulfunk darüber berichteten. Meine Bücher „Ich radle um die Welt“ wurden von Millionen Deutschen gelesen. Das war einmal.

Inzwischen ist eine neue Generation herangewachsen. Fast jedermann besitzt heute ein Auto. Man rast durch die Welt, eingeschlossen von Blech. Der Geruch frischer Felder, der Wiesen und Wälder ist dem Gestank der Abgase gewichen.

Die Menschen begegnen sich nicht mehr – so wie einst. Sie rasen aneinander vorbei. Die Welt wird kaum noch erfahren und erlebt. Sie wird bestenfalls durch die Autoscheiben und den Fernseher flüchtig angeschaut. Wie ein Einzelner diese Welt mit dem Fahrrad buchstäblich erfahren hat, das interessierte nicht mehr. Das ist die Erfahrung der vergangenen zwei Jahrzehnte.

Dann kam eine Wende. Es begann mit der sogenannten Nostalgie. Die Menschen erkannten, daß sie die Bindung mit der Umwelt verloren hatten, daß die Vergangenheit für Körper und Geist bekömmlicher war als die vergiftete Umwelt der hochtechnisierten Gegenwart. Das Wandern wurde Volkssport. Selbst der Bundespräsident erwanderte sich Deutschland. Das fast vergessene Fahrrad erlebte eine Wiedergeburt. Man radelt wieder, wenn auch auf übertechnisierten und anfälligen, teuren Vehikeln, von denen kaum eins meine Weltreise überstanden hätte.

Wie dem auch sei, ich erhalte seit geraumer Zeit wieder Leserbriefe. Es sind bereits so viele, daß ich mit meinen Antwortschreiben nicht mehr nachkomme. Verschiedene Illustrierte erinnern sich meiner und bringen ganzseitige Berichte. Die damalige Reise per Fahrrad um die Welt findet das Interesse der Gegenwart. Die Bücher – zwei Jahrzehnte vergessen – werden wieder verlangt, nicht nur in Deutschland, sondern auch in Amerika und selbst in Japan.

Bei der Überarbeitung des englischen Textes kam mir der Gedanke, auch den deutschen Text von Grund auf neu zu schreiben. Es entstand dabei ein neues Buch, das viel Unbekanntes aus der Erinnerung schöpfte und zum Teil dokumentarisch mit der Gegenwart verschmolz. Fazit: Die Menschen sind zwar geblieben wie sie schon immer waren; aber die Welt ist mit ihrer zunehmenden Politisierung und Bürokratie und nicht zuletzt durch Übertechnisierung schwieriger geworden. Eine erneute Weltumrundung per Fahrrad auf meinen Spuren dürfte heutzutage auf bedeutend größere Schwierigkeiten stoßen. *Heinz Helfgen*

ZUR EINFÜHRUNG

Das Abenteuer begann am 3. September 1951. Mit DM 3,80 im Geldbeutel, einem Paß, ausgestellt auf den Namen Heinz Helfgen, mit einem geliehenen Fahrrad der Marke „Patria" und einer geschenkten Campingausrüstung. Das Ziel: Die Welt aus eigener Kraft und auf eigene Faust zu umrunden.
Dabei war keinesfalls an Aussteigerromantik und Wanderjahre eines radelnden Taugenichts gedacht, ganz im Gegenteil: Helfgen – der frühere Auslandskorrespondent, der nach Rückkehr aus langer Kriegsgefangenschaft alle Redaktionsstühle von jüngeren Kollegen besetzt sieht – Helfgen wollte durch eine Ausnahmeleistung die Kollegen zwingen, ihn zu drucken. Das sollte sein Einstieg in die sich formierende Wirtschaftswundergesellschaft sein, schließlich galt es ja auch, eine fünfköpfige Familie zu ernähren.
Seine geniale Idee war die Verbindung von sportlicher Leistung mit gelungener journalistischer Arbeit: Helfgen wurde Deutschlands radelnder Auslandskorrespondent, der den Nachkriegsdeutschen in den Jahren kurz vor dem Fernsehzeitalter „das Fenster zur Welt aufstieß"! Seine Berichte waren spannend, kenntnisreich, immer wieder überraschend, so daß er schon nach wenigen Wochen ein Millionenpublikum faszinierte, das seinen 1-2 mal wöchentlich in der damals führenden Boulevard-Zeitung „Die Abendpost" erscheinenden Berichten förmlich entgegenfieberte. Die Leute daheim arbeiteten hart an der Grundlegung einer neuen bürgerlichen Existenz, und nichts anderes tat Helfgen auch. Er setzte sich nicht ins Auto, ins Flugzeug oder die Bahn, um zu den Brennpunkten des Weltgeschehens zu gelangen und von dort zu berichten, nein, Helfgen schwang sich in den Sattel eines Arme-Leute-Vehikels und kurbelte sich ganz auf eigene Kraft und Leistung gestellt um den Globus. Das imponierte, nicht nur in der Heimat, sondern auch in den bereisten Ländern, wo Helfgen allein schon durch seine Reiseart leichten Zugang sowohl zu den einfachen Leuten als auch den Reichen und Mächtigen fand. In einer Zeit, als deutsche Wertarbeit einen guten Klang in der Welt anzunehmen begann, radelte Helfgen als patenter „Mister-Made-in-Germany" wie ein Ritter ohne Furcht und Tadel auf seinem Stahlroß Marke „Patria" um die Welt.
Zu Hause kam ein gewisser Kara-Ben-Nemsi-Effekt hinzu: „Helfgen hat die syrische Wüste durchquert!" verkündeten die Schlagzeilen, oder „Heinz Helfgen in Hindustan" oder „Ein Abstecher an die Kampffront bei Hanoi" – wo Helfgen per Fallschirm mit einer Einheit der französischen Fremdenlegion absprang, um über die

Säuberung eines Dorfes von kommunistischen Aufständischen zu berichten. Helfgen sandte keinesfalls Radreiseberichte der gewöhnlichen Art in die Heimat. Für Verblüffung sorgten auch seine interessanten Begegnungen mit Tito oder Prinz Sihanouk, der Bericht von seinen Trinkgelagen mit Hemingway – oder eben von jener Atombombenexplosion in der Wüste Nevadas. Die Deutschen staunten nicht schlecht über ihren radelnden Tausendsassa und so weiteten sich seine Reportagen zu 157 Folgen aus, was bis heute ein Serienrekord geblieben sein dürfte.
Als Helfgen im Herbst 1953 in die Heimat zurückkehrte, war er ein gemachter Mann. Sein bald darauf in Buchform herausgebrachter Erlebnisbericht wurde der größte Reisebestseller der deutschen Nachkriegsgeschichte: über eine halbe Million Exemplare wurden von „Ich radle um die Welt" verkauft. Zum gedruckten kam auch das gesprochene Wort: viereinhalb Jahre lang strahlte der damalige Nordwestdeutsche Rundfunk zweimal wöchentlich eine Schulfunksendung des radelnden Weltreisenden aus, worin dieser von seinen Abenteuern rund um den Globus berichtete. „Millionen Deutsche kriechen ins Radio", schrieb eine Zeitung, „die Stimme im Lautsprecher kommt von ganz weit her. Plötzlich bricht sie ab. Stille. Man schaudert: Ist er tot? Dann die Erlösung: ‚Fortsetzung folgt'".
Heinz Helfgen war mit seinem Husarenstück einer der prominentesten Deutschen der 50er Jahre geworden. Seine Reise um die Erde in 800 Tagen traf in ihrer Mischung aus Karl-May-Romantik, journalistischem Spürsinn und sportlicher Glanzleistung den Zeitgeist aufs Haar. Sein Aufbruch mit 3,80 DM in der Tasche und einer Erfolgsidee im Kopf spiegelte den Aufbruch mit 40 DM wider, mit denen jeder Deutsche drei Jahre zuvor nach der Währungsreform in die Nachkriegsgesellschaft aufgebrochen war. Es waren die Jahre, als die Deutschen ihren durch Nazischmach und Kriegsniederlage geknickten Stolz wiederzufinden suchten, was in sportlicher Hinsicht im Fußballweltmeisterschaftssieg 1954 gipfelte – neun Monate nach der Heimkehr des radelnden Reporters. Auf sportlichem Gebiet zumindest konnte man es der Welt wieder zeigen. „Helfgen radelt für Deutschland" schrieb daher der „Spiegel" damals.
Helfgens Stern begann mit dem Aufkommen des Fernsehens und der anhebenden Reisewelle gegen Ende der 50er Jahre zu verblassen. Er berichtete noch von einigen weiteren mehr oder weniger spektakulären Reisen zwischen Nordpol und Indochina, bei denen er aber nie mehr mit dem Fahrrad unterwegs war. Mitte der 60er Jahre verschwand „Ich radle um die Welt" aus den Regalen der Buchläden und es wurde still um Heinz Helfgen. Als ich ihn im

April 1988 traf, erzählte der mittlerweile 78jährige, in den letzten zwei bis drei Jahren wieder ein zunehmendes Interesse an sich und seinen damaligen Abenteuern spüren zu können, was sich nicht nur in neuerlichen Zeitungs- und Fernsehinterviews äußere, sondern auch in einer wachsenden Zahl von Zuschriften, in denen auch immer wieder bedauert werde, daß sein alter Bestseller schon so lange vergriffen sei. Wir vereinbarten eine Neuausgabe.

Das hier nun vorgelegte Buch ist eine leicht gekürzte und in manchen Punkten auch veränderte bzw. ergänzte Fassung von „Ich radle um die Welt", das seinerzeit in zwei Bänden erschienen war. Die Kürzungen betreffen Passagen, die im historischen Abstand von geringerem Interesse geworden sind, die Ergänzungen beinhalten Episoden, die damals aus politischen oder persönlichen Rücksichten nicht mitgeteilt werden durften, wie z. B. der Umstand, daß Helfgen – kaum drei Wochen nach seinem Aufbruch – um ein Haar von jugoslawischem Militär „um die Ecke gebracht" worden wäre und ihm erst mit Hilfe der CIA die Flucht nach Griechenland gelang.

Möge dieser Neuauflage von „Ich radle um die Welt" der Erfolg beschieden sein, der einem solchen Hauptwerk der 50er Jahre gebührt, einer Epoche, die ja in vieler Hinsicht z. Zt. eine nostalgische Renaissance erlebt.

Frankfurt, im Juli 1988 — Dr. Stefan Etzel

INHALT

Der Start mit drei Mark und achtzig Pfennigen

War es der Mut der Verzweiflung oder ein unbändiges Selbstvertrauen? Ich weiß es nicht und habe es nie gewußt. Tollkühn war es jedenfalls, besonders von meiner Frau, daran zu glauben, daß ein Mann aus dem Nichts heraus um die Welt radelt und dabei durch Reportagen eine Familie ernährt und sich auch noch eine Zukunft baut.

Der große Krieg war zu Ende, ebenso die lange Kriegsgefangenschaft. 1951! Unser Haus in Düsseldorf, die gesamte Engelbertstraße und Umgebung – ein einziges Ruinenfeld. Mein Frau hauste mit drei Kindern unter der Ruine im Keller. Sportskameraden hatten geholfen, mittels Hartfaserplatten zwei Kellerräume bewohnbar zu machen. Als trauriges Denkmal des einst stolzen vierstöckigen Gebäudes ragte eine im Winde schwankende Giebelmauer siebzehn Meter hoch über der Kellerwohnung.

Die beruflichen Chancen eines so spät aus Kriegsgefangenschaft heimgekehrten Journalisten waren trostlos. Andere, meist jüngere Kollegen hatten die Stühle bereits besetzt. Und so zog ich Bilanz, stellte fest, daß ich außer meinen Erfahrungen als ehemaliger Auslandskorrespondent Anfang der dreißiger Jahre, einer guten wissenschaftlichen Basis und Sprachkenntnissen vor allem auch noch einen durch ständigen Sport während der US-Kriegsgefangenschaft blendend durchtrainierten Körper besaß.

Diese Bilanz führte zu der persönlichen Überzeugung, daß ich in der Kombination aller Fähigkeiten, besonders der athletischen, eine außergewöhnliche journalistische Leistung zu vollbringen hatte, die meine Pressekollegen zwingen würde, mich zu drucken. Was lag da näher, als eine sportliche Sonderleistung, die gleichzeitig das Informationsbedürfnis unseres durch den Nazismus von aller Welt abgeschlossenen Volkes befriedigte.

Ich hatte innerhalb von vierzehn Tagen alles zusammen, um meinen Start wagen zu können. Das Sportamt der Stadt Düsseldorf setzte sich dafür ein, daß meine Frau (für drei Monate) trotz meiner Abwesenheit die bisherigen Arbeitslosengelder weiter erhielt. Ein Düsseldorfer Sporthaus schenkte mir eine superleichte Zeltausrüstung. Eine Fahrradfabrik akzeptierte einen Wechsel auf die Zukunft und lieferte ein hervorragendes Fahrrad, das wegen der zu erwartenden Höchstbeanspruchung mit nur drei Gängen und besonderen Felgen ausgestattet wurde, um je nach Gelände entsprechende Bereifung anbringen zu können. Zum Glück hatte ich noch eine uralte Kamera, ein Fernglas und ein gutes Fahrtenmesser, alles Dinge, die ich mir damals unmöglich hätte kaufen können, ohne meine Familie irgendwo darben zu lassen. Meine

Finanz-Ausstattung betrug genau den Rest meines Taschengeldes, nämlich drei Mark und achtzig Pfennige.
Es war der dritte September 1951 morgens um sieben Uhr. Es regnete. Wasser lief die Kellertreppe herunter. Ein Glück, daß ich dort noch einen Sickerschacht gegraben hatte. Meine Frau hätte sonst das Wasser in der Wohnung gehabt. Meine fünfzehnjährige Tochter Gudrun trug das blitzende Rad die Treppe hinauf und schob es durch den Ruinenschutt zur Straße. Die Frau und die zwei Kleinen folgten. Ein kurzer Abschiedskuß. Ein gequältes Lächeln. Ich sagte: „Ich schaffe es, Schatz." Sie nickte. „Ich schaffe es ganz bestimmt!" Ein Tritt in die Pedale. Sie verschwanden fröstelnd hinter den Ruinenmauern. Der Regen lief mir den Nacken hinunter. An der Straßenkreuzung band ich mir den Schal um den Hals, beugte mich über die Lenkstange und trampelte gleichmäßig davon und hinaus aus der Stadt, am Rhein entlang, Richtung Köln und Frankfurt.
Elf Uhr. Vier Stunden Fahrt. Ich hatte auf der ebenen Rheinstraße zu einem gleichmäßigen Rhythmus gefunden und befand mich kurz vor Bonn. Der Regen hatte aufgehört. Sonnenschein. Über meinem nassen Rücken verdampfte das Gemisch von Schweiß und Regenwasser. Die Haut fröstelte. Das Hemd klebte. Aufrecht freihändig ging es etwas besser. Ich gab das schnelle Tempo auf, pendelte gemütlich durch die „provisorische Hauptstadt", um Mittag herum durch Bad Godesberg. Links der graugrüne, noch saubere Rhein, die Frachtschiffe, meist Franzosen und Niederländer, dahinter das Siebengebirge, Burgen, Ruinen, Weinberge, Wolken. Ich war wieder trocken, dafür hungrig und durstig. Meine Frau hatte die Butterbrote dick mit billiger Blut- und Leberwurst belegt. Wann wird sie das wieder tun? In ein oder zwei Jahren? Vielleicht werden wir uns dann Delikatessen leisten können? Vielleicht! Unter den Broten lag ein besonders schöner Apfel und eine Flasche Milch. Lieb von ihr. Von nun an werde ich selbst für mich sorgen müssen. DM 3,80 hatte ich. Dafür gab es zwei Liter Milch für je 60 Pfennige. Dazu drei Pfund kräftiges Schwarzbrot für DM 1,20 und einen Ring Fleischwurst für DM 1,40. Genug für zwei Tage, wenn ich mich auf den umliegenden Feldern mit Kartoffeln und Äpfeln selbst bediente. Äpfel und Kartoffeln am Lagerfeuer, „Himmel und Erde". Und weiteres Geld? Milch, Butter, Brot, Eier, Wurst und dergleichen?
In Frankfurt gab es viele Zeitungen und Zeitschriften. Vielleicht wird dort irgendein Kollege einen Artikel aus meiner Feder drucken und gleich honorieren. Vielleicht. Mich schauderte, als ich an die bevorstehenden Bettelgängezu den etablierten Kollegen dachte. Nur selten war da einer, der für gute Ideen empfänglich

war. Verrückte Sensationen, Krieg, Mord und Totschlag, aber auch irgendwelche Äußerungen, selbst Banalitäten aus dem Mund von prominenten Stars oder gar Politikern, das war damals schon heißbegehrte Ware für die Mehrzahl der Journalisten. „Die Mehrheit des Volkes will es so, und wir Journalisten sind für das Volk da.“ Das war ihre Begründung. Und so begann die deutsche Demokratie. Damals.
Das Tempo wurde wieder schneller. Gleichmäßig, wie von einer Maschine getrieben, gingen die Pedale auf und ab. Herz und Lunge hatten Reserven. Es war ein prächtiges Gefühl, so fit zu sein. Der Geruch frisch gemähter Felder, Gras und Erde und darüber die Wolken, die sich neigende Sonne dazwischen und – 185 Kilometer auf dem Tacho neben der Vorderachse. Besser konnte kein Anfang sein.
Die Sonne war blutigrot untergegangen. In der Ferne die blauen Berge des Taunus. Dort drüben liegt Frankfurt. 200 Kilometer auf dem Zähler. Stolze, satte Zufriedenheit. Eine sportliche Leistung gleich am ersten Tag. Eine gute halbe Stunde später Endspurt und bei eintretender Dunkelheit 215 Kilometer und das mit gut vierzig Pfund Gepäck! Das langte für den ersten Tag, für die erste Etappe. Irgendwo mußte hier ein Lagerplatz sein. Da war eine mit Apfelbäumen bestandene Wiese. Ein prima Zeltplatz bis zum Morgengrauen, dachte ich und versuchte abzusteigen. Ging nicht! Ich brachte das Bein weder über den Sattel noch das Gestänge. Gegen den ersten Apfelbaum gelehnt, stand ich da, das Stahlroß zwischen den Beinen.
Ein kleines Mädchen mit einem großen Korb kam vorbei, sah aus wie Rotkäppchen. Zögernd und etwas ängstlich sagte es „Guten Abend” und ging dann schnell weiter. Ich pendelte einige Apfelbäume tiefer in die Wiese, um etwas mehr Abstand von der Straße zu gewinnen. An einem grasbewachsenen Hügel ließ ich das Rad zu Boden gleiten. Die ersten Sterne erschienen. Einige Freiübungen. Ich schüttelte Arme und Beine, versuchte, die Steifheit der Glieder loszuwerden und ärgerte mich, daß mein Rücken so starr war, von den Schmerzen ganz zu schweigen. Total erschöpft. Jetzt noch das Zelt aufschlagen und die Luftmatratze aufblasen? Nee – um nichts in der Welt. Das wäre zuviel verlangt. So riß ich nur das Zelt aus der Packtasche, schob den Schlafsack hinein, mich hinterher, zog den Reißverschluß zu und ringelte mich wie ein müder Hund zusammen, sah die blinkenden Sterne, die ziehenden Wolken und dahinter ein lächelndes Gesicht.

Männerstimmen. Ich schob den Kopf aus dem Schlafsack und streckte mich. Heller Tag. Die Morgensonne blendete. Ein Schatten beugte sich über mich. „Guten Morgen! Haben Sie gut geschlafen?“ Die Stimme klang etwas zynisch. Ich rieb mir die Augen und stützte mich auf. Alle Knochen schmerzten. Drei Mann standen da. Polizei. Daneben, mitten zwischen den Apfelbäumen, ein Volkswagen. „Polizei“ stand groß darauf. Was soll's? Einer von den Männern hob mein Fahrrad auf und lehnte es an einen Baumstamm. „Guck' dir das mal an“, sagte er, „er hat das funkelneue Rad nicht einmal abgeschlossen!“ „Vielleicht hat er es geklaut; schau' mal nach”, sagte ein anderer. Ich stöhnte vor Muskelkater. „Darf ich Ihre Papiere sehen?“ sagte der, der mir so freundlich „Guten Morgen“ gewünscht hatte. „Müssen drüben in der Packtasche sein“, stöhnte ich und kroch langsam aus meinem warmen Schlafsack. Fast wäre ich vor Gliederschmerzen zusammengebrochen. Der Polizist, ein blutjunger Mann, stützte mich. „Sind Sie verletzt?“ fragte er dienstlich. „Quatsch“, sagte ich, „hab' mir nur zuviel zugemutet – am ersten Tag gleich von Düsseldorf bis hierhin, 215 Kilometer.“ Die Männer schienen zu begreifen, daß sie es nicht mit einem stehlenden Landstreicher zu tun hatten. Ihr Chef, ein Oberwachtmeister mit einem schwarzen Schnurrbart, meinte schließlich, als ich ihm klarmachte, daß ich um die Erde radeln wollte: „Donnerwetter, da würde ich am liebsten gleich mitmachen.“ Wir unterhielten uns noch eine Weile bis der Chef den Vorschlag machte: „Am besten wäre es doch, wenn Sie uns die zwei Kilometer bis zur Wache folgen würden. Dort können Sie sich frisch machen und mit uns frühstücken.“ Ich tastete mein Gesicht ab. Der Bart war ganz schön gewachsen. Wahrscheinlich sah ich tatsächlich wie ein Vagabund aus.

Die Polizei, Freund und Helfer. Damals, am Anfang unserer deutschen Demokratie. Ich nahm ein heißes Duschbad, massierte und rasierte mich, und die Polizisten ließen mich nicht weiterziehen, bis ich auch ihr Frühstück mit ihnen geteilt hatte. Ich habe diesen echten Beweis freundlicher Menschlichkeit nie vergessen. Das gab mir viel Auftrieb, um wenige Stunden später die arrogante Überheblichkeit anderer Zeitgenossen ertragen zu können.

Zehn Uhr. Frankfurt Innenstadt. Der Kilometerzähler stand auf 230. Ich stand vor dem Gebäude der „Frankfurter Zeitung“, der „Zeitung für Deutschland“, wie man sich dort vielversprechend propagierte.

Der Lift war kaputt. Mühsam stieg ich die Stufen zur Chefredaktion empor. Tolles Vorzimmer! Noch tollere Blondinen hinter zwei

zueinandergestellten Schreibtischen. Die Damen fixierten mich kurz. „Sie wünschen?“ „Ihren Chef zu sprechen“, sagte ich. „Sind Sie angemeldet?“ „Tun Sie das, wenn ich bitten darf!“ „Der Chef hat gerade ein längeres Ferngespräch – mit dem Ausland“, fügte sie stolz hinzu. Ich wartete eine Weile. Dann sagte sie: „Vielleicht können wir Ihnen helfen.“ Ich überlegte. Warum sollte ich den Damen nicht sagen, worum es ging? Sie hörten aufmerksam zu, und nach drei Minuten nahm eine den Hörer des Telefons auf und sagte: „Chef, hier ist ein Journalist, der um die ganze Welt radelt – radeln will.“ Lange Pause. Dann sie: „Hab’ ich auch gedacht.“ Sie legte auf, zuckte die Schultern, sah mich an und sagte mit einem sauren Lächeln: „Ich bedaure, der Chef meint, Sie sollten sich an ein Boulevardblatt wenden. Wir sind eine zu seriöse Zeitung, um solche ‚Mätzchen’ zu drucken, sagte er.“ Die andere Blondine grinste mich an. „Mätzchen“? Das war eine unverschämte Beleidigung. Ich schluckte einige Male und verabschiedete mich: „Sagen Sie Ihrem Chef, es würde mir sehr leid tun, daß er Seriosität und Arroganz verwechselt.“
Die zweite Zeitung, einige Straßen weiter, war etwas bescheidener. Ich klopfte an der Tür mit dem Schild „Chefredakteur“ und trat einfach ein. Ein älterer Herr saß dort hinter einem Stapel Zeitungen und las. Ich stellte mich vor. Er sagte: „Eigentlich hätten Sie sich anmelden sollen. Ich hatte vergessen, den Schlüssel umzudrehen. Wozu habe ich schließlich mein Vorzimmer?“ „Entschuldigung“, sagte ich, „aber darf ich dennoch ganz kurz im Telegrammstil – – –.“ Er rückte unruhig auf seinem Stuhl hin und her, und ich redete. „Ach sooo“, sagte er schließlich. „Sie glauben doch nicht etwa, daß wir so etwas drucken. Ja, wenn Sie deutscher Meister im Radfahren wären oder meinethalben auch noch ein bekannter Filmstar . . . aber als ehemaliger Auslandskorrespondent und dazu noch Akademiker . . . nein, wissen Sie, sowas gefällt mir ganz und gar nicht. Schließlich reist kein Gentleman mit dem Fahrrad um die Welt.“
Ich stand da wie ein begossener Pudel. Dann fühlte ich, wie Zorn und Wut in mir aufstiegen. Ich hätte den Kerl, der da so satt und selbstgefällig hinter dem dicken Schreibtisch saß, ich hätte ihn erwürgen können. Er schien das zu fühlen und schaute mich fast ängstlich an, als ob er sagen wollte: Bitte, bitte hau’ doch ab. Sekunden nur, dann riß ich mich zusammen und sagte grinsend: „Ich habe beim Studium der Psychologie gelernt, daß Arroganz eine Kompensation für armselige Minderwertigkeitsgefühle ist.“ Ich konnte mich nicht mehr bremsen und schlug die Tür mit lautem Krach hinter mir zu.
Draußen fühlte ich mich hundeelend. Der weißgetünchte Hof des

Gebäudes, den ich durchschreiten mußte, erinnerte mich an eine Hinrichtungsstätte. Dort stand mein funkelnder Drahtesel, das hochbepackte Fahrrad, das Statussymbol eines „Nicht-Gentleman“. Ich schob es traurig und trotzig durch die Toreinfahrt hinaus auf die Hauptstraße in den brodelnden Verkehr und suchte den Hinterhof eines noch in Kriegstrümmern liegenden Gebäudes, wo sich eine Wochenschrift in einer provisorisch aufgebauten Baracke niedergelassen haben sollte.
Es war gerade zwölf Uhr Mittag. Komisch, hier zwischen den Trümmern fühlte ich mich wohler. Eine alte Frau, die ich nach dem Eingang zu der Zeitschrift gefragt hatte, erzählte mir, daß unter den Ruinen ein riesiger Luftschutzkeller gewesen sei, und ausgerechnet dort sei die Riesenbombe gefallen und habe die Hauptwasserleitung getroffen, und etliche hundert Leute, meist Frauen und Kinder, seien unter den Trümmern buchstäblich ertränkt worden. Sie zerdrückte eine Träne: „Meine Tochter mit drei Kindern war auch dabei!“
Die Leute hinter der Barackentür waren freundlich. „Machen Sie eine Weltreise mit dem Fahrrad?“ fragte mich gleich ein junger Mann, „ich habe das hochbepackte Rad da draußen im Hof bereits bewundert, als Sie mit unserer Putzfrau sprachen.“ „Sie haben es erraten“, sagte ich „und ich möchte mit Euerm Chef darüber plaudern.“ Er öffnete mir eine Tür am Ende des Barackenganges, ließ mich eintreten und sagte laut „Chef, hier ist ein Weltumradler, der hat bestimmt Stoff für uns!“
Der Raum war mit ausgebleichten Vorhängen dicht verhangen. Die gleißende Septembersonne lag voll darauf. Pfeifenrauch kroch die Gardinen empor und hing als glitzernde Wolke unter den dunklen Holzfaserplatten der Barackendecke. Hinter einem runden Tisch in der Ecke des Zimmers saß ein älterer Herr und blätterte in einem Stoß Pressefotos. Ein sprechendes Gesicht voller Runzeln und einer goldumrandeten Brille wandte sich mir zu und strahlte mich an. Er legte den Stoß Fotos zur Seite: „Was hat er gesagt? Weltumradelung? Machen Sie keine Witze! Geht das überhaupt?“ Ich setzte mich ohne Aufforderung auf einen wackeligen Rohrsessel ihm gegenüber und merkte gleich, daß er ein guter Zuhörer war. Dann sagte er: „Ich kenne auch ein gutes Stück von der Welt, war selbst etliche Jahre im Fernen Osten und dann in Süd- und Nordamerika.“ Nach einer langen Schweigeminute meinte er schließlich: „Der Gedanke ist großartig – so mitten zwischen den Leuten. Gerade heutzutage eine großartige Idee. Da können Sie unsern lieben Deutschen das Fenster zur großen Welt aufstoßen. Ohne die weite Welt verhungern wir. – Aber ich zweifle, ob das, so wie Sie es vorhaben, überhaupt möglich ist. Die

ganze Welt haßt uns Deutsche." Er dachte noch eine Weile nach und sagte dann mehr zu sich selbst: „Ganz gleich, das müssen wir bringen; geht's schief, haben wir halt Pech gehabt." Er wandte sich mir zu: „Gehen Sie hier durch die Tür. Dort sitzt meine kleine Stenotypistin. Drei Schreibmaschinenseiten höchstens, und unser Fotograf wird anschließend draußen auf dem Hof noch ein schönes Bild mit Ihrem ‚Rund um die Erde Fahrrad' machen. Über das Honorar unterhalten wir uns anschließend."
„Gleich in die Schreibmaschine", sagte ich der Kleinen, einer etwa Siebzehnjährigen mit auffallend großen schwarzen Kinderaugen. Sie schaute mich dankbar an und meinte: „Da sparen Sie mir eine Menge Arbeit, und es bleibt mir vielleicht noch Zeit, zum Mittagessen zu gehen."
Als es ein Uhr schlug, waren wir fertig. Der junge Mann von vorhin machte auf dem Hof etliche Fotos. Kurz darauf erschien der Chef und führte mich in sein Zimmer. „Ich habe gleich zwei Essen kommen lassen – aus dem Restaurant nebenan. Wer die Welt umradelt, kann das nicht mit leerem Magen tun", meinte er lachend. „Übrigens, Ihr Artikel ist gut. Wenn nur alles gut geht." Während er redete, lüftete er ein buntkariertes Tuch von einem riesigen Tablett. Darunter dufteten zwei Portionen Eisbein mit Sauerkraut. „Dachte mir, daß das gerade richtig ist für Sie." „Langt für die nächsten hundert Kilometer", sagte ich, „wenn ich nur den verdammten Muskelkater los wäre." „Und wieviel Geld brauchen Sie, um, sagen wir mal, um bis nach Jugoslawien zu kommen?" Das sind, rechnete ich mir aus, etwa eintausend Kilometer. Eine Woche höchstens, und ich dachte laut weiter: „Mit drei bis vier Mark für Milch, Brot und Fett pro Tag komme ich aus, solange die Kartoffeln in der Erde und die Äpfel auf den Bäumen hängen." Er lachte laut und legte mir einen neuen Fünfzigmarkschein auf den Tisch.

Fahrt über die Alpen nach Jugoslawien

Ganze vierzig Kilometer! Eine jämmerliche Leistung! Vier Stunden! Von drei Uhr nachmittags bis sieben Uhr abends habe ich mich abgequält – im Schneckentempo – bis in die Gegend von Aschaffenburg. In einer verschwiegenen Waldschneise schlug ich erstmals mein neues Zelt auf und wurde nach neunstündigem gesunden Schlaf wach. Morgengrauen. Freiübungen. Im Kessel brodelte bald Tee- und Rasierwasser. Ein eiskalter Bach plätscherte in der Nähe. Ich warf mich pudelnackt hinein. Das sorgte für die notwendige Frische und Durchblutung.

Noch eine gründliche Massage, und um sechs Uhr trat ich in die Pedale.
Würzburg. Die Stadt lag noch zur Hälfte in Trümmern. Kurzer Besuch bei der Lokalzeitung. Die Leute waren begeistert. Wiederum Artikel und Pressefoto und – fünfzig DM.
Ich verließ noch am gleichen Nachmittag den Main und radelte südwärts der Donau entgegen. Nach zwei weiteren Etappen, Nürnberg und Passau, und ich hatte am fünften Tag gegen Abend die vom ersten Neuschnee bedeckten Alpengipfel vor mir. Ohne abergläubisch zu sein, erschien mir das Alpenglühen wie eine sichere Verheißung für das Gelingen meines großen Abenteuers. Der Muskelkater war überwunden, aber dafür schmerzten die Handgelenke. Sie waren leicht geschwollen. Zwischen den Beinen schien sich eine Hautentzündung anzubahnen. Da erinnerte ich mich an ein Hausrezept, das ich während der Semesterferien meiner südamerikanischen Studienzeit bei langen Pferderitten angewandt hatte – seidene Damenschlüpfer mit Beinansatz! Die Mädchen in einem Regensburger Damenbekleidungsgeschäft hörten nicht auf zu kichern, als ich dort zwei Paar seidene Damenschlüpfer mit Beinansatz verlangte.
Ein steifer Ostwind wirbelte riesige Staubwolken über die Felder. Die Ernte war in vollem Gang. Die Leute auf den Äckern trugen Sonnenbrillen und hatten sich bunte Taschentücher über Nase und Mund gebunden. Es roch überall nach Stroh und Spreu und Staub. Die Beine arbeiteten wie die Pleuelstangen einer Maschine, auf und ab und auf und ab. Ich merkte es nicht mehr, war zum Automaten, zum Roboter geworden. Nur das freundliche „Grüß Gott“, das mir allüberall begegnete, erinnerte an mein Menschsein. Die Dreigangschaltung bewährte sich, besonders in den Bergen, wo der Wind nachgelassen hatte und das frische Grün der Almen, der Harzgeruch der Tannenwälder und die eisige Luft von den himmelragenden Felsen Lunge und Herz zu einem anderen, freieren Rhythmus zwangen.
Langsamer ging es nun, gemütlicher, mit einem Wort „österreichisch“. Eigentlich hätte ich Österreichs Gemütlichkeit schon an der Grenze hinter Passau feststellen müssen, wo die Zollbeamten mit geöffneten Hemden in der Sonne dahindösten und fast beleidigt waren, als ich ihnen meinen Paß zeigen wollte. „Na – gehen's schoo, 's wird schon recht sein“, hatte der Zöllner gesagt, und ich hetzte weiter unter dem typisch gewordenen bundesdeutschen Motto, „keine Zeit zu haben“ und „Kilometer zu fressen“; ich wollte doch tatsächlich einen Tagesschnitt von 200 Kilometern erreichen. Aus sportlichem Ehrgeiz? Wozu eigentlich? fragte ich mich schließlich auf der Höhe eines Passes mit einer herrlichen

Fernsicht, angesichts der gottgesegneten Berglandschaft, wo selbst die Wolken vor den Gipfeln Rast machen. Das Tempo wurde von ganz allein langsamer. Schließlich waren 120 Tageskilometer hier in den Bergen auch ein gutes und sogar ein genußreiches Wegstück.

Am siebten Tag erreichte ich über Steyr, Eisenerz, Leoben und Graz die jugoslawische Grenze. Einschließlich der seidenen Damenschlüpfer, die allein fünfzehn DM gekostet hatten, waren in der ersten Woche ganze vierzig DM ausgegeben worden. Ich war also mit fünfundzwanzig DM bis nach Jugoslawien gekommen, von Düsseldorf bis Jugoslawien. Vorfälle keine, Abenteuer schon gar nicht. Die österreichische Gemütlichkeit lag hinter mir. Ich mußte die Weite, die Ferne, das Unbekannte erreichen. Sollte das kommunistische, das uns damals völlig rätselhafte Jugoslawien des sagenhaften Rebellenführers Tito das große Abenteuer einleiten?

Schlagbäume! Ein Soldat mit Maschinenpistole im Anschlag stand da. An seiner Mütze leuchtete ein roter Stern. Dahinter lag eine traurige Baracke, und darüber flatterte eine Fahne. Ich war abgestiegen und fühlte mich grenzenlos allein. Weit und breit war keine Menschenseele zu entdecken. Der Verkehr mit den östlichen Diktaturen war noch sehr spärlich.

Nach vielen Jahren hatte ich in diesem Moment erstmals das Gefühl, ins Ausland zu reisen, Empfindungen, die ich weder in den USA und nicht einmal in Südamerika hatte. Waren das Vorurteile, bewirkt durch Presse und Rundfunk? Oder war es das Bewußtwerden, daß ich da drüben wie im übrigen Osten als Westeuropäer von Mißtrauen und Überwachung umgeben sein werde? Wahrscheinlich war es die noch in mir steckende Angst der Erinnerung aus einer Zeit, als die Gestapo an meiner Tür stand und ein leeres Gefühl um die Magengegend meine Frau und mich beherrschte.

Der junge Soldat mit dem roten Stern stand da, ein Bild von Langeweile und schläfriger Wachsamkeit mit einem Schuß Machtbewußtsein, als er mit seinen Fingern am Abzugsbügel seiner Feuerspritze herumspielte. Er warf einen Blick in meinen Paß, nahm das kleine Büchlein aus meiner Hand und verschwand stillschweigend in der Baracke. Die jugoslawische Fahne knatterte im kalten Wind wie ein entferntes Maschinengewehr. Über die kahle Landstraße fegte ein Staubwirbel. Minuten vergingen. Dann endlich erschien der Soldat. Stillschweigend reichte er mir den Paß und trat zur Seite.

An diesem Abend fand ich wenige Kilometer hinter der Grenze ein Landgasthaus. Stimmengeschwirr, das verstummte, als ich eintrat. An blank gescheuerten Tischen saßen sie, Männer in groben Arbeitskitteln und einige Soldaten mit roten Sternen an den

Kragen – und Gewehren zwischen den Knien. Hinter der Theke stand eine kräftige Fünfzigerin. Sie zwinkerte mir freundlich zu: „Da schau mal her! Sie komma gwiß aus der andre Welt." „Grüß Gott", sagte ich, „aber woran sehen Sie das?" „Jo mei", lachte sie, „dös sieht doch ei jeda an'm Gwand, dös is doch noch a Stoff diasa Trainingsanzug." Sie schenkte mir ohne weiter zu fragen ein Glas Bier ein und stellte einen Slibowitz daneben. „Dös geht auf mei Rechnung", sagte sie, und ohne meinen Dank abzuwarten, fuhr sie fort, „na wissen's, 's kommt selten jemand von drüben. Sie sind koa Österreicher, sind a Reichsdeutscher?" Ich nickte. Eine halbe Stunde später saß ich mit der Wirtin in der alten Bauernküche. Die Tochter, eine dralle, vollbusige Brünette, hatte den Platz hinter der Theke eingenommen. Die Mutter servierte mir Bratkartoffeln und legt ein großes Stück Rauchfleisch dazu. Dann brachte sie einen Laib Bauernbrot, eine Kanne Milch und einen Topf Honig. „Zu essen haben wir hier genug, aber sonst . . ." „Was sonst?" fragte ich. „Oh Jesses, die aus Belgrad – haben uns nicht nur den Hof genommen, auch das Vieh und das letzte Schwein. Nur die Schankstubn, die darf ich noch verwalten." Nach einer langen peinlichen Pause meinte sie: „Hab' vorhin schon Angst ghabt, als Sie ‚Grüaß Gott' gsagt ham." „Wieso denn das", wollte ich wissen. „Weil se uns sogar unsern Herrgott gnommen han." „Versteh' ich nicht", sagte ich. Sie stemmte ihre Ellenbogen auf den Tisch und schaute in die Küchenecke. Dort hing ein kleines Kruzifix, fast vollkommen von einem Strauß Strohblumen verdeckt. „Wissen's, dort hatten wir sonst einen wunderschönen Hausaltar. Den haben wir abgbaut, weil der Parteisekretär dös als Provokation hingnommen hätt'. Im sozialistischen Staat gebt's doch kein Herrgott. Jesses, Maria, Josef – dös is vielleicht a Volk!"

Sie stand auf und ging in die Wirtsstube. Fünf Minuten später kam sie zurück und sagte: „Wenn Se wolle, dürfe Se auf dem Heuboden übernachte, de Miliz hat's erlaubt, I hob dene Faulenzer e Runde Slibowitz spendiert."

Am Morgen ging es auf mäßig guter Teerstraße nach Maribor, dem früheren Marburg. Dort mußte ich mich beim staatlichen Reisebüro melden – so stand es auf dem Flugblatt, das mir bei Aushändigung des Visums noch in Deutschland mitgegeben wurde.

Er war ein blutjunger Mann, der Chef des Reisebüros. Die Begrüßung war fast überschwenglich: „Habe die Ehre – habe die Ehre, auch die kommunistische Partei freut sich, einen so großen Sportsmann begrüßen zu dürfen. Sie sind selbstverständlich unser Gast. Wir gehen gleich zum Hotel Orel. Dort können Sie sich frisch machen und anschließend mit uns im Restaurant speisen."

Zu Tisch in dem gerade fertig gewordenen Nobel-Restaurant gesellte sich noch ein Herr mit einer jungen Dame. Der junge Putnik-Mann stellte sie vor: Parteisekretär und Journalistin. Sie sprach ebenso wie er ein vorzügliches Deutsch. Das Mädchen hatte einen Handzettel und las mir einige vornotierte Fragen vor: „Wie bekämpfen die deutschen Gewerkschaften den westdeutschen Kapitalismus; wieviele Arbeiter sitzen in deutschen Gefängnissen; warum hat die kommunistische Partei nicht die Macht übernommen?“ Es dauerte lange, bis ich ihr einiges erklärt hatte, und der köstliche Saftbraten wurde fast kalt darüber. Daß bei uns niemand aus politischen Gründen eingesperrt wird, das nahm sie mir nicht ab – und daß die Gewerkschaften jederzeit streiken können, wollte sie auch nicht glauben.

Dann wurde mir die Fragerei und Besserwisserei doch zu bunt, und ich sagte: „Schreiben Sie ruhig, in Westdeutschland ist das gesamte Volk von den Kapitalisten bestochen worden.“ Alle drei legten Messer und Gabel hin und schauten mich groß an. „Natürlich sind alle Westdeutschen bestochen“, sagte ich nochmals und fügte hinzu: „Die Kapitalisten haben jedem Bundesbürger absolute persönliche Freiheit gegeben, alles zu sagen, was sie wollen, zu reisen, wohin sie wollen, und einen vollen Markt, wo sie alles kaufen können, was sie wollen, und so sind sie alle der kommunistischen Idee untreu geworden, und weil die Russen wegen der Amerikaner Angst haben einzumarschieren, gibt es halt keine Kommunisten mehr und – jetzt will ich erst einmal Ihre hervorragende Gastfreundschaft mit vollen Zügen genießen.“ Sie machte ein schrecklich dummes Gesicht, und die Herren lachten aus vollem Hals.

Der junge Putnik-Chef hatte eine glänzende Idee. Weinfest in Ptui! Dieses Städtchen hieß früher Pettau und war seit jeher Zentrum des Slowenischen Weinbaus. „Dort müssen Sie hin, allein schon, um festzustellen, daß unser jugoslawischer Kommunismus hinsichtlich der Weinproduktion Weltstandard erreicht hat.“ Obwohl ich nicht einsah, was Kommunismus mit Wein zu tun hat, war ich doch neugierig geworden und dachte gleich an die heimischen Weinfeste an der Saar, der Mosel und in der Pfalz.

Ptui liegt gute zwanzig Kilometer von Maribor entfernt und mußte auf dem Weg nach Zagreb und Belgrad ohnehin durchfahren werden. Die Straße war miserabel. Deutsche und später russische Panzer hatten sie restlos zerstört; eine Slalomfahrt zwischen Wassertümpeln und Lehmhügeln. Tausende von Staren schwirrten durch die Gegend, sonnten sich auf dem Straßenlehm oder badeten genüßlich in den Tümpeln. Auch sie feierten ihr Weinfest und verdauten die geklauten Weinbeeren.

Der Bürgermeister und der Parteisekretär hatten mich erwartet, beide Männer in meinem Alter, ehemalige Partisanen des Nationalhelden Tito.
In einem großen Saal mit zerbrochenen Fensterscheiben wurden Reden gehalten – auf slowenisch und serbisch. Ich verstand nur Kommunista und Sozialismus und Tito und Karl Marx. Dann wurde ich aufs Podium gerufen, und die Leute klatschten. „Jetzt muß Du Rede halten", forderte mich der Bürgermeister auf. Zum Glück hatte ich schon das fünfte Glas Ptui-Wein hinter der Binde und konnte nur bemerken, daß ich keine der vielen jugoslawischen Sprachen sprechen kann. Sie ließen meinen Einwand aber nicht gelten, und der schnauzbärtige Kommunist, der mir als Parteisekretär vorgestellt worden war, sagte: „Du Genosse, Du kannst reden Deitsch, alle Leute verstehen Nazisprach." So klopfte ich also an mein Glas und sagte in das Mikrofon: „Liebe Leute! Wie Sie sehen, schmeckt mir Euer Wein. Eure Genossen haben mir heute klar gemacht, daß die sozialistische Idee solch guten Wein produziert. Nun komme ich per Fahrrad aus der besten Weingegend des zusammengebrochenen Nazireiches, nämlich von Saar und Mosel. Dort heißt das Weinzentrum Trier. Aus Trier kommt der Mann, der die Idee vom Kommunismus produzierte. Der Mann hieß Karl Marx und ist schon lange tot; aber ich kann mir nicht helfen, Ihre Genossen haben mich auf die tolle Idee gebracht, daß es umgekehrt war, daß nämlich unser Trierer Wein einen Karl Marx produziert hat und somit auch die Idee des Sozialismus. Es lebe Trier und auch Eure Weinstadt Ptui!"
Meine kurze Rede muß sehr einleuchtend gewesen sein, denn der Beifall toste, und auch die Genossen klatschten, und ich weiß beim besten Willen nicht, wie ich an diesem Tag in das Bett eines Ptuier Gasthauses gekommen war.
Ein kleines Fenster und rot leuchtende Geranien davor. Eine kleine Bauernkammer war das, und mein Weltreisefahrrad stand in der Ecke, frisch geputzt und geölt. Das alte Bett knarrte, als ich mich mit noch leicht brummendem Schädel auf die Seite legte. Mein Blick fiel auf die Tür. Dort waren etliche Zeitungen und ein Briefumschlag durchgeschoben worden. Neugierig sprang ich auf und sah mein Bild auf sonst für mich unlesbarem Zeitungsblatt. Im Umschlag lag ein Bündel Banknoten, jugoslawische Dinare – und ein Brief: Sehr geehrter Genosse! Wir wünschen Ihnen eine angenehme Reise durch Jugoslawien. Anbei Ihr Honorar für die Interviews des gestrigen Tages. Unterschriften: Unleserlich.
Zagreb, das ehemalige Agram. Großstadt. Vor den Läden standen die Leute Schlange. Es gab Brot, Weintrauben und Zucker. Ich stellte mich auch in eine Reihe, mehr aus Neugier als aus

Bedürfnis. Nach wenigen Minuten merkte ich, daß da für mich wohl nichts zu holen war. Die Leute hatten nämlich alle Ausweise und Lebensmittelkarten in den Händen. Ich wäre also böse aufgefallen.
In der Nähe einer großen gotischen Kirche las ich ein Schild „Illustrirani Vjesnik". Schon in Maribor war mir erzählt worden, daß diese meistgelesene Illustrierte des Landes von einer Frau herausgegeben wird, von Frau Zlatic, der früheren Ministerin für kommunale Angelegenheiten. Da machst du einen Besuch, sagte ich mir und ich hatte Glück. Ein kleiner barfüßiger Laufjunge führte mich in die Chefredaktion.
Die Dame kam mir mit ausgestreckten Armen entgegen: „Ich weiß schon wer Sie sind, habe es bereits in der „Borba" unserer offiziellen Tageszeitung gelesen und ein Bild von Ihnen gesehen". „Bin ich schon so berühmt in Ihrem Land?" wollte ich wissen. „Bitte nehmen Sie Platz!" Sie orderte Tee und etwas Gebäck. Frau Zlatic sah gut aus, ein vergeistigtes Gesicht, graue Haarsträhne und helle, mütterliche Augen. „Sie werden wenig Zeit haben", bemerkte ich. „Halb so wild", meinte sie, „meine Mitarbeiter habe ich mir gut ausgewählt; aber, um Ihre Frage nach der Berühmtheit zu beantworten, darf ich Ihnen doch einiges sagen. Im Moment ist bei uns noch jeder schnell berühmt, der aus dem Westen kommt, und wenn wir Jugoslawen einen solch sportlichen Journalisten mit solch einem gewaltigen Vorhaben zu Gast haben, dann ist auch etwas innerpolitische Propaganda dabei."
Die Dame war erstaunlich offen. Vielleicht war sie deshalb in Ungnade gefallen und hatte ihren Ministersessel verloren? Sie schien meine Gedanken erraten zu haben. „Auch Tito macht Fehler", sagte sie und fuhr nach einer Weile fort, „außer dem Kommunismus kennt er kein anderes System, aber er hat soviel Geistesgröße, daß er Fehler einsieht. So hat er zum Beispiel die Russen aus unserem Land ausgewiesen und bemüht sich nun, ein gutes Verhältnis mit den westlichen Nationen zu bekommen. Er weiß, daß wir ohne den Westen nie auf einen grünen Zweig kommen".
Frau Zlatic – das wird mir erst heute so recht bewußt – hatte damals schon die zukünftige Politik Jugoslawiens deutlicher gesehen als die meisten Politiker ihres Landes. „Ohne den Westen kann sich kein kommunistisches Land entwickeln". Ob sie auch geahnt hat, daß in der Folgezeit Millionen jugoslawischer Arbeiter über die Grenze gelassen werden, um in Deutschland vor allem harte Devisen für ihr Land zu verdienen und daß Millionen Deutsche als Touristen Milliarden an Devisen ins Land bringen werden? War ich damals vielleicht der erste Tourist, der deshalb

sozusagen freigehalten wurde? An dem Gedanken ist etwas Wahres. Aber ich war wohl etwas zu früh gekommen und geriet, wenn auch durch Zufall, wenige Tage später in äußerste Lebensgefahr. Doch darüber später.

Treffen mit Tito und einem besonderen Mädchen

Die gläubige, von kommunistischen Idealen besessene Jugend hat sie gebaut, die vierhundert Kilometer lange Autostraße von der kroatischen Hauptstadt Zagreb zur Landeshauptstadt Belgrad. Das ganze Land war stolz auf den „Autoput“ und auf die Jugend, die sich hier ein ewiges Denkmal gesetzt hat. Um es gleich vorweg zu sagen: Diese Betonpiste war damals die letzte als gut zu bezeichnende Straße im Südosten Europas.
Ich radelte und trat in die Pedale wie ein Profi auf der „Tour de France“. Das machte Spaß auf einer Autostraße, auf der kaum Autos zu sehen waren, dafür aber eine Menge Ochsenkarren und Pferdefuhrzeuge. In den wasserreichen und niedrig gelegenen Ebenen der Drava (früher Drau) konnte man sehen, daß die Straße von Amateuren gebaut war. Die Straßenränder begannen bereits abzubröckeln und hier und da öffneten sich bereits die ersten Schlaglöcher. Trotzalledem war die Fahrt nach Belgrad in knapp zwei Tagen bewältigt.
Die Hauptstadt machte einen blitzblanken Eindruck. Auf den weiträumigen Straßen war weder ein Kehrichthaufen, kein Schmutz, ja nicht einmal ein Papierschnitzel zu sehen. Am Abend, kurz vor Dunkelheit, wurde die Stadt buchstäblich gewaschen. Da rückte die Feuerwehr aus und spülte mit etlichen Millionen Litern Wasser, ähnlich wie es auf den Schiffen gemacht wird, jeden Staub vom Straßenpflaster und den Bürgersteigen. Kurz darauf gingen die Laternen an und tausende von Bürgern, insbesondere die Jugend, quoll aus den Häusern und defilierte in Gruppen und Grüppchen die Hauptstraße entlang. So soll es auch bei uns früher einmal in unseren Kleinstädten gewesen sein, erinnerte ich mich: Flanieren nannte man das, ein Zeichen einer noch gesunden Zeit bürgerlicher Gemeinsamkeit. Ich weiß nicht, ob man das auch heute noch in Belgrad praktiziert. Der Moloch Technik wird inzwischen auch dort, insbesondere durch die Motorisierung, die Vereinsamung der Bürger bewirkt haben.
Auch hier wurde ich im „Putnik“, dem staatlichen Reisebüro, bereits erwartet und gleich zur Chefin geführt. Sie war eine imposante Erscheinung unter dem überlebensgroßen Foto des Marschall Tito; zurückgekämmte, glatte und pechrabenschwarze

Haare und ein Paar Glutaugen, die mich gleich voll und ganz erfaßten. Ich schätzte sie auf bestenfalls knapp über zwanzig und war bald erstaunt, als sie mir mit einem Blick auf den Marschall sagte: „Dem verdanke ich alles“ und hinzufügte, „ich war bei ihm, als die SS uns aus den Bergen und Höhlen ausräuchern wollte“. „Und zum Dank für Ihre Treue hat er Ihnen diesen Posten als Putnik-Chefin gegeben?“ Sie lächelte und hauchte kaum hörbar: „Und für seine Untreue“.

Wir aßen gemeinsam zu Mittag mit einigen Journalisten. Sie sorgte dafür, daß ich eine Menge hochhonorierte Artikel schreiben durfte und im derzeit besten Hotel der Stadt wohnte. Ihr Wort schien bei allen Behörden Befehl zu sein. Sie sagte, ich solle sie einfach Mirja nennen, und so erlag ich ihrem Charme und lud sie meinerseits zum Abendessen in mein Hotel – und sie kam.

Die Banknoten aus Ptui hatten gerade gereicht, mir einen grauen Flanellanzug mit allem Zubehör zu kaufen. Was hätte ich sonst mit dem vielen Geld anfangen sollen, zumal wieder beträchtliche Summen in Aussicht standen und im Inland ausgegeben werden mußten, weil damals niemand in aller Welt jugoslawische Dinare haben wollte.

Mirja trug ein silbergraues, auf Taille geschnittenes Seidenkleid mit tiefem Ausschnitt. Wir aßen Krabben aus Dalmatien, tranken mazedonischen Wein und das flackernde Kerzenlicht zwischen uns ließ die Umwelt der kauderwelschenden Funktionäre an den anderen Tischen vergessen. Als wir beim Nachtisch angekommen waren und das zarte rote Fleisch von der grünen Schale der Melonenschnitten lösten, meinte sie plötzlich: „Schade, zu viele Leute hier. Jetzt möchte Mirja mit Dir eine Flasche Champagner trinken, ganz allein!“ Ich konnte ihr diesen Wunsch nicht abschlagen. Zehn Minuten später saßen wir wieder bei Kerzenlicht – oben auf meinem Zimmer – ganz allein. Sie hatte dem Ober entsprechende Anweisungen gegeben, denn auf dem Couchtisch stand bereits auf einem weißen Deckchen die im Eiskübel schwankende Flasche und daneben eine Schale mit Gebäck.

Es war spät nach Mitternacht, als Mirja wie ein Schatten aus dem Zimmer huschte.

Zehn Uhr vormittags. Das Telefon weckte mich: „Hier Mirja! Danke Dir für wundervollen Abend! Sofort fertigmachen. Junger Mann Dich abholen in Parlament. Vielleicht Tito treffen.“

Punkt elf saß ich mit dem besagten jungen Mann in einer schwarzen Staatskarosse und wenige Minuten später in einem Sessel der Zuschauertribüne des Parlaments. Zum ersten Mal sah ich den diktatorischen Helden. Er stand am Rednerpult vor einer roten Drapierung, hatte eine Brille auf der Nase und kam mir vor wie ein gutsituierter Weinbauer von der Mosel. Die Parlamentarier unter ihm tobten hie und da mit ihrem Beifall. Er grinste dann jedes Mal. Er stellte offensichtlich Fragen und alle schrien einstimmig. Dann sprach der Parlamentspräsident und ließ abstimmen und jedesmal hob jedermann die Hand. Was da los war, wußte ich nicht und ich verstand kein Wort von dem slawischen Kauderwelsch. Dann stieß mich mein junger Begleiter an. „Gehen wir!“ Als wir in den hellen Korridor traten, flüsterte er und zeigte auf einen Mann, der mit dem Rücken zu uns mit verschränkten Armen an einem Fenster stand: „Dort Tito. Will Sie sehen.“

Der Marschall trug einen dunkelblauen, maßgeschneiderten Anzug. In der Hand hielt er seine Brille. Er drehte sich um, faßte mich gleich ins Auge und grinste: „Kenne Sie schon von der Zeitung. Sie sind Sportsmann und Journalist?“ Ich nickte: „Stimmt, Exzellenz“. Er lachte laut: „Sie sind auch erster Deutscher in jugoslawischem Parlament.“ „Große Ehre für mich“, sagte ich. „Werden Sie gut schreiben über Jugoslawien?“ „Bis jetzt bin ich nur überrascht von der Herzlichkeit und Gastfreundschaft“, sagte ich. Über sein Gesicht huschte ein feines Lächeln; aber ich hatte den Eindruck, daß da eine leichte Ironie sich breit machte, als er sagte: „Und wie finden Sie unsere Frauen?“ Natürlich dachte ich sofort an Mirja und ein eisiger Schreck kroch mir den Rücken hinunter; ich hatte vergessen, daß ich mich in einer kommunistischen Diktatur befand, vielleicht in einer Diktatur, die nur ein freundliches Gesicht aufgesetzt hatte. Was konnte ich anderes tun, als auch ein freundliches Gesicht aufsetzen.

Ich zwang mich zu einem unverbindlichen Lachen und sagte: „Exzellenz, großartig sind sie und . . .“. Er lachte laut auf. „Na, sagen sie es – und was noch?“ „Und ein diskretes Staatsgeheimnis erster Güte“, platzte ich heraus. Als ob er das nicht verstanden hätte, ließ er sich meine Antwort von meinem jungen Begleiter nochmals übersetzen. Dann reichte er mir die Hand und sagte: „Doswidanje, auf Wiedersehen und gute Reise um die Erde!“

Was aus Mirja geworden ist, habe ich nie erfahren, auch später nicht, nach einigen Jahren, als ich, wieder einmal in Belgrad, bei Putnik nachfragte. Nur ein alter Portier im Hotel Mazedonia wollte wissen, sie sei in Kragujewac oder in Nis mit einem hohen Funktionär verheiratet und habe viele Kinder.

Am Nachmittag jenes denkwürdigen Tages war ich zum Militär-Club „Roter Stern“ eingeladen. Die Offiziere waren freundlich und baten mich, sie in einer Woche in der mazedonischen Hauptstadt zu besuchen. Dort sei in dem großen Militärlager „Serail“ das Jahressportfest der Armee. Ich nahm mir vor, dieser Einladung zu folgen und rechnete mir aus, daß ich Skoplje,

Mazedoniens Hauptstadt, in vier bis fünf Tagen auf der Fahrt nach Griechenland erreichen werde.
Ich ahnte nicht, daß mich dort eines der größten und gefährlichsten Abenteuer meiner Weltreise erwarten würde.

Im Schweigelager der vergessenen Kriegsgefangenen

Belgrad – Skoplje, eine Entfernung wie Hamburg – Frankfurt etwa; aber Straßen waren das, die selbst für erfahrene Querfeldeinfahrer heutzutage als Todesfalle bezeichnet werden müßten. Eine Zerreißprobe für das Fahrrad! Schon wenige Kilometer hinter Belgrad begann die Tortur auf der miserabelsten und mit Schlaglöchern garnierten Landstraße, die ich je erlebt habe. Das Rad büßte Speichen ein, die mehrmals am Tag zeitraubend ersetzt werden mußten. Man gewöhnt sich aber an alles, ja ich erreichte geradezu eine gewisse Meisterschaft im Slalomfahren zwischen Schlaglöchern, ausgefahrenen Karrenspuren, Felsbrocken und anderem Geröll.
Am letzten Tag, dem sechsten seit Belgrad, schaffte der treue Drahtesel zwischen Leskowa und Skoplje sogar 164 Kilometer. Damit war ich recht zufrieden und bin im übrigen hinsichtlich der miserablen Straßenverhältnisse hinreichend entschädigt worden durch die vorbildliche Gastfreundschaft der Serben und Mazedonier, durch das stets wechselnde Bild der fruchtbaren Flußebenen und der sich oft bis an den Straßenrand heranschiebenden malerischen und wuchtigen Berglandschaften.
Je näher ich an die mazedonische Hauptstadt Skoplje kam, desto bizarrer wurde das Bild der Landschaft und seiner Bevölkerung. Die ersten kleinen Moscheen mit ihren kreisrunden Lehmkuppeln und den danebenstehenden turmhohen und nadelförmigen Minaretts lassen bereits die Nähe des islamischen Orients erkennen. Die Bevölkerung setzt sich zusammen aus einem einzigen bunten Gemisch. Da begegnen einem in abwechselnder Folge Serben, Griechen, Bulgaren, Türken, Zigeuner und sie alle nennen sich Mazedonier.
Mazedonien schien das Lieblingskind Titos zu sein. Hier sah ich nirgendwo Leute vor den Läden Schlange stehn. Es gab sogar Weißbrot, damals in Jugoslawien ein seltener Leckerbissen.
Am späten Nachmittag, so gegen sechs, schlängelte ich mich durch das Menschengewirr des Roten Platzes von Skoplje. Der Wardar, der 200 Kilometer weiter südlich ins Mittelmeer fließt, teilt die Stadt in zwei verschiedene Welten. Die einzige Gemeinsamkeit waren die Soldaten Tito's, die man in losen Haufen überall antraf.

Der Bahnhof, die Kinos, die Geschäfte, abgesehen von den ärmlichen Auslagen, all das erinnerte an eine deutsche Mittelstadt. Wenn man aber den hohen Bogen der Wardarbrücke nach dem sogenannten Usskub-Skoplje überschritt, sah man sich plötzlich in jener anderen Welt des Orients mit seinen Minaretts, den großen Kuppelbauten der Moscheen, dem Basargetriebe, den von kahlen Mauern umschlossenen Häuslichkeiten intimen moslemischen Familienlebens. Allüberall zeigte die Kleidung, daß hier die Welt Allahs begann. Frauen wie Männer liefen noch mit weiten Pluderhosen herum, und selbst der die Frau verbergende Schleier war noch in Mode.

In einem Moslem-Hotel mietete ich einen Raum. Der Hotelbesitzer trug einen Fez und seine Frau einen schwarzen Schleier, der außer den Haaren auch noch die Augen und die Nase umhüllte. Sie führten mich gemeinsam in mein Zimmer und ich staunte nicht schlecht als ich feststellte, daß die Bettfüße in Dosen standen, die randvoll mit Wasser gefüllt waren. Er erklärte mir, daß dies eine sichere Maßnahme gegen Überfälle von Wanzen sei. Am nächsten Morgen war dennoch mein Körper von Wanzenstichen übersät. Die Biester waren schlauer als mein Wirt. Sie waren offensichtlich die Wände hochgegangen, dann die Decke entlanggelaufen, um sich genau über meinem Bett fallen zu lassen.

Wegen dieser hochintelligenten, orientalischen Wanzen verließ ich fluchtartig die orientalische Stadt und fand auf der westlich anmutenden Seite jenseits des Wardar ein erstklassiges Hotel, das „Arabische Haus". Und so wurden die nahöstlichen Blutsauger indirekt meine Lebensretter, denn im „Arabischen Haus" wohnte damals zufällig eine amerikanische Militär-Delegation, sechs prachtvolle, sportliche Amis, die schon beim Mittagessen Freundschaft mit mir schlossen und die sich wenig später als wirksame Helfer aus höchster Not erwiesen.

Es war der Tag des großen Sportfestes der Armee. Ich erinnerte mich der Einladung. Die Sportoffiziere von „Roter Stern", so glaubte ich, werden sich freuen, wenn ich Wort halte. Am frühen Nachmittag hatte ich meinen Pflichtbesuch beim Putnik-Funktionär gemacht. Verwöhnt von Maribor, Zagreb und besonders von Belgrad war ich höchst erstaunt, daß dieser Chef nur eine dienstliche Miene zeigte. Mein Aufenthalt in der mazedonischen Hauptstadt schien ihm nicht zu gefallen. Er sagte nur: „Der Aufenthalt von Fremden ist aus vielerlei Gründen hier nicht erwünscht." Als ich ihm erwiderte, daß sämtliche Putniks in Jugoslawien einschließlich der Presse sehr gastfreundlich gewesen seien, meinte er einlenkend: „Alles schön und recht, aber hier machen wir unsere eigene Politik und Belgrad ist weit. Ich besuche

Sie morgen im „Arabischen Haus“ und werde Ihnen Vorschläge für den Besuch unserer neuaufgebauten Textil-Industrie machen.“ Dummerweise sagte ich ihm nichts von meinem bevorstehenden Besuch im Militärgelände von Serail. Es ging alles zu schnell. Er stand auf und geleitete mich zur Tür.

Ich hatte meinen braunen Trainingsanzug für die halbstündige Fahrt in das Militärgelände angezogen. Gegen vier Uhr kam ich zur ersten Sperre. Vor einem Schlagbaum standen etliche Soldaten mit Maschinenpistolen. Als sie mich von Ferne sahen, öffneten sie die Barriere, grüßten und ließen mich passieren. Merkwürdig! Sollten sie entsprechende Anweisung haben? Wenige hundert Meter weiter wieder eine Barriere und ein hoher Stacheldrahtzaun und Wachtürme und Dutzende bewaffneter Soldaten. Die Barriere hob sich, die Soldaten grüßten und ich war mitten im Militärlager. Auf einem riesigen Exerzierhof, umgeben von Baracken und einem steinernen Bau, geziert von Flaggen, standen etliche hundert Männer angetreten. Sie alle trugen die gleichen Trainingsanzüge wie ich ihn hatte. Die an den Sperren hatten mich offensichtlich für einen der Ihren gehalten.

In dem steinernen Gebäude fragte ich nach dem Kommandanten. Ein Uniformierter mit Sergeantenstreifen führte mich in einen Saal und wandte sich an einen schnurrbärtigen Offizier, der so aussah wie Stalin und die Brust voller Orden hatte. Schon nach den ersten Worten sagte er: „Nix vastehen deitsch, nix franzesi nix inglesi.“ Er ging mit mir hinaus auf den Gang. Dort war ein junger Soldat in verschlissener Uniform mit geschorener Glatze. Der Soldat schob einen großen Besen vor sich her. Der Kommandant ging auf ihn zu, kauderwelschte ziemlich aufgeregt und führte ihn schließlich zu mir. Der junge Soldat schaute mich mit einem verlegenen Blick auf den Schnauzbärtigen an und sagte schüchtern:

„Ich soll dem Herrn Kommandanten übersetzen, was Sie hier wollen.“ Ich sagte, Sportoffiziere vom „Roter Stern“ in Belgrad hätten mich zum Sportfest eingeladen. Der Junge übersetzte. Der Kommandant schüttelte den Kopf: „Hier lade nur ich ein“, sagte er. In diesem Moment fiel mir ein, daß ich in der Gesäßtasche noch einen Artikel der Borba, der offiziellen Belgrader Zeitung hatte. Ich habe zwar nie verstanden, was in diesem Blatt mit kyrillischer Schrift stand; aber da war auch ein kleines Bild von mir. Ich fischte das Papier aus meiner Tasche und überreichte es dem Allgewaltigen. Der war nun seinerseits höchst neugierig geworden, faltete das Blatt auf und da er offensichtlich nicht gut sah, begab er sich zum Fenster des Korridors, um es zu lesen.

Ich nutzte nun meinerseits die Gelegenheit, den jungen Soldaten zu fragen, woher er komme. Er hielt den Finger an den Mund und

flüsterte: „SS-Kriegsgefangener hier im Schweigelager." „Wieviele seid ihr", fragte ich. „Etwa tausend", sagte er. „Wie alt sind Sie?" wollte ich noch wissen, aber der mit der ordengeschmückten Brust und dem Stalinschnurrbart drehte sich um und herrschte den Gefangenen an.
Der trollte sich von dannen, wurde aber zurückgerufen. Er mußte mir übersetzen, daß mir der Kommandant erlaube, das soeben begonnene Fußballspiel um die Militärmeisterschaft zu besuchen. Ich solle mich dann wieder beim Kommandanten melden. Der Junge beantwortete mir zunächst die letzte Frage: „Ich werde bald zwanzig – und – stellen Sie sich auf die Gegengerade gegenüber der Tribüne, vielleicht kann ich oder einer meiner Kumpel Sie dort sprechen."
Das Stadion lag nur gute hundert Meter hinter der Kommandantur. Es war leicht zu finden. Man brauchte nur dem üblichen Stadiengebrüll entgegenzulaufen. Obwohl selbst Fußballfan, mein Interesse war zum ersten Mal in meinem Leben restlos an König Fußball erloschen. Auf der Gegengeraden erhob sich ein rasenbesetzter Erdwall. Langsam schob ich mein Rad hinter dem Rücken der Zuschauer dorthin, stellte mich hinter eine Gruppe Soldaten und hielt Ausschau nach den erwähnten Kriegsgefangenen. Ich brauchte nicht lange zu warten. Als die Menge gerade wegen einer Schiedsrichterentscheidung tobte, wurde ich von einem Mann mit einer Sense in der Hand angestoßen: „Mein Kamerad hat mich vorgeschickt. Die Chance ist groß, daß wir fünf Minuten reden können. Die merken das nicht – sind alle beim Zuschauen. Wenn wir Sie bitten dürfen . . ."; er schaute sich vorsichtig um und flüsterte:
„Bitte, schreiben Sie der deutschen Regierung, daß wir hier tausend Mann sind. Zuerst wurden die Offiziere alle von den Russen erschossen. Die Unteroffiziere bekamen lebenslänglich Zwangsarbeit und die Mannschaften zwanzig Jahre. Als die Russen gingen, wurden wir alle zu zehn Jahren von Tito begnadigt."
Der Mann sprach hastig. Er schien Sachse zu sein. Ich wollte ihn um seine Heimatadresse bitten. In diesem Moment kam der junge Mann und gesellte sich zu uns. „Mensch, Du bist aufgefallen, siehst Du nicht wie der Kettenhund nach Dir Ausschau hält!" Als sich der Ältere langsam mit seiner Sense entfernte, immer so tuend, als ob er am Fußballspiel interessiert sei, sagte der junge SS-Mann: „Der gehört zu einer Gruppe mit einem scharfen Aufpasser. Ich kann mir schon etwas mehr erlauben, weil ich serbisch gelernt habe. Trotzdem darf niemand sehen, daß ich mit Ihnen gesprochen habe. Ich habe Ihnen hier einige Adressen von Kameraden

aufgeschrieben, damit Sie Belege haben. Wenden Sie sich bitte an die bundesdeutsche Regierung, denn hier ist jedes Lebenszeichen von uns unmöglich und – wenn ich Sie bitten darf, gehen Sie nicht mehr zum Kommandanten. Die haben bestimmt nichts Gutes mit Ihnen vor. Ich habe da noch einiges mitgehört als Sie fort waren!"
Er zeigte mir noch den schnellsten Weg zu den Sperren und verschwand wie er gekommen war.
Es fiel gerade ein Tor und es war großer Jubel im Stadion. Der mir angewiesene Weg zu den Barrieren führte durch einen Pfad und eine Baustelle, den Neubau eines modernen Schießplatzes und eines Tunnels. Dort sah ich sie, die Landsleute in zerschlissenen, abgetragenen Uniformen der jugoslawischen Armee, die Gefangenen, die Sträflinge, die meist blutjungen ehemaligen SS-Soldaten, die für die büßen mußten, die sie ins Verderben und Verbrechen befohlen hatten und heute zum größten Teil als angesehene biedere Bürger in der wiederaufstrebenden Bundesrepublik ihren Weg in den Wohlstand machten, einige sogar als einflußreiche Politiker.
Man ließ mich überall ungeschoren, weil mein brauner Trainingsanzug den Sportoffizier beim Sportfest vortäuschte. Noch war das Fußballspiel im Gange. Noch hörte ich die Jubel- und Anfeuerungsschreie. Hoffentlich hatten die an den Barrieren noch keine Anweisungen, mich anzuhalten.
Ein Aufatmen! Sie öffneten die Schranken und grüßten und ließen mich passieren. Ich war schweißgebadet. Der Gedanke, etwas gesehen zu haben, was mit Sicherheit bestgehütetes Staatsgeheimnis war – und das noch in einem kommunistischen Staat – die Folgen mußten unausdenkbar sein!
Kurz vor der Stadt war ein staubiger Hohlweg, mit Weißdorn eingerahmt. Ein Jeep kam in rasender Fahrt mit gelber Staubwolke auf mich zu. Vier Soldaten saßen darin und stehend ein Zivilist. Er zeigte auf mich und schon heulte der Motor auf. Noch zwanzig Meter. An Ausweichen war nicht mehr zu denken. Wie von einer außerirdischen Kraft gestoßen warf ich mich in das Dornengebüsch, sprang wieder hoch, fühlte stechende Schmerzen im Gesicht und an meiner rechten Schulter und warmes Blut. Dann hob ich mein Fahrrad auf.
Der Jeep kam rückwärts fahrend mir entgegen. Der Putnik-Chef schaute mich haßerfüllt an. Ich schrie: „Unfall durch Mord!" Er lächelte zynisch. Die Soldaten hielten ihre MPs auf mich und acht Augenpaare schauten finster drein. „Schießen Sie doch!" schrie ich weiter, „aber die amerikanische Delegation im ‚Arabischen Haus' erwartet mich und weiß wo ich bin."
Er stutzte und sagte trocken: „Die Amis? Wieso?"

„Weil Sie in Belgrad die größten Schwierigkeiten bekommen. Ich kenne Tito."
Er sagte etwas zu dem Fahrer und der Jeep warf mir mit seinen Hinterrädern eine Menge Dreck und Staub ins Gesicht. Zitternd vor Schmerz und Angst sprang ich aufs Rad und trat in die Pedale, als ob der Jeep erneut hinter mir her sei.
Zehn Minuten später überraschte ich staub- und blutverkrustet die amerikanischen Freunde im Speisesaal. Es war gerade sechs Uhr abends und die blutigrote Abendsonne schien durch die Fenster.

Flucht mit Hilfe des CIA

Sie waren großartige Menschen, diese Männer aus Texas, aus Louisiana, aus Boston, New York und Kalifornien. Sie wuschen mich, verarzteten die vielen Wunden und Schrammen, gaben mir frische Wäsche und packten mein Fahrrad. Als es dunkel wurde, geleiteten sie mich in die Garage, packten mich und das Fahrrad in einen ihrer Lastwagen und brachten mich über holprige Straßen und Feldwege, über achtzig Kilometer, hinaus aus der Stadt in die Nähe der griechischen Grenze.
Es war kurz nach zehn Uhr abends, als der Lastwagen stoppte. Der Texaner öffnete die Plane, hob mein Rad auf den Weg und sagte: „Fahr an diesem Mohnfeld entlang. Nach zehn Minuten kommst Du an ein Farmhaus. Dort wirst Du erwartet. Be a good boy!" Damit klopfte er mir auf die Schulter, stieg ins Führerhaus und ich blickte den roten Schlußlichtern nach und stand allein unter den Sternen und neuen unbekannten Abenteuern gegenüber.
Was nun? Es wurde mir klar, daß die Amerikaner sich in dieser Gegend auskannten, gehörte es doch zu ihren Aufgaben im Rahmen der US-Militärhilfe, die passenden Gelände für Flughäfen zu finden, Flugplätze, die später einmal die an Tito zu liefernden amerikanischen Kriegsflugzeuge aufnehmen konnten. Aber was zum Teufel hatte das mit dem Farmhaus zu tun? Und ich wurde dort bereits erwartet? Offensichtlich bestand da eine Funkverbindung. Mein Gott, auf was hatte ich mich da eingelassen!
Das Farmhaus entpuppte sich als eine kleine Hütte. Ein helles Feuer brannte davor und ein Mann war da, der sich an der Glut zu schaffen machte. Plötzlich stutzte er und schaute auf das Licht meines Dynamos. Dann rief er: „Hello, be cautious, there is a ditch! (Vorsicht, da ist ein Graben)".
Da war tatsächlich ein tiefer, von hohem Gras überwucherter Wassergraben, nur einen Schritt breit. Für das Rad wäre er fatal

gewesen. Er kam mir entgegen, reichte mir die Hand und hob mein Rad mit einem Schwung über das Hindernis.
Wir aßen auf dem Rost gebratenes Hammelfleisch und tranken roten Wein. Der Mann sah im Feuerschein nicht wie ein Bauer, sondern eher wie ein Räuberhauptmann aus. Unter seinem weiten Hut und dem stoppeligen Bart blitzten kohlrabenschwarze Augen. Ein rotes Halstuch über einem groben schwarzen Flanellhemd vollendete seinen Aufzug. Er sprach gebrochenes Englisch und ohne den Zweck meines Besuches zu erwähnen, erzählte er nur von der bevorstehenden Opiumernte. „Deshalb also das riesige Opiumfeld der roten Mohnblumen?“ Er nickte und erklärte, daß er das Rohopium direkt an die Regierung verkaufe und diese dann für den Export und die entsprechenden Devisen sorge. Das Opium aus den mazedonischen Bergen sei besser als das aus der Türkei, behauptete er.
So interessant diese Unterhaltung auch war, mir brannte der Boden unter den Füßen, und ich nutzte die nächste Gesprächspause, um das Thema auf meine Angelegenheit zu bringen.
„Wie weit ist es von hier bis zur griechischen Grenze?“
„Die Grenze ist nur drei Meilen entfernt“, sagte er, „aber dort kommst Du nicht hinüber. Du mußt gut zwanzig Meilen per Lastwagen fahren, um unbemerkt nach Griechenland zu gelangen“.
„Zwanzig Meilen und nochmals mit dem Lastwagen“, wiederholte ich erstaunt. „Wieso denn das?“
„Yes, a German Truck“. Er lachte amüsiert.
„Was soll denn das schon wieder heißen – mit einem deutschen Lastwagen?“
„Ja, mit einem soliden deutschen Militärtruck; der gehört jetzt einem ehemaligen deutschen Kriegsgefangenen, der sich hier mit einer Mazedonierin verheiratet hat; der hat das Fahrzeug von der Regierung gekauft. Das ist ein großer Mechaniker und ein schlauer Bursche. Er ist steinreich, weil er für wenig Geld am Tage für die Regierung fährt und nachts den Wagen für seine Schmuggelgeschäfte mit Griechenland benutzt“.
„Alles verstanden“, sagte ich, „aber wie soll das jetzt mit mir weitergehen? Du hast wohl über Funk einige Anweisungen von den amerikanischen Freunden bekommen?“
Er schaute mich etwas betroffen an: „Pst, Funk und außerdem auch mich und das was war und nun noch kommt, all das mußt Du vergessen. Du darfst mit niemand darüber sprechen und auch nichts darüber schreiben! Versprichst Du das?“*

* In der Erstausgabe fehlte dieser Abschnitt. Der zeitliche Abstand rechtfertigt heute, diese Episode mitzuteilen.

Ich reichte ihm die Hand.
Ich sah ein, daß ich in ein gefährliches Netz geheimdienstlicher Organisationen hineingeraten war und daß es nicht nur in meinem Interesse, sondern auch im Interesse der hilfreichen Amerikaner und insbesondere der im Schweigelager befindlichen deutschen Kriegsgefangenen lag, diesen abenteuerlichen Abschnitt meiner Fahrradreise aus allen Veröffentlichungen fernzuhalten. Dafür machte ich einen Bericht an die Bundesregierung, den ich vierzehn Tage später dem deutschen Generalkonsul in Istanbul übergab.
Das Schweigelager wurde übrigens ein Jahr später aufgelöst und wie ich hörte, sollte Tito das veranlaßt haben, als er erfahren hatte, daß viele dieser SS-Männer als halbe Kinder in Gefangenschaft gerieten. Sie waren damals sechzehn, ja einige von ihnen nur fünfzehn Jahre alt.
Der geheimnisvolle Opiumfarmer zeigte mir den Weg zu meiner nächsten Fluchtstation aus dem so unfreundlich gewordenen Jugoslawien. Es waren nur fünfzehn Minuten über einen vom hellen Mond beleuchteten Feldweg. Beim Abschied reichte er mir ein Bündel schmutziger Banknoten.
„Das sind griechische Drachmen, damit Du gleich hinter der griechischen Grenze Land gewinnst und vergiß nicht, Deinen Landsleuten drüben im Gasthaus zu sagen, Mike hat Dich geschickt."

Gastfreundschaft

Nichts ist verrückter, als nüchtern in eine besoffene Gesellschaft zu geraten. Genau das passierte mir, als ich jenes Gasthaus am Rande einer kleinen Siedlung erreichte, das mir Mike, der Opiumfarmer, beschrieben hatte. Schon aus der Ferne hörte ich das Gegröle rauher Männerstimmen und – bekannte Melodien, deutsche Landsergesänge „Annemarie, wenn wir am Rhein spazieren – dann wünsch ich mir und der Kompanie dazu – eine die ist wie Du – Annemariemaria".
Merkwürdig, so etwas nach dem verlorenen Krieg mitten im ehemaligen Feindgebiet, im kommunistischen Jugoslawien! Mike hatte mir nur von einem einzigen Deutschen erzählt, dem Mechaniker, der mich über die Grenze bringen sollte.
Ich öffnete die Tür und blieb stehen, um meine Augen zunächst an das helle Licht und die schwebenden Rauchschwaden zu gewöhnen und sagte laut „Guten Abend". Es war bereits Mitternacht. Der Gesang verstummte langsam und die Männer schauten mich groß an. Dann sagte ich: „Das geht bei Euch ja hoch her. Gratuliere,

weiß zwar nicht warum. Ich suche den berühmten Mechaniker mit dem Lastwagen!"

Ein großer Blonder mit offenem Hemd und haariger Brust stand auf und sagte: „Danke Fremder, meine Süße hat Geburtstag." Er kam leicht schwankend auf mich zu, reichte mir die Hand und ich sagte: „Ich muß mit Ihnen sprechen, aber nicht hier." Er führte mich nach draußen in die Dunkelheit. „Ich komme von Mike, sollte ich ausrichten." Er erschrak sichtlich: „Zum Teufel nochmal, was ist da los?" „Nichts besonderes", sagte ich und erzählte ihm meine Geschichte.

„Wenn das so ist", meinte er gedehnt. „Das ist halb so wild, dachte schon, es sei was Schlimmeres passiert. Das sind kleine Fische. Ich fahre im Morgengrauen. Nur keine Bange, da ist wirklich nichts dabei. Kommen Sie lieber zu uns und feiern mit!"

Ganz zufrieden war ich nicht. Was sagt man nicht alles, wenn man besoffen ist, und außerdem schien es mir doch etwas riskant, mit einem besoffenen Fahrer illegal über eine Grenze zu kutschieren. Andererseits – wer A sagt, muß auch B sagen, und letzten Endes, was blieb mir anderes übrig, als dem lieben Gott zu vertrauen und die Dinge so zu nehmen, wie sie kamen.

Es wurde weiter gefeiert, getanzt, getrunken, dummes Zeug geredet. Die Männer waren alle ehemalige jugoslawische Kriegsgefangene, Deutsche, die als Handwerker, als sogenannte Spezialistas, vorzeitig entlassen wurden, um Tito am Wiederaufbau seines Landes zu helfen. Sie waren bald von mazedonischen Frauen heiß begehrt und nicht einer war darunter, der nicht den Reizen dieser feurigen Weiblichkeit erlegen wäre. Sie waren alle verheiratet! Ihre Sprache war ein Mischmasch von Landserdeutsch und Mazedonisch. Der blonde Mechaniker, er wurde von allen Willi genannt; Willi wurde plötzlich schweigsam und bestellte sich Tee. „Jetzt ist Schluß mit der Sauferei", sagte er und begann ein ernstes Gespräch mit mir. „Manches Mal denke ich, in Bremen könnte ich mich wohler fühlen, aber da macht meine Frau nicht mit." Er schien durch meine Anwesenheit an die Heimat erinnert zu sein. „Verdiene im Moment eine Menge Geld, meist illegal über die Grenze, verstehst Du? Habe sogar ganz schön Devisen zusammengekratzt."

„Hast Du keine Angst, daß Du einmal auffliegst?" fragte ich.

„Quatsch", sagte er, „das ist so gut wie unmöglich, weil sie alle, einschließlich der Funktionäre, von mir ihre Vorteile haben. Nein, die tun mir nichts. Ich brauche nur abzuhauen und mir mit dem Geld in Bremen eine neue Existenz aufzubauen."

„Und warum tust Du es nicht?" wollte ich wissen.

„Kann ich nicht, meine Frau will nicht und wenn ich so darüber nachdenke, eigentlich ist das Leben hier viel leichter und nicht so

ernst und so gehetzt wie in Deutschland und – die Menschen hier sind nicht so engstirnig und so moralisch und so eigennützig. . .".
Die Ehepaare gingen allmählich nach Hause und Willi brach mit mir auf, um die Fahrt über die Grenze anzutreten. Draußen merkte ich, daß auch ich schwer „geladen" hatte. Wenige Minuten später lag ich in meinem Schlafsack unter der Plane des Lastwagens und wurde in einen tiefen Schlaf gerüttelt.
Stunden später. . .
Soweit ich mich auf mein Gedächtnis verlassen kann, hatten wir nur einmal gehalten und lautes Gelächter war an mein Ohr gedrungen. Dann ging das Gerüttel weiter. Ich war wieder eingeschlafen und Willi kam und sagte:
„Mensch, kannst Du pennen! Es ist zehn Uhr und wir sind angekommen."
„Wo angekommen?" gähnte ich. „In Griechenland?"
„Was denkst Du denn? Hab' ich nicht gesagt, das sind kleine Fische?'"
„Hast Du gesagt", bestätigte ich, „und wo sind wir genau, weit von der Grenze entfernt?"
„Um es Dir genau auseinanderzuklabustern und damit Du zufrieden bist, wir befinden uns in der Großstadt Saloniki am Mittelmeer. Du mußt ein weites Stück zurückfahren, um auf die Straße nach Istanbul zu geraten, Richtung Xanthe und Cavalla und wie die Nester alle heißen."
Willi gähnte und ich konnte es verstehen. Ich stand mitten in der Stadt auf einem großen Platz und von weitem heulten die Sirenen der Schiffe des Mittelmeers. Kleine Buben umlagerten mich. Einige bettelten und andere wollten mir die Schuhe putzen – für etliche Drachmen.
Mein Weg durch Griechenland lief die Mittelmeerküste entlang. Eine frische Brise blies aus der Unendlichkeit der Bläue der See und überall grüßten freundliche Leute. Der frühere Optimismus kehrte zurück. Sämtliche Muskeln hatten sich erholt, waren stärker geworden und hatten sich an das Radfahren gewöhnt. Kurz, ich war unendlich glücklich, die Pedale im mechanischen Rhythmus rund und rund zu treten, fast ohne es zu merken – und das in einem Land von Milch und Honig. Wenn ich, wo immer es auch war, nur nach Trinkwasser fragte, wurde ich von den Leuten, meist kleinen Bauern oder Fischern, zur Mahlzeit eingeladen. Die Felder lagen voll mit saftigen Melonen. Selbst auf den Straßen lagen Dutzende der Früchte, die von den vollbeladenen Eselkarren heruntergefallen und aufgeplatzt waren und Hunderte von Schildkröten waren da, die gierig an dem Fruchtfleisch fraßen. Von ihren kleinen Mäulern tropfte der rosige Saft.

Mikes Drachmen waren noch unangebrochen. Die Gastfreundlichkeit der Griechen ließ nicht zu, daß ich bei ihnen Geld ausgab. Es war die Zeit der Erntefeste, der ins Altertum zurückreichenden Bräuche, der Tänze und des nach Teer schmeckenden griechischen Weins. Es war die reinste Ferienreise. Tagsüber Sport, ein herrliches Fitnesstraining von etwa hundertfünfzig Kilometern und an den lauen Herbstabenden Tanz und griechischer Wein, an dessen merkwürdig harzig-teerigen Geschmack ich mich schnell gewöhnte. Das war Lebensgenuß in aller Fülle. Ein unendliches Freiheitsgefühl war das, wenn ich am späten Abend in mein Zelt kroch, den Duft des Meeres und der Erde atmete und zu den Sternen schaute. Eines Abends sah ich im Mondenschein im weiten Norden die Konturen der bulgarischen Bergzacken und es fiel mir ein, daß dort mein jüngster Bruder Günter mit Bauchschuß in einer Schlucht gefunden wurde. Wie von seinem Hauptmann berichtet wurde, hielt er das Bild meiner Tochter Gudrun in der im Todeskampf verkrampften Hand. Er war Unteroffizier. Er war unser Lieblingsbruder, weil er immer lustig war. Ich glaube, ich bin an jenem Abend mit Tränen in den Augen und Haß gegen den Krieg im Herzen eingeschlafen.
Am Tag nach diesem traurigen Abend erreichte ich das Länderdreieck Griechenland-Bulgarien-Türkei. Die staubige Landstraße war unfreundlich und langweilig. Rechts und links nichts als Steppe, aber in der Ferne erschien wie eine Fata Morgana die Silhouette des Orients. Es war, als ob dort im Nordosten, schwebend über der dunstigen Erde, von Allah hingezaubert, eine schlohweiße, riesige Moschee mit nadelspitzen Minaretts am Himmel schwebte. Das war Edirne, das ehemalige Adrianopolis. Davor mußte die türkische Grenze liegen.
Ein alter Lehrer mit zerknittertem gelben Papiergesicht, der gut französisch sprach, hatte mir in der letzten griechischen Ortschaft am Vormittag den Rat gegeben, am Zoll gleich zu sagen, daß ich Deutscher sei. Die Zöllner, so sagte er, seien unmenschlich streng, er habe aber gehört, daß sie sehr deutschfreundlich seien. So steckte ich meinen französischen Paß in die letzte Ecke der Packtasche und holte meinen deutschen Paß hervor, als ich von fern die Zollbaracke mit den darüber flatternden Fahnen sah.
Der alte Lehrer hatte recht gehabt. Die Griechen ließen jedermann, fast ohne nach den Pässen zu fragen, passieren.

Die Türken waren fast unmenschlich genau. Sie tasteten die Leute ab und durchwühlten die Koffer, als ob sie darin nach winzigen Juwelen suchten. Weil ich mit meinem relativ langsamen Fahrrad noch etwas von Edirne sehen wollte und außerdem noch einen Zeltplatz suchen mußte, umging ich die Schlange der ungeduldig Wartenden und steuerte auf einen einsam dastehenden Uniformierten zu. Der schnauzte mich an wie ein deutscher Feldwebel. Ich mußte mich zusammenreißen, um nicht in das Geschimpfe einzustimmen und zeigte das falscheste Lächeln meines Lebens. Da stutzte er und griff sogar nach dem grünen Büchlein meines hingereichten Passes. Er schaute neugierig hinein, bis der Groschen fiel. „Almani?" Und tatsächlich, der alte Lehrer hatte recht gehabt. Der Uniformierte grüßte, als ob ich plötzlich General geworden sei, und sagte:
„Almani! Bon ami, bon soldat! Vien!" Damit faßte er mich an die Schulter und schob mich sanft durch eine Barackentür. Dort saß hinter einem Schreibtisch ein mächtig Dicker mit einem Klimperkasten von Medaillen auf der Brust. Kein Zweifel, das war der Chef. Von dem Kauderwelsch der beiden verstand ich nur das Wort „Almani". Dann sprach der Dicke französisch:
„Endlich kommt einmal ein Deutscher durch unsere Grenze. Das ist heutzutage ein seltener Besuch. Sie wissen doch, daß wir Türken viel Sympathien für Deutschland haben?"
„Ich hoffe, daß es einmal viele Landsleute sein werden, die Ihre Grenze überschreiten", sagte ich.
Er bestellte Tee und süßes Gebäck und ich überlegte, ob ich nicht eine Unterhaltung über die Ursache der deutsch-türkischen Freundschaft beginnen sollte. Es gefiel mir nicht ganz, daß wir nur deshalb Freunde sein sollten, weil wir Deutschen den Ruf hatten, gute Soldaten zu sein.
Die gewaltige Moschee lag im Mondschein – ein Märchen. Ringsum war pulsierendes Leben, Wasserträger in Lumpen, schreiende Verkäufer, barfüßige Kinder, Eselkarren. Die buckligen Straßen, das Kopfsteinpflaster, Schmutz und herumfliegende Abfälle und vor allem die heruntergekommenen, meist kleinen Häuser vermittelten den Eindruck einer Stadt, die zwar eine Jahrtausend-Vergangenheit hat, aber keine Zukunft. Und warum? Nur weil in diesem Dreiländereck die Erbfeindschaft mit Griechenland und der eiserne Vorhang der kommunistischen Welt Bulgariens jeden normalen Handelsaustausch blockieren.
An einem frisch getünchten Haus stand ein großes Schild „Oteli". Ein Hotel also. Ich war so müde, daß ich der Versuchung, auf mein

Zelt zu verzichten, nachgab und wieder einmal in einem Hotelbett schlafen wollte. Man hatte mir an der Grenze die Drachmen gut gewechselt. Der Hotelier führte mich die Treppen hinauf und zeigte mir sein bestes Zimmer, wie er sagte. Ein kahler Raum, zerfranste durchlöcherte Teppiche und schmutzige, wenn auch gebügelte Bettwäsche! Ich drehte mich auf dem Absatz um, lief davon, sprang auf mein Rad und trampelte aus der Stadt hinaus in die Dunkelheit. Eine Stunde später fand ich zwischen einer Maulbeerplantage und einem riesigen Mohnfeld einen geeigneten Platz, mein eigenes Liliput-Hotel aufzuschlagen, und das war meine erste Nacht in der Türkei.

Am folgenden Morgen wurde mir bewußt, erstmals bewußt, daß eine andere Welt sich mir öffnete. Europa begann zu verblassen und Asien mit all seinen Geheimnissen winkte. Ich fühlte, daß ich ganz plötzlich von der Heimat weit entfernt war. Jetzt erst konnte ich von einer beginnenden Weltreise sprechen. Dreitausend Kilometer lagen hinter mir. Ein Monat war vergangen.

Auf staubiger Landstraße, mitten zwischen Eselkarren und klapprigen Lastwagen, erschien die milchigblaue Weite des Marmarameers. Der Verkehr wurde dichter. Es erschienen sogar etliche Luxuslimousinen, viele Busse und hie und da, im Gelände versteckt, die Villen derer, die es sich leisten konnten, der Großstadt zu entfliehen.

Istanbul, das geschichtsträchtige Konstantinopel! Man nähert sich dieser Stadt mit einer gewissen Ehrfurcht, mit dem Respekt, den man einer ganz großen Vergangenheit widmet. Die byzantinischen Mauern, ob verfallen oder gut erhalten, die Türme und Reste von Zitadellen, die Moscheen – aus all dem tönt die Erinnerung an ein Großreich, dessen Spuren ich bereits in Gestalt kleiner Lehmkuppeln und Minaretts auf der Fahrt zwischen Belgrad und Skoplje erleben durfte. – Einst hatte der mächtige Sultan dieser Stadt mit seinen Janitscharen sogar vor Wien gestanden, um unser Christliches Abendland Allah und dem Propheten Mohammed und nicht zuletzt sich selbst unterzuordnen! Die europäische Geschichte hätte einen unausdenkbar anderen Verlauf genommen, wenn Prinz Eugen damals, im Jahre 1683, nicht gewesen wäre und die Konstantinopolitaner zum Teufel gejagt hätte. Diese Erinnerung bringt einen zum Schmunzeln, wenn man in der Tagespresse liest, daß genausoviele Wiener in Sonderzügen nach Istanbul zu einem Fußballspiel gegen die Türkei fahren, wie seinerzeit Janitscharen die Stadt Wien belagerten.

Ich stieg vom Rad. Da lag breit und etwas geheimnisvoll die Emir-Achor-Moschee im Stadtteil Psamatia Kapusi.

Bis hierher fährt die Trambahn aus dem Innern der Stadt. Vor der

Moschee hockte ein krausköpfiger Türkenjunge. Er hatte sich in den Kopf gesetzt, mir um jeden Preis meine Schuhe zu putzen. Seine Putzmittel lagen in einem blitzblanken Metallkästchen. Ringsherum hatten Händler ihre Verkaufsstände aufgeschlagen. Plötzlich kam Bewegung in die feilschenden Basarkrämer. Da war doch einer, der rief meinen Namen, ein Unrasierter mit einer Zeitung in der Hand. Er zeigte auf mich und im Nu war ich von einer Schar wild gestikulierender Türken umringt. Bevor ich mir aus diesem durchaus nicht unfreundlichen Überfall einen Vers machen konnte, drängte sich ein junger Bursche mit intelligentem Gesicht durch die Menge und sagte:
„Du, deutsche Sportmann, Du Journalist, Du in Zeitung." Aus der Menge hob einer eine Zeitung über die Köpfe und stieß mit dem Finger auf mein Konterfei mit dem hochbepackten Fahrrad. Es war ein Bild, das österreichische Journalisten in Linz von mir gemacht hatten. Es nahm kein Ende, wie sie mich musterten, mich und mein Fahrrad, die Zeltausrüstung mit der Landkarte auf der Lenkstange, das Gepäckbündel auf dem Gepäckträger und wer weiß was sonst noch . . . bis ein schnittiges Kabriolett unmittelbar neben der Gruppe hielt.
„Mister, he Mister!"
Die Menge trat auf die Seite und ein europäisch Gekleideter reichte mir die Hand.
„Ich komme von der Zeitung. Ihre Ankunft ist uns von der Grenze gemeldet worden. Wir brachten heute morgen eine Meldung über Sie und Ihre Weltreise! Kommen Sie gleich mit mir! Das Rad legen wir über die Plane. Kommen Sie! Die ganze Redaktion erwartet Sie. Sie müssen uns viel erzählen und selbstverständlich honorieren wir entsprechend; aber Sie werden das Geld überhaupt nicht brauchen. Das Telefon klingelt bei uns seit den frühen Morgenstunden . . . eine Menge Leute hat Sie eingeladen. . ."
„Das ist ja ein richtiger Überfall," sagte ich und als wir im Wagen saßen, fügte ich dem noch hinzu, „ich habe nur einen Mordshunger. Hoffentlich denkt Ihr daran, bevor ich Euch meine Story erzähle oder gar schreibe."
Die Zeitungsleute waren großartige Menschen. Sie hatten in jeder Hinsicht vorgesorgt. Unbezahlte, großzügige Manager waren sie. Sie sorgten für die Unterkunft im größten Sportclub der Stadt, sie wählten die unzähligen Einladungen aus und brachten mich nur zu Leuten, die interessant waren, zu etlichen Politikern, Gelehrten, Journalisten und bekannten Sportlern. Sie zeigten mir die unbekannten Sehenswürdigkeiten, die Armut hinter den Kulissen. Ich konnte mich mit den zigarettenrauchenden Badefrauen in den türkischen Bädern unterhalten. In etlichen der unzähligen Kaffee-

häuser habe ich Raki und starken türkischen Kaffee aus Miniaturtäßchen getrunken, während sich draußen die Trambahn durch eine Ziegenherde hindurchbimmelte, sah, wie die Hausfrauen die Ziegen aus der Herde an die Häuserwand zogen, um sich ihre Milch selbst zu zapfen – also damals schon Selbstbedienung.
Ich sah viel Armut, viel Bettelei und chronische Arbeitslosigkeit. Aber einmal irrte ich mich. Es war mir an etlichen Plätzen, in Basaren, vor den Eingängen der Moscheen und an Brückenpfeilern aufgefallen, daß dort merkwürdige alte, bärtige Bettler saßen, die unaufhörlich redeten und stets von einer Schar Leuten umlagert waren. Mein Begleiter, ein Redakteur, lachte laut, als ich ihn fragte, was diese Bettler als Dauerredner alles daherschwatzten.
„Bei Allah und all seinen Propheten", sagte er, „sagen Sie nie wieder, daß das Bettler sind!"
„Aber sehen Sie doch selbst, wie die Leute Geldmünzen bei ihm abliefern und in das Kästchen werfen, das neben dem Alten steht", protestierte ich.
„Die Leute. . .", mein Begleiter lächelte nachsichtig, „. . . die Leute tun dasselbe, was wir alle tun, wenn wir uns eine Zeitung auf der Straße kaufen. Sie bezahlen die Nachrichten und das Feuilleton, nur daß es sich hier um das gesprochene und nicht das geschriebene Wort handelt und daß diese Märchenerzähler dem Verständnis der oft analphabetischen Bevölkerung näher sind als sämtliche gebildeten Redakteure der ganzen Türkei zusammengenommen. Diese ehrwürdigen Erzähler sehen Sie überall in unserem weiten Land, an den Straßenecken, in den Karawansereien Anatoliens, in den Städten und Dörfern. Sie sind für das Volk, das nicht schreiben und lesen kann, gewissermaßen das umherziehende Tageblatt. Sie erzählen nicht nur Märchen, nicht nur Feuilleton, sondern auch politisches Weltgeschehen, wenn auch märchenhaft. Die Leute verstehen unsere Märchenerzähler besser als unsere gebildeten Leser ihre Zeitung."
Später erfuhr ich noch mehr über diese Märchenerzähler. Mitten in der anatolischen Steppe traf ich damals einen französisch sprechenden türkischen Professor. Das war in einem kleinen Lehmhüttendorf vor einer Teebude.
„Die von Ihnen fälschlich als ‚alte Bettler' angesehenen alten Männer gehören in Wirklichkeit einer hochqualifizierten mächtigen Kaste an. Da werden nur erfahrene Alte aufgenommen. Man behauptet sogar, daß sie eine politische Macht in unserer Demokratie bedeuten. Und was die Märchen anbelangt, sind sie gewissermaßen Kulturträger. So hat jede Sippe ihre eigenen Märchen, die nur zum kleinsten Teil irgendwo aufgeschrieben sind, sondern von Mund zu Mund überliefert werden. Märchen

von Ali, dem Meisterdieb, von Hodscha Nasreddin, dem türkischen Eulenspiegel, und von den Kalifen und Großwesiren, alles in allem ein großartiges Gemälde unserer türkischen Geschichte."
Bevor ich in einem Fährdampfer über den Bosporus hinüber auf das asiatische Festland fuhr – heute führt eine mächtige Brücke hinüber –, traf ich einen uralten, vielleicht Neunzigjährigen, der laut Aussage meines Begleiters in ganz Istanbul höchstes Ansehen genoß. Er saß auf dem Podest eines Denkmals und zog die Perlen seiner Gebetsschnur durch die Finger und schaute mich interessiert an.
„You're a German", sagte er in einwandfreiem Englisch. „Von Euch kommen nur wenige zu Allah, weil Ihr mit Euern Maschinen das Himmelreich auf Erden wollt!" Ich stutzte und leicht schokkiert suchte ich nach einer passenden Antwort. Er ließ mich nicht zu Wort kommen und fuhr fort:
„Merke Dir das und auch das noch: Eure Köpfe werden immer mehr zu Papier!" – Mein Begleiter lachte amüsiert. Ich machte ein dummes Gesicht und der Alte schaute mit wasserblauen Augen durch mich hindurch über das Wasser nach Asien.
Das Rad rollte nun endlich auf asiatischem Boden. Hundert Kilometer waren es entlang der Mittelmeerküste bis zur Hafenstadt Izmit, und dann ging es langsam und mühevoll der anatolischen Hochebene entgegen, vier Stunden quälendes Trampeln bis zu den ersten Lehmhütten der sogenannten Großstadt Adapazari. Es war fast zum Verzweifeln, diese entsetzlich staubige Straße, die damals eher eine überbreite Piste als eine Straße war und deren Gerade oft in einem Gemisch von Staub und Horizont unterging. Nach drei Stunden Abrackerns las ich in türkischen Zahlen „Zehn Km." Ziemlich ausgepumpt brachte ich die Füße auf die Pedale meiner Foltermühle und begann erneut die qualvolle Strampelei. . . noch neun, noch acht, noch sieben Kilometer bis Adapazari. So etwas soll ein Tourenfahrer auf dem Fahrrad nie tun, fiel mir ein. Dabei werden die Kilometer unendlich lang. Die Landschaft wurde etwas freundlicher und etliche Kurven brachten Abwechslung.

Ankara und der „Überfall" im Taurusgebirge

Die 300 Kilometer von Adapazari bis Ankara war ich in bester Form. Nur zwei Tage trotz vieler steiler Berge, trotz unglaublich schlechter Straßen!
Unterwegs begegnete ich nur wenigen Menschen, aber vielen Ziegen, hier und da auch einem türkischen Bauern, der mit seinem

Esel den Weg kreuzte. Es war bitterkalt geworden. Die Hirten standen da wie Denkmäler in der Steppe, umgeben von ihren Schafen und Ziegen und hielten mannshohe Schilder aus Fellen gegen den Steppenwind. Die Nächte im Zelt waren so eisig, daß ich zusammengekauert im Schlafsack, schon im Morgengrauen wach wurde und eiligst meine Sachen zusammenpackte, bevor die Finger klamm wurden. So raste ich, so gut es ging, der türkischen Hauptstadt entgegen und nahm mir vor, mich dort entsprechend einzukleiden. Ein Glück, daß die Honorare von Istanbul so reichlich waren und ich über genügend Geld verfügte, um zumindest bis nach Syrien zu kommen.
Es war kurz nach Mittag, als ich auf einem Stück frisch geteerter Straße in rasender Fahrt von den Bergen talwärts auf die Hauptstadt blicken konnte. Rings um die riesige Stadt nichts als kahle Berge. Einige Villen, dann das übliche Armutsviertel, die Altstadt mit ihren Mauern und etliche Moscheen. In den engen Straßen drängelte, schubste und schlängelte sich die Masse Mensch, neben Türken viele Armenier, Griechen und Juden.
In einer engen Basarstraße, in der die Menschen sich stauten und ich – begafft von allen Seiten – mein Rad schieben mußte, weil ich sonst nicht durchgekommen wäre. Ich entdeckte eine „Imbißhalle“, wie wir in Deutschland sagen würden. Es gab aber keine Würstchen, sondern nur eine Art Schaschlik aus Hammelfleisch, triefend vor Fett. Dazu ein knuspriges Fladenbrot.
Mitten aus dieser Altstadt heraus hebt sich ein felsiger Berg. Eine abenteuerliche Zitadelle strebt dort in den blauen anatolischen Himmel. Historische Erinnerungen werden geweckt. Bei einem deutschsprechenden Juden in einem Basarwinkel entdecke ich federleichte Angora-Wäsche und eine gigantische Decke aus der gleichen Wolle, alles in allem spottbillig. Der spitzbärtige Händler verlangte runde siebzig Mark dafür. Ich gab ihm die Hälfte und er war immer noch glücklich mit diesem Preis. „Angora“, ein wohlklingendes Wort! Dreißig Jahre zuvor hieß die Stadt noch Angora und alle Welt wußte und weiß noch heute, was das ist – nämlich jene weiche, warme und seidige Wolle einer zentral-anatolischen Ziegenrasse. Damals, in den zwanziger Jahren hatte Angora, das heutige Ankara nur ganze vierzigtausend Einwohner. Dann erschien nach dem ersten Weltkrieg auf der Bühne der Geschichte jener Mann, der unter dem Namen Kemal Atatürk auf den Trümmern des osmanischen Großreiches die moderne Türkei schaffen wollte. Aus strategischen und vielleicht auch bevölkerungspolitischen Gründen machte er dieses Nest im Kessel der anatolischen Steppenberge zur Hauptstadt und nannte sie Ankara. Und Ankara wuchs in den wenigen Jahren

tatsächlich zu einer modernen Großstadt heran, zu einer Millionenstadt.
Boulevard Atatürk! Prachtstraße der modernen Hauptstadt. Rechts und links Baugerippe, Hotels, Geschäftshäuser, Banken. Das Regierungsviertel schließt sich an, die Botschaftsgebäude. Manche Bauten scheinen mir eine Nummer zu groß, zu bombastisch zu sein, ebenso wie die vielen Cadillacs und die Luxuslimousinen anderer Fabrikate. Aushängeschild für die moderne Gesellschaftskrankheit krebsartig wuchernder Bürokratie, dachte ich mir und trat in die Pedale.
Es ging wieder bergauf, der eisigen Hochsteppe und den auf fast viertausend Meter ansteigenden Taurusbergen entgegen. Noch sechshundert Kilometer bis Adana und zum sonnigen Süden, zum östlichen Zipfel des Mittelmeers. Ob das in vier oder fünf Tagen zu schaffen ist?
Es ging weiterhin bergauf, bergab. Die anatolischen Hochebenen sind ein Gebiet von herber Wildheit, eine unendliche Weite, in der die Füchse sich gute Nacht sagen und die Wolfsrudel zur Landplage geworden sind. Das jahrhundertelange Abholzen, die Suche nach Feuerholz hat die Bäume selten gemacht und die Ziegenherden haben selbst das Gebüsch aufgefressen. An vielen Stellen hatten Wind und Sturm die Erde fortgeweht und der seltene Regen wusch die Felsen blank von jeder Vegetation. Erst in letzter Zeit versucht man mit ausländischer Hilfe wieder aufzuforsten, Tropfen auf heiße Steine. Die Bürokratie frißt mehr als die Arbeit an den mageren Finanzen.
Die Straße war holprig, der Ostwind pfiff und heulte, und die Hände waren steifgefroren, trotz der dicken Handschuhe. Der Lenker war schwer zu halten. Die Handgelenke schwollen und schmerzten. Die Rechnung, in vier bis fünf Tagen das südliche Adana zu erreichen, diese Rechnung ging bestimmt nicht auf, sie war ohne den Wirt gemacht, nämlich ohne Berücksichtigung der furchtbaren Straßenverhältnisse – hopp-hopp-hopp, wie die Fahrt über ein riesiges Wellblech.
Mitten in der zerklüfteten Wildnis kam überraschend die Nacht. Suche nach einem geschützten Zeltplatz. Zehn Minuten später wieder Talfahrt. Plötzlich taucht links der Straße eine hohe, im Mondschein gespenstig wirkende Hecke auf, dahinter das Dach einer Lehmhütte. Dort war es windstill. In drei Minuten stand das Zelt und fünf Minuten später versank die Welt in einem molligwarmen Schlaf. Dann krähte der Hahn. Der Morgen graute und ziemlich gut erholt packte ich mein Hotel auf die Lenkstange.
Fünf Tage waren seit Ankara verflossen. Der Tagesdurchschnitt ganze 80 Kilometer! Die Gelenke waren geschwollen und nun

kamen auch noch Frostbeulen an den Füßen hinzu. In der Ferne erschienen einige Schneeberge, das Taurusgebirge. Dort über die Pässe mußte ich. Dann wird es wärmer, dort hinter den Bergen im Süden! Ich dachte an die berühmte „Tour de France“. Sie wird die „Tour der Leiden“ genannt. Ich mußte laut lachen. Leiden? Die sollten einmal eine Tour durch Anatolien machen, dann wüßten sie, was Leiden sind!

Am Mittag hatte ich eine Reifenpanne. Die Hände waren so gefroren, daß es trotz allen Zähnezusammenbeißens nicht gelang, den Reifenmantel abzuziehen. Im Windschatten eines Felsens, um den der Sturm heulte wie ein Rudel Wölfe, dort konnte ich mit mühsam herangeschlepptem Buschwerk ein Feuer entfachen und mich durchwärmen. Vier volle Stunden dauerte die Reparatur einschließlich des Einziehens von einem halben Dutzend neuer Speichen. Dann liefen die Räder wieder rund und die Berge, die Steigungen kamen näher.

Mitten in der zerklüfteten Wildnis kam die Nacht. Die Suche nach einem schützenden Felsblock, nach einer windgeschützten Stelle begann, einem Platz für mein Zelt.

Ich dachte daran, daß ein Rudel Wölfe mich ausmachen und besuchen könnte. Mir war nicht ganz wohl bei diesem Gedanken.

Plötzlich sah ich vor mir zwei Lichter aufleuchten. Es waren Scheinwerfer eines lärmenden Lastwagens, der mir entgegenkam. Sie blendeten mich dermaßen, daß ich absteigen mußte.

Was dann folgte, war das Werk weniger Sekunden.

Die Bremsen des Wagens kreischten auf. Schon war ich umringt von etwa zehn verwegen aussehenden Männern. Ihr Anführer, der offenbar gleich gesehen hatte, daß ich Ausländer war, trat sofort auf mich zu und fragte mich in gebrochenem Englisch:

„You American?“

„I'm German!“ sagte ich.

Er überlegte eine Weile – wahrscheinlich mußte er mit sich selbst ins klare kommen, ob Deutsche anders zu behandeln seien als Amerikaner –, und dann sagte er:

„Almán?“

„Almán. . . Almán. . . Almán. . .“ murmelten die andern.

Es klang gar nicht mehr so furchterregend. Der Anführer klopfte mir auf die Schulter. „Bravo“, sagte er, reichte mir die Hand und bot mir eine Zigarette. Einer von den Umstehenden gab mir Feuer. Im aufflammenden Lichtschein sah ich das Gesicht des Anführers; ein keckes Menjou-Bärtchen und darüber eine schmale, feingeschnittene Nase, kluge, lebendige Augen und eine hohe Stirn. Er gab jetzt Befehle an seine Leute. Ich sah nur in sprachlosem Erstaunen, daß zwei Männer mir mein Fahrrad

entführten. Sie hoben es auf den Lastwagen. Die andern kletterten hinterher. „Was soll das?" rief ich. Ich kam mir vollkommen hilflos vor.
„I invite you!" meinte der „Chef" und deutete mit einer lässigen Handbewegung zum Führerhaus hin.
Was blieb mir anderes übrig als gute Miene zum vermeintlich bösen Spiel zu machen und stieg ein. Außerdem hatte ich das Gefühl, doch irgendwie mit heiler Haut davonzukommen, und harrte gespannt der Dinge, die da noch folgen mußten.
Der Motor heulte auf!
Der „Chef" saß neben mir am Steuer.
Zunächst ging es in rasender Fahrt an Schluchten und Abgründen vorbei etwa zwei Kilometer jene Straße wieder zurück, die ich eben erst heraufgestrampelt war. Dann ein versteckter Seitenweg, den ich vorhin überhaupt nicht bemerkt hatte. Der Wagen holperte und sprang durch ein ausgetrocknetes Flußbett. Von einem Weg war nichts mehr zu sehen.
Ich wunderte mich über die Geländefahrkunst des „Chefs" und klopfte ihm mit einem lauten „Bravo" – genauso wie er es vorhin bei mir getan hatte – auf die Schulter. Er quittierte mit einem breiten Lächeln und gab noch mehr Gas, so daß mir Hören und Sehen verging und ich mein Kompliment am liebsten in die Hölle verwünscht hätte.
So rasten wir stuckernd weiter – im wahrsten Sinn des Wortes über Stock und Stein –, oft genug an gähnenden Schluchten geradesoeben vorbeirutschend. Etwa eine halbe Stunde lang dauerte diese Fahrt durch die dunkle Steinwüste des Taurusgebirges, bis der Wagen endlich anhielt und alle Männer absprangen. Auch der Chef und ich. Mein Rad wurde zu meinem Erstaunen sehr behutsam heruntergehoben.
Etwa hundert Meter vor uns brannten viele kleine Lichter. – Von unten drangen Rufe zu uns herauf. Ich hörte Pferde wiehern, Kühe muhen und Hunde bellen.
Der Chef meinte, im nächsten Jahr sei der „Weg" bis ins Dorf fertig, und dann könne er mit dem Wagen bis zu seinem Haus fahren.
Über ausgewaschene Regenfurchen stolperten wir durch die Dunkelheit talwärts. . .
Eine Tür wurde aufgestoßen. . .
Der Anführer der Männer gab mir den Vortritt.
Was nun wohl geschieht? dachte ich.
Es war ein großer Raum. Sah aus wie eine oberbayerische Dorfwirtschaft. Von der Decke hingen zwei Karbidlampen. Alle Stühle und Tische waren mit bärtigen Männern besetzt. Als ich

eintrat, standen sie alle auf, wie auf Kommando, und blickten fragend nach dem Chef.
Der Mann mit dem Menjou-Bärtchen gab nur eine kurze Erklärung, von der ich nur das Wort „Almán" verstand.
Unter großem Lärm, verursacht durch das Rücken der Stühle und Tische, kamen die Männer – einer nach dem andern – auf mich zu, in der Linken eine Gebetschnur. Einzeln drückten sie mir die Hand, verneigten sich tief bis fast zur Erde hinunter und hoben anschließend die Hand zur Stirn. „Salaam", „Friede". Erst jetzt wußte ich, daß ich tatsächlich Gast dieses Dorfes mitten im Taurusgebirge war. Ich glaube, ich habe über das ganze Gesicht gegrinst, denn plötzlich kam mir die sensationelle Erkenntnis, daß es Leute gibt, die sich Gäste durch Kidnappen besorgen.
Der Chef und ich aßen aus einer Schüssel. Es waren genug Schüsseln da. Ich sah ganze Stapel davon. Vielleicht war das eine besondere Geste der Freundschaft und Brüderlichkeit. Es gab am Spieß geröstetes Hammelfleisch und scharfe Paprikaschoten mit Brotpfannkuchen und wildem Berghonig. Nach dem Essen unterhielten wir uns über meine große Radtour, wobei meine Mitteilung, daß die Erde rund wie ein Ball sei, den alten, weißbärtigen Männern ein staunendes „Aah" entlockte. Wenn die englische Sprache nicht ausreichte, vollendete ein überreiches Gestenspiel die Verständigung. Wenn zum Beispiel die Rede von Rußland oder den Kommunisten war, machten die Taurustürken eine kreisrunde Bewegung um den Hals, verzogen die Gesichter zu einer Grimasse und spuckten aus. Da brauchte es keiner Worte mehr. Ihre Freundschaftsbezeugung für uns Deutsche war ein Aneinanderreiben der beiden Zeigefinger und ein begleitendes freundliches Lächeln, ein Klopfen auf meine Schultern und die Worte „Allemania-Türkije!"
Man bereitete mir in einem mit dicken Teppichen ausgelegten Raum das Nachtlager. Der Chef deckte mich zu. Ich schlief erschöpft, aber zufrieden ein.
Am folgenden Morgen brachte ein barfüßiger Junge den dampfenden Morgentee. Er sagte: „Tschai", verbeugte sich tief, stellte die Schale mit dem erfrischenden Getränk auf den Boden und verließ auf Zehenspitzen den dämmrigen Raum. Wenig später kam der Junge wieder. Diesmal mit einem Zinnkrug voll Wasser, einer Schüssel und einem Handtuch.
Draußen wartete der Chef. Von den flachen Lehmdächern schauten neugierige vermummte Frauengestalten zu mir herunter. Ich streifte, der Landessitte entsprechend, etwas hochmütig ihre scheuen, versteckten Blicke und fühlte Mitleid mit ihrer Zweitrangigkeit.

Dann wurde ich angenehm überrascht. Eine Schar Schulkinder, Jungen und Mädchen, stand plötzlich in Reih und Glied vor mir. Auf ein Zeichen ihres Lehrers, des einzigen europäisch gekleideten Mannes im Dorf, sagten sie im Chor: „Gutten Moorrrgen!" Dann sangen sie ein Lied und alle standen da wie Bleisoldaten und immer wieder hieß der Refrain „Atatürk", der General und Gründer der modernen Türkei.
Ich mußte weiter. Der Chef hatte vorgesorgt. Da stand ein gesatteltes Pferd. Wo war mein Rad? Der Chef wies auf die steinige Höhle. Dort standen zu meinem höchsten Erstaunen etliche Kamele. Eines trug deutlich sichtbar meinen treuen Drahtesel. Er hing auf der Seite des prallen, wohlgenährten Höckers.
Nach stundenlangem Ritt über Geröllfelder und einen steilen Paß erreichten wir die Straße, meine Straße. Es war um die Mittagszeit. In einer Karawanserei gingen die Kamele auf die Knie. Das Fahrrad wurde sachgemäß und vorsichtig abgeschnürt, das Gepäck wie eh und je auf Hinter- und Vorderrad verteilt. Die Bergbauern hatten gut aufgepaßt und ich brauchte keinen Finger zu rühren. Ich saß da auf einer Reisstrohmatte mit dem Chef als Gegenüber. Wir tranken dampfenden, süßen Pfefferminztee und kauten knuspriges Fladenbrot und aßen laut schmatzend duftiges Kabab, gut durchgebraten.
„Du hast dreißig Kilometer gewonnen", sagte er.
Ich holte die Landkarte. Tatsächlich! Wir hatten von dem Bergtal über den steilen Paß sämtliche ansteigenden Serpentinen umgangen, und ich brauchte nur noch talwärts den fruchtbaren und warmen Ebenen von Adana entgegenzurollen.
Wenig später fühlte ich es. Das rauhe Anatolien lag hinter mir. Ein warmer Südwind kam entgegen. Ich brauchte keine Handschuhe mehr.
Das Rad rollte talwärts der grünen Ebene entgegen. Die Dämmerung brach ein. Da lag zwischen dem Geröll ein grüner Fleck, ein Stückchen Wiese. Hinter einem Felsblock bot sich ein idyllischer Lagerplatz. Dort schlüpfte ich in den Schlafsack und betrachtete die hier und dort aufblinkenden Sterne.

Über Adana nach Syrien

Von Adana wird behauptet, sie sei die reichste Stadt in der Türkei. Das ist glaubhaft! – Bevor man die Stadt erreicht, sieht das Auge links und rechts einer asphaltierten Straße nichts als weite, riesige Baumwollplantagen. Und überall rollen die modernsten Traktoren, amerikanische Fabrikate. Auf geradlinigen, gepflegten Teer-

straßen, wie man sie in der gesamten Türkei nicht wiederfindet, bewegen sich lange Ketten von überladenen Lastkraftwagen mit dem „weißen Gold" des Landes. Aus dem Osten kommende Kamelkarawanen – Transportmittel der Wüstenländer, die noch lange nicht von den Automobilen verdrängt werden – bringen kostbare, handgewebte Teppiche heran. Die Vorstadtstraßen Adanas sind verstopft mit hastenden, schreienden Menschen, mit Kamelen, Trageseln, Lkws und den modernsten, breitschnauzigen amerikanischen Luxuswagen. Aber auch die erste deutsche Nachkriegsproduktion taucht auf – etliche Mercedes und sogar einige Volkswagen.
An einer Straßenkreuzung, kurz vor einem mit Palmen bewachsenen Platz, wurde ich wieder einmal überfallen. Diesmal war es eine Schar halbwüchsiger Mädel und Jungen. Sie bildeten eine Kette quer über die Straße und riefen meinen Namen.
„Sie sind der Deutsche, der mit dem Fahrrad um die Erde fährt, – oder sind Sie es nicht?"
Sie sprachen ein ausgezeichnetes Englisch. Zunächst war ich ziemlich sprachlos und betrachtete mir die Gesellschaft. Sie waren alle uniform in tadellos weißen Hemden und Blusen mit bunten Krawatten erschienen und bildeten schnell einen engen Kreis um mich. Offensichtlich war ich für sie eine Art Weltwunder.
„Ich bin also Euer Gefangener", sagte ich. „Wollt Ihr mich jetzt foltern, ins Gefängnis werfen oder gar lebendig verbrennen?"
„Wir lassen Sie erst wieder frei, wenn Sie uns versprechen, in Deutschland – „Penpals" – für jeden von uns zu besorgen!"
„Mache ich gern, nichts lieber als das! In meinem nächsten Bericht an die deutschen Zeitungen werde ich von Euerm Überfall berichten und Ihr werdet dann sicherlich jede Menge Brieffreunde in Deutschland bekommen."
Sie führten mich zu ihrer Schule, dem Adana-Gymnasium „Erkek Lisesi". Die Lehrer berichteten, daß sie aus den Zeitungen schon seit etlichen Tagen von meinem Kommen unterrichtet seien und einen eigenen Späherdienst errichtet hätten.
Der Gedanke, rund um die Welt Brieffreunde für unsere Jugend zu vermitteln, war nach dem diffamierenden Weltkrieg eine Aufgabe, der ich mich mit aller Hingabe in Zukunft widmen wollte.
Zwischen der türkisch-syrischen Grenze liegt ein kleines Stückchen Niemandsland – eine schmale Steinwüste. Ich glaube, es sind Spuren alter assyrischer, babylonischer, griechischer und römischer Kultur, denen ich hier begegnete: Steine mit seltsamen Schriftzeichen, Säulen, zerbrochene Torbögen und die Reste römischer Viadukte.

Inmitten dieser Einöde – der syrische Grenzposten. Ein kleines windschiefes Gebäude auf einem Hügel. Einsam und verlassen. . . Überraschend und unvergeßlich der Empfang durch die syrischen Grenzbeamten! Im Gegensatz zu den türkischen Grenzern, die mich mit Tee aus nicht ganz sauberer Tasse verabschiedeten und die mir aus schmuddeligen Uniformen und mit unrasierten, freundlichen Gesichtern nachblickten, erschienen mir die Syrer wie nachgemachte französische Dressmen. Ihre Uniformen! Oh, lala! Das war Dior oder Fath oder sonst ein Pariser Modehaus. So war der Empfang in exaktem Französisch und mit einem Cognac aus einem richtigen Cognac-Glas. Die Gegensätzlichkeit der umgebenden Steinwüste und des windschiefen Lehmgebäudes und der fast theatralischen Nachahmung französischen Kulturgehabes verwirrte mich zunächst. Eine tolle Show, eine Repräsentation des Arabertums, eine erste Einführung in die arabische Seele?
Teerstraße, riesige Baumwollfelder, rote Erde und Traktoren, viele Traktoren, Lastwagen, einige Luxuslimousinen und unendlich viele Leute – in Lumpen. Die Bevölkerung, die Einheimischen, die Bauern? Oh! Sind die arm! Bettelarm! In der Nähe einiger Lehmhütten halte ich an – und schon bin ich umringt von halbnackten Kindern mit blaugefrorenen Füßen und Händen. Sie betteln: „Backschiisch! S'il vous plaît! Backschiisch, monsieur!" Ich verteilte alle Münzen, die ich hatte und ehe ich mich versah, machte sich die Gesellschaft an meinem Gepäck zu schaffen. Nur mit Mühe und ziemlich zerzaust kämpfte ich mich durch das aufdringliche Völkchen und schwang mich eiligst in den Sattel. Flucht vor der Armut! Ich war erschüttert.

Abenteuer Aleppo

Das war ein Märchen aus Tausendundeiner Nacht. Vollkommen ermattet und hungrig stand ich plötzlich vor diesem Bild. Es dämmerte bereits. Trotz allen Suchens war kein Zeltplatz zu finden. Überall tauchten Gestalten auf, Männer in grauen Kapuzen oder mit Turbanen und weiten Schals um das Gesicht und Frauen in langen, dunklen Gewändern, die meist verschlissen waren. Viele liefen barfuß und der Wind heulte. Und plötzlich war da dieses Bild in der Ferne, die Stadt Aleppo, ein geschlossenes Ganzes, riesengroß in der kahlen Hochebene. Leuchtende Moscheen und weiße Mauern im Licht der untergehenden Sonne. Unzählige Minaretts streckten sich zum erlöschenden Himmel und der heulende Wind brachte Fetzen der Priestergesänge, die das Lob Allahs gerade verkündeten.

Aleppo!
Mitten in der Einöde – wie aus dem Boden gestampft – diese uralte Handelsmetropole des Orients!
Die Hälfte aller Einwohner sind Krämer und Kaufleute – Araber, Armenier, Griechen und Juden. Die andere Hälfte sind arabische Handwerker. Aleppo war schon immer Ausgangspunkt der verschiedensten Karawanenstraßen, vor allem nach dem östlich gelegenen Persien, nach den Ölfeldern von Mossul im Irak und nach Bagdad.
Trotz aller Müdigkeit, mein Rad fand wie von einem Magnet gezogen seinen Weg – immer bergab auf asphaltierter Straße. Die nicht enden wollende Bergtour und der plötzliche Klimawechsel von der Sanftheit des Mittelmeers zum rauen Wüstenwind, der aus dem Osten kam, das alles versetzte mich in einen Zustand der Unwirklichkeit, in einen Wachtraum, der auch dann nicht endete, als ich wiederum allzu plötzlich mitten im Gewühl der von Karbidlampen erleuchteten Basarstraße landete. Es war ein Gewirr von Farben und Sprachen und Schreien und Lichtern – und im Nu standen Menschen um mich herum. Junge Männer wollten wissen, wer ich sei. Sie redeten arabisch, armenisch, ja jiddisch auf mich ein. Das Jiddische verstand ich zwar, aber ich hörte auf eine innere Stimme, die mir sagte, daß ich mich hier um Himmelswillen nicht als Deutscher bekennen durfte. Die deutsche Nationalschmach der Ermordung von Millionen unschuldiger Juden war noch jüngste Vergangenheit. Und so schwieg ich, zuckte hilflos die Schultern, blinzelte in die Karbidlampen und fühlte mich erst erlöst, als ein junger Mann mit einem auf seinen Unterarm tätowierten Kreuz mich auf Französisch anredete. Musik in meinen Ohren!
Er fragte mich, ob ich Christ sei. Ich bejahte und sagte ihm, daß ich dabei sei, um die Erde zu radeln und bereits viertausend Kilometer zurückgelegt habe. Er übersetzte und die umstehende Jugend staunte und wollte offenbar noch mehr wissen. Ich sagte ihm, er möge den Jungen klar machen, daß ich vollkommen erschöpft sei und daß sie morgen oder übermorgen in den Zeitungen lesen könnten, alles was sie wissen wollten.
Der junge, französisch sprechende Bursche mit dem tätowierten Kreuz auf dem Arm zog mich unter dem Gebrauch seiner Ellenbogen aus dem Menschengewühle heraus. Wir gingen durch ein Gewirr von Gassen und Gäßchen, die kaum breiter waren als ein normales Ehebett. Rechts und links kahle Mauern und enge, eiserne Pforten. Dahinter schimmerte Licht und hie und da war das Gemurmel intimen arabischen Familienlebens zu hören. Der Junge war schweigsam geworden und ging voran. Der aufgehende

Mond warf schräge Schatten und fahles Licht auf die obere Hälfte der Mauern. Das Rad schepperte auf dem engen Kopfsteinpflaster und alles war etwas gespenstig und unheimlich.
Endlich wurden die Gassen breiter. Wir standen vor einem großen Eisentor. Darüber stand: Pax Christi – Friede Christi –. Der junge Bursche zog an einem messingbeschlagenen Knopf. Eine feine, helle Glocke läutete, und sofort wurden schlurfende Schritte hörbar.
Die Pforte öffnete sich lautlos. Vor uns stand ein Mönch mit wallendem Bart und langem, schwarzen Talar. Der junge Mann bestürmte den Geistlichen sofort mit einem auf- und abschwellenden Redeschwall.
„Christi . . . Sportist . . .“. Mehr verstand ich nicht. Als er endlich mit seinen Erklärungen fertig war, verabschiedete sich der junge Bursche von mir und der Mönch begrüßte mich in fließendem Französisch.
Dann führte er mich durch einen langen Kreuzgang. Wir kamen in ein riesiges Refektorium, in einen romanischen Kuppelbau, der wahrscheinlich schon die Kreuzritter des dreizehnten Jahrhunderts gesehen hatte, den Speisesaal der dort versammelten zwei Dutzend Priester. Sie saßen um einen langen Tisch, ein Bild ähnlich dem bekannten „Abendmahl“, das Christus in der Schar seiner Jünger darstellt. Tatsächlich saß auch an der Mitte des Tisches eine christusähnliche Gestalt mit hellem Bart und wallenden Locken, so etwa wie Leonardo da Vinci den Erlöser gemalt hatte. Er trug ein goldenes Kreuz und hieß mich an seiner Seite Platz nehmen. Langsam trat ich näher.
Es war alles sehr feierlich in diesem Raume. Unwillkürlich dachte ich an daheim, an die Adventsabende zu Hause. In Deutschland würden sie nun bald die Adventskränze aufhängen oder auf die Tische legen – mit Kerzen darin. Man wird sich auf das Weihnachtsfest vorbereiten. Dann wird Ostern folgen, wenn auch erst Monate später, Pfingsten . . . Ich sah plötzlich die gesamte religiöse Welt des Christentums vor mir und . . . hier saßen ihre Verkünder.
Ich erinnere mich, daß ich mich nur zögernd und mit gewissen Hemmungen neben der christusähnlichen Gestalt niederließ.
Die Unterhaltung wurde in einwandfreiem Französisch geführt und ich hatte den Eindruck, daß etliche Priester echte Franzosen waren, wagte aber nicht, sie danach zu fragen. Nur dies erfuhr ich – ich war Gast des Bischofs und des Domkapitels der römisch-unierten armenischen Kirche. Der Bischof zeigte größtes Interesse an meiner Weltreise und erzählte viel über Syrien. So erfuhr ich, daß von den 600 000 Einwohnern der Stadt etwa ein Drittel Christen verschiedener Bekenntnisse seien.

Besonders die Kaufleute, sagte der Bischof, seien meist armenische Christen. Die Muselmanen und überhaupt alle Araber seien bisher sehr christenfreundlich gewesen. Aber in letzter Zeit habe bei den Arabern die Politik den Vorrang vor der Religion und selbst und vor allem in den Moscheen hätte eine unbändige Hetze gegen alles was christlich sei, begonnen.
„Fürchten Sie nicht, daß auf diese Weise eines Tages Pogrome gegen die Christen, daß ernsthafte Verfolgungen Ihr Leben bedrohen werden?"
Der Bischof lächelte und das Domkapital hörte zu. Er sagte: „Verfolgungen sind wir in diesem Lande gewohnt. Da waren zunächst Christus und seine Jünger, die gewaltsam starben. Dann kamen die Römer und kreuzigten die Juden zu Tausenden, und überall wurden Juden und Christen verfolgt und die Deutschen haben Millionen Juden vernichtet und siehe da!: – Heute entsteht hier im Süden ein immer mächtiger werdender Judenstaat und wir Christen – auch wir werden nicht zur Ruhe kommen, bis die Spreu vom Weizen getrennt ist."
Als ich gut gegessen und getrunken hatte, wurde ich von einer Schar junger, langbärtiger Priester in ein sehr behaglich eingerichtetes Schlafzimmer geführt.
Das Bett hatte eine magische Anziehungskraft!
Es war neun Uhr abends. Vor einer guten Stunde hatte ich die Stadt erst aus der Ferne erblickt, und nun war ich schon bestens informiert, hatte viel gesehen und gehört, gut gegessen, Freunde und vor allem ein richtiges Bett gefunden. Das war mehr als Glück!, dachte ich und schlief sofort tief ein. Pax Christi!

Amöbenruhr am Euphrat

Ich weiß heute nicht mehr, was mich so an einer Durchquerung der syrischen Wüste gereizt hat. Alle meine Freunde in Aleppo hatten mich gewarnt:
„Tun Sie's nicht. Tun Sie's nicht! Die Wüste ist unendlich und grausam! Sie werden räuberischen Beduinen in die Hände fallen, Sie werden von wilden Tieren, von Hyänen und Wölfen zerfleischt werden! Und die schwarzen Skorpione, deren Stich den Menschen blind macht, warten schon jetzt auf Ihr Kommen! Denken Sie außerdem an die häufigen gefährlichen Sandstürme und an die noch gefährlicheren Luftspiegelungen, bei denen schon so mancher Wanderer den Verstand verloren hat!"
Eines stand bei all diesen Warnungen fest: Die Leute übertrieben ganz gewaltig. Keiner von ihnen hatte je die Wüste durchwandert

und alle waren lediglich durch Hörensagen informiert. Und weil keiner von meinen Freunden diese Wüste jemals wirklich erlebt hatte, gerade deshalb wollte ich.
Mein Aufenthalt in Aleppo hatte sich unfreiwillig über ganze vierzehn Tage hingezogen. Zunächst ging alles fahrplanmäßig. Die Zeitungen druckten. Sie zahlten hervorragend. Das Pfund war damals keine vier DM, sondern gute neun Mark wert. Ich hatte also genügend Geld. Dann aber erkrankte ich plötzlich an einer scheußlichen Amöbenruhr und mußte fasten und das Bett hüten. Einige Tage lag ich in einem echten Delirium und phantasierte nur von der bevorstehenden Wüstentour.
Dann endlich war es soweit. Gegen den Rat aller Freunde, der armenischen Priester, der Zeitungsredakteure und des Nationaltrainers der syrischen Nationalmannschaft, mit dem ich mich besonders gut verstand, gegen den Rat aller stahl ich mich heimlich aus der Märchenstadt und radelte in Richtung Euphrat, zu dem mächtigen Fluß, an dessen Ufern einstmals das Paradies gelegen haben sollte.
Zu meiner angenehmen Überraschung waren die 85 Kilometer bis zum Euphrat asphaltiert. Ein wenig schlapp nach dem hohen Fieber und einer zweitägigen Hungerkur – radelte ich. Die Geschwulst an den Handgelenken war verschwunden. Auch die Knie waren wieder in Ordnung. Ich hatte die letzten tausend Kilometer in der Meniskusgegend gelegentlich, besonders bei Bergfahrten, einen stechenden Schmerz verspürt. Da war eine Fußballverletzung, die schon gute zwanzig Jahre zurücklag und sich wieder bemerkbar machte. Auch das andere Knie schmerzte gelegentlich – eine Dreisprungverletzung, die ich mir bei den Vorbereitungen zur Olympiade 1936 zugezogen hatte. Daran war die Gestapo schuld. Die hatten mich über ein Jahr in Schutzhaft genommen und mir einen Fraß verabreicht, der zu einem Kalziummangel führte. Im Unterbewußtsein schleppte ich stets die Angst mit mir, daß diese Verletzungen, die schon Jahrzehnte zurücklagen, eines Tages diese großartige Weltreise vereiteln könnten.
Komisch, daß mir all diese negativen Gedanken ausgerechnet auf der gutasphaltierten Straße zum biblischen Fluß durch den Kopf gingen. Vielleicht war der Fußballtrainer in Aleppo verantwortlich für meine miese Stimmung. Ich weiß heute nicht mehr, wie er hieß. Ich glaube Dietrich oder Dittrich oder so ähnlich. Er war einst im sogenannten Wunderteam der Wiener. Gestern noch hatte er mich besucht und mir klargemacht, daß ich mit meinen 41 Jahren und diesen Verletzungen auf keinen Fall mein großes Vorhaben durchstehen würde. Er wußte, daß auch ich einmal ein passabel guter Fußballspieler war und so hatte er mir den Vorschlag

gemacht, die Chance zu nutzen und mit seiner Fürsprache Fußballtrainer in Bagdad zu werden. Er kannte dort den Minister für Jugend und Sport, ja er gab mir sogar ein Empfehlungsschreiben an die Iraker mit. Das Schreiben hatte ich dann, wenn auch widerwillig eingesteckt. Man konnte nie wissen!
Rechts und links meines Weges sehe ich kleine Araberdörfer. Zuckerhutförmige Lehmhütten, weidende Schafherden. Immer wieder begegnen mir auf Eseln reitende Araber, gefolgt von einer Reihe hochbeladener Kamele, die im Gänsemarsch, die langen Hälse weit vorgestreckt, in ihrem komischen Trott dahintrampeln. So geht es hügelauf und hügelab, dem Euphrat entgegen, den ich schließlich um die Mittagszeit erreiche. Ein breiter, mächtiger Strom! Rechts und links der Ufer erstreckt sich eine fünf bis zwanzig Kilometer breite, fruchtbare, baumlose Ebene, die fast restlos mit Baumwollsträuchern bepflanzt ist. Am Rande dieser Ebene . . . steile, weiße Felsen! Und dahinter . . . die syrische Wüste.
Auf einem verwitterten Straßenschild stand unter den arabischen Schriftzeichen „Maskané". Meskene hieß der Ort in antiker Zeit. Ein winziges Dörfchen am Ufer des weiten Stroms. Hart an der Straße stehen Stühle und Tische unter einem Dach aus Schilfmatten. Etliche Araber sitzen da herum, rauchen ihre Wasserpfeifen. Mitten unter ihnen ein europäisch gekleideter Mann.
Ich steige ab.
Die Blicke der Männer sprühen Funken der Neugier. Ich lege, wie das hier im Lande üblich ist, die Hand an Stirn und Herz und sage: „Salaam aleikum!"
Antwort: „Aleikum salaam!" im gemischten Chor.
Der europäisch Gekleidete steht auf, kommt auf mich zu und sagt auf französisch: „Ich bin der Arzt von Maskané. Mein Name ist Doktor Zakaria el Wahibi. Wer sind Sie?"
Ich reiche ihm den in Aleppo gedruckten Zeitungsartikel. Mein Bild mit Fahrrad steht darin. Hiermit bin ich einer ausführlichen Erklärung enthoben.
Die Zeitung macht die Runde. Die Leute können alle lesen. Sie hatten es während der französischen „Kolonialzeit" lernen müssen. Kompliment an die Franzosen, dachte ich.
Sofort war ich der Held des Tages! Endlich eine willkommene Abwechslung für die gelangweilten Wüstensöhne! Ich wurde gleich eingeladen und mußte mit dem Doktor Zakaria el Wahibi in dessen Hütte gehen.
„Pardon Monsieur! Sie sehen schlecht aus! Haben Sie etwa Amöbenruhr? Früher sind ganze Dörfer und selbst Städte daran gestorben. Unsere Amöben sind die gefährlichsten der ganzen

Welt! Wissen Sie, das sind winzige, unsichtbare Wechseltierchen, wie gesagt die gefährlichsten Krankheitserreger."
Ich unterbrach seinen Redefluß und sagte:
„Um Gottes Willen! Ich habe die Krankheit doch gerade hinter mir – in Aleppo."
„So . . . soo? Ich sehe aber . . . und ich habe da Erfahrung . . . ich sehe an ihren Augen, daß die Biester ihre Leber anfressen. Wenn Sie weiterleben wollen, dann nehmen Sie meine Spezialmedizin! Die schwemmt das eklige Viehzeug aus ihrer Leber und macht Sie wieder gesund."
Er schaute mich erwartungsvoll an und ich muß gestehen, daß mir ganz mulmig wurde bei dem Gedanken, daß ich in meinem tiefsten Inneren von solchem unsichtbaren Viehzeug aufgefressen werde. Schließlich mußte ich dem Doktor Zakaria glauben. Und im übrigen war ich so matt, daß ich seiner Aufforderung mich hinzulegen, ohne Widerspruch Folge leistete.
Er braute mir eine Medizin. Mit gemischten Gefühlen beobachte ich ihn dabei. Aber was er mir braut, ist ganz gewöhnlicher Tee. Heißer Tee. „Nur zum Vorspülen!" sagte er.
Und dann bringt er mir die eigentliche Medizin. „Runterschlukken!" Es roch nach Tanne, das braune Zeug. „Sind winzige Zapfen einer nur in Syrien wachsenden Zwergtanne, Allah hat wachsen lassen eigentlich nur für seine Gläubigen", erklärte er. „Runterschlucken!"
Mit dem heißen Tee und zusammen mit aufgeweichtem Zwieback bringe ich die bestialisch bittere Medizin durch die Kehle hinunter in den Magen und fühle sofort eine gewisse Beruhigung, die sich allen Gliedern mitteilt.
Ich schlafe sofort ein. Als ich wieder aufwache, ist es draußen bereits dunkel.
Mein Freund sitzt neben mir auf dem Bett und sagt:
„So . . . Sie sind jetzt gesund!"
„Gesund? Das kann doch nicht wahr sein! Etwa von den Tannenzapfen?"
„Natürlich! Sie müssen nur noch tüchtig essen! Und zwar jetzt gleich und etwas Handfestes!"
In diesem Moment passierte etwas peinliches, nicht für mich, aber für meinen Gastgeber. Hinter einem Vorhang erschien nämlich seine Frau. Zufällig war mein Blick gerade auf den Vorhang gerichtet. Sie bückte sich und holte einen tönernen Wasserkrug. Doktor Zakaria bekam sofort einen roten Kopf und erklärte mit dem Ausdruck höchsten Bedauerns:
„Entschuldigen Sie bitte vielmals, daß Sie meine Frau zu Gesicht bekommen haben! Ich war ein Dummkopf! Hätte ich doch den Topf selbst holen können!"

Dieser Vorfall gab mir zu denken. Ich begann an dem Akademikertum des guten Doktors zu zweifeln. Wenn er nämlich studiert hätte, wäre er mit Sicherheit längere Zeit in einer der großen Universitätsstädte gewesen, wahrscheinlich in Damaskus oder in Kairo. Dort hätte er ganz gewiß sehr bald erfahren, daß der Anblick der Hausfrau keinen Europäer erschüttert. Er war sicherlich das, was wir bei uns einen Scharlatan nennen. Andererseits war mir bewußt, daß die sogenannten Scharlatane oft mehr von Therapie verstehn als hochgelehrte Ärzte.
Mein Appetit hatte unter dieser Erkenntnis keineswegs gelitten. Ich verspeiste eine Menge am Spieß gebratenes Hammelfleisch und knuspriges Fladenbrot, geröstete Paprika mit Feigen und Apfelsinen.
Nach der reichlichen Mahlzeit schlief ich sofort wieder ein und wachte am hellen Morgen auf. Ich war wie neugeboren. Die Medizin hatte gewirkt.

Abenteuer Wüste

Doktor Zakaria el Wahibi ist untröstlich, als ich ihm erkläre, daß meine Zeit unter seinem Dach nun vorbei sei und ich nun zur Fahrt durch die Wüste in Richtung Bagdad starte. Ich legte ihm zwei Pfund als Honorar für sein ärztliches Bemühen auf den Tisch. Er wollte das Geld nicht annehmen. Ich ließ die Pfundnoten dennoch liegen, als ich rein zufällig sah, daß er geradezu gierig auf das Geld schielte. Als ich mich dann auf mein Rad schwang, bemerkte ich, wie er die Banknoten aufnahm und damit in die hinteren Gemächer eilte. Sicherlich wollte er mit diesem „Riesenverdienst" seiner Frau imponieren.
Es ging mir wirklich besser. In meinem früher gewohnten Tempo trat ich in die Pedale – einen ganzen Vormittag hindurch. Gegen Mittag, als der Fluß, statt nach Süden weiterzufließen, plötzlich nach Osten abbog, wandte ich mich vom Euphrat ab und stieg mühsam das Wüstenplateau hinauf.
Von Stunde zu Stunde wurde der Wüstenboden felsfreier, bis ich nach etwa fünfzig Kilometern Fahrt eine unendlich weite, leicht gewellte Ebene vor mir hatte. Seit Stunden war die Vegetation erloschen. Auch keine Tiere! Dann wieder hüpften kleine Vögel durch den Sand. Der Himmel war grau. Das war gut so. Die sengende Sonne der syrischen Wüste wollte ich gern vermissen.
Als Lagerplatz suchte und fand ich eine kleine Senke. Aus Angst vor Skorpionen achtete ich darauf, daß ja keine Steine in der Nähe des Zeltplatzes herumlagen.

Das war meine erste Nacht in der Wüste.
Die Nacht vergeht ohne besondere, unliebsame Überraschung. Ich schlief einen tiefen, erholsamen Schlaf.
Laut Landkarte mußte ich nach etwa einhundert Kilometern auf die Öl-Pipeline Kirkuk (Irak)-Tripolis (libanesischer Mittelmeer-Ölhafen) stoßen. Das würde mir die Chance geben, mich auf irgendeiner Pumpstation neu zu verproviantieren. Trotz dieser guten Aussicht bleibe ich meinem Vorsatz treu und trinke aus den zwei mitgeführten Teeflaschen nicht mehr als nur einen einzigen tiefen Schluck. Ich esse eine Handvoll Nüsse, Mandeln und Sonnenblumenkerne.
Der Himmel ist zum Glück immer noch von einer dichten Wolkendecke überzogen. Vom Westen her weht ein leichter Wind. Das ist angenehm.
Nach wenigen Stunden Fahrens und Schiebens – immer wieder gab es Sandverwehungen, wo das Rad stecken blieb – stoße ich auf kleine, staubige Sträucher. Von weitem sehen sie wie kleine Felsbrocken aus. Bei näherem Hinsehen stellte ich dann fest, daß es sich um eine besondere Spezies des berühmten Kameldorns handelt, stachelige Pflanzen, sehr vitaminreich, die jedoch nur, wie der Name sagt, von den abgehärteten Mäulern der Kamele gefressen und ihren Mägen verdaut werden können. Als ich wiederum eine Senke hinunterradele, springen plötzlich mehrere Gazellen vor mir auf und fliehen mit nie gesehener Eleganz in weiten Sprüngen davon. Ich schau ihnen nach, bis sie der Horizont verschluckt.
Ich strampele weiter, steige ab, schiebe, strampele, stöhne und werde müde . . . Kilometer um Kilometer. Vor mir liegt ein Paß. Den muß ich noch schaffen, dachte ich. Aber schnell brach die Dunkelheit herein. Schnell schlage ich das Zelt auf – hinter einem mächtigen Sandstein. Ich habe vor nichts Angst; nur vor Skorpionen. Die Leute in Aleppo haben mir da tolle Tragödien erzählt. Im Zelt prüfe ich Zentimeter um Zentimeter, daß ja kein winziges Loch diesen Biestern Eingang verschafft. Zufällig schaue ich in meinen Taschenspiegel und erschrecke. Ich sehe aus wie ein Indianer, eine regelrechte Rothaut. Der feine, alles durchdringende Wüstenstaub hat nicht nur auf das Fahrrad und auf mein Gepäck, sondern auch auf mein Gesicht und die Hände und Arme eine dicke, rötliche Kruste gelegt. Ich sehe aus wie ein siebzigjähriger Huronenhäuptling. Es fehlen nur die Federn.
Ich habe etwa eine halbe Stunde geschlafen, als ich plötzlich wach werde. In der Luft liegt ein süßlicher, penetranter Geruch. Ekelhaft. Erinnert mich an Leichengestank im Weltkrieg, irgendwo in Libyen oder wo war es noch? Ein Geräusch!

Vorsichtig schiebe ich die Zeltwand zur Seite. Dort, wenige Meter entfernt, deutlich vom helleren Horizont abgehoben, dort bewegt sich etwas.
Das kann nur eine Hyäne sein!
Die Bestie muß mich doch längst gewittert haben, denke ich. Und es ist mir rätselhaft, daß sie nicht, entsprechend den Beschreibungen der Zoologen, Reißaus nimmt. Im Gegenteil, sie kommt näher!
Ja, ich sehe sie näher kommen!
Meine Gedanken rasen!
Sollten die Zoologen mich betrogen haben? Wird die stinkende Bestie mich angreifen? Oh, in diesem Augenblick hätte ich alles für ein Gewehr gegeben!
Zu allem Überfluß fällt mir noch diese dumme, lächerliche Geschichte eines Arabers in Aleppo ein. Er hatte gesagt: „Hyänen . . . o ja, sie greifen den Menschen an, aber nicht so, wie man sich das vielleicht vorstellt. Die Hyänen haben eine ganz besondere Taktik. Sie scharren erst einmal den Boden auf, um ihr Opfer zu blenden. Aus der nun entstehenden Staubwolke heraus greifen sie an!“
Die Hyäne kam tatsächlich näher – ganz langsam . . . Ich kann bereits deutlich den mächtigen Vorderkörper und die nach hinten abfallende Rückenpartie des Tieres erkennen. Da kommt mir plötzlich der Gedanke, daß ich Lärm machen müsse. Neben mir liegen die blechernen Hälften meiner Verpflegungskiste. Ohne die Bestie aus den Augen zu lassen, greife ich nach dem Deckel der Kiste, schlage damit auf die andere untere Hälfte und entfache so einen Höllenlärm.
Was dann folgte, ist das Werk weniger Sekunden. . .
Ein Bombardement von Dreck und Steinen prasselt mir entgegen. Instinktiv reiße ich mein Rad an mich, so daß es als Schutz quer vor mir steht, greife nach der Zeltstange – das Zelt sackt über mir zusammen! – und halte die Stange als Waffe vor mich hin, auf alles gefaßt . . .
Aber nun ist es ganz plötzlich wieder still. . .
Als ich mir den Dreck und den Staub aus den Augen gewischt habe, kann ich von der Bestie nichts mehr sehen. Die Dunkelheit hat sie verschluckt.
Obwohl mir mein Verstand sagt, daß die Hyäne sich auf und davon gemacht hat, ist es für diese Nacht mit dem Schlafen vorbei.
Im Schein des gerade aufgehenden Halbmonds packe ich meine Sachen, schüttele sie gut ab und suche mir meine Fahrtrichtung. Ein großer Stern dient mir als Wegweiser in der dunklen Ungewißheit der Wüste. Das Scheinwerferlicht tastet sich hüpfend und

springend über den Wüstenboden, über Sand, Fels und steinigen Boden, der hie und da den Eindruck eines gepflügten Ackers macht.
In der Ferne höre ich das heisere Lachen und typische Pfeifen der Hyänen. Sonst herrscht außer dem Surren des Dynamos eine fast unheimliche Stille . . .
Nach etwa zehn Minuten – es kann auch eine ganze Stunde gewesen sein – verschwindet mein Stern hinter einer dicken Wolkendecke – es kann auch ein Berg gewesen sein –; ich habe jedes Gefühl für die Gegend und für die Zeit verloren. Ich steige ab und spüre einen scharfen Schmerz an der Stirn. Der Taschenspiegel! Die Taschenlampe! Da klafft mitten auf der Stirn eine etwa drei Zentimeter lange und tiefe Wunde. Aus meiner kleinen Apotheke nehme ich das Fläschchen mit Alkohol und Leukoplast. Aber ich überlege es mir anders. Wozu solche Umstände? Ein paar Tupfer mit dem brennenden Alkohol und ich ziehe mir die leinene Radfahrmütze tief über die Wunde und torkelnd geht es weiter. Oben erscheint die Paßhöhe!
Die Wolkendecke ist aufgerissen. Erneut stelle ich die Fahrtrichtung fest. Stunden verrinnen. Ich schätze – manchmal 12 Stundenkilometer, manchmal nur etwa acht und wenn ich schiebe nur etwa drei. Es ist bitterkalt geworden. Die Muskeln der Arme und Beine sind steinhart und naßkalt. Ich fürchte einen Muskelriß und mache halt. Hinter einem windstillen Fels krame ich eine Kerze aus dem Gepäck, zünde sie an und schnalle das Zelt ab. Obwohl zum Umfallen müde, frottiere ich mich und mache ein leichte Lockerungsgymnastik.
Nach der Lockerungsübung bin ich zu Tode erschöpft. Ich habe nicht mehr die Kraft, mein Zelt aufzuschlagen. Mit aller Mühe krieche ich in meinen Schlafsack, ziehe den Reißverschluß bis über den Kopf zu und rolle mich zusammen wie ein müdes Tier.
Als ich wieder zu mir kam, war es heller Tag.
Ich bin schweißgebadet. . . Mein Schlafsack dampft . . . die Sonne Syriens brennt aus einem wolkenlosen Himmel.
Die Kehle ist vollkommen ausgedörrt. Gierig trinke ich eine Flasche Tee leer. Setze die zweite an, die zweite und letzte. Aber ich beherrsche mich, reiße mich zusammen, hänge die Flasche wieder an ihren Platz unter das Gepäck.
Ich esse einige Nüsse, packe und schwinge mich auf mein Rad. Himmel, was brennt die Sonne!
Etwa zwei Stunden mag ich gefahren sein. . . Da! Was ist das? Vor mir ein spiegelklarer See! Mit hohen Bäumen an seinen Ufern! Eine Oase?
Unwillkürlich radle ich schneller . . . gebe mein Letztes. . . Wie

ich zufällig etwas nach rechts blicke, sehe ich auch dort einen See und glaube sogar Segelboote darauf zu erkennen. Also befinde ich mich inmitten einer Seenplatte. Die Vorstellung, bald den ganzen Wüstendreck loszuwerden und in das silbrig glänzende Naß einzutauchen, läßt mich für einen Moment alle bisherigen Strapazen vergessen. Ich rase eine Bodenwelle hinunter, eine andere hinauf, um möglichst bald dieses liebliche Landschaftsbild wiederzusehen. Beim Bergauffahren beginne ich zu zweifeln. Fata Morgana? Kann nicht sein. Das war zu deutlich! Und außerdem ist doch dieser See auf der Karte verzeichnet – als Salzsee! Der müßte aber viel weiter im Westen liegen. Schon wollte ich anhalten und die Karte zu Rate ziehen. Doch da war ich schon wieder auf der Anhöhe. Nun sieht die Landschaft wieder ganz anders aus. Der See ist noch da, aber viel weiter weg als vorhin. Vom jenseitigen Ufer ist auch nichts mehr zu sehen. Und die Bäume, die Segelschiffe? Nichts!
Ich steige ab, fahre mit der Hand über die Augen und Stirn, kämpfe einen harten Kampf mit mir selbst, um aus der Monotonie meiner vollkommen gelähmten Gedankenwelt herauszufinden. Ich habe das Empfinden, als hätte ich in der unendlichen Weite dieser sonnenüberfluteten Trostlosigkeit irgendwo meinen Verstand zurückgelassen.
Schon fühle ich meinen Puls! Ich denke an einen Fiebertraum! Ich bin krank – oder nur verwirrt?
Da gab es nur eins: Hinsetzen, tief Luft holen und die Gedanken ordnen. Ich lachte mich selbst aus. Daß mir so etwas passieren mußte? Von einer simplen Fata Morgana so beeinflußt zu werden! Reisende, die im Auto durch die Wüste fahren, sehen nur ähnliche Bilder. Sie werden selten mit solcher Genauigkeit Bäume oder gar Segelschiffe erblicken, weil sie relativ ausgeruht sind und ihr Bewußtsein ungetrübt bleibt. Dem körperlich überanstrengten, und noch auf sich selbst angewiesenen Wüstenwanderer geht es da ganz anders. Bei ihm führt die Fata Morgana zu einer echten Halluzination, die ähnlich wie bei LSD oder ähnlichen Rauschgiften den Verstand lähmt. . .
Ich nehme mir ernsthaft vor, in Zukunft nicht mehr allzusehr in die Ferne zu starren. Das ist nicht einfach, muß ich doch nach jeder Kompaßorientierung immer einen festen Punkt in möglichst großer Entfernung ansteuern, um nicht allzuoft absteigen zu müssen.
Ja, dieser Tag ist wirklich Wüste! Er zehrt an den Nerven und der seelischen Spannkraft. Die Fahrt wird immer langsamer. Ich bin von Herzen froh, als ich am späten Nachmittag dieses entsetzlich aufregenden Tages vor mir am Horizont eine Karawane erblicke, die offensichtlich die gleiche Richtung hat wie ich.

Wieder rase ich wie ein Verrückter, um die schnell ausschreitenden Kamele einzuholen.
Die Sonne geht bereits unter, und die Dunkelheit bricht an, als ich endlich nach einstündiger wilder Jagd auf das Nachtlager der Beduinen stoße.
Ein Reiter auf einem stolzen Araberhengst erblickt mich als erster. Er sprengt auf mich zu, stoppt etwa zehn Meter vor mir, und, indem sein Roß sich hoch aufbäumt und er selber sein Gewehr schußbereit (auch das noch) auf mich gerichtet hält, ruft er mir aus heiserer Kehle etwas zu, was ich jedoch nicht verstehe.
Ebenso heiser wie er rufe ich: „Sheik! Sheik!" Hierauf kommt der Reiter näher. Ich kann ihn mit Salaam Aleikum! begrüßen und ihm meine arabische Zeitung mit dem rotstiftumrandeten Artikel überreichen.
Ich bin überzeugt, der Kerl glaubt, es sei eine Botschaft für seinen Scheich. Er nimmt die Zeitung an sich, deutet mir die Richtung auf eines der vielen glimmenden Lagerfeuer und sprengt davon.
Jetzt mußte ich klug vorgehen. Das Wichtigste war, daß ich mich nicht beeilte. Denn der Scheich mußte genug Zeit haben, meinen Artikel auch wirklich ganz genau zu lesen. . . Nach etwa einer halben Stunde komme ich bei dem Lagerfeuer an.
Ungefähr drei Dutzend feierlich dasitzende Beduinen begrüßen mich in dem üblichen Zeremoniell. Sie führen mich sogleich in das Zelt des Scheichs.
Der große Chef saß zwischen zwei jüngeren Beduinen an der gegenüberliegenden Zeltwand. Er trägt einen eisgrauen kurzgeschorenen Bart, einen schneeweißen Burnus mit golddurchwirkten schwarzen Ringen, besetzt mit breiter Goldborte. Auf der Brust eine mächtige Goldspange.
Meine Zeitung liegt vor ihm auf einem über den Wüstenboden ausgebreiteten Perserteppich.
Ich lege die Hand an Stirn und Herz. „Salaam Aleikum!"
„Aleikum salaam!" sagt der Scheich. „Du hast Mut mein Sohn. Nimm Platz, mein Sohn!" Er spricht das schlechteste Englisch, das ich je gehört habe.
Ich kauere mich vor ihn auf den Perserteppich, die Beine überkreuzt.
„Ich bin der Scheich Hussein Talam el Derezi. Ich heiße Dich willkommen, mein Sohn!" Da die Beduinenscheiche – das wurde mir in Aleppo erzählt – immer nach der Begrüßung eines Fremden sofort all ihre Besitzungen und Reichtümer aufzählen sollen, war ich gespannt, ob Scheich Hussein el Derezi solches auch tun wird.
Er begann tatsächlich:
„Der größte Teil meines Stammes befindet sich fünfzehn Tagesrei-

sen zur Mittagsonne am Persischen Golf. Ich besitze dort zehntausend Dattelpalmen, achthundert Kamele, zwölftausend Schafe und fünfhundert Männer. (Frauen erwähnte er nicht!) So, mein Sohn, berichte Du nun von Deinen Besitztümern!"
„Yes", sagte ich, „also ich habe ein Fahrrad und eine Zeltausrüstung . . . und mich selbst mit einem starken Herzen!"
„Nun", sagte der Scheich, „auch Du wirst einmal sehr reich sein, denn Du hast Mut. Wer feige ist, wird niemals reich werden!"
Einige seiner Leute bringen uns den landesüblichen Tee und einen winzigen Schluck jenes sauren, seltsamen Beduinenkaffees, dessen Rezept mir bis zum heutigen Tag ein Rätsel geblieben ist.
„Ist Hitler wirklich tot? – Haben die Deutschen wieder Soldaten?"
Die plötzliche Frage verwirrt mich zunächst, aber ich antworte:
„Hitler ist wirklich tot und Deutschland hat keine Soldaten."
Der Scheich schaut mich nachdenklich an und seufzt:
„Das ist eine Katastrophe für uns Araber" und nach einer weiteren Pause des Nachdenkens sagt er:
„Es wird uns Arabern nichts anderes übrig bleiben, als Stalin um Hilfe zu bitten, damit wir von den Engländern befreit werden. Die Deutschen sollten das auch tun. Nur schade, daß Ihr Deutschen nicht an Allah glaubt."
Über Politik wird glücklicherweise nicht mehr gesprochen. Stattdessen gibt es „Kabab", das übliche arabische Essen: an kleinen Spießen gebratene Hammelfleischstückchen, Mixed-Pickles-Salat mit furchtbar scharfen Paprikaschoten, Reis mit Rosinen und gebratenen Zwiebeln, arabisches Fladenbrot, Früchte und abermals sauren Kaffee, der nur tropfenweise eingeschenkt wird.
Nach dem Essen läßt mir der Scheich von seinen Leuten einen dicken Teppich in eine Ecke des Zeltes rollen. Ich schnalle meinen Schlafsack ab und krieche hinein. Ich schlief wunderbar. . .
Im Morgengrauen werde ich geweckt.
Der Beduinenscheich füllt mir selbst meine Teeflasche und zeigt mir die Himmelsrichtung zur Pumpstation T 2 (Tripoli). Seine Richtung stimmte mit meiner Kompaßorientierung fast genau überein.
In rascher Fahrt verlasse ich das Beduinenlager.
Eine Stunde später stoße ich ganz unvermittelt auf eine breite, von unzähligen Autospuren durchfurchte Piste. Ich radle zwei Stunden an ihr entlang.
Gegen neun Uhr morgens erblicke ich am Horizont riesige, viereckig erscheinende Klötze. Und noch eine halbe Stunde später sehe ich die großen, silberglänzenden Öltanks.
Diese Pumpstation T 2 befindet sich in einem von hohem Maschenzaun umzogenen Rechteck von etlichen Quadratkilome-

tern Größe. An den Eingängen stehen bewaffnete arabische Posten. Ein modernes kleines Gebäude außerhalb der Umfriedung trägt die syrische Flagge. Davor Schilder, die in einem Dutzend Sprachen darauf hinweisen, daß jeder Fremde hier seinen Paß vorlegen müsse.
Ich gehe also hinein und werde von dem diensttuenden Offizier freundlich begrüßt.
Dieser Posten hier ist nämlich die Grenzstation. Der Offizier drückte mir den Ausgangsstempel aus Syrien in den Paß und erzählte, daß er bereits vor Tagen von Radio Damaskus einiges über mich erfahren habe, daß er aber nie davon träumen konnte, mich hier, mitten in der Wüste zu Gesicht zu bekommen. Seine Einladung, sein Bad zu benützen, nahm ich sofort dankbar an. Ein Vollbad in der Wüste! Das können sich nur die großen Ölgesellschaften leisten.
Die Wüste Syriens ist durchquert. Bleibt noch ein gutes Stück der irakischen Wüste. Ich hoffte, noch bis zum späten Abend die auf irakischem Boden befindliche nächste Pumpstation T 1 zu erreichen. Das sind etwa 120 Kilometer! Hätte ich gewußt, wie beschwerlich mir gerade dieses Stück wurde, ich wäre bestimmt in der Pumpstation T 2 geblieben.
Die Wüste ist zerfurcht von tausend und abertausend Radspuren, die kreuz und quer durcheinanderlaufen. Ein Orientieren nach dem Verlauf der Piste wird geradezu unmöglich. Immer wieder ertappe ich mich dabei, daß ich in völlig falscher Richtung fahre. Als ich endlich die Piste ganz verloren habe und überhaupt keine Radspuren mehr zu sehen sind, bin ich einesteils ganz zufrieden und fahre wieder nach meinem Kompaß.
Aber meine Zufriedenheit ist nicht von langer Dauer! Etwa 70 Kilometer bin ich von der Ölpumpstation entfernt, als eine frische Brise aus entgegengesetzter Richtung mir die Fahrt langsam zur Qual werden läßt. Dabei ist der Wind nicht einmal das Schlimmste, sondern der Wüstenstaub! Er setzt sich in Nase, Ohren, Mund und Augen. . .
Aus! Ich kann nicht weiter! Es ist unmöglich! Es geht beim besten Willen nicht mehr!
Da erst sehe ich, daß der Himmel eine drohende, rotbraune Färbung angenommen hat. Plötzlich wird er sogar violett . . . dunkelbraun. . . Dann ist es mit einem Mal finster.
Blitze zucken senkrecht zur Erde. . . Kein Donner. . .
Es regnet. . .
Ich habe inzwischen mein Zelt klargemacht, meine Habseligkeiten verstaut, das Rad abgedeckt und im Zelt Deckung gefunden. In diesem Moment, keine Minute eher oder später, geht die Hölle los!

Regen, Staub, Sand und kleine Steine fegen über mich hinweg, prasseln auf mein Zelt herunter.
Minuten vergehen. . . Ich strecke meine Hand hinaus. Es hat wieder aufgehört zu regnen. Aber Staub, Sand und Steine fegen weiter mit unvorstellbarer Gewalt über mein Zelt dahin. Ich muß der Firma Deuter in Augsburg mein Kompliment machen – das Zelt hält!
Aber der Sturm läßt und läßt nicht nach. Schließlich rolle ich mich in meinen Schlafsack, lasse es ruhig stürmen und Sand und Steine regnen, die Welt wird schon nicht untergehen! – und schlafe ein. . .
Am nächsten Morgen hat sich das Wetter ein wenig gebessert. Aber an einen Aufbruch ist dennoch nicht zu denken. Hohe Staubschwaden fegen über den Wüstenboden. Weiter als zwanzig bis dreißig Meter kann ich nicht blicken.
Das Unwetter hält an. . . Den ganzen Tag bleibe ich in meinem Zelt. Meine Kehle ist gegen abend ausgedörrt wie nie zuvor. Zwischen den Zähnen knirscht der Sand. Die Augen sind verklebt, Nase und Ohren verstopft. Es ist furchtbar!
Ich versuche ein Bonbon zu lutschen. Es ist unmöglich! Die erste Flasche Tee ist leer. Ich rauche eine Zigarette und schlafe dann ein.
Gegen Mitternacht werde ich wach – vor Durst! Ich trinke zwei Schluck Tee. Die Gier nach Flüssigkeit bleibt unbefriedigt. Draußen ist heller Sternenhimmel.
Ich beschließe aufzubrechen. Die Knochen schwer wie Blei. Orientierung: Glückssache.
Die Fahrt wird zur Höllenqual!
Ich erreiche bald den Punkt, wo alle Willenskraft am Ende zu sein scheint. Verzweiflung über Verzweiflung!
Ein Abgrund, ein tiefschwarzer Abgrund! – Das Licht der Lampe ist zu schwach – es reicht kaum bis auf den Wüstenboden. Die Batterie ist verbraucht. . .
Mit letzter Kraft suche ich einen Übergang, schleppe mich weiter. Schiebe mein Rad durch Geröll, Felsbrocken und Sand, eine Stunde, zwei Stunden, rechter Hand der Abgrund, linker Hand die Wüste.
Mit einem Mal graut der Morgen. . .
Ein Rudel Gazellen springt vor mir auf und entschwebt leichtfüßig in die Morgendämmerung.
Der vermeintliche Abgrund entpuppt sich als eine felsige, etwas steile Bodenwelle, die ich bei Tage in drei Minuten überwunden hätte.
Ich nehme nochmals einen Schluck Tee und fühle mich wohler. Das Unwetter hat nachgelassen. Der Wind hat sich gedreht und schiebt sogar. Die Wüste sieht wieder friedlich aus.

Nachmittags vierzehn Uhr.
Ich habe drei Stunden hindurch gute, ja beste Fahrt gemacht! Da erst kommt mir zum Bewußtsein, daß ich die Pumpstation T 1 eigentlich schon passiert haben müßte. Dann überlege ich, daß ich ja in jedem Fall, auch bei relativ falscher Orientierung, auf die riesigen Rohre der Pipeline stoßen mußte. Gegen sechzehn Uhr, nach weiteren 30 Kilometern, atme ich erleichtert auf. . . Am Horizont stehen mehrere Staubwolken, Zeichen fahrender Autos. Um sechzehn Uhr dreißig werde auch ich gesichtet. Ein Jeep rast mir entgegen!
Ein englischer Ingenieur stürzt auf mich zu: „Gott sei Dank – Sie leben! Wir wissen, daß Sie kommen! Aber wir hatten schon geglaubt, die Wüste mit ihrem Unwetter hätte Sie verschluckt!"
Er erzählt mir anschließend, wie gleich nach dem Sturm ein Flugzeug der Gesellschaft von T 2 aufgestiegen sei, um mich zu suchen, und daß soeben Großalarm angesetzt werde.
Wir heben mein Rad auf den Jeep und rasen dem Lager entgegen. Der Superintendent, wie man dort den Direktor nennt, die Ingenieure und selbst die Araber des Lagers bestaunen mich wie ein Weltwunder.
Ich bin schließlich froh, als mich Frau Heyman, eine deutsche Frau, die mit einem britischen Ingenieur verheiratet ist, in ihre Häuslichkeit aufnimmt und ich so dem öffentlichen Interesse und der allgemeinen Neugier entzogen bin.
So finde ich denn in der Umgebung einer deutschen Frau mitten in der Wüste ein Stückchen deutsche Heimat.
Gern hätte ich mich mit dieser familiären Umgebung begnügt. Wenn man jedoch schon im Interesse der Öffentlichkeit steht, beginnt auch eine gewisse Verpflichtung, der man sich nicht mehr entziehen kann. So mußte ich dem Drängen der Lagerverwaltung nachgeben und mich im Kasino sehen lassen – trotz aller Müdigkeit.
Die Ingenieure erklären mir dort, wie sie durch Kolben- und Kreiselpumpen das von Kirkuk kommende Öl unter 200 Atmosphären Überdruck in die 16-Inch-(Zoll) Pipeline drücken und so den schnellsten Lauf des Öls von Station zu Station bis zum Mittelmeer ermöglichen.
Neben der britischen Ölstation befand sich damals ein gigantisches Baulager der US.-Bechtel Company. Sie waren dabei, den Bau einer Dreißig-Zoll-Rohrleitung quer durch die Wüste zu vollenden.
Unser Gespräch drehte sich fast ausschließlich um die Ölpolitik. Es

war erstaunlich, welchen Optimismus die Engländer damals noch an den Tag legten.
Als ich die wachsende Englandfeindlichkeit der Wüstensöhne und aller arabischen Länder erwähnte, lachten sie nur.
„Ach das ist nur äußerlich! Solange die Scheichs von der Company ihren Bakschisch bekommen, solange werden sie treu und brav auf unsere Pipeline aufpassen. Außerdem haben wir Engländer eine ganze Fallschirmdivision auf Cypern stationiert. Und wir fürchten auch nicht die Russen, die mit Flugblättern gegen unsern sogenannten Imperialismus die Araber aufhetzen.“ Das sagte mir der Direktor und kredenzte mir lachend den Whisky, mit dem ich meine Zweifel an der englischen Großmacht hinunterspülte.
Am nächsten Morgen nehme ich Abschied von der liebenswürdigen Gesellschaft.
Die Wüste hat mich wieder aufgenommen, aber es gibt keine Orientierungsprobleme mehr. Von der Pumpstation führt eine Schotterstraße, die ausgezeichnet glattgewalzt ist, zum Euphrat und an dessen Ufer entlang zur ersten irakischen Stadt Ramadi. Die Wüste ist überwunden!
Primitive, uralte Wasserräder, so groß wie kleine Häuser, schöpfen, von der Strömung des Flusses angetrieben, das Wasser in Gräben und so entstehen rechts und links des Euphrats große Palmenoasen, in deren Schatten alles blüht und gedeiht, was dieses Wüstenland einst zum Paradies gemacht hat.
Ich zelte am Ufer dieses ewigen Stromes. Hier soll nach biblischer Überlieferung das Paradies gestanden haben. Hier sollen Adam und Eva, in die quälende Unruhe der Zeiten verstoßen – gelebt haben. Sicherlich haben die ersten Kulturen der Menschheit hier geblüht.
Während ich einschlafe, höre ich das Gemurmel und das Plätschern des Stroms, höre ich das gewaltige Epos der Menschheitsgeschichte: Adam und Eva, Abraham, die Chaldäer, die Babylonier, die Assyrer, die Juden. . .

Krise in Bagdad

Die erste Stadt hieß Ramadi. Eine Asphaltstraße führt von dort über Al Habanyia und entlang einem großen Militär-Flughafen, der damals von den Engländern besetzt war, nach der Hauptstadt Bagdad.
Am Abend sah ich das Lichtermeer der uralten Märchenstadt des Kalifen Harun al Raschid. . .
Aus der Wüste kommend, hatte ich mich in einer kleinen Fähre über den Euphrat setzen lassen und nach sechsstündiger Strampe-

lei die Ufer des Tigris und somit die Außenbezirke der irakischen Hauptstadt Bagdad erreicht.
Rechts und links nur schmutzige Lehmhütten. Barfüßige Araberfrauen kreuzten vorüberhuschend meinen Weg. Einige Frauen trugen goldene Ringe an den Nasen, an tätowierten Nasen. Je weiter ich in das Herz der Stadt vordringe, desto zahlreicher werden die amerikanischen Straßenkreuzer. In den meisten Luxuslimousinen sitzen burnusgeschmückte Araber-Scheichs in schwarzen, goldbestickten Gewändern.
An der hochgeschwungenen Tigrisbrücke verschwinden die armseligen Lehmhütten. Es beginnt das Territorium der Reichen. Man sieht es an den prachtvollen Villen, die meist von hohen Dattelpalmen umgeben sind. Die Prachtbauten der Regierung und auch des diplomatischen Corps gaben damals der Stadt noch kein besonderes Gepräge, weil sie zu zerstreut in dem meist einstöckigen Häusermeer keinen Zusammenhang zeigten.
Die Raschid-Straße, die Hauptverkehrsader und das Geschäftszentrum der damals nur „Halbmillionen-Stadt", war trotz aller Primitivität sehenswert. Ich erreichte diese Hauptstraße ganz unvermittelt, nachdem ich, von Hunderten von Araberjungen gehörig begafft, mit meinem hochbeladenen und mit Wüstenstaub überzogenen Fahrrad die Tigrisbrücke hinuntergerollt und plötzlich mitten im unvorstellbar disziplinlosen Straßenverkehr steckengeblieben war.
Kilometerlang ziehen sich auf beiden Seiten der Raschid-Straße Arkaden entlang, hinter deren Säulen und Bögen sich das Geschäftsleben des Irak abspielt. In den Läden und den Verkaufsständen sah ich landeseigene Stoffe und Teppiche, aber auch wertvolle Perser, Schals, indische Stoffe aus Seide und Baumwolle und europäische Manufakturwaren; Lebensmittel überreichlich aus aller Herren Länder, allerdings zu Preisen, die zum Teil das Mehrfache europäischer Preise ausmachten. Um der Disziplinlosigkeit der arabischen Chauffeure entgegenzuwirken, stand etwa alle zwanzig (!) Meter mitten auf der Straße ein Verkehrsschutzmann. Sein unablässiges Pfeifengetriller war aber genau wie das stete Geheule und Gehupe der Autos nur dazu angetan, den europäischen Verkehrsteilnehmer völlig aus der Fassung zu bringen. Ich hatte auf keiner Reise noch in keiner Stadt der Welt, nicht einmal in kommunistischen Ländern so viele Polizisten gesehen wie in Bagdad.
Noch war der britische Einfluß im Irak an den Straßen- und auch an den Firmenschildern deutlich erkennbar. Im Gegensatz zu Syrien trugen fast sämtliche Schilder neben der arabischen auch eine englische Inschrift.

Aus Sparsamkeitsgründen, so glaubte ich jedenfalls, kehrte ich im „Christlichen Hospiz“ des „Christlichen Vereins junger Männer“ ein. Das war ein sehr ansprechender Bau mit einem schönen Restaurant und vielen Bungalows, den Hotelzimmern. Da war alles englisch. Britische Soldaten und etliche englische Hochschulprofessoren wohnten im Hospiz. Das Essen war trotz der nicht gerade berühmten englischen Küche sogar ausgezeichnet, die Steaks hervorragend ebenso wie der stets vorhandene Fruchtsalat. Wie ich aber am folgenden Morgen etwas über die Preise hörte, fiel mir das Herz in die Hosentasche. Da hätten die Luxushotels in Frankfurt und Berlin konkurrieren können. An der Spitze des YMCA-Hauses stand ein englischer Missionar, der jeden Morgen eine Bibelstunde für die Gäste abhielt.

Wie in allen großen Städten, so wurde auch in Bagdad die Weltumradelung eines Deutschen als Sensation hochgespielt. Das hatte seine zwei Seiten. Einerseits war Publicity eine schöne Sache, weil man als Journalist saftige Zeitungshonorare erhielt und viele Freundschaften schließen konnte. Man lernte Leute kennen. Andererseits gab es unangenehme politische Verflechtungen, insbesondere in einem Land, in dem man eine kommende Revolution geradezu riechen konnte.

In Bagdad war das besonders gefährlich, weil die Regierung des Königs Feisal II ganz im Fahrwasser der von allen Arabern gehaßten Engländer schwamm, weil die Stadt von Geheimpolizisten wimmelte und man nie so recht wußte, mit wem man es zu tun hatte. Deshalb war meine Devise: Nur nicht über Politik reden!

Am liebsten wäre ich gleich weiter geradelt. Aber da kam ein ziemlich verzweifelter Brief meiner Frau aus Düsseldorf, ein Brief, in dem sie mir mitteilte, daß bisher noch nicht eine einzige deutsche Zeitung meine Reiseberichte, so interessant sie auch gewesen seien, gedruckt habe. Mit andern Worten, meine Rechnung, die Familie während meiner Abwesenheit mittels gut honorierter Zeitungsberichte zu ernähren, hatte sich als Fehlschlag erwiesen. Die Rechnung war ohne den Wirt, ohne die deutschen Zeitungskollegen gemacht worden.

Für mich brach eine Welt zusammen. Es gab jetzt nur die eine Chance, in dem verhaßten Bagdad der vorrevolutionären Intrigen zu bleiben und dort Arbeit zu suchen.

Ich hatte die Empfehlung des syrischen Nationaltrainers, den Irakern das Fußballspielen beizubringen. Außerdem schienen die Professoren des berühmten Bagdad-College Interesse an mir zu haben. Dort hatte ich einen erfolgreichen Vortrag über die „Wandelbarkeit der Volksmeinung“ gehalten. Mir lag eine offizielle Anfrage vor, ob ich bereit sei, eine Vorlesungsreihe über die

„Geschichte der Demokratie“ zu halten. Ich habe nie erfahren, ob man mir soviel Vertrauen schenkte, weil ich etliche interessante Diskussionen hatte, oder weil ich an den Bibelstunden im Hotel teilgenommen hatte, oder vielleicht nur deswegen, weil die Herren Professoren Angst hatten, in dieser Zeit über ein solch heikles Thema selbst zu referieren.

Ich hatte mir schon ausgerechnet, daß die für damalige Verhältnisse enorme Summe von etwa dreitausend DM monatlich dabei herauskommen würde, daß ich sogar meine Familie kommen lassen könnte.

Jedoch der Mensch denkt und Gott lenkt! Es kam alles anders.

Zunächst sahen die Dinge gut aus. Der Minister für Jugend und Sport zeigte sich für die Fußballerei begeistert. Die Empfehlung eines Mannes, der einst im sogenannten Wunderteam der Österreicher Fußball gespielt hat, das galt in den damals noch unterentwikkelten Fußballnationen als Gesetz. Auch der Kultusminister begrüßte den Vorschlag der Dozententätigkeit. Schon wurden die entsprechenden Verträge vorbereitet. Dann aber kam die erste kalte Dusche – die verrückte Politik!

Gerade war ich vierzehn Tage in Bagdad, als eines Morgens ein Telefonanruf mich zum Innenministerium zitierte. In bester Laune radelte ich zum Regierungsviertel. Meine gute Stimmung wich jedoch schnell dahin als ich eine schwarze Limousine bemerkte, die mir ganz offensichtlich folgte. Wo immer ich anhielt, sie fuhren rechts heran und hielten auch. Ich fuhr absichtlich in eine Nebenstraße. Sie folgten. Sie blieben mir auf den Fersen, was immer ich auch unternahm, um sie abzuschütteln. Kurz vor dem Innenministerium kreuzte eine Schar Gefangener meinen Weg, etwa zwei Dutzend Männer, die mit langen, schweren Ketten aneinander gefesselt waren. Sie waren umgeben von einer halben Hundertschaft schwer bewaffneter Polizisten. Ein böses Omen! dachte ich. Menschen in Ketten!

Der schwarze Wagen hielt jetzt neben mir. Vier Mann saßen darin. Ein Polizeioffizier der vorbeimarschierenden Wache grüßte die Männer im Auto.

Diese kurze Szene verstärkte mein unwohles Gefühl. Ich blickte auf die Gefangenen. Das Rasseln der Ketten tat mir weh. Das waren keine Verbrecher, keine Strauchdiebe oder gar Mörder, ging es mir durch den Sinn, als sie längst vorüber waren. Das waren aufrechte, stolze Gestalten. Ja, ich hatte den Eindruck, daß die in den Ketten innerlich freier waren als die Polizisten.

Hatte ich nicht Blicke gesehen, die mit Verachtung auf die Polizei schauten?

Ein Polizeioffizier mit viel Lametta auf der Brust empfing mich.

Freundlich grinsend bot er mir einen Stuhl und machte einen langen Verlegenheitszug an seiner Zigarette. Dann sagte er:
„Sie kennen eine Frau Widad Sehrewerdi!"
„Natürlich, ja!" sagte ich. „Frau Sehrewerdi ist arabische Sportlerin ebenso wie ihr Mann Nejim Sehrewerdi, der Präsident eines Bagdader Sportklubs. Beide sprechen deutsch und sie erzählten mir, daß sie während des Krieges in Berlin waren. Wir haben uns hier angefreundet!"
„Sehr richtig! Sie waren Gast bei den Sehrewerdis." In meinem Innern begann es zu kochen. Ich war also bereits im Spinnennetz der staatlichen Überwachung. Schon wollte ich lauthals gegen die Indiskretionen des Geheimdienstes loswettern, aber plötzlich fiel mir ein, daß ich unter allen Umständen zuerst an meine Familie, das heißt an meine bevorstehende Anstellung denken mußte. Mir fielen all die „Dummheiten" ein, die ich im Dritten Reich begangen habe, als ich mich öffentlich gegen die Diktatur wandte und dafür 483 Tage in der Einzelhaft der Gestapo saß und die Familie hungern mußte. All dies ging mir blitzartig durch den Kopf – und das Klirren der schweren Ketten an den Armen der aufrechten Araber da draußen vor dem Ministerium – und der Gruß des Wachoffiziers an die geheimnisvollen Männer in dem Auto, das mich beschattete. . .
Ich schluckte die Impertinenz des Verhör-Offiziers hinunter und sagte:
„Ich habe den Eindruck, daß meine Bekanntschaft mit den Sehrewerdis offiziell nicht gern gesehen wird."
Der Offizier nickte mehrmals, zog bedächtig an seiner Zigarette und meinte:
„Wir würden es gern sehen, wenn Sie diese Freundschaft sofort abbrechen!"
Ich mußte nochmals schlucken. Meine Neugier war jedoch so angeregt, daß ich nicht umhin konnte zu fragen:
„Wenn ich schon prinzipiell bereit bin, diese Bekanntschaft aus Freundschaft zu Ihrer Regierung abzubrechen, dann wäre ich Ihnen dankbar, wenn Sie mir sagen würden, was an den Sehrewerdis so gefährlich ist?"
„Wie? Das wissen Sie nicht?" Er lachte laut und schaute mich zweifelnd an. „Sie wissen nicht, daß Widad Sehrewerdi die Tochter des ehemaligen irakischen Ministerpräsidenten ist, der ein Freund Hitlers war und bei uns zum Tod verurteilt ist? Heute konspiriert der alte Fuchs gegen uns und England und lebt als persönlicher Berater des Königs Ibn Saud am Hofe von Riad."
Ich tat ganz erschrocken, stand auf und verabschiedete mich von dem Offizier.

Auf der Rückfahrt zu meinem Hotel machte ich einen Abstecher zum Hauptpostamt, um dort nach postlagernden Briefen zu fragen. Das war eine innere Stimme, die trotz aller Vernunftgründe mich dazu bewegte, das Postamt anzusteuern. Eigentlich Unsinn, denn ich war erst am vergangenen Abend dort und hatte auch Post vorgefunden. Es war so gut wie unmöglich, daß ich jetzt schon wieder Post haben sollte, weil das nächste Flugzeug aus Europa erst am Nachmittag eintreffen konnte.
Meine innere Stimme hatte trotz aller gegenteiligen Vernunftgründe recht. Da lag ein Eilbrief meiner Frau, datiert vom gleichen Tag wie der erst am vorigen Abend eingegangene Brief. Inhalt: „Bester! Vergiß all Deine so gut gemeinten Pläne mit Bagdad! Reise sofort weiter! Ich habe da ein mehr als ungutes Gefühl und schlechte Träume. – Im übrigen: Die Abendpost Frankfurt und die Rundfunkanstalten in Hamburg und Köln haben uns ein tolles Angebot gemacht. Unsere Finanzsorgen sind weggeblasen. . .“
Eine Stunde nach diesem beglückenden Brief war ich unterwegs. Es hatte mir viel Spaß gemacht, den Herren im schwarzen Auto ein Schnippchen zu schlagen. Sie hielten vor dem Hoteleingang. Mein Rad stand im Garten. Dort war eine kleine Pforte. Nachdem ich mich überzeugt hatte, daß die Geheimpolizisten teils im Vorraum, teils im Wagen saßen, verließ ich klammheimlich durch die Hinterpforte das Hotelgelände. Mochten sie schmoren und sich wundern.
Mit einem Gefühl der Erleichterung radelte ich aus dem Hexenkessel Bagdad hinaus. Bis zur persischen Grenze waren es noch 190 Kilometer.
Anmerkung: Die große Revolution kam. König Feisal wurde als erster erschossen und die Bluttaten nahmen kein Ende und die Welt war überrascht. Niemand hatte das vorausgesehen. Der CIA und der britische Geheimdienst hatten in blamabelster Form versagt. Der Weg zum Sozialistischen Staat wurde untergründig seit nun 25 Jahren konsequent weiterverfolgt – im Schatten und Schutz einer Großmacht.

Gazellenjagd auf dem Weg nach Persien

Der Himmel war, was im Irak, dem Wüstenland, nur selten vorkommt, mit grauen Wolken bedeckt. Die asphaltierte Straße erlaubte ein herrliches Tempo. Alles in mir war frisch, fröhlich und frei. Die Beklemmung aus der Stadt der Intrigen war vollkommen verschwunden.
In der Ferne erschien die Oasenstadt Baquba, ein weitausladender

Palmenwald. Dort war gerade Apfelsinenernte. Die Stadt ist wegen der schmackhaften Apfelsinen im ganzen Land berühmt.
Wie gewohnt hatte sich dort bei meiner Ankunft schnell eine Menge Araber versammelt.
Ein Mann mit einem grünen Burnus – ein Zeichen, daß er ein Abkömmling der Familie des Propheten Mohammed ist –, lud mich zum Essen ein und führte mich aus dem Haufen der Neugierigen heraus. Er stellte sich in akzentfreiem Englisch als „der Scheich von Baquba" vor. Ich machte ihm ein Kompliment:
„Sie sprechen ein großartiges Englisch!"
„Habe in Oxford studiert", sagte er bescheiden.
Wir aßen Gazellenfilet in Rosinen mit Fladenbrot und scharfer Pfeffersauce. Es war köstlich.
„Würde es Ihnen Freude machen, eine Gazellenjagd zu erleben?" fragte er beiläufig.
Ich überlegte ein wenig. Eigentlich tun mir die grazilen Tiere leid und außerdem wollte ich schnell weiterkommen. Nur raus aus dem Irak!
Der Sohn des Propheten schien den letzteren Teil meiner Gedanken erraten zu haben und meinte:
„Ich will Sie nicht lange aufhalten, aber ich kann Ihnen garantieren, daß Sie nicht eine Minute Zeit verlieren. Die Jagd wird kaum zwei Stunden dauern und ich werde Sie hinter dem Jagdrevier der Berge von Sharaban absetzen. Dann haben Sie gute sechzig Kilometer eingespart."
Das leuchtete mir ein und außerdem konnte ich nicht gut absagen.
Er entschuldigte sich, stand auf und kam kurz darauf wieder. Über der rechten Hand trug er auf einem dicken Lederhandschuh einen mächtigen Falken.
In einem Lincoln, Modell 1951, rollten wir etwa eine halbe Stunde den Vorbergen des persischen Hochlandes entgegen. Mein Rad thronte auf dem Hintersitz. Ich bemerkte, daß die Pedale tief in den Ledersitz eindrang und daß bereits ein Ölfleck dort war. Ich bat den Scheich anzuhalten und entschuldigte mich. Das war mehr als peinlich. Das neue Auto!
Der Scheich aber lachte nur: „Ach vergessen Sie doch diese Kleinigkeit. Das macht mir wirklich nichts aus. Wenn Sie das nicht glauben wollen, schenke ich Ihnen das Auto, damit Sie sehen, daß ich an derartigen Dingen nicht hänge."
Typisch arabische Großspurigkeit, dachte ich mir, lachte und schwieg.
Schließlich stiegen wir aus und erklommen zu Fuß den Gipfel eines Hügels. Währenddessen erzählte mir der Araber, wie faul die Engländer seien, daß man sie, die das Land nur ausbeuten, mit

Hilfe der Russen davonjagen würde und daß man leider vergeblich auf die Deutschen gewartet hätte.
Mir war diese Art der Unterhaltung peinlich, aber zum Glück besann sich mein Gastgeber schnell auf die Jagd. Er nahm, auf dem Gipfel des Hügels angekommen, die Kappe vom Kopf des Falken.
Der Vogel sträubte sofort die Federn, stieß einen furchterregenden Schrei aus, offensichtlich vor Freude, reckte den zierlichen Kopf mit dem starken, krummen Schnabel und spannte die weiten Flügel.
Der Scheich warf ihn in die Luft.
Der Falke erhob sich mit einigen mächtigen Schlägen. Auf dem Boden liegend verfolgten wir gespannt die weiten Kreise, die das Tier in der Höhe zog. So mochten etwa zwanzig Minuten vergangen sein. Mir schmerzten bereits die Augen und das Genick vom dauernden, erwartungsvollen Emporstarren.
Da stieß mich der Araber in die Seite und zeigte nach oben. Ich brauchte eine ganze Weile, um den Vogel als kleinen, schwebenden Punkt unter einer tiefhängenden Wolkendecke wiederzufinden. Der Falke zog keine Kreise mehr. Er stand fast still in der Luft. Dann jedoch – ich wollte schon wieder wegsehen – schoß das Tier in raschem Sturz nach unten. Der Scheich packte mich am Ärmel, sprang auf und zog mich, während er den Hügel hinabrannte, hinter sich her. In weiten Sprüngen liefen wir einen anderen Hügel wieder hinauf, dann wieder hinunter, einen nächsten hinauf, bergab, bergauf. . . Wir waren beide vollkommen außer Atem, als wir dann in einer vor uns liegenden Talsohle in etwa tausend Meter Entfernung eine auf uns zukommende Staubwolke sahen, die sich nach wenigen Sekunden schon als ein merkwürdiges und für mich unvergeßliches Bild entpuppte. . .
Ein stattlicher Gazellenbock drehte sich gesenkten Hauptes plötzlich im Kreise herum. Auf seinem Kopf aber saß flügelschlagend – fest verwurzelt – unser Falke.
Während wir hinzuliefen, ging der Bock – immer langsamer mit dem Kopf nickend – auf die Knie seiner Vorderläufe. Der Vogel aber blieb balancierend auf seinem Platz und hielt sein Opfer mit festen, harten Flügelschlägen in Schach bis wir den Schauplatz erreicht hatten. Ein kräftiger Dolchstoß zwischen die Schulterblätter bereitete dem Leiden des armen Tieres ein schnelles Ende.
Mit ein paar geschickten Schnitten hatte der Scheich im Zeitraum von zwei bis drei Minuten den Gazellenbock geöffnet und die Eingeweide seinem gierig schreienden Falken vorgeworfen. Herz, Lunge, Nieren und Leber aber verstaute er in einem mitgebrachten Lederbeutel.

Dann trugen wir den fast einen halben Zentner schweren Bock zum Wagen. Wir mußten eine gute Dreiviertelstunde schleppen, bis wir endlich den einsam auf der Straße parkenden Lincoln erreicht hatten.
Zum Abschied sagte der Araber: „Ich würde mich freuen, wenn ich Sie einige Tage als Gast des Scheichs von Baquba verwöhnen dürfte!"
„Das ist leider nicht möglich", erwiderte ich. „Aber ich komme vielleicht wieder."
„Wenn die Engländer draußen sind", rief er mir nach.
Als sich der Abend senkte, hatte ich noch eine Menge Kilometer über die Hügelketten und durch eine weite Ebene zurückgelegt. Der Schein der untergehenden Sonne fiel auf die in der Ferne sichtbar werdenden hohen Schneeberge Persiens, als ich am Fuße eines steilen Hügels, etwas abseits der Straße, mein Zelt aufschlug, um die letzte Nacht in der Einsamkeit des urgeschichtlichen Zweistromlandes zu verbringen. Das Geheul hungriger, frierender Schakale tönte aus der nahen Ebene und erinnerte mich an die Armut dieses durch die Schuld geldgieriger Menschen zur Wüste gewordenen Landes.
So schlief ich denn ein und träumte im Halbschlaf von der vergangenen Pracht des mesopotamischen Paradieses zwischen Euphrat und Tigris, vom Lande Chaldäa, in dessen Hauptstadt Ur dereinst Abraham geherrscht hatte. Seine Nachfahren, vierzigtausend wohlhabende Juden, hatten, ihrem unergründlichen, geschichtlichen Schicksal zufolge, erst wenige Tage zuvor die Villen Bagdads verlassen müssen, um nach Israel zu flüchten.
Ich dachte an die einstige Weltstadt Ninive, deren versandete Trümmer nur noch die Archäologen und die wenigen Touristen interessieren, an das herrliche, schon lange vergangene Babylon, an die Assyrer und Perser früherer Jahrhunderte und – Jahrtausende. . .
Ein eisiger, von den Bergen, den schneebedeckten Riesen des Ostens kommender, ein klirrender Wind fuhr durch mein Zelt. Ich rollte mich wie so oft zusammen, wie es das Wild in der Wüste tut. Mein Schlaf blieb nur ein halbwaches Dahinschlummern, bis die feuchte Morgenkälte des neuen Tages mich allzufrüh wieder aufweckte.
Erst die aufgehende Sonne tat mir wohl. Sie stand noch nicht hoch über den schneeigen Berggipfeln, als ich die Grenzstadt Kanaquin erreichte. Die Perser sagen Chanikin.
Diesmal waren es Schulkinder, die mich entdeckten und gleich in ihre Mitte nahmen. Dann kamen einige Lehrer. Gemeinsam beschlagnahmten sie mich. Ich mußte mit ihnen zur Schule. Es

entspann sich ein großartiger Dialog der Wißbegierde. Rührend, wie die kleine Gesellschaft ihre englischen Kenntnisse an den Mann brachte und glücklich war, wenn ich sie verstand. Der Lerneifer dieser sogenannten Unterentwickelten gab mir zu denken. – Auf jeden Fall, so schien mir, kann diese Jugend hoffnungsvoller in die Zukunft blicken, als die der hochentwickelten Industrienationen.

Schüsse an der Grenze und Opium

Der Grenzposten hinter Kanaquin machte keine Schwierigkeiten. Es gab sogar einen Abschiedstee und die Beamten winkten den letzten Gruß aus dem Wüstenland Irak.
Zwei Kilometer weiter stand in trostloser Einöde das bombastische Zollgebäude der Perser. Die Flagge des Kaiserreiches Iran flatterte im eisigen Ostwind. Die Beamten waren entsprechend eisig offiziell. Der Paß wanderte über ein halbes Dutzend Büros. Sie verlangten zunächst ein Tryptik für das Fahrrad, weil in ihren Bestimmungen stand, daß sämtliche Fahrzeuge aus dem Ausland ohne dieses Papier nicht einreisen dürfen. Ich protestierte:
„Keine Nation der Welt stellt für ein Fahrrad ein Tryptik aus, und schließlich ist ein Rad kein Auto."
„Ein Rad ist aber ein Fahrzeug und hier steht es deutlich gedruckt!" Der Uniformierte zeigte mir die persischen Hieroglyphen und pochte mit seinem Handknöchel darauf. Ohne das Gedruckte nur zu verstehen – wer kann schon erwarten, daß ein deutscher Tourist und Radfahrer persisch lesen kann – sagte ich erklärend:
„Sie haben recht, es steht da, aber lesen Sie das vorangehende Kapitel! Dort steht doch, daß es sich bei den Bestimmungen nur um Autos handelt. Fahrzeug oder Vehikel etc. ist doch nur ein Allgemeinbegriff und wahrscheinlich ist hier noch nie jemand mit einem Fahrrad durchgekommen, ganz bestimmt nicht bei Ihnen."
Der Beamte wurde sehr nachdenklich und begann mit seinem „Gesetzbuch" eine Wanderung von Zimmer zu Zimmer. Es dauerte nicht lange, da gab es einen Mordsstreit im pompösen Zollgebäude. Endlich haben die Herren Beamten einmal ein Problem, dachte ich mir und amüsierte mich mit dem Studium der Gestik temperamentvoller Bürokraten. Doch dann blieb mir die Spucke weg als einer aus ihrer Mitte – er trug einen überdimensionalen schwarzen Schnurrbart – auf mich zutrat und sagte:
„Gut, Sie brauchen kein Tryptik, aber Sie müssen den dreifachen Betrag des Wertes hier bar hinterlegen und bekommen das Geld bei der Ausreise wieder zurück!"

Da mußte ich erst einmal tief Luft holen.
„Ich habe nur ein wenig syrisches und irakisches Geld, gerade genug, um durch den Iran zu strampeln!“
Die Beamten blieben eisern. Dann fiel mir plötzlich ein, daß ich mit Bluff vielleicht weiterkomme. Ich sagte:
„Sie sind sehr gewissenhaft, aber ich fürchte, daß man bei Ihrer vorgesetzten Behörde in Teheran sehr böse auf Sie sein wird, wenn Sie mich nicht einreisen lassen und nicht einmal telefonisch mit der Regierung in Verbindung treten und dort anfragen. Ich werde doch als Sportler, der mit dem Fahrrad um die ganze Erde fährt, dort erwartet.“
Die Uniformierten schauten sich gegenseitig an und ich holte schnell die Zeitungsabschnitte aus Österreich, der Türkei, Syrien und dem Irak und legte sie auf den Tisch.
Das Eis war endlich gebrochen. Die Herren wurden sogar sehr menschlich und boten mir Tee und Gebäck an. Im stillen fürchtete ich, daß sie nun tatsächlich in Teheran anrufen würden. Sie kamen aber glücklicherweise nicht mehr auf diese Idee.
Die teils steppige, teils bergige Gegend gleich hinter der irakisch-persischen Grenze ist trostlos einsam. Zwischen den öden Hügeln schlängelt sich die Straße in leichten Serpentinen auf- und abwärts. Zwei zerlumpte Männer stiegen zwischen den Serpentinen einen Abkürzungspfad bergan. Sie trugen Gewehre. Jäger? Banditen? Ihrem Aussehen nach tippte ich auf Banditen oder zumindest auf bettelarme Wilderer. Das Gefühl einer gewissen Unbehaglichkeit war eine Warnung, die sich unbewußt auf die Beine auswirkte. Ich begann auf Teufel komm heraus zu strampeln und wie ein Rennfahrer ein Ziel im Endspurt anzugehen. Das Ziel lag einige hundert Meter hinter dem Punkt, an dem die beiden Jäger, Wilderer, Banditen oder was immer sie waren, meine Straße erreichten. Ich trat in die Pedale, zweiter Gang, stehend, so wie die „Tour-de-France-Fahrer“, wenn sie den „Col Sowieso“ angehen.
Ihre Köpfe tauchten gerade unter mir auf, als ich den besagten Punkt entlangstöhnte. Dann ging es glücklicherweise bergab und ich raste um die nächste Kurve. Sekunden später zischten eine, zwei Kugeln über meinen Kopf, ein Knall und ein Querschläger surrte von einem Fels der gegenüberliegenden Straßenseite.
Das also war mein Empfang in Persien – Salutschüsse an der persisch-irakischen Grenze.
Die bald einbrechende Dunkelheit empfand ich als Schutz gegen neuerliche Überfälle. Ich wagte es nicht, den Scheinwerfer einzuschalten und fuhr langsam und lautlos den Lichtern der ersten iranischen Stadt entgegen, Gasrechirin. . .
Als erstes fiel mir auf, wie sehr sich die Perser äußerlich von den

Arabern unterschieden. Ihre Kleidung war sehr gemischt, teils europäisch, teils orientalisch. Lange Pumphosen, wallende Gewänder, schwarze, weiße und grüne Turbane, meist aber Fetzen und andere Zeichen grausamster Armut.
Die Frauen sind – im Gegensatz zu den arabischen Ländern – zahlreich auf der Straße. Sie trugen alle den Tschador, einen schwarzen, großen und undurchsichtigen Schleier, der den Kopf und die ganze Gestalt umhüllt. Sie tragen diesen Tschador so, daß sie ihn mit der einen Hand vor das Gesicht halten und nur die Augen frei lassen. Benötigen sie diese Hand, so stecken sie das Tuch zwischen die Zähne, damit auf gar keinen Fall das Gesicht zu sehen ist.
Die Gasrechiriner hatten mich selbstverständlich gleich bei meiner Ankunft in der beleuchteten Hauptstraße entdeckt. Mir selbst war es absolut unklar, wo und wie ich die folgende Nacht verbringen sollte. Hotel? Gab es überhaupt so etwas in dieser Stadt?
Ich stieg vom Rad und war sofort von einer großen Zahl Neugieriger umringt. Alles wie gewohnt, dachte ich und harrte der weiteren Entwicklung des Volksauflaufs.
Es dauerte nicht lange, da kam ein junger Mann auf mich zu, vielleicht ein Student. Ziemlich unfreundlich fragte er in Englisch, ob ich Engländer sei. Ich sagte ihm, ich sei Deutscher. Er reichte mir die Hand und übersetzte den Umstehenden, daß ich kein Engländer, sondern ein Deutscher sei. So kam es zu einer spontanen Kundgebung für uns Deutsche. (Merkwürdig, – und diese Erfahrung hatte ich schon dutzendmal gemacht –, das um sein Imperium ringende, aber ohnmächtige England wurde von den Völkern des Nahen Ostens gehaßt und der ehemalige Feind Englands, die neu entstandene deutsche Bundesrepublik und mit Einschränkung auch die DDR, wurden geliebt. Nach dem orientalischen Motto – der Feind unseres Feindes ist unser Freund – war die Hetze gegen Deutschland, ob zu Recht oder Unrecht, von den Völkern der Dritten Welt zum Anlaß für eine besondere Freundschaft zu den Deutschen geworden. Diese Nachkriegserscheinung war selbstverständlich ein fruchtbarer Boden für die Wiederaufnahme von Handelsbeziehungen mit Deutschland).
Die Leute verschränkten ihre rechten Daumen und die linken Zeigefinger ineinander und riefen im Chor: „Almani-Irani!" Etwas verschämt ob dieser Sympathie-Kundgebung legte ich die rechte Hand auf die Stirn und dann aufs Herz und verbeugte mich nach allen Seiten.
Dann fragte ich den Studenten, wo ich wohl die Honoratioren der Stadt treffen könnte.
Er führte mich daraufhin aus der Menge hinaus in eine der

nächsten Seitengassen. Das Menschenknäuel kam hinterhergepilgert, verlor sich aber langsam.
Durch eine Mauertür gelangten wir in einen riesigen Hof. Aus einem angrenzenden Gemach tönte ein Gewirr von Stimmen – wie aus einer Schankstube in Deutschland.
Ein schlankes, leichtbekleidetes Mädchen, schon ein wenig verlebt, steckte seinen schwarzen Wuschelkopf durch die Türspalte, mein Begleiter schob sie zart auf die Seite und mich mitten in den lärmerfüllten Raum.
Da stand ich nun.
Der Lärm verstummte.
Durch den Dunst des Zigarettenqualms erkannte ich langsam einen langen, von Schnapsflaschen, Gläsern und Tellern überfüllten Tisch. Davor saßen, entlang der Wand, teils blau uniformierte, teils elegant und europäisch gekleidete Männer. Alle ihre Blicke waren auf mich gerichtet, voll Erstaunen und voller Neugier.
In diese Stille hinein sagte ich auf englisch:
„Hört zu, Gentlemen! Ich komme auf sportliche Weise per Fahrrad über den Irak aus Deutschland. Ich brauche Ihre Hilfe."
Ein jüngerer Zivilist hatte mich verstanden. Er stand auf, übersetzte und bot mir seinen Platz an.
Ich setzte mich.
Ein Mann in Uniform, der neben mir saß, reichte mir sein Schnapsglas.
Ich leerte es kurzentschlossen auf das Wohl der Gesellschaft. Es war glasklarer Wodka.
„Aus Aserbeidschan", sagte der Zivilist und schenkte nun seinerseits das Glas abermals voll. Ich schlürfte nun das wohlschmekkende, scharfe Zeug mit vollem Genuß herunter und die Gesellschaft klatschte Beifall.
Nun kam wieder Bewegung in die Tischrunde. Das nur dürftig bekleidete Mädchen rannte wie ein Irrwisch durch den Raum, um die Gäste zufriedenzustellen. Es dauerte nur Minuten und sie brachte mir eine Riesenportion Kabab, das überall übliche am Spieß gebratene Hammelfleisch und – zu meiner größten Verwunderung – eine Schüssel richtiger goldgelber Pommes Frites.
Die Stimmung stieg. Bei den vollchromatischen Gesängen der Perser klatschte ich sogar den Rhythmus, und hierüber gerieten alle Anwesenden aus dem Häuschen. Ihre Begeisterung kannte keine Grenzen.
Im weiteren Verlauf des Abends stellte sich der junge, englischsprechende Zivilist als Arbáb, als Dorfbesitzer, vor und lud mich in sein Haus ein.
Es war allerhöchste Zeit zum Aufbruch, denn die Batterie der

leeren Wodkaflaschen hatte schon eine ganze Wandnische gefüllt. Gemeinsam verließen wir das Lokal und gingen in vergnügter Stimmung durch das bunte Treiben der Hauptstraße Gasrechirins. Etliche Dutzend Bettler liefen hinter uns her. Die Herren warfen, wie die Karnevalsgecken in Köln ihre Bonbons, Geldmünzen in die Menge.

Mein Gastgeber, der Arbáb bewohnte einen Häuserkomplex am Gebirgsfluß. Ein großer Hof mit Springbrunnen, im Viereck herumgruppiert das Herrenhaus, das Frauenhaus, die Vorratskammer und das Dienerhaus. Das Frauenhaus ist natürlich für jeden Fremden tabu. Im Herrenhaus befindet sich hinter einem Arkadengang das Prachtzimmer, in dem der Hausherr alles ausstellt, was er seinen Gästen zu zeigen wünscht. Große, wertvolle Teppiche, die bei uns ein Vermögen ausmachen, silberne Vasen, Tabletts und wunderbare Seidengobelins, die jeweils etliche tausend Arbeitsstunden gekostet haben.

Wir setzten uns im Kreis mit unterkreuzten Beinen auf einen Teppich.

Ein Diener brachte auf einem riesigen Silbertablett in einem kunstvoll gearbeiteten Messingkasten ein Holzkohlenfeuer und anschließend mehrere merkwürdige Pfeifen. Diese Pfeifen bestanden aus einem etwa eigroßen Hartholzkopf mit einer winzigen Öffnung und dem üblichen Pfeifenstiel. Der Arbáb und seine Bekannten erhitzten die Pfeifenköpfe vorsichtig, ja fast feierlich und liebevoll über der brennenden Holzkohle.

Die Männer mußten meine erstaunten Blicke bemerkt haben, denn der Hausherr erklärte mir mit einem Ton des Bedauerns, daß sie alle dem Rauschgift ergeben seien. Natürlich waren auch hier die Engländer allein die Schuldigen, weil sie das Opium aus China eingeführt hätten. Nach diesem kurzen, aber durchaus nicht vollkommenen Kommentar zog er einen braunen, stinkenden Stift aus der Tasche, der so aussah wie eine Pastellkreide, schnitt ihn auf einem ziselierten Brettchen in mehrere Stücke und verteilte diese an seine Gäste.

Mit kleinen, silbernen Zangen entnahm dann jeder dem Holzkohlenfeuer ein Stückchen Glut und schmorte damit die in den Pfeifenköpfen steckenden Opiumstücke an.

Jetzt erst wurde mir klar, was hier geschah!

Mit tiefen Lungenzügen zogen die Männer gierig und genußsüchtig den Rauch des Giftes ein, wobei jeder möglichst lange die Luft anhielt, offenbar um so die Wirkung des Rauschgiftes zu erhöhen. Die fast feierliche Sitzung wurde bald aufgehoben. Die Gäste standen plötzlich auf und verließen uns grußlos. Sie lebten bereits in ihrer Traumwelt.

Ehrlich gestanden hätte ich das Zeug gern einmal ausprobiert. Ich hätte nur ein Wort zu sagen brauchen. Andererseits jedoch fürchtete ich, daß mir speiübel würde. Ich war und bin heute noch davon überzeugt, nur labile, ausschließlich von Lust und Lebensangst bestimmte, willensschwache Personen können sich den Rauschgiften hingeben. Sie allein haben den erwarteten Genuß und werden ihm hörig.
Man brachte mir eine mit schweren Teppichen belegte Matratze. Meinen ersten Erlebnissen in Persien konnte ich nunmehr – langsam einschlummernd – nochmals nachsinnen. . .
Am anderen Morgen brach ich zur Weiterfahrt auf.
Mein nächstes Ziel war die Großstadt Kermantschá.
Die gut asphaltierte Straße führte über einen hohen Paß, mitten durch Eis und Schnee. Die Berge glichen sehr denen des Taurusgebirges im Süden der anatolischen Hochebene in der Türkei. Doch hier war es noch kälter und ich war gezwungen, sämtliche Wollsachen wieder herauszukramen.
Diese Fahrt dauerte zwei ganze Tage. Immer war es das gleiche Bild links und rechts der Straße, wildzerklüftete Bergriesen, schroff und kahl. Nachts lernte ich wieder das Zähneklappern und das Zusammenrollen im Schlafsack.
Erst am Morgen des dritten Tages seit Gasrechirin – nach einer mühseligen Bergauf- und Bergabfahrerei – öffnete sich vor mir eine weite Ebene.
Eine schnurgerade Straße führte über 20 Kilometer nach Kermantschá.
Kamelkarawanen, hochbeladen mit kostbaren Teppichen, mit Silberwaren und auch Lebensmitteln, wurden gerade in den vor der Stadt liegenden Karawansereien abgefertigt.
Eine Abordnung von Sportlern und persischen Journalisten hatte schon seit Stunden auf mein Eintreffen gewartet. Sie waren von meinen Freunden aus Gasrechirin telefonisch informiert worden. Schon 15 Kilometer vor der Stadt standen etliche „Spähwagen". Alles sei auf meine Ankunft vorbereitet, sagten sie.
Als ich dann ziemlich ausgepumpt und zerschlagen in der Stadt eintraf, mußte ich – sehr zu meinem Leidwesen – fühlen, daß die guten Leute keineswegs einkalkuliert hatten, wie müde ich war.

Wölfe

Mein Gott! Was man nicht alles tut, um den notwendigen Lebensunterhalt zu verdienen! Für mich hieß die Parole: Publicity! Schauobjekt für die Neugier der sensationslüsternen Masse

Mensch! Und das alles, um entsprechende Zeitungshonorare kassieren zu dürfen!
Man höre, was ich in meiner abgekämpften Verfassung in Kermantschá alles über mich ergehen lassen mußte:
Als erstes ein Besuch beim Gouverneur. Dann kamen die Zeitungen an die Reihe, zu denen mich die pflichteifrigen Journalisten schleiften. Hernach besuchte ich die Rundfunkstation von Kermantschá und anschließend verschiedene Sportklubs.
Als ich am nächsten Morgen wohlausgeruht von Kermantschá aufbrach – die Radsportler der Stadt begleiteten mich 10 Kilometer weit hinaus, dann froren sie und kehrten um – wehte ein eiskalter Wind. Die Fahrt wurde immer mehr zur Qual.
Drohende, kahle Felsen rückten gleich einer tausend Meter hohen Mauer immer näher an die einsame Landstraße heran, ohne jedoch irgendwelchen Schutz gegen den immer steifer werdenden Eissturm zu bieten. Nach 45 Kilometer Fahrt und siebenstündigem Kampf gegen einen nie erlebten Wind wurde meine Lage ziemlich verzweifelt.
Durch und durch gefroren suchte ich, die Straße entlangblickend, nach einem Lebewesen.
Die Straße entlangblickend hoffte ich und sehnte ich mich nach einer Ansiedlung, nach irgendeinem Haus, wo Menschen lebten. Nichts!
Es ging plötzlich bergab, hinunter in eine Schlucht. Der Sturm warf mich mit elementarer Gewalt vom Rad. Um mir neuen Mut einzutrichtern, schrie ich laut in das Tosen des Sturms hinein und hörte nur als Echo von den Felswänden meinen eigenen Schrei und meine Kraftworte als jämmerliches Gewinsel, das in der Wucht der Naturgewalten sofort als abgerissene Laute kläglich unterging. . .
Ich hob mein Fahrrad auf und stemmte mich bergab (!) gegen das Ungeheuer Wind. Die Speichen des Rades gaben heulende, sirenenartige Pfeiftöne von sich.
So vergingen weitere vier Stunden, und es waren kaum weitere fünf oder sechs Kilometer geschafft. Und langsam wurde es dunkel!
Da erblickte ich endlich in der Ferne ein Licht. Am Straßenrand! Mit dem Mut der Verzweifelung zerrte ich das Rad – und mich selbst diesem Licht entgegen.
Nach einer weiteren Stunde – es war bereits stockdunkel – hatte ich das Licht erreicht. Es war eine Tee- und Opium-Spelunke. . .
Ich stieg vom Rad – der Wind hatte in der Talsohle etwas nachgelassen –, schloß das Rad an und trat ein. Ohne mich umzublicken, ließ ich mich auf eine mit Teppichen belegte Pritsche fallen.

Der Raum war gefüllt mit zerlumpten Menschen. Einige sprangen hoch, stellten sich um meine Pritsche. „Inglesi?“ fragten sie drohend.
„Nein“, sagte ich. „Alman“.
Gott! Welch ein glücklicher Zufall, daß ich Deutscher war! Die Männer brachten heißen Tee und Arrak, um mich einigermaßen wieder auf die Beine zu bringen. Aber es dauerte dennoch eine gute halbe Stunde, bis ich endlich auftaute und mich besser fühlte. Ich gab dem Wirt etliche Rials, den Gegenwert von etwa fünf Deutschen Mark.
Das mußte zu viel gewesen sein. Der Wirt verbeugte sich mindestens ein Dutzend Mal, gab gleich sämtlichen Männern eine Runde Arrak aus und brachte mir eine Mahlzeit, von der ich nur ein Viertel schaffen konnte. Als besonderes Zeichen seiner Dankbarkeit belegte er meine Pritsche mit zwei weiteren dicken Teppichen.
Um die 2000 Meter hochgelegene Stadt Hamadan zu erreichen, mußte ich abermals über eis- und schneebedeckte Pässe. Es war mir bald klar geworden, daß ich die 170 verbleibenden Kilometer unmöglich an einem einzigen Tag schaffen konnte. Der Sturm hatte zwar nachgelassen. Der Nordwind bremste die Fahrt. Ich war um sieben Uhr morgens im ersten Dämmern aufgebrochen und hatte gegen vier Uhr nachmittags trotz der relativ guten Asphaltstraße in fast neun Stunden nur ganze 112 Kilometer erkämpft. Bis Hamadan waren es noch 58 Kilometer mit Serpentinen und steilen Paßstraßen. Ich war wie gewohnt vollkommen ausgepumpt. Mein Puls lag dauernd über hundert Herzschlägen.
In Kermantschá hatte man mich gewarnt, unter keinen Umständen nachts durch die Berge zu fahren. Besonders die Kollegen von der Presse erzählten mir Schauergeschichten von reißenden Wolfsrudeln, die sogar schon einmal einen berittenen Gendarm samt Pferd überfallen und aufgefressen haben sollten. Schauermärchen! Und trotzdem rieselte es mir kalt den Rücken hinunter, als aus den pechschwarzen Schluchten der seitwärts liegenden Felsen ein langgezogenes Geheul heraufönte und noch unheimlicher von dem Echo wiederholt wurde.
Wölfe! Also doch!
Der erste Gedanke: Sollte ich trotz aller Müdigkeit weiterfahren? Unsinn! Die Biester können schneller laufen. Unbewußt kam ich wieder ins Tempo und trampelte was das Zeug hielt. Hatte ich Angst? Ich mußte mir gestehen, daß mein unheimliches Gefühl und das Schnellere-in-die-Pedale-Treten nichts anderes als Angst, als blinde Angst war. Dann fiel mir ein, daß ich um Himmels willen meinen Gefühlen keinen freien Lauf lassen durfte.
Mein Blick fiel auf die sanften, von Kameldorn überwucherten

Hänge, aus denen die Felsen jeweils steil aufragten. Links der Straße, keine fünfzig Meter entfernt, zog sich solch ein Hang hinauf zu einem überhängenden Fels. Dort lagen riesige Steinblöcke vor einem schmalen, schneebedeckten Kamin. Blitzartig fiel mir ein: Das ist die einzige Lösung meines Problems. Dort in dem höhlenartigen Überhang könnte ich mein Zelt aufschlagen und im Kamineingang ein riesiges Feuer entfachen. Das würde selbst die stärksten Wolfrudel abhalten.
Es war eine Teufelsarbeit, das Rad auf den Felsvorsprung zu hieven. Aber noch schlimmer war das Sammeln von trockenem Kameldorn. Trotz Lederhandschuhen und trotz der schützenden Parka, die nadelartigen Dornen drangen durch und nicht nur die Finger und die Arme, sondern sogar die Brust schmerzte von den unzähligen Stichen.
Der Handschuh klebte von Blut. Ich knickte mit den Füßen und schnitt mit dem Messer und schleppte weiterhin Ballen um Ballen von dem scheußlich stechenden Zeug zu meinem Unterschlupf. Dort lag schon ein zwei Meter hoher, umfangreicher Berg, als ich abermals von dem langhingezogenen Geheul der Bergwölfe aufgeschreckt wurde.
Am Himmel erschienen die ersten Sterne. Ich legte alles entbehrliche Papier, das ich im Gepäck fand auf die Seite und zerknüllte es, legte einige Büsche darüber, prüfte den Wind, legte das Feuerzeug bereit und machte es mir auf meiner Luftmatratze und dem Schlafsack bequem.
An Schlaf war natürlich nicht zu denken, denn soviel war mir klar geworden: Auf keinen Fall durfte ich ein Riesenfeuer entfachen und so das Brennmaterial aufbrauchen bevor die Nacht zu Ende und der helle Tag nicht angebrochen ist. Ich mußte vor allen Dingen jeden Funkenflug verhindern. Mein Kameldorn-Vorrat mußte ausreichen. Und so zog ich es vor, lieber noch etwas zu zittern, als mein Feuer allzu früh zu entzünden. . .
Auf der Straße blieb es still. Kein Schweinwerfer eines herannahenden Autos war zu sehen. Schließlich fand ich mich mit dem Gedanken ab, eine lang werdende Nacht in der Felsnische überstehen zu müssen.
Die Zähne begannen zu klappern. Freiübungen! Half nichts mehr. Nur ein kleines Feuer! Es war nicht mehr zum Aushalten – und waren da unten am Straßenrand nicht glühende Augen zu sehen? Schnell das Feuer!
Das Papier brannte. Ein leichter Windstoß! Hoffentlich brennt das fein zerzauste Büschel Kameldorn! Die winzigen, streichholzgroßen Ästchen glühten schon – und auf einmal schlug eine Flamme aus dem Buschwerk. Gott sei Dank – es brannte! Der Schein der

Taschenlampe strich wieder über das zur Straße abfallende Gelände. – Glühende Augenpaare! Eins, zwei, drei. Da und dort – und dort. Entfernung? Etwa zwanzig bis dreißig Meter?
Mein Feuer brannte, knisterte, loderte. Ich warf zwei weitere Büschel auf die kleiner werdende Flamme. Nun prasselte es und etliche Funken stoben hoch an die Felskante. Ich fühlte nun die Wärme, griff abermals zur Stablampe. Kein Zweifel – das waren Tieraugen. Hinter dem schützenden Feuer fühlte ich mich sicher. Mit der zunehmenden Wärme kehrten meine Lebensgeister zurück, ja, ich vergaß meine Müdigkeit. Es war elf Uhr.
Ob ich mich nicht täusche? Sollen das wirklich ausgerechnet Wölfe sein? Warum nicht Schakale oder Füchse?
Ich wollte es wissen und raffte eine Handvoll Steine. Dann legte ich die brennende Stablampe auf einen großen Stein und richtete den Strahl auf etliche Augenpaare und begann mit einem Steinbombardement auf die Biester.
Sie verschwanden sofort. Dafür setzte ein unheimliches Geheul ein. Sie bellten und heulten und veranstalteten ein schauerliches Mitternachtskonzert.
Also doch Wölfe!
Fieberhaft rechnete ich mir aus, wieviel Kameldorn ich noch hatte und wie viele Stunden das Zeug ausreichen würde. Es mußte reichen, wenn ich wie bisher sparsam damit umgehe. Das war eine Beruhigung. Um ganz sicher zu gehen, rechnete ich wieder und wieder: Schätzung des Vorrats: Mindestens zweihundert Büsche lagen auf dem großen Haufen. Um das Feuer zu halten, mußte ich alle drei Minuten einen neuen Busch hineinwerfen. Das hatte ich mit der Uhr in der Hand noch und noch nachgeprüft. Schließlich war ich über diese Frage beruhigt.
Wieder suchte ich Steine, größere Steine und warf sie hinter den Haufen. Sie fielen klirrend auf den Fels und nichts rührte sich.
Schließlich sagte ich mir: „Junge! Mach dich doch nicht selbst verrückt“ und zog etliche der Dornenbüsche an mich heran, um sie vom Schlafsack aus greifen zu können. Das war gemütlicher und ich brauchte nur alle halbe Stunde aufzustehen.
Ich war etwa sechs- oder siebenmal aufgestanden, um neues Brennmaterial heranzuschaffen, als mitten in meinen Wachträumen in unmittelbarer Nähe wieder lautes Wolfsgeheul mich auf die Beine riß. Nach der Stablampe greifen und den Fels hinunterleuchten war das Werk von wenigen Sekunden.
In voller Größe sichtbar stand er da, der Leitwolf, keine zehn Meter entfernt! Er blinzelte in den Lichtstrahl und fletschte die Zähne. Im Hintergrund leuchteten die Augen seiner Meute. Sein Fell war abstoßend struppig.

Die Lampe auf das Biest haltend, hob ich einen vor mir liegenden Stein auf und warf ihn gut gezielt, wahrscheinlich mitten auf die Schnauze. Das Licht war bei dem Wurf ausgegangen. Er heulte wie ein getroffener Hund und war verschwunden.
Die ganze Gesellschaft war wie weggeblasen.
„Feige Bande“, fluchte ich und sah nach dem Feuer. Es war weitgehend niedergebrannt. Das war also der Grund, daß sie sich so nahe herangewagt hatten! Ein Blick nach der Uhr! Es war etwas nach vier Uhr morgens.
Mein Brennvorrat war weit über die Hälfte verbraucht. Noch lange vier bis fünf Stunden rechnete ich und warf diesmal gleich drei Bündel Kameldorn auf die langsam verlöschende Glut. Wieder züngelte die Flamme hoch und verbreitete eine wohlige Wärme. Im Lichtschein glühte der Fels rosarot.
Die Nacht verging nun wie im Fluge. Auch mein Brennmaterial ging langsam zur Neige.
Ich war mit dem Grauen des Morgens plötzlich völlig erschöpft. Motorengeräusche! Sirenen heulten auf! Die beängstigende Stille der wildzerklüfteten persischen Berglandschaft war einem neuen Tag gewichen.
Zwei Wagen der Hamadaner Feldpolizei hielten dort, wo ich die ersten Wolfsaugen sah. Ein Polizeioffizier eilte auf mich zu und fiel mir überschwenglich um den Hals!
Von den Wölfen war weit und breit nichts zu sehen. Sie waren gleich bösen Nachtgeistern wie vom Erdboden verschluckt.
Aus dem französischen Gestammel des Offiziers konnte ich nur entnehmen, daß die Behörden in Hamadan schon vorgestern und gestern von Kermantschá benachrichtigt wurden. Man hatte in Hamadan bis in die Nacht auf micht gewartet. Der Offizier sagte: „Wir dann haben gedacht, nur noch Fahrrad, Lumpen und Knochen wir werden finden.“
„Guter Witz“, sagte ich und wir plazierten das Rad und mein Gepäck auf das Dach des Begleitfahrzeugs und fuhren gemeinsam über die Serpentinen hinauf in die Bergstadt Hamadan.

Inschallah

Wir hielten vor einer hohen Mauer und einem eisernen Tor. Der Offizier sagte nur: „Du! Eingeladen von deutsch Arzt“. Die Polizisten holten Rad und Gepäck vom Dach ihres Fahrzeugs und bedienten das Läutewerk über dem Tor. Ihr Chef drückte mir die Hand und fort waren sie.
Da stand ich nun und lauschte, ob sich hinter dem großen Tor etwas tat.

Zunächst hörte ich nur das tiefe Grollen eines Hundes. Dann eine Frauenstimme: „Nero, schau mal wer da ist!"
„Ein Landsmann, Gnädige Frau", rief ich.
„Komme schon, wir warten auf Sie!" Deutsche Laute und eine wohlklingende Stimme!
Das Tor öffnete sich so weit, daß ich gerade mit meinem Fahrrad hindurchschlüpfen konnte. Mein erster Blick fiel auf den Hund, das Prachtexemplar eines hochgewachsenen, pechrabenschwarzen Schäferhundes, der mich schwanzwedelnd und bellend begrüßte. Dann erst sah ich die Frau des Hauses, eine junge hübsche Brünette. Sie reichte mir beide Hände und sagte: „Gott sei Dank, daß Sie das geschafft haben. Erst lasen wir vorgestern in der Zeitung von Ihnen und gestern erfuhr mein Mann, daß Sie am Abend eintreffen und heute morgen hat er den Polizisten einen Mordskrach gemacht – wegen Ihnen."
Fast hätte Nero mich umgeworfen. Anscheinend hatte er gespürt, daß ich besonders willkommen sei und so richtete er sich an mir auf und leckte mein Gesicht ab.
„Übrigens, wir heißen Kania. Mein Mann ist Chirurg und hat den Posten als Chefarzt des hiesigen Krankenhauses." Dr. Kania erschien wenig später. Er kam zum zweiten Frühstück aus dem Krankenhaus.
„Nur eine halbe Stunde", sagte er und begrüßte mich wie einen alten Bekannten. Er sah ziemlich abgespannt aus, aber drahtig, energisch und sportlich. Ich schätzte ihn auf knapp vierzig Jahre.
„Wissen Sie, warum die Burschen erst heute morgen zu Ihrer Rettung ausgefahren sind?"
Ich antwortete ihm, daß ich eigentlich gar kein Anrecht auf ein Bemühen der Polizei habe. Schließlich sei es ja meine Verantwortung, daß ich mich auf eine solch abenteuerliche Reise begeben habe.
Dr. Kania wollte das nicht gelten lassen. Seine Meinung war es, daß es ein Gebot internationaler Solidarität des Sports sei, solche Unternehmungen zu unterstützen. Und im übrigen sei das auch die Auffassung der persischen Regierung. Aber bei diesem labilen Volk, ausgebeutet, verdummt und von den Überreichen unvorstellbar geknebelt, habe es jede Regierung schwer, solange nicht mit eisernem Besen eine soziale Ordnung geschaffen werde. In Persien heißt alles nur „Inschallah", „So wie Allah will". Man kann diese Geisteshaltung auch Kismet nennen oder absolute Resignation der Massen.
Zunächst erfuhr ich, warum trotz Gouverneurbefehl die Polizisten mir nicht schon am Abend entgegengefahren waren.
„Ganz einfach", sagte Dr. Kania, „die ganze Gesellschaft befand

sich im Opiumrausch". Als sie gegen zwei Uhr morgens auf der Wache aus diesem Rausch aufwachten, zeigten sie Angst, den Befehl des Gouverneurs auszuführen. Sie teilten den Aberglauben der Bevölkerung, daß Wölfe von bösen Geistern besessen sind."
Ich mußte lachen. Aber Dr. Kania machte ein besorgtes Gesicht und fuhr fort:
„Was meinen Sie, warum wir uns den mächtigen schwarzen Schäferhund zugelegt haben? – Seit wir den Hund haben, ist bei uns nicht mehr eingebrochen worden. Früher geschah das alle paar Tage!"
„Und wie ging das weiter mit den polizeilichen Angsthasen? Was geschah dann?" wollte ich wissen.
Jetzt lachte auch Dr. Kania:
„Die armen Kerle fingen an zu knobeln, wer nun hinausfahren müsse in die Welt der bösen Geister. Diese Knobelei dauerte eben bis in die frühen Morgenstunden, bis die Wölfe mit ihren Geistern in den schwarzen Schluchten verschwunden waren."
„Und wenn die hungrigen Biester mich verspeist hätten?"
„Inschallah", sagte der Doktor.
Die Unwissenheit und die mit fetischistischem Aberglauben durchsetzte Religiosität der mohammedanischen Bevölkerung war geradezu erschreckend und mitleiderregend.
Dr. Kania hatte für den Abend einige seiner Kollegen eingeladen. Die Hamadaner Ärzte erzählten mir, daß ich nur ein ganz schwaches Bild der Wirklichkeit gesehen habe. Schmutz, Armut, Aberglaube und Hunger – das seien die unlösbaren Gefährten der breiten Massen, die ihr unvorstellbar armes Dasein in fensterlosen Lehmkuppeln oder in brüchigen Lehmbaracken fristen, ausgenutzt von ihren oft unglaublich reichen „Arbábs", den Grundbesitzern, deren Leibeigene sie sind. Nicht nur Leibeigene nach dem papiernen Gesetz, sondern Leibeigene in der rauhen, erbarmungslosen Wirklichkeit.
In unserer Gesellschaft befand sich auch ein solcher Arbáb. Er war nach letztem Pariser Schnitt gekleidet und sprach ein ausgezeichnetes Französisch.
Dr. Kania hatte mit ihm eine Auseinandersetzung über einen jungen Arbeiter, einen Patienten im Hospital. Ich hörte nur beiläufig, wie der Arbáb sagte: „Der wird mir nicht operiert, lieber Doktor!"
Und der Doktor: „Dann kann ich nicht für seine Gesundung garantieren. Wahrscheinlich wird er Krüppel oder er stirbt." Der Arbáb schnalzte nur mit der Zunge und sagte: „Inschallah!"
Ich wandte mich daraufhin an den Arbáb und fragte ihn:
„Glauben Sie nicht, daß diese sklavische Abhängigkeit und die

Armut der Leute auch Ihnen eines Tages gefährlich werden könnten?“
Der junge Mann lächelte ein unübertrefflich orientalisches Lächeln, undeutbar. Dann meinte er:
„Allah hat es gewollt, daß ich im bescheidenen Wohlstand des Besitzes von etwa zweihundert Dörfern leben darf. Wenn Allah es wünscht, werde ich genauso arm sein wie meine Bauern. Inschallah!“
Anmerkung: Der Schah von Persien hat im letzten Vierteljahrhundert, das inzwischen vergangen ist, mit eiserner Hand die Arbábs in die Schranken verwiesen, Land aufgeteilt, unzählige Schulen gegründet, Industrien aufgebaut, seinen größten Feind bekämpfte er ohne Erfolg – jenes Inschallah der Mullahs, der Ajatollas.

Aasgeier der Macht

Kälte, Eis, Schnee, Angst! Mitleid und Empörung! – So müßte die Überschrift zu den drei harten Reisetagen in jenem Dezember 1951 lauten – die Radfahrt von Hamadan nach Teheran. Wohl kaum hat jemals ein Fahrrad solche Strapazen mitmachen müssen – vom Radfahrer ganz abgesehen.
Kälte, Eis und Schnee im Gebirge und dazu die stete Angst, weniger vor den Wölfen als vor Menschen, – den frierenden, zerlumpten Banden, die in ihrer Not, gleich Wölfen, bereit waren, alles anzufallen, was Beute versprach. Aber schlimmer noch als die Angst vor den Verzweifelnden war meine Empörung über die Unmenschlichkeit jener, die an dem Elend schuld waren, jene Aasgeier des Reichtums und der Macht, unter denen die persischen Massen, insbesondere die Bergbauern, zu leiden hatten.
Am zweiten Tag nach dem Start aus Hamadan – ich hatte in einer vereisten Felshöhle frierend übernachtet – war ich Zeuge einer barbarischen Heimatvertreibung.
Von der Ferne war das ärmliche Lehmhüttendorf schon zu sehen. Es lag nahe der Straße an einem sanften Hang; dahinter drohten die kahlen Felsen des unwirtlichen Gebirges. Über den Feldern schimmerte eine durchsichtig dünne Schneedecke. Auf der Straße stand eine Autokolonne – Polizei.
Zögernd fuhr ich näher. In den Hütten – lautes Geschrei, Brüllen, Wehklagen der Frauen, Weinen und Wimmern der Kinder. Heulende, abgemagerte, räudige Hunde suchten mit eingeklemmten Schwänzen das Weite. Sie werden bald Opfer der Wölfe werden, dachte ich mir.

Peitschenschwingende Polizisten tauchten zwischen den Hütten auf und verschwanden wieder.
In einem geschlossenen Jeep saß ein Polizeioffizier. Er las eine Zeitung, gähnte, steckte sich eine Zigarette an. Dann sah er mich. Der Offizier öffnete den Wagenschlag und kam neugierig auf mich zu. „Salaam Aleikum", sagte ich. Er nickte nur und fragte:
„Was tun Sie hier?" Er sprach französisch.
„Ich radle um die Welt und komme hier durch auf dem Weg nach Teheran", sagte ich.
„Ach so, ich habe davon gelesen", meinte er und fuhrt fort:
„und jetzt sind Sie neugierig, was hier geschieht?"
„Ja, und Sie können es mir erklären", sagte ich.
Der Offizier schaute an mir herunter und stierte eine Weile auf meine Fußspitzen. Er war offensichtlich in einer gewissen Verlegenheit. Vielleicht schämt er sich für das, was seine Leute da machten, dachte ich. Dann sagte er plötzlich fast tonlos:
„Das muß sein! Sind allesamt Kommunisten! Haben absichtlich weder Steuern an den Staat noch die Pacht an den Arbáb gezahlt. Jetzt können sie zum Teufel gehn. Tut mir leid für die Kinder."
„Glauben Sie das, was Sie mir da erzählen?" fragte ich.
„Der Befehl zur Evakuierung wurde so begründet", sagte er. Ich schüttelte den Kopf und schaute hinüber zu den Lehmhütten und sah wie einige Mütter hastig Lumpen um die Babies wickelten und Kinder an die Hand nahmen und andere kleine Karren mit Hausrat und rostigen Blechkanistern beluden und so ein Elendszug zusammengestellt wurde.
Der Offizier rief einige Befehle hinüber. Ich verstand nichts davon. Dann wandte er sich mir wieder zu und sagte:
„Am besten, Sie vergessen, was Sie hier sehen!" Er reichte mir die Hand: „Vergessen Sie! Ihr Deutsche habt ja auch vergessen, daß Ihr Millionen Unschuldige ermordet habt. Das hier ist bei weitem nicht so schlimm!"
Ich nickte nur, stieg auf mein Rad und fuhr zitternd vor Kälte weiter.

Teheran

Am dritten Tag nach Hamadan las ich: Zehn Kilometer bis Teheran.
Ehe ich mich versehen hatte, war ich mitten in der persischen Politik, mitten in einem Demonstrationszug, der sich schreiend und johlend durch den Boulevard Churchill wälzte. Boulevard Churchill war auf dem Straßenschild mit roten Balken durchgestri-

chen und Mossadeq stand darunter. Mossadeq war der Name des neuen Ministerpräsidenten, der soeben die englischen Ölgesellschaften aus dem Land gejagt hatte.
Ich war mitten in dem Gedränge und wurde einfach mitgerissen – ich demonstrierte mit, ohne es zu wissen, noch zu wollen. Alles johlte, und ein „Vorbeter" mit Lautsprecher brüllte, und alles wiederholte mit gereckten Fäusten, was er vorsagte. Wieder einmal war es ein junger Mann mit einem Studentengesicht, der sich zu mir durchdrängte und mich fragte, was für ein Landsmann ich sei. Er sprach englisch. Als er hörte, ich sei Deutscher, drückte er mir die Hand und sagte: „Tawaritsch". Das war russisch, und ich erinnerte mich, daß das soviel wie „Genosse" heißt. Dann fielen Schüsse. Vorn, etwa dreißig Meter entfernt von uns gab es Schmerzensschreie. Wir warfen uns auf den Boden. Andere stürzten über uns. Als wir wieder aufstanden und den Straßenstaub abschüttelten, sagte er:
„Das ist das Schwein, der Schah! Er will die Millionen aus dem Öl in seine Tasche stecken. Mossadeq soll ihn aus dem Land jagen!"
Wir fanden in einer Nebenstraße eine Teestube. Er war Student, zog es aber vor, als Funktionär der Tudeh-Partei (Kommunisten) tätig zu sein. Ich sagte ihm, das Studium sei für ihn doch zur Zeit viel wichtiger. Er war empört über eine solche Zumutung. Er schaute mich groß an und sagte:
„Wozu studieren? Mossadeq, der Ministerpräsident, hat es doch öffentlich gesagt: Jeder Irani bekommt täglich 130 Rial (damals fünfzehn DM), sobald wir die Engländer von den Ölfeldern verjagt haben."
Nun war es fast soweit. Die Engländer standen tatsächlich vor dem Verlassen der persischen Ölfelder. Das iranische Öl gehörte bald ausschließlich den Persern. Und, wie ich weiter hörte, stritt sich das Volk in Teheran nur noch darüber, ob die täglichen fünfzehn DM auch täglich abgeholt werden müssen, oder ob das Geld mit der Post in die Lehmhütten gebracht wird. Wozu also noch studieren? Wozu überhaupt noch arbeiten? Der große Wohlstand Persiens stand vor der Tür!
Mossadeq, der Volkstribun, brauchte nur noch den Schah aus dem Land zu jagen. Das jedoch war nicht so einfach, denn das Militär stand noch auf der Seite des Schahs und die Soldaten schossen auf die Demonstration der Tudeh. Einige hundert Tote soll es gegeben haben. Die Regierung sprach von ganzen drei.
Teheran war 1951 ein politischer Hexenkessel. Während die ungebildeten Massen und die Studenten auf das große Geld warteten, protestierten die Beamten und Angestellten, weil sie seit Monaten keine Gehälter mehr erhielten und die Staatskasse leer war.

In der Avenue Ferdowsi las ich das Schild eines privaten Sportklubs „Nihru Rasti“. Ich ging hinein, um auf diese Weise erste Kontakte zu finden. Eine kultivierte Dame empfing mich mit überschwenglicher Höflichkeit. Sie sprach ein akzentfreies Französisch. „Quel honneur! (Welche Ehre!) Das ist für unseren Klub wirklich eine Auszeichnung.“ Sie telefonierte hierhin, dorthin. Es kam Leben in das luxuriöse Büro. Dann wurde ich gefragt: „Warum haben Sie ausgerechnet unsern Privatklub als ersten Anlauf benutzt?“ – Ich stutzte und wollte aus einem inneren Gefühl heraus nicht sagen, daß das reiner Zufall war – nur weil ich gerade das Schild sah. So sagte ich:
„Ach, wissen Sie, Madame, man hört als Sportler soviel. Bei mir haben Sie den besten Ruf, und über die andern Vereine möchte ich jetzt nichts sagen. Vielleicht später. Schließlich bin ich Gast in Ihrem Land.“
Die Antwort schien ihr zu gefallen. Sie seufzte tief und meinte schließlich:
„Sie sind Gentleman, aber wir werden wegen unseres Reichtums angefeindet. Übrigens – Sie sind unser Gast, und unser Präsident bietet Ihnen freien Aufenthalt in einem unserer besten Hotels. Er lädt Sie für heute abend im „Ferdowsi“ zum Diner ein. Es wird Ihnen im gleichen Haus ein Appartement zur Verfügung gestellt.“
Natürlich war ich bei solch einer Menge Entgegenkommen vollkommen sprachlos. Für wen in aller Welt hielten die mich? Zum Diner im ersten Hotel eingeladen. So wie ich war, konnte ich unmöglich erscheinen. Kleider machen Leute.
Mir fiel die Adresse des Professor May ein, die mir ein mich überholender Autofahrer, ein Deutscher, gegeben hatte. Er wohnte nicht weit – in der Jahanguirstraße 5.
„Wir haben Ihnen schon ein Zimmer hergerichtet“; mit diesen Worten und offenen Armen wurde ich von dem Maler-Künstler empfangen. „Wir wußten, daß Sie uns besuchen. Mein Schwiegersohn Clausius, der sie auf einer Autotour traf, hat sofort von Ihnen berichtet.“
Professor May, ein hagerer, hochaufgeschossener Blonder, ließ mich nicht zu Wort kommen, und seine Frau, eine ehemalige deutsche Schauspielerin, zerrten mich gemeinsam zum Bad. Es war Freundschaft auf den ersten Blick und eine Herzlichkeit, der ich unmöglich hätte widerstehen können. Die an alles denkende Hausfrau hatte sogar an frische Wäsche und an einen Anzug gedacht. Der Schwiegersohn hatte fast genau meine Figur.
Erst nach dem Bad und nachdem man mein Fahrrad an die zahlreiche Dienerschaft zur Reinigung übergeben hatte, kam ich dazu, meinen Gastgebern klarzumachen, daß ein reicher Sportklub

mir ein Appartement im „Ferdowsi“ zur Verfügung hält, und daß der Präsident mich zum Diner eingeladen habe.
Wir saßen im Salon und schlürften heißen Tee und aßen Gebäck.
„Das mit dem Sportklub gefällt mir nicht ganz! Da steckt etwas dahinter“, meinte der Professor nachdenklich.
Ich schwieg. Was sollte ich da wissen? Ich konnte mir nur denken, daß auch da Politik im Spiel war.
„Natürlich müssen Sie hingehen – zum Diner“, sinnierte der Professor. Dann ging er zum Telefon, wählte und mit einem Blick zu mir erklärte er: „Ich rufe jetzt einen meiner mächtigsten Freunde an, den Staatssekretär Ali Vossough!“ Frau Maria erklärte: „Sie müssen wissen – das ist der Sohn des ehemaligen Ministerpräsidenten Vossough. Schon seine Ahnen waren Großwesire in Persien. Eine mächtige Familie, uralter Adel. Nur der Schah mag den Vossough nicht so recht. Vielleicht aus Neid und weil der Vater des Schahs ein Emporkömmling ist. Wir sind dummerweise mit beiden befreundet und das kann nicht lange gutgehen. Ich glaube, wir geben Persien auf und wandern nach Kanada aus.“
Der Professor legte den Hörer über die Gabel und setzte sich zu uns. Kopfschüttelnd meinte er:
„Wirklich eine verzwickte Geschichte. Der Vossough meint, die wollen den Weltumradler zu Propagandazwecken für ihr politisches Süppchen ausnutzen. Er meint, er soll trotzdem zum Diner gehn und wenigstens zwei Nächte im „Ferdowsi“ wohnen, aber keine Abmachungen hinsichtlich Publicity machen.“
Mir war das alles rätselhaft. War ich tatsächlich als willkommenes Objekt persischen Ränkespiels hier in die Mühlen der Machtgierigen geraten?
Es war inzwischen fünf Uhr geworden. An der Pforte der May'schen Villa klingelte es. „Herr Ali Vossough“, meldete ein Diener.
Vossough trug einen maßgeschneiderten blauen Anzug. Ein untersetzter dunkler Herr. Er war bedeutend jünger als ich.
„Hallo, Freunde!“ rief er schon in der Tür und warf seinen Hut mit einem geschickten Wurf auf einen Sessel. Dann setzte er sich zu uns, streckte die Beine aus und begann ein Feuerwerk von Worten:
„Herrgotts-Sakra! War dös a Tag! Die Aasgeier die damische – aber nit mit mir, dem alten Hitlerbua – nit mit mir! Jetzt wolln se a noch unsan Weltumradla konsumieren!“
Das war die größte Überraschung. Der persische Staatssekretär, der Nachkomme kaiserlicher Großwesire, spricht bayrisch und bezeichnet sich als alten Hitlerjungen? Ich glaube, ich hatte Mund und Nase aufgesperrt. Alles lachte. Vossough fuhr dann in akzentfreiem Hochdeutsch fort:

„Gehen Sie ruhig ins ‚Ferdowsi'; Wohnen Sie zwei Tage dort! Die Rechnung, das habe ich bereits geklärt, wird von uns und nicht von denen beglichen. Und damit Sie wissen, mit wem Sie es dort zu tun haben – das ist die Gesellschaft, die mit der Ashra, der Prinzessin, der Schwester des Schahs zu tun hat, jenem Mistvieh, das ganz Persien mit seinen Intrigen überzieht."
Ich war wie vor den Kopf geschlagen.
„Verzeihen Sie, Herr Staatssekretär, . . ." Er unterbrach mich: „Sagen Sie ‚Ali'; wir sind doch alle Freunde und nebenbei bemerkt, ich kenne ihren Standpunkt. Sie wollen und dürfen sich auch nicht in unsere Politik verwickeln. Sie sollen aber wissen, daß diese Ashra hinter jedem Ränkespiel um die Macht in diesem Lande steht. Sie haßt jeden, der auf den Schah Einfluß nehmen könnte, und ich hege sogar den Verdacht, daß sie es war, die die Katzenleichen und den Gestank bei der Hochzeitsfeier verursacht hat."
Ich verstand noch weniger.
Frau Maria May klärte mich auf:
„Es ist ein offenes Geheimnis, daß sie gegen die Heirat mit der deutschblütigen Soraya ist. Bei der Hochzeitsfeier waren 90 Prozent des bereitgestellten Etats verschwunden. Und als die Staatsgäste den Saal betraten, mußte das Galaessen verschoben werden, weil ein pestilenzartiger Gestank die Tafel verpestete. Man fand dann Katzenleichen und Exkremente in den zahlreichen Blumenvasen."
Wenig später kam noch ein weiterer Besuch, Amir Aloe, ein robuster Vierziger. Er war Parlamentsabgeordneter und Leiter des Olympischen Komitees. Er sagte:
„Der Schah ist vollkommen apathisch und niedergeschlagen. Er will von Politik nichts mehr wissen. Er lehnt jeden Empfang ab und will, angeblich zur Kur, das Land verlassen."
Ich absolvierte zwei Tage im Luxusappartement des „Ferdowsi". Von dem Sportklub hörte ich nichts mehr bis auf einen Besuch. Eine junge, hübsche Dame der Gesellschaft wollte mit mir den Fünf-Uhr-Tee genießen. Sie sagte, daß sie vom Klub käme und man dort ein wenig enttäuscht sei. Ich machte ihr eine Menge Komplimente, die sie erfreut aufnahm; dann aber kam sie doch mit allem heraus, was sie im Auftrag des Klubs mir sagen sollte:
„Sie sind in falsche Hände geraten, denn erstens ist dieser Professor May ein Nutznießer des Schahs. Angeblich soll er die persische Kunst reformieren, nur weil er einmal als junger Mann den sogenannten Kunstpreis erhalten hat und mal irgendwo Kunstprofessor war, und weil er den komischen Gobelin als Hochzeitsgeschenk dem Schah vermachte. Und dann erst dieser

Vossough, der sich nur auf seine degenerierte Ahnentafel berufen kann und in Wirklichkeit ein Nazi ist! – Nein, wissen Sie – der – der war doch in Deutschland erzogen und war nach unsern Informationen sogar Mitglied der Hitlerjugend – nein, wissen Sie. . ."

Ich wußte also. Na und? Nach einer halben genüßlichen Stunde ging sie, von meinen persönlichen Komplimenten überschüttet, glücklich trippelnd von dannen.

Ich zog zum Professor und war dort liebevoll umsorgt.

Selten war ich so zufrieden. Die Nachrichten von daheim waren bestens. Meine Frau schrieb mir, ich solle mich gründlich ausruhen, aber das Schreiben nicht vergessen. Ja, und das war es schließlich, was mir ein zunehmend schlechtes Gewissen machte.

Die Mays waren darauf bedacht, mich so lange wie möglich als willkommenen Gesellschafter zu halten. Sie hatten ein halbes Dutzend Dienstboten, die der schönen Stellung wegen und nicht zuletzt wegen der menschlichen Wärme, die sie bei den reichen Persern kaum antrafen, einem jede Bitte von den Augen ablasen. Sogar die Briefträger, berühmt wegen ihrer Unzuverlässigkeit, brachten nicht nur mit akkurater Pünktlichkeit jede Postsendung, sondern auch die Post sämtlicher Nachbarn, wahrscheinlich, weil die Mays etwas zu viel Trinkgeld zahlten.

Diese herrliche Zeit wurde urplötzlich unterbrochen. – Ich saß gerade in der Badewanne und schaute aus dem Fenster. Es schneite in dicken Flocken. Es war zwei Tage vor Weihnachten. Mir fielen die Worte wieder ein, die ich am Tag zuvor gehört hatte: „Wenn es jetzt hier schneit, dann ist kaum noch ein Herauskommen aus der Stadt." Und Teheran ist fast ringsum von Bergen umrahmt. Das bedeutet Gefangenschaft bis Ende März. Ich hätte dann nur noch die Möglichkeit, mit dem Flugzeug nach Süden zu fliegen, und das wollte ich unter keinen Umständen.

Im Bruchteil einer Sekunde faßte ich meinen Entschluß. Ich nahm mir nicht einmal die Zeit zum Frühstück. Selbst das Rasieren war Nebensache! Der Abschied war kurz und herzlich. Ich fuhr zum Büro des Staatssekretärs. Er meinte:

„Nicht so eilig! Vielleicht dauert es noch zwei Tage bis die Pässe zugeschneit sind. Inschallah!"

Von „Inschallah" hatte ich weiß Gott die Nase voll. Kurs Osten über den Demavendpaß, hieß die Devise.

Kursänderung wegen Eis und Schnee

Der Demavend, fast tausend Meter höher als der Mont Blanc, liegt wie ein eisiges Bollwerk auf dem Weg nach Osten. Kurz hinter

Teheran beginnt schon der Aufstieg zu den Serpentinen und zum Paß.
Ich mußte mich beeilen. Das Schneetreiben wurde immer dichter. Die Fahrt wurde gegen Mittag trotz der einwandfreien Teerstraße mühseliger, die Steigungen gewaltiger, und die Schneelage nahm sichtbar zu.
Zum Glück konnte ich in den breiten Spuren vorgefahrener Lastwagen langsam, wenn auch rutschend vorwärts kommen.
Bald waren die zum 4000 Meter hohen Paß führenden Serpentinen erreicht. Vom gigantischen Berg war nichts zu sehen. Graue Eiswolken hatten sein Haupt verhüllt. Von Norden wehte ein stets stärker werdender Wind, kalt und eisig. Die Füße schmerzten trotz Wollsocken und Einlagen. Hohe Schneeverwehungen wurden häufiger. Ich biß die Zähne zusammen, stieg ab und schob das Rad die steilen Kurven empor. Das tat den Füßen gut, weil das Blut wieder pulsierte.
Unvermittelt befand ich mich mitten in einer Schneewolke! Schwarz und weiß flimmernd stoben große Schneeflocken handgroß von der Seite und aus der Tiefe der nördlich gähnenden Abgründe auf mich zu und an mir vorüber.
Sollte ich so meine Fahrt fortsetzen?
Diese Frage stand jetzt im Vordergrund und bereitete mir Kopfschmerzen. . .
Da tauchten plötzlich gleich feurigen Augen zwei Scheinwerfer vor mir auf. Es war ein von Mesched kommender schwerer Lastwagen. Als er wenige Meter vor mir war, knirschten die Schneeketten. . . Bremsend schleuderten sie vereiste Schneefetzen zur Seite. . . Der Wagenschlag öffente sich. . .
Mühselig prustend kletterte der Fahrer heraus. Er trug einen molligen Schafspelz, genau wie ich. Ein junger, drahtiger Bursche. Er rieb sich die Augen. Man sah ihm die Anstrengung an. Es stellte sich heraus, daß er Türke war. Er radebrechte etwas englisch.
Ich machte ihm klar, daß ich nach Mesched (achthundert Kilometer östlich von Teheran und nicht weit von der afghanischen Grenze) radeln wollte.
Er schüttelte den Kopf, warf ihn energisch zurück, daß ihm die Kapuze nach hinten rutschte und schnalzte mit der Zunge. Das war der typisch arabisch-persische Ausdruck absoluter und energischer Verneinung.
„Ich", sagte er, „war der letzte Mensch, der in diesem Jahr über den Demavend-Paß gekommen ist!" Er hustete und wischte sich abermals die Augen und stotterte:
„Du . . ! du. . . du kommst da nicht mehr rüber. Kein Mensch kommt da rüber. Nur noch ich . . . als letzter . . . und das nur mit

dieser riesigen Maschine!“ Er zeigte stolz auf seinen mächtigen Daimler. Das zusehends stärker werdende Schneetreiben und das Heulen des entsetzlich kalten Nordwindes unterstrichen seine Behauptung so deutlich, daß ich ihm glauben mußte und mich schließlich bereit erklärte, mit ihm bis kurz vor Teheran zurückzufahren. . .
Der gerade Weg nach Osten war also bereits versperrt. Teufel noch einmal! Hätte ich nicht ein oder zwei Tage früher abreisen können? Ich machte mir bittere Vorwürfe. Der junge Türke überlegte mit mir, was nun zu tun sei. Er erzählte mir, daß er schon einmal eine Tour bis nach Indien gefahren sei und das mitten im Winter. Er habe damals vom Schwarzen Meer kommend über Täbris und Teheran den Weg nach Südwesten über Isfahan, Kirman und dann durch die Wüste Lut und durch Belutschistan genommen.
Was blieb mir anders übrig, als das gleiche zu versuchen. Aber auch da waren Berge, gleich hinter Teheran.
Kurz vor Teheran stand ein Staßenschild „Kum, Isfahan“. Eine Umgehungsstraße also. Ich ließ den freundlichen Türken halten, hob mein Fahrrad vom Laster und begann so den neuen Kurs – in der Erwartung, daß ich möglichst schnell die bald zu erwartenden Steigungen in Richtung Südwesten überwinden kann.
Ich war froh, daß ich Teheran nicht noch einmal sehen mußte. Weicher Neuschnee! Die Fahrt nach dem Wallfahrtsort Kum, wo nebenbei bemerkt die Knüpferei von Seidenteppichen Weltruf erlangt hat, diese Fahrt rollte besser als ich annahm. Ehe noch die Dämmerung einbrach, hatte ich einen etwa 60 Kilometer von Teheran entfernten zweitausend Meter hohen Paß erklettert. Gott sei Dank schneite es hier nicht. Die Straße war nur von etwas verharschtem und ausgefahrenem Altschnee bedeckt. In rasender Talfahrt ging es weiter. Am späten Abend passierte ich die von Pilgern umlagerten zahlreichen Moscheen von Kum. In einem windstillen Winkel hinter der Stadt schlug ich mein Zelt auf.
Die Nacht war bitter kalt!

Deutsche Ärzte, Teppichknüpfer und ein Opium rauchender Gouverneur

Hinter Kum hörte die Teerstraße auf! Eine vom Wind geriffelte und wie mit Wellblech ondulierte Schotterstraße verlangsamte das Tempo und fraß an den Reifen. Soweit ich mich erinnere, hatte ich nur zwei Reservereifen, kunstvoll gedreht, zwischen dem Gestänge plaziert. Eine langweilige Hügellandschaft! Schmutzige Lehmhüt-

tendörfer! Bettelnde Bauern! Verlauste Hunde! Kamele, von einer ekelerregenden Hautkrankheit befallen, boten ein Bild des Erbarmens.
Nach zwei Tagen vorsichtigen Fahrens – meist am äußersten Rand der Straße, wo Esel und Kamele einen halbwegs ebenen Pfad getreten hatten – war ich endlich in Isfahan, dem „Herzen" des Landes, in der historischen Stadt des Kunsthandwerks. Die vergoldeten Kuppeln der Moscheen leuchteten matt im Abendrot. Schließlich landete ich mitten in der Halbmillionenstadt vor der Lotfollah-Moschee. Trotz aller Müdigkeit und der herrschenden Kälte (Isfahan liegt 1500 Meter hoch), war ich gebannt von der perfekten Harmonie der Mosaikkuppel und stieg ab und staunte und bewunderte, was dieses Volk einst an kreativer Schönheit geleistet hat. Soll ein Volk, das solches schaffen kann, durch die Despotie von zweihundert überreichen, herzlosen Familien in Schmutz und Armut und jenem verdammten „Inschallah" vor die Hunde gehen? Diese Frage beschäftigte mich, als ich plötzlich in die Seite gestoßen wurde. Ein Herr im Rollkragenpullover grinste mich an und sagte: „Grüß Gott, Landsmann! Sie scheinen gut durchgefroren. Kommen Sie gerade mit. Mein Kollege und ich freuen uns, wenn Sie uns Gesellschaft leisten. Die Moscheen können Sie morgen auch noch sehen!"
Sie waren zwei Ärzte, jung und abenteuerlustig und – am Isfahaner Krankenhaus beschäftigt. Es wurde bis in die Nacht geplaudert. Als ich am frühen Morgen weiterradelte, hatte ich einen schweren Kopf. Außerdem hatten die beiden mir eine Menge Angst gemacht – vor den Dingen, die mich in den nächsten Tagen erwarteten. Sie behaupteten, es sei unmöglich oder „fast unmöglich" überhaupt bis zu der noch unmöglicheren Salzwüste zu kommen.
Ich wollte es dennoch darauf ankommen lassen. Die Unkerei war ich bereits gewohnt.
Die jungen Ärzte hatten mir erzählt, daß in der vor mir liegenden Gegend wegen der Regenfälle in den tiefer gelegenen Gebieten jeder kleinste Bach zum reißenden Strom geworden und fast sämtliche Brücken unpassierbar seien.
Die Straße war hundsmiserabel. Es ging bergauf, bergab – wie über ein Waschbrett. . . Abermals erreichte ich die Schneegrenze. Hier, inmitten von Eis und Schnee, hatte ich ein einzigartiges Erlebnis: Eine kilometerlange Kamelkarawane kam mir entgegen! Ein unvergeßliches Bild – diese wiegend dahinschreitenden Wüstenschiffe mitten in der glitzernden Pracht einer oberbayrisch anmutenden Winterlandschaft.
Die an die Sonnenglut der Wüste gewöhnten Tiere schienen sich auch im Pulverschnee ganz wohl zu fühlen. Ihre Haltung mit den

hochaufgerichteten, weit nach vorn gestreckten Hälsen und dem weichen, fast schlurfenden Schritt unterscheidet sich in nichts von ihrem melancholischen Benehmen in der flimmernden Hitze der arabischen Wüstenländer.

Hundert Kilometer südöstlich von Isfahan beginnt eine abwechslungsreiche Landschaft schön und sanft geschwungener Bergketten.

Es fällt auf, wie sauber dort die Bevölkerung gekleidet ist. Die Dörfer, umgeben von grünenden Gärten, sind Juwelen, im Vergleich zu den dreckigen Lehmhütten im Norden.

Ein von fleißigen Händen errichtetes Bewässerungssystem, bestehend aus vielen, in harter Arbeit erbohrten Brunnen und einem Netz von Wassergräben, sorgt für das nötige Naß der Gemüsefelder und der Baumwolläcker. Hier beweist sich, daß Sauberkeit und Frohsinn durchaus keine Rasseeigenschaften sind, sondern nur durch Fleiß und somit durch bessere soziale Verhältnisse entstehen.

Ich radelte durch das Dorf Gay-Chane und bewunderte die Schlichtheit einer schlohweißen Moschee und staunte über die schneeweiß getünchten und harmonisch verzierten Hausmauern und die blumenreichen, noch um Weihnachten blühenden Gärten. Dort traf ich einen französisch sprechenden Perser und fragte ihn, wie es käme, daß es den Menschen hier so viel besser ginge als sonstwo im Lande.

Er sagte: „Lange Jahre vor dem Kriege kamen deutsche Grubenspezialisten nach Gay-Chane. Sie schürften in den Bergen Kupfer. Mit ihnen kam auch ein deutscher Landwirt. Sie zeigten viel Einfühlung in die Bevölkerung. Sie lebten wie wir Perser und alle arbeiteten harmonisch zusammen. Selbst der Arbáb von Gay-Chane, der Besitzer vieler Dörfer, war ausnahmsweise sehr vernünftig und unterstützte die Deutschen. So hat sich innerhalb eines Jahrzehnts das Bild der Landschaft vollkommen geändert. Das Bergwerk wurde leider im Krieg geschlossen – trotz der immensen Vorkommen. Leider!"

Seit Teheran hatte ich mit südöstlichem Kurs etwa 500 Kilometer zurückgelegt und war nicht mehr allzuweit von der Stadt Jadst entfernt. Die Straße führte über einen sanften Hügel. Noch eine schneidige Fahrt über knappe zwanzig Kilometer und Jadst war erreicht, wo ich bei bester Laune im Haus eines deutschen Chirurgen herzliche Aufnahme fand. Die Isfahaner Ärzte hatten mich bereits telefonisch angemeldet. (Merkwürdig! – Damals traf man etliche Dutzend deutscher Ärzte im Iran. Heute arbeiten fast tausend persische Ärzte in Deutschland und genießen einen guten Ruf!)

Eine frische Rasur, ein heißes Duschbad und ein üppiges Frühstück! Ich fühlte mich fit, um mit Zuversicht das wahrscheinlich schwierigste Stück meiner Reise anzugehen. Während der wendige Diener das Rad putzte und ölte – er machte das mit seltener Gründlichkeit und viel Geschick – kramte ich die Landkarte aus meinem Gepäck und machte eine tolle Entdeckung: Zwischen der seit Bagdad unbenutzten Sommerwäsche lag versteckt ein rosa Umschlag, ein ziemlich praller Inhalt. Neugierig öffnete ich – und ein Bündel Banknoten lag vor mir. . . Dollars, Pfunde, persische Tuman und indische Rupien. Ein kleines Zettelchen mit zierlicher Frauenschrift: Damit Du Deine Teheraner Freunde nicht vergißt. Du wirst das Geld gut gebrauchen können und wirst freier sein. Deine Carl, Maria May – Ich war glücklich und beschämt. Künstler, die nicht am Materiellen kleben! Es waren etliche Tausend Mark nach unserer Währung! Womit hatte ich das verdient? – Ich sandte dem Ehepaar sofort ein Telegramm: Überraschung in Jadst perfekt stop I love you stop auf Wiedersehn euer. . .

Von Jadst wird berichtet, daß dort die schönsten Mädchen wachsen, daß hervorragende Teppiche geknüpft werden und daß in der Umgebung das beste Opium geerntet würde. Nun, von den schönen Mädchen bekam ich nichts zu sehen. Sie waren damals allesamt tief verschleiert. Die Teppiche durfte ich bewundern. Ich sah die zerlumpten Kinder und die Frauen am Webrahmen sitzen und hörte ihren monotonen, rhythmischen Gesang, uralte überlieferte Weisen, nach denen die Muster, die Knoten und Farben bestimmt wurden und verließ ihren Arbeitsplatz mit viel Trauer, weil ich von Mitleid gequält die harmonische Schönheit ihres Produkts mit der Häßlichkeit der erbärmlichen Armut konfrontiert sah. Kein Wunder, daß Opium zur Zuflucht dieser Erbärmlichkeit wurde.

Jadst liegt am Rande der Grausamkeit, am Ufer der trostlosen Stein- und Salzwüste Lut. Mein Weg führte über holprige Wege, breite Pisten und ausgefahrene Pfade entlang und teilweise durch diese vegetationslose Landschaft, in der ich nicht einmal eine Fliege, eine Mücke, einen Wurm geschweige anderes Getier sah. 850 Kilometer waren so zurückzulegen! Dazwischen nur eine Stadt, Kirman. Kirman, ebenfalls bekannt als Stadt der Teppichknüpfer, Zentrum der traurigsten Karawanenstraßen, liegt 350 Kilometer von Jadst entfernt. Riesige Berge, öde und kahl, eisgekrönte Gipfel ragen über 4000 Meter in einen mitleidlosen graublauen Himmel.

Drei furchtbare Tage waren das. Nachts glaubte ich sterben zu müssen vor Kälte und tagsüber quälte mich die sengende Sonne. Und das nur am Rande dieser Wüste.

Ich war gezwungen, den armseligen Fraß der Eingeborenen hinunterzuschlucken, Reis und undefinierbare Fleischstückchen, die ich in einsamen Lehmhütten am Rande der Straße einkaufen konnte. Hie und da konnte ich eine Dose Büchsenmilch erstehen. Seit kurzem redete ich auch einige Worte in Persisch. Ich wurde zur Maschine, zum Roboter. Nur abends, wenn die Sonne unterging, die Hitze nachgelassen und die Kälte noch nicht da war, gab es ein kurzes Aufatmen, ein Aufleben, das Erlebnis der umliegenden Naturgewalt, der Schroffen und Zinnen im Abendrot und das Entdecken von Bewegung in der absoluten Einsamkeit, Kamelkarawanen, die an den Hängen der Berge wie braune Würmer die Felswände umschlichen.
Wer einmal den fahlen, bleigrauen Schimmer dieser Felsenwelt bei untergehender oder auch aufgehender Sonne erlebt, weiß nicht, an was er denken soll – an die Urzeit, an die Geschichte der Schöpfung oder das Reich der Nibelungen. Er empfindet eine Einsamkeit, die an den Rand des Selbstvergessens führt. Mit dem langsamen Erlöschen der in blaue Nebel getauchten Abendröte erscheint dann als das einzig vorhandene Leben die leuchtende Pracht eines unvergeßlichen Sternenhimmels in seiner kaum merkbaren Wanderung durch die Unendlichkeit des Alls.
Vor der Einfahrt zur Stadt mußte ich an einem mit Polizei und Militär besetzten Schlagbaum absteigen. Mein Paß wurde sorgfältig kontrolliert. Dem Militärposten genügte das nicht.
„Wo Permit des kommandierenden Generals“, fragte er.
„Ich bin auf dem Weg zu Euerm kommandierenden General“, sagte ich.
Das nützte nichts. Er ließ mich nicht passieren. Ich mußte unter Bewachung von drei Mann zur fünfzig Meter entfernten Wache. Dort saß ein Offizier mit viel Lametta auf der Brust. Er schaute überrascht auf, als ich ihm ziemlich laut sagte, daß ich beleidigt sei.
„Ich habe festgestellt“, sagte ich, „daß Luxusautos ohne jede Kontrolle passieren, ja nicht einmal angehalten werden. Wo ist ein Telefon?“
„Wieso ein Telefon?“ fragte er fast tonlos.
„Wiel ich den kommandierenden General sprechen möchte.“
Er stand von seinem Stuhl auf und schaute mich fassungslos an. Dann rief er zwei Soldaten und befahl ihnen – Tschai (Tee) zu holen.
„Entschuldigen Sie“, sagte er. „Das war bestimmt ein Mißverständnis. Darf ich Sie zum Tschai einladen?“
Nach einer Weile hatten wir vergessen, daß ich den General am Telefon sprechen wollte. Als ich mich verabschiedete, empfahl er mir das einzige Hotel der Stadt. Es war ein typisch persisches

Gebäude. Ein weißgetünchter Lehmbau mit Kuppeldach, Hof und Wasserbassin. Vor der Tür hockte ein halbes Dutzend Hotelbettler.

Am späten Nachmittag machte ich einen Spaziergang durch die Stadt. Die Hauptstraße, belebt von Kamelen und Eseln und ihren Treibern, war von Wassergräben eingefaßt. Vermummte Frauen wuschen ihre Wäsche darin, andere Straßenpassanten blieben stehen und schöpften mit der Hand und tranken das Wasser, dasselbe Wasser! Orientalische Basare, im Halbdunkel liegende Läden, Lehmlöcher, die am Abend mit Brettern und alten Barackentüren verriegelt und vernagelt werden.

Der Hotelbesitzer, ein bärtiger Patron, sagte mir vor dem Schlafengehen: „Europäer kommen nur sehr selten bis in den Südosten Persiens. Die letzten waren ein paar Missionare. Auf ihrer Fahrt in den Süden hat man sie einfach verhaftet und eingesperrt. Es ist besser, Sie gehen zum Generalgouverneur und lassen sich einen Schutzbrief ausstellen."

Am nächsten Mittag wartete ich im Palmengarten des kleinen versteckten Palastes. Links und rechts von mir ein paar bis an die Zähne bewaffnete Polizisten. Nach zwanzig Minuten kam der Sekretär Seiner Exzellenz, ein junger Mann, der fließend englisch sprach. Ich sagte ihm, ich führe aus sportlichen Gründen mit dem Fahrrad um die Welt und ich sei ganz bestimmt kein Engländer und ich benötige einen Schutzbrief bis zur Grenze der belutschistanischen Provinz Pakistans. Er sagte:

„Okay! Ich werde mit Seiner Exzellenz darüber sprechen." Als er nach zehn weiteren Minuten wiederkam, sagte er:

„Okay, aber Exzellenz will Sie sehen!"

Exzellenz war eine höchst spaßige Person. Ein fetter, ältlicher Mann mit pechschwarzen, ondulierten Haaren, braungebrannt in einem seidenen, bunten Morgenmantel mit Brusttäschchen und einem Seidentuch darin. Darunter blitzte ein blauweiß gestreifter Pyjama. Am witzigsten aber waren seine mit Halbedelsteinen besetzten persischen Schnabelpantoffeln, die er auf- und abwippen ließ. So saß er in seinem Korbstuhl auf der Veranda. Links neben ihm stand in zerschlissenem Paletot ein Diener mit dem Holzkohlenfeuer und – der Opiumpfeife. Rechts neben dem Allgewaltigen hatte sich der Sekretär aufgebaut.

Seine Exzellenz murmelte unverständliche Töne vor sich hin und starrte dabei an mir vorbei in weite Fernen. Das dauerte ein ganze Weile. Dann übersetzte der Sekretär: „Deutschland gut. Medizin. Tabletten. Alles gut. Exzellenz läßt sagen, er bliebe nicht in Kirman. Er ginge nach Teheran. Dort erwarten ihn große Aufgaben. Er sei der Onkel des Schahs."

„Und was ist mit meinem Schutzbrief?“
Der Sekretär machte eine beschwichtigende Bewegung und zeigte auf die Opiumpfeife. Ich nickte und es entstand eine für mich peinliche Pause bis ein anderer Diener erschien und den obligaten Tee brachte. Wir schlürften gemeinsam und dann war ich entlassen.
Beim Verlassen des Palastes sagte der Sekretär:
„Den Schutzbrief schicke ich Ihnen in etwa einer Stunde ins Hotel! Sie verstehen – ich kann erst dann die Unterschrift bekommen.“
Ich verstand und der dicke Wappenbrief kam tatsächlich und wurde mir vom Hotelbesitzer mit einer tiefen Verbeugung überreicht.

Die Salzwüste Lut

Meine Erkundigungen um die Wegverhältnisse nach Zahedan, dem letzten Winkel am Rande der Salzwüste, ergaben ein mehr als miserables Bild. Was die Leute erzählten, stimmte seltsamerweise alles überein. Zusammenfassend hieß es: „Vertrauen Sie sich lieber einem Omnibus für diese Strecke an und selbst das ist ein ungewisses Abenteuer. Gerade in letzter Zeit waren die Markierungen der Piste teilweise mit Sand zugedeckt und ein Verirren zwischen den Felsen und Steinen bedeutet in der Salzwüste Lut den sicheren Tod.“
Da gerade ein Omnibus zur Abfahrt nach Zahedan bereitstand, verstaute ich mein Rad auf dem Dach und fuhr mit einer sehr gemischten Reisegesellschaft, aber auch mit sehr gemischten Gefühlen in die Nacht hinein.
Der Autobus war ein vorsintflutlicher Klapperkasten! Hinter mir saßen einige Polizisten und Soldaten mit Gewehren. Dazu ein persischer Geheimpolizist mit schwarzer Sonnenbrille – bei Nacht. Vor mir Frauen und Bauern, Bettler und Schmuggler. Von den Gefangenen interessierte mich am meisten ein Afghane. Er war an eine lange Kette gefesselt. Ein Polizist, der leidlich englisch sprach, stellte mir den Polizeichef von Zahedan vor. Er sagte: „Wir bringen diesen Afghanen, der bei uns zum Tod verurteilt ist, zur Hinrichtung. Er hat seit Jahren mit seiner Bande die Grenzstraßen unsicher gemacht und hat ein gutes Dutzend Raubmorde auf seinem Gewissen.“
Die andern Mitreisenden ließ das Schicksal des zum Tode Verurteilten vollkommen kalt. Dem Afghanen selbst schien es ebenfalls gleichgültig zu sein, was mit ihm geschehen sollte. Er unterhielt sich mit den Leuten, wie jeder andere auch. Er trug sogar eine

gewisse Würde zur Schau, eine Gelassenheit, die ich fast als Wunder des gewissen „Inschallah“ betrachtete. Möglicherweise glaubte er fest an das im Koran versprochene Weiterleben nach dem Tode und die Freuden, die ihn im Jenseits erwarteten.
Die Moslems, ob Perser oder Pakistani, sangen und beteten. Auch der Afghane. Bei jeder Steigung, vorbei an den schwarzen Abgründen, bei jedem Schaukeln des Vehikels ertönten die Bittgesänge der angsterfüllten Fahrgäste und die Frauen riefen laut: „Allah Mahamad Salaam!“
Aber allem Anschein nach stand Allahs Sinn nicht danach, diese Gebete zu erhören. Denn schon nach zwei Stunden hatten wir die erste Reifenpanne!
Ich stieg als erster – und einziger Fahrgast aus, um dem Chauffeur beim Montieren des schweren Reifens zu helfen. Die Mitreisenden bemerkten das staunend und voll lauter Anerkennung, aber keinem fiel es ein, selbst Hand anzulegen. So etwas hatten sie noch nicht erlebt. Die Fahrt konnte nach einer guten halben Stunde fortgesetzt werden.
Gegen vier Uhr morgens – wir hatten in den sechs vergangenen Stunden kaum mehr als hundert Kilometer zurückgelegt – roch es nach brennendem Gummi.
„Anhalten!“ rief ich. „Sofort anhalten! Wir müssen sehen, was da los ist! Es riecht nach schmorendem Gummi!“
Der Polizeichef übersetzte es dem Fahrer. Der aber sah sich grinsend um und – fuhr weiter.
„Er hat Opium geraucht! Inschallah!“ sagte der Polizeichef. So gondelten wir noch eine Weile weiter. Die Moslems riefen Allah um Hilfe. Der Gummigestank wurde stärker. Der Fahrer merkte immer noch nichts.
Kurz darauf gab’s einen Knall. Alles flog nach vorn. Jetzt stand die Kiste. Der Polizeichef fluchte! Der Fahrer machte ein blödes Gesicht und – grinste.
Panne des Vorderrads! Der Reifen war vollkommen durchgeschmort und Ersatz war nicht vorhanden. Hundert Kilometer hatten wir bisher zurückgelegt. Hundert Kilometer von 450. . .
Über das Gesicht des zum Tode Verurteilten huschte ein breites Lächeln. Hatte er einen Fingerzeig Allahs erkannt?
„Diese Panne“, sagte der Polizeichef, „bedeutet einen zwei- bis dreitägigen Zwangsaufenthalt hier mitten in der Wüste! Ich habe es schon oft genug erlebt in den vielen Jahren und Allah stehe uns bei! Inschallah!“
Die Sterne standen glasklar am Himmel und dazwischen die fahle Sichel des Mondes. Ich schlug die Hände mehrmals um die Schultern. Es war bedrückend still und eisig. Nur das Gemurmel

der schläfrig gewordenen Reisenden drang nach außen – ein Blechkasten voll riechender, röchelnder Menschen, die noch gar nicht recht wußten, daß sie nun auf Tage in dieser Trostlosigkeit verharren müssen. Inschallah!
Ich schaute die Piste entlang, sah im Dunkel das weiße Wegzeichen an einen Fels gepinselt. Dort geht es weiter! Oben, hoch auf dem Dach, lag mein Rad.
Wie von magischen Kräften gezogen, stieg ich die kalten Sprossen hinauf, kletterte über festgezurrte Kisten und Säcke und löste meinen treuen Drahtesel mit klammen Fingern von den umspannenden Seilen. Der ratlose Chauffeur schaute mit glasigen Augen zu und half schließlich mit sprachlos offenem Mund, das Rad auf den Boden zu bringen. Ein Polizist kam aus dem Wageninnern. Ketten klirrten. Der Afghane folgte. Er mußte mal. Der Polizist schloß die Handschellen auf. Der zum Tod Verurteilte eilte hinter einen Felsen. Ich verstand: Hier gibt es kein Davonlaufen! oder vielleicht doch?
Mechanisch ordnete ich mein Gepäck zur Weiterfahrt! Gab es für mich ein Weiterkommen? Wenn man selbst einen Mörder hier frei laufen ließ?
Der Polizeichef kam torkelnd aus dem Wageninneren. Er sah mein Tun und schüttelte den Kopf. Ich sah nur noch das weiße Mal an dem Felsen leuchten. Das war mein Weg – und dann mußte ich das nächste Wegezeichen suchen und sehen und so fort. – Bis nach Zahedan. Noch gute dreihundert Kilometer, noch drei oder vier Tage!
Ich trat in die Pedale, fuhr an dem Wegzeichen entlang, fuhr durch Wagenspuren, kippte um, weil die Spurkante zu hoch war, stieg wieder auf und rollte sanft über eine weiße Decke, über eine Salzkruste. Aus der Ferne hallte der monotone Gesang der Moslems aus der Blechkiste. Sie schienen ihr Schicksal erkannt zu haben und beteten wie gewohnt: Allah Mahamad Salaam. Bald befand ich mich wieder zwischen Wagenspuren und der Weg verengte sich und führte über Zickzack-Kurven zwischen Felsen hindurch. Dann kam wieder eine glatte Salzstrecke, wo ich selbst im Schein der Fahrradlampe keine Spur mehr ausmachen konnte. Zweifel kamen auf. Überall Felsen! Wo ist eine Spur, wo das nächste Wegzeichen. Ich hatte Glück und atmete auf. Da war ein hoher Stab mit weißen Ringen. Also weiter! Felsen, weiße Flächen und Wegzeichen.
Es dämmerte. Die Wüstenstraße wurde sandig-schottrig. Manchmal war sie überhaupt nicht mehr da. Dann hatten Sand- und Salzverwehungen die zwischen niedrigen Felsen dahinschlängelnde Piste gänzlich unsichtbar gemacht. Hin und wieder mußte ich

absteigen und – in einem Fall sogar zwei Stunden lang – suchen, bis ich meinen Weg wiederfand.
Als ich am späten Abend nach 16-stündiger Dauerfahrt mein Zelt aufschlug, hatte ich eine vollkommen ausgedörrte Kehle und einen Mordshunger. Zu meinem Schrecken stellte ich fest, daß ich von den mitgenommenen vier Litern Tee im Lauf dieser Fahrt die Hälfte bereits weggenuckelt hatte. Das war unverantwortlich. Jetzt gab es nur einen tiefen Schluck. Mein Heißhunger wurde mit einer halben, dicken Salamiwurst gestillt, die zu meiner Verwunderung das Durstgefühl trotz der darin enthaltenen Gewürze nicht steigerte, sondern sogar etwas verringerte. So konnte ich mich mit einem kleinen Schluck Tee – zum Nachspülen – zufriedengeben und in wohltuender Erschöpfung in meinem Schlafsack versinken.
Am dritten Tag – bisher war noch kein Fahrzeug, weder von hinten noch von vorn, erschienen –; Tee und Lebensmittel waren zur Neige gegangen, erblickte ich von einem Hügel die von fernliegenden Bergen umgebene Lehmhütten-Grenzstadt Zahedan.

Schmuggler, Banditen und ein Mädchen, das ich kaufen sollte

Vor der Stadt, mitten auf der Piste, stand ein Schlagbaum. Kontrolle! Polizisten und Soldaten warteten gelangweilt auf Fahrzeuge, die aus der Wüste kommen. Die Uniformierten schauten mich an wie ein Wundertier. Einen aus der Wüste kommenden Radfahrer hatten sie noch nicht erlebt. Als ich ihnen dann auch noch den Schutzbrief des Gouverneurs zeigte, brachten sie ihre Mäuler überhaupt nicht mehr zu.
Ich erhielt den Willkommen-Tee.
Wenig später kam ein herbeitelefonierter Polizeiwagen. Der Offizier hob mein Rad eigenhändig in das Fahrzeug. Wir fuhren in die Stadt.
Vorm „Hotel“ wurde ich abgesetzt. Ein Miniaturbau war das, eine Bruchbude; erinnerte mich an die Revolverkneipen, wie man sie in den Western als Absteige für Cowboys, Banditen und Abenteurer des wilden amerikanischen Westens des vergangenen Jahrhunderts zu sehen bekommt.
Im Schankraum wurde gepokert, in allen Sprachen geflucht und Geldbündel, Edelsteine und Goldbarren wanderten über die Tische.
Mein Zimmer? Knarrende Tür, knarrende Dielen, ein wackeliges Bett und fließendes gelbliches Wasser. Nach einstündiger harter Arbeit war ich halbwegs gewaschen und mehr oder weniger sauber.

Zahedan entpuppte sich als reines Schmuggler- und Banditennest. Auf meinem Spaziergang durch diese Lehmhüttenstadt im Dreiländereck zwischen Iran-Pakistan/Belutschistan und Afghanistan wurde ich gute zwanzigmal von Männern aller Hautfarben und aller Nationalitäten in englisch, französisch, spanisch und portugiesisch angehalten. Sie fragten nach Opium oder boten es an, Heroin oder irgendwelche Devisen, nach Gold, Brillanten, Rubinen. Sie schwenkten dicke Geldbündel, flüsterten von Falschgeld, das kinderleicht selbst an Banken abgegeben werden kann – so gut seien diese „Blüten“ gemacht. Mir schwirrte der Kopf vom Ansehen dieser internationalen Galgenvögel.

Am Abend gab es einen Menschenauflauf. Mein Omnibus und ein Jeep waren von Menschen umringt. Ich schaffte mir unter Gebrauch meiner Ellenbogen eine Gasse zu den Fahrzeugen. Der Polizeichef stand da, umgeben von andern Polizisten und etlichen Militärs. Er schaute auf und sah mich.

„Oh, unser Freund mit dem Fahrrad!“ Umarmung und Wangenküsse! Er war außer sich, daß er mich wiedersah. Nach einem Wortschwall persischer Salbadereien und dutzenden von Höflichkeitsgesten der Umstehenden erfuhr ich, was geschehen war:

Der Afghane, den sie zur Hinrichtung fuhren, war fort. Aber nicht nur der Bandit, sondern auch der Fahrer des Omnibus und sechs Passagiere, die allesamt zu der Räuberbande gehörten. Das alles geschah im Morgengrauen, kurz nachdem ich den Omnibus verlassen hatte. – Plötzlich war ein geländegängiger großer Landrover erschienen mit etwa sechs oder sieben schwerbewaffneten Banditen und überraschte die Polizisten. Gegenwehr wäre Selbstmord gewesen und zudem saßen ja auch Frauen mit Kindern im Omnibus.

„Sie kamen von Kirman und verschwanden mit ihrem Landrover mitten in der Wüste.“ „Inschallah!“ Allah hat es so gewollt!

Mein Weg zur iranisch-pakistanischen Grenze führte auf ziemlich gut gewalzter Kiesstraße 100 Kilometer nach Süden. Die bittere Kälte, die mir jede Nachtstunde zur Qual machte, hatte nachgelassen. Trotzdem wagte ich es nicht, mein Zelt aufzuschlagen. Der Schreck vor umherstreunenden Banditen saß noch zu tief. So strampelte ich die hundert Kilometer vorsichtig und langsam, bis ich den Zoll am späten Abend erreichte. Der Zollbeamte drückte seinen Stempel in den schon sehr bunt gewordenen Paß und – richtete mir eine Pritsche für die Nacht. Am nächsten Morgen ging es durch eine Barriere in die pakistanische Provinz Belutschistan, die so groß ist wie Deutschland vor dem letzten Weltkrieg.

Eine mühselige Kraxelei begann! Steine . . . harter, salziger Sand . . . hier und dort ein ausgetrocknetes Flußbett. . . Plötzlich

eine Eisenbahnstrecke. Neben den Schienen lief ein gut befahrbarer Pfad. Von einem pakistanischen Grenzposten war weit und breit nichts zu sehen. Nach etlichen Stunden langweiligen Trampelns kam eine Bahnstation in Sicht.
Ein Häuserkomplex mit einem weiten Vorhof. In Lumpen gehüllte und einige nackte Kinder saßen da. In der Ecke des Hofes kauerten etliche Kinder. Als ich näher kam, hüllten sie die Gesichter in ihre Tschadors, die hier in Pakistan Burkhas genannt werden. Als ich die Kinder ansprach, rannten sie zeternd und schreiend davon!
Kuh-I-Taftan stand in großen lateinischen Buchstaben am Stationsgebäude. Das war die erste für mich lesbare Inschrift seit Verlassen der Türkei – viertausend Kilometer hinter mir. Eine weite, fast hügellose Wüstenlandschaft. Nur im Hintergrund ragte ein mächtiger, eisgekrönter und ebenmäßiger Berg in den milchig blauen Himmel, der 4000 Meter hohe Kuh-I-Taftan, nach dem die Station benannt ist.
Mitten auf dem Bahnsteig saß einsam ein Mann auf einem Stuhl. Er trug ein schneeweißes Hemd über der Hose und sonnte sich. Als er mich sah, stand er auf und stellte sich vor:
„Ich bin hier der Stationsvorsteher; nehmen Sie bitte Platz und plaudern wir ein wenig!“
Er rief einen Belutschi-Diener herbei, einen in Lumpen gekleideten Mann mit einem imponierend mächtigen Bart. Der brachte in Sekundenschnelle einen zweiten Stuhl und ein Tablett mit dem üblichen Empfangstee.
„Es muß furchtbar langweilig hier sein“, begann ich unsere Unterhaltung. Er nickte:
„Ein schwerer Posten ist das“, sagte er. „Wenn wenigstens mehr Züge kämen! Mit den Leuten hier kann ich mich schwer verständigen. Die sprechen Dutzend Dialekte und ich nur englisch und Panjabi-Urdu. Wissen Sie, daß es bei uns in Pakistan sechsundachtzig Sprachen gibt. Da soll sich einer auskennen!“ Er gähnte ausgiebig, und da ich selbst nichts zu sagen wußte und müde war, fuhr er im Selbstgespräch fort:
„Gut, daß es heute Mittwoch ist. Drüben steht der „Wasserzug!“ – Erst jetzt fiel mir in einiger Entfernung auf einem Abstellgleis eine vorsintflutliche Lok mit vier Tankwagen auf. – „Kam vor einer Stunde hier an . . . der Wasserzug . . . jetzt kommt endlich etwas Leben . . . nein, meine Frau und die Kinder kommen nicht . . . bleiben in Quetta, 600 Kilometer weit weg!“
Während der Stationsvorsteher weiter vor sich hin redete, kam aus den kahlen, in der Sonnenglut flimmernden Bergen eine Kamelkarawane auf die Bahnstation zugetrottet. Die Tiere schrien in

schauderhaft gurgelnden Tönen. Mit langausgestreckten Schritten kamen sie näher.
Es war ein einzigartiges Schauspiel, das ich nun erlebte! Vierzig Kubikmeter Wasser ist die wöchentliche Ration für die Station Kuh-I-Taftan. Mehr als hundert Belutschis plus Kamelen, Schafen und Ziegen haben ihren Feiertag! Aus einem Umkreis von fast zweihundert Kilometern eilen Mensch und Tier herbei, um das unbezahlbare Naß, das ihnen die Regierung spendet, in Fässern, Schäuchen und Tierhäuten abzuholen. Ich beobachtete eines der Kamele, das mit stoischer Ruhe und sichtlichem Genuß fünfzehn Eimer Wasser in sich hineinschlürfte. „Ist das nicht Verschwendung?" fragte ich.
„Ein Kamel", klärte mich der freundliche Stationsvorsteher auf, „speichert das Wasser im eigenen Körper. Von der heutigen Ration wird es noch am nächsten Dienstag einiges in Reserve haben."
Am folgenden Morgen führte die nächste Etappe über Geröll und Schotter zur sogenannten Provinzialstraße. Selbst dort mußte ich gelegentlich absteigen und schieben und einmal sogar das Rad tragen. Es war entsetzlich. Zweimal mußte ich den Schlauch flicken. Einmal sogar neue Speichen einziehen und dann riß die Kette. . .
So wurden Stunden vergeudet, und es war spät am Abend, als ich endlich nach sechzehnstündiger Quälerei die 200 Kilometer im Inland liegende Grenzstation Nuk-Kundi erreichte, einhundertundfünfzig Kilometer entfernt von meiner letzten Rast in Kuh-I-Taftan.
Die Zöllner waren überaus höflich und zeigten größtes Interesse an meiner Radfahrt. Die Formalitäten erledigten sie ganz nebenbei.
Vor dem Zollgebäude wurde mein Rad von etlichen Dutzend bärtigen Belutschis „fachmännisch" untersucht. Am liebsten hätten die so kriegerisch aussehenden Brüder das Rad auseinandergenommen. Es waren bärtige, großgewachsene und schwergewichtige Männer mit wallenden schwarzen Haaren, langen weißen Gewändern und kunstvoll gedrehten Turbanen. Die meisten von ihnen trugen quer über der Brust Ledergurte mit Karabinerpatronen. Ihre Gewehre hingen abseits an den Sätteln der Reitkamele.
Der Zollinspektor meinte, ich solle die Nacht gemeinsam mit den Beamten in der Zollbaracke verbringen. „Hier kann man sehr gut schlafen, besser als im Zelt", drängte er. Und als ich immer noch nicht wollte, sagte er: „Dann appelliere ich an Ihren Sportgeist, – ich bin nämlich der Rechtsaußen unserer pakistanischen Nationalelf."
Also blieb ich, und so nahm das Schicksal seinen Lauf, das mir beinahe die Erbfeindschaft der Belutschis eingebracht hätte.

Vor dem Zollgebäude hielt eine Kamelkarawane. Es waren etwa ein halbes Dutzend Reitkamele und zehn bis zwanzig Lasttiere. Alles in allem eine große Familie. Auf einem der Kamele saß eine berückend schöne, schwarzhaarige Maid mit dunklen, strahlenden Augen, eine Orchidee in der Wüste. Ich weiß nicht, welcher Mann in aller Welt da nicht hingeschaut hätte. Ich schaute also. Und sie strahlte mich mit ihren unergründlichen Augen an. Und das war eigentlich alles und – hätte mein Verhängnis werden können.
Während wir, der Rechtsaußen der Nationalelf, etliche Beamte und ich in der besten Plauderei waren, kam ein mächtiger, bis zu den Zähnen bewaffneter Belutschi durch die Tür, zeigte auf mich und sagte würdevoll etwas, was ich natürlich nicht verstehen konnte.
Der Inspektor übersetzte:
„Dieser Belutschi will Ihnen seine Tochter verkaufen."
„Wie kommt er denn dazu?" fragte ich erstaunt.
„Er sagt, Sie hätten seine Tochter namens Laki Kadir mit Begierde angeschaut und auch die Tochter habe diesen Blick gesehen!"
„Bei Allah", sagte ich, „wenn das die ist, die ich auf dem Kamel gesehn habe, Potzblitz, das war das schönste Mädchen von ganz Pakistan!"
Der Inspektor übersetzte lachend und der Belutschi nickte und grunzte zufrieden ein paar Worte vor sich hin. Dann zeigte er mir die Finger seiner beiden Hände und nochmals die Finger einer Hand – also fünfzehn. Ein Wortschwall folgte.
„Wenn Sie sich jetzt weigern, zu verhandeln", raunte mir ein Beamter zu, „werden Sie zum Todfeind dieser Belutschis! Machen Sie jetzt ein stets freundliches Gesicht und überlassen Sie alles andere uns!"
Die Verhandlung nahm folgenden Verlauf:
„Was verlangst Du also für Deine Tochter, Laki Kadir?"
„Unter fünfzehn Kamelen", erwiderte der Belutschi, „kann ich es nicht machen. Das verlangt die Ehre meines Stammes und die Schönheit meiner Tochter. Und", fügte er grinsend hinzu, „drei der fünfzehn Kamele müssen Reittiere sein!" (Reitkamele stehen höher im Wert als Lastkamele).
Die Beamten sagten darauf, daß ich die Tochter, ehe es zu einem Abschluß käme, erst noch einmal sehen müsse.
„Gut!" erwiderte der Vater. „Kommt also!"
Zu dritt – Laki Kadirs Vater, der Inspektor und ich – gingen wir zum nahe gelegenen Lagerplatz der Karawane. Der Vater ging ins Zelt. „Immer lächeln", munterte mich der Beamte auf. Der Belutschi kam zurück. An der Hand hielt er die „Ware", sein Töchterchen.

„Wie alt mag sie sein?“ flüsterte ich dem Zöllner zu.
„Dreizehn“, erwiderte er.
Das Belutschi-Mädchen war voll entwickelt und zeigte ein scheues Lächeln und den Blick eines unwissenden, unschuldigen Kindes. Erröten konnte sie nicht – dafür war ihre Haut zu dunkel. Aber eine Gemütsbewegung in diesem Kind zeigte sich deutlich. Ihr Busen wogte und mir war, als ob ich ein leichtes Zittern ihrer Lippen und dann auch ihrer Hände bemerkt hätte. Sie war offensichtlich der Meinung, daß nun ihre entscheidende Stunde geschlagen habe, daß ihr Papa sie nun verkaufen und an den Fremdling abgeben würde.
Sie sah mich krampfhaft an und versuchte ein Lächeln. Der Vater hatte sie in die Seite gestuppst, so als ob er sagen wollte: „Stell Dich nicht so saublöd an! Es geht hier um fünfzehn Kamele, um weiteren Reichtum für unsere Familie!“
Sie piepste etwas vor sich hin.
„Was sagt sie? fragte ich den Zöllner.
„Sie sagt, Sie seien ihr willkommen“, grinste der Inspektor.
Herrje – was nun? Da hatte ich eine Idee! Und die war absolut falsch! Ich bat den Inspektor, dem Mädchen zu sagen, daß ich es gern wiedersehen möchte, wenn ich von meiner großen Reise zurückkomme. Er übersetzte es.
Aber da wurde der Belutschi-Papa fuchsteufelswild. Zornesfalten traten auf seine Stirn. Seine Hand griff unter den weißen, weiten Umhang. Ich bekam's plötzlich mit der Angst! Er schrie wie ein Wilder.
„Er sagt“, übersetzte der Beamte, „das gäbe es nicht! Sie sollten zahlen, in Kamelen oder auch in Bargeld, und sie sofort mitnehmen!“
„Das ist doch unmöglich!“ rief ich. „Vielleicht auf dem Gepäckträger? Menschenskind, helfen Sie mir doch aus dem Schlamassel heraus. Machen Sie doch Schluß mit der Komödie!“
„Es tut mir leid“, flüsterte nun der Sportkamerad. „Das ist schlimmer als ich dachte. Eigentlich haben wir uns alle einen Spaß daraus gemacht. Das aber scheint verdammt ernst zu werden!“
Ich schaute das Mädchen wieder an und zwang mir ein Lächeln ab. Das Mädchen schaute mich an, und ich hatte das Gefühl, daß sie mit Tränen kämpfte. Mensch, wenn du jetzt ledig wärest und nicht auf dieser verdammten Tour, dachte ich in diesem Moment, würdest du es tatsächlich mit diesem reizenden Geschöpf versuchen. Dann kam mir wieder der Gedanke, das Kind will Dich gar nicht, die möchte lieber bei ihrer Mutter bleiben oder an einen Belutschi verkauft werden, der ihre Sprache spricht und als Belutschi empfindet.

Während ich so hin und her träumte und dachte und mitfühlte, stieß mich der Sportkamerad in die Seite:
„Ich hab's, wie wir hier herauskommen. Warten wir einmal ab, was er jetzt sagt!"
Der Inspektor hielt nun einen langen, mir unverständlichen Vortrag. Der kriegerische Belutschi wurde zusehends aufmerksamer, nickte verständnisvoll, legte schließlich seine Hände auf die Brust, verneigte sich vor mir, nahm sein Töchterchen wieder fest bei der Hand und verschwand in seinem Zelt.
Wir kehrten in die Zollbaracke zurück, und ich fragte den Inspektor, wie er diese plötzliche Sinneswandlung bewirkt habe.
„Ganz einfach", erklärte er, „mir ist da eingefallen, daß Belutschis nur Mädchen heiraten, die unberührt sind. Ich weiß auch, daß die Jungfernschaft einer Braut von der Mutter oder der Schwester des Bräutigams vor der Hochzeit und vor Bezahlung des Brautpreises festgestellt werden muß. Das Mädchen wird also vorher körperlich untersucht, ob sie das Jungfernhäutchen noch unversehrt hat. – Das ist mir rechtzeitig eingefallen, und da habe ich dem Belutschi-Vater nur sagen müssen, daß Sie nur Zeit brauchen, um Ihre Mutter oder Schwester zu holen und daß dann alles in Ordnung komme."
„Und was hat er dazu gemeint?" wollte ich noch wissen.
„Er gab klein bei und meinte nur noch, daß er dann, wenn Deine Mutter oder Schwester nicht bald kommen, er frei sei, seine Tochter an einen andern zu verkaufen, der mehr bietet. Das habe ich ihm selbstverständlich gern eingeräumt!"
Ich durfte also aufatmen. Die Geschichte war gutgegangen. Trotzdem war ich etwas empört über diesen Brauch des Verkaufs von Töchtern. Die Beamten beruhigten mich jedoch und erklärten mir die sittlichen Hintergründe dieses so unsittlich erscheinenden Brauchtums:
In Wirklichkeit, so sagten sie, bedeutet der Kaufpreis nichts anderes als eine Art von „Scheidungsversicherung". Weil die Scheidung bei den Moslems so leicht ist – der Mann braucht nur in Gegenwart des Richters (Kadi) dreimal sagen „Ich scheide mich von dir, Weib", dann ist er geschieden – und da die geschiedene Frau in ihre Sippe zurückkehrt, muß sie von ihren Eltern ernährt werden. Sie erhält dann den Kaufpreis und kann und soll in solch einem Fall für alle Zukunft von diesem Preis leben können. In unserem Fall hätten die fünfzehn Kamele tatsächlich genügt, die hübsche Laki Kadir samt eventuellen Kindern zu ernähren, wenn ich sie nach Zahlung des Kaufpreises und der Hochzeit wieder nach Hause geschickt hätte.
Immerhin eine Lehre für uns Europäer, die wir gewohnt sind,

unsere sogenannte Kultur und Zivilisation zum Maßstab für andere Völker zu machen! Es wäre tatsächlich zu überlegen, ob die Einführung einer Scheidungsversicherung nicht auch bei uns von Vorteil wäre!

Von der Kälte in die brütende Hitze

Ich bin in Quetta, der Provinzialhauptstadt von Belutschistan. Es schneit. Dicke Schneeflocken tänzeln vom grauen Himmel. Quetta war damals noch britische Garnison, obwohl England den Pakistani wie den Indern gerade ihre politische Freiheit gegeben hatte. Die Soldaten waren geblieben, um, wie man so schön sagt, einen reibungslosen Übergang von der Kolonialzeit zur Freiheit zu garantieren. Also waren überall noch britische Soldaten zu sehen.
Vor einem Schaufenster des britischen Warenhauses entdecke ich mein Spiegelbild. Bin ich es überhaupt? Ich erschrak vor mir selbst. Eine magere dünne Gestalt mit eingefallenem Gesicht stand da, ein Fünfzig- bis Sechzigjähriger!
Die Strapazen der vergangenen Wochen, die 2500 Kilometer seit Persiens Hauptstadt hatten mich mehr mitgenommen, als es mir möglich erschien!
Kein Wunder! Wie war das noch in den vergangenen drei Tagen, seit ich die freundlichen Grenzbeamten in Nuk-Kundi früh morgens verließ? Der von Afghanistan her blasende Nordwind! Die unendliche Einsamkeit der Schotterstraße! Nur zwei Fahrzeuge waren mir begegnet, ein Zolljeep und ein Militär-Lastwagen. Hier und da kreuzten Kamelkarawanen den Weg, stur und ohne mich zu beachten. Nur der bläuliche Dunst der Bergwüste und einmal die Spuren eines verlassenen Schwefelbergwerks; giftig gelbe Straße, Pfade und Felskanten!
Ich komme am Armee-Krankenhaus vorbei. Mir kommt der Gedanke, mich dort untersuchen zu lassen und gehe hinein und spreche mit dem Pförtner, einem englischen Sergeanten mit überdimensional großem Schnurrbart. Er sagt mir, daß er sofort eine Ärztin ruft, eine Landsmännin von mir, eine Deutsche!
Sie kam, eine blühend aussehende Frau im weißen Kittel.
„Ich bin Frau Fetzner“, sagte sie schlicht, „und betreue die weibliche Abteilung, meist Frauen von britischen Offizieren und Unteroffizieren“.
Frau Fetzner führte mich gleich in einen Ordinationsraum. Gemeinsam von ihr und zwei herbeigeholten Ärzten wurde ich gründlich auf den Kopf gestellt. Fazit: Alles in Ordnung, nur – ich hatte seit Teheran 24 Pfund (!) abgenommen!
Die Frau Doktor wurde am Mittag von ihrem Mann abgeholt. Er

war Inspekteur der Pakistanischen Kohlengruben. Sie ließen es sich nicht nehmen, mich gleich in ihr Heim mitzunehmen, um mich dort wieder „aufzupäppeln“, wie Frau Fetzner es nannte.
Vier Tage habe ich es bei dem freundlichen Ehepaar ausgehalten. Aber der bürgerliche Luxus lag mir nicht mehr und der nicht ferne Süden, unten im Industal, lockte.
Interessant war da noch ein mit Fetzner bekanntes Hotelier-Ehepaar, Parsen, sogenannte Feueranbeter. Er, Mr. Metha, erschien jeden Abend in einem maßgeschneiderten grauen Flanellanzug, sie in einem ebenso grauen Sari. Wir philosophierten gemeinsam über den Sinn des Lebens, und so lernte ich eine religiöse Weltanschauung kennen, die mich sehr beeindruckte. Sie werden Feueranbeter genannt, weil ihre Religion Licht und Feuer als elementare Symbole verehrt. Ihr Gottesbegriff, „Ahura Mazda“ genannt, ist für sie der Inbegriff der Klarheit, Reinheit und Ehrlichkeit. Die größte Sünde für einen Parsen ist die Lüge! Ihr Prophet und Religionsgründer ist Zoroaster (Zarathustra).
Mrs. Metha sagte: „Die Parsen zählen nur noch neunzigtausend Seelen. Sechzigtausend leben allein in Bombay. Sie waren die ersten Großkaufleute und Industriellen Indiens.“
Am merkwürdigsten sind die Beerdigungsriten der Parsen. Auf dem Malabar Hill in Bombay stehen ihre „Dakhma“, die „Türme des Schweigens“. Die Toten werden dort in jene „Türme ohne Dächer“ niedergelegt und von den darüber kreisenden Geiern gefressen. Begründung: „Wir wollen unsere materiellen Überreste den Geschöpfen der Natur zum Opfer bringen.“
Der Schnee lag in Quetta bereits einen Meter hoch. Ich sollte zwar nicht eher weiterradeln bis ich mein ehemaliges Gewicht „zurückerobert“ habe. Zehn Pfund hatte ich in viertägiger „Mastkur“ aufgenommen. Ich fühlte bereits eine zunehmende Faulheit und andererseits lockte, wie bereits gesagt, der sonnige Süden. Ein Glück, daß die 1000 Kilometer nach Karachi asphaltiert sind.
Langsam, aber stetig ging es zunächst bergauf, rechts und links die von Schneepflügen der Armee aufgetürmten weißen Wälle. Ein eisiger Nordwind im Rücken. Ich wurde geradezu vorwärts geblasen wie ein Segler mit Rückenwind. Die Kehrseite dieses Vergnügens war das Erstarren meiner Füße. Überhaupt – ich begann die lästige und schwere Winterbekleidung zu hassen. Oben schwitzen, unten frieren und kalte Schauder über den Rücken.
Plötzlich ging es bergab. Serpentinen. Der Schnee wurde dünner. Ich war aber von den Knien an so durchgefroren und die Füße schmerzten, daß ich anhielt, vom Rad stieg und in einer geschützten Ecke am Straßenrand die Schuhe und Strümpfe auszog und die erstarrten Knochen so lange massierte, bis wieder Blut zu spüren war.

Während dieser Massage fuhr ein großer, vollbesetzter Chevrolet vorüber, bremste und hielt. Man hatte mich bemerkt. Ein elegant gekleideter Engländer stieg aus, kam auf mich zu und stellte sich als Mr. Saker vor. Er hatte seine Frau, sein Söhnchen und zwei Diener bei sich und machte mir den Vorschlag, in Sibi, 160 Kilometer südlich, sein Gast zu sein.
Bald war der Chevrolet entschwunden. Ich radelte weiter. Eine gute halbe Stunde ging es in mörderischer Fahrt bergab. Dabei fiel es mir überhaupt nicht auf, daß der Schnee wie weggezaubert war. Zwischen den braunen, kahlen Felsen brannte die Sonne. Noch eine Stunde und ich mußte schweißgebadet die Kleider wechseln. Hurra! Der heißersehnte Süden war erreicht.
Von nun ab gab es keine Kälte mehr.
Palmen! Ein Wunder, das ich so plötzlich nicht begreifen konnte! Vor neunzig Minuten rieb ich mir meine erstarrten Füße, meine klammen Finger. Voller Übermut suchte ich alle warmen Klamotten zusammen. Das waren etliche Kilo. Sicherlich, das hatte alles Geld gekostet, die gefütterten Schuhe, die Angorawäsche, die wasserdichten Hosen, die Jacke, die Pullover. Alles hing nun an einer mannshohen Palme als eine Dekoration, die sich denen anbietet, die arm genug sind, um sie mitgehen zu lassen.
Plötzlich hielt ein mit Soldaten besetzter Militärwagen neben mir. Ein Leutnant sprang heraus und sagte: „Seine Exzellenz, der britische Commissioner für Belutschistan, erwartet einen deutschen Radsportler. Sind Sie das?"
„Auf der Fahrt nach hier", sagte ich, „überholte mich ein gewisser Mr. Saker. Er bat mich, in Sibi sein Gast zu sein." Der Offizier schaute mich groß an, schüttelte den Kopf und sagte:
„Erstaunlich! Wirklich erstaunlich! Sie wissen wahrscheinlich nicht einmal, wer der Herr war? – Mr. Saker, wie Sie ihn nennen, ist Seine Exzellenz. Wir haben den Auftrag, Sie in seinen Palast einzuweisen!"
Jetzt mußte ich den Kopf schütteln. Soviel Unterwürfigkeit! Ich fuhr hinter dem Wagen her, bis wir vor einem prächtigen Palmengarten hielten. Eine Wache in Galauniform trat aus dem Schilderhaus, präsentierte das Gewehr, und geräuschlos öffnete sich das Tor. Eine breite, von Palmen flankierte Allee führte zur hellerleuchteten Veranda eines im indischen Landstil erbauten Bungalows. Vor der Veranda stand Mr. Saker, Seine Exzellenz, der „Revenue Commissioner of Balutschistan." Sein achtjähriger Junge lief im Schlafanzug gerade auf ihn zu, um seinem „Pap" Gute Nacht zu sagen. Als das Kind mich sah, mußte ich ihm versprechen, noch an sein Bett zu kommen, um ihm von den bösen Räubern in der Wüste zu erzählen.

Unsere Unterhaltung dauerte bis tief in die Nacht hinein, eine Nacht wie im milden Frühling. Ein Märchen im Orient! Die mit schneeweißen Turbanen und roten Leibbinden angetanen Diener huschten lautlos über die schweren Teppiche.
Ich konnte es wohl verstehen, daß es dieser britischen Familie in Indien und Pakistan gut gefällt. Und die Armut, die nackten und hungernden Flüchtlinge? – Der Commissioner meinte: „Armut kann nur durch Leistung überwunden werden!"
Der kleinen „Exzellenz", dem Achtjährigen habe ich von den Räubern erzählt. Seine kindlich logische Frage war: „Sind das Räuber, weil sie nichts haben und arm sind?"
Die Fahrt von Sibi zum Indus führt über eine fast schnurgerade Straße zunächst durch 120 Kilometer ausgedehnte Morastwüste. Das Frühstück beim Herrn Commissioner am anderen Morgen hatte sich so ausgedehnt, daß ich nur wenige Stunden bis zum Eintritt der Dunkelheit fahren konnte. So sah ich mich gezwungen, mein Zelt in dieser Morastwüste aufzuschlagen. Die Übernachtung am Straßenrand war mir zu gefährlich! Einige Kamelreiter, die mir kurz vor der Dämmerung begegnet waren, machten durchaus keinen vertrauenerweckenden Eindruck. . .
Deshalb begab ich mich einen guten Kilometer weit in die Einöde hinein, um vor Überfällen sicher zu sein. Es war steinharter Morast, von Millionen winzigen, spinnennetzartig verzweigten Erdspalten durchfurcht.
Als ich gegen fünf Uhr im ersten Morgendämmern aufwachte und den Kopf hinaussteckte, sah ich, daß der Himmel von schweren Regenwolken überzogen war. Mein Blick fiel auf die kleinen Erdspalten vor dem Zelt. Sie waren zwar nur winzig, aber unergründlich tief! Überall, so weit das Auge blickte, das gleiche Bild! Was wird aus dieser sicher nur an der Oberfläche ausgetrockneten Morastwüste, wenn plötzlich ein Regenschauer auf sie herunterprasselt? Der Gedanke elektrisierte mich. Noch waren keine Tropfen gefallen. Die aufgehende Sonne am fernen Horizont hatte ein fahles, gelbes Licht und – „zog Wasser"! Eine furchtbare Gefahr war es, die mir hier drohte! Die riesig weite Fläche konnte in Sekundenschnelle zu einem grausamen Schlammfeld werden! Wenige Minuten später würde ein Sumpfmeer Rad und Fahrer in sich hineinsaugen, lautlos und unbarmherzig. . . Eine gräßliche Vorstellung!
Ich riß das Zelt um, raffte alle meine Sachen in Blitzeseile zusammen und raste in Richtung Straße davon. Die ersten Tropfen fielen bereits! Aber die rettende Chaussee war noch nirgends zu sehen. Fuhr ich überhaupt richtig? – oder hatte ich in der Aufregung eine falsche Richtung eingeschlagen?! Ich hielt an. Nur keine Panik! sagte ich mir laut vor.

Kalter Schweiß. Der Boden wurde klitschig. Schweiß und Regentropfen rannen den Nacken hinunter, brannten in den Augen. Das nahm mir die Sicht. Nur das gelbe Licht im Osten – die Sonne – dort, ja dort mußte die Straße verlaufen. . . Die Regentropfen fielen dichter! Noch konnte ich Tempo fahren. Dann aber wurde alles langsamer. Die Reifen versanken hier und da im quellenden Schlamm. Ich stieg ab und schob. Dann wieder versuchte ich zu fahren. Wenige Meter nur. Aber da drüben fuhr ein Lastwagen – nur hundert oder zweihundert Meter. Dann war es aber auch endgültig aus mit dem Fahren. Die Schuhe saugten sich fest. Ich stampfte nur noch und schob.
Ich war naß bis auf die Haut, mehr vom Schweiß als vom Regen, der nun zu prasseln begann. Ich spürte, wie der Moloch Morast nach mir griff! Da fiel mir ein, ein Film, den ich vor Jahren gesehen hatte: ein Mädchen versank im Moor . . . erst bis zu den Knöcheln, dann bis zu den Knien, immer tiefer . . . mein Gott! Die Straße! Fester Boden! Ich hatte sie erreicht.

Ich werde Fürst des Bugdistammes

Eine blühende Vegetation tat sich auf. Wohin ich blickte: Palmen, Mangroven, Reisfelder. . . Die Provinz Sind, fruchtbar gemacht durch Berieselungskanäle eines riesigen Bewässerungssystems, das sein Wasser vom historischen Indus-Strom erhält.
Die, wie man mir sagte, heißeste Stadt der Welt lag noch gute zwanzig Kilometer vor mir, Jakubabad! Ein heißer Wind aus dem Süden nahm mir den Atem. Es war, als ob die Tür eines Hochofens geöffnet würde. Unglaublich! Vor vierzig Stunden noch, oben in Quetta, lag die Temperatur bei zehn Grad unter Null. Eis und Schnee! Und jetzt? Vierzig bis fünfzig Grad Hitze war gewiß keine Übertreibung. Die Felder dampften. Aus der warmen Brühe eines Teiches schauten etwa vierzig bis fünfzig schlammverkrustete Büffelköpfe mit aufgerissenen runden, blöden Augen auf mich. Eine Kamelkarawane von mehreren hundert Tieren zog hochbeladen mit Baumwollballen zur nahegelegenen Bahnstation der Linie Quetta-Karachi.
Auf einem Meilenstein stand: 10 Miles – Jakubabad.
Ein chromglänzender Oldsmobile überholte mich, fuhr noch fünfzig Meter weiter und kam rückwärtsfahrend in rasantem Tempo wieder auf mich zu. Junge, elegant gekleidete Männer mit schwarzen Vollbärten sprangen heraus, grüßten freundlich mit Oxford-Akzent und überschütteten mich mit Fragen. „Woher kommst Du?“ – „Wohin willst Du?“ – „Wie gefällt es Dir hier?“

Sie stellten sich als Fürsten verschiedener Belutschistämme vor, als sogenannte Nababs. Ein breitschultriger Dreißiger, eine Gestalt wie ein schwergewichtiger Preisboxer grinste mich freundlich an und sagte:
„In Jakubabad ist Gerichtstag mit Jahrmarkt, Schützenfest und Reitturnier. Die Stämme der Bugdis und Masaris sind weither aus den Bergen gekommen, um wieder einmal ihre Nababs zu sehen. Sei unser Gast, Fremder! Frage, wenn Du nach Jakubabad kommst, nach dem Haus des Nabab Bugdi – wir erwarten Dich!"
Winkend fuhren sie davon. . .
Jakubabad ist ein weit ausgedehnter Flecken mit einigen breiten Dorfstraßen und einstöckigen, primitiven Häusern. In märchenhaften Palmengärten versteckt, liegen einige luxuriöse Bungalows, die Wohnsitze der steinreichen Landlords. Kilometerweit schob ich mich durch das Gewühle von Kamelen, Kutschen, Ochsenkarren, festlich gekleideten Gestalten und unzähligen Reitern auf rassigen Pferden. Das Haus des Nabab Bugdi hatte ich bald gefunden. Ich brauchte nur irgendwen anzusprechen und „Nabab Bugdi" zu sagen, und die Leute wiesen in die Richtung.
Am Fuße einer langgestreckten schlohweißen Mauer kauerte eine Gruppe schwarzbärtiger, bis zu den Zähnen bewaffneter Männer. Sie grüßten mich freundlich. Einige von ihnen sprangen auf und wiesen mir den Weg in den weiträumigen Innenhof des Grundstücks.
Da stand der Nabab mit seinem Stab malerisch gekleideter Adjutanten und begrüßte mich wie einen alten Bekannten. Seine mächtige Gestalt allein genügte schon, die Autorität des Fürsten und des Herrn über vierzigtausend Krieger herauszustreichen. Er war gleichzeitig Minister im belutschistanischen Kabinett.
Kurze Zeit nach meinem Eintreffen fanden im Vorhof des Nabab-Bugdi-Hauses die ersten Gerichtsverhandlungen statt. Wir – das heißt: der Nabab, seine männlichen Verwandten, Adjutanten, Sekretäre und ich – saßen in gemütlichen Korbstühlen, tranken Tee und rauchten Zigaretten, die von Dienern herumgereicht wurden. Der Vorhof war angefüllt mit Bugdis, die von weither gekommen waren. Es erübrigt sich zu sagen, daß ich kein einziges Wort der Verhandlungszeremonien verstand. Der Nabab und die Freunde übersetzten, ja, sie gaben mir juristische Kommentare, wobei sie stets auf die Unterschiede zum englischen Recht verwiesen. Und so hörte ich ganz nebenbei, daß nicht nur der Nabab, sondern auch alle seine Freunde in Oxford Jura studiert hatten.
Den ersten und auch interessantesten Fall erledigte Bugdi fast nebenbei, während er sich mit mir über meine Weltumradelung und über Deutschland unterhielt.

Ein wegen Mordes Angeklagter trat finsteren Blickes vor, gefolgt von einem Dutzend Männer seiner Familie. Sie waren alle bewaffnet einschließlich des Angeklagten und beugten sich vor ihrem Herrn und Gebieter nieder, nahmen dabei seinen Fuß in die Hände und murmelten ihre Begrüßung. Dann erst erhoben sie sich und reichten dem Nabab die Hand, auch der Angeklagte. Nach Beendigung dieser Begrüßungszeremonie kauerten sie sich mit überkreuzten Beinen vor ihrem Fürsten nieder, nahmen den breiten „Puschti“ – ein sechs Meter langes Schulter- und Halstuch und wickelten es um ihre Knie.

Der zur Verhandlung stehende Fall wurde mir von einem der Adjutanten kurz berichtet:

„Der Mörder hatte, den Gesetzen uralter Blutrache folgend, einen Angehörigen des benachbarten Unterstammes nach überlieferter Regel totgeschossen. Er hatte diesen Mord begangen, obwohl er von dem Verbot der Blutrache durch seinen Nabab wußte.“

Das Motiv des Verbrechens kam in einem unendlich langen Palaver, das mehr ein Selbstgespräch des Angeklagten war, deutlich zutage. Als er endlich damit fertig war – wir hatten uns zeitweilig über ganz andere Dinge unterhalten – stand er auf, zog seinen Colt und zeigte stolz erhobenen Hauptes seinem Nabab die Kerbe am Schaft der Mordwaffe. Dann legte er auch mir, dem Gast, seine Kugelspritze in die Hand. Seine dunklen Augen glänzten und sagten: „Siehst Du, das ist das Zeichen einer stolzen Tat!“

Nabab Bugdi erzählte von seinem Kampf gegen diese Unsitte der Blutrache, die ihm oft die besten Männer seines stolzen Volkes hinwegrafft. „Hunderte sind es“, sagte er. Und er fuhr fort: „Aber mit Gewalt oder gar Todesurteilen ist hier nichts zu erreichen. Mit Gesetzen und Urteilen, wie in Europa oder Amerika üblich, würden nur die Familien, nicht aber die wirklichen Übeltäter bestraft, geschweige gebessert.“

Zu sagen wäre noch, daß der Mörder sich genau so frei bewegte wie seine Ankläger. Auch er hatte seinen Fürsten begrüßt und blieb während der Verhandlung genau so bewaffnet wie alle übrigen. Ich war sehr neugierig auf das Urteil des Nabab. Die Todesstrafe kam keineswegs in Frage. Andererseits wußte ich bereits, daß es im Reiche dieser Belutschis keine Gefängnisse und keine Prügelstrafe wie im englischen Recht gibt.

Der Nabab Bugdi mußte meine Ungeduld bemerkt haben.

„Ich werde diesen Fall zur Zufriedenheit des Volkes erledigen“, sagte er. „Meiner Ansicht nach habe ich kein Recht, Menschen töten zu lassen oder wie Tiere hinter Gitter zu sperren. Kein Staat und kein Richter hat dieses Recht. Und die primitive Blutrache, die so tief in unserem Volk steckt" – er überlegte eine Weile und fuhr fort: „Vielleicht wäre die Einführung der christlichen Nächstenliebe, wie sie bei den Christen gepredigt, aber nicht geübt wird, eine ganz gute Sache. . . Jedenfalls werde ich in diesem Fall der zerstörenden Kraft eine gleichwertige, aufbauende entgegensetzen. . ."

Nach dieser kleinen Unterhaltung mit mir erkundigte sich der Nabab Bugdi nach den Familienverhältnissen des Mörders und der Kläger. Dann sprach er sein Urteil:

„Du, Mahmed Gor Mahi aus dem stolzen Stamm der Mahi, hast dich für klüger gehalten als deinen Fürsten und trotz des Verbotes als tapferer Mann Rache geübt an der tapferen Familie deines Feindes. So sind wir Bugdis um einen wertvollen Krieger beraubt worden. – Schicke also deine Schwester Fatima zu Beri Mari, dem Bruder des Ermordeten. Sie wird ihm durch die Geburt von Kindern deines Blutes und seines Blutes den ermordeten Bruder und – unserm Volk den tapferen Krieger ersetzen. Deine und seine Familie werden so ein Blut zur Ehre Allahs, zum Lobe Mohammeds und zur Stärke der Bugdi!"

Das im Vorhof von etwa tausend Bugdis mit Spannung erwartete Urteil wurde mit tosendem Beifall aufgenommen.

Unter den weiteren „Fällen", die noch zur Verhandlung standen, erscheint mir auch dieser erwähnenswert: Ein Bugdi hatte seinem Nachbarn fünf Schafe gestohlen. Das Urteil des Nabab Bugdi lautete: Der Dieb gebe dem Bestohlenen sechs Schafe zurück!

Nach der Gerichtsverhandlung kamen alle Bugdis einzeln heran, um ihrem Fürsten die Füße und die rechte Hand zu drücken. Später winkten sie uns freudig, als wir im Wagen des Nabab zum Reiterfest vor die Stadt fuhren.

Keine europäische Sportveranstaltung hätte besser aufgezogen werden können als dieses Reiterfest in Jakubabad. Wir nahmen auf einer mit dicken Teppichen ausgelegten Zelttribüne Platz. Nach der Begrüßung durch den Gouverneur der pakistanischen Regierung rollte bis zur Dunkelheit ein Programm ab, das in jeder Stadt Amerikas oder Europas eine Sensation gewesen wäre. Die tollste Leistung von Reiter und Pferd war das sogenannte Feuerschibi. Eine ganze Kavalkade berittener Polizei raste mit blanken Säbeln über brennende Hürden, Gräben und durch lodernde Reifen. In unregelmäßigen Abständen von zehn bis zwanzig Metern waren kleine brennende Pfähle in den Boden gerammt worden. Diese Pfähle mußten aus dem rasenden Tempo heraus mit der blanken Waffe vom Boden aufgespießt werden, so daß der Säbel fast bis zum Knauf mit dem brennenden Holz gespickt war. Wohl der überzeugendste Beweis für die unerschrockene Tüchtigkeit der Rassepferde aus Sind und der berittenen Polizei.

Als ich trotz aller Proteste seitens meiner Gastgeber noch am frühen Nachmittag Jakubabad verließ und langsam in die Pedale trat, tat mir der plötzliche Abschied eigentlich leid. Meine Gastgeber zeigten Verständnis dafür, daß die Radtour und mein Weiterkommen Vorrang in jeder Beziehung hatten. Nach einundeinerhalben Stunde lag Jakubabad zwanzig Kilometer zurück.
Hinter mir hupte ein Auto. Bugdi war mir nachgefahren. Er wollte sich nochmals von mir verabschieden. „Bleibe bei uns!" sagte er. „Sie alle mögen Dich." „Sie wissen," sagte ich, „ich muß weiter!" Er nickte verstehend und reichte mir ein verschnürtes kleines Päckchen und gab Gas. Bald hüllte ihn eine Staubwolke ein.
Meine Neugier hieß mich, das Paket sofort aufzuschnüren. Darin befand sich die kunstvoll gestickte Fürstenkappe der Bugdi. Sie hatten beschlossen, mich zu einem der Ihren zu machen!
Bemerkung: In den folgenden Jahrzehnten erschien der Name Bugdi etliche Male in der Weltpresse. Nabab Bugdi, der hochtalentierte, gebildete Konservative in der pakistanischen Politik, der einen harmonischen Übergang seines Volkes vom Mittelalter zur Neuzeit suchte, wurde von einer diktatorischen Militärregierung und unfähigen halbgebildeten Politikern zum feudalistischen und korrupten Unterdrücker gestempelt, seines Besitzes beraubt, ins Gefängnis geworfen und schließlich – vergessen.
Auch ich hatte seine Spur verloren!
Die Fürstenkappe wurde mir anläßlich meiner Goldenen Hochzeit von einer Frau Müller aus Bremen 1983 zurückgegeben. Ich hatte das Geschenk in der portugiesischen Kolonie Goa, in Indien, einem kleinen Mädchen, Tochter eines deutschen Einwanderers überlassen und später vollkommen vergessen. Als Indien Goa besetzte, kehrte diese Familie nach Deutschland zurück. Das Mädchen wuchs heran, heiratete, wurde Frau Müller, las meine Bücher und brachte das Geschenk der Fürsten Bugdi nach mehr als dreißig Jahren zurück in den Besitz des „adoptierten Bugdi-Fürsten Helfgen."

Abenteuerliche Fahrt zur schönen Afra

Die Landschaft blieb von nun an grün. Das war wunderbar und bewirkte neue Spannkraft und Optimismus. Seit Jugoslawien hatte ich auf einer Strecke von fast achttausend Kilometern Wüsten und Steppen durchradelt – die Anatolische Steppe, die kahlen Berge um Aleppo, die Syrische und Irakische Wüste, die eisigen Wüstenberge Persiens, die unendliche Trostlosigkeit der Salzwüste Lut und die belutschistanische Einöde und zuletzt die Schlammwüsten

im Norden der Provinz Sind. Kein Wunder also, daß ich mir in dem schattigen Grün der Palmen und Mangroven des weiten Industales wie im Paradies vorkam.
Dutzende von Kanälen mit Induswasser mußte ich überqueren, bis ich in Schikarpur landete, einem Landstädtchen mit schönen glatten Asphaltstraßen und vielen weit auseinanderliegenden Bungalows. Hinter einer langen, niedrigen Mauer fiel mir ein Komplex einstöckiger, langgestreckter Häuser auf. Auf einer Tafel über dem Tor stand: Dr.-Holland-Hospital.
Junge Männer empfingen mich, christliche Medizinstudenten aus dem Panjab. Sie lernten hier bei dem berühmten englischen Augenarzt die Bekämpfung der Trachome, der epidemiehaften nationalen Augenkrankheit. Dr. Holland, Missionar und Arzt, ein Idealist ohne materielle Ambitionen, einer der wenigen, die nicht nur christliche Nächstenliebe predigen, sondern ihr Leben diesem Menschheitsideal opfern.
Beim Betreten des inneren Gebäudekomplexes hatte ich mehr den Eindruck eines Jahrmarktes als den eines Hospitals. Hunderte von bunten Gestalten – Männer, Frauen und Kinder – hockten kreuz und quer verstreut um kleine Feuer und kochten sich ihr Mittagsmahl, Reis mit Curry. Als Dr. Holland mich dort allein ließ, um sich zur Visite fertig zu machen, war ich schnell von einer Menge augenkranker Männer und Frauen umringt. Letztere trugen meist silberne und goldene Nasenringe oder Perlen in den Nasenflügeln. . . Sie hielten mich für einen europäischen Arzt und wollten mir ihre Leiden zeigen.
Nach der Visite sagte mir Dr. Holland:
„Sie wundern sich vielleicht über die Überbelegung meines Hospitals. Wenn Sie nachzählen, sind es etwa eintausendfünfhundert Leute, die ich hier habe. Genau weiß ich es selbst nicht. Aber von diesen tausendfünfhundert sind nur zweihundert krank. Die restlichen tausenddreihundert Seelen bilden die „liebe Verwandtschaft". In diesem merkwürdigen Land bringt jeder Patient, der in ein Krankenhaus geht, seine Verwandtschaft gleich mit. Sie verpflegen sich natürlich selbst, soweit sie nicht allzu arm sind. Die Hilfe aus Europa kommt uns gut zustatten."
Wenige Stunden hinter Schikarpur erreichte ich auf guter Straße die Handelsstadt Succur in der Provinz Sind. Ein orientalischer Ameisenhaufen bunter Geschäftigkeit. Malerische gummibereifte Kutschen mit in allen Farben geschmückten Pferden schlängelten sich durch die von Ochsenkarren und alten bunten Lastwagen verstopften Basarstraßen.
Am Ausgang der Stadt stand ich plötzlich vor einer kilometerlangen Kaimauer. Ich stieg ab und war grenzenlos überrascht, als

mein Blick unvorbereitet auf die weite Fläche des Industromes fiel. Ein wundervolles Bild, das meine Sehnsucht nach möglichst viel Wasser neu belebte und mich anspornte, so schnell wie möglich Karachi und das Meer zu erreichen. Die letzten 500 Kilometer bis dorthin wollte ich jetzt rasch unter die Pedale bekommen.
Die Straße nach der früheren pakistanischen Hauptstadt überquert den Indus auf einer riesigen Talsperre, der sogenannten Lloyd Barrage. Dort wird der Strom, der hier ungefähr die Breite unseres Rheins hat, gestaut, um in sieben großen Kanälen sein Wasser zu Berieselungszwecken Hunderte von Kilometern weit in das fast regenlose Land zu führen. Eine riesige Wüste von der Größe Bayerns verwandelt sich hier von Jahr zu Jahr mehr und mehr in ein Paradies üppigster Vegetation.
Auf der anderen Seite des Indus war eine Straßensperre, die Grenze zum Fürstentum Khaipur. Dort stand eine Musikkapelle und eine Delegation Männer in roten Turbanen und wehenden weißen Gewändern und dahinter eine Menschenmenge – ich schätzte etwa tausend Personen. Ich wollte mich an der Menge vorbeischleichen. Die Delegation der roten Turbane versperrte mir den Weg. Ich stieg ab. Ein dicker Herr mit der Brust voller Orden und einer schweren goldenen Kette kam auf mich zu und sagte: „Ich bin hier der Bürgermeister und habe die Ehre, Sie als großen Sportsmann aus England zu begrüßen. Die benachbarten Bugdis haben uns darum gebeten und unser Fürst erwartet Sie." – Die Überraschung war perfekt, als ich dem Herrn Bürgermeister antwortete, er sei da wohl im Irrtum. Ich kenne zwar die Bugdis und besitze deren Fürstenkappe, aber ich sei kein Engländer, sondern in jeder Beziehung ein Deutscher. Die Honoratioren unter den roten Turbanen sahen einander ratlos an. „Ein Deutscher? – Ein Deutscher!" Das Gemurmel setzte sich bis in die Menge hinein fort. . .
War es nun Absicht oder Zufall – die exotische Kapelle setzte mit einem Paukenschlag zum Spiel an, erst ein wehmütig eintönig indisches Vorspiel und dann – die englische Nationalhymne.
Ich legte mein Rad nieder und die Hand zum militärischen Gruß an die Radfahrermütze. So stand ich da, genau wie alle andern und dachte mir beim „God save the Queen", warum ich nicht dafür sein sollte, daß Gott die Königin von England beschützen sollte. Da ich andererseits sah, wie alle Anwesenden die Nationalhymne mitsangen, so sang auch ich, wenn nicht den Text, den ich nicht konnte, sondern die altdeutsche Version, die mir noch aus meinen Kindertagen um 1914 geläufig war: Heil Dir im Siegerkranz, Retter des Vaterlands, Heil Kaiser Dir. . .

Mein Mitsingen hatte Eindruck gemacht. Ich wurde von dem Bürgermeister von Khaipur und seinem Gefolge umarmt und anschließend, obwohl Deutscher, zum Fürsten des indischen Marionettenstaates gebracht.
Bei einer Tasse Tee und Gebäck berichtete ich dem Regenten über die Abenteuer der sportlichen Weltreise. Immer wieder mußte ich dabei auf den überlangen Schnurrbart und den tonnengleichen Bauch des gemütlichen Fürsten schauen. Wenn er behäbig lachte, wackelten die Schnurrbartspitzen und der mächtige Bauch schwankte auf und nieder. So hatte ich meinen Spaß, lehnte jedoch die Einladung, die Nacht im Palast zu verbringen, mit der Begründung ab, daß es zu meinem sportlichen Programm gehöre, heute noch wenigstens fünfzig weitere Meilen zu radeln.
Ich schaffte zwar die besagten fünfzig Meilen nicht mehr. Das im Palast genossene scharfe Gebäck verursachte nach guten zwei Stunden eine schmerzhafte Revolte in meinem Magen. Meine Fahrt wurde zu einer steten Suche nach stillen Plätzchen, wo ich mich unbemerkt meinen Leibschmerzen hingeben konnte.
Es wurde auch bald dunkel. Hinter einer Hecke fand ich einen sanften Platz für das Zelt, und als die Sterne aufgingen, kroch ich in den Schlafsack.
Es mag so gegen fünf Uhr morgens gewesen sein, als ein fürchterliches Schnauben und tiefes Gurgeln über meinem Kopf zu hören war. Erschreckt wollte ich hochspringen und aus dem Zelt schlüpfen. Meine Überraschung wuchs jedoch ins Unendliche, als ich den Zelteingang von einer Art Baumstamm versperrt fand. Über mir schnaubte und gurgelte es weiter – und dann fiel das Zelt zusammen.
Instinktiv wälzte ich mich samt Zelt über den Boden in das angrenzende Gebüsch und schaute vollkommen benommen aus dem Zeltsack hinaus. . . Vor mir stand im Morgendämmern ein großer, weißer Kamelbulle!
Das Zelt hinderte mich an jeder Bewegung. Nur mit Mühe gelang es mir, langsam und vorsichtig herauszukriechen. Der Bulle zeigte schnaubend seine gelben Zähne und stieß mehrere Male mit dem hochschwebenden Kopf nach mir herunter, um dann jedes Mal kurz vor mir wieder zurückzuschnellen. Da ich keinerlei Erfahrung im Umgang mit diesen Langhälsen hatte, blieb mir nichts anderes übrig, als Stoßgebete zum Himmel zu schicken und mich klein und häßlich zu verhalten. Aber die heilloseste Angst bemächtigte sich meiner erst, als ich mit der aufgehenden Sonne feststellen mußte, daß das Vieh mit einem seiner kräftigen, langen Beine mitten in meinem am Boden liegenden Fahrrad stand!
Da kam endlich die Erlösung!

Von der Straße her ertönte ein langgezogener Pfiff. Der Bulle wandte sich von mir ab und schlappte lautlos wiegend von dannen. Jetzt erst sah ich, wo ich mein Lager aufgeschlagen hatte. Es stand mitten auf einer Kamelweide. Während ich mein Fahrrad wieder packte, fiel mein Blick auf die Hecke an der Landstraße. Dort stand ein dunkelhäutiger Inder in salopper europäischer Kleidung. Er winkte mir zu. Hinter ihm hielt ein kleines Auto, ein Simca. Auf dem Simca stand in großen Lettern „Paris-Calcutta". Das machte mich neugierig.
Der Inder erzählte mir lachend, daß er austreten war und er dabei meine mißliche Lage mit dem Kamel entdeckt habe. Er habe deshalb gepfiffen und damit den Kamelbullen vertrieben. Er brach in schallendes Gelächter aus, als ich ihn fragte:
„Was wäre aus mir geworden, wenn Sie nicht gemußt hätten?" Er stellte mir seine Frau und seinen kleinen Jungen vor, zwei waschechte Pariser. Sie hatten fast die gleiche Route wie ich mit diesem Mini-Auto hinter sich gebracht, bestimmt eine Leistung, die ich zwar meinem Fahrrad, aber niemals einem solchen Auto zugetraut hätte. Er war besonders stolz darauf, daß er diese Fahrt bis nach Indien mit nur 250 englischen Pfund bewerkstelligt hat. Das waren etwa 2 500 Deutsche Mark. (Das englische Pfund wurde damals mit fast 11 DM gehandelt.)
Haiderabad! Großstadt! Nur noch eine Tagesreise bis Karachi! Eigentlich hat die Stadt nur 150 000 Einwohner. Aber mehr als doppelt soviel sind in letzter Zeit hinzugekommen. Flüchtlinge aus Indien – Moslems, die sich von den Hindus getrennt hatten. Sie hatten freiwillig für den damals neugegründeten Moslemstaat Pakistan optiert. Ihr Traum: Alle indischen Moslems in einem glücklichen, eigenen Staat!
Sie sahen entsetzlich aus, diese politischen Träumer. Zerrissene und ausgemergelte Gestalten! Ihre Augen zeigten alles andere als das Feuer einer großen Hoffnung. Sie lebten in winzigen Hütten aus Reisstrohmatten, zum großen Teil am Rande der Bürgersteige. Die Regierung ernährt sie, und ihr Elend ist unbeschreiblich!
Ich fand ein gut aussehendes Hotel. Die Leute sagten, es gehöre dem reichen Abdul Hafiz und der würde sich auf jeden Europäer freuen.
Abdul Hafiz freute sich wirklich. Fast wäre er mir um den Hals gefallen, der Dicke mit dem elegant gestutzten Schnurrbart. Seine Freundlichkeit war überschwenglich. Hoffte er auf eine dicke Rechnung? Er führte mich eine Treppe hoch in das – „Appartement für Staatsgäste" –. So sagte er und ich griff unwillkürlich nach meinem Geldbeutel.

Er schien meine Gedanken erraten zu haben. Mit einer tiefen Verbeugung sagte er:
„Oh nein, Sie sind mein Ehrengast und können bei mir wohnen vollkommen gratis – und meine Küche steht Ihnen auch zur freien Verfügung!"
„Aber wieso?" sagte ich; „ich bin gewohnt, meine Rechnungen zu bezahlen."
„Bei Allah, nein! In der Zeitung hat gestanden, daß sie für die deutschen Zeitungen schreiben. Da brauchen Sie nur mich und mein Hotel in Haiderabad zu erwähnen. Dann sind wir quitt und Sie brauchen mir für alle Gastlichkeit nicht einmal zu danken!"
Ich dachte: Armer, naiver Abdul Hafiz! Wahrscheinlich glaubt er, ich brauche ihn nur zu erwähnen und bald kommen Hunderte deutscher Touristen, um in seinem Hotel Zimmer zu mieten.
Am Abend passierte es dann, jenes Abenteuer mit der schönen Afra, das mir noch heute ein Lächeln abzwingt.
Es war schon ziemlich spät, so kurz vor Mitternacht, als es an meiner Tür klopfte. „Come in!" rief ich. Die Tür ging auf und da stand der dicke Abdul Hafiz wie ein begossener Pudel im Nachthemd vor mir. „Sie müssen mir helfen!" stöhnte er verzweifelt und rang die Hände.
„Was ist denn los?" fragte ich.
„Ich bitte Sie um alles in der Welt," sagte er, „kommen Sie sofort in mein Frauenhaus! Die Afra, die Afra stirbt, wenn Sie nicht kommen! Wissen Sie, das ist meine vierte Beifrau."
„Warum rufen Sie nicht den Arzt?" wandte ich ein, „rufen Sie sofort den Arzt!"
Er schüttelte den Kopf, kam auf mich zu, griff nach meinen Schultern und flehte mich an:
„Nein, die Ärzte hier taugen nichts und Afra und alle anderen Frauen haben gesagt, ich soll den deutschen Doktor holen – und," flehte er weiter, „in Ihrem Paß steht doch „Doktor", und die Deutschen haben die beste Medizin und die besten Doktors!"
„Zum Teufel nochmal," explodierte ich nun, „ich bin doch kein Doktor der Medizin!"
All mein Sträuben half nicht. Er nahm mich bei der Hand und – war es nun meine erwachte Neugier oder auch nur Mitleid – ich ging mit.
Wir verließen das Hotel, ich im Trainingsanzug, er im Nachthemd, was im Verhältnis zu den Fetzen der halbnackten Flüchtlingsgestalten noch wie ein Festgewand aussah. Der Weg zum Harem des reichen Abdul Hafiz führte durch eine schmutzige Gasse, und wir stolperten über schlafende Gestalten, über Flüchtlinge, über Unrat und lumpige Bündel.

Gott sei Dank, es waren nur wenige Schritte. In der Mauer öffnete sich eine kleine Pforte. Eine alte Frau, behangen mit goldenen Ringen an Hals, Armen und Beinen, zog sofort ihren Schleier vor das runzelige Gesicht und ließ uns eintreten. Über eine enge Wendeltreppe stiegen wir auf das Dach des Hauses. Hier brannten rote und blaue Öllampions und tauchten die gesamte Umgebung in ein mysteriöses Licht.
Als meine Augen sich an das rote und bläuliche Schimmern gewöhnt hatten, erkannte ich eine kleine Säulenhalle, die mit dicken Teppichen belegt war. Im Hintergrund stand ein riesiger Diwan, vier Meter lang und drei Meter breit; daneben ein Schaukelbett. Es war mit armdicken, vergoldeten Tauen an vier überkreuzten, reich verzierten Balken aufgehängt. In diesem Schwebebett lag eine Frau mittleren Alters. Sie trug einen großen, goldenen Ring in einem Nasenflügel. Links und rechts neben ihr schlief ein halbes Dutzend kleiner, pudelnackter Kinder.
„Das ist meine Amme", erklärte Abdul Hafiz. „Vier von den Kindern gehören mir!" fügte er stolz hinzu. „Eines ist von meiner Hauptfrau und dieses da von meiner zweiten Beifrau. Die weiteren zwei kommen von der ‚drei' und die restlichen beiden gehören meinem Bruder, der gerade zu Besuch bei uns weilt."
Dann zeigte er auf den Mammut-Diwan und flüsterte:
„Sehen Sie! Das ist meine Afra! Sie schläft nicht. Sie krümmt sich vor Schmerzen. Helfen Sie ihr!"
Dort lag tatsächlich ein zusammengerolltes Bündel, aus dem ein pechrabenschwarzer Wuschelschopf herausschaute. Ich hatte dieses Bündel beim ersten Hinschauen überhaupt nicht bemerkt, so winzig erschien es.
„Das ist Afra," sagte Hafiz, „sie hat mich ein kleines Vermögen gekostet. Und jetzt. . .?"
„Jetzt holst Du einen richtigen Arzt," sagte ich laut. Aber da hatte ich in ein Wespennest gestoßen! Das kleine Bündel, das mir wie ein Schoßhündchen vorkam, streckte sich plötzlich zu einem wohlgewachsenen Weib aus, schluchzte laut und stotterte:
„Alle Doktors in Haiderabad schlecht, Afra will deutschen Doktor!"
Hafiz schaute mich ratlos an:
„Du siehst, nur Du allein kannst helfen. Afra weiß, hier sind nur schlechte Doktors und die hundert Medizinmänner in Haiderabad machen Leute nur sterben oder mit viel Worten krank und dann wieder mit viel Worten gesund und. . ."
Inzwischen waren sämtliche Frauen des Hafiz und die seines Bruders erschienen. Der ganze Harem schien versammelt zu sein. Wenn ich auch ihr Kauderwelsch, eine Mischung von englisch und

der Landessprache Urdu keineswegs verstand, so konnte ich immerhin entnehmen, daß sie alle mit Afra einer Meinung waren. Sie musterten mich mit Blicken, die, voller Neugier, mich geradezu auseinandernahmen. Blitzartig kam mir der Gedanke, daß die ganze Sache ein wohldurchdachtes Theater der im goldenen Käfig sitzenden Weiber sein könnte.

Ich zog also meine Schuhe aus, entledigte mich meiner Trainingsjacke, kroch auf allen Vieren zu Afra und hockte mich mit überkreuzten Beinen zu ihr. Zunächst der Puls, dachte ich. Das macht immer einen fachmännischen Eindruck. Siebzig Schläge! Dann fiel mir ein, daß ich in meiner Jacke noch einige Pfefferminzkügelchen hatte. Ich verlangte also nach meiner Jacke und ließ mir ein Glas Wasser bringen. Sie schluckte bereitwillig. Dann tat ich etliche Blicke in ihre pechschwarzen Augen. Sie schaute tief in meine Augen und lächelte – zynisch oder belustigt oder sehnsüchtig? Eine kleine Bestie, dachte ich und nahm mir vor, diese seelische Kondition der Patientin näher zu untersuchen. Und so sagte ich den neugierigen Zuschauerinnen, Afra müsse absolute Ruhe haben und allein bleiben. Hafiz gab ich den Auftrag, für warmes Essigwasser zu sorgen. „Damit mußt Du ihr den Leib einreiben, wenn ich gegangen bin,“ sagte ich.

Auf diese Weise war ich für etliche Minuten mit der schönen und jungen Afra allein. Sie erkannte die Situation mit der Schläue des Weibes, richtete sich auf und zeigte ihre schneeweißen Perlenzähne.

Ich klopfte ihren Rücken ab und legte mein Ohr darauf. Sie flüsterte: „Nichts Rücken“ und zeigte auf ihr Herz „hier Du mußt hören“. Ich legte also mein Ohr auf ihren wogenden Busen. Das schien ihr immer noch zu diskret zu sein, und so drückte sie mich fest an ihren Körper.

Angesichts der Möglichkeit, in solcher Lage überrascht zu werden, löste ich mich sanft von ihr. Sie schaute mir tief in die Augen und zog urplötzlich meinen Kopf wieder an sich, und ihre Lippen trafen die meinen, und sie flüsterte:

„Afra gar nicht krank!“

„Und warum hast Du Hafiz so betrogen?“ fragte ich.

„Wir hier eingesperrt und Hafiz sehr streng. Wir sieben Frauen hier – vier für Hafiz und drei für Bruder Mahmed. Fatima mir gesagt, Mann aus Deutschland, Doktor und ganz weiße Haut. . . Dann hat Afra Idee gehabt, einfach krank sein und Hafiz wird deutsche Doktor bitten, Afra helfen.“

„Also alles nur ein Spaß“, sagte ich und setzte eine beleidigte Miene auf.

„Nicht traurig sein“, flüsterte sie und fuhr seufzend fort: „Kein

Spaß. Das war schönster Tag für Afra. Afra nun kann gut sterben!"
In diesem Moment kam Hafiz mit dem warmen Essigwasser. Er schien das Wort „sterben" gerade noch gehört zu haben und stöhnte laut: „Sterben?" rief er entsetzt. Ich konnte mir das Lachen nicht verkneifen und sagte dem dicken Frauenbesitzer: „Ach was! Sie ist ganz gesund, wenn Du sie ganz zärtlich mit Essigwasser am Bauch einreibst und täglich mit ihr spazierengehst. Sie muß mindestens einmal am Tag drei Stunden spazierengehen, dann wirst Du sie noch fünfzig Jahre behalten!"
Afra schaute mich dankbar an, und ich machte, daß ich am folgenden Morgen das gastliche Haus des Abdul Hafiz verließ.

„Hummel-Hummel" in Karachi

Fast zweihundert Kilometer sind es von Haiderabad nach Karachi. Die Straße ist asphaltiert und führt durch hügeliges Wüstengelände. Der steife Nordostwind lag genau im Rücken, und nach achtstündiger rasanter Fahrt kam schon der Flughafen von Karachi in Sicht. Wenig später Lehmhütten, halbfertige Baracken, schmutzige Zelte und großes Elend: Flüchtlinge! Die Luft war durchschwängert von einem widerlichen Gestank, der durch die anhaltende tropische Hitze im Laufe des Tages bis zur Unerträglichkeit anstieg.
Trotz des in mir aufsteigenden Ekels, wollte ich mir dieses unmenschliche Elend aus der Nähe betrachten und wenigstens am Rande miterleben, miterleiden. Nur so, sagte ich mir, kann ich es den satten Europäern schildern. Vor der ersten Hütte interessierte mich ein Kreis von Männern und Frauen, die alle halbnackt in den Fetzen ehemaliger Kleidungsstücke steckten. Einige Frauen stillten gerade ihre Babies, kleine, verdreckte, oftmals mit Eiterbeulen verunstaltete Wesen. Tausende von Fliegen und andern Insekten klebten an den winzigen, vollkommen verschmutzten Körperchen. Die Mütter dachten gar nicht daran, die Fliegen zu verjagen. Sie saßen in stoischer Ruhe da, willenlosen, gepeinigten Tieren gleich, die alles über sich ergehen lassen.
Ein kleiner nackter Junge von etwa zwei Jahren bettelte mich an. Ich gab ihm eine Anna (damals sieben Pfennige). Der Kleine lief sofort zu seiner Mutter, einer jungen, mädchenhaften Frau, gab ihr freudestrahlend das Geld und erhielt dafür – die Brust. . .
In diesem Augenblick kam eine Streife strammer, pakistanischer Polizisten auf mich zu. Ihr Anführer, ein fast schwarzhäutiger junger Mann mit intelligenten Augen, einem eleganten Menjou-

bärtchen und den Sergeantenstreifen am Ärmel, sprach mich an: „Sind Sie Fremder?“
„Ja“, sagte ich. „Ich bin Deutscher.“
„Dann muß ich Sie bitten, sofort weiterzufahren!“
„Wieso denn das?“ fragte ich.
„Fahren Sie weiter!“
Die Barschheit des jungen Mannes ärgerte mich, zumal mich das Erlebnis des himmelschreienden Elends bis an den Rand des Wahnsinns empörte. Ich schrie den Sergeanten an:
„Sie wollen, daß diese Unmenschlichkeit in der Welt verborgen bleibt! Sie wollen hier keine Journalisten!“
Der dunkle Sergeant lächelte mich nur an und behielt seine Ruhe. Dann sagte er mit bestrickender Höflichkeit:
„Sie verstehen – Cholera – Typhus – Pest. . .“
Ich schämte mich ein wenig, dankte und – fuhr weiter.
Ein breiter, mit Palmen bestandener Boulevard nahm mich auf. Schneeweiße Pavillons, Bungalows und die ersten mehrstöckigen Geschäftshäuser säumten die Straße. Der Verkehr wurde dichter, bis ich schließlich steckenblieb, eingekeilt zwischen Motorstraßenbahnen, Luxuslimousinen, zweistöckigen Omnibussen, Fahrrad- und Motorrad-Rikschas, Taxen, Kutschen, Lastwagen und den vielen, für Karachi typischen Kamelkarren.
Auf dem General Post Office lag für mich ein ganzer Stoß Post aus der Heimat. Seit Teheran, seit mehr als 3 000 Kilometern, die ersten Nachrichten im Jahre 1952.
Die größte Sehnsucht in Karachi galt dem Meer! Seitdem ich die östlichste Mittelmeerbucht von Eskenderon verlassen hatte, seit 5 000 Kilometern, war das mit wenigen Ausnahmen eine reine Wüstenfahrt. Kein Wunder also, daß ich zunächst zum Hafen fuhr.
Die Hafenzöllner, durch deren Sperre ich fahren mußte, waren junge Sportler; sie bewunderten mein vollbepacktes und eingestaubtes Rad und ließen mich ohne Schwierigkeiten passieren.
„Liegt vielleicht ein deutsches Schiff im Hafen?“ fragte ich.
„Schon möglich“, sagte einer der Beamten und erklärte sich sofort bereit, mich zu begleiten.
An der Pier lagen unzählige Schiffe. Ein recht buntes Treiben herrschte hier. Da war eine Menge bronzefarbiger Frauen; Nasen, Ohren, Arme, Hände, Beine und selbst die Zehen behangen mit Silberringen. Sie kauerten auf dem Boden und stillten ihre in Lumpen gehüllten Babies, die sie dann an quer über verschiedene Öltonnen liegenden Stangen „aufhängten“, um zu ihrem Arbeitsplatz zurückzukehren.
„Das sind Hindufrauen“, sagte der Zöllner. „Sie verdienen ihren Lebensunterhalt durch Salzladen.“

Ich sah mir diese Arbeit genau an und – war grenzenlos überrascht. Ein Arbeitsprozeß, der für Europäer oder Amerikaner undenkbar ist, und der jede Gewerkschaft in den Industriestaaten auf die Barrikaden treiben würde!
In einer langen Reihe rannten die Hindufrauen im Dauerlauf zu einem Berg von gelblichem Salz. Dort standen zwei Arbeiter und taten nichts anderes, als daß sie im Rhythmus der hintereinander anlaufenden Frauen diesen in elegantem Schwung – salzbeladene runde Bastkörbe auf den Kopf „warfen". Die Frauen fingen mit artistischer Geschicklichkeit, wie es nur erstklassige Fußballspieler können, den schweren Korb auf und rannten – mit dem Korb auf dem Kopf – in nie abreißender Kette zu einem Holzsteg, der über die Pier hinausragte. Dort am Ende des Stegs, etliche Meter über dem Wasser, schütteten sie, immer hastend und laufend, gleich einem aus Menschen bestehenden Förderband, ihre Last in einen darunterliegenden Lastkahn.
„Das ist unglaublich gemein, eine Ausbeutung, wie ich sie noch nie in meinem Leben gesehen habe, zumal es sich zum großen Teil um stillende Mütter handelt", sagte ich dem Zöllner.
„Mag sein", meinte der Zöllner und fügte nachdenklich hinzu: „Ich könnte es nicht und bin gut durchtrainiert, aber diese Frauen halten es eben aus. Sie tun es des Geldes wegen! Ihr Tagelohn beträgt zwei Rupien und acht Anna!" (das sind DM 3,– pro Tag).
Unbegreiflich blieb mir die unvorstellbare Grazie und die fröhliche Haltung dieser bemitleidenswerten weiblichen Kulis.
Der pakistanische Zollbeamte hielt einen kleinen Lieferwagen an. Ein sonnenverbrannter Herr sprang heraus und schimpfte was das Zeug hielt! „Unsinn, Herr Steinbrecher", lachte der Zöllner, „das ist keine Kontrolle! Ich will Ihnen nur diesen deutschen Sportsmann und Weltumradler vorstellen!"
Er ließ mich mit dem Landsmann allein und trollte sich pfeifend von dannen.
Wir hatten uns sofort angefreundet. Er war Hamburger und ein mit allen Wassern gewaschener Seemann, das Mädchen für alles im Hafen von Karachi, für alles was Seeschiffe anbelangte. . . Dolmetscher, Schiffsausrüster und dergleichen. . .
„Teufel noch mal!" rief er etliche Male, „wie haben Sie das nur gemacht? Nee – mit dem Fahrrad, statt mit einem ordentlichen Schiff! Von Deutschland bis hierher – und alles auf dem Landweg? Nee, wissen Sie – nee!"
Wir fuhren die Pier entlang. Plötzlich hielt er. „Teufel noch mal! Ich habe eine Idee! Der alte Lachs, der Kapitän von der ‚MS Figura' da drüben – Junge, der freut sich, wenn er für ein paar Tage einen Gast wie Sie hätte. Der langweilt sich zu Tode, sitzt

allein auf seinem Kahn und muß noch eine gute Woche auf Reparaturen und auf seine Besatzung warten. Kommen Sie, ich stelle Sie vor!"
Wenige Minuten später war alles klar. Der etwa sechzigjährige Kapitän Lachs grinste über das ganze Gesicht. „Mensch, da muß ich mich ja rasieren, wenn ich solch einen berühmten Gast an Bord nehme", sagte er und pfiff dem Schiffsjungen, einem pechschwarzen Teenager, der uns zunächst einen Whisky bringen und anschließend die Funkerkabine herrichten mußte.
„Wissen Sie", erklärte der Alte, „ich bin zu alt für die Leute im Seemannsklub. Da gibt es viele Deutsche, Matrosen, Offiziere und Ingenieure in pakistanischen Diensten. Die suchen alle Zerstreuung und trinken dort deutsches Exportbier, die Flasche für drei Mark. Ein teurer Spaß!"
Ich dachte an die armen Hindufrauen, die einen ganzen Tag lang laufen und schleppen müssen, um drei Mark zu verdienen.
Der Aufenthalt auf der „MS Figura" wäre ideal zum Schreiben gewesen, wäre es gewesen, wenn die unerträgliche Hitze, bei Tag wie bei Nacht, nicht jeden Schwung von einem genommen hätte. Ich fühlte mich müde und zerschlagen und abgekämpft.
So vergingen drei volle Tage in süßem Nichtstun bei gutem Essen, Schlafen, Plaudern und etlichen Dutzend harter, kühlender Whiskies. Käptn Lachs gefiel das so, und er wollte mich noch für eine ganze Woche an Bord behalten, zumal er jetzt meinetwegen laufend Besuch erhielt und er keinerlei Langeweile hatte.
Am dritten Tag meines Aufenthaltes kam ein Herr im nagelneuen Straßenkreuzer, einem Lincoln, vorgefahren. Er machte mir ein unglaubliches Angebot. Ich sollte ein ganz bestimmtes neues Fahrrad und entsprechende Reifen fahren und den Namen der Firma fortan auf meinem Trikot tragen. Er bot mir dafür monatlich etliche Tausend Dollars und ein kleines Vermögen nach Vollendung meiner Weltumradelung. Ich lehnte damals, es sind nun etwas mehr als ein Vierteljahrhundert verflossen, voller Empörung ab. Reklamefahrer?! Nein, das war mir gegen jede sportliche Ehre. Dafür war ich mir zu gut.
Wenn ich heute daran zurückdenke. . . Herr Beckenbauer, der in die höchsten Gesellschaftskreise eingedrungen ist, würde bestimmt nicht Nein gesagt haben. Meine Enkel waren deutlicher. Sie erklären mich heute für verrückt, weil ich da nicht mitgemacht habe.
Vierter Tag in Karachi. . .
Ich entschließe mich, einer Einladung zu folgen und zwei parsische Bekannte des Kapitäns aufzusuchen. Es handelte sich um ein junges Ehepaar, das auch mit den beiden Metas bekannt war, die ich, wie bereits erwähnt, in Quetta kennengelernt hatte.

Das Paar wohnte mitten in der Stadt in einer feudalen Wohnung. Der junge Mann hatte es zum Bankdirektor gebracht und hatte nur wenig Zeit, die gerade ausreichte, um eine kleine Plauderei bei Tee und Gebäck zu absolvieren. Seine Frau bat mich anschließend, sie zu einem Schaufensterbummel zu begleiten. Obwohl ich eine solche Beschäftigung wie viele meiner Geschlechtsgenossen hasse, in diesem Fall machte ich aus purem Anstand mit, und ich hatte diese Selbstüberwindung nicht zu bereuen. Sie führte nämlich zu einem Interview, um das mich damals alle Journalisten beneideten. Während wir die letzten Kreationen aus dem Hause Fath in einem britischen Modehaus kritisch beäugten, stieß mich die junge Frau plötzlich in die Seite und sagte:
„Da drüben steht der Wagen unserer First Lady, der Schwester unseres Staatsgründers Jinnah. Ich kenne sie und werde Sie ihr vorstellen.“ Damit ließ sie mich stehen und eilte zu dem Auto, wo sie wahrscheinlich vom Chauffeur den Aufenthalt der Herrin erfragte. Drei Minuten später traute ich meinen Augen nicht, als die Parsin mit der berühmten Fatima Jinnah vor mir stand. Ich war vollkommen perplex. Das konnte doch nicht wahr sein – da kommt die First Lady eines großen Landes zu Fuß über die Straße, um sich dem Interview eines Radfahrers aus Deutschland zu stellen. –
Die Parsin stellte mich vor. Fatima Jinnah in ihrem weißen, wallenden Gewand – aber ohne Schleier – machte den Eindruck einer freundlichen, würdigen Äbtissin eines Nonnenklosters. Ich brauchte nicht einmal das erste Wort zu sprechen. Die Parsin hatte schon vorgearbeitet und Madame Jinnah hinreichend über mich, mein Vorhaben und einiges mehr unterrichtet. Fatima Jinnah schaute mich groß an und sagte:
„Das freut mich aber, einen deutschen Sportsmann und Journalisten zu sehen und zu sprechen. Schauen Sie sich unser Land gut an – und auch die schreckliche Armut unserer Flüchtlinge aus dem indischen Territorium.“
Inzwischen hatte sich eine Menschenmenge angesammelt. Polizei kam und bildete einen Kordon um uns. Fatima Jinnah winkte der Menge zu und nahm mich beim Arm. „Kommen Sie! Wir gehen in die Cafeteria – dort können wir in Ruhe plaudern!“
„Sie haben noch wenig Kontakt mit Deutschen gehabt?“ fragte ich sie.
„Leider,“ sagte sie. „Aber mein Bruder, Allah segne ihn, er hatte noch kurz vor seinem Tod mit mir über die Deutschen gesprochen und gesagt, daß er sie bewundere und sie sogar liebe, weil sie soviel gelitten und so tapfer den Wiederaufbau ihres Landes betrieben haben. Er hat die Gründung dieses Staates Pakistan mit Deutschland als Vorbild begonnen.“

„Ihr Volk hat ungeheure Probleme vor sich. . . Die unbeschreibliche Armut und das Flüchtlingsproblem und. . .“, sie unterbrach mich:
„Die Armut ist es nicht einmal! Was uns fehlt, ist die technische Tradition, die Facharbeiter, die Ingenieure und nicht zuletzt euer Klima.“
„Unser Klima?“
„Ja, das Klima“, bekräftigte sie und etwas zynisch lächelnd meinte sie: „Hitze macht faul und gleichgültig!“
„Inschallah“, bemerkte ich etwas frech.
Sie lachte laut auf, nickte und meinte etwas traurig:
„Sie haben gar nicht unrecht. Sie werden auf Ihren Fahrten durch die Wüstenländer gewißt bemerkt haben, daß dieses phlegmatische „Inschallah“, daß überhaupt der Islam eine Wüstenreligion ist. Der Staatsgründer, mein Bruder, war sich dessen sehr bewußt, und er wollte auch unsere islamische Religion durch Bewässerung ändern.“
„Durch Bewässerung?“
„Ja, durch Änderung des Wüstenklimas, sowohl geographisch als auch anschließend seelisch. Die Änderung der Umwelt wirkt auch auf die Seelen.“
Ich dankte der großen Dame für die aufschlußreiche Konversation und sagte ihr zum Trost, daß auch die Fahrt eines Deutschen durch die Wüstenländer bedeutend langsamer sei. Das Klima ist das Wichtige in der Politik!
„Und im Zusammenleben der Menschen“, sagte sie zum Abschied.
Fünfter Tag in Karachi!
Ich wußte nie, was Langeweile ist. Jetzt habe ich es gelernt. Sie ist Faulheit in Potenz. Nicht etwa, um mich fit zu halten, sondern nur, um mir die Beine zu vertreten, pendele ich die kilometerlange Pier entlang und zähle die großen Pötte, die da lagen. Fast alle seefahrenden Nationen waren da vertreten. Die Amerikaner, Japaner, Engländer und Franzosen hatten meist Maschinen, Automobile und Traktoren geladen. Die Pakistani luden Salz, Früchte und Baumwolle. Der Türke, ein altes 8000-Tonnen-Schiff, hatte Zucker an Bord und war gerade dabei, 75 000 Doppelzentnersäcke zu löschen.
Dieser Türke hatte es mir angetan! Stand doch dort oben auf dem Deck ein junges Brünettchen im duftigen Sommerkleid und snackte mit einer Schar junger, blonder Burschen im schönsten Hamburger Platt. Und das an Bord eines türkischen Frachters? Mir blieb glatt die Spucke weg!
„Hummel! Hummel!“ rief ich hinauf.
„Mors! Mors!“ kam es zurück. Und dann: „Wer sind Sie denn?

Sagen Sie bloß, Sie sind der Weltumradler! Kommen Sie doch rauf!“
Das ließ ich mir nicht zweimal sagen.
Das muntere Mädchen war Heike, die mitreisende Tochter des Kapitän Morgenstern. Das Schiff hieß „Semiramis“. Es war ein türkisches Schiff, aber Kapitän und Besatzung waren Deutsche, denn der türkische Besitzer dieses alten, voller technischer Tücken steckenden Schiffes hatte keine bessere, keine zuverlässigere Besatzung finden können.
Selbstverständlich ließ ich mich von der Tochter bei Papa Kapitän melden. Schnell wurden wir gute Bekannte, der rauhe Seebär mit dem goldenen Herzen und der Weltumradler. Kapitän Morgenstern bot mir an, in seiner Gastkabine mit nach Goa zu schippern. „Das ist ein wundervolles Fleckchen Erde, ein Märchenland!“ sagte er, „nur ein paar hundert Meilen südlich von Bombay. Ein Pünktchen portugiesische Kolonie auf indischem Boden!“
Dies Angebot war zu verlockend, um nein zu sagen, wenn ich auch damit meine Radtour durch Indien um ein kleines Stückchen verlängerte.
Da die „Semiramis“ noch einige Tage im Hafen liegen mußte, hatte ich Zeit genug, um mir Karachi noch vertrauter zu machen. So pendelte ich zwischen der „MS Figura“ des Kapitän Lachs und der „Semiramis“ hin und her, führte die Frau des Kapitän Morgenstern samt Tochter zum Schaufensterbummel, zum Badestrand und trieb mich am Abend in den dunkelsten Hafenkneipen herum. Dort hörte ich eine Menge untergründiger und hintergründiger Geschichten über Rauschgifte und Goldschmuggel, die so abenteuerlich waren, daß ich sie allesamt für Seemannsgarn hielt.

Mit der „Semiramis“ ins Märchenland

Die Stimmung an Bord war etwas gedrückt. Beim gemeinsamen Mittagessen erfuhr ich den Grund: Das Schiff war vom türkischen Reeder an die Japaner zur Verschrottung verkauft worden. Für Kapitän und Mannschaft hieß das voraussehbare Arbeitslosigkeit, denn die deutsche Seefahrt war 1952 nach dem Kriegsverlust fast sämtlicher Schiffe noch lange nicht wieder aufgebaut. Man sprach also nur über die Reise nach Tokio, eine Reise ohne Ladung mit Wasserballast. Man unterhielt sich über den folgenden Heimflug von Tokio nach Hamburg, wo Kapitän, Offiziere und Mannschaft auseinandergehen.
Nur Heike, die Tochter des Kapitäns, lachte fröhlich und sagte:

„Papa, das ist eigentlich alles lustig! Dann kommt bestimmt etwas anderes, wenn wir wieder in Hamburg sind!"
(Heike hatte recht. Kapitän Morgenstern wurde vom Hamburger Senat zum Herrn und Gebieter des großen Welthafens ernannt. Er wurde Hafenkapitän!)
Wir gingen am nächsten Morgen in See. Die Fahrt von Karachi nach Goa dauerte drei volle Tage. Der Chefingenieur der „Semiramis" machte unterwegs mein Fahrrad mit bestem Maschinenöl „landfein".
Das Bild der Karachi-Küste war eine trostlose Wüstenlandschaft. Ganz anders drei Tage später. . . die Küste von Goa, jener damals noch portugiesischen Kolonie, von deren Existenz nur die wenigsten Menschen wußten. – Da erschien schon am Horizont das Bild einer tropischen Palmenlandschaft, bewaldete Berge und Millionen Kokospalmen.
In der Bucht von Marmagao gingen wir vor Anker. Es war dunkle Nacht geworden. Rechts und links leuchteten die Lichter anderer Ozeanriesen. Über das Wasser hallte der Hafenlärm, das Knirschen, Knarren und Hämmern der Ladekräne und der Rosthämmer. Dort wurden die Schiffe mit Eisenerz und Mangan gefüllt, dem kostbarsten Schatz dieser winzigen Kolonie. Die Erze gingen nach Japan, Mangan auch nach Baltimore in die USA. Kokosnüsse, Salz, Zimt, exotische Früchte und Pfeffer sind weitere Ausfuhrgüter. (Kein Wunder, daß Indien wenige Jahre später den Portugiesen die Kolonie wieder abnahm!)
Ich nahm Abschied von Kapitän und Besatzung und wurde an Land gerudert.
Ich hatte ein etwas schlechtes Gewissen, weil ich in Pakistan nicht daran gedacht hatte, mir ein Visum für die portugiesische Kolonie zu besorgen.
Die paradiesische Umgebung der weiten Bucht und die friedvollen Palmenwälder vermittelten eine solche Ruhe, daß ich einfach nicht glauben konnte, so ein dummer Paßstempel könnte diesen inneren Frieden irgendwie stören.
In einem schattigen Bungalow, hoch über dem Meer, traf ich den Polizeichef. Ich redete ihn portugiesisch an – und das Eis des offiziellen Landungszeremoniells war sofort gebrochen.
Sein von der Tropensonne zerfurchtes, braunes Gesicht hellte sich auf. Er stempelte meinen Paß – und es ging auch ohne Visum.
Wenig später stand ich im gleißenden Sonnenlicht über der Bucht. Ich zählte zehn große Schiffe auf Reede, vier andere an der Pier. Amerikaner, Panamesen, Engländer, Japaner, Griechen und unser Türke mit der deutschen Besatzung.
Zwischen diesen Fahrzeugen ragten die Wracks mehrerer anderer

großer Schiffe aus dem Wasser, die sich selbst versenkten, als sie 1943 dort von den Engländern eingekesselt waren. Krieg!
Eine halbe Stunde später hatte ich bereits den ersten Kontakt mit einem deutschen Fräulein. Sie war pudelnackt und baute am Strand eine Burg aus Schlamm und schnatterte mit ihren Spielgefährten, lauter kleine, kaffeebraune Eingeborene, in deren Sprache, in Conquanim. Ein süßes Blondinchen war sie und so beschäftigt, daß sie den weißen Mann gar nicht beachtete. Ich sprach sie an:
„Sag mal, kleines Fräulein, wo sind Deine Eltern?"
Sie drehte sich lässig um und antwortete beiläufig:
„Mutti und Vati machen Eis! – Nur die Oma ist zuhause."
„Und wo ist das? Wo wohnt Deine Omi?"
Sie schaute mich groß an, schnabulierte etwas in Conquanim, ganz laut, daß alle Kinder aufmerksam wurden und – mich anschließend aus vollem Hals auslachten.
Wahrscheinlich hat sie den kleinen Wilden zugerufen, daß ich dumm sei, so dumm, daß ich nicht einmal weiß wo sie wohnt. Ich schaute dem übermütigen Völkchen noch eine Weile zu, bis etliche Minuten später eine ältere Dame erschien und laut „Sabine" rief. Das tat sie mehrere Male und schwenkte dabei ein buntes Kleidchen. Das war also die Oma, sagte ich mir und bemerkte, daß mein forsches Sabinchen seiner Oma winkte, auf das Meer zulief, dort in die erste heranrollende Welle hineinsprang und so bei mehrerem Ein- und Austauchen das ihr angemessene Bad nahm. Mittlerweile war die Oma auch am Strand angekommen und streifte dem nackten Blondinchen das Kleid über.
So lernte ich die ersten Deutschen in Goa kennen. Die ältere Dame war erst kürzlich von Kaiserslautern gekommen, um Tochter und Schwiegersohn zu besuchen. Letzterer war früher Korrespondent einer deutschen Agentur gewesen und hatte sich im Paradies Goa als Eisfabrikant niedergelassen.
Am Abend des gleichen Tages waren wir eine nette Gesellschaft, alles Deutsche, die durch die turbulente Kriegszeit hier eine neue Heimat gesucht und gefunden hatten, ein Journalist und Eisfabrikant, ein Uhrmacher, ein Techniker und der Sohn eines deutschen Hoteliers, der aus Überdruß an der Industriegesellschaft gleich eine eingeborene Braune heiratete und vier „Milchkaffee-Kinder" hatte.
In dieser Gesellschaft erfuhr ich auch das Schicksal der beiden deutschen Schiffswracks, der ehemaligen deutschen Hansaschiffe „Braunfels" und „Ehrenfels".
Marmagao, der Hafen von Goa, war während des Krieges als neutraler Hafen international ausgewiesen. Dennoch drangen

eines Tages neuseeländische und australische Schiffe mit der Kriegsflagge Großbritanniens in die neutrale Bucht ein, um die deutschen Handelsschiffe zu kapern. Die deutsche Besatzung war wachsam und versenkte ihre eigenen Schiffe, als die Neuseeländer und Australier an Bord kamen und dort eine wilde Schießerei begannen.

Das neutrale Portugal kam in eine Zwangslage, weil es einerseits das internationale Recht seiner Neutralität wahren wollte, andererseits jedoch vom Wohlwollen der Engländer leben mußte. Es blieb den portugiesischen Behörden nichts anderes übrig, als den Neutralitätsbruch der Briten zu übersehen und die deutschen Seeleute mit Wohlwollen für eine kurze Zeit einzusperren, – weil sie mit der Sprengung ihrer eigenen Schiffe den Hafen verschandelten.

Auf der von Palmen eingefaßten Straße zwischen Donna Paula, einem kleinen Fischerdorf, das weit in die Bucht hinausragt und der an einer anderen Bucht gelegenen Hauptstadt Cidade de Goa bewundere ich die ideal gewachsenen Gestalten der Bevölkerung. Die Männer, dunkelbraune, hohe, sehnige Figuren, laufen vielfach fast nackt, nur bekleidet mit einem winzigen Lendenschurz herum. Die Frauen eilen aufrechten Schrittes – meist irgendeine Last auf dem Kopf tragend – mit Ringen an Nase, Beinen und Armen geschmückt, von und zu ihren kleinen Reis- und Zuckerrohrfeldern. Ihre entblößten Rücken zeigen eine sammetweiche, dunkelbraune Haut. Sie sind zurückhaltend, stolz und scheu. Einem Fremden wird es nicht gelingen, sie anzusprechen.

Pantschim, die Hauptstadt, von den Portugiesen „Cidade de Goa“ genannt, macht den Eindruck einer portugiesischen Kleinstadt mit uralter Kultur. Nur die üppig wuchernde tropische Vegetation erinnert an ihr koloniales Dasein, ebenso wie die stolz daherschreitenden Conquanims.

Ich schaue hier vergeblich nach der sprichwörtlich indischen Armut. Die Leute sind gut gekleidet und wohlgenährt. Die Geschäfte – es sind nicht viele – bieten alles, was man auch in Europa kaufen kann und die Preise sind weit geringer als in Pakistan, das ich gerade verlassen habe. Von der Kolonialmacht Portugal ist wenig zu sehen. Einige Polizisten, meist Eingeborene, stehen rauchend an einer Straßenkreuzung und etliche hochgewachsene Neger in Uniform, wahrscheinlich Afrikaner aus der Kolonie Mozambique, machen in der Geschäftsstraße einen Schaufensterbummel und palavern.

Auffallend die vielen Kirchen! Sie zeugen von der vierhundertjährigen Geschichte einer christlichen Entwicklung, die hier im Gegensatz zur spanischen Missionierung friedlich, ja beinahe wirklich christlich verlaufen ist.

Hoch über der Hauptstadt Pantschim liegt auf einem Berggipfel der bischöfliche Palast, ein zweistöckiger, weiträumiger Bau, der starke viktorianische Stilelemente aufweist. Vierzehn Kreuzwegstationen, die Leiden Christi darstellend, führen auf breiter Allee steil bergan. Eine frische und ständige Brise weht dort oben und läßt die tropische Hitze der Stadt fast vergessen.
In dem Palast residiert der katholische Patriarch von Indien, Sua Excellencia Don José. (Er ist schon lange tot und die Einverleibung der vierhundert Jahre alten Goa-Kolonie in den indischen Staat mußte er nicht mehr erleben.)
Schon im Hafen von Marmagao wurde mir erzählt, der in ganz Indien angesehene Patriarch habe sich in einem Hirtenschreiben gegen die Deutschenhetze eingesetzt. Er habe auch während des Krieges das Menschenmögliche getan, um deutschen Kriegsgefangenen zu helfen. Ihm sei es zu verdanken, daß das Ansehen der neu gegründeten Deutschen Bundesrepublik in Indien nicht gesunken sei.
Als ich damals vor dem Palais des Patriarchen stand, kam mir der Gedanke, dem alten Herrn einen Besuch abzustatten und ihm für seine Deutschfreundlichkeit zu danken.
Der Hausdiener, ein uralter Eingeborener mit einem von hundert winzigen Falten durchzogenen Ledergesicht strahlte mich freundlich an, als ich ihm sagte, daß ich Deutscher sei und seiner Exzellenz einen Besuch abstatten wolle. Er führte mich ohne jede Anmeldung durch die Vorhalle und einige Gemächer, behangen mit Gemälden, die die vierhundertjährige christliche Geschichte der Kolonie darstellten.
Seine Exzellenz, der würdige alte Herr mit dem schlohweißen Bart und dem goldenen Kreuz auf der Brust, war durch mein plötzliches Eintreten keineswegs überrascht. Er schwenkte nur die kleine Goa-Zeitung und sagte:
„Habe ich gerade gelesen und mir gedacht, es wäre schön und interessant, mit einem Mann wie Sie ein Plauderstündchen zu haben. . . Und dann sah ich Sie im gleichen Moment draußen stehen. Na, wenn das keine Vorsehung ist!"
Deutschland stand im Mittelpunkt unseres Gesprächs, die gerade erst überwundene Hitler-Zeit.
„Bei aller Kenntnis, die ich über die Deutschen habe", sagte er, „bleibt es mir unverständlich, warum dieses Volk die geschichtlich einmaligen Vernichtungsaktionen gegen das Volk der Juden zuließ!"
Ich nannte ihm Gründe wie Autoritätsgläubigkeit, Demagogie, Feigheit aus Selbsterhaltungstrieb, Kriegsdisziplin und andere.
Der Patriarch ließ all das nicht gelten und meinte: „Das ist alles

menschlich und verständlich – aber die Unmenschlichkeit der Vernichtung von Millionen Frauen und unschuldigen Kindern, wie kann ein so großes Volk so etwas ertragen?"
Erst als ich ihm erklärte, daß von zweitausend Deutschen bestenfalls einer davon gewußt und eventuell mitgemacht habe, daß diese etwa dreißigtausend Mitbeteiligten eine fanatische und verschwiegene Gesellschaft, sozusagen ein verbrecherischer Orden gewesen sei und daß das deutsche Volk erst nach dem Krieg durch die Siegermächte davon erfahren habe und zum Teil bis zum heutigen Tage dieses Massenverbrechen noch nicht fassen und glauben könne; erst als ich das dem Patriarchen zu erklären versuchte, begann er zu begreifen. Seine ernsten Gesichtszüge hellten sich auf, und er atmete auf und meinte:
„Gut, daß Sie mir das so erklärten. Das macht vieles verständlich!"
Auf glatter Asphaltstraße, links ein Meeresarm, rechts Reisfelder und Palmen und dahinter Urwald, erreichte ich nach einstündiger Fahrt Velha Goa. Es ist die verlassene, ehemalige Hauptstadt Goas, versteckt gelegen im tropischen Urwald.
Vor zweihundert Jahren lebten in Velha Goa eine viertel Million Menschen. Pest und Malaria hatten die Hauptstadt durch mehrere Epidemien erheblich verkleinert, bis sie um 1820 nach einer entsetzlichen Gelbfieberseuche restlos aufgegeben und verlassen wurde.
Von den mehr als fünfzig zum Teil prachtvollen Kirchen blieben nur wenige erhalten, so die Kirche und die Kathedrale des Heiligen Franz Xaver, des Apostels Asiens, der dort seine letzte Ruhe fand.
Es dunkelte bereits, als ich von schwarzen Soldaten auf portugiesisch angesprochen wurde. Prachtvolle Kerle, Neger, die in echt afrikanisch rollenden, harten und knarrenden Lauten die Sprache ihrer Kolonialherren meisterten. Ich fragte einen zwei Meter langen Korporal, wo seine Heimat sei. Er antwortete:
„Ich, Korporal José Antonio Maria Gomez, nach zwei Jahren Service, kommen von Mozambique, zu schützen heilige Platz in Indien!"
Das kam in tiefstem Baß und voller Überzeugung aus seinem riesigen Brustkasten. Ich war so beeindruckt, daß ich noch mehr von ihm hören wollte und fragte, wieviele schwarze Soldaten hier lägen. „Du müssen fragen solche Sachen unseren Offizier!" bekam ich zur Antwort, womit er mir den Weg zu einem Dschungelpfad wies und voranging.
Nach etwa zehn Minuten standen wir vor einem mächtigen, mehrstöckigen Gebäudekomplex, offensichtlich einem ehemaligen Kloster. Wir betraten den weiträumigen Kreuzgang und den Innenhof. Ein schwarzer Posten führte mich zum Kommandeur,

der gerade beim Abendbrot in dem ungeheuer großen Refektorium saß, einem Saal, der wohl als Speisesaal für mehrere hundert Mönche einmal gedient haben mochte. Etwa ein Dutzend Offiziere saßen um den langen Tisch.
Als ich den Kommandanten, einen Major in den Dreißigern, begrüßte, erschrak ich vor meiner eigenen Stimme, die in dem hohen Raum einen merkwürdig hohlen Klang hatte. Der Major und seine Offiziere lachten. Sie hatten den Spaß gewiß schon öfter erlebt.
Mein Besuch hob die Stimmung, denn der Major ließ eine Batterie der besten portugiesischen Weine auffahren, und es dauerte nicht lange, und wir hatten die lebhafteste Unterhaltung.
Auf meine Frage, ob sie nicht fürchteten, von Nehru und dem Mammutstaat Indien gefressen zu werden, lachten sie nur. Doch der Major meinte mit einem ernsten Unterton:
„Dieser Tag kommt mit Sicherheit; jeder von uns hofft, daß wir abgelöst sind, wenn die Inder kommen.“
(Der Tag kam ein Jahrzehnt später. Die Besatzung Goas wurde von den Indern gefangen genommen und erst nach langen Verhandlungen in die Heimat entlassen. Die Auflösung des ältesten europäischen Kolonialreiches nahm ihren Anfang. Die Negersoldaten aus dem afrikanischen Mozambique, die „heilige Platz“ schützen wollten, sind nach Afrika zurückgekehrt und niemand weiß, ob sie dort im Kampf gegen oder für die Kolonialherren gefallen sind. Sicher ist nur, daß es wohl der Bevölkerung Goas, des einstigen Paradieses, als auch den Schwarzen in den ehemaligen Kolonien heute schlechter geht, als zur Zeit der Kolonialherrschaft!)
Ich radelte am folgenden Morgen auf guter Teerstraße den Dschungelbergen und damit der indischen Grenze entgegen.

Tiger, Tempel und die Heilige Kuh

Die Landschaft ändert sich. Die Palmenhaine machen gigantischen Mangrovenwäldern Platz. Luftwurzeln haben etwas Gespenstisches. Hunderte von kleinen bunten Papageien fliegen kreischend von Baum zu Baum und begleiten meine Fahrt. Hier und da drohen steile Felswände aus den bewaldeten, immer höher und senkrechter werdenden Bergen. Kristallklare Bäche, rauschende und donnernde Wasserfälle säumen den Weg. Manchmal sieht das aus wie im Schwarzwald. Aber dann erinnern mich die brütende Hitze, die Lianen, diese merkwürdigen Hochwurzeln und die kreischenden Vögel daran, daß ich mich fern der Heimat, daß ich mich im tropischen Goa befinde.

Die Schweißtropfen laufen in die Augen. Der Rücken ist naß und die Verdunstungskälte greift nach den Lenden. Eine Zeit lang ist das nicht einmal unangenehm. Dann aber überfällt mich ein Schüttelfrost. Endlich ein Dorf und – der Schlagbaum, die Grenze Goas, das so groß ist wie etwa meine Heimat, das Saarland.
Unmittelbar vor dem Haus der Grenzer befindet sich ein langgestreckter Bungalow. Davor parken einige Dutzend Personenwagen mit indischen Nummern. Aus dem Innern des Bungalows tönen die Stimmen einer lustigen Gesellschaft. Mir fällt ein, daß im Großreich Indien Alkoholverbot herrscht. In Goa fließt der portugiesische Wein und – Goa ist billig! Ich trete ein. Ein Zollbeamter kommt mir fröhlich entgegen. Seine Zunge ist schwer. . .
Ein dicker, dunkelbrauner Inder erkennt mich. Er schwenkt die Tageszeitung von gestern. Mein Bild ist auf der Titelseite. Er tuschelt mit seinen Nachbarn und stürzt sich anschließend auf mich, mir die Hand zu drücken. Von seinem lallenden Englisch verstehe ich nur soviel wie „Junge sauf! Indien ist trocken!“
Natürlich war ich durstig, aber auch hungrig. Ich ließ mir's also nicht zweimal sagen! Die Inder bestürmten mich, ihr Gast zu sein. Zu meinem größten Erstaunen stellten sie mir ‚Beck's Bier‘ auf den Tisch, deutschen Export, das Bier mit den Bremer Stadtschlüsseln, gleich ein halbes Dutzend Flaschen.
„Zu Ehren Deutschlands“, sagten die Inder, und wir leerten etliche Kisten „Beck's Bier“. Wieviel es waren, weiß ich nicht. Ich erinnere mich nur, daß ich auf allgemeinen Wunsch das Deutschlandlied gesungen habe und daß wir mitten im Urwald, zwischen der portugiesischen Kolonie Goa und Hindustan die deutsch-indische Freundschaft mit Batterien deutschen Exportbieres gefeiert und besiegelt haben.
Mein Aufbruch hinein nach Indien erfolgte nach einem vielstündigen Schlaf. Das Gelage hatte bis in die Nacht gedauert. Die Zollbeamten, die mitgezecht hatten, stempelten den Paß und am späten Vormittag rollte ich in das Land der Hindus.
Ich kam nicht weit. Schon nach zehn Minuten kam mir ein Jeep mit bekannten Gesichtern entgegen, indische Zöllner, die am Vorabend mitgezecht hatten. „Portugiesischer Wein und deutsches Bier, Freund, das paßt nicht zusammen! Ist es Ihnen auch so schlecht, so um die Magengegend und da oben im Kopf?“
Der Zöllner hatte nicht ganz unrecht. Auch mir war es ziemlich schummerig und so luden sie mit meinem Einverständnis Rad und Gepäck und mich selbst auf ihr Fahrzeug und Minuten später – wurde das Gelage in dem bekannten Bungalow fortgesetzt. Erst am späten Abend bekam ich Gewissensbisse, packte mein Gepäck abermals auf und als ich mich anschickte, still und heimlich durch

die Nacht davonzufahren, kam mir einer der Zöllner über den Weg.
„Bei allen indischen und christlichen Göttern! Sie werden es doch nicht wagen, durch die Nacht zu fahren!“
„Warum denn nicht?“ fragte ich verwundert.
Der Inder öffnete sein Hemd und ich sah eine Anzahl gräßlicher Narben, die sich vom Hals bis zum Bauchnabel zogen.
„Leoparden!“ sagte er. „Es hätte noch schlimmer kommen können, wenn es Tiger gewesen wären.“
„Ich habe mir sagen lassen“, bemerkte ich, „daß die Biester nie angreifen, wenn sie nicht gereizt werden.“
„Stimmt“, sagte er, „aber, wer sagt Ihnen, was sie reizt? Bei mir geschah es auf einer Treibjagd.“
„Kein Wunder“, sagte ich und trat in die Pedale, in der festen Überzeugung, daß ein friedlich dahinfahrender Radfahrer weder für Leoparden noch für Tiger eine Provokation bedeutet.
So startete ich also in die Nacht hinein. Der Dynamo surrte sein beruhigendes Lied und der Lichtschein huschte über die spiegelglatte Fläche des Asphalts. Nicht lange! Die Straße verwandelte sich in einen holprigen Lehmweg und wurde steiler. Ich stieg ab und mußte schieben. Vor mir, über den Baumkronen des Dschungels, die liegende Sichelscheibe des Mondes. . . Zur Rechten, hoch über mir, das Kreuz des Südens. . .
Bald befand ich mich mitten in der Einsamkeit der Dschungelberge. Als ich im ersten Morgengrauen endlich die Höhe erreicht hatte, sah ich tief unten im Tal die Schlangenlinie der Eisenbahn Goa-Londa. Die Luftlinie zwischen der Kolonialhauptstadt und der ersten indischen Stadt Londa beträgt nur ganze 15 Kilometer, die Eisenbahnstrecke schlängelt sich in Bögen und Serpentinen zwischen und über die Berge und erreicht so eine Länge von etwas mehr als 60 Kilometern.
Rechts und links der Straße wuchsen phantastisch aussehende Bäume, dazwischen große Steine und Felsblöcke. Plötzlich und unwillkürlich stoppte ich und sprang ab. Da war etwas, dort vor mir, keine zwanzig Meter entfernt – auf einem mit Büschen bewachsenen Felsvorsprung, direkt am Straßenrand! Ein großer Katzenkopf! Starr wie ein Denkmal. Nur die Zweige bewegten sich leicht. Einbildung im nebligen Morgengrauen? Meine Neugier und auch die Nerven waren aufs höchste gespannt.
Wie angewurzelt stand ich da, das Rad zwischen den Beinen. Ich wagte nicht, mich zu bewegen. Ein herrlicher stolzer Tigerkopf. Jetzt sah ich es deutlich. Er schnupperte in die Morgenluft und sein Atem schwebte über den Blattspitzen. Mein erster Schreck wich der Bewunderung, als das Tier wenige Schritte bis zum steilen

Felsabhang vorschritt und ein zweiter Kopf aus dem Buschwerk erschien. Ein Tigerpaar! Im Hintergrund rötete sich der Horizont. Ein unvergeßlich imposantes Bild war das. Ich dachte an keinerlei Gefahr, sondern empfand nichts als ein unbeschreibliches Hochgefühl. Waren es Sekunden oder Minuten. Ich weiß es nicht. Der Fels – das Tigerpaar darauf, wie auf einem gewachsenen Denkmalsockel – das grüne Buschwerk und dahinter die Morgenröte!
Aus der Tiefe ertönte ein langgezogener Pfiff, die Eisenbahn, die gerade einen Tunnel verließ. Die Tiere spitzten die Ohren und ehe ich sehen konnte, wie es geschah, waren sie verschwunden.
Die Abfahrt in die weite vor mir liegende Ebene war alles andere als ein Vergnügen. Trotz des kühlenden, mir entgegenkommenden Morgenwindes war ich schon nach wenigen Minuten klatschnaß geschwitzt. Ursache: Die entsetzlich wellige Straße! Mit Handbremse und Rücktritt ritt ich förmlich über die vom hochblasenden Bergwind gezogenen wellblechharten Riffelungen der steinigen Straße. Mit Radfahren hatte das nichts mehr zu tun! Es war fast zum Verzweifeln. . .
Eine Gruppe Maharatis kam mir entgegen, Frauen mit goldglänzenden Wassergefäßen auf ihren Köpfen. Ihr stolzer, schreitender Gang kann wirklich jedes Männerherz entzücken. Die Haare dieser weiblichen Bronzegestalten in den hochgeschürzten kleidsamen Saris sind blauschwarz und hängen meist in einem langen Zopf herunter bis tief über die Hüften. Ein feierlicher Ernst liegt über all diesen Maharati-Frauen, und nur wenige – von Neugier überwältigte – schauten für ein oder zwei Sekunden scheu auf zu dem merkwürdigen weißen Radfahrer. Die andern senken gleich katholischen Nonnen ihre Blicke keusch zu Boden. Die Männer sind nur wenig mehr bekleidet als die benachbarten Conquanims von Goa. Beim Näherkommen grüßen sie mich, indem sie die ausgestreckten Hände wie zum Gebet vor die Brust falten und leicht mit dem Kopf nicken.
Kurz vor Londa wird die Straße endlich besser. Eine breite Allee mit mächtigen Kuppelbäumen nimmt mich unter ihr schattiges, bis zur Stadt führendes, langgestrecktes Dach. Es ist ein wahrer Segen, denn die Sonne beginnt bereits empfindlich zu stechen.
Hungrig und müde beuge ich mich über die Lenkstange, bis ich von einem wilden Gekreische vor mir aufgeschreckt werde. Eine Horde bis zu einem Meter großer Affen mit silbergrauem Fell und kleinen schwarzen Gesichtern beschimpft mich auf Deubel-kommheraus!
Die Affenmütter reißen schnell ihre Kleinen an die Brust und flüchten mit den wie die Kletten unter ihnen hängenden Babies an den Straßenrand und auf die Bäume. Nur die Affenpapas sind

frech, bleiben unten und schimpfen weiter – wenn auch in angemessener Entfernung.
Am Straßenrand steht ein kleiner, weißgetünchter Tempel. Ich steige ab, um ihn mir anzusehn. Bananen-, Apfelsinen- und Nußschalen deuten darauf hin, daß die Affen hier ihren Futterplatz haben.
Im Halbdunkel des Tempelraumes steht das steinerne Abbild eines riesigen Affen. Er trägt eine Krone, dieser Affengott! Vor ihm brennt unter einem von ranzigem Öl verschmierten Gitter ein Ewiges Licht. Es ist der in ganz Indien hochverehrte Affengott Hanuman, der nach indischer Sage einst dem Gott Rama half, dessen Weib Gitta aus der Hand der Feinde zu befreien.
Wie ich aus dem Tempel heraustrete, rennen kreischend einige hundert Affenpapas davon. Sie hatten – während ich mir den steinernen Hanuman ansah – mein Fahrrad besichtigt.
Rätselhaftes Indien!
Das kleine Landstädtchen Londa interessierte mich nur aus einem einzigen Grund: Ich mußte etwas Eßbares finden! Mein Hunger war unbeschreiblich.
Neben einem arg verdreckten Straßengraben sah ich einen kleinen Laden. Er trug die imposante englische Aufschrift:
„Empire Hotel“. Dort stieg ich ab.
„Boy, ich will ein Breakfast!“ rief ich in den dämmrigen Raum.
Der „Ober“ mit braunem, nackten Oberkörper und einem riesenhaften gelben Turban auf dem Kopfe stellte eine Kanne Tee vor mich hin. Dann brachte er goldbraune, gut aussehende, gebackene Kügelchen, die wie Silvesterkrapfen aussahen, nur etwas kleiner waren, und winzige Salzstangen, wie man sie zuweilen in Deutschland zum Bier knabbert.
Mit wahrem Heißhunger stürzte ich mich auf das Gebäck und schob gleich eine ganze Handvoll dieser so lecker aussehenden „Liliput-Berliner“ in den Mund. Die Dinger waren gar nicht schlecht. Ich hatte sie aber kaum geschluckt, da brannten Zunge und Kehle so fürchterlich, als ob ich Feuer oder glühende Kohlen gegessen hätte. Ich mußte nach Luft schnappen wie ein Fisch an der Angel. – Ich goß den heißen Tee in mich hinein, schrie nach Wasser, tauchte die Zunge hinein. Es half nichts! Dann aß ich den Zuckertopf leer. Das half! Meine appetitlichen Kügelchen schenkte ich nach dieser Marter einem gierig zu mir herüberschauenden dreijährigen nackten Knirps. Der Kleine verschlang sie, wie unsere Kinder Schokolade essen, ohne mit der Wimper zu zucken und ohne nachfolgende Zeichen irgendeines Unbehagens.
Dann bestellte ich Eier, kaufte ein Dutzend Bananen und etliche Apfelsinen, schaffte mich mühselig auf mein Rad und warf mich

einige Kilometer hinter der Stadt unter eine schattige Baumkrone auf die indische Mutter Erde. . .
Was die Ernährung anbetraf, so fand ich eine Lösung, indem ich abends Reis kochte und anschließend den Reis mit Bananen anröstete, Eier zu Dutzenden vertilgte und jede Menge Orangen aß. Gegen den Durst fand ich bei den Straßenhändlern saftige Melonen und vor allem Tee. Der Tee – ohne Wasser, nur mit Milch gekocht – ist das Nationalgetränk Indiens. Die Tasse kostete damals zwei Anna, das waren zwölf deutsche Pfennig. Es gehörte zwar anfangs einige Überwindung dazu, die meist unglaublich unsauberen Tee-Lehmbuden zu betreten, vor allem, wenn man beobachtet, wie die Inder alles mit den Finger anfassen, die zwar oft gewaschen werden, aber doch dauernd im Dreck, besonders im Kuhmist herumwühlen. . . Aber was soll's. Wer sich nicht allzusehr der Sterilität unserer Zivilisation hingibt, baut schließlich hinreichende Abwehrstoffe in seinem Körper auf. Das sagte ich mir und gewöhnte mich so an die Unsauberkeit einer an Wassermangel leidenden Bevölkerung, die, weil sie arm ist, sich moderne Hygiene nicht leisten kann.
Der Kuhmist spielt überhaupt in ganz Indien eine gewaltige Rolle! Zunächst fiel mir bei der Fahrt durch die ersten Dörfer auf, daß Kinder und Frauen mit den Fingern gierig in die oft noch warme, weiche Masse hineingriffen und sie vorsichtig und behutsam forttrugen.
Kurz vor Belgaum sah ich zum ersten Mal, wie der Kuhmist mit Lehm und Bambusgeflecht gemischt wurde und wie man diese Masse dazu verwandte, die Lehmhütten der Dörfer zu bauen.
Kuhmist mit Wasser vermischt wird regelmäßig zur Reinigung der Wände und Fußböden benutzt.
In Belgaum befindet sich eine Fabrik, in der Automobile montiert werden. Vor der Fabrik zieht sich eine lange Mauer entlang der Straße. Vor dieser Mauer lag ein Wall von Kuhmist, der mit Ochsenkarren herangefahren wurde. Hunderte von Frauen und Kindern griffen emsig in die schwabbelnde Masse und machten tellergroße Pfannkuchen daraus. Diese Gebilde platschten sie mit unnachahmbarem Geschick gegen die von der stechenden Sonne heißgebrannte Fabrikmauer, ähnlich wie die Pakistani und die Araber ihre Dschapati (Fladenbrote) gegen die Ofenwände klatschten und so ihr Brot backen. Die kilometerlange Fabrikmauer war über und über mit diesen Mistpfannkuchen dekoriert. Neugierig stieg ich vom Rad, um hinter das Geheimnis dieser „Mistbäckerei" zu kommen, konnte aber nur feststellen, daß die auf diese Weise getrockneten und steinhart gewordenen „Waffeln" sorgsam von der Mauer abgelesen und auf Ochsenkarren abtransportiert wurden.

Erst in der übernächsten Stadt, in Kolhapur, der Hauptstadt des Maharativolkes, erfuhr ich des Rätsels Lösung: Der getrocknete Kuhmist ist nichts anderes als der in ganz Indien gebräuchliche Hausbrand. Er ersetzt Kohlen, Briketts und Holz.
In den Islamländern ist es der Mist der Kamele, mit dem die Öfen geheizt werden, hier in Indien ist es Kuhmist.
Der Abend senkte sich bereits über die hügelige Landschaft des ehemaligen Maharadschatums Kolhapur, als ich trotz der baum- und schattenreichen Straße schweiß- und staubverkrustet an einer Straßenkreuzung hielt.
Über den vielen kleinen Tabak- und Zuckerrohrfeldern lag ein fast heimatlicher Abendfrieden. Nur das Geschrei bunter, exotischer Vögel und das Gezänke einiger frecher Affen erinnerte an die Tropen.
Ich wußte nicht, welchen Weg ich nun wählen sollte. Da kam mir eine Prozession jener stolzen Maharati-Frauen entgegen, und ich beschloß zu versuchen, den Weg nach Kolhapur von ihnen zu erfahren.
Die Frauen trugen golden glänzende Messingkrüge auf ihren schwarzen Köpfen. Die meisten von ihnen hatten ihre prallen Brüste entblößt, um den kühlenden Abendwind zu genießen. Einige trugen ihre Babies in der typisch indischen Hüfthocke an der Seite mit sich. Kinder werden in Indien niemals auf dem Arm getragen. Sie kleben vielmehr in Reiterstellung über den Hüften ihrer Mütter, meist nackt und mit einem silbernen Kettchen um den Bauch und mit Kreide beschmierten Gesichtern, aus denen schwarz ummalte Augen herausschauen. Die geschwärzten Augenränder sollen die bösen Geister abhalten, in die Seelen der Kinder zu dringen. Durch diese über ganz Indien verbreitete Sitte werden die Kleinen schrecklich ent-stellt, und ihre Gesichter bekommenen einen furchterregenden Ausdruck.
Ich sprach eine dieser wasser- und kindertragenden Mütter an, um sie nach dem rechten Weg zu fragen. „Kolhapur?“ fragte ich, indem ich erst in diese, dann in die andere Richtung der Weggabelung wies.
Die Antwort war ein seltsames Gelächter und Gekicher, und ich mußte ein furchtbar blödes Gesicht gemacht haben, denn nun kicherten alle anderen Weiber und fingen an, samt ihrer Last davonzulaufen – ein Bild für die Götter!
Irgend etwas mußte ich falsch gemacht haben.
Später hörte ich, daß man in Indien auf dem Lande als Fremder niemals eine Frau ansprechen darf, besonders dann nicht, wenn sie ein Kind trägt.
Ich entschloß mich, auf gut Glück die links verlaufende Straße zu

fahren – und stand nach einer knappen halben Stunde mitten im Gewimmel einer indisch-exotischen Großstadt, in Kolhapur!
Wenn ich mir auf dem Lande auch niemals Kopfschmerzen um ein Nachtquartier machte und mich einfach auf die Erde legte, so war das in den Städten fast immer ein Problem, vor allem dann, wenn ich nirgendwo ein Hotel entdeckte.
In Kolhapur – es war später Abend geworden – entschloß ich mich, es einmal wieder mit der Polizei zu versuchen.
Ich betrat also die Hauptwache, einen freundlichen Bungalow mit davorstehenden Palmen und einem herrlich gepflegten Vorgarten. Die Polizisten liefen alle barfuß herum. Sie sprachen kaum ein Wort Englisch.
Sie führten mich zu dem wachhabenden Offizier, einem jungen dunkelbraunen Mann in Shorts. Als der meine kurze Einführung gehört hatte, sprang er wie elektrisiert auf, ließ sofort Tee und Gebäck kommen und startete etliche Telefongespräche.
Dann sagte er in gutem Englisch:
„Sie sind willkommen in Kolhapur! Mein Name ist Dalvi. Der indische Olympiakämpfer Dalvi. Mehrjähriger Landesmeister in etlichen Disziplinen der Leichtathletik."
Er drückte mir die Hand. Begeistert erzählte er von der Berliner Olympiade 1936, an der er, wenn auch ohne Medaillensegen teilgenommen hatte. „Aber meine Sportlaufbahn war plötzlich zu Ende", sagte er. „Ich hatte einen Jagdunfall."
Es war ähnlich wie bei dem Zöllner an der Goa-Grenze. Eine klaffende Narbe zog sich über die ganze Brust des indischen Polizeioffiziers. Die Brustmuskeln waren von den entsetzlich scharfen Krallen eines sterbenden, angeschossenen Tigers vollkommen zerfetzt worden und dann falsch zusammengewachsen.
„Niemand", sagte Dalvi, „sollte diese Bestien unterschätzen. Sie sind gefährlich tückisch, wenn man sie verfolgt!"
Dalvi hatte glänzend für mich gesorgt. Ein Wagen holte mich ab und brachte mich samt Fahrrad zum besten Hotel der Stadt. Der Hotelier hatte sogar Anweisung, mir ein europäisches Essen zusammenzustellen und – obwohl jede Art von Alkohol damals in Indien streng verboten war, hatte die Polizei dafür gesorgt, daß etliche Flaschen deutschen Exportbiers vom Schwarzmarkt auf geheimen Wegen auf meinen Tisch gezaubert wurden!
Ich wollte am frühen Morgen Kolhapur wieder verlassen, um meine Fahrt über Satara nach Bombay fortzusetzen, als ich die Bekanntschaft einer Frau machte, die man nie vergessen kann. Sie war damals die einzige Weiße in dieser Hindu-Großstadt. Frau Dr. Norma Dunning ist Chirurgin und Missionarin in einer Person und seit 25 Jahren war sie Leiterin des Missions-Hospitals.

„Hallo, white man! Where do you come from?“ (Hallo, weißer Mann! Wo kommst Du her?) Das war ihre Begrüßung. Als ich ihr sagte, ich stünde gerade im Begriff, aufzubrechen, hielt sie mich mit beiden Händen fest und rief: „Wie wollen Sie Indien verstehen, wenn Sie Kolhapur und seine Tempel nicht kennen! Hören Sie, ich werde Ihnen Kolhapur zeigen, und sie werden dankbar feststellen, daß dieser Tag nicht verloren war!“
Im Sanitätswagen fuhren wir zunächst zum Palast des Maharadschas. Seit der Einverleibung fast aller Fürstenstaaten in das neue Indien ist auch dieser Fürst – ein überdimensional fetter Herr – „arbeitslos“. Dann fragte ich ihn höflich nach dem Wohlergehen seiner Gattin. Aber sofort bereute ich diese wohlgemeinte Frage, die ich mir als Höflichkeit ausgedacht hatte. Frau Dr. Norma Dunning schaute mich halb lächelnd, halb entsetzt an. Offensichtlich hatte ich wieder einmal einen großen Fehler begangen und gegen irgendeine Sitte verstoßen.
Der Maharadscha strich sich seinen enormen Schnurrbart, blickte mich durchdringend an und sagte schließlich:
„Ihr Europäer habt unsere Frauen verdorben. Auch meine Frau! Die Maharani hat es vorgezogen, im Babylon Bombay ihre Residenz aufzuschlagen. Sie hat die große Tradition der Maharati-Fürsten vergessen.“
Wir gingen anschließend durch den schönen indischen Palast, wobei ich mich über den Kitsch seiner Ausstattung, über den Talmi von Figuren und Figürchen und Kitsch-Andenken aus Europa entsetzte.
Als wir im Wagen saßen, erzählte mir Frau Dr. Dunning, daß der Maharadscha auf die Regierung in Bombay sehr böse sei, weil man ihm den Staatselefanten und seine wie Götter verehrten hundert Rennpferde weggenommen habe. Die Maharani dagegen sei eine moderne Frau, in England erzogen, und habe den Kitsch und den Unsinn des Palastlebens nicht mehr ausgehalten, sei Christin geworden und nun als Sozialhelferin in Bombay tätig. Unser Sanitätswagen hielt bald vor einem imposanten hohen Tempelbau, dem Tempel der allmächtigen Göttin Lakshmi. Um den Tempel zu betreten, mußten wir uns die Schuhe ausziehen. Ein alter Priester in gelbem Lendenschurz kam aus einer Höhle im Sockel des Baues hervorgekrochen.
Nach wenigen Sekunden war der Sanitätswagen von einer Menge Hindus umlagert. Die Frauen drängten sich zu uns heran und grüßten mit gefalteten Händen. Einige knieten vor Norma Dunning nieder und berührten mit der Stirn ihre Füße. Die Ärztin lächelte, als sie mein verdutztes Gesicht sah.
„Sehen Sie“, sagte sie, „das ist Hinduismus – finsterstes Heiden-

tum! Alles, was diesen Leuten groß und unverständlich vorkommt, wird von ihnen angebetet. Vor Jahren sind mir einige Operationen geglückt. Seither werde ich von vielen Frauen und selbst von Männern vergöttlicht. Ich kam, um Christen aus ihnen zu machen – sie aber machen einen Götzen aus mir!“ Sie sagte das mit einem Anflug bitterster Enttäuschung. – Durch die Priesterbehausung gelangten wir in das Innere des Tempels.
Säulengänge, unzählige Nebenkapellen und Nischen waren vollgepfropft mit Götzen, Göttern und Göttinnen. Vor all diesen, manchmal furchterregenden Fratzen brannten kleine Öllichter, Kerzen oder Weihrauchöfen und verbreiteten einen Gestank, der mich bald in der Kehle würgte.
Auf dem Boden lagen die betenden Hindus. Wir mußten Obacht geben, um nicht über die Betenden zu stolpern.
In einer größeren Halle, die von stämmigen Säulen getragen wurde, hockte ein splitternackter Sadu. Er hatte vor sich ein schwelendes Holzfeuer, dessen weiße Asche er fortwährend, immer und immer wieder über seine bis zu den Hüften herabhängenden, verkrusteten Haare schüttete. Er predigte dabei. Er büßte und predigte. Eine gläubige, die Mäuler aufsperrende Menge saß um ihn herum. Die schwarzen Augen der Frauen und Männer glänzten vor ekstatischer Frömmigkeit und die von Armut und Hunger geprägten Gesichter waren wie sorgfältig behauene Steine.
In einem andern Winkel saß ein Priester in gelbem Gewand und übersetzte seinen Schülern eine Stelle aus einem alten zerfetzten Sanskritbuch.
Dann standen wir unvermittelt vor dem „Allerheiligsten“, vor dem Götzenbild der Göttin Lakshmi. Ein Lichtermeer von Öllampen und Kerzen umfing uns ebenso wie das von allen Seiten auf uns eindringende Gemurmel lang hingestreckter, betender Hindus.
Lakshmi ist die Göttin der Wohlhabenheit!
Kein Wunder, daß das meist bettelarme Volk hier am zahlreichsten zu finden ist und oft seine letzten Annas diesem Götzenbild opfert in dem Glauben, die Göttin zahle ihnen jedes dargebrachte Opfer dreiundzwanzigmal zurück. . .
So interessant dieser Tempelbesuch auch war, ein einmaliges Erlebnis, das mir ganz Indien in seiner Wirklichkeit konzentriert darstellte, ich atmete erleichtert auf, als wir endlich wieder draußen in der frischen, wenn auch heißen Luft waren.
Ein herzlicher Abschied – ich hatte die Einladung zum Hospital-Besuch abgelehnt – und wieder radelte ich durch die indische Landschaft, durch Reisfelder und kleine Lehmdörfer, vorbei an halbnackten, braunen Menschen, an Ochsenkarren mit quietschenden Achsen und an schreienden Affen.

Im kühlenden Abendwind holte ich einen radfahrenden jungen Mann ein. Er war Student und fuhr zum Wochenende in sein Heimatdorf. Er sprach ein ziemlich flüssiges Englisch, und wir konnten uns gut unterhalten. Seine Einladung, mit in sein Dorf zu kommen, nahm ich gern an, weil ich neugierig war, einen Blick in das Familienleben eines Hindubauern zu tun. Es war schon dunkel, als wir auf lehmigen Seitenwegen das Dorf erreichten. – Ich hatte später in Indien noch etliche Male Gelegenheit, solche Bauernfamilien zu besuchen. Was ich aber hier und in dieser Nacht noch erleben sollte, war es wert, niedergeschrieben zu werden! – Aus den Türöffnungen der fensterlosen Lehmhäuser leuchteten nur etliche, winzige Öllämpchen. Dann standen wir vor dem Elternhaus. Es war größer als die anderen Hütten.
„Mein Vater ist Bürgermeister hier“, sagte er und wies auf ein Schild in Hindi-Schrift und darüber hing eine Stall-Laterne und gab ein helleres Licht. „Made in Germany“, meinte er beiläufig und ich sah, daß er mich von der Seite genau anschaute, wahrscheinlich, um zu sehen, ob ich den Hinweis auf meine Nationalität mit Genugtuung aufnehme.
Wir betraten das Haus. Ich wunderte mich über die Geräumigkeit des überdachten Innenhofes, der von einer kreuzgangähnlichen Veranda umschlossen war. Hinter dieser Veranda befanden sich in einer Lehmmauer mehrere Türen. „Dort geht es zu den Gemächern der Frauen und hier zur Küche“, erklärte mein Begleiter.
Ein Hund bellte und sprang an dem jungen Mann hoch, ein kleiner Spitz. Mißtrauisch beschnüffelte er mich und dann kam auch schon der Vater des Studenten, ein würdiger älterer Herr in weißem Umhang. Er grüßte mich freundlich und sagte seinem Sohn einige Worte ein Maharati. Dann nickte er mir zu und verschwand gemessenen Schrittes im Dunkel der Veranda. „Mein Vater sagte, er entschuldigt sich, daß er kein Mahl anbieten könne, weil die Schwiegermutter im Sterben liegt und alle Frauen am Sterbebett versammelt seien.“ „Das mit dem Essen ist nicht tragisch und außerdem habe ich in meinem Gepäck genug für uns beide“, tröstete ich den Studenten. Der aber schüttelte traurig den Kopf und meinte: „Und ich war so stolz und froh, gerade heute . . . und nun das!“
Während wir noch redeten, ertönte wildes Gebimmel von vielen kleinen Messingglocken. Eine merkwürdige Lichterprozession betrat das Haus, an der Spitze eine in den buntesten Farben bemalte Fratze. Es war der Dorfpriester. An einem Seil führte er eine Kuh. Die Prozession mit den Lichtern und den Schellen blieb vor der Tür stehen. Der Priester mit der Heiligen Kuh – in Indien ist jede Kuh heilig – betrat das Sterbezimmer der alten Frau.

Der Raum war hell erleuchtet. Die Tür blieb offen. Ich stand da allein. Niemand bemerkte meine Neugier. Auch der Student kümmerte sich nicht mehr um mich und war verschwunden.
Die Sterbende röchelte laut und rief einige abgerissene Sätze, indem sie beide Hände nach der eintretenden, mit vielen Kränzen und Blumen geschmückten Kuh ausstreckte.
Diskret an der Türschwelle stehend, sah ich die Sterbende, ein in weiße Tücher gehülltes Bündel aus dem ein von grauschwarzen Haaren umhülltes, zerknittertes, gelbes und kleines Gesicht herausschaute. Der halbnackte, über und über bemalte Götzendiener reichte der Alten den Schwanz der Kuh. Über das kleine, runzlige Gesicht huschte ein zufriedenes Lächeln. Ihre abgeschafften fast durchsichtigen Hände hielten den Kuhschwanz. – Im Raum war absolute, ja feierliche Stille eingekehrt –. Sekunden später – ein kurzes, fast befreiendes Röcheln. Der Priester löste die Hände der Toten von dem Schwanz der Kuh. Die Frau war gestorben!
Ihre Seele, so wurde mir später erzählt, sei in die Heilige Kuh, die Mutter Indiens geglitten.
Die Lichter wurden gelöscht und die Kuh herausgeführt, hinaus ins Freie, in die von Lichtern erhellte Dunkelheit, wo ein wilder Tanz um das gutmütige Tier das Sterbezeremoniell beendete.
Nun dachte man auch wieder an mich, den weißen Gast. Eine junge Frau stellte mir mit verweintem Gesicht eine Schale heiße Milch auf einen Schemel und bald darauf einen Teller mit Nüssen verschiedener Art, von denen mir nur die Erdnüsse bekannt waren.
Es war Nacht geworden. Das Dorf hatte sich zur Ruhe begeben. Mein Freund, dessen Bruder und ich gingen ebenfalls schlafen, aber nicht etwa im Hause. Ein Fremder darf im Maratiland niemals im Hause der Dorfbewohner übernachten. Wir gingen also hinaus aufs Feld, wo hinter einer Hecke eine Scheune stand. Das Geklirre vieler Ketten verriet die Nähe des Viehs. Der Hitze wegen legten wir uns nicht in die Scheune. Wir breiteten unsere Decken aus und legten uns auf den Boden. Diese Art zu schlafen war mir ja schon lange nichts Neues mehr.
Als meine Augen sich an die Dunkelheit gewöhnt hatten, sah ich wenige Meter neben mir die in der Nacht überdimensional erscheinenden Umrisse eines wiederkäuenden Bullen.
Meine Begleiter schliefen schon fest. Ich konnte ein Gefühl der Unruhe nicht loswerden. Der Bulle neben mir zerrte an seiner Kette. Ob der Geruch des fremden weißen Mannes ihn störte? Er fing an zu schnauben. An Schlaf war nicht zu denken!
Jetzt wurden auch die Rinder in der Scheune unruhig. Und außerhalb der Hecke war plötzlich Getrampel. Da meckerten und

blökten Ziegen und Schafe. Einige rannten gegen den Zaun und stießen Schreie aus wie in Todesangst.
Wie elektrisiert sprangen nun auch meine Begleiter auf, zündeten die Laternen an und rannten zur Scheune. Immer noch ahnungslos suchte ich in der neben mir liegenden Radtasche nach meiner Stablampe, fand sie und ließ den Lichtschein über die Gegend gleiten – Scheune, Hecke, unser Lager und der sich wild gebärdende Bulle.
Die zwei Brüder kamen aus der Scheune. Sie riefen laut: „Schä, Schäää!“ Jeder hielt in der Hand ein Gewehr und wieder riefen sie: „Schää – Tschuta Schää!“ . . . (Das heißt soviel wie Tiger, kleiner Tiger oder Leopard.)
Der Student schoß sein Gewehr ab. Dann setzte von allen Teilen des Dorfes ein wüster Lärm ein. Gongs, Trommeln und das Geschrei der Dörfler.
Die beiden Brüder kamen nach etwa zehn Minuten aus der Dunkelheit zurück und legten sich wieder nieder. Ich blieb stehen und fragte den Studenten, was da gewesen sei. Er gähnte laut und sagte mit zitternder Stimme:
„Weiß nicht, ob Du damit etwas zu tun hast.“
„Wieso ich?“ fragte ich fassungslos.
„Du bist Fremder in der Nacht und die Großmutter starb und ihr Geist. . . Vielleicht aus der Heiligen Kuh in den Leopard gefahren“ . . .
Ich stand da wie angewurzelt. So verging eine gute Minute im Stillschweigen. Dann wurde ich ärgerlich und sagte:
„Zum Teufel nochmal, was hat das abergläubische Zeug mit mir zu tun!“
Der Student setzte sich auf und schaute mich mit entsetzten Augen an.
„Sieben Ziegen hat die Bestie gerissen, Ziegen unseres Nachbarn! Das ganze Dorf weiß es, daß ich Dich, einen Fremden, mitgebracht habe und daß die Großmutter gestorben ist und daß ihr Geist aus der Heiligkeit in den bösen Leoparden gefahren ist. Das wird eine Familienfeindschaft werden . . . Und die Leute werden sagen, daran bin ich schuld, weil ich einen ungläubigen Fremden mitgebracht habe!“ . . .
Er legte sich wieder hin, stöhnte vor Selbstmitleid und drehte mir den Rücken zu.
Ich schaute mich ratlos um. Dann fiel mein Blick auf mein Fahrrad. Ein Glück, daß ich es zum Prinzip gemacht habe, mein treues Tretmobil immer in meiner Nähe zu halten. Stillschweigend packte ich meine Siebensachen zusammen, verteilte sie fachgerecht auf das Rad und schob in Richtung Landstraße davon – ohne Abschied.

Der Nachtwind auf der geteerten Chaussee brachte meine Gedanken wieder in Ordnung. Die überstürzenden Erlebnisse der letzten Stunden lagen wie ein böser Traum hinter mir. Der Dynamo surrte sein beruhigendes Lied und je schneller ich in die Pedale trat, umso heller wurde das Licht und die bizarren Bäume glitten an mir vorüber wie böse Giganten, die mich aus ihrer Gefangenschaft entließen.
Armes Indien! In welche Welt der Geister habt ihr euch hineingesponnen? Dann fiel mir ein, daß diese Welt der Inder eine absolute Wirklichkeit darstellt, eine Welt, an die wir Europäer zwar nicht glauben, die aber als unübersehbare Macht in diesem Volk von einer halben Milliarde Menschen wirkt.
Die Straße von Kolhapur nach Bombay führt an Burgen und Befestigungsanlagen auf den Kämmen zerklüfteter Berge vorbei. Es sind Spuren des ehemaligen Reiches der Maharati. Rechts und links der Straße stehen uralte, mächtige Bäume; dahinter liegen die vielen, geschickt aufgeteilten Felder, bepflanzt mit Baumwolle, Tabak, Erdnüssen, Zuckerrohr, Reis und Gemüsen.
Die bronzefarbenen Gestalten der Maharati sind bereits vor Tagesanbruch auf den Feldern. Ihre Arbeit ist unglaublich mühselig, und es ist schwierig, sie an moderne Arbeitsweisen zu gewöhnen. Vielleicht fürchten sie instinktiv, daß mit der Änderung ihrer Arbeitswelt auch ihre überlieferte Geisteswelt zusammenbrechen könnte?
Im Morgengrauen hatte ich bereits gute hundert Kilometer hinter mich gebracht. Ein Bauer kam mit seinem Ochsengespann und dem Pflug gerade auf die Straße zu, als ich abstieg, um für wenige Minuten zu verschnaufen. Er grüßte mich beim Wenden des Pfluges mit betenden Händen. Sein Pflug bestand aus einem primitiven Holzgestell, an dem nur ein eiserner Dorn befestigt war, der die Erde aufritzte und den steinhart gebackenen Boden nur soviel auflockerte, daß der Samen Wurzel faßt und ein wenig Sauerstoff unter die Erdrinde gelangen kann.
Die ersten Sonnenstrahlen erschienen schräg am Himmel. 120 Kilometer waren geschafft. Auf den Feldern ernteten Frauen und Kinder gemeinsam ihre Wassermelonen und – zu meiner Verwunderung – auch Tomaten. Die hart arbeitenden Frauen hatten ihre Babies in sackähnlichen Bündeln an die Bäume gehängt, wo sie von den Geschwistern hie und da geschaukelt wurden.
Die Straße wurde wieder schlecht. Sie wurde zu einer Allee mit Schottersteindecke und unendlich vielen Schlaglöchern. Es ging nur langsam vorwärts. Ich fürchtete um meine Reifen. Jedes Schlagloch, in das ich hineingeriet, versetzte meinem Herzen einen schmerzhaften Stoß! Wie lange soll das noch gutgehen? Wäre ich

doch nur in Bombay! Noch eine Nacht im Zelt. Und abermals eine Zeltübernachtung! Acht Pannen in einem Tag! Alles schöne, doppelte Quetschlöcher. Ich denke an diesen Abschnitt der Fahrt Richtung Bombay noch heute nur mit Grausen zurück. Eine solche Fahrt bei sengender Hitze war in der Tat eine Höllenqual. Und so erreichte ich Poona, die schön angelegte indische Großstadt.
Es war am späten Nachmittag, als ich mich zwischen Hunderten von Fahrrädern – alles schwere englische Fabrikate – durch die Hauptstraße schlängelte. Die Radfahrer waren teils Studenten, teils Arbeiter. Ein junger Inder in schlohweißem Anzug gesellte sich zu mir. Auch er fuhr ein Sportrad, das meinem Tretmobil sehr ähnlich war. Er begann sofort die übliche Unterhaltung nach dem Woher und Wohin. Dann erzählte er mir, daß er Sportlehrer an einem Gymnasium sei und gutes Geld dort verdiene, nämlich fast zweihundert deutsche Mark im Monat. Der Durchschnittslohn der Arbeiter, die gerade mit ihren Fahrrädern unterwegs waren, betrage so zwischen 5 und 6 DM im Tage, natürlich nur für Facharbeiter. „Und womit bezahlen die Arbeiter die teuren Fahrräder?" wollte ich wissen.
Während wir einträchtig nebeneinander in die Pedale traten, gab mir der junge Sportlehrer eine ausführliche Lektion über die Lebensgewohnheiten und den Lebensstandard der indischen Industriearbeiter. Auf meine Frage nach den Fahrrädern der Arbeiter lachte er nur und sagte: „Die können sich noch mehr leisten. Manchmal sogar bis zu einem Dutzend Kinder! Und alle leben. Das ist halt in Indien alles anders. Da ist zunächst das warme Klima. Die drei dünnen Tücher, die der Durchschnitts-Inder trägt, kosten kaum einen Tageslohn. Wenn sie dann auch noch außerhalb der Stadt wohnen und sich selbst eine Hütte bauen, die kaum einen Monatslohn ausmacht, eine Lehmhütte aus wenig Holz und viel Lehm und Kuhmist, dann fällt schon die Miete weg und wenn der Schornstein rauchen soll, kostet bei fleißigen Frauen und Kindern auch der Brand nichts. Die Kühe lassen es fallen und das braucht nur getrocknet werden." „Und das Essen?" wandte ich ein. „Auch das Essen ist billig, Die Ernährung besteht aus Reis, dem linsenähnlichen Dahl und andern Gemüsen, die mit vielen brennenden und scharfen Gewürzen gemischt werden. Im Schnitt kostet der Unterhalt einer sechsköpfigen Familie hinsichtlich der Ernährung täglich etwa zwei bis drei Deutsche Mark." Ich sah ein, daß ein Industriearbeiter in Indien, jedenfalls damals, leben und ein Fahrrad kaufen konnte – wenn er Arbeit hatte –. Über die hundert Millionen Arbeitslosen redeten wir nicht!

Noch runde 150 Kilometer nach Bombay. Eine frische Morgenbrise trieb mich vorwärts. Das war gut so, denn mir brummte noch immer der Schädel von der bis in die Nacht währenden Unterhaltung mit dem Sportlehrer. Seine Gastfreundschaft war so weit gegangen, daß er sogar sein Bett neben meinem Lager im Gastraum des Gymnasiums aufschlug, um, wie er sagte, mir die Nacht durch informative Gespräche zu würzen. Er philosophierte, fast nur im Selbstgespräch, über die Askese, die Selbstpeinigung und Enthaltsamkeit seines großen Idols Mahatma Gandhi. Dieser internationale Heilige hatte in Poona sein großes Fasten bis zur vollständigen Entkräftung durchgeführt – aus Protest gegen die Kolonialpolitik Englands. „Gandhi", so erzählte er schwärmerisch, „predigte den passiven Widerstand gegen die Gewalt und lehrte Enthaltsamkeit!" Die Enthaltsamkeit vom Sex schien meinem jungen Freund besonders zu imponieren. Auch hier habe Gandhi ein demonstratives Beispiel in Poona gegeben, als er die schönsten Mädchen der Stadt eingeladen hatte, das Nachtlager mit ihm zu teilen. „Und stellen Sie sich vor – die Mädchen kamen, entkleideten sich und – der Mahatma schlief mit ihnen – ohne sie zu berühren!"

Dies alles ging mir nochmals durch den müden Schädel, als ich in rasendem Tempo tief unter mir die Ebene von Bombay erblickte. Eine unendliche Müdigkeit überkam micht. Die Hoffnung auf Heimatpost war aber so stark, daß die Beine, obwohl der Schweiß an ihnen herunterlief, von ganz allein ihr Letztes hergaben.

20 Kilometer vor meinem Ziel begann bereits das Häusermeer der damals Vier-Millionen-Stadt, arm und langweilig. Der Verkehr wurde zusehend stärker, bis ich auf einem Riesenplatz zwischen Großbauten im viktorianischen Stil Englands steckenblieb und abstieg, umgeben von Straßenbahnen und doppelstöckigen Omnibussen, von Taxen, Lastwagen und – einigen Kühen – Verzeihung . . . „heiligen Kühen!"

Ein Straßenhändler verkaufte mir eine Viertel Melone gegen den brennenden Durst. Eine Kuh sah das und folgte mir, während ich das Rad über den Platz hinüber zum Gebäude des Hauptpostamtes schob. Vor der großen Freitreppe blieb ich stehen, unschlüssig, ob ich mein Fahrrad mit in den Schalterraum nehmen durfte. Da erhielt ich von hinten einen sanften Stoß und ihre Heiligkeit, die Kuh, schaute mich mit ihren großen milden Augen an und ihre samtweiche Schnauze öffnete sich und die rauhe Zunge leckte meine Melone. Sie durfte die Frucht behalten. Ein Inder, der das Schauspiel mitansah, grüßte mich mit betenden Händen und –

sozusagen als Dank für mein „gütiges“ Verhalten zur Kuh – trug er mein hochbepacktes Fahrrad in die Halle des Postamtes.
Über das Paket an Post aus Deutschland war ich so erfreut, daß ich jeden Sinn für Zeit und Ort verlor und stundenlang im Postamt saß. Als ich alle Briefe zwei-, drei- und viermal gelesen hatte, machte ich eine betrübliche Feststellung: Draußen war es inzwischen dunkel geworden!
Da stand ich völlig verloren mitten in der Riesenstadt und – spürte ein tolles, unbeschreibliches Knurren in der Magengegend!
So ging ich denn auf die Suche nach einem möglichst europäischen Restaurant. Kreuz und quer schob ich mein Rad durch das Lichtermeer einer sich überschlagenden Reklame an Geschäftshäusern und Kinos vorbei, bis ich endlich ein persisches Lokal entdeckte. Na ja, dachte ich, Persien ist nicht ganz so weit von Europa entfernt wie Indien und die Perser essen bei weitem nicht so scharf und außerdem konnte ich in solch ein Lokal mein Rad mitnehmen. Gesagt, getan! Das Essen war billig und gut. Hunger war der bessere Koch!
Ich fand mehrere Hotels. Aber da war nichts, was mir zusagte. In die guten Häuser wagte ich mich nicht meines verstaubten, ja fast abgerissenen Zustandes wegen, und die vielen Hotels der Hindus machten einen schmutzigen Eindruck, der zwar meinem zerrissenen Aussehen entsprach, aber nicht meinem Verlangen nach wohltuender Geborgenheit. Ebenso wie mein Fahrrad einer vollkommenen Überholung bedurfte, so mußte auch ich von der Kleidung angefangen bis zum Körper neu aufgefrischt werden.
In einem Stadtviertel, das man bei uns mit „gutbürgerlich“ bezeichnen würde, stieß ich auf einen hohen Hotelbau. YMCA prangte in Neonlichtern darüber; Christlicher Verein Junger Männer! Das könnte gerade richtig sein, sagte ich mir und fragte den Portier nach einem Zimmer mit Bad. Der musterte mich von oben bis unten und sagte: „Wenn Sie 15 Rupien (damals gleich DM 15,–) bezahlen und das im voraus, können Sie ein Zimmer ohne Frühstück haben.“ Ich weiß heute nicht mehr, warum ich trotz aller Müdigkeit dort nicht eingezogen bin. Das Geld hatte ich ja. Das war es nicht, warum ich böse wurde. Ich glaube, ich hatte mich über die Forderung der Vorauszahlung geärgert. Wahrscheinlich hatte ich wie ein Landstreicher ausgesehen und wollte das nicht wahr haben.
Auf der anderen Straßenseite stand hinter einem schmiedeeisernen Zaun eine hellerleuchtete Kirche. Die Orgel spielte ein feierliches „Te Deum“, tausendstimmiger Gesang quoll aus dem offenen Portal. Einige halbnackte Hindu-Kulis blieben auf der Straße stehen, wandten sich dem Kerzenlicht des Altars zu, falteten die

Hände und verharrten im Gebet. Ein ergreifendes Bild! Am Gitter erschien ein Geistlicher in schneeweißer Soutane. Er blieb stehn, als er mich mit meinem Fahrrad sah, stutzte und kam auf mich zu. „Wo kommen Sie denn her, ein Weißer mit einem hochbepackten Fahrrad? So etwas habe ich in Bombay noch nicht erlebt!" Ich gab meinem Herzen einen Stoß und fragte ihn: „Ach, ist es wohl möglich, mein Rad und mein Gepäck bei Ihnen unterzustellen? Ich komme per Rad von Europa."
So kamen wir ins Gespräch. Er wohnte im erzbischöflichen Palais und war Sekretär Seiner Exzellenz. „Ich möchte Sie gern zu uns einladen", sagte er schließlich, „aber das kann ich nicht ohne den Erzbischof vorher zu fragen. Leider ist es dazu heute abend zu spät."
Dankend gab ich ihm mein Fahrrad samt Gepäck und wanderte unbelastet und unbekümmert zu Fuß in die Stadt hinein . . .
Ohne Ballast, so dachte ich mir, kann ich gleich diesen armen Hindu-Kulis mich überall auf den Boden legen und einmal so schlafen. . .
An einer Straßenecke mußte ich vom Bürgersteig hinunter, weil eine Herde wiederkäuender heiliger Kühe ihn besetzt hielten. Als ich versuchte, durch eine kleine Nebenstraße zu gehen, war ich nach wenigen Schritten gezwungen, umzukehren, denn halbnackte Hinduleiber lagen wie die Heringe kreuz und quer am Boden und schliefen. Langsam wurde mir klar, was wirkliche Wohnungsnot ist, denn je weiter ich aus dem Stadtzentrum herauskam, umsomehr sah ich das gleiche Bild – Volk auf der Straße! Später hörte ich, daß die Zahl der obdachlosen Inder allein in der Großstadt Bombay auf etwa zwei Millionen geschätzt wurde.
Gegenüber dem weltberühmten Riesenhotel „Taj Mahal", neben dem Triumphbogen des „Gateway of India", das mich an den Triumphbogen von Paris erinnerte, fand ich eine hölzerne Ruhebank. Von hier aus konnte ich in die unendliche Schwärze des Ozeans blicken. Das beruhigte. Eine frische Meeresbrise hatte die Temperatur wesentlich abgekühlt. Jetzt erst fühlte ich, wie erschöpft und müde ich war, wie die Beine zu bleiernen Gewichten wurden. Ich ließ mich in voller Länge auf dieser Bank nieder, zog dann die Knie an und war im gleichen Moment eingeschlafen. . .
Am frühen Morgen, als die ersten Sonnenstrahlen durch das Palmengebüsch der Grünanlagen vorsichtig über mich hinwegtasteten, wurde ich von einem Hoteldiener in schmuckem Lakaienlivree geweckt: „Hallo Sir, hier dürfen Sie nicht liegen!" Ich erhob mich schwerfällig und schaute den dunkelbraunen Burschen verschlafen an. Dann hatte ich verstanden. – Die Gäste des Hotels könnten sich das Frühstück verderben, wenn sie vor ihren Fenstern

in den schmucken Anlagen einen heruntergekommenen Mann liegen sehen und dazu noch einen Weißen. Gottogott! – Ich rieb mir also die Augen und sagte dem Lakaien: „Hast Recht, Boy! Aber ich bin gar nicht so arm und Du kannst Dir ein schönes Trinkgeld verdienen!“ Das Wort Trinkgeld ließ ihn aufhorchen. „Was kann ich für Sie tun“, fragte er demütig und machte eine Verneigung. „In Euerm Hotel gibt es alles, was ich brauche, um wieder wie ein Gentleman auszusehn“, sagte ich und pulte aus meiner Hosentasche einen Zwanzig-Dollar-Schein heraus.
„Diesen Schein wechselst Du mir in Eurer Wechselstube oder beim Portier. Dann führst Du mich zu einem Bad im Hotel, besorgst mir Rasierzeug und schickst mir aus den Hotel-Läden irgendjemanden mit einer Kollektion leichter Flanellanzüge und passenden Hemden!“ – Der braune Bursche machte Augen wie Teller, griff nach dem Geldschein und wollte schon davonlaufen. Ich hielt ihn aber an seinem Rockzipfel und nahm ihm seine Mütze mit der Dienstnummer ab und sagte ihm: „Das halte ich als Garantie für Dein Wiederkommen fest!“ Er nickte verständnisvoll und sprang mit der Dollarnote wie ein Reh davon. Zwei Minuten später war er wieder da, gab mir den Geldschein zurück und sagte: „Sahib, noch zu früh für Geldwechseln. Aber kommen Sie gleich mit hinten durch den Personaleingang und zu den Bädern. Geben Sie mir das Geld in einer halben Stunde!“
Ich folgte ihm und er führte mich durch eine kleine Hintertür in den Prunkbau, dann durch viele Kellergänge schließlich zu einem Aufzug und im Nu befand ich mich in einem herrlich ausgestatteten Bad. Die marmorne Badewanne war kaum vollgelaufen, da brachte er auch schon alles heran, was ich mir nur wünschen konnte, Badetücher, Seife, Rasierapparat, Schere, Feile und selbst etliche Seifen und Parfumflaschen. „Sahib haben eine ganze Stunde Zeit“, sagte er und verließ mich mit den Worten: „dann bringe ich gewünschte Kleider!“
Kurz nach acht Uhr morgens verließ ich das fürstliche Bad, vollkommen neu eingekleidet. Der Boy folgte mir in gemessenem Abstand. Weiß Gott, woher er den mausgrauen Flanellanzug, die weißen Schuhe, das schlohweiße Hemd, Krawatte und Socken hergezaubert hatte. Alles paßte wie angegossen. Die Note über zwanzig US-Dollars hatte Wunder gewirkt. – Der Dollar war damals noch die heißbegehrte Weltwährung und wurde auf dem schwarzen Markt trotz Verbots zu horrenden Preisen gehandelt. – Der Junge strahlte, als ich ihm noch zwei weitere Dollars als Trinkgeld gab. Er hielt mich plötzlich für einen steinreichen Amerikaner und machte mir den Vorschlag, in meine Dienste treten zu dürfen.

Die Kathedrale war vollbesetzt, trotz des Werktags. Der Erzbischof zelebrierte die Messe. Selten habe ich eine solch hingebungsvolle Andacht der Messe erlebt. Indien betet!
Der Sekretär des Bischofs stand am Portal. Er kannte mich kaum wieder, als ich ihn begrüßte. „Sie haben sich in einer einzigen Nacht vollkommen verändert", meinte er und schaute fast respektvoll nach meiner neuen Bekleidung. „Kleider machen Leute und das alles für ganze 22 Dollars", sagte ich. „Seine Exzellenz hätte Sie auch so wie Sie waren in seinem Palais aufgenommen ", meinte er beiläufig. „Das freut mich besonders", sagte ich und fügte hinzu, daß mir eine neue Bekleidung für mein Fahrrad im Moment die wichtigste Aufgabe sei.
Beim Mittagessen lernte ich Monsignore Gracias, den Erzbischof und späteren Kardinal kennen. Er machte auf mich einen unbeschreiblich vornehmen Eindruck. Ich weiß nicht, ob es die bronzene, hochgewachsene sportliche Figur war oder die aus den klaren Augen strahlende seelische Ausgeglichenheit, dieser eingeborene Conquanim aus Goa wirkte wie eine gottgeschaffene Majestät. Er hatte lange Zeit als Geisteswissenschaftler gearbeitet, dreimal mit „summa cum laude" promoviert und so die Stufen der kirchlichen Hierarchie erklommen.
Während unseres ersten gemeinsamen Essens erzählte er mir, daß die zweihunderttausend Katholiken Bombays fast in ihrer Gesamtheit zur Mittelklasse gehörten. Sie sind meist Nachkommen jener Thomas-Christen, die schon seit vielen Jahrhunderten hier wohnen. – Seit der Zeit des Apostels Thomas, der in Indien gepredigt habe –. Tiefen Eindruck machte es auf mich, als der Erzbischof im Eifer des Gesprächs Messer und Gabel auf die Seite legte und meine Frage nach der Zukunft der Kirche beantwortete. Er sagte: „Es werden große Verfolgungen auf die Kirche zukommen. Sozialismus und Materialismus sind die Geißeln, mit denen Christus die Kirche reinigt. Wie sollte die Kirche Vorbild sein, wenn selbst die Herzen der Priester an den weltlichen Reichtümern hängen?"
Dritter Tag in Bombay. . .
Hatte nur mäßig gut geschlafen. Die Sorge um die Beschaffung neuer Reifen wurde mehr als akut. Fast ein Dutzend Fahrradgeschäfte hatte ich abgeklappert, aber niemand konnte mir die Spezialreifen besorgen. Am Morgen dieses dritten Tages erfuhr ich, daß die Bundesregierung in Bombay ein Generalkonsulat eröffnet habe. – Es hatte sieben Jahre nach dem Krieg gekostet, bis Deutschland es wieder wagen konnte, seine diplomatischen Beziehungen rund um die Welt wieder aufzubauen. – Vielleicht, so sagte ich mir, könnte der deutsche Generalkonsul einen Weg finden, mir

die benötigten Fahrraddecken auf diplomatischem Weg aus der deutschen Herstellerfirma schnell auf dem Luftweg zu besorgen?
Der Konsul residierte in einem Hochhaus in der Nähe des Strandes, im fünften Stock des Air Line Hotels. Er hieß Mendelsohn. Er erzählte mir, daß es einhundertzwanzig Deutsche in Bombay und insgesamt fünfhundert in ganz Indien gebe. (Heute sind es an die fünfzigtausend!) Er versprach mir, die Sache mit den Reifen zu überdenken.
Während wir noch plauderten, läutete das Telefon. Ich horchte auf, als mein Name fiel. Er hielt die Hand über die Sprechmuschel und sagte: „Es ist die Gattin des Gouverneurs, die Maharani Singh." „Und was hat die Dame mit mir zu tun?" fragte ich neugierig. „Sie hat da etwas von einer Freundin aus Kolhapur gesagt und die habe ihr empfohlen, den Weltenradler zum Tee einzuladen. Mein Rat ist es, sagen Sie zu und nehmen die Einladung an!" Ich nickte und der Generalkonsul legte den Telefonhörer wieder an: „Herr Helfgen ist gerade hereingekommen. Er nimmt Ihre Einladung an und es bleibt nur die Frage, wo Sie ihn abholen lassen und wann." Ich dachte mir, das hat der Herr Mendelsohn großartig gemacht – gleich dafür gesorgt, daß ich abgeholt werde!
Um vier Uhr nachmittags hielt eine riesige Limousine vor dem bescheidenen, sogenannten Bischofspalais. Ein livrierter Fahrer hielt die Wagentür offen und der persönliche Sekretär des Gouverneurs komplimentierte mich in das Gefährt. Ich fühlte mich wie ein Staatsgast und ohne es zu wollen, nahm ich die Haltung des arrogant Schweigenden an.
Das Haus des Gouverneurs liegt auf einer weit in das Meer hinausragenden Halbinsel, mitten in einem großen Park von Palmen und exotischen, uralten Bäumen. Mehrere Bungalows und eine kleine Konzerthalle stehen da. Große Rasenflächen und dazwischen Blumenrabatten verleihen dem ganzen Komplex eine spielerische Harmonie, weit fortgerückt von der indischen Wirklichkeit. Die Maharani sah blendend aus! Eine Dame von Welt, elegant und voller Esprit. Sie sprühte von Lebenslust, als sie auf mich zueilte, eine Jasminblüte im blauschwarzen Haar, und sagte: „So also sieht der Mann aus, der die Welt unter den Füßen hat!"
„Ihre Exzellenz plus Schönheit haben sich hier oben ebenfalls von dieser schrecklichen Welt abgesetzt", sagte ich. Das Kompliment gefiel ihr offensichtlich. Sie schob sofort ihren Arm unter den meinen und führte mich so in ihr Besuchszimmer, einen kleinen Raum mit alten französischen Möbeln aus der Zeit des berühmten Sonnenkönigs. Dort saß bereits ein Mann. Er stand etwas schwerfällig auf, fast geistesabwesend und reichte mir die Hand. Sein

scharf geschnittenes Gesicht kam mir bekannt vor. „Freut mich, Sie vorstellen zu dürfen“, hauchte die Maharani: „Herr Jehudi Menuhin Herr . . .“
Der weltberühmte Geiger also . . . Man konnte es sehen, er war etliche Jahre jünger als ich. Er nickte nur und seine großen tiefliegenden Augen blickten wieder hinaus zum Fenster in die Weite des unter uns liegenden indischen Ozeans.
Wir setzten uns zum Tee. Diener brachten Gebäck. Menuhin wurde plötzlich gesprächig. Er sagte: „Habe da etwas gehört von „Welt unter den Füßen“ und von der „schrecklichen Welt abgesetzt –“ und ich weiß nicht was sonst! Beethoven hat sich auch von der Welt abgesetzt – und ich versuche es ebenfalls. Merkwürdig! Sobald man sich absetzt, wird die Welt zur klingenden Melodie!“
So kamen wir in eine angeregte Unterhaltung und schließlich waren wir mitten in der Welt, von der wir uns alle absetzen wollten, – als ich gezwungen wurde, von meinen Abenteuern zu plaudern.
Der Maharani gefiel das so gut, daß sie mich gleich für den nächsten Tag abermals einlud. „Sie werden morgen überrascht sein, wenn Sie hören, wer dann hier sitzen wird“, sagte sie mit einem geheimnisvollen Unterton. Dann fügte sie leise und auf die Wirkung ihrer Worte lauernd hinzu: „Eine weltberühmte Frau wird es sein. . . Lady Roosevelt.“
Ich schreckte unwillkürlich zusammen. „Lady Roosevelt?“ Ich wurde nachdenklich und es fiel mir ein, daß der deutsche Generalkonsul mir noch am Vormittag erzählt hatte, daß diese Dame, die Witwe des verstorbenen Präsidenten der USA, zwei deutschen Journalisten bei einem Empfang in Djarkata die begrüßende Hand verweigert hatte. Diesem Affront wollte ich als Deutscher mich nicht aussetzen. Ich tat also, was man in einer solchen Situation zu tun pflegt. Ich bedauerte und sagte:
„Schade, aber ich habe leider schon einen festen Termin, den ich nicht mehr absagen kann.“
Fünfter Tag in Bombay. . .
Meine Ruhe ist endgültig dahin. Ich bin entdeckt. Der Teufel soll es holen. Wenn ich nur neue Reifen hätte. Lieber heute als morgen würde ich aufbrechen zur Fahrt quer durch den indischen Kontinent. Ich bin in Bombay zur Sehenswürdigkeit geworden. Alle schicken sie mir Vertreter und laden mich ein: die Zeitungen, die Sportverbände, Gewerkschaften, Kirchengemeinden und, seit mir ein Vortrag über „Kommunismus in Deutschland“ gut gelungen war, auch die Universitäten. Ich bin das alles wirklich satt.
Siebter Tag in Bombay. . .
Ich bin bei einer deutschen Familie eingeladen.

Die Hausfrau erzählt mir ihren Kummer mit der zahlreichen Dienerschaft. Der Kastengeist des Personals führt zu den tollsten Komplikationen. So stellte sie nach der Einstellung des dritten Hausdieners fest, daß sie die Toilette selbst reinigen mußte. Unter den Dienern war nämlich keiner, der zur Kaste der „Unberührbaren" gehörte, der einzigen Kaste, die eine solche Tätigkeit in Indien ausüben darf. Ihr erster Diener, ein Brahmane von Geburt, tat überhaupt nichts. Er kauerte meist am Boden vor dem Hauseingang, befehligte die andern, rauchte die Zigarren des Hausherrn und ließ sich von der andern Dienerschaft einen Tee nach dem andern servieren. Die Hausfrau konnte es nicht wagen, diesen Brahmanen zu entlassen, weil sonst, einem ungeschriebenen Gesetz zufolge, der ganze Haushalt in ein Chaos gestürzt oder bestenfalls das gesamte Personal gegangen wäre. Ein solcher Fall war vor nicht langer Zeit der Familie eines schwedischen Managers passiert. Sämtliche Diener waren gegangen. Trotz der Millionen Arbeitslosen war für diese Familie keine neue Dienerschaft mehr aufzubringen. Die Familie des Schweden wurde schließlich so schikaniert, daß der Mann seine hochdotierte Stellung hat aufgeben müssen. . .

Achter Tag in Bombay. . .

Ein Glückstag!

Der indische Radfahrerverband teilte mir mit, daß es ihm gelungen sei, die passenden Reifen zu besorgen. Nach dreitägiger Sucherei in allen Lagern Bombays – 120 indische Radsport-Kameraden hatten sich daran beteiligt – wurden in einem kleinen Geschäft endlich die passenden Reifen gefunden. Meine Weiterfahrt war gesichert.

Neunter Tag in Bombay. . .

Ich starte! Aber ich traute meinen Augen nicht!

Etwa fünfzig indische Radsportler warten vor der Pforte des bischöflichen Palastes. Sie haben ihre Räder frisch geputzt und ihre besten Trikots angezogen. Unter ihnen befand sich auch der indische Straßenmeister Mistry, der sich noch schnell mit mir photographieren ließ, um mir alsdann mit all seinen Sportkameraden das Geleit aus der Millionenmetropole zu geben. Sie ließen es sich nicht nehmen, mir eine ihrer Rennmaschinen zu geben, während sie abwechselnd mein schwerbepacktes Sportrad fuhren.

So rasten wir, eine wilde Meute, aus der Stadt hinaus, zunächst in Richtung Agra-Delhi. Die Straße, gut asphaltiert, ließ jedes Tempo zu. Wir fraßen die Kilometer und hatten nach etwa zweieinhalb Stunden 50 Meilen (fast 80 Kilometer) vor dem Frühstück geschafft. Damit hatten wir den Ort unserer Trennung erreicht. Prächtige Kameraden waren sie, die indischen Radsport-

ler. Einige hatten sich vor dem Start vorgenommen, mich quer durch Indien zu begleiten. Sie gaben ihr Vorhaben jetzt schon auf. Mistry, der indische Straßenfahrer, sagte: „Das ist Wahnsinn“ und etwas niedergeschlagen fügte er hinzu: „Wir Inder sind einfach zu schwach, weil unsere Ernährung, weil die fast ausschließlich vegetarische Kost keine Kraftleistungen zuläßt.“ Das war auch meine Meinung, denn es war auffallend, wie sehr diese nur 50 Meilen, in scharfem Tempo gefahren, die Jungen ausgelaugt hatten. Sie lagen vollkommen erschöpft im Gras, beschimpft von einem Dutzend heiliger Affen, die sich auf den Ästen der umstehenden Bäume versammelt hatten.
So startete ich, wie ich damals annahm, zur größten Strapaze meiner Weltumradelung – von Bombay bis Kalkutta sind es 2500 Kilometer – zur erstmaligen Durchquerung des indischen Kontinents per Fahrrad durch die schlecht befahrbaren Zentralprovinzen in Richtung Kalkutta.
Ich hätte es bedeutend leichter gehabt, wenn ich gleich von Quetta in Pakistan auf der herrlichen Touristenstraße über Delhi und Benares gefahren wäre. Dann aber hätte ich nur das Schaufenster Indiens gesehen, niemals jedoch das wirkliche Land mit seinen Bewohnern kennengelernt.

Durch die Welt der Dschungel, der Götter und Missionare

Schweißgebadet schob ich mein Rad auf Serpentinen hinauf zur indischen Hochebene. Hunderte von Ochsenkarren zogen quietschend an mir vorüber. Die halbnackten Hindus beachteten mich kaum. Sie waren ganz damit beschäftigt, ihre gern im Galopp laufenden Ochsen zu bändigen und die zweirädrigen Karren zu bremsen.
Auf der Höhe kam mir ein bäuerlicher Hochzeitszug entgegen. An der Spitze marschierte eine Schar halbwüchsiger Burschen, von oben bis unten mit Farben beschmiert. Sie vollführten mit Trommeln und trompetenähnlichen Holzinstrumenten einen fürchterlichen Lärm. Wahrscheinlich wollten sie damit die bösen Geister und Götter, die ja überall lauern, von dem folgenden Hochzeitspaar fernhalten.
Das Brautpaar saß zusammengeklemmt zwischen einer Gesellschaft von braunen Hindumädchen auf einem mit bunten Blumen übersäten Ochsenkarren. Braut und Bräutigam, von roten und gelben Tüchern eingehüllt, trugen schreckenerregende Masken vor ihren Gesichtern, riesige Masken, die sie immer und immer wieder abnahmen, um sich den Schweiß von den Gesichtern abzuwischen.

Ich hatte Mitleid mit den Leutchen, denn die Mittagssonne brannte unbarmherzig. Selbst die hier und da aus dem Tal heraufkommenden Winde waren gleich einem Feuerhauch, so, als ob die Götter der Hölle immer wieder ihre Ofentüren öffneten.
Endlich ein kleines Dorf! Schmutzige Lehmhütten! Millionen von Fliegen! Nackte, schmutzige Kinder, einige mit Grind auf geschorenen Köpfen, andere voller Ausschlag! Ein Bild des Erbarmens! – Am liebsten wäre ich weitergefahren, vom Ekel gewürgt. Aber mein Durst war stärker.
Aus einer rissigen Hauswand ragte eine Theke heraus. Darauf standen etliche Blechdosen und – Flaschen mit Sodawasser. Das ist es, dachte ich und ließ mein Rad zu Boden sinken. Aber die Enttäuschung war niederschmetternd. Die Flaschen waren warm wie die Umgebung. Lauwarmes Sodawasser? Nein! Dann lieber heißen Tee! Der Boy im dunklen Hintergrund der Hütte grinste mich an, kratzte mit seinen kaffeebraunen Fingern den Schmutz von einer gebrauchten Tasse, goß lehmig-gelbes Wasser darüber und schüttete schließlich das heiße Getränk hinein. – Ich trank gleich vier oder fünf Tassen leer, bis ich den widerlichen Durstgeschmack am Gaumen und in der ausgedörrten Kehle los wurde, um dann klatschnaß vom Schweiß, aber neu belebt von dem bitteren Getränk erneut die Pedale unter die Füße zu nehmen.
In den frühen Nachmittagstunden war das erste Tagesziel, die Pilgerstadt Nasik, endlich erreicht. Für die Sehenswürdigkeiten der Stadt, für die vielen Tempel und die Pilgerscharen hatte ich kein Auge mehr. Völlig erschöpft fragte ich einen intelligent aussehenden jungen Mann, ob es Europäer in Nasik gebe. Ich träumte nur von Daheim, von einem gepflegten Heim, von Kühle und Eiswasser und haßte die mich umgebende Schwüle, den lastenden Gestank der unzähligen Öllampen und Rauchstäbchen, die Penetranz übermäßig duftender Blumen und Blüten.
Der junge Mann wies mich an einen alten Sikh mit langem, wallenden, grauen Bart und Haar, das er als Zopf mit einer Schnur über dem Kopf zusammengebunden hatte. Der Sikh sprach englisch und zeigte mir den Weg zu dem Missionshospital.
In dem sauberen Gebäude wurde ich von der Missionsärztin, einer Engländerin, empfangen. Sie und ihre drei kanadischen Krankenschwestern waren außer sich vor Freude, wieder einmal einen Europäer zu sehen, zu sprechen und – zu bedienen.
Sie gaben mir etliche Stärkungsmittel, schüttelten immerzu die Köpfe vor so viel „Unvernunft“, mit einem Fahrrad durch Zentral-Indien zu fahren, und sie brachten mich schließlich unter ein riesiges Moskitonetz ins Bett.
Am nächsten Morgen war ich dank der hervorragenden Pflege der

kanadischen Mädchen wieder fit, entschloß mich aber, den kühlen Gastraum mit Klimaanlage noch den Tag über auszunutzen, um einen Teil meiner schriftlichen Arbeiten zu erledigen.
So startete ich erst am späten Abend zur zweiten Etappe auf dieser mörderischen Strecke zwischen Bombay und Kalkutta. Die Stadt war hell erleuchtet. Viele tausend Pilger hockten in den zahlreichen Teestuben. Eine Schar splitternackter Büßer zog mit Fackelschein und bunt geschmückten Kühen unter lautem, ekstatisch-hysterischem Geschrei hinunter zum Fluß, um sich dort von aller Schuld freizubaden. Die Luft war durchsetzt von dem ranzigen Gestank der Öllichter, von narkotisierendem Weihrauch und den süßlichen, in allen indischen Häusern verwendeten schwelenden Parfumhölzern. Die Atmosphäre war beklemmend. Und dazwischen – Neonlicht! Reklame für Philips-Radio, Burma-Shell, Dunlop-Reifen, Coca Cola. . . Die Gesichter, die in dieses Licht tauchten, wurden zu Leichenmasken.
Ich sah zu, daß ich den Weg hinaus in die Dunkelheit der Landstraße fand, hinein in die Abenteuer und Ungewißheiten dieses weiten indischen Raumes. . .
Wenige Meilen hinter Nasik war es vorbei mit der schönen Teerstraße. Eine breite, uralte Landstraße mit ebenso alten, mächtigen Bäumen nahm mich auf. Durch das Laub der gewaltigen Baumkronen schimmerte der südliche Sternenhimmel und der Mond warf gespenstische Schatten über den Weg. Es war immer noch warm. Um die Verdunstungskälte des schwitzenden Körpers genießen zu können, zog ich sämtliche Kleidung von mir ab. Das tat unendlich wohl und ich wäre ein ordentliches Renntempo gefahren, wenn nicht die im Schatten liegenden Schlaglöcher immer wieder zur Vorsicht gemahnt hätten.
Manchmal flog kreischend ein im Schlaf gestörter Papagei auf und erschreckte mich. Tausende von andern Tieren stimmten dann ein ohrenbetäubendes Geschnatter, Piepen, Bellen und Grunzen an, einen Lärm, der schnell verebbte, bis mich endlich die Einsamkeit und Ruhe der Nacht wieder ganz umfing.
Im Morgengrauen erreichte ich die kleine Industriestadt Jalgao. Ich glaube, es waren die Krankenschwestern, die hübschen und hilfreichen Kanadierinnen, die mir verraten hatten, daß ich hier eine amerikanische Missionsstation finden könne, einen Platz zum Schlafen und Ausruhen.
Den modernen Bau hatte ich ohne Fragen schnell gefunden. Aber da war niemand. Alles war verschlossen. Ein kleiner Hindujunge beobachtete mich, wie ich um das Gelände ging. Er zupfte mich zaghaft an der Hose und zeigte auf eine Hütte neben der primitiven Holzkirche.

In der Hütte kauerte ein dunkelhäutiger Inder. Er trug einen schwarzen Talar und übersetzte laut aus einem englischen Buch. Als er mich eintreten sah, sprang er auf und bot mir den Stuhl an, auf dem sein Buch lag, wahrscheinlich den einzigen Stuhl in seiner Hütte.

Der Inder verstand englisch. Er bereitete mir sogar ein englisches Frühstück mit Porridge und – zu meiner größten Verwunderung – mit Ham und Eggs (Schinken und Eiern). Dann klärte er mich über die Missionsverhältnisse auf. Die Amerikaner, so sagte er, hätten zwar einen Bau dahingestellt, der es ihnen erlaube, wie Amerikaner auch in Indien zu leben, nämlich mit Klima-Anlage und Kühlschrank und dergleichen. Darüber seien die indischen Christen nicht böse. Wenn jedoch er, als indischer Geistlicher in solch einem Luxus leben würde, dann würde das gesamte Missionswerk zusammenbrechen. „Christus hat doch auch in Armut gelebt", meinte er treuherzig und schloß mir das „Luxusgebäude" für meine Übernachtung auf. Ja, er machte mir sogar mein Bett, richtete das Moskitonetz und bezog es mit frischem Linnen. Dann setzte er zu meiner größten Freude den Ventilator in Betrieb und richtete mir ein warmes Bad. Eine halbe Stunde später schlief ich einen wohltuenden Schlaf, aus dem ich erst am späten Nachmittag erwachte.

Der einheimische Geistliche stand bei meinem Aufwachen vor meinem Bett. Er machte einen ziemlich verlegenen Eindruck und ich merkte, daß er etwas auf seinem Herzen hatte und nicht wußte, wie er es sagen sollte. „Nun", fragte ich, „Sie wollen mir etwas sagen?" Offensichtlich um sich Mut zu machen, richtete er sich gerade auf und sagte:

„Sie müssen predigen, Sir!"

Ich sprang erschrocken aus dem Bett. An so etwas hatte ich nicht gedacht. Ich – predigen? Ich war doch kein Pastor oder Pfarrer!

„Die gesamte Christengemeinde von Jalgao steht draußen. Sie ist es gewohnt, daß jeder Weiße, der hier vorbeikommt, einige Worte zu der versammelten Gemeinde spricht. Das waren bisher immer Missionare. – Sie brauchen nur englisch zu sprechen. Ich übersetze dann Ihre Worte."

Ich sah ein, daß es hier keinen Ausweg gab und außerdem fühlte ich mich dem bescheidenen und so opferwilligen indischen Geistlichen irgendwie verpflichtet.

Schon klang der Gesang der draußen versammelten gläubigen Hindumenge an mein Ohr. Es waren die sehr melodischen langgezogenen Maharatilieder dieser Eingeborenen Jalgaos, christliche Hindugesänge. . .

Gut, dachte ich, reden kannst du ja und auf keinen Fall darfst du

diesen alten, weißhaarigen, ehrfürchtigen Mann enttäuschen! Ich zog mich also an und ging hinaus.
Da stand ich nun vor einer fast tausendköpfigen Hindugemeinde. Neben mir der indische Geistliche der Methodisten. Ich überlegte mir kurz, worüber ich sprechen sollte und was da einen religiösen Zusammenhang ergeben könnte. Als Stichwort fiel mir das Wort „Vorsehung" ein. Und so begann ich:
„Liebe christliche Gemeinde! – Daß ich trotz vieler Lebensgefahren, trotz Krieg und Gefahren auf meiner Radfahrt von Europa bis ins Herz Indiens hier vor Ihnen stehe, das ist göttliche Fügung!"
Der Geistliche übersetzte. Dann fuhr ich fort von meinen Abenteuern zu erzählen, von den Wölfen des Iran, die mich leicht hätten vernichten können, wenn die Vorsehung mich in meinen Gedanken und Handlungen nicht gelenkt hätte, immer das richtige im rechten Moment zu tun . . . Der Geistliche übersetzte und die Menge lauschte atemlos. Es klappte großartig. Als ich nach einer knappen halben Stunde ein passendes Ende fand, wichen die Leute nicht von meiner Seite. Ein alter Bauer in hundertfach geflickter Kleidung reichte mir als Zeichen maharatischer Familienfreundschaft – einen Topf mit Büffelmilch, den ich vor aller Augen leeren mußte. . .
Die Nachtfahrt von Jalgao nach Burhanpur war anschließend alles andere als ein Vergnügen.
Ich versuchte wiederum nackt zu fahren, um so den lauen Nachtwind zu genießen. Aber das ging nicht lange gut!
Plötzlich spürte ich einen heftigen Stich in der Seite, einen am Rücken, am Bauch, an den Schenkeln. Ein qualvolles Brennen folgte.
Ich hielt an und stieg ab und leuchtete mit der Taschenlampe meine Schenkel ab. . .
Da! Und da – und da!
Drei, sechs, zwölf rote Käfer hockten allein an meinen Beinen! Ich wischte sie weg und beobachtete, wie die Stellen, an denen sie gesessen hatten, sich röteten und mächtig anschwollen. . . Welche Käfersorte das gewesen sein mochte, weiß ich nicht und habe das auch später nie erfahren. Die Zoologen, die ich später traf, konnten es mir auch nicht sagen. Ich erinnere mich nur, daß ich mich vor Ekel und Unbehagen abrieb und schüttelte und daß ich meine schweißdurchtränkten Kleider wieder anzog und stöhnend vor Schmerzen und entsetzlich schwitzend wieder aufs Rad stieg.
Die Gegend war fast baumlos und wurde mehr und mehr zu einer Mondlandschaft, durchsetzt mit dunklen Kratern und Felsen. Ödland!
Nach einigen Stunden folgte wieder bebautes Land. Felder mit

Erdnüssen, Zuckerrohr und vielen unbekannten indischen Gemüsen. Der volle Mond warf sein mildes, fahles Licht über die Landschaft. Die Fahrt hätte ein Vergnügen sein können, wenn die nasse Schwüle und der ätzende Schweiß nicht gewesen wären.
Burhanpur!
Ein recht imposanter Eindruck! Hinter den Steilufern eines Flusses ragt eine fast zehn Meter hohe Stadtmauer in den graublauen Morgenhimmel. Nicht ein einziger Europäer soll in dieser Hindu-Großstadt wohnen, sagte man mir in Jalgao. Ich glaubte das sofort, als ich über der Brücke war und im Gewühl der Menschen wie ein Meerwunder angestaunt wurde. Sie waren freundlich, die Leute, ja, einige sprachen mich in Englisch an und fragten, wo ich hin wollte.
Vor einem uralten Vischnu-Tempel tanzten mehrere Tempeltänzerinnen ihren exotischen Tanz mit gleichmütigen Gesichtern und fließenden Gelenken. Ich schaute und staunte und blieb, bis mir nach einer guten Stunde ein Sadu auffiel.
Der Sadu saß am Rande des Tempelplatzes splitternackt auf dem kleingewürfelten Kopfsteinpflaster und hatte mit Steingeröll einen Kreis um sich herum gezogen. Unmittelbar vor ihm brannte ein niederes Feuer. Daneben lagen kleine Holzstäbchen aufgeschichtet. Sie ergaben eine schneeweiße Asche. Von Zeit zu Zeit nahm der Sadu eine Handvoll dieser Asche, streute sie über sein Haupt und schmierte sich Gesicht und Körper damit ein.
Lange blieb ich vor diesem lebendigen Aschenbündel stehen und studierte die Gesichtszüge, die erdbraunen Falten seiner Haut, die fast entschwundenen Genitalien, die Knochen seiner verschränkten Beine. Es war, als ob ein Skelett da kauerte, ein mit Haut locker überzogenes Skelett. Da war nur das merkwürdige Gesicht mit den tief darin lauernden Augen, das Gesicht, über das hin und wieder weiße Asche rieselte. Das faszinierte mich! Diese verächtlich nach unten gezogenen Mundwinkel. War da nicht ein gewisser Snob erkennbar? Dann aber hatte ich plötzlich den Eindruck, als ob eine unendliche Ruhe und Gelassenheit aus seinen Augen, aus diesen „Spiegeln einer unverständlichen Seele“ strahlte.
Dieser so andersartige Mensch, dieses Wesen aus einer anderen Welt hatte mich, von mir selbst unbemerkt, irgendwie in seinen Bann gezogen. Ich kauerte mich vor ihm nieder und saß da wie etliche Inder, wie all die Andern, die ihn bewundernd anstarrten. Meine bisher prüfende und analysierende Beobachtung setzte aus! Ich saß und saß und spürte, obwohl ich keinen Schlaf bekommen hatte – ich war ja die ganze Nacht durchgeradelt –, nicht die geringste Müdigkeit. Eine seltsame Kraft und Frische kam über mich!

„Wie lange willst du hier noch sitzen und Asche auf dein Haupt streuen?“
„Bis Krischna mich fortschickt“, sagte er in akzentfreiem Englisch.
„Wer ist Krischna?“ wollte ich wissen.
„Gott“, sagte er.
„Warum tust du das?“
„Um mich zu reinigen, um zu Samadi zu gelangen.“ Davon hatte ich schon gehört. Samadi ist ein Trance-Zustand zwischen Selbstvergessenheit und Nirwana. Dazu konnte ich nichts mehr sagen. Tatsache ist, daß ich ziemlich munter aufstand und wieder klar denken konnte. Was ich da gesehen und erlebt hatte, so sagte ich mir, war nichts anderes als die Demonstration eines Indiens, das sein Glück in der Selbstvernichtung, im Nichts seiner Armut suchte. Die kurze Meditation bei dem Sadu bewirkte bei mir das gerade Gegenteil, nicht hinduistische Selbstvergessenheit, sondern christlichen Tatendrang, Lebensfreude und – einen mächtigen Hunger.
Ich verabschiedete mich und fuhr durch die Sonnenglut in Richtung der Harisala-Dschungelberge weiter gen Osten. . .
Langsam wurden die Beine schwer. Wenige Meilen hinter der so merkwürdigen Hindustadt plätscherten die Wellen des breiten Flusses gegen das Ufer. Ein mächtiger Brotfruchtbaum breitete seinen Schatten über einen Strand weißer, glatter Kieselsteine. Das war der richtige Platz für ein erfrischendes Bad und die anschließende Ruhe.
Es mochte so gegen vier Uhr nachmittags gewesen sein, als ich durch das helle Kichern von Mädchen aus tiefem Schlaf erwachte. Sie waren kaum zwanzig Meter von mir entfernt. Ob sie den Fremdling gesehen hatten? Sie waren jedenfalls unbekümmert, schwammen ohne Unterwäsche in ihren durchsichtigen Saris und es machte ihnen offensichtlich nichts aus, daß ihre Körperformen bis ins Detail jedem Zuschauer sichtbar wurden. Einige dieser wohlgeformten Nixen wuschen ihre Unterwäsche, die Unterröcke, die Schlüpfer und Büstenhalter auf glattgeschliffenen Steinen, die aus den Fluten schauten. Das war eine merkwürdige Prozedur. Sie benötigten keine Seife, sondern schlugen die Wäsche in dem fließenden Wasser so lange, bis jeder Schmutz fortgeschwemmt war und hängten sie zum Bleichen und Trocknen in die pralle indische Nachmittagssonne.
Zwischen Harisal und Ellichpur, etwa 300 Kilometer westlich der zentralindischen Hauptstadt Nagpur, erhebt sich ein Dschungelgebirge von seltener Schönheit. Aus lockeren Gestrüppen und schütteren Waldungen ragen schwarze Felsen gen Himmel, Labyrinthe aus mächtigem Felsgestein und unendlich vielen Höhlen.

Das ist das Reich der Tiger und Leoparden und nicht zuletzt jener angriffslustigen großen, schwarzgrauen Kragenbären. Kein Eingeborener wagt es, dieses Gebiet bei Nacht zu durchqueren, wohl weniger aus Angst vor den Raubtieren als des Glaubens wegen, daß diese Tiere von bösen Geistern besessen seien.
Auf meiner Straßenkarte der indischen Zentralprovinzen war hier nirgendwo ein Dorf verzeichnet. Da war nur ein roter Strich, meine Straße.
Diese Straße – ein breiter Lehmweg – war für mein Rad ideal. Bei einbrechender Dunkelheit hatte ich den weißgrauen Fleck der Landkarte erreicht, den leichten Anstieg in das Gebirge. Bis Ellichpur waren es nur ganze 70 Meilen, etwa 100 Kilometer. Eine gemütliche Strecke für eine ganze, vor mir liegende Nacht, dachte ich. Vollmond und eine frische, wohltuende Brise! Was konnte ich mir mehr wünschen. Vor den Raubtieren brauchte ich mich nicht zu fürchten. Mein Dynamo war in Ordnung und meine große Stablampe hatte funkelneue Batterien. „Licht ist die beste Waffe gegen die Geister der Nacht“, hatte mir ein Inder in Jalgao gesagt. Er war Forstmeister und mußte es wissen.
Langsam stieg die Straße bergan, wurde immer steiler und schlängelte sich schließlich in spitzen Serpentinen durch ein Gewirr von bizarren Bäumen und drohenden Felsen.
Endlich hatte ich die Höhe erklommen!
Niedrige, dickstämmige Bäume mit riesigen Kronen bildeten ein einziges dichtes Dach und ließen kaum einen Lichtstrahl des vollen Mondes durch. Es war fast stockdunkel. Ich überlegte gerade, ob ich nicht besser das Rad schieben und ein Stück zu Fuß gehen sollte, zumal ich dauernd in die tief ausgefahrenen Rinnen der am Tag hier durchfahrenden Ochsenkarren geriet. Dann mußte ich immer wieder absteigen und war von der absoluten Dunkelheit umfangen. Der Dynamo gab bei der vorsichtig langsamen Fahrt nur einen geringen Lichtschimmer.
Plötzlich sah ich vor mir einen Schatten und Bewegung. Ein Tier. Ich stieg ab, in der Meinung, wieder einmal solch einen sturen Ochsen oder Wasserbüffel vor mir zu haben, wie sie in Indien überall und selbst in den Städten als Verkehrshindernis auftauchen. Dann kam mir aber der Gedanke, daß ich seit mindestens zwanzig Kilometern, seit ich durch den Dschungel fuhr, kein Haustier mehr gesehen hatte. Es mußte also irgendein Wild sein. Nun war ich ganz nahe. Der Schatten sah aus wie der eines riesengroßen Wildschweins. Ich griff nach meiner Stablampe.
Was dann geschah, war das Werk eines Augenblicks!
Das vermeintliche Wildschwein stellte sich auf die Hinterbeine und stieß ein markerschütterndes Brummen aus!

Also ein Bär!
Jawohl – ein Bär, ein riesiger Bär, der mich um eine gute Haupteslänge überragte. Er stand da, genauso erschrocken wie ich, kaum vier Meter entfernt. Meine Stablampe schoß ihren Lichtstrahl in sein zottiges Gesicht. Er blinzelte und wich Meter um Meter torkelnd zurück. Ich hatte unbewußt dasselbe getan und so vergrößerte sich unser Abstand. Für einen Moment löschte ich das Licht, um es gleich wieder auf das Tier zu richten. Er stand jetzt wieder auf allen Vieren. Neben mir im Gebüsch knackte es. Ein zweiter Bär? Der Strahl meiner Lampe traf nur ein dichtes Blattwerk. Nichts bewegte sich dort. Ich leuchtete wieder nach meinem Bären. Der Platz war leer! Ein Sprung aufs Rad – und hinein in die Pedale!
Einige hundert Meter weiter atmete ich auf. Die Knie waren mir doch etwas weich geworden – von diesem Nachterlebnis im Gebirgsdschungel zwischen Harisal und Ellichpur.
Am folgenden Morgen, als ich in einer Lehmbude kurz vor der Stadt meinen Tee kaufte, erzählte mir der Wirt, daß der Bär das einzige Tier sei, das den Menschen ohne jede Herausforderung angreift. Trotz meines Erlebnisses wollte ich das doch nicht so recht glauben. Ich hatte eher den Eindruck, daß dieser Meister Petz keineswegs Angriffsabsichten hatte, sondern von seinem Spieltrieb bewegt, mich gern umarmt hätte, was im Endeffekt bei solchen Bärenkräften allerdings darauf hinausgelaufen wäre, daß ich nach einer solchen Umarmung wahrscheinlich totgedrückt auf der Straße liegengeblieben wäre.
Missionshäuser, soviel hatte ich in Indien schon herausgefunden, waren für einen Europäer, der quer durchs Land reist, ein hervorragender Luxus-Aufenthalt. Die gibt es zwar nicht überall, aber dort, wo ich englische und insbesondere amerikanische Sekten-Missionare aufspürte. Dort war ich willkommene Abwechslung und dort fand ich stets Erholung nach den oftmals unvorstellbaren Strapazen.
Das war auch in Ellichpur der Fall. Links der Straße gewahrte ich einen luxuriösen Bungalow mit einem Kreuz auf dem First. Ich stieg ab.
Der Missionar einer amerikanischen Sekte empfing mich und stellte mich seiner Frau vor. Sie wollten mich für mehrere Tage behalten, weil, wie sie sagten, die Inder gerade ein sehr widerliches und schmutziges Fest feierten und ich außerdem sehr angegriffen und abgemagert aussehe.
Die gutgemeinten Argumente des Missions-Ehepaares zogen nicht. Im Gegenteil: Ich fühlte mich topfit und war von dem Gedanken besessen, dieses Riesenland endlich hinter mich zu

bringen. Und was das sogenannte schmutzige Fest der Inder anbetraf, so wurde meine Neugier nur gereizt. Davon mußte ich unbedingt etwas mitbekommen. – Die Beiden waren also überrascht, als ich nach einem wohltuenden Bad, einem gründlichen Frühstück und einem ausgedehnten Vormittagsschlaf ihnen erklärte, daß mein großer Vorsatz, die Welt zu umradeln, zusammenbrechen werde, wenn ich solchen Versuchen des Wohllebens allzuoft nachgeben werde.

Wir unterhielten uns noch etliche Stunden, die Missionarin steckte mir etliche Leckerbissen heimlich in meine Packtaschen und am späten Nachmittag, kurz vor Einbruch der Dunkelheit, saß ich wieder auf meinem Tretmobil und strebte dem Stadtzentrum zu.

Dort, wo die Häuser der Stadt dicht beieinander standen, gröhlte ein Haufen junger Inder, halbwüchsige Burschen, die Gesichter und Körper über und über mit grellen Farben verschmiert. In den Händen hielten sie Instrumente, die wie große Flitspritzen aussahen. Das also war es! Wer an ihnen vorbei in die Stadt wollte, wurde aus diesen Spritzen mit Farbe übergossen. Um nach Möglichkeit „unbefleckt“ dort durchzukommen, trat ich voll in die Pedale und fuhr direkt auf den Haufen zu. Sie stoben erschrocken auseinander und ehe sie ihre Spritzen auf mich richten konnten, war ich durch und auf und davon.

Amraoti, ein mittelgroßer Marktflecken, glich einem Narrenhaus, in dem sich rebellisch gewordene Irre Farbtöpfe übergegossen hatten. Zuerst war ich geneigt, eine Parallele zu unserem Rosenmontagstreiben zu ziehen. Aber da bestand ein großer Unterschied: Es fehlte der rheinische Frohsinn! Die todernsten Gesichter der Inder, dieser in allen denkbaren Farben schillernden Fratzen, waren eher dazu angetan, Furcht und Schrecken zu verbreiten, als Lachen und Heiterkeit.

Ich hängte mich an einen ziemlich rasch fahrenden Lastwagen. Auf diese Weise kam ich heil durch die Stadt. Dort stand zu meiner Verwunderung wieder ein Missionshaus, diesmal eine katholische Mission französischer Patres. Hinter den Mauern des großen Geländes fand ich Schutz gegen einen ähnlichen Haufen farbspritzender Jugendlicher, wie ich ihn bei den ersten Häusern der Stadt traf. Nur hier gab es kein Ausweichen, weil die Straße zu holprig war, um mit einem schnellen Spurt durch die Menge zu kommen.

Hinter diesen Mauern herrschte fröhliches Treiben. Hunderte von Buben und Mädchen sangen und sprangen im Gelände herum. Ein Pater in weißer Kutte winkte mich heran. In gebrochenem Englisch mit französischem Akzent meinte er: „Sie suchen bestimmt Schutz vor den Verrückten da draußen?“ Ich lachte ihn an und sagte: „Oui, j’étais perplex. . .“

Er führte mich sofort ins Kloster und stellte mich seinen Mitbrüdern vor. Die freuten sich unendlich, vor allem darüber, daß ich ihre Muttersprache kannte und erzählten mir gleich, welche Bewandtnis es mit dem komischen Fest der Hindus habe.
Holy, so werden diese Feiertage bei den Indern genannt, ist das Fest der Befreiung von den bösen Geistern – sie sind ja der Alpdruck fast aller Orientalen. Es wird immer im März an zwei aufeinanderfolgenden Tagen gefeiert.
Am ersten Tag werden die in den Tempeln aus Furcht verehrten Götzenbilder der bösen Geister gesammelt und in einer Prozession zum Tempel Krischnas gebracht und dort verbrannt. In der darauffolgenden Nacht wird gebetet und getanzt und anschließend werden die wüstesten Orgien gefeiert, wobei nach Möglichkeit allen angestauten Begierden, insbesondere der Sexualität, freier Lauf gelassen wird.
Am Morgen darauf kommt dann der große Katzenjammer und mit ihm die althergebrachte Angst vor der Rache der Götter. Die seltsame Anmalerei und Anspritzerei soll die Gesichter und die Gestalten aller Sünder für die bösen Götter der Rache unkenntlich und furchterregend machen.
Die freundlichen Patres, die mich gern über Nacht dabehalten wollten, ließen mich nicht ziehen, bis ich wenigstens ein ausgiebiges Nachtmahl mit ihnen eingenommen hatte.
Es war Mitternacht, als ich mich in den Sattel schwang, um die 135 Kilometer bis Nagpur, der Hauptstadt der indischen Zentralprovinzen, zu schaffen.

Ein bemerkenswerter Bischof

Die nächtliche Straße von Amraoti bis Nagpur war so belebt wie bei Tage. Je näher ich der Stadt kam, umso mehr zweirädrige Ochsenkarren mußte ich überholen. Im Morgengrauen flammten links und rechts der Straße unzählige Feuer auf. Die Hindus kochten ihren Reis mit Curry, ihr eintöniges Morgen-, Mittag-, wie Abendessen.
Unter einem mächtigen Brotfruchtbaum lagerte ein Hindupaar, junge kraftstrotzende, bronzebraune Gestalten, eine Seltenheit in diesem Lande der Unterernährten. Noch seltsamer aber war ihr Benehmen, denn sie zeigten in ihren zueinanderstrebenden Gesten jenen Anflug romantischer Zärtlichkeiten, wie ich das seit dem Verlassen Europas niemals wieder erleben durfte. Ich war so überrascht, daß ich vom Rad stieg. Die Beiden lächelten mich verlegen an.

Mit meinen paar Brocken Hindi, Marati, Kurku und Urdu, die ich inzwischen gelernt hatte, versuchte ich ein Gespräch in Gang zu bringen. Aber das junge Paar machte nur große Augen und verstand offenbar kein Wort.
Dann redete der Mann portugiesisch. Sie waren beide katholische Conquanims aus Goa. Als sie merkten, daß ich sie verstand, war der Bann sofort gebrochen. Sie erzählten mir in knappen Worten ihre Geschichte:
Seit drei Monaten waren sie unterwegs mit ihren zwei Ochsen und dem hochbeladenen, zweirädrigen Karren. Sie kamen, genau wie ich, aus Goa und wollten in drei weiteren Monaten Kalkutta erreichen, um in den Dienst ihres Onkels zu treten, der dort katholischer Pfarrer war.
Sie boten mir getrockneten Fisch, Reis, Curry, Chilly und Tee an. So aßen wir einträchtig, wie im Orient allgemein üblich, mit den Fingern. Bananenblätter waren unsere Teller. – Ich muß hier bemerken, daß es in Indien eine Todsünde ist, wenn man Speisen mit der linken Hand anfaßt.
Als ich den Mann aus Goa fragte, warum ihnen der Onkel nicht das Geld für die weite Reise geschickt hat, sie wären dann binnen acht Tagen per Bahn durch den Kontinent gefahren, lächelten die zwei Glücklichen sich an, und sie zog unter ihrem Sari einen Beutel hervor, öffnete ihn und zeigte mir einige hundert Rupien. Der Mann meinte: „Sollen wir das etwa der Eisenbahn schenken?“ – Im Orient hat man halt unendlich viel Zeit.
Eine halbe Stunde später befand ich mich schon mitten im Gewühl der zentralindischen Hauptstadt Nagpur. Der Erzbischof von Bombay hatte mir empfohlen, den dortigen Bischof aufzusuchen, um, wie er sagte, christliche Aktivität in Indien zu studieren. So fragte ich mich durch, bis ich mitten in einem großen Komplex von Kirchen- und Schulbauten stand. Die Emsigkeit von Lernen und handwerklichem Arbeiten schaute aus allen Türen und Fenstern. Da wurde gesungen, dort sagten Kinder laut ein Gedicht oder die Stimme eines Lehrers hallte aus einem Fenster. Hinter offenen Barackentüren wurde gesägt, gehobelt, gefeilt und gebohrt und hie und da eilten junge Burschen und Mädchen zielstrebig über den weiten Hof.
Vor dem mächtigen Schulgebäude stieg ich ab und lief auf der schattenspendenden Veranda dem Bischof direkt in die Arme. Ein junger, braunhäutiger Inder in wallendem, weißen Gewand, das mit einem breiten violetten Gürtel zusammengehalten wurde. Als ich so plötzlich vor ihm stand, klemmte er sein Brevier, aus dem er gerade las, unter den Arm, sah mich groß an und nannte mich gleich bei meinem Namen. „Ich habe Sie erwartet und sogar ein

Zimmer für Sie einrichten lassen und unsere Jungen und Mädchen warten auch auf Sie", sagte er so, als ob ich dort hingehörte und es gar keiner Frage bedurfte, ob ich in Nagpur bleibe oder nicht. Er nahm mich kurzer Hand unter seine bischöflichen Fittiche und führte mich zu dem Gastzimmer, wo außer dem schlohweiß überzogenen Bett und dem darüberwallenden Moskitonetz, einem großen Schreibtisch, der Schreibmaschine, etlichen englischen Zeitungen und der Bibel nichts vorhanden war, was mich hätte ablenken können. Ich mußte laut lachen und sagte ihm: „Das haben Sie großartig organisiert, um mich Faulpelz hier zum Schriftstellern zu bringen und mich auf etliche Tage festzuhalten!" Er grinste über sein braunes Gesicht und meinte schließlich: „In Bombay haben Sie mit dem Erzbischof genügend philosophiert. Das hat er mir mitgeteilt. – Hier leben wir nach der christlichen Parole „Bete und arbeite!"
Obwohl ich mich ein wenig vergewaltigt fühlte, machte mir diese forsche „Bevormundung" des jungen Bischofs großen Spaß. Er wußte offensichtlich, was mir nottat, nämlich Ruhe, Besinnung, Erholung und Erledigung meiner schriftlichen Arbeiten, Briefe und Reportagen nach Deutschland.
Der Mann war überhaupt bemerkenswert: Ich erkannte bald, daß er unter der Mission der christlichen Liebe nichts anderes verstand als die vollkommene Einfühlung in jede Umgebung – in die Menschen, die Tiere, die Pflanzen, die Maschinen und das ganze Gesetzeswerk des Universums. Das war seine Philosophie. Das lebte er vor, das predigte er und so stellte ich bald fest, daß dieser Geist auch in seinem Wirkungsbereich vorhanden war. Selten habe ich in meinem Leben eine solch freudvolle Hingabe an den Fleiß gesehen wie in der Umgebung dieses Bischofs. Ob ich in den folgenden Tagen die Schulen besuchte oder die Werkstätten der Handwerker – das war eine Fröhlichkeit, die ansteckend wirkte. Auch ich wurde hiervon so beeinflußt, daß ich schon nach drei Tagen meine Arbeiten, die ich immer wieder vor mir hinschob, bis zum letzten Punkt erledigt hatte.
Übrigens trat dieser Bischof Eugen de Souza in den folgenden Jahren etliche Male ins Rampenlicht der Öffentlichkeit, insbesondere als er auf dem Konzil des Papstes Johannes vor der gesamten kirchlichen Hierarchie die Forderung nach der Armut der Kirche stellte. Ein Rufer in der Wüste, mußte man leider anschließend feststellen!
Die ersten armseligen Häuser von Raipur erschienen nach 240 km! Der einzige Europäer der Stadt, der deutsche Palottiner-Missionar, Pater Scheub, nahm mich in seine ärmliche Behausung auf. Dort fiel ich sofort in einen tiefen Schlaf.

Hinter Raipur dasselbe Bild der Dürre und Hungersnot!
Kaum Menschen auf der glühendheißen Landstraße.
Ich wäre lieber bei Nacht gefahren, allein schon, um das brennende, schwelende Elend nicht zu sehen. Aber die Straße war wieder einmal denkbar schlecht, ausgefahren und voller Schlaglöcher.
Am folgenden Morgen fühlte ich mich sehr schlapp. Ich hatte nur noch 40 Kilometer bis Sairapali zurückzulegen. Die Fahrt wurde trotz der verhältnismäßig kühlen und frühen Morgenstunde zur Qual. Als dann die Sonne hochkam und zu brennen begann, fing ich an zu frieren und zu zittern.
Schwarze Punkte tanzten mir vor den Augen. Für Augenblicke sah ich überhaupt nichts. War das ein Sonnenstich? Meine plötzliche Schwäche war mir rätselhaft. Malaria? Gelbfieber? Oder sonst eine böse Krankheit?
Ich biß auf die Zähne! Noch vier, noch drei, noch zwei Kilometer. . .
Aber auf einmal ging es nicht mehr. Ich stieg ab, schob mein Rad, stürzte, stand wieder auf.
Dann kam ich zu mir.
Ich war in Sairapali!
Ein Inder mit einem Fahrrad redete mich an: „Sahib krank", sagte er. „In Sairapali deutscher Missionar."
Ich fragte ihn, wie weit es sei.
„Eine halbe Meile. Ich Sahib hinbringen."
Mit großer Mühe gelangte ich auf mein Rad. Fünf Minuten später stand ich vor einem großen Anwesen, einer einsam gelegenen kleinen, weißen Kirche, zwei halbzerfallenen Bungalows und zwei oder drei Eingeborenen-Lehmhütten. All das lag in einer weiten Ebene. Fern am Horizont drohten die Dschungelberge der indischen Provinz Urissa.
Da stand ich nun völlig erschöpft und vom Fieber geschüttelt. Ein alter Mann mit eisgrauem Bart und weißer Soutane kam aus dem ärmlichen Bungalow.
„Grüß Gott, Pater", sagte ich, „ich komme per Fahrrad aus Deutschland. Habe mir in den Dschungeln wahrscheinlich eine Malaria geholt. – Haben Sie vielleicht eine luftige Ecke in Ihrer Behausung, wo ich mich hinpacken kann?"
Der Alte verdrehte zunächst die Augen, öffnete den Mund – und stotterte: „Wa-was sagen Sie da? Aus Deutschland? Deutsche Worte – hier? Mit einem Fahrrad?"
Er drehte sich um und rief in der Eingeborenensprache, in Uria, irgend etwas zur Kirche hinüber. Aus dem Portal kam ein zweiter jüngerer Missionar. „Das ist Pater Hunold", sagte der Alte. Sie

stellten gemeinsam ein Feldbett auf die Veranda. Ich legte mich hin – und war bewußtlos.
Gegen Abend, die untergehende Sonne tauchte gerade die ganze Ebene in ein gespenstisch-rötliches Licht, kam ich wieder zu mir. Pater Hunold wollte mir wieder Atebrin geben. Da erinnerte ich mich an ein kleines Geschenk, das man mir in Teheran vor Monaten mitgegeben hatte. „Das Beste gegen Malaria", hatte mir der Schwiegersohn von Professor May gesagt. Das war eine kleine Ampulle Bayer-Resochin-Tabletten. Irgendwo mußten sie in meinem Gepäck zu finden sein. Pater Hunold fand das Fläschchen. Ich nahm sofort drei von den Pillen, von denen Herr Clausius damals in Teheran behauptete, daß das Zeug ihn in Afrika innerhalb von 24 Stunden von einer schweren Malaria befreit habe. Am folgenden Morgen hatte ich den periodisch auftretenden Schüttelfrost überstanden. Dann war ich Zeuge des überaus kärglichen Mahles der beiden Missionare. Sie lebten genauso wie die Eingeborenen und aßen das welke Gemüse, das dünne Fladenbrot und die scharfe Currysoße mit den Fingern der rechten Hand. Sie unterhielten sich in der Sprache der Eingeborenen.
Die Bayer-Tabletten haben tatsächlich gehalten, was sie versprachen. Das Fieber, das bis 41 Grad gestiegen war, fiel endgültig. Ich fühlte mich nur sehr mitgenommen. Trotzdem – ich mußte weiter und verabschiedete mich von den einsamen deutschen Missionaren. Beiden standen die Tränen in den Augen, als ich sie verließ. . .
Zwei Tage hatte der unfreiwillige Aufenthalt gekostet.
Meine Route führte mich über Sambalpur, Tattanagar (wo später ein riesiges deutsches Stahwerk gebaut wurde), Midnapore nach Kalkutta, sieben unendlich erscheinende, lange, mühselige Trampeltage. Trotz der Gluthitze und der schlechten Straßen lag die Tagesleistung bei runden 150 Kilometern.

Von Midnapore nach Kalkutta

Ein Polizeioffizier hatte mich eingeladen, in einem für durchreisende Beamten sogenannten „Dak-Bungalow" zu übernachten. Eine tolle Erfahrung!
Über mir schwebte wie eine Schaukel ein meterlanger Bambusfächer, der mittels eines Seiles von außerhalb des Hauses durch einen Kuli hin und her bewegt wurde. Das ergab einen angenehmen Luftzug, und das rhythmische Schleifgeräusch des durchziehenden Seiles in der Mauer war wie das einschläfernde Zirpen einer müde gewordenen Grille.

Am späten Nachmittag sah die Welt schon anders aus. Ich fühlte mich frisch und hatte sogar noch Zeit und Lust, mein Fahrrad zu überholen. Die Kette war von den vielen Bergfahrten ziemlich schlaff geworden. Ich verkürzte sie und fügte die letzten sieben Reserveglieder ein. Dann trat ich wieder mit neuer Zuversicht in die Pedale.

In Midnapore hatte ich die Ganges-Tiefebene erreicht und war nicht mehr weit von Kalkutta entfernt.

Ein vollkommener Wechsel der Landschaft hatte stattgefunden. Reisfelder, Hunderte von Teichen, kleine und größere Flußläufe und unendlich viele große, weite und grüne Weiden. Alles war grün, grün in allen Schattierungen. Palmen und Haine von Bananenstauden begrenzten die winzigen, eng zusammengepferchten Bauernsiedlungen, deren Häuser, meist aus Bambus geflochten, auf Pfählen standen – offensichtlich der häufigen Überschwemmungen wegen.

Die Dschungeltour von Bombay nach Kalkutta, quer durch den indischen Kontinent, war so gut wie geschafft!

In den frühen Morgenstunden durchradelte ich die Vororte, die schmutzige Trostlosigkeit eines hoffnungslosen Elends. Die Sonne stand schon hoch am Himmel. Da sah ich endlich vor mir die silberglänzende, riesenhafte Konstruktion einer die gesamte Gegend überragenden Hängebrücke. Ich reihte mich in den nicht abreißenden Verkehrsstrom ein, und ehe ich mich versah, blickte ich in die schmutzigen, gelbgrauen Fluten des Ganges, des heiligen Stromes der Hindus.

Es war ein wahrhaft beglückendes Gefühl, das Bewußtsein, Indien und damit den Mittleren Osten bald hinter mir zu haben. Doch mitten im Gewühl der Multimillionenstadt wurde ich wieder von den stets neu auftauchenden Sorgen um das weitere Fortkommen überwältigt. Da waren echte Probleme zu lösen. Wo bleibe ich? Wie bekomme ich die notwendigen Visa, insbesondere für das rätselhafte und dem Fremden so verschlossene Burma? Siam? Indochina?

Von solchen Gedanken belastet, steuerte ich mein Rad durch den Verkehr, rechts und links hochbeladene, meist alte Lastwagen, schreiende, barfüßige Kulis, Lastenträger, Rikschas.

Auf einem weiten Platz stoße ich auf den mächtigen Bau des Hauptpostamts. Wieder einmal Heimatpost! Sieben Monate bin ich schon unterwegs. Der Familie geht es gut. Meine Frau denkt an den Wiederaufbau unserer Ruine. – Von den Continental-Gummiwerken erhalte ich die erfreuliche Nachricht, daß sie per Luftfracht drei neue Reifen nach Bangkok an die East Asiatic Co. Ltd. abgesandt haben. Gottseidank, daß diese Frage gelöst ist.

An einem großräumigen, aber ziemlich ungepflegten Platz bewundere ich das „Victoria Memorial", ein bemerkenswertes Denkmal aus der Blütezeit viktorianisch-britischer Herrschaft.
Tausende von meist jungen Männern in weißen Anzügen und mit geputzten Schuhen werden plötzlich aus Kolonnen von Omnibussen und Straßenbahnen ausgespuckt und eilen in die umliegenden Regierungs- und Geschäftsbauten. Es sind Beamte und Angestellte. Sie kamen wie weiße Gespenster und binnen Minuten verschwanden sie.
Jenseits der breiten grünen Flächen fielen mir plötzlich mehrere Schiffsschornsteine und Masten auf. Dort also mußte der Hafen liegen! Hafenluft . . . Schiffe . . . das Meer! Das verbindet mit der Heimat und mit der Ferne – und in mir läßt dieses Erlebnis noch immer jede Gegenwart vergessen.
Im Hafen von Karachi hatte ich vor Wochen gehört, daß die Inder auf jedem ihrer größeren Schiffe mindestens einen deutschen Offizier an Bord hätten. Hier lagen nun etliche Ozeanfrachter unter indischer Flagge. Vor mir führte eine Gangway die schwarze Bordwand empor. Oben stand schläfrig über die Reeling geneigt ein bärtiger Sikh, der Wachmann. Ich rief ihn an: „Ist der German Officer an Bord?" Als ob es selbstverständlich sei, daß ein deutscher Offizier an Bord sein müsse, rief er mir zu: „Sahib kommen hoch! Officer Germany gleich hier in Kammer!"
Ich hatte also Glück gehabt. Ich stieg die Gangway empor und klopfte an der bezeichneten Kabinentür. Ein hünenhafter blonder Mann öffnete. Ich sagte: „Grüß Gott" und er schaute mich groß an und sagte schließlich: „Dunnerkiel, deutscher Besuch?"
Wir hatten uns schnell angefreundet, zumal der Offizier sozusagen als Trost gegen Heimweh eine ansehnliche Batterie an gefüllten Whiskyflaschen besaß. Mit diesem Whisky und Eiswürfeln, die uns ein schwarzer Küchenjunge hereinbrachte, spülten wir gemeinsam unser aufkeimendes Heimweh hinunter. Wenig später erschienen zwei weitere Deutsche, junge abenteuerlustige Studenten aus Pirmasens, die sich als Zauberkünstler in großen Hotels und Varietés ihr Reisegeld verdienten. Sie hießen Pfirrmann und Kröger und hatten unendlich viel Zeit. Die beiden brachten mich noch am gleichen Tag mit einem deutschsprechenden Inder zusammen, dem Bürgermeister von Behala namens Biren Roy. Sein Reichtum erlaubte es ihm, sich mehr dem Sport als der Arbeit hinzugeben. Seine Leidenschaft war die Sportfliegerei und – die jährlichen Skiferien in den deutschen Alpen. Er hatte viele Häuser in Kalkutta und ließ es sich nicht nehmen, mich noch am gleichen Abend bei einer Familie des gehobenen Mittelstandes einzuquartieren. Die Leute, braunhäutige Bengalen, hatten

eine Reihe Töchter, die ihrerseits alles daran setzten, mich zu verwöhnen.
Kalkutta hatte seine Hundstage. . .
Über der Stadt lastete eine schwelende, feuchte Hitze. Jede kleinste Bewegung verursachte einen Schweißausbruch. Kein Wunder, daß ich nur selten ausging und es vorzog, mich von den vergangenen Strapazen zu erholen. So verbrachte ich etliche Tage fast ausschließlich und buchstäblich im Schoße der bengalischen Familie, meist zwischen Bett, Bad und Tisch.
Aber es gab allein schon in der unmittelbaren Nachbarschaft genug zu sehen. Nebenan wurde seit Tagen Hochzeit gefeiert, ein ohrenbetäubender Lärm, der oft die ganze Nacht anhielt. Vom Balkon meines Zimmers konnte ich gerade in den Nachbarhof hinunterblicken. Dort tanzten allabendlich indische Tempeltänzerinnen zu Ehren des Hochzeitspaares. Die heiligen Kühe und etliche Dutzend zerlumpte Bettler hatten während dieser Hochzeitswoche gute Tage. Sie erhielten jeden Morgen von der Braut einen Karren Heu, Rüben und mehrere Kessel gekochten Reis.
Eines Morgens war ich überrascht, als ich auf der gegenüberliegenden Straßenseite den dortigen Hausbesitzer sterbend auf einer Pritsche liegen sah. Nur wenige Kulis standen um ihn herum, offenkundig ungeduldig auf seinen Tod wartend.
Empört und aufgeregt lief ich zu meinen Hausbewohnern und wollte sie auf den Vorfall aufmerksam machen. Ich klopfte bei Sri (Herrn) Moindra an und führte ihn auf meinen Balkon. Als er den sterbenden Mann auf dem Bürgersteig sah, sagte er nur: „Er ist doch alt genug. Seine Zeit ist um.“ Damit war für ihn der Fall abgetan.
Ich lief eine Treppe tiefer zu Sri Agarwall.
„Ja, was wollen Sie nur, Sri Helfgen? So sterben wir doch alle!“
„Wie? Was? Auf dem Pflaster?“ rief ich voller Empörung.
„Nun, sollen wir vielleicht die teuren Betten oder gar die Häuser verbrennen, jedesmal, wenn einer darin stirbt?“
Und so erfuhr ich zu meinem größten Erstaunen, daß kein Inder in ganz Bengalen in einem Bett schlafen oder in einem Haus wohnen würde, in dem ein Toter gelegen hat. Die Sterbenden werden kurzerhand in den Hof oder auf die Straße geschafft.
In der Hauptstraße vor dem Grand Hotel bemerkte ich einen Menschenauflauf. Ich hielt an, stellte mich auf die Pedale des Rades und schaute über die Köpfe hinweg.
Am Boden lag ein schwarzes Etwas, eine splitternackte, verkrüppelte Bettlerin, umgeben von drei Polizisten und mehreren andern Krüppeln und Bettlern. Letztere zeigten der Polizei gegenüber eine ziemlich bedrohliche Haltung.

Der Sachverhalt wurde mir von einigen Hotelgästen erklärt. Diese hatten sich nämlich über das Ärgernis – eine splitternackte Bettlerin vor einem modernen, von Europäern bewohnten Hotel – beschwert. Als die Polizei schließlich nach wochenlangen Beschwerden einschritt, hielt die gesamte Bettlergilde zusammen und bedrohte die Hüter der Ordnung.
Wie diese Angelegenheit erledigt wurde, hat mich nicht weiter interessiert. Die Bettlerin jedoch war am nächsten Tag nicht mehr zu sehn. (Als ich etwa zehn Jahre später mit meiner Frau eine Reise durch Indien unternahm, sahen wir das gleiche Bild. Wieder lag eine Bettlerin da, genauso nackt wie damals!)
Ein lustiges Erlebnis hatte ich am Abend des gleichen Tages. Die beiden Mädchen der Familie Argawala, Kuku und Putu, erschienen in ihren schönsten, hauchfeinen Saris und luden mich zum Schwimmen in einem glasklaren Parkweiher ein. Das ließ ich mir nicht zweimal sagen.
Also gingen wir an den nahe gelegenen See. Ich zog mir meine Badehose hinter einem Busch an und wartete darauf, daß die Mädchen ebenfalls ihr Badezeug anlegen würden. Sie machten aber nur eine abwehrende Bewegung – und Putu, die Jüngere, fünfzehnjährig, erklärte mir, daß die europäischen Badeanzüge schamlos seien, sie aber durchaus nichts dagegen hätten, wenn ich als Mann auf meine Hose verzichten würde. Männer brauchten sich ihrer Nacktheit nicht zu schämen! Damit sprangen die zwei so sittenstrengen Mädel samt ihren kleidsamen Saris ins Wasser. Als sie wieder auftauchten und an Land kamen, standen sie gleich bronzenen, nackten Nixen vor mir. Sie hatten lediglich ihre Unterwäsche abgelegt. Ihre hauchdünne Bekleidung war, angeklatscht an den Körper, fast überhaupt nicht mehr festzustellen. Sie zeigten keinerlei Scham und waren lustig und ausgelassen. Als ich mir dann die anderen Hindufrauen und die gesamte badende Weiblichkeit betrachtete, sah ich überall das gleiche Bild. – Aber nur kein Badeanzug! Oh, ist das schamlos! Ich konnte trotzdem nicht behaupten, daß mir diese bengalische Schamhaftigkeit nicht gefallen hätte.
Am zehnten Tag meines Kalkutta-Aufenthaltes – ich war glänzend erholt und hatte zehn Pfund aufgeholt – regte sich in mir das böse Gewissen. Ein liebevoller Brief aus Düsseldorf erinnerte mich an mein Vorhaben, dort – von der andern Seite des Erdballs – eines recht baldigen Tages wieder einzutreffen, hatte ich doch erst kaum ein Drittel der gigantischen Tour hinter mir. So faßte ich mir ein Herz, vergaß meine Faulheit und alle Lust im Hause der Argawalls und begab mich zum burmesischen Generalkonsul, um dort das Visum für das „verbotene Land“ zu erhalten. Bisher hatten alle

meine Kollegen, die ich hier und da in Kalkutta traf, nur geunkt. „Old chap", bemerkte der Reporter der „New York Sunday Times", „Du hast größtes Glück, wenn Du Dir die burmesische Hauptstadt per Flugzeug ansehen darfst! Ins Landesinnere aber – na warte ab! Der Konsul wird Dir sein ewiges Lächeln zeigen!" Dies Lächeln sah ich wenige Minuten später.
„Ja Sir," sagte der Burmese, „das müssen Sie verstehen. . . unser Land kämpft noch um seine innere Freiheit, genauso wie das die Amerikaner vor hundert Jahren taten – und da gab es noch keine Kommunisten. Kommen Sie in fünf oder zehn Jahren nochmal wieder! Dann werden Sie in den „Vereinigten Staaten von Burma" genauso frei reisen können, wie in Amerika!"
(Heute, nach fast dreißig Jahren ist Burma immer noch ein verschlossenes Land und freies Reisen ist fast unmöglich, es sei denn, man schafft es mit viel Tricks und Beziehungen, diese Beschränkungen zu umgehen, wie es mir und meiner Frau in den Jahren 1959/60 unter vielen Abenteuern nochmals gelungen ist.)
Damals, im April 1952, ließ ich mich von dem lächelnden Konsul mit dem Hinweis auf fünf bis zehn Jahre nicht vertrösten. Es gelang mir immerhin, ein sogenanntes Durchreisevisum nach Singapur zu erschleichen, obwohl ich gar nicht daran dachte, auf dieser Reise jene damals noch britische Kronkolonie zu besuchen. Ich erhielt also ein Transit-Visum, einen Stempel in meinen Paß, der in der Praxis nichts anderes bedeutete als die Genehmigung, Burma zu überfliegen und in der Hauptstadt Rangun eine Zwischenlandung mit Stadtbesuch zu absolvieren.
So ließ ich es mir nicht nehmen, nochmals einen großen und berühmten Hindutempel zu besuchen. Der bekannteste und schönste in Kalkutta ist der Kali-Tempel. Er ist dem Hinduprophetеn der Neuzeit, Ramakrischna geweiht. Obwohl mir bekannt war, daß schlaue Ramakrischna-Funktionäre in ihrer Geldgier die Lehre des großen Philosophen in Amerika und Europa zum Ansammeln von Reichtümern mißbrauchten, ähnlich wie es die meisten Kirchen dieser Welt in Geschichte und Gegenwart tun. Ich wollte noch einen wirklichen Jünger dieses Propheten kennenlernen, einen uralten Mönch des Kali-Tempels, der noch als junger Mann mit Ramakrischna zusammengelebt hatte.
Als ich barfüßig wie alle Hindus in dem marmornen Heiligtum stand und zusah, wie das Volk betete, erschien der alte Mönch – er war schon weit über die Neunzig – und redete mich auf englisch an: „Sahib! Darf ich Ihnen ein Gleichnis erzählen?"
„Ich höre gern zu", sagte ich. Der Alte schlang sein goldgelbes Gewand um die ausgedörrten nackten Schultern und zog mich in einen Winkel des von Weihrauch eingenebelten Raumes.

„Ramakrischna", sagte er mit flüsternder Stimme, „weint über seine Jünger – genauso wie Christus und Mohamed. Statt für Nirwana zu leben, streiten sie um die Wahrheit – wie jene Blinden um das Aussehen eines Elefanten."
Seine wasserblauen, bereits in der Ewigkeit schwimmenden Augen schauten durch mich hindurch als er fortfuhr:
„Diese Blinden stritten sich, wie wohl ein Elefant aussehe. Keiner wußte es und so beschlossen sie, einmal nachzufühlen. Vor den Toren der Stadt trafen sie auf einen dort liegenden Dickhäuter und jeder fühlte und tastete. Jeder glaubte, es nun zu wissen. „Der Elefant sieht aus wie ein Baumstamm", sagte der, der nur die mächtigen Stampfer berührt hatte und der zweite, der den Rüssel in die Hand nahm, meinte: „Das ist falsch! Er ist wie ein mächtiger Trichter mit zwei Löchern am Ende". Der Dritte sagte: „Stimmt nicht! Ich habe eindeutig festgestellt, daß es nur ein fast nackter Schwanz mit ein paar Borsten am Ende war." Der vierte Blinde lachte laut und rief: „Ihr seid doch blöde, wenn ihr nicht festgestellt habt, daß der Elefant wie ein riesiger Felsblock ist; ich habe mich doch sogar daran angelehnt." Und so wäre es fast zu einer Schlägerei gekommen, wenn nicht ein Sehender als Schiedsrichter erschienen wäre. Der Sehende sagte: „Ihr habt alle recht, wenn ihr nicht streitet, denn ein Jeder von Euch hat nicht das Ganze, sondern nur ein Teil gefühlt, aber gesehen hat keiner!"
Der alte Mönch nahm seine Gebetsschnur und murmelte in sich hinein. Betende Inder, kalter Marmor, brennende Lämpchen, Weihrauch und der vergehende, greise Mönch, ein menschliches Wrack in leuchtendem Gelb! Ich mußte mich zusammenreißen, um aus dieser „sehenden Ewigkeit" in die Realitäten der blinden Wirklichkeiten zurückzukehren.

Heraus aus Indien ins Land der Bengalen

Mein Abschied von dem Lande, das ich in den vielen Wochen vom äußersten Westen bis hierhin zum östlichsten Zipfel radelnd durchquert hatte. Auf Wiedersehn, Mutter India. . .
Die Menschen jenseits des Ganges fielen mir gleich durch ihre andersartige Kleidung auf. Die Männer trugen eine Art Röcke, den sogenannten Lungi, ein großes Tuch, das sie bei der Arbeit zwischen den Beinen hochzogen und auf der Gürtellinie einsteckten.
Es war schon später Abend, als ich endlich ziemlich ausgepumpt Jamalpur erreichte. Ich hatte an diesem Tag gute 180 Kilometer zurückgelegt.

Voller Optimismus radelte ich nun gegen Südosten über Mymensingh, Brahmabaria und Comilla nach Chittagong, der Hafenstadt gegenüber von Kalkutta.
Ich radelte Chittagong entgegen. Das war eine Fahrt ohne Kilometerzählen, weil es keine rechten Straßen gab mit Kilometersteinen und auch keine Karten aufzutreiben waren, die mir sagen konnten, wie weit ich zu radeln hatte. Aber was soll's! Dort unten im Süden, gar nicht allzuweit lag der bengalische Meerbusen – und dort war Chittagong, die Hafenstadt Ostpakistans, das heute selbständiger Staat ist, voller Armut, und Bangladesh heißt.
Das waren vier Tage eintöniger Fahrt durch moskitoverseuchte Malariagegenden, durch Flachland voller Wassertümpel, voll stinkender Sümpfe, aus denen sich mit der aufgehenden Sonne Millionen, nein, Milliarden von Insekten erhoben.
Auch die Straßen waren schlechter als schlecht. Faustdicker, roter, halbgebackener Staub, hie und da rotgelbe Pflastersteine und jeder Windstoß, heiß und unangenehm, wirbelte den Dreck auf den verschwitzten Körper, wo sich gleich eine lehmige Brühe bildete, die schnell trocken und rissig wurde und derart juckte, daß ich glaubte, in der Hölle zu sein.
Weite, mit Dämmen umgebene Felder deuteten auf den Reichtum des Landes, Reis – und vor allem Jute. Jetzt in der heißesten Zeit des Jahres lagen diese Felder ausgetrocknet und rissig vor mir.
Je weiter ich nach Süden kam, umsomehr machte mir die Hitze zu schaffen. Ich fuhr und fuhr und trampelte ohne jeden Zeitplan und stieg ab, wenn es nicht mehr ging, ganz gleich ob es Tag oder Nacht war, oft müde am Straßenrand hinsinkend und mich auf den Sattel setzend, sobald Puls und Muskeln es wieder zuließen.
Meine Nahrung war endgültig die des Landes geworden. Mir blieb nichts anderes übrig, als mich an die überaus scharfen Chilischoten zu gewöhnen. Ohne sie blieb einem der Reis im Hals stecken. Die Eingeborenen – sie liefen alle mit nacktem Oberkörper und dem rockähnlichen Lungi herum – luden mich stets in ihre Hütten, waren gastfreundlich und freuten sich, daß ich als Europäer genauso wie sie mit den Fingern aß. Das hatte mir Kuku, die Kalkuttafreundin mit viel Mühe beigebracht. Vor allem, daß ich um Gottes Willen niemals mit der linken Hand Essen berühren durfte. Die Linke ist nur für den Unterkörper da. In Verbindung mit dem Wasser aus den in ganz Indien bekannten goldglänzenden Messingkrügen hat die linke Hand die Funktion des Toilettenpapiers. Das ist für die Besucher des wirklichen Indiens von ausschlaggebender Wichtigkeit, dies zu wissen. Die Inder verachten uns Europäer, ja sie ekeln sich vor uns, weil wir Toilettenpapier benutzen und das oftmals mit der rechten Hand. Kuku hatte

mir all das schonend beigebracht und ich war ihr auf meinen späteren Reisen noch dankbar für diese Aufklärung.
Ich gewöhnte mich also an die fernöstlichen Sitten, schnitt die Fingernägel der linken Hand ganz kurz und achtete stets auf die Reinlichkeit meiner Hände. Vor dem Essen wusch ich ohne Hilfe der linken die rechte Hand und ließ die Linke beim Essen stets auf den Knien liegen. Auf diese Weise wurde ich von den Bengalen sofort als einer der Ihren akzeptiert. Diese und andere Sitten sind im Orient außerordentlich wichtig, ja sie tragen sogar meistens einen religiösen Stempel sowohl bei den Hindus wie den Moslem, die jeden Verstoß gegen solche Äußerlichkeiten als schwere Sünde betrachten.
Die deutschen Seeleute in Karachi hatten mir seinerzeit Chittagong als kleines, dreckiges Nest geschildert, als einen Hafen, der erst einer werden soll.
Die Ostbengalen indessen schienen ganz besonders stolz zu sein auf diesen Platz. Für sie war das heutige Bangladesh ein Märchenland. Das alles war mir auf jener Foltertour unbegreiflich. In der Tat gehört dieses Land heute zu den ärmsten Ländern der Welt. Es könnte, genauso wie das Mekong-Delta, eine der fruchtbarsten Reiskammern Asiens sein, wenn die entsprechenden politischen Verhältnisse geschaffen würden. Aber immer noch leben sie, die Ostbengalen, von jener Hoffnung, einmal ein Paradies zu werden.
Ich war noch 30 Kilometer von Chittagon entfernt. Das las ich plötzlich an einem funkelneuen Straßenschild. Dort begann eine echte Asphaltstraße. Welche Wonne für mich und mein Rad! Rechts der Straße verlief die von der Hauptstadt Dakka kommende Eisenbahnlinie. Eine Anzahl großer und kleiner Ziegeleien, von denen die größeren sogar Bahnanschluß hatten, deutete darauf hin, daß in der Gegend viel gebaut wird.
Der Meilenstein zeigte noch fünf Meilen, etwa acht Kilometer bis zur Stadtmitte. Schmutzige, aus Bambusgeflecht und einige offensichtlich von der Regierung hingestellte Arbeitersiedlungen säumten die staubige von Ziegeleiautos belebte Straße. Es waren die gleichen Siedlungen, wie ich sie vor zwei Monaten in der Nähe von Sibi in Westpakistan und in der Gegend von Karachi gesehen habe, Häuserreihen, einstöckig, mit winzigen, hochummauerten Liliputhöfen, gleich offenen Streichholzschachteln.
Noch eine halbe Stunde Fahrt und ich befand mich mitten in einem Riesenverkehr zwischen Staub, Dreck, niederen Häusern, provisorischen Bretterläden, schreiender Reklame, zwischen kleinen, vollbesetzten Omnibussen, modernsten amerikanischen Luxuslimousinen und hastenden Menschen.
In einem Schaufenster der zum Hafen führenden Straße waren

deutsche Opelwagen ausgestellt. Ich besuchte den Geschäftsinhaber und fragte ihn, ob es Deutsche in der Stadt gebe. Er hieß Ali Khan, war außerordentlich freundlich und beklagte sich darüber, daß Deutschland keine geländegängigen Wagen herstelle. Nach seiner Meinung wäre das der beste Exportartikel für die unterentwickelte Welt. „Der Opel", so sagte er, „ist ein hervorragender Wagen, ebenso wie der Mercedes, aber die Leute sind gezwungen, den teuren amerikanischen Jeep zu kaufen, weil die Straßen so schlecht sind."

Er gab mir die Adressen von vier deutschen Familien. Ein Arzt, ein Hafenmeister, ein Bankdirektor und ein Versicherungsmann. Weil sie alle in der Nähe wohnten und ich selbst in einem lausigen Hotel, damals dem einzigen der Stadt, gebucht hatte, besuchte ich die Landsleute. Sie beklagten sich einstimmig über die horrende und betrügerische Kolonialpolitik der Westpakistanis, die das Volk der einheimischen Bengalen ausbeuteten. Bezeichnend hierfür war der Bericht des deutschen Arztes über seinen Hausbesitzer: Dieser war ein ganz kleiner Beamter aus Karachi, ein Beamter mit knapp vierhundert DM Monatsgehalt. Aber der Mann hatte Beziehungen. Als er vor vier Jahren aus Westpakistan kam – als armer Schlucker, der kaum lesen und schreiben konnte –, lieh ihm ein reicher Onkel ganze 5000 Rupien. Damit kaufte er sich ein Stück billiges Land. Die Beamten des Wohnungsamtes und der Baubehörde stellten ihm gegen entsprechende Schmiergelder sämtliche Bescheinigungen aus, die notwendig waren, um billige Bankkredite zu erhalten. Heute hat der Mann fünfzehn große Miethäuser und monatliche Mieteinnahmen, die das fünfundvierzigfache seines Gehaltes ausmachen, nämlich 16 000 DM monatlich.

Im übrigen wird in Chittagong – wie überhaupt in Asien – das Wort „Korruption" ganz groß geschrieben!

Der dortige Dunlop-Vertreter, Mr. Arnold, unterhielt sich am folgenden Tag in meinem Beisein mit dem Polizeichef über das heikle Thema und stellte die Behauptung auf, daß selbst die Polizei bestechlich sei. Der Polizeigewaltige spielte helle Empörung.

Der Engländer wettete darauf, daß zwei vom Polizeichef gekennzeichnete Zehn-Rupien-Scheine sich innerhalb einer halben Stunde in der Hemdtasche seines Hafenkontrolloffiziers befinden würden.

Nach anfänglichem Zögern, was mich an der Zuversicht des Pakistani schon stark zweifeln ließ, wurde die Wette angenommen. Es ging um eine Flasche Whisky. Wir mußten laut lachen, weil der Polizeichef die Wette mit den Worten annahm: „Was soll's, der Whisky kostet mich ja nichts!"

Der Chef markierte die beiden Geldscheine und Mr. Arnold begab

sich mit mir und einem LKW mit zwei Arbeitern in den Hafen, wo ein Posten Autoreifen lagerte. Laut Polizeiverfügung durften am Abend keine Waren den Hafen verlassen. Trotzdem wurde der Lastwagen beladen und das Hafentor wurde von dem Kontrollpolizisten höchst eigenhändig geöffnet. Mr. Arnold hatte nämlich die beiden Geldscheine zwischen die Abfertigungspapiere geschoben. Minuten später erschien der Polizeichef und griff dem Polizeikontrolleur in die Hemdtasche, wo die beiden Scheine, wie vorausgesagt, sich befanden. Großes Gelächter! Der Chef holte den Whisky und gab zu, nachdem er genügend davon genossen hatte, daß auch der schottische Tropfen aus einer geheimen, nur ihm zugänglichen Quelle stammte.
Noch amüsanter war die Geschichte mit jenem jungen Konossementschreiber aus Arnolds eigener Firma. Der junge Mann war erst vor kurzem von einem Abteilungsleiter eingestellt worden und kannte seinen höchsten Chef noch nicht. Dieser benötigte dringend einige Papiere und da gerade kein Laufunge da war, ging er selbst in das Büro des neuen Angestellten. Der junge Mann empfing den Chef höchst ungnädig und sagte ihm, er solle am nächsten Tag wiederkommen. Erst nach langem Hin und Her, wobei der Chef es vermied, sich vorzustellen, platzte der Angestellte heraus: „Bei Allah, legen Sie doch endlich einen Zehn-Rupien-Schein auf den Tisch und Sie können die Papiere sofort mitnehmen."
Das war so vor fast dreißig Jahren. Inzwischen ist das damalige Ostpakistan ein freier Staat Bangladesh geworden. So wie einst die Engländer als Kolonialherren gegangen sind, verschwanden die Westpakistaner, die das Land ausgebeutet hatten. Die Korruption ist geblieben und der Bevölkerung geht es schlechter denn je.
Nach drei Tagen Chittagong hatte ich genug von dieser Stadt. Die Hauptsorge war und blieb die Frage: Wie komme ich nach Burma? Schon in Kalkutta hatte ich von offizieller Seite gehört, daß es unmöglich sei, auf dem Landweg durch das verschlossene Land zu fahren. Chittagong war der Platz der letzten Entscheidung, denn hier hört die Zivilisation auf. Hier hatte ich die letzte Möglichkeit, per Schiff weiter gen Osten zu kommen. Das jedoch hätte bedeutet, den interessantesten Teil der Fahrradtour auszulassen und gleich über 4000 Kilometer um den malaiischen Archipel herum über Singapore nach Thailand oder gleich nach Saigon zu schippern statt Rad zu fahren.
Trotz der Nähe der burmesischen Grenze konnte niemand über das Nachbarland berichten. Nur soviel war zu erfahren, daß es in Südbengalen einen Punkt gibt, an welchem man die burmesische Grenze überschreiten könne, einen Übergang für Schmuggler und

geheime Waffenhändler, für Revolutionäre und Banditen. Das sei, so erzählte man sich, im äußersten Süden, 350 Kilometer von Chittagong entfernt, dort, wo der Naaf-River in den bengalischen Meerbusen mündet. Nach dem Westen hin war die burmesische Grenze zwar bedeutend näher, aber nicht zu erreichen. Dort war nichts als gebirgiger, fast undurchdringlicher Urwald, beherrscht vom König des Dschungels, dem bengalischen Königstiger.
Was die Durchquerung Burmas anging – niemand konnte auch nur den geringsten Anhaltspunkt angeben. Nur eines hörte ich – und das war wichtig: daß nämlich während des Krieges Teile der japanischen Armee von Süden her bis in die Nähe Chittagongs vorgestoßen seien. Außerdem hätten die Engländer damals aus strategischen Gründen eine nach Süden und sich dann nach Osten wendende Straße bis nach Burma hinein gebaut. Diese sei aber inzwischen vom Urwald und seiner üppigen Vegetation an den meisten Stellen verschluckt worden.
Vierter Tag in Chittagong! Ein junger, drahtiger Burmese besucht mich. Er stellt sich vor als Vizekonsul der burmesischen Staaten Union! „Und was führt Sie zu mir?“ fragte ich. „Ich bewundere Ihren Mut“, sagte er. Wir plauderten über meine bisherigen Erlebnisse. Ich fühlte, daß er etwas sagen wollte, aber nicht wußte, wie er es mir beibringen konnte. Seine asiatische Höflichkeit verbot es ihm, mir etwas Unangenehmes klar und deutlich ins Gesicht zu sagen. Erst nachdem er mich mit genügend übertriebenen Komplimenten bedacht und mich zum mutigsten Mann der Welt erklärt hatte, platzte er schließlich mit seinem Anliegen heraus:
„Es wäre doch schade, wenn Sie, ein deutscher Journalist, in unserem Land erschossen würden! Sie müssen das verstehen. . . Wir sind eine junge Nation und da gibt es viele Rebellen. . . und unsere Regierung kontrolliert erst drei Hauptverbindungsstraßen und kann außerhalb dieser Straßen keinerlei Garantie für ihr Leben übernehmen!“
„Das soll also soviel heißen“, sagte ich, „daß ich Ihr schönes Land nicht besuchen soll!“
Er nickte mit dem Kopf und meinte tröstend:
„No Sir, Sie sollen uns besuchen, nur nicht ausgerechnet in dieser turbulenten Zeit.“
„Ihr Generalkonsul in Kalkutta hat mir aber ein Transitvisum für Ihr Land gegeben“, sagte ich und fügte belehrend hinzu: „Transit ist ein lateinisches Wort und heißt unzweideutig „hindurchgehen oder wandern oder fahren“. Dieses Visum berechtigt mich für die Dauer von drei Monaten durch Ihr Land zu fahren!“ Er dachte eine Weile nach und meinte schließlich:

„Das könnte juristisch vielleicht in Ordnung gehen, obwohl mir diese Auslegung fremd ist; aber die Rebellen. . .“
„Keine Angst!“ sagte ich, „mir ist nicht ein einziger Fall bekannt, daß Rebellen einen Journalisten erschossen hätten.“ Mein Entschluß stand fest: Hindurch!

Ein Tiger und eine nackte Wilde

Dohazari liegt 70 Kilometer südlich von Chittagong, ein kleines Nest, Endpunkt der allindischen Eisenbahn, Ende aller Zivilisation.
Nicht weit von dort führt eine Eisenbahnbrücke über einen breiten Fluß. Dort stand ein Militärposten. Er bedeutete mir, daß es unmöglich und auch unerlaubt sei, diese Brücke zu überschreiten. Er hatte in gewisser Hinsicht recht, denn die Brücke war ausschließlich für die Eisenbahn gebaut und hatte keine Decke, das heißt, ich hätte 50 Meter über dem Wasser über die Schienen balancieren oder von Schwelle zu Schwelle springen müssen – und das etwa fünfhundert Meter weit. So gab ich es auf und da die Abenddämmerung bereits auf mich zukam, suchte ich nach einem Platz zum Zelten.
Mehrere Bengalen kamen mir entgegen und machten mir mit Händen und Füßen klar, daß ich bis zum Morgen warten und dann mit einem Sampan über den Fluß setzen könne.
Ein Eingeborenen-Sampan setzte mich über den Fluß. Es war gerade Flutzeit. Das vom nahen Meer eindringende Flutwasser ließ den Fluß rückwärts fließen. Mein Fährmann, ein brauner, sehniger Bursche, hatte alle Mühe, das schmale Boot von den Strudeln der Brückenpfeiler fernzuhalten.
Das Landen und das Anlandschaffen meines Rades war ein Problem für sich. Ich mußte bis zur Brust im schlammigen Wasser waten und das Rad über meinen Kopf hochstemmen.
An Waschen oder gar an Baden war jedoch bei der Wildheit des Wassers und den schlammigen Uferverhältnissen nicht zu denken. Dreckig wie ich war, stieg ich auf mein Stahlroß und fand nach einigen Kilometern Bahndammfahrt die Reste einer ehemaligen Ziegelstraße, die einst berühmte, von englischen Soldaten erbaute Indien-Burma-Straße. In Ermangelung von Steinen wurden damals schnellstens einige Ziegeleien errichtet und Ziegel für den Straßenbau verwandt, ein für diesen Zweck völlig ungeeignetes Baumaterial, das für den damaligen strategischen Zweck aber schlecht und recht ausreichte.
Es war eine fürchterliche Berg- und Talreiterei über zerbrochene

und ausgewaschene Ziegel, durch die in der Sonnenglut dampfenden Wasserpfützen und Schlaglöcher in allen Variationen. Gegen Mittag hatte ich den Eisenbahnendpunkt Dohazari erreicht. Die Eingeborenen gafften mich so merkwürdig an, und ich konnte in vielen Gesichtern ein breites Grinsen der Schadenfreude feststellen. Wie ich aussah, so hatten sie gewiß noch keinen Weißen gesehn. Trotz meines fürchterlichen Dursts stieg ich nicht vom Rad und fuhr weiter.

Eine halbe Stunde später hatte der Himmel Erbarmen mit mir. Die stechende Sonne verschwand hinter schweren, schwarzen Wolken und dann setzte ein Regen ein, wie ich ihn noch nie erlebt hatte. Ich hatte Mühe, mich auf dem Rad zu halten. Der Guß wurde immer toller – und schließlich zwang mich die Gewalt der fallenden Wassermassen buchstäblich auf die Knie! Ich war nicht abgestiegen, sondern lag plötzlich mitten in einer seeartigen Wasserlache. Trotz alledem fühlte ich mich fast wohl dabei, jedenfalls besser als in der unvorstellbaren Hitze. Ich war schön abgekühlt. Der Durst war wie weggewischt, und vor allem – ich war sauber! Keine Spur mehr von Schlamm und Dreck! Selbst meine Kleider, Hemd, Hose und Schuhe waren fleckenlos und bis auf die Nässe einwandfrei. Das war die Waschmaschine des Himmels! Glücklicherweise war das Gepäck „waterproof", und meine Papiere befanden sich, ebenso wie die Finanzen, in einer Aluschachtel.

Der Regen ging, wie er gekommen war. Wenige Minuten nach den letzten Tropfen brannte die Sonne wieder.

Um nicht zwischen den Beinen wund zu werden, zog ich mich aus, hängte meine Kleider über die Lenkstange und fuhr nackt weiter gen Süden. Übrigens ein Trick gegen das Wundscheuern für Tourenfahrer: ich trug seidene Damenschlüpfer.

Die dampfende Hitze nach dem Regen war bald unerträglich. Ich mußte mir etwas anziehen, um einen Sonnenbrand zu vermeiden. So zog ich schließlich mit Netzhemd, Sporthose, Tropenhelm und barfuß weiter, bis ich endlich nach mühsamen Hopsereien und Gezirkel durch Wasserpfützen und Steingeröll ein gut aussehendes Bambusdorf, 40 Kilometer südlich von Dohazari erreichte.

Die Dorfjugend, nackte, braune Bengalenbuben, war sofort um mich versammelt. Ein junger Mann mit vornehmem, seidenem Lungi, dem bis zu den Füßen reichenden Rock, und einem amerikanischen Khaki-Soldatenhemd redete mich in fast fließendem Englisch an und bat mich, seinen Onkel, den Dorfbesitzer, zu besuchen. Wir gingen durch eine Allee um einen Weiher herum und standen vor einem gepflegten, blitzsauberen Bungalow. Vor der Tür standen drei noch gut erhaltene amerikanische Lastwagen. Der Besitzer hatte sie offenbar bei Kriegsschluß den Engländern abgekauft.

Rechts des Hauses floß ein kleiner Fluß. Vom Ufer tönte ein ohrenbetörender Lärm, ein quakender Rhythmus, vergleichbar mit dem Geächze riesiger, hölzerner Wagenachsen. Es waren Ochsenfrösche, die nach dem Regen ein Konzert gaben.

Der Neffe ging ins Haus und kam nach wenigen Sekunden mit einem kleinen, ungepflegten Mann in den Fünfzigern zurück. Er stellte sich vor als der Dorfbesitzer Abu Chawdhuri.

Auffallend war, daß die Hautfarbe dieses Mannes bedeutend heller war als die der andern Bengalen. Seine klugen, kleinen Augen leuchteten auf, als ich ihm sagte, daß ich per Fahrrad von Europa komme. Er sprach, ebenso wie sein Neffe, ein fließendes Englisch, hielt meine Hand lange in der seinen und sagte schließlich:

„Das ist eine ganz große Freude für mich, daß Sie mich aufsuchen! Vor dreizehn Jahren waren zwei Franzosen, die mit dem Auto von Paris kamen, auch bei mir zu Gast. Das war damals das erste Auto, das ich in meinem Leben gesehen hatte. Die beiden Franzosen waren Boy Scouts und haben ein Buch über ihre Fahrt geschrieben. Es heißt „Die Straße der Abenteuer". Sie haben mir eins davon geschickt. Ja, sie brauchten damals viele Wochen, um mit Hilfe von hundert Bengalen und etlichen Elefanten hier durchzukommen."

Ich wußte sofort, daß es sich um die sagenhafte Expedition Larigaudis handelte. Das Buch kannte ich fast auswendig. Es hatte mir den ersten Anstoß zu meinem Unternehmen gegeben.

Abu Chawdhuri hatte eine Unmasse von Dienern, die alle besser gekleidet waren als er selbst. Etliche traten aus dem Haus, um mein Rad zu bewundern. Das Vehikel sah trotz der unglaublichen Strapazen, die es hatte durchhalten müssen, immer noch ganz respektabel aus. „Wie viele Diener haben Sie?" fragte ich. Abu Chawdhuri überlegte und schüttelte schließlich den Kopf: „Darüber habe ich offen gestanden noch nie nachgedacht. Es mögen so um die zwei Dutzend sein. Am besten Sie fragen meinen ersten Diener!"

Vom Fluß her wehte in der Abenddämmerung eine leichte, aber angenehme Brise. Der Abu ließ Stühle und Tische nach draußen bringen und erzählte mir dann die Geschichte der beiden Franzosen. Ich mußte gestehen: Hut ab und alle Achtung vor den zwei Abenteurern, die damals die Tour mit dem Auto gewagt hatten! Das Fahrrad ist, abgesehn von den harten Belastungen der Muskeln, des Herzens und der Lunge, immerhin leichter durch solche Gegenden zu schaukeln als ein benzinfressender Wagen. Ich erinnerte mich, daß ich in dem Buch von einem freundlichen Dorfbesitzer gelesen hatte, dessen Gast sie waren und der sie zu einer Elefantenjagd eingeladen habe.

So lenkte ich unser Gespräch auf das Thema Jagd. „Wenn Sie nächstes Jahr wiederkommen wollen, verspreche ich Ihnen, eine richtige Elefantenjagd vorzubereiten. – Aber damit Sie endlich zu Ihrem langersehnten bengalischen Königstiger kommen, will ich Ihnen schon morgen eine Chance geben. Mein Neffe, den Sie ja bereits kennengelernt haben, ist ein ausgezeichneter Jäger. Er hat schon fünfzehn Tiger erlegt und kann Sie morgen zu einer Tigerjagd mitnehmen."

Ja, das war etwas für mich! In der folgenden Nacht im Gastzimmer des Bungalows, war an Schlaf kaum zu denken. Voller Spannung wartete ich auf den Morgen. Erst in den kühleren Morgenstunden schlief ich ein.

Es war fast Mittag, als der Neffe mich wachrüttelte. Er hatte einen großen Patronengurt mit mindestens drei Dutzend verschiedenartigen Patronen und ein funkelnagelneues Zwillingsgewehr in der Hand und legte beides bedeutungsvoll auf mein Bett.

In Minutenschnelle kam ich vom Morgenbad zurück und fand ein reichliches Frühstück auf dem Tisch: Mehrere Schüsseln mit Reis, Fladenbrot, Curry, gebackene Eier, ein gebratenes Huhn und eine weitere Schüssel mit Ziegenfleisch.

Der junge Chawdhuri brachte sein Fahrrad heran – ein schweres englisches Raleigh-Rad – nicht nur, um es mir stolz zu zeigen, sondern um es den halben Weg bis tief hinein in den Dschungel zu benutzen. Während ich noch aß, übergab er den Dienern die Gewehre und die Munition sowie den Proviant. Es waren junge, stämmige Burschen, etwa sieben oder acht. Sie machten sich sofort laut palavernd auf den Weg. Als sie unseren Blicken entschwunden waren, hörten wir sie singen, einen merkwürdigen Gesang, bei dem sich die Laute der Natur, das Quaken der Frösche, das Rauschen des Waldes, das Brüllen der Tiger und das Blöken der Herden mit dem monotonen Singsang eines Vorsängers mischten.

Zwei Stunden später brachen wir auf unsern Rädern auf. Am Ausgang des Dorfes begann ein schmaler, aber gut befahrbarer Pfad. Er führte zwischen wogenden Reisfeldern hindurch dem Urwald zu. Da passierte mir das Unglück, daß ich mit der Sohle meiner Radfahrschuhe in einem Dornbusch hängenblieb und die Schuhsohle abgerissen wurde. Es blieb mir nichts anderes übrig als entweder umzukehren oder der Entschluß, von nun an barfuß zu laufen. Für Bengalen ist das kein Problem, denn sie laufen alle barfuß. Solange ich auf dem Rad saß, war das auch für mich erträglich. Chawdhuri meinte: „Macht nichts! Der Urwaldboden ist sanft wie ein Teppich!" Ich glaubte ihm, zumal er, der verwöhnte Aristokrat, selbst ohne Fußbekleidung war.

Vier Kilometer hinter dem bengalischen Dorf am Rande des

Dschungels, befand sich eine Pfahlbausiedlung. Als wir sie erreichten, konnte ich noch soeben sehen, wie eine Reihe von Frauen und Mädchen mit entblößten Oberkörpern in aller Eile die Leitern zu ihren Hütten hochkletterten und dort verschwanden. Wenige Sekunden später erschienen einige von ihnen wieder auf den Bambusplattformen und schauten neugierig zu uns herunter. Sie hatten schnell irgendwelche Tücher oder Lumpen über sich geworfen. Mein junger Freund lachte herzlich und erklärte mir, daß dieses schnelle Umkleidemanöver ein Überbleibsel aus der britischen Kolonialherrschaft sei. Die prüden Engländer hätten ein Gesetz erlassen, das die eingeborene Weiblichkeit zur Bedeckung ihrer Reize gezwungen hatte.
Eine ältere Frau näherte sich schüchtern. Sie überreichte mir eine schöne gelbe Papaiafrucht. Wir stellten unsere Räder unter ihre Hütte – und bald hatte uns der Dschungel aufgenommen. . .
Der Dschungelpfad war gar nicht so schlecht, wenn ich auch nicht gerade das Gefühl hatte, über einen Teppich zu wandeln, wie Chawdhuri behauptete. Nach einstündigem Marsch trafen wir die Diener. Sie machten aufgeregte Zeichen, wir sollten vorsichtig näher kommen.
Was soll da nur sein? dachte ich. Gewiß noch kein Tiger! Chawdhuri klärte mich flüsternd auf: „Hier sind „Grüne Vögel“, ein bengalischer Leckerbissen. Die Leute bitten uns, eine gründliche Schrotladung in die Baumkronen zu schießen.“
Mein Gewehrträger hatte die Flinte bereits mit zwei Schrotpatronen geladen, überreichte sie mir und zeigte lüstern nach einem hohen und weitausladenden Baum, auf dessen Ästen einige Dutzend großer, grünschimmernder Vögel saßen.
Chawdhuri nickte mir zu.
Ich legte an. . . ein Donnerschlag, der in der Dschungeleinsamkeit von mir wie ein Sakrileg, wie eine Beleidigung der göttlichen Natur empfunden wurde. Einige der fast hühnergroßen Exoten trudelten und fielen durch das Gezweig in das dichte Unterholz. Die Bengalen stimmten ein regelrechtes Freudengeheul an und rasten in langen Sprüngen auf den Baum zu. Die Vögel wurden auf eine Bambusgerte gespießt und so mitgenommen.
Mit der aufkommenden Dämmerung erreichten wir ein ziemlich flaches Hügelplateau mit winzigen Reisfeldern und vielen Obstbäumen, Papaias mit den typisch glatten Stämmen, kleinen Kugelkronen und den riesigen Früchten, die wie Kürbisse fast am Stamm klebten, Mango, Bäume mit mächtigen Kronen und den eiergroßen, übersaftigen Früchten und vor allem eine Unzahl von Bananenstauden. Einige splitternackte Menschen – Männer, Frauen und Kinder – trieben eine Büffelherde vor sich her. Erst als

wir näher kamen, entdeckten sie mich, den Weißen, und liefen, die Herde im Stich lassend, auf und davon. Interessante Menschen waren das! Soviel konnte ich im Halbdunkel feststellen. Das waren friedliche Bauern, deren Haut bedeutend heller war als die der Bengalen, ja ich hatte den Eindruck, daß diese Nackten zur gelben Rasse gehörten und Mandelaugen hatten, eher den Chinesen als den Indern glichen. Daß sie davonliefen, tat mir leid. Ja, in gewisser Hinsicht tat es mir persönlich besonders leid, weil sie nicht vor den Bengalen, sondern vor mir, dem Weißen, flüchteten. Chawdhuri schien meine Gefühle erraten zu haben. Er meinte teilnahmsvoll: „Daß sie vor Ihnen Angst haben, daran sind einzig und allein die Engländer schuld! Die haben einmal sogar einen Häuptling auspeitschen lassen, weil die Leute unbekleidet angetroffen wurden."
Chawdhuri erkletterte die Leiter zur Hütte des Dorfältesten. Es dauerte eine ganze Weile, bis er mit dem Alten auf der Plattform der leicht im Winde schaukelnden Hütte erschien und mich heraufrief.
Ein Kienspan bildete die spärliche Beleuchtung und verbreitete den süßlichen Duft eines aufdringlichen Parfums. Im Schlagschatten dieses Lichtes, in der äußersten Ecke des Raumes, hustete etwas. Beim näheren Hinschauen entdeckte ich dort lang hingestreckt zwei weibliche Gestalten. Sie hatten kleine Leopardenfelle um ihre Lenden geschlungen und schauten ängstlich, jede meiner Bewegungen verfolgend, zu mir herüber. Der Häuptling machte einen selbstbewußten Eindruck. Sein Alter konnte ich nicht ergründen. Er hätte sowohl dreißig als auch sechzig Jahre alt sein können. Wir saßen mit überkreuzten Beinen am Boden. Die runden Bambushölzer waren durch die Reisstrohmatten deutlich zu fühlen, eine für Europäer höchst unangenehme Sitzgelegenheit. Der Häuptling merkte jedoch bald meine Beschwerden und rief in seiner wohlklingenden, singenden Sprache etwas hinaus in die Dunkelheit. Ein kleiner, etwa zehnjähriger nackter Junge brachte ein Bündel frischer Bananenblätter herauf. Chawdhuri bedeutete mir, daß ich mich darauf setzen möge. Es war wie eine Erlösung, als ich mich der Länge nach auf die großen, kühlenden Blätter legte. Mit einem freundlich gutmütigen Grinsen überreichte mir der Dorfälteste alsdann eine Kokosnußschale. Sie war zur Hälfte mit einer milchigen, nach Alkohol riechenden Flüssigkeit gefüllt. Ich nippte. Donnerwetter, das Zeug war stark und würzig, ein fremdartiger Likör erster Güte! Chawdhuri und der Häuptling freutensich wie Kinder und lachten, als sie sahen, daß es mir schmeckte. Hiermit war dann auch jeder Bann gebrochen und das vorangegangene fast zehnminütige Anschweigen war vorüber.

Selbstverständlich wollte ich etwas über unsere beabsichtigte Tigerjagd hören. Mein junger Jagdfreund machte aber ein langes Gesicht und erklärte mir, daß die „Wilden" einen unverzeihlichen Fehler gemacht hätten. Chawdhuri hatte nämlich seinen Jagdplan darauf aufgebaut, daß in der vorvergangenen Nacht in der Nähe dieses Dorfes ein Buffalokalb von einem Tiger geschlagen wurde. Trotz seiner Anweisung, das Tier unberührt liegen zu lassen, hätten einige Jugendliche aus dem Dorf in ihrem Hunger auf frisches Kalbfleisch eine Lende aus dem Kadaver herausgeschnitten. Nach seinen Erfahrungen sei es nun mehr als fraglich, ob die Bestie zu ihrem Opfer zurückkehren würde.
„Ich gehe noch in dieser Nacht nach Hause", erklärte Chawdhuri resignierend.
Das war durchaus nicht nach meinem Geschmack. Schließlich einigten wir uns dahin, daß er mir einen zuverlässigen Diener als Führer für den Rückmarsch durch den Dschungel zurückließ. Ich wollte unter allen Umständen, wenn ich schon nicht zu dem heißersehnten Jagderlebnis kam, dieses merkwürdige, in keiner Völkerkunde erwähnte Völkchen kennenlernen.
So schieden wir denn nach einer weiteren Stunde anregender Plauderei. Ich fühlte mich trotz meines immer schwerer werdenden Kopfes sehr wohl auf den Bananenblättern in der schwankenden Hütte des schlitzäugigen Dorfhäuptlings. Jetzt erst, dachte ich im Einschlafen, habe ich das, was ich mir so oft gewünscht hatte . . . allein unter unverdorbenen, zivilisationsfreien „Wilden".
Der bengalische Diener erschien am frühen Morgen, rüttelte mich und haspelte einen Wortschwall herunter, von dem ich immer nur das Wort „Baag" (Tiger) verstehen konnte, das Wort, das mir seit vielen Wochen ein magischer Reiz war.
Ich sprang hoch und fand schließlich aus Gesten und Worten, daß abermals ein Tier von einem Tiger – diesmal eine voll ausgewachsene Buffalokuh – getötet wurde. Das war die große Chance. Die hungrige Bestie hatte tatsächlich ihre erste Beute, des an ihr heftenden Menschengeruchs wegen, verschmäht und dafür, sozusagen als Rache, eine Kuh geschlagen.
Der Dorfhäuptling hatte mir bereits Reis, Früchte und ein gebratenes Huhn auf die Plattform der Hütte gestellt und bedeutete mir, ich solle mich in einem Nebengemach baden.
Dort war eine junge Frauengestalt. Sie war splitternackt und gerade dabei, etliche mit Wasser gefüllte Bambusrohre in einen Holzzuber zu entleeren. Sie bereitete also mein Bad vor. Wie sie mich bemerkte, griff sie sofort nach einem Leopardenfell, besser gesagt nach einem durchlöcherten Fellfetzen, der neben ihr wie ein Waschlappen zwischen Bambusstäbe geklemmt war.

Mit einer Geste der Verachtung nahm ich ihr mit Daumen und Zeigefinger den Lappen aus der Hand und steckte ihn an seinen Platz zurück. Sie reckte sich auf, schaute mich an und ich erschrak fast vor ihrem Gesicht. Was mich da anschaute, war eine Teufelsfratze, eine Tätowierung in rot und blau, aus dem schneeweiße Zähne blitzten, ein Gesicht, in dem ich nicht lesen konnte, ob es lachte, grinste oder sonst etwas sagen wollte. Und das über einem sanften Mädchenkörper! Sie machte eine Geste zum Waschzuber und glitt wie eine Katze an mir vorbei und durch die Türöffnung hinaus.
Wenig später, als ich mich meiner Kleidung entledigt hatte und gerade dabei war, mit viel Mühe meinen kleinen Rasierspiegel an der Bambuswand in Position zu bringen, verdunkelte sich der Baderaum. Im Spiegel sah ich, daß mehrere Köpfe dichtgedrängt den Türrahmen füllten und neugierig zusahen, wie ich den Schaum auftrug und mit dem Rasierapparat hantierte. Als dann der Bart endlich ab war, wurde es wieder heller im Raum und wie ich mich über den Waschzuber beugte, fühlte ich die sanfte Mädchenhand auf meinem Rücken. Sie sollte mir offensichtlich, wie das auch in Indien bei gerngesehenen Gästen üblich ist, beim Bad behilflich sein. Ich ließ also mit mir geschehen, folgte dem Druck ihrer Hand und beugte mich noch tiefer über den Zuber und empfing so die unvergeßlichste Rückenmassage meines Lebens, eine Massage, die kein Ende nehmen wollte und dann schließlich mit einem Guß kalten Wassers endete. Zum Abschluß dieses Badezeremoniells betrat der Dorfhäuptling den Baderaum und kleckste mir mit einer devoten Handbewegung ein nußgroßes Stück Fett auf den Bauch und schon war wieder die eifrige Mädchenhand da, die mich nun von oben bis unten einsalbte. Sie sah mich dabei des öfteren an und ich mußte mich zwingen, mir ihre Teufelsfratze anzusehen und nicht wegzuschauen, was gewiß beleidigend gewesen wäre. Das ölige Zeug roch nicht unangenehm und auch die Augen, der Mund, das ganze weibliche Wesen, die Menschen um mich herum empfand ich plötzlich als eine paradiesische Einheit.
Vor der Hütte war inzwischen die gesamte Einwohnerschaft des Dorfes versammelt. Nur wenige der Leute hatten ein Leopardenfell um die Lenden geschlungen. Wahrscheinlich reichte der Bekleidungsvorrat nicht aus – oder es hatte sich herumgesprochen, daß ich harmlos war und mit dem Bekleidungsgesetz der Weißen nichts zu tun hatte. Die Frauen waren allesamt in der gleichen Weise tätowiert wie meine Badenixe.
Der bengalische Diener stand wie ein Fürst auf der Plattform der Hütte und schwang Gewehr und Patronentaschen, was von den Dorfbewohnern mit einer Art Freudengesang quittiert wurde. Das also war der Beginn der Tigerjagd. . .

Wir gingen zu dritt durch die Felder, der schlitzäugige Häuptling, der Bengale und ich. Die Männer und Frauen und auch die älteren Kinder verteilten sich auf die Felder. Sie richteten kleine Wälle auf, Umrandungen für die Reisfelder, um den nächsten Regen darin festzuhalten. Reispflanzen brauchen unendlich viel Wasser.
Am Rande des Dschungels hinter einem Dornenbusch fanden wir den Kadaver der geschlagenen Kuh. Das Gelände ringsum war stark durchwühlt und zertreten, ein Zeichen dafür, daß das unglückliche Tier einen schweren Kampf um sein Leben geführt hatte, bevor es der Riesenkatze gelang, ihr tödliches Gebiß ins Genick zu schlagen. Die Flanken der Kuh waren von den mächtigen Tatzen weit aufgerissen.
Wir blieben in angemessener Entfernung vor dem verendeten Tier stehen, um in der unmittelbaren Nähe keine menschliche Spur zu hinterlassen.
Etwa 30 Meter von diesem Platz entfernt, stand ein mittelgroßer Brotfruchtbaum. Er schien mir als Schützenstand geeignet. Von dort konnte ich das Gelände gut überblicken. Vor allem war da ein hervorragendes Schußfeld, nur ganz niederes Buschwerk und keinerlei Sichtbehinderung. So prüften wir den Baum, um festzustellen, wie wir in der Krone eine Plattform für den Schützenstand errichten könnten.
Der bengalische Diener schüttelte gleich den Kopf und bedeutete mir, daß die Äste viel zu niedrig seien und der Tiger, falls ich ihn nur verwunde, leicht hinaufspringen könne. Zum Glück hatte ich aber bereits die Erfahrung gemacht, daß die meisten Bengalen furchtbare Angsthasen sind. Ich hielt eine Höhe von fünf Metern für ausreichend, um mir genügend Sicht und nicht zuletzt auch einigen Schutz zu geben. So blieb ich gegen alle Einwände des Bengalen hart und zeigte dem Dorfältesten, daß er mir dort einen Stand bauen lasse. Der gelbe Mann nickte und wir kehrten ins Dorf zurück.
Ich ging allein durch die Felder und besuchte etliche Pfahlhütten. Die Kinder waren zu meiner Überraschung sehr zutraulich. Einige Frauen brachten mir ausgesuchte Früchte, bestimmt die schönsten, die sie fanden. Ich hatte mich schnell an ihre tätowierten Gesichter gewöhnt. Ein kindlicher Liebreiz war da, ein scheues Lächeln und ich fühlte, wie ihre anfängliche Distanz bei längerem Verweilen hingebend zutraulich wurde.
Die Männer und vor allem die halbstarken Buben gebärdeten sich in der Tat wie Wilde. Mit eindringlichen Gebärden führten sie mir immer wieder die Geste des Schießens vor und zeigten mir mit einem Purzelbaum, wie der Tiger nach dem tödlichen Schuß sich benehmen würde. Für sie war es eine abgemachte Sache, daß die

Bestie in der Nacht bei ihrem Opfer erschien und daß ich sie dann abknallen würde.
Ich selbst, auf diese Weise zum Erfolg verurteilt, war mir meiner Sache durchaus nicht so sicher. Die Zuversicht der Dorfbewohner ging mir allmählich auf die Nerven. So suchte ich mir am frühen Nachmittag einen luftigen und schattigen Platz abseits des Dorfes und legte mich zum Schlafen nieder.
Langsam vergaß ich all den Rummel um die Jagd. Es war, als ob ich in einen tiefen Schlaf versinke, als ein betörender Duft von Jasmin, von herben Kräutern und frischer Erde meine Gefühle gleichzeitig betäubte und wieder weckte. Ich spürte die Sanftheit weiblicher Lenden und die Liebkosungen zarter Hände, die wie ein wohltuender Hauch meinen Körper umstreichelten. Ich hielt die Augen geschlossen, um den Anblick der Teufelsmaske zu vergessen und verlor mich schließlich im Rhythmus jenes Geheimnisses, das alles auslöscht, was zwischen der Zivilisation und der unverdorbenen Natur liegt. Das war es! Ganz allmählich verschwand der Geruch des betörenden Jasmins und der verführenden Kräuter und der wohligen Erde – und ich schwebte vollkommen entspannt hinab ins Land Nirwana, in das wohltuende Nichts eines tiefen Schlafes.
Der verdammte Bengale war es, der mich wach rüttelte. „Master, Sahib, Abu! Platz nicht gut! Tiger uns töten!“ Der Bursche zitterte geradezu vor Angst. Noch ehe ich ganz zu mir kam, erschien der Dorfhäuptling. Hinter ihm stand, etwas verschämt, meine Badenixe, mein Traum. Sie hatte eine Jasminblüte in ihrem schwarzen, weit herunterhängenden Haar.
Der Häuptling trug mein Gewehr und die Patronengurte, überreichte mir beides mit einer tiefen Verbeugung und machte eine wegwerfende Bewegung zum Bengalen hin. Ich verstand. Die beiden konnten nicht einig werden. Das Mädchen trat auf mich zu, reichte mir die Hände zum Aufstehen, schüttelte mein Hemd aus, das ich als Unterlage benutzt hatte, und wir gingen gemeinsam dem Dschungelrand entgegen. Der Diener begann wieder zu meutern. Ich sagte ihm schließlich: „Mensch, hau ab!“ und zeigte ihm die Richtung, aus der wir am gestrigen Tag gekommen waren. „Hau ab zu Chawdhuri!“ sagte ich nochmals. Er hatte verstanden, drehte sich auf der Ferse um und weg war er. Der Häuptling warf mir einen anerkennenden Blick zu, und die Kleine zirpte kichernd etwas daher, was sich wie der Ruf eine Amsel anhörte, die ihre Jungen vor der streunenden Katze warnte.
Der Dorfhäuptling lachte und führte mich in die Nähe des Standes. Man hatte wirklich saubere Arbeit geleistet. Eine zwei auf zwei Meter große geflochtene Bambusplatte war so geschickt zwischen

den Ästen angebracht worden, daß auch nicht ein einziger Zweig in der Umgebung angeknickt war.
Mit einbrechender Dunkelheit begaben wir uns abermals zu meinem Hochstand. Der Häuptling half mir auf den Baum und reichte mir die Flinte, Patronengurt, Stablampe und – einen Krug „Zielwasser“, jenen würzigen, aus Reis und Baumwurzeln hergestellten Schnaps, den ich bereits bei meiner Ankunft zu kosten bekommen hatte.
Ich befestigte die Stablampe an den eigens hierfür angebrachten Klammern unter dem Gewehrschaft, legte mich auf den Rücken und lauschte der mir längst vertrauten Urwaldmusik.
Hier und da schreckte mich das Rascheln von Zweigen im Unterholz. Es waren kleine Waldtiere, Marder, Füchse und Affen. Plötzlich wurde im Talgrund der Trompetenstoß eines wilden Elefanten hörbar. Unmittelbar darauf knackten, brachen und knallten die niedergetrampelten Bambusstämme. Eine Elefantenherde bewegte sich auf das Dorf zu. Nicht weit von mir erreichten sie die Felder der Ansiedlung. Dann herrschte wieder Stille. . .
Das bleiche Licht des Mondes verdrängte langsam fortschreitend den Schatten, der bisher über der toten Buffalokuh gelegen hatte. Ich konnte sie deutlich sehen. Einige kleine Schatten huschten hier und da über sie hinweg – Ratten oder blutdürstige Marder, Iltisse oder sonstiges Kleinvieh.
So vergingen Stunden. Von dem Tiger keine Spur. Ich schaute unentwegt hinüber zu dem Kadaver. Er lag jetzt zur Hälfte im Schatten. Das Mondlicht war dabei, die tote Kuh zu verlassen. Doch da mußte irgendetwas vor sich gehen!
Die kleinen Schatten spritzten plötzlich nach allen Seiten davon. . .
Ich lauschte und strengte meine Augen an, um die Ursache dieser plötzlichen Bewegung festzustellen. Da! – Die Kuh, die nur knapp 30 Meter von meinem Hochsitz entfernt tot dalag, bewegte sich. Der Tiger war tatsächlich zurückgekehrt, was sonst hätte den schweren Kadaver bewegen können? Das Biest hatte gewartet, bis der helle Mondschein verschwunden und der Platz seiner Mahlzeit im dunklen Schlagschatten lag.
Vorsichtig brachte ich die Flinte in Position und versuchte über Kimme und Korn den Platz anzuvisieren. Dann hörte ich es deutlich: ein Fauchen und dann das Knacken von Knochen!
Ein kurzer Entschluß! – Im Anlegen drückte ich auf den Knopf des Scheinwerfers. Ein breiter Lichtstrahl erfaßte die ganze Situation. Hinter der Kuh standen zwei prächtige Königstiger und blinzelten verdutzt und fasziniert in den Strahl der Lampe. Noch eine kleine Korrektur. . . ein winziges Schwingen der Flinte nach rechts. . .

und ich hatte den mächtigen Brustkorb des größeren Tieres, sein „Blatt“, im Visier. Was folgte, war das Werk des Bruchteils einer Sekunde. Ein mächtiger Stoß gegen meine Schulter. . . ein Donnerschlag mitten hinein in die Einsamkeit. . . ein wildes Aufbrüllen, das mir durch Mark und Bein ging!

Im Reflex mußte ich, sehr unschützenmäßig, die Augen geschlossen haben. Der Scheinwerfer brannte noch, zeigte aber nicht mehr auf das Ziel. Ich mußte abermals anvisieren, bis ich alles überblickte. Dort lag die Kuh mit aufgerissenem Brustkorb. Von den beiden Majestäten des Dschungels aber – war nichts zu sehn. Sollte ich daneben geschossen haben? Ein Gefühl der Unsicherheit überrieselte mich, ja ich hatte so etwas wie Angst. – Aus dreißig Meter Entfernung! Das konnte doch nicht wahr sein. Beim Abdrücken war ich absolut sicher, einen mustergültigen Blattschuß getan zu haben. Zum Teufel! Wo war die Bestie? Und die zweite? Es dauerte wohl eine volle Minute, bis ich mich wieder gesammelt hatte und das Gelände abermals ableuchtete, das Gewehr immer noch im Anschlag. Dann endlich sah ich die Bestie. Sie lag keine zwanzig Meter von mir entfernt, halb verdeckt von einem gelb schimmernden Strauch. Sie lag da – Kopf und Brust verdeckt von dem Strauch, vollkommen regungslos. Sollte ich ihr noch einen Fangschuß geben? Nur der absoluten Sicherheit wegen! Ich hätte es allein schon aus purem Respekt getan. Aber wohin, da Kopf und Brust verdeckt waren? Dann fiel mir plötzlich die zweite Bestie wieder ein. Sie war mit Sicherheit zunächst in Panik davongelaufen. Aber wird sie nicht nach einiger Zeit zurückkehren, um ihren Gefährten zu suchen?

Ich überlegte hin und her und kam dann doch zu der Überzeugung, daß die Tiere doch sehr menschenscheu sind und diese Scheu nur unter besonderen Umständen überwinden.

So kletterte ich schließlich doch hinunter, hielt aber das Gewehr so in der Hüfte, daß ich jederzeit schießen konnte. Schritt um Schritt machte ich einen weiten Bogen um die Bestie, bis ich schließlich wenige Meter vor ihrem Kopf stand. Sollte sie wirklich tot sein? Urplötzlich befielen mich starke Zweifel.

Strecken tote Tiere nicht alle viere von sich, steif und starr? Mein Tiger lag aber auf der Seite, ganz locker und mit gekrümmten Läufen. Meine Nerven waren diesmal bis zum äußersten gespannt! Narrte mich meine Phantasie? Mir war, als ob sich der mächtige, weißgelbe Brustkasten der Riesenkatze hob. . . als ob sie einatmete. Tot oder nicht tot – durchfuhr mich ein Gedanke, und ich hob abermals das Gewehr, zielte auf den Punkt über dem Auge. Abermals ein Donnerschlag. Es schien, als ob die Bestie sich tatsächlich bewegte. Ich sprang hinter einen Baum. Unsinn! Ich

schämte mich vor mir selbst und leuchtete das Tier an. Ein prachtvoller Kerl! Dennoch zögernd ging ich heran und betastete ihn.
Er fühlte sich warm an, wie Holz, das mit einem Fell bespannt war. Dann sah ich nach den Einschüssen. Der erste Schuß schien mir etwas zu hoch, zu nahe dem Hals zu liegen. Es fiel mir schwer, mich von der toten Bestie zu trennen, um die sicherlich eingeschüchterten Dorfbewohner zu holen.
Schließlich machte ich mich dann doch auf den kurzen Weg. Im Osten zeigte sich das erste Morgengrauen.
Das ganze Dorf war wach.
Zunächst waren sie wohl durch die Elefanten geweckt worden, die sie – wie üblich – mit viel Lärm vertrieben hatten. Dann aber hatten die Schüsse die Wilden in Alarm versetzt. Sie hatten es jedoch nicht gewagt, von den Plattformen ihrer Hütten herabzusteigen, bis endlich meine Rufe den Dorfältesten dazu brachten, mir entgegenzukommen.
Es war unmöglich, die Leute dazu zu bewegen, mit mir zu gehen, um den toten Königstiger einzubringen. So legte ich mich noch in der Hütte der Ältesten zwei Stunden aufs Ohr, bis die Morgensonne mich weckte.
Die gesamte Männlichkeit des Dorfes begleitete mich. Ich mußte lachen, weil etliche Halbstarke mit Bogen und Pfeilen und Bambusspeeren ausgerüstet waren. Sie machten einen Freudentanz um die tote Bestie, die ihnen einst ihre Herden dezimierte. Dann banden sie die Tatzen zusammen, schoben zwei lange Bambusstangen hindurch, befestigten diese an etlichen Querstangen und trugen so das schwere Vieh mit einem guten Dutzend Helfern die wenigen hundert Meter hinab zum Dorf. Gern hätte ich gewußt, wie schwer meine Beute war. Von der Schwanzspitze bis zum Kopf maß sie zwei Meter und sechzig Zentimeter.
Im Dorf begann ein großes Freudenfest. Ich zog es vor, gleich aufzubrechen. Als der Trampelpfad des Urwaldes mich wieder aufnahm, schimmerte ein goldgelber Mädchenkörper zwischen den glatten Bambusstämmen. Sie hatte wieder etliche Jasminblüten in ihrem schwarzen Haar. Mit einem Seufzer erlösender Freude nahm sie mir mein Gepäck, Gewehr und Patronentasche ab und legte es auf einen Bündel kleingehackter Bananenblätter. Dort nahm sie Abschied von mir. Die Teufelsfratze sah ich nicht mehr. Ich atmete nochmals den betörenden Geruch der herben Kräuter und der frischen Erde. Die Sonne stand schon hoch, als ich sie zum letzten Mal sah, das nackte Mädchen mit der Jasminblüte im Haar, die „Wilde“, die mir den Schleier von den zivilisierten Augen nahm und – der Natur des Schöpfers näher brachte.

Mein weiterer Weg führte mich fast genau südlich bis zu dem letzten Zipfel des heutigen Bangladesh, dem herrlich am Meer gelegenen Cox's Bazar. 15 Kilometer vor dieser Stadt wendet sich die sogenannte, aus gebrannten Ziegeln hergestellte und längst verfallene Straße gegen Osten und führt schließlich über eine damals von den Japanern zerstörte Brücke ins Innere der burmesischen Provinz Arakan.
Abu Chawdhuri hatte mir beim Abschied – er versprach mir übrigens, den erlegten Tiger für mich herrichten zu lassen – Abu Chawdhuri hatte mir den Rat gegeben, die unbefahrbare Straße zu meiden und den bei Ebbe gut befahrbaren Meeresstrand entlangzufahren.
Das war in der Tat eine interessante Strampelei. Der einzige Nachteil dabei war nur, daß ich etliche Male bis zur Brust watend verschiedene kleine Flüsse und Bäche zu durchqueren hatte. Einmal mußte ich sogar die einsetzende Flut abwarten, um nicht von dem zurückflutenden Ebbewasser in die See hineingerissen zu werden.
So gelangte ich am späten Abend nach einer mühseligen 100 Kilometer-Fahrt zur südlichsten Spitze des damaligen Ostpakistan. Die Ortschaft hieß Tegnaaf, einst ein vollkommen vergessenes Nest, das auf keiner Landkarte zu finden war. Ich hatte den Namen „Tegnaaf" bereits in Indien mehrere Male nennen hören, konnte diesen Ort jedoch auf meiner Karte, in der fast jedes Haus aufgezeichnet war, nicht entdecken.
So war ich nicht schlecht erstaunt, dort vor Mitternacht ein Treiben zu sehn, wie ich es selten in Großstädten um diese Zeit feststellte. Mit Reissäcken hochbeladene Ochsenkarren zogen in nicht abreißender Kette an mir vorüber. Sie fuhren dem Fluß zu, wo einige Dutzend sogenannter Country-Crafts, 30 bis 80 Tonnen fassende Segelkutter, die Silhouetten ihrer bizarren Takelage gegen den mondbeschienenen Horizont zeigten. Wo sie den Reis herbrachten, war mir rätselhaft.
Die lehmigen Straßen waren von einer Unzahl zischender Benzinlampen hell erleuchtet. In den Bambushütten-Cafés waren die Tische vollbesetzt. Pakistanische Moslems und einige schlitzäugige Chinesen verhandelten sehr angeregt miteinander. Dicke Banknotenbündel wanderten über die Tischplatten. Ich setzte mich und bestellte einen Tee.
Nach wenigen Minuten kam ein Zolloffizier an meinen Tisch. Er sagte: „Ich habe einen Funkspruch aus Chittagong erhalten, daß ein Deutscher über den Naaf-River nach Burma wolle. Das

können doch nur Sie sein, weil sonst nie ein Weißer hier auftaucht." Er lud mich zum Abendessen ein, obwohl schon Mitternacht vorbei war.
Er klärte mich gleich über das nächtliche Treiben auf: „Hier wird Reis aus Burma geschmuggelt. Wir als pakistanischer Zoll haben nichts dagegen und die Burmesen sollen selbst sehen, wie sie damit fertig werden. Der Reis wird nur bei Dunkelheit verladen, damit die Ferngläser des burmesischen Kanonenbootes den Umfang des Schmuggels nicht feststellen können. Das ist die Taktik der Finanzmänner. „Im übrigen", fügte er verschmitzt hinzu, „fällt auch etwas für die armen Zöllner ab."
Ich fragte ihn, wie ich hier über den meilenweiten Fluß käme, denn das war für mich die Hauptsache.
„Well", meinte der Zolloffizier, „das ist heutzutage nicht mehr leicht, seitdem die burmesischen Behörden wegen der aufständischen Musajins den Fährverkehr eingestellt haben."
Ich begriff nicht ganz und schaute ihn fragend an.
Er lachte laut: „Ach so, Sie wissen wohl nicht, was Musajins sind! Nun, das sind jene 300 000 burmesischen Moslems, die Rebellen, die vom Buddha der Burmesen nichts wissen wollen und gern einen eigenen Staat hätten."
„Und wie komme ich zu diesen Moslembrüdern?" fragte ich nochmals.
Der Offizier überlegte. „Hm, well", meinte er schließlich, „der einzige Weg wäre mit einem Schmuggler-Sampan. Die Leute werden Sie aber nicht besonders gern mitnehmen. Sie wissen ja nicht, wer Sie sind – und außerdem fürchten sie, daß die Zollbehörden auf der andern Seite auf sie aufmerksam werden."
Ich verstand nur die Hälfte.
Anschließend an diese Unterhaltung gingen wir zu einem kurzen Seitenkanal des Naaf-Rivers. Dort lagen etliche hundert Sampans, kleine, schnittige Boote mit zwei verlängerten und hoch hinaufschwingenden Kielholmen.
Zwei junge, bronzehäutige Burschen, die gerade dabei waren, ihr Boot durch den Schlamm schiebend zu Wasser zu bringen, grinsten uns an.
„Toro hono kan mai!" (Ich muß euch sprechen!), rief mein Begleiter.
Sie stutzten, kamen aber dann doch, watend durch den Schlamm, auf uns zu. Der Zolloffizier hatte eine lange Unterredung mit ihnen.
Die Burschen schienen zu verstehen, denn während der Unterhaltung schauten sie interessiert und erstaunt zu mir herrüber. Schließlich lachten sie und machten sich mit uns auf den Weg zum

Zollgebäude, wo wir stillschweigend mein Rad abholten, nachdem ich ihnen den vereinbarten Preis für die Überfahrt ausgezahlt hatte. Es waren etwa zwanzig DM, für sie ein kleines Vermögen.
Das Boot schwamm bereits, als wir ans Ufer zurückgekehrt waren. Die aufkommende Flut hatte es aus dem Schlamm herausgehoben. Das war gut so, denn es wäre bestimmt nicht leicht gewesen, mein Rad durch den mehr als knietiefen Morast zu schaffen.
„Alle Abenteuer, die Sie mit den beiden auszustehen haben – das ist „up to you“, sagte er mir zum Abschied.
Unser Boot hatte bald den Fluß erreicht, eine weite, schwarze Wasserfläche. Von der burmesischen Seite war trotz des hellen Mondlichts nichts zu sehen. Wir fuhren stromaufwärts und ließen uns von der eindringenden Flut treiben. Mir kam das etwas komisch vor, weil ich nach Mangdaw, dem Grenzort wollte und der lag in genau der anderen Richtung, weit flußabwärts. Aber wer kennt schon die Taktik arakanesischer Flußschiffer!
Ich überließ mich also der Erfahrung der beiden Burschen und machte mir zunächst keine Sorgen. Irgendwann im Laufe des anbrechenden Tages würde ich schon in Burma landen, dachte ich mir und tauchte meine Hand in die lauwarmen, salzigen Fluten. Das Wasser sprühte in Millionen leuchtenden Tropfen hoch – eine fürwahr bengalische Beleuchtung von solch unbeschreiblicher Schönheit, daß ich nicht müde wurde, das Wasserspielchen immer wieder zu wiederholen.
Eine gute halbe Stunde mochte so vergangen sein. Es wurde zusehends dunkler. Der Mond verschwand. Eine schwarze Wolkendecke hatte in Minutenschnelle den Himmel vollkommen überzogen. Das Schauspiel mit dem leuchtenden Wasser wurde mit der plötzlichen Dunkelheit immer großartiger! Meine beiden Arakanesen schwiegen. Ich konnte sie in der Nachtschwärze gar nicht mehr sehen. Die Einsamkeit tat mir wohl. Gähnend hatte ich mich auf dem Boden des Schiffchens lang ausgestreckt, als plötzlich schwere Regentropfen fielen.
In hastiger Eile riß ich mein Zelt aus der Hülle und deckte es über mich. Der Regen wurde dichter, und es dauerte nicht lange, bis die in den Tropen üblichen Wassermassen des Monsuns uns förmlich überschütteten. Ich fühlte mich jedoch ganz wohl unter meinem Zelt und schlief schließlich fest ein. . .
Im Morgendämmern wurde ich wach – in einer Wasserpfütze. Mein Schlafsack, den ich als Kopfkissen benutzt hatte, war vollkommen durchnäßt. Ich schüttelte mich, wie Hunde es zu tun pflegen. Die beiden Schmuggler lachten aus vollem Hals – und ich lachte mit, obwohl mir durchaus nicht danach war.
Trotzdem hatte ich Glück, denn die Radtaschen hatten ziemlich

dicht gehalten. Nur ein Bündel Rupien-Scheine, tief unten versteckt in der Radtasche, war etwas angeweicht. Ich holte die Scheine heraus und verstaute sie in dem trocken gebliebenen Zeltbeutel. Da fiel mir der gierige Blick eines der Burschen auf die Nerven.
Teufel noch mal! Das hatte ich falsch gemacht! Diese außerhalb jedes Gesetzes stehenden Schmuggler zwischen Bangladesh und Burma könnten zu allem fähig sein!
Ich schaute mich um. Wir befanden uns jetzt nur wenige hundert Meter vom Flußufer der burmesischen Seite entfernt. Weit flußabwärts, fern am Horizont, waren die Palmen von Tegnaaf, unserem Ausgangshafen zu sehen. Und ich wollte doch nach Mangdaw. Was hatten die Burschen vor? Mangdaw war, so schätzte ich, ungefähr zwanzig Kilometer stromabwärts! Sie tuschelten verstohlen miteinander. Sollte das meinem Geld gelten? Eine Beklemmung zwischen Furcht und Wut kam in mir auf. Ich fror in den nassen Klamotten und zog sie aus. Dann schwang ich mich über Bord, hielt mich jedoch wohlweislich an der Bordwand fest. Die beiden flüsterten sich etwas zu. Das galt mir, dachte ich und wiederholte ein altes Spielchen, das wir früher bei lustigen Wasserschlachten oft durchexerziert hatten, wenn der Gegner im Boot sich davonmachen wollte. Ich tauchte am Kiel entlang und befand mich in Sekundenschnelle hinten am Ruder im Rücken der beiden Burschen. Dort stemmte ich mich vollkommen unbemerkt hoch, setzte mich auf die Bordkante und sah zu, wie einer der Zwei mit dem Enterhaken in der Hand nach mir Ausschau hielt und der andere sich über den Boden schlängelte in Richtung auf meinen Zeltsack. Als ich dann urplötzlich mit einem harten Griff dem Burschen den Enterhaken aus der Faust drehte und dem am Boden auf die Fersen trat, wäre der eine vor Schreck fast über Bord gefallen, während der am Boden wie von der Viper gebissen hochfuhr und demütig an mir vorbeikroch, um seinen alten Platz im Heck des Sampans wieder einzunehmen.
Ich war aufs höchste alarmiert!
Die beiden Schmuggler nahmen Kurs auf einen kleinen, mit Schilf durchsetzten Crack (Seitenkanal). An einem schmalen Damm machten sie fest. Etwa zwei Kilometer landeinwärts war eine kleine Ortschaft zu sehen.
Die Burschen wollten mich nun dazu bewegen, mit ihnen dorthin zu gehn. Meine Sachen sollte ich an Bord lassen. Wir würden später nach Mangdaw schippern, versuchten sie mir mit Händen und Füßen und sehr nervös klar zu machen. Für wie dumm hielten sie mich? dachte ich und lachte nur und bedeutete ihnen, daß ich es vorziehe, an Bord zu warten.

Das merkwürdige Verhalten war so offensichtlich wie bei Kindern, die mit schlechtem Gewissen irgendeine Schandtat vorbereiten. Schließlich trollten sie sich mißmutig und mich keines Blickes würdigend, von dannen. Was haben die Brüder jetzt vor? war mein nächster Gedanke. Ob sie Verstärkung holen wollen? Hatten sie dem Zollbeamten nicht versprochen, mich unverzüglich nach Mangdaw zu bringen? Mangdaw war nur knappe vier Meilen von unserm Ausgangshafen Tegnaaf entfernt. Hier aber waren wir mindestens zehn Meilen flußaufwärts in einer gottverlassenen Gegend gelandet. Ich schaute mir das Boot genau an und erschrak, als ich das Ufer betrachtete! Das Wasser senkte sich und der Morast wurde sichtbar! Die Ebbe hatte eingesetzt! In wenigen Minuten wird das Schiffchen auf Grund mitten im Schlamm sitzen! Die Burschen hatten gut fortlaufen können. Sie wußten, daß ich volle sechs Stunden hier gefangen war. – Aber nein!
Ohne noch viel zu überlegen, stieß ich das Boot mit voller Kraft vom Ufer ab und zog es an den Halmen des umgebenden Schilfs ziehend hinaus ins freie Wasser. Das geschah wirklich in letzter Minute, denn hie und da schleifte es bereits knirschend über den seichten Boden. Kurz vor dem zur offenen See eilenden Ebbewasser des weiten Stroms schaute eine mächtige, verdorrte Baumkrone aus den Fluten. Ich machte an den Ästen fest und überlegte, was ich nun tun solle. Allein nach Mangdaw fortzuschippern wäre die einfachste Lösung gewesen. Aber da sträubte sich mein Gewissen. Vielleicht waren die Kerle doch harmloser als ich angenommen hatte? Mit den zwei werde ich schon fertig, sagte ich mir. Was aber, wenn sie mit einer ganzen Bande vom Ort zurückkommen? Außerdem wissen sie ja, daß ich nach Mangdaw wollte, und sie würden dort mit Sicherheit ihr Schiffchen wiederfinden.
So entschloß ich mich, noch ein wenig abzuwarten, zog aber angesichts des günstigen Windes schon die Segel hoch und ließ sie lustig im Winde flattern. Hochaufgerichtet stellte ich mich auf die Bordkante und richtete mein Fernglas auf die Felder und die Ortschaft.
Eine halbe Stunde verging. Noch eine Viertelstunde. Dann bewegte sich etwas am Ortsrand. Ich sah, daß mehrere Männer über die Felder sich dem Crack näherten. Ich zählte acht, zehn, zwölf Mann! Als sie etwa 1000 Meter herangekommen waren, konnte ich immer deutlicher erkennen, daß sie Waffen trugen – Gewehre und etwas, das wie Maschinenpistolen aussah!
So band ich das Boot los und legte die Segel in den Wind. Der Sampan schoß geradezu in den Strom. Die Bande hatte mein Manöver schnell bemerkt und der Haufen begann zu rennen. Dann

jagten einige ohnmächtige Schüsse über das Wasser. Ich scherte mich nicht darum. Sie waren noch zu weit weg. Mir konnte nichts mehr passieren. Sollten die Lumpen zusehen, wie sie zu ihrem Boot kommen. . .
Eine knappe Stunde später sah ich Mangdaw, den offiziellen burmesischen Grenzort, vor mir. Die Ortschaft lag nicht, wie es auf der Karte den Anschein hatte, direkt am Fluß. Ich mußte zwischen überfluteten Wiesen einen Crack durchsteuern. Der Wind hatte sich gedreht. Das Segel war keine Hilfe mehr. Die nun voll flutende Ebbe und das Crackwasser zogen mächtig zum Strom. Ich versuchte alles mögliche, um in den Kanal zu gelangen. Umsonst! Auf keinen Fall wollte ich stromabwärts in die offene See getrieben werden. Da kam plötzlich unerwartete Hilfe.
Das burmesische Kanonenboot hatte mich erspäht und ein Motorboot losgemacht. Ich stand gerade im Begriff, den Sampan auf Grund laufen zu lassen. Das wäre die einzige Lösung gewesen. Ich hätte dann gute fünf Stunden auf die wiedereinsetzende Flut warten müssen. Was wäre aber alles in der Zwischenzeit passiert. Wahrscheinlich hätten die Schmuggler mich entdeckt!
Im Boot saßen zwei Matrosen und ein weißhäutiger Offizier. Sie kamen längsseits und warfen mir ein Tau zu. Das Kanonenboot war inzwischen bis auf Steinwurf herangekommen. Minuten später kletterte ich dort an Bord. Ein zweiter weißer Offizier stand an der Reeling. Er begrüßte mich:
„Goddam – ein Weißer in diesen Gewässern und – in einem Sampan? Wie kommen Sie denn hierhin? Darf ich Ihnen einen icecold Drink anbieten?“
Ich sagte nicht nein und erzählte meine Erlebnisse. Dann meinte er: „Sie haben sich da auf ein tolles Abenteuer eingelassen. In Mangdaw sind Sie sicher. Die Behörden dort machen Ihnen keine Schwierigkeiten, aber überall, wo immer Sie sich außerhalb der wenigen Städte bewegen, werden Sie sich in den Händen von irgendwelchen Aufständischen befinden. Möglich, daß Sie Glück haben!“
Die Matrosen machten den Sampan fest und brachten mich in ihrem Motorboot an Land – nach Burma.

Arme Leute und Krokodile

Hundert Meter landeinwärts sah ich die ersten Häuser, primitive Bambushütten. Sie schienen sauberer zu sein als die auf der bengalischen Seite. Dann sah ich die ersten Pagoden und fühlte, daß ich nun die Länder der Moslems und Hindus endgültig

verlassen hatte. Hier war ich im Reich des ewig lächelnden Buddha. Aber hier gab es noch die in den Bergen hausenden rebellischen Moslems. Man hatte mich davor gewarnt und gesagt, daß sie eigentlich nur Banditen und Räuber seien. Die beiden Burschen, denen ich den Sampan „geklaut“ hatte, gehörten aller Wahrscheinlichkeit nach auch dazu, fiel mir jetzt ein.
Ich begegnete den ersten burmesischen Frauen. Ihre pechschwarzen, hochgeknoteten Haare faszinierten mich. Sie trugen ihre Kleinkinder mit sich herum und schwatzten. Als sie mich auf dem hochbepackten Fahrrad sahen, wurden ihre Mandelaugen fast kreisrund. Einige der Kleinen fingen an zu schreien und klammerten sich wie kleine Affen krampfhaft an ihren Müttern fest.
Ein zweistöckiger Holzbau fiel mir auf. Sicher ist das ein offizielles Gebäude, dachte ich und fuhr hin. Ein Mann in schneeweißer Uniform winkte mir zu. „Sind Sie der Weiße, der an Bord des Kanonenboots war?“ redete er mich in tadellosem Englisch an.
„Ja“, sagte ich. „Sie haben verdammt gute Augen!“
Er lachte und meinte dann: „Das hat nichts mit den Augen zu tun. Wir sind hier damned gut und modern eingerichtet und haben erstklassige Funkgeräte aus Deutschland bekommen.“ Er blätterte im bundesdeutschen Paß herum, ging zu seinem Schreibtisch und drückte den burmesischen Eingangsstempel hinein. Ich befand mich also vollkommen legal im Lande des unergründlichen Buddha!
Der Zöllner lud mich zum Essen ein und nahm mich mit zu seiner Familie. Voll Stolz zeigte er mir sein kleines, etwa drei- bis vierjähriges Töchterchen. Die Kleine wäre hübscher gewesen, wenn die Mutter sie nicht anläßlich meines Besuches so aufgeputzt hätte. Das Gesichtchen war mit nassem Puder vollkommen eingeschmiert, so, daß die großen, schwarzen Mandelaugen aus einer leichenstarren Maske herausschauten und mich fast erschreckten.
Bei Tisch sprachen wir über die Gefahren des Landes. Wenn ich auch nur die Hälfte all der Schwarzmalerei geglaubt hätte – ich hätte mir manches doch anders überlegt! So aber nahm ich das alles noch auf die leichte Schulter, denn ich hatte auf meiner bisherigen Tour immer wieder die Erfahrung gemacht, daß die Leute meist unheimlich übertreiben und daß nichts so heiß gegessen wie gekocht wird.
So machte ich mich also am späten Nachmittag auf den Weg über die einzige Straße, die Mangdaw mit dem Landesinneren verbindet. Mein nächstes Ziel war Budidaung, eine kleine Ortschaft, 25 Kilometer jenseits der mit Urwald bedeckten Berge. Das konnten schlimmstenfall nur drei bis vier Stunden Fahrt sein – dachte ich.

„Sehen Sie zu, daß Sie noch vor Dunkelheit über den Berg kommen, damit Sie nicht in die Hände der Musajins fallen!"
Diese warnenden Abschiedsworte hatte der freundliche Grenzoffizier mir noch nachgerufen, als ich bereits im Sattel saß. . . In schnittiger Fahrt ging es über die holprige Dorfstraße. Ein Kilometer außerhalb der Ortschaft stieß ich auf einen Militärposten. Er hockte mit dem Gewehr zwischen den Beinen in einem Bambusbunker. Zwei Bambuswände und dazwischen eine meterdicke Lehmschicht als Kugelfang. – Der Bunker stimmte mich doch etwas nachdenklich. . .
Bald hatte ich den Berg erreicht.
Die Straße schlängelte sich, immer steiler werdend, durch den mit Palmen durchsetzten Dschungel.
Eine lange Schlange bronzebrauner Gestalten kam mir entgegen. Sie trugen Stangen über den Schultern, an deren Enden kleine Säcke aufgehängt waren. Sollte das der Schmuggelreis sein? Die Leute mußten bettelarm sein, wenn sie auf solch mühselige Art ihre Ware aus dem Landesinnern über den Berg schaffen!
Hunderte und aber Hunderte dieser Lastträger begegneten mir in nicht abreißender Kette. Selbst kleine Buben kamen schwankend mit ihren Säcken über die steile Straße. Wie leid taten mir diese Kinder! Selbst die Männer machten ein erschöpften, ja fast einen verzweifelten Eindruck.
Langsam rollte ich Budidaung entgegen. Ich überlegte mir, ob ich mich dort bei der Polizei melden sollte. Aber wozu? Die Beschäftigung mit den Behörden bringt in aller Welt doch nur Unannehmlichkeiten, Zeitverlust und unnötige Papierverschwendung.
Im Morgendämmern hatte ich Budidaung, eine größere Ortschaft, durchfahren. Die Straßen waren menschenleer. Selbst der Militärposten an der Straßensperre am Eingang des Dorfes hatte mich nicht bemerkt und ließ sich überhaupt nicht blicken, als ich fast lautlos an seinem Bunker vorbeihuschte.
Hinter Budidaung kam ein breiter Wasserarm. Ein kleiner altmodischer Passagierdampfer lag dort vor Anker.
Auf einem Holzblock breitete ich meine in Chittagong organisierte gute Generalstabskarte aus. 20 Kilometer südlich dieses Wasserarmes war ein Pfad verzeichnet, der genau nach Kyaukdaw führte. Von dort konnte ich wieder nach Süden auf einer Straße zweiter Ordnung über Mynbya und über die Akyab-Bucht gelangen. Die größte Frage aber war mein füchterlicher Hunger.
Auf dem vor mir liegenden Schiff herrschte bereits ein munteres Treiben. Schlitzäugige Matrosen zogen mit viel Geschrei die Trossen an. Ein älterer Herr stand in seidenem Pyjama an der Reling und schaute zu mir herüber.

Der Mann scheint sich für Dich zu interessieren! dachte ich, stand auf und schob mein Fahrrad zum äußersten Punkt des Landestegs, so daß ich schließlich nur noch wenige Meter vor dem Mann im Pyjama stand.
„Good morning, Sir!“ rief er mir entgegen, als er sah, daß ich auf ihn zukam. „Lange her, daß ich in diesem Winkel Arakans einen weißen Mann gesehen habe! Wer sind Sie – und wohin wollen Sie?“
So kamen wir ins Gespräch. Er stellte sich schließlich als U Lan Tau, Kapitän des kleinen Dampfers vor und lud mich an Bord. Wir tranken gemeinsam Kaffee und aßen Fisch und Reis. Das Zeug schmeckte entsetzlich, aber mein Hunger war so angewachsen, daß ich gründlich zulangte. U Lan Tau fühlte sich offenbar durch meinen Besuch kolossal geehrt. Als ich ihm meine Geschichte erzählt hatte, meinte er, ich solle an Bord bleiben und die 20 Kilometer bis zu dem erwähnten Pfad mit ihm fahren.
Das ließ ich mir nicht zweimal sagen.
Am frühen Vormittag legten wir ab.
Mit dem Kapitän aß ich noch zu Mittag, bevor das Schiff eigens für mich an dem Pfad nach Kyaukdaw stoppte und ich per Rettungsboot samt meinem Vehikel an Land gesetzt wurde. Als Wegzehrung hatte man mir eine Dose Keks und eine Dose Kondensmilch mitgegeben.
Wohlgefüttert und bei bester Laune legte ich mich am Ufer des Cracks nieder und schaute meinen winkenden Gastgebern lange nach, bis das Schiff am südlichen Horizont außer Sicht kam und ich wieder allein war.
Ich hatte bei allem Pech wieder einmal Glück gehabt – unwahrscheinliches Glück! Wenn nur die aufkommende Hitze und die verdammten Fliegen und Mücken nicht gewesen wären. Ich sah ein, daß ich weiterfahren mußte.
Der Pfad war nicht einmal so schlecht.
Er führte durch niedriges Gebüsch. Reisfelder tauchten auf. In der Ferne waren manchmal Bambushütten zu sehen, aber keine Menschen. Sie hatten sich wahrscheinlich vor der fast unerträglichen Hitze in ihre kühlen Behausungen zurückgezogen.
Die Beine arbeiteten wie sture Maschinen. Auf und ab . . . auf und ab. . . Sie gehörten kaum noch zum Körper.
Nach zweistündiger Fahrt – ich befand mich in einer Art Dämmerschlaf – stand ich abermals vor einem breiten Crack. An beiden Ufern lagen mehrere verlassene Sampans. Von Menschen keine Spur. Nur eine Herde großer Krokodile lag träge im Sonnenschein auf etlichen Felsplatten. Die Bestien öffneten nicht einmal die Augen, als ich näherkam.

Wie weiterkommen? – das war nun die Frage.
Ich mußte weiter, so schnell wie möglich hier aus der Gegend verschwinden!
Wie aber würde ich nun zum andern Ufer kommen? Da lagen zwar die Sampans, aber auch die sonnenhungrigen Krokodile. Wer schlängelt sich schon zwischen einer Herde von Krokodilen hindurch und stört die Biester beim Mittagsschlaf! Was tun? Ob ich sie vielleicht ein wenig zurücktreiben könnte?
Ich hob mehrere Feldsteine auf und näherte mich den gepanzerten Echsen bis auf wenige Meter. Das zunächst liegende Tier blinzelte mich an und öffnete, wie aus Langeweile, den mächtigen Rachen mit dem sägeartigen Gebiß. Mir war, als ob ein heißer Windstoß von tranigem Morast mir entgegenhauchte. Ich erschrak und trat etliche Schritte zurück.
Dann fiel mir ein, daß ich gewiß schnellere Beine habe als diese an Land so schwerfälligen Biester. Ich hob also den Stein hoch und schleuderte ihn mit voller Wucht mitten in den Rachen der Bestie. Ob das Tier den Stein geschluckt hatte? Es muß den faustdicken Brocken jedenfalls ganz schön gespürt haben, denn es bewegte sich mit größerer Geschwindigkeit als ich ihm zugetraut habe ins Wasser, gefolgt von den andern Biestern. Ein Plumpsen der schweren Leiber – und die ganze Herde war verschwunden.
Der Weg zum nächstliegenden Sampan war frei – dachte ich. Aber dort war weder ein Ruder noch eine Stange, um das Gefährt zu bewegen. Der nächste Sampan also. Dort war deutlich eine lange Stange zu sehen. Aber kaum war ich einige Schritte gegangen, als ich abermals eine sonnenhungrige Kolonie der Riesenechsen passieren mußte. Nur gähnte mich diesmal keine der Bestien an. Trotzdem hatte mir der Erfolg meines ersten Steinwurfs so viel Mut gemacht, daß ich diesmal einen richtigen Felsbrocken mit beiden Händen hochstemmte und auf das mir am nächsten liegende Leittier, einen schon moosgrünen Bullen, zuwankte und dort, genau auf die Schwanzspitze fallen ließ. Das Schauspiel von vorhin wiederholte sich abermals. Die Panzerechsen watschelten, unwillig die langen, flachen Köpfe hin- und herwackelnd zum Wasser und tauchten dort in Sekundenschnelle unter.
Der Weg war nun frei. Ich hob mein Rad auf die Schulter und trat auf ein schlammiges Etwas, um von dort den nächsten Schritt ins Boot zu machen. Doch kaum hatte ich mein volles Gewicht samt Fahrrad auf dem vermeintlichen Schlammrücken, als dieser sich urplötzlich bewegte.
Was folgte, war das Werk eines Augenblicks!
Wir flogen nur so, mein Rad und ich, in den Sampan! Das Wasser spritzte auf. Der ganze Uferschlamm wurde mit einem Mal

lebendig. Unzählige, kleine und große Krokodile hoben sich aus dem Schlamm und stürzten sich in die Fluten. Das Wasser wallte und spritzte.
Ein eisiger Schreck war mir in die Glieder gefahren. Sollte ich es wagen, zwischen den langhingestreckten schuppigen Panzern hindurchzustaken?
Der Sampan war ein beachtlich großes Boot. Können die Biester das Boot zum Kentern bringen? Ich mußte mich schnell entscheiden. Ich schaute mir die lange Stange an und dachte, die Eingeborenen, die bestimmt keine Helden sind, tun es doch auch. So trieb ich das Boot mit mächtigen Stößen kurzerhand in die Strömung. Links und rechts zischten die Panzerrücken der Echsen vorüber.
Ich hatte die Hälfte des Gewässers schon hinter mir, als das Schiffchen gegen etwas anstieß. Ich fiel leicht nach vorn, erhob mich aber schnell und schaute nach der Ursache des Anpralls. Es war nichts zu sehen.
Dann hatte ich das Gefühl, als ob sich das Boot ein wenig aus dem Wasser gehoben hätte. Ohne viel zu überlegen, riß ich die längsseits liegende Segelstange an mich und stocherte der Bordwand entlang. Ich fand sofort Widerstand. Also Krokodile unter dem Boot!
Mit verzweifelter Wut rammte und rammte ich die Stange gegen die Biester. Sie wichen, und das Schiff legte sich wieder gerade. Am Heck erschienen zwei mächtige Rachen mit den darüberliegenden Kugelaugen.
Mein Schreck war vorbei. Aber wütend war ich dennoch. Ich rammte die Stange mitten in den Rachen der verfolgenden Bestie. Der Erfolg war, daß mein Boot mit einem mächtigen Stoß dem Ufer zutrieb. Aber die Stange wurde mir dabei aus der Hand gerissen. Einen Moment nur, dann konnte ich nachfassen.
Als ich das dicke, spitze Bambusrohr einzog, war die Spitze rot von Blut.
Eine kleine Rache, dachte ich, für euer schlechtes Benehmen – und ich sah zu, so schnell wie möglich das andere Ufer zu erreichen.
Kyaukdaw sah genauso aus wie Mangdaw oder Budidaung, breite Dorfstraßen und auf beiden Seiten luftige, meist auf Pfählen stehende Bambushäuser.
Mit letzter Kraft und Energie fegte ich durch die Ortschaft. Die Leute gafften mir nach. Ein Posten unter Gewehr, halbnackt, mit einer weißen Armbinde, dem Zeichen der regulären Aufständischen, schaute mich blöde mit aufgerissenen Augen an, wagte aber nicht, mich anzuhalten.

Erst am Ende der Ortschaft riefen mir einige bewaffnete Männer etwas nach, das wahrscheinlich soviel geheißen haben mag wie: „Absteigen!“ Ich hörte jedoch nicht hin, schaute mich nicht einmal um, raste wie vom Teufel verfolgt weiter und verschwand schnell hinter der nächsten Straßenbiegung.
Noch eine weitere Stunde raste ich unter dem Aufgebot meiner letzten Kräfte die Lehmstraße in Richtung Minbya entlang. Ich mußte unbedingt Raum gewinnen, Raum zwischen mir und den mich eventuell verfolgenden Insurgenten. Welch ein Glück, daß es keine Jeeps, keine Pferde, ja nicht einmal Fahrräder in dieser Gegend gab!
Ich fiel schließlich geradezu vom Rad und sank ausgepumpt hinter einem mich deckenden Busch in einen tiefen Schlaf, aus dem ich erst im Morgendämmern des folgenden Tages erwachte.

Malaria & der weiße Fleck auf der Landkarte

Die erste Stadt im Lande Burma lag vor mir. Weit drüben, jenseits der 10 Kilometer weiten Meeresbucht, schimmerten und schwammen Palmen und weiße Gebäude über der weißen Gischt im Sonnenglast. Eine Fata Morgana der Wirklichkeit! Weit im Westen das offene Meer, die bengalische See.
Rechts von mir sah ich einen von Palmen bestandenen Hügel. An der höchsten Palme wehte eine rote Fahne. Ich schaute genau hin. Hammer und Sichel waren darauf. Ich war also auf kommunistischem Territorium.
Das erinnerte mich daran, daß ich das Feld so schnell wie möglich räumen mußte.
Ein Glück – in der Mittagshitze war keine Menschenseele zu sehen. Die weiten Reisfelder lagen in der Sonnenglut. Ich fühlte mich nicht mehr sehr wohl und tastete nach meinem Puls. Nanu! Ich hatte wieder einmal Fieber. Das hatte mir gerade noch gefehlt!
In der Bucht lagen mehrere Schiffswracks. Mit dem absinkenden Wasser der gerade einsetzenden Ebbe schauten ihre rostbraunen und teilweise von Moos überzogenen Gerippe drohend aus dem Meer. Spuren des Krieges. Immer noch! Erinnerungen an die japanisch-britischen Kämpfe, die hier mit der Besetzung dieser Hafenstadt durch die „Preußen des Ostens“ ihr Ende fanden.
Plötzlich kam mir eine Idee, wie ich zum andern Ufer gelangen konnte. An einem der Wracks wurde gearbeitet. Ein Bergungsdampfer lag dort und eine Reihe kleiner Motorbarkassen. Ich hatte den Eindruck, daß von der Brücke des Dampfers mehrere Gläser auf mich gerichtet waren. Wenn die Leute erkennen, daß ich ein

Weißer bin, werden sie mich gewiß abholen, sagte ich mir und begann mit meinem Hemd zu winken.
Die Männer auf dem Schiff schienen endlich zu verstehen. Eine der Barkassen nahm Kurs zu meinem Ufer, wo ich dem zurückweichenden Ebbewasser folgte.
Sie kamen sehr vorsichtig näher. Am Bug des Schiffchens war ein Maschinengewehr postiert und dahinter kauerten drei Soldaten. In der niedrigen Brandung blieben sie liegen und machten Zeichen, ich solle mich beeilen.
So hob ich mein Rad auf die Schultern und kämpfte mich durch die anrollenden Wellen hindurch, bis ich kurz vor dem Boot brusttief im Wasser stand. Dann wurde mir plötzlich schwarz vor den Augen! Einige der Männer sprangen über Bord, um mir zu Hilfe zu eilen. Ich hatte wieder einmal Malaria.
Wie ich in die Stadt hineinkam, weiß ich nicht. Ich erinnere mich nur noch, daß es ein großer Holzbungalow mit zwei Stockwerken war, zu dem ich gebracht wurde. Auf der breiten Veranda des zweiten Stockwerks war mir ein Mann entgegengekommen. Er trug ein weißes Gewand mit roten Knöpfen. Er streckte mir seine Hand entgegen, und ich sah, daß er einen großen goldenen Ring mit Rubin an seinem Finger trug. Er führte mich in einen Raum und warf ein weißes Leinentuch über ein Bett. Dort sank ich in einen tiefen Schlaf. . .
Als ich am Abend erwachte, hörte ich, daß ich Gast des katholischen Missionsbischofs, Monsignore Newman, war. Er war ganz allein im Haus, als man mich zu ihm brachte und hatte höchst eigenhändig den barmherzigen Samariter an mir gespielt.
Der Monsignore und seine Missionare wurden mir für die drei Tage meiner Malaria gute Freunde. Sie sorgten dafür, daß ich die seit der Zerstörung durch den Krieg nur halbaufgebaute Stadt Akyab in bester Erinnerung behielt. Sie beschafften mir die notwendige Kleidung, denn ich war vollkommen abgerissen, barfuß und innen und außen weitgehend heruntergekommen – seit jenem Überfall vor wenigen Tagen. Ja sie sorgten sogar dafür, daß ich mein Abenteuer nicht ganz mittellos fortsetzen mußte.
Nach dreitägiger aufmerksamer Pflege durch die sportbegeisterten und nicht zuletzt ebenfalls sehr abenteuerlichen Missionare fühlte ich mich wieder fit.
Mein Plan war zunächst, nach dem Süden Arakans bis zu der in Regierungshänden befindlichen Stadt Taungup vorzustoßen. Von dort sollte ein für Ochsenkarren befahrbarer Weg über die Dschungelberge ins Irawadi-Tal führen. Zunächst aber mußte ich durch ein Gebiet, das auf meiner Karte nur einen weißen Fleck

aufwies, eine wilde Gegend, ein Zufluchtsterritorium von Banditen und Rebellen.
Die Missionare gaben mir den Rat, mit einem kleinen Dampfer die Bucht entlangzufahren und durch etliche Cracks von einer südlicheren Meeresbucht aus in das besagte Gebiet mit dem Rad weiterzukommen.
Am frühen Morgen des vierten Tages in Adyab brachte mich der Jeep der Missionare zur Anlegestelle des kleinen Dampfers. Trotz aller Vorhaltungen nahm ich Zwischendeck, denn die wenigen Kabinen waren so unappetitlich, daß ich es vorzug, mich unter die Menge der Burmesen und Arakanesen zu mischen.
Das Boot war mehr als überfüllt.
Unter dem Rettungsboot, hart an der Kante der Bordwand, fand ich einen Platz, der den Vorteil hatte, daß ich mich dort lang ausstrecken konnte und dabei noch eine herrliche Aussicht hatte.
Meine Annahme, hier ungestört zu sein, war grundfalsch. Die Anwesenheit eines Weißen an Bord war für die Leute eine Sensation. Dazu fuhr dieser Weiße noch, genau wie sie, Zwischendeck. So etwas hatten sie gewiß noch nie erlebt. Scharenweise kamen sie und drängelten sich an die Reling und versuchten, der Bordwand entlang einen Blick von mir zu erhaschen. Mein Platz war gerade richtig. Keiner wagte es, an das frei, fast über der Bordwand hängende Rettungsboot heranzukommen.
Bald hatte ich mich an die Prozession der neugierigen Blicke gewöhnt, rollte meinen Schlafsack aus und legte mich langausgestreckt hin, um den unterbrochenen Morgenschlaf nachzuholen. Doch ich hatte die Rechnung ohne den Wirt gemacht! Was den Erwachsenen nicht gelungen war, blieb den neugierigen Kindern vorbehalten. . .
Sie krochen unter dem Rettungsboot hindurch und kamen zentimeterweise immer näher an mich heran. Am kühnsten waren seltsamerweise drei kleine vier- bis fünfjährige Mädchen. Als das erste von ihnen bis in meine Reichweite gekommen war, steckte ich ihm ein Bonbon ins Mäulchen, und sofort hatte ich alle drei eng zusammengekuschelt neben mir liegen.
Nachdem sie mich eine Weile angestaunt hatten und meine Bonbons lutschten, fingen sie an, meine behaarten Arme zu streicheln. So etwas hatten sie noch nie gesehen, denn die burmesischen und auch arakanesischen Männer sind glatthäutig. Ich hatte den Eindruck, daß die Kinder mich für ein menschenähnliches und gutmütiges Tier hielten, das man gerne streichelt. Die Alten standen an der Reling und reckten die Hälse und schauten lachend und breit grinsend dem Treiben ihrer Sprößlinge zu.
Das Schiff verließ bald die weite Bucht und fuhr nun durch das

weitverzweigte Netz von kanalähnlichen Cracks gegen Süden. Unzählige große Fische flüchteten vor dem eine breite Bugwelle vor sich hertreibenden Dampfer und rasten in wilden Sprüngen dem Ufer zu. Die meisten von ihnen sprangen, was sehr merkwürdig aussah, die Uferböschung hoch und zappelten, verzweifelt über Land hüpfend, bis sie endlich wieder in ihrem Element landeten.
Hier aber tauchte für sie ganz unvermittelt eine neue, eine weit größere Gefahr auf, als es der harmlose Dampfer war. Eine ganze Flottille riesenhafter Krokodile kämmte, in schräger Kiellinie, durch das seichte Wasser zischend, die Nähe des Ufers ab, und es war deutlich zu sehen, daß sie eine fette Beute machten.
Das wüste Durcheinander und Menschengewimmel an Bord machte bald einer gewissen Ordnung Platz. Die Deckpassagiere hatten sich zu kleinen Gruppen zusammengefunden und saßen kartenspielend am Boden. Das Geld rollte. . . Karten wurden gemischt. . . Sie spielten eine Art amerikanischen Poker, das nationale Laster Burmas.
80 Kilometer südöstlich von Akyab befand sich in einer Meeresbucht eine Anlegestelle des Dampfers. Von dort, so erfuhr ich von dem Kapitän des Schiffes, führte ein Netz von Pfaden südlich und östlich hinein in die unbekannte Wildnis Arakans. Mehrere Arakanesen behaupteten, daß sie in der Trockenzeit mit Buffalokarren von dort in vier bis fünf Tagen bis nach Taungup gekommen seien.
Ich mußte mich entscheiden, mußte aussteigen, denn das Schiff fuhr zwar weiter nach Süden, legte aber nur noch an Inseln an und kehrte von dort nach Akyab zurück. Ich aber wollte auf dem Festland bleiben und vor allem das Abenteuer wagen, diesen weißen Fleck auf der Landkarte zu durchradeln.
So ging ich also zum Erstaunen sämtlicher Passagiere von Bord und vertraute weiterhin auf meinen Glückstern.
Die große Gefahr war der nahende Monsun. Schon nach wenigen Kilometern auf dem gut befahrbaren Pfad sah ich ein, daß ein starker Regenfall jedes Fortkommen unmöglich machen werde. Der staubige Lehmpfad würde sich dann nach wenigen Minuten in eine einzige klebrige Masse verwandeln und mich zwingen, das Rad unter Umständen liegenzulassen, nur um mein Leben zu retten und in irgendeiner feuchten Bambushütte gemeinsam mit den Eingeborenen die Regenperiode abzuwarten.
Bei dem Gedanken, daß der Monsun bis zum September – fünf lange Monate – anhalten könnte, wurde mir ziemlich schummrig, und ich trat in die Pedale, als ob es jetzt schon gelte, mein Leben in Sicherheit zu bringen.
Ich begegnete den ersten Eingeborenen, Reisbauern, die ihre

Felder herrichteten und die niedrigen Dämme für den großen Regen reparierten. Sie waren mürrisch und schauten mich zwar höchst neugierig, aber feindselig an. Was mögen sie alles mitgemacht haben, daß sie so mißtrauisch waren? Wenn ich allerdings in einer kleinen Bambussiedlung vom Rad stieg und im Nu eine meist zahlreiche Bande kleiner nackter Buben um mich hatte, war auch schnell der Kontakt mit den Alten gefunden, die mir mit Händen und Füßen klar machten, wie es in Richtung Taungup weiterging.
Wildes, tropisches, mit vereinzelten Palmen durchsetztes Gestrüpp! Hier und da kleine, quadratische Reisfelder, die auf den großen Regen warteten! Nach fünfstündiger rascher Fahrt gegen Südosten hatte ich eine größere Ortschaft erreicht. In meiner Burma-Karte war mitten in dem weißen Fleck nur eine einzige Ortschaft verzeichnet, ein Pünktchen nur: „An" stand daneben. Rundherum war alles weiß . . . unerforschtes Gebiet. . . 120 Kilometer Luftlinie gen Süden. . . Kein Weg. . . Kein Fluß. . . Keine Berge. . . Nichts. Nur ein großer weißer Fleck!
Zunächst hatte ich jedoch festzustellen, ob ich mich wirklich in An befand. Der erste Arakanese, den ich anhielt und fragte, machte nur ein dummes Gesicht, grinste mich ängstlich an und – rannte davon. Die Straße war im Augenblick wie leergefegt! So ging ich auf das größte der Bambushäuser zu. Ich fühlte förmlich die Blicke von Hunderten, die durch die Bambusmatten hindurch meinen Weg verfolgten.
Das große Haus war ein Geschäftshaus. Im Parterre befand sich ein regelrechter Krämerladen mit allem, was man sich in dieser Art Geschäften vorstellen kann. Taschenlampen, Buschmesser, billige dünne Stoffe, pharmazeutische Artikel und eine Unmasse mir unbekannter Gewürze.
Ein brauner, halbnackter Inder lag da mit dem roten Hinduzeichen auf der Stirn. Er machte große Augen, erhob sich langsam von seinem Lager und grüßte devot mit gefalteten Händen. Er sprach ein Gemisch von Hindi, Bengalisch und einigen Brocken gemischten Pidgin-Englisch. Langsam begann ich, ihn zu verstehen.
Ich fragte ihn nach der Polizeistation.
„Hier, Sahib – nichts Polizei! Hier nur kommunistische Sowjet!"
„Wie heißt dieser Ort?" fragte ich ihn.
„Hier, Master – hier sein Ahuaan."
Also doch „An", übersetzte ich mir. Ich hatte mich daran gewöhnt, daß die Aussprache der Ortsnamen nie mit dem geschriebenen Wort übereinstimmt. Ich fragte nach dem Weg, der nach Taungup führt. „Nach Taungup?" Fragend und sprachlos schaute der Mann mich an. „Waas, Sahib?! Sie werden Master töten dort unten, dort sein Menschen wild wie Tiger. Töten alle weiße Mann!"

„Wer töten weiße Mann?“ drang ich in ihn ein und erhielt die rätselhafte Antwort: „White Band!“
Ich fragte ihn, was das sei „White Band“. Er wies auf seinen Oberarm, und ich verstand soviel, daß diese gefährlichen Leute zu einer Rebellengruppe gehörten, die eine weiße Binde um den Arm trugen. Er fuhr mit angsterfülltem Gesicht fort:
„White Band mehr töten als Kommunisten und Sowjets!“
Also hier töten und dort unten noch mehr töten! Das war etwas zuviel für mein Verständnis. Außerdem konnte das nicht so recht stimmen, seine Warnung vor Taungup. Die Polizei in Akyab hatte mir noch vor drei Tagen versichert, daß Taungup fest in den Händen der Regierungstruppen sei.
Trotz alledem: Meine Aussichten standen schwarz in schwarz. Ich stand ziemlich sprach- und hilflos vor der Hütte des indischen Kaufmanns und blinzelte in das gelbgleißende Licht der flimmernden Hitze. Noch wußte ich nicht, wie ich weiterkommen sollte und in welcher Richtung.
Da kam ein junger Bursche aus dem Laden. Er zupfte mich am Ärmel und sagte fragend: „Taungup?“ Er bedeutete mir, ihm zu folgen.
Zögernd bestieg ich mein Rad und heftete mich an seine Fersen. Er führte mich über einen schmalen Pfad hinter das Haus, durch etliche Reisfelder und schließlich durch dorniges Gestrüpp. Dann standen wir vor einem breiten Fluß. Hinter einem Busch versteckt lag ein Sampan. Es kostete einige Mühe, mein Rad in das Boot zu schaffen. Wir mußten lendentief durch Schlamm. Aber dann war es endlich geschafft. Ich gab dem Jungen eine Münze und er strahlte mich dankbar an und griff zu den Rudern. Mit einigen kräftigen Zügen waren wir mitten im Strom und zehn Minuten später etwa einen Kilometer flußabwärts am andern Ufer. Dort war ein Pfad. Ich war dem Burschen dankbar, und es war mir eigentlich rätselhaft, aus welchen Gründen er mir weiterhalf. Oder lockte er mich in eine Falle? Von solchen Zweifeln gepackt nestelte ich einen Rupienschein aus meinem Beutel. Als er das beobachtete, schüttelte er energisch den Kopf und sagte mit dem Zeigefinger den Pfad entlangdeutend „Taungup“. Als ich noch ein wenig zögerte, zeigte er auf seine Brust, nestelte an seinem Lungi und zog aus dem verknoteten Stoff einen Rosenkranz, offensichtlich ein Zeichen dafür, daß er entweder Chirst war oder zumindest es einmal mit katholischen Missionaren zu tun gehabt hat. Jetzt glaubte ich seinem Wohlwollen und radelte zuversichtlich in die angegebene Richtung.
Die Schwarzmalerei des Inders ging mir trotzdem nicht aus dem Sinn. Ich nahm mir vor, möglichst vorsichtig zu sein, mich in keiner

Ortschaft aufzuhalten und zum Schlafen Plätze zu suchen, die wohl versteckt und nicht einsehbar waren. Die aufständische Bevölkerung, so sagte ich mir, hat sicher weder Telefon noch andere Nachrichtenmittel. Sie kannten keine Autos, keine Pferde und ich hatte nicht einmal ein Fahrrad gesehn. Die Initiative lag ganz bei mir. Es war das Überraschungsmoment, das ich ganz auf meiner Seite hatte. Ich hatte nur darauf zu achten, daß mein jeweiliges Herannahen nie allzufrüh beobachtet wurde. Die bisherige Erfahrung hatte mich gelehrt, daß die Arakanesen zunächst einmal staunten und die Mäuler aufrissen. Ihre langsame Entschlußkraft, der Weg von der Überraschung bis zu irgendeinem Entschluß, der mir den Weg verlegen konnte, war zu lang und mußte mir jeweils Zeit geben, an den Gefahrenpunkten vorbeizukommen und zu verschwinden.

Die einzige Schwierigkeit größeren Ausmaßes waren eventuelle Flußüberquerungen.

Mein größter Vorteil war wohl der, daß ich fast ständig von meterhohem Gebüsch verdeckt war. Nur einmal wäre ich fast auf dem engen Pfad mit einer Büffelherde und ihren Treibern zusammengeraten. Glücklicherweise war die Gesellschaft so laut, daß ich sie bereits etliche hundert Meter vor mir hören konnte und genug Zeit hatte, mich hinter etlichen Dornenhecken zu verstecken. Das war offensichtlich richtig gehandelt. Als sie in meine Nähe kamen, durchfuhr mich ein maßloser Schreck. Meine Fahrradspur! Dann aber war ich schnell beruhigt. Die Büffel drängten sich laut muhend an meinem Versteck vorbei und – zertrampelten die Spur. Dann aber kam ein neuer Schreck: Hinter den Treibern marschierten drei bewaffnete Männer. Sie trugen rote Binden an ihren Oberarmen. Ich blieb noch etliche Minuten hinter dem Dornbusch und fuhr dann, höchst vorsichtig geworden, langsam in meiner Richtung weiter, hielt aber vor jeder Kurve und ortete erst die vor mir liegende Strecke und lauschte, ob nicht wieder solch ein Trupp entgegenkommt. Das kostete Nerven!

Hier und da führte mein Weg durch freie Reisfelder und anschließend durch kleine Dörfer. Ich raste dann jeweils wie ein Besessener auf das Dorf zu. Hühner, Gänse, riesige schwarze Schweine und mickerige Kühe stoben gemeinsam mit den nackten, spielenden Kindern auseinander und flüchteten sich zwischen Pfähle unter den schwankenden Bambushütten.

Noch zweimal hatte ich vor der Abenddämmerung einen Fluß zu überqueren. Beide Male hatte ich Glück. Das erste Wasser konnte ich, über eine schwankende Bambusbrücke balancierend, verhältnismäßig leicht überschreiten. Wenige Kilometer weiter jedoch sah die Sache zunächst ziemlich gefährlich aus. Hier war keine Brücke.

Ich mußte also mitten hindurch etwa 100 Meter bis zum andern Ufer! Zu allem Überfluß standen drüben drei Männer und diskutierten miteinander. Noch hatten sie mich nicht bemerkt. Die Frage war die: Sollte ich mich bis zur nahenden Dämmerung versteckt halten oder es einfach einmal darauf ankommen lassen? Die Männer schienen keine Waffen zu haben. Ich mußte den Harmlosen hervorkehren.
Zunächst ging ich bis an den Uferrand der seichten Furt. Jetzt sahen sie mich. Ich rief hinüber: „Hallooh!"
Sie standen da wie angewurzelt. Dann steckten sie die Köpfe zusammen. Das sah nicht so aus, als ob sie Angst hätten. Einer von ihnen machte zu meiner Überraschung eine Bewegung nach seiner Hüfte, und dort hatte er ein buschmesserartiges Schwert hängen.
Da fiel mir ein, daß meine Zeltstange eine verteufelte Ähnlichkeit mit einem Gewehr haben konnte. Unbekümmert um die Blicke der Drei pulte ich das Rohr aus der Zelttasche und richtete es in aller Gemütlichkeit über den Lenker meines hochbepackten Fahrrades in die Richtung der drei Männer.
Der Erfolg war verblüffend und hundertprozentig!
Die Männer rasten plötzlich im Zickzack und in langen Sprüngen nach drei verschiedenen Richtungen davon. . .
Ich hatte Zeit gewonnen und schulterte mein Rad. Mitten in der Strömung wurde mir dann doch etwas bange. Ich stand fast bis zur Brust im Wasser. Aber dann ging es zu meiner Erleichterung doch wieder bergan. Wenige Minuten später stand ich aufatmend am andern Ufer. Von den Dreien war nichts mehr zu sehen. Die Dämmerung senkte sich bereits. Ich hatte noch eine kleine Ortschaft zu durchqueren und befand mich bald mitten im Dschungel.
Das Kreuz des Südens stand gerade vor mir, als ich wohlversteckt hinter einem Busch duftender feuerroter Blüten mein Nachtquartier aufschlug.
Beim Einschlagen der Zeltringe fiel mir auf, daß der Boden voll war von Tatzenspuren kleiner Leoparden. Aber es kümmerte mich nicht. Ich war viel zu müde. Die Aufregung des vergangenen Tages hielt noch lange an, und es dauerte eine ganze Weile bis ich das nervöse Zittern meiner Hände und Füße loswurde. Dann schlief ich einen langen und gesunden Schlaf. . .
Erst die Kühle des Morgens weckte mich, und urplötzlich wurde ich mir der Gefahren bewußt, und das Zittern vor dem Einschlafen kehrte zurück. Innerlich schimpfte ich mit mir und schämte mich dieser unnützen Gefühlserregung, die tatsächlich ein ernsthaftes Handicap bei herannahender Gefahr bedeuten würde.
Als ich dann meine Klamotten zusammengepackt hatte, kehrte

meine Zuversicht zurück – und die nächste Etappe in Richtung Taungup nahm ihren Anfang.
Die Luft erwärmte sich langsam. Aus den tauschweren Gräsern erhoben sich die ersten Käfer und Fliegen und Libellen. Hummeln, fast so groß wie eine kleine Kinderfaust, begleiteten mich eine Weile und ließen sich auf einem Busch mit karmesinroten, weithin leuchtenden Blüten nieder. Noch zehn Minuten später – und die Luft war erfüllt von dem Gesang und Gepiepe einer Legion von bunten und pittoresken Vögeln. Ein friedvoller Morgen zwischen den Cracks der burmesischen Westküste, jenem Streifen Land, das der Welt völlig unbekannt geblieben ist – wahrscheinlich, weil es dort nichts zu holen gibt.
Meine Aufmerksamkeit ließ langsam nach. Ich döste vor mich hin und strampelte automatisch auf und nieder. Vor mir lag ein kleiner, mit Palmen bestandener Hügel. Als ich ihn in langsamer Fahrt erklommen hatte, lag eine weite Ebene vor mir, ein bis zum Horizont reichendes Reisfeld. Darin zerstreut standen wie Spielzeugschachteln die auf hohen Pfählen errichteten Bambushütten der Eingeborenen. Eine Karawane von Elefanten, die riesige Baumstämme zogen, trottete am Fuß des Hügels vorbei. Auf dem größten Tier saß eine Schar nackter Kinder.
Während ich noch die Gegend betrachtete und mir überlegte, wie ich am besten nach Süden weiterkomme, ertönte unter mir am aufsteigenden Weg das vielfache Knirschen und Ächzen von Wagenrädern.
Eine lange Kette von hochbeladenen Ochsenkarren kam den Berg hoch. Sie kamen direkt auf meine Wegkreuzung zu. Sie konnten mich noch nicht bemerkt haben.
Eine innere Stimme sagte mir: Du tust besser, wenn Du Dich so schnell wie möglich versteckst. So hob ich mein Rad auf die Schultern und erstieg einen mit Büschen bewachsenen Felsbrocken unweit des Weges. Kaum hatte ich es mir dort bequem gemacht, da erschienen mehrere Männer. Sie trugen Gewehre unter dem Arm oder hatten sie über die Schulter hängen. Dann waren sie genau dort, wo meine Fahrradspur endete. Ich spürte einen schmerzhaften Stich in meiner Herzgegend. Solch ein Wahnsinn! dachte ich. Wie konnte ich nur daran nicht denken! Wäre ich doch nur zurück in den Dschungel gerast und hätte mich dort versteckt. Zeit wäre genug gewesen. . .
Einer der Männer senkte seinen Kopf zur Erde – genau dort, wo ich mein Rad von der Straße gezogen habe. Ich erstarrte und blickte, alle Nerven aufs höchste gespannt, auf den verräterischen Platz. Dann fühlte ich mich erleichtert – sie gingen weiter! Gott sei Dank.

Nun kamen die Ochsenkarren, etwa ein Dutzend. Sie waren mit Planen bedeckt. Unter ihren Seitengattern schaute etwas heraus, das wie Gewehrkolben aussah. Endlich rumpelte der letzte Wagen an mir vorbei. Hier sah ich deutlich die kurzen durchlöcherten Mantelstücke von Maschinenpistolen.
Da bestand kein Zweifel mehr! Was ich sah, war ein Waffentransport der Kommunisten!
Welch ein Glück, daß man die Reifenspur meines Fahrrades nicht bemerkt hatte!
Wieder erschallten die melodischen Stimmen mehrerer Männer. Auch sie hatten Gewehre umhängen und bildeten offensichtlich den rückwärtigen Schutz des Konvois. Langsam und ohne Rad schlich ich mich zur Straße zurück, um zu sehen, ob die Luft nun rein sei.
Angestrengt lauschte ich nach unten. Alles war ruhig.
Weit hinten am Horizont fiel mir etwas auf, das so aussah wie die Segel von indischen Countrycrafts (Segelschiffe). Bei längerer Betrachtung hatte ich den Eindruck, daß die unendliche, schillernde Weite im Westen die Bengalische See sein müsse. Zurückgekehrt zu meinem Rad schlug ich abermals die Burma-Karte auf. Wirklich, ich konnte nicht mehr allzu weit entfernt sein von Taungup!
Diese Ortschaft mußte etwa 30 bis höchstens 60 Kilometer Luftlinie im Süden liegen. Die Segelboote befanden sich im Südwesten, genau in Richtung meines Weges. Von dort war auch der Waffentransport der Kommunisten gekommen, denen ich um ein Haar in die Hände gefallen wäre.
Die Kombination meiner Gedanken war einfach: Es mußte sich um Waffenschmuggler handeln, die höchstwahrscheinlich auf ihrem Rückweg arakanesischen Reis an Bord nahmen; ein hervorragendes Geschäft, das die kommunistischen Aufständischen hier machten! Es blieb mir nichts anderes übrig, als weiterhin meinen Weg zu verfolgen, trotz der fast tödlichen Sicherheit, dort im Südwesten auf ein Zentrum der Kommunisten zu stoßen.
Ich tröstete mich damit, daß ich höchstwahrscheinlich noch vor Erreichen der gefährlichen Küste auf eine nach Süden abzweigende Straße stoßen würde, von wo ich an dem brenzligen Punkt unbemerkt entlangfahren könnte. –
In rascher und zügiger Fahrt hatte ich die Ebene erreicht.
Zweimal begegneten mir einige Bauern. Männer und Frauen. Sie sperrten nur die Mäuler auf. Vielleicht hatten sie zum ersten Male in ihrem Leben ein Fahrrad gesehen!
Ein kleiner Pfad, der aber die Spuren von Ochsenkarren aufwies, zweigte nach links, also gegen Süden ab. Er führte geradenwegs

auf einen Crack zu, der parallel zu meiner Straße in Richtung der See verlief. Es war also klar, daß ich dort hinüber mußte. Unangenehm war mir nur, daß ausgerechnet dort am Übergang über das Wasser eine größere Hütte stand. Vielleicht führte mein Pfad nur zu der Hütte und hatte gar keine Fortsetzung auf der anderen Seite des Cracks?
So fuhr ich also zu der Hütte. Eine alte Frau saß dort halbnackt. Sie hatte einen Webrahmen vor sich. Sie murmelte nur halblaut etwas vor sich hin, als ich unmittelbar hinter ihr stand, schaute aber nicht auf.
Dann blickte ich mir das Wasser an. Es war gerade Ebbe, und nur ein kleines Bächlein schlängelte sich träge durch den mehr als 100 Meter breiten, schwarzen Schlamm. Mehrere Männer schoben ein schlittenartiges Gerät mit einem netzgleichen Drahtgeflecht durch den Schlamm. Am Ufer stand eine Tonne.
Beim Näherkommen sah ich, daß sie halbgefüllt war mit Langusten oder sehr großen Krabben.
Die Männer bemerkten mich erst, als ich bereits mitten im Flußbett stand, bis zu den Knien im Schlamm. Der kühle Schlamm tat mir gut und erfrischte mich wunderbar, ließ mich aber nur langsam vorwärts kommen. Das schwerbepackte Rad drückte gewaltig auf die vom Sonnenbrand wunden Schultern. Ich biß die Zähne aufeinander und wühlte mich durch bis zur anderen Seite, wo glücklicherweise tatsächlich der kleine Pfad seine Fortsetzung fand. Die Fischer standen und gafften, keine 50 Meter von mir entfernt. So etwas war ihnen wohl noch niemals vorgekommen! Ein weißer Mann, mutterseelenallein mit solch einem komischen Vehikel – und das mitten in einer Zeit, in der die das Land beherrschenden Kommunisten angeblich jeden Weißen umlegen!
Kurz bevor ich das andere Ufer erreichte, wurde ich im Schlamm am Schienbein gebissen. Ein brennender Schmerz, der aber bald nachließ. In meiner Aufregung achtete ich nicht weiter darauf und sah zu, daß ich Boden gewann. . .
Erst eine halbe Stunde später fing die Bißwunde an, mich zu quälen. Ich mußte abermals vor einem kleinen Wasserlauf absteigen und schaute nach der Stelle am Schienbein. Der ganze Unterschenkel war stark angeschwollen! Mit dem salzigen Flußwasser wusch ich den getrockneten Schlamm ab. Die Geschichte sah alles andere als gut aus!
Kurzentschlossen nahm ich eine Rasierklinge und tat einen gründlichen Schnitt in die unscheinbare Bißwunde. Das Blut spritzte, und ich fühlte eine leichte Besserung. Mehr konnte ich nicht tun, und so fuhr ich, nachdem ich auch dieses Wasser durchquert hatte, weiter. . .

Nach zwei Stunden erschien am Horizont eine große, mit mächtigen Bäumen bestandene Anhöhe. Mein Weg wurde zusehends breiter und nahm andere, kleinere Pfade in sich auf. Er führte, etwas ansteigend, um die Anhöhe herum – und plötzlich, nach einer Biegung, lag eine große Ortschaft vor mir.
Das kann nur Taungup sein, dachte ich mir, und mit einem gewissen Gefühl des Erlöstseins trat ich munter in die Pedale.
Am Ortseingang befand sich ein Bunker mit bis an die Zähne bewaffneten Soldaten. Sie hatten mich bereits von der Ferne kommen sehen und hielten mich mit vorgehaltenen Gewehren auf.
„Wo ist euer Kommandeur?“ fragte ich auf Englisch.
Ein burmesischer Sergeant in britischer Uniform lachte mich breit an. „Come on, Sir!“ sagte er.

Die Tigerzone am Taungup-Paß

Ich bin früher oft mit dem Fahrrad durch die Eifel oder den Hunsrück gefahren, über kleine Feldwege, durch Äcker und Wiesen. Die Einfahrt nach Taungup erinnerte mich an jene Zeit. Der Unterschied ist nur der, daß statt der Obstbäume hier Bananen und Palmen, statt der saftigen Wiesen hier noch saftigere grüne Reisfelder und daß statt der massiven Steinhäuser hier nur luftige Bambushütten stehen.
Ein Soldat mit riesigem Wildwesthut brachte mich zum Kommandeur der Truppe, und der war gar nicht so erstaunt, mich zu sehen. Er sagte: „Ich habe schon von Ihnen über den Funk gehört, Mr. Helfgen! Sie sind in letzter Minute aus Akyab verschwunden. Die Regierung hat Befehl gegeben, Sie per Luft nach Rangoon zu bringen. Sie will keine Verantwortung für Ihr Leben übernehmen!“
Ich lachte und freute mich innerlich, den besorgten Herren in der burmesischen Hauptstadt abermals ein Schnippchen geschlagen zu haben.
„Sie haben gut lachen“, meinte darauf der Militärgewaltige, „aber wir wissen wirklich nicht, was wir mit Ihnen anfangen sollen!“
Ich erwiderte, er solle sich nur keine Sorgen machen. Zurück könne ich ja auf keinen Fall mehr. Ich mußte über den Taungup-Paß. Das sagte ich ihm mit einer Selbstverständlichkeit, die ihn vom Stuhl hochfahren ließ. „For Christ sake!“ meinte er. „Sie werden im Dschungel von Tigern zerrissen werden! Gehen Sie hinüber zum Polizeichef und sehen Sie sich die Protokolle an. Einundreißig Menschen in den letzten drei Monaten – und alle auf dem Wege über das Arakan-Gebirge, alle auf der gleichen Wegstrecke von etwa 100 Kilometer. . .“

„Geben Sie mir eine Waffe mit“, sagte ich, „leihen Sie sie mir! Ich werde sie im Irawadi-Tal in Prome der Polizei abliefern, und die stellt sie Ihnen wieder zu. Geht das nicht?“
Dieses Ansinnen löste bei dem Kommandanten einen Lachkrampf aus. Ich war sehr verblüfft. „He“, meinte er, „Sie wollen also eine Waffe haben?!“ Er kicherte in sich hinein. „Eine Waffe – das ist großartig! Da werden sich die Kommunisten auf der anderen Seite ja freuen! Das ist nämlich gerade das, worauf die Herren warten! Wenn Sie wirklich über die Dschungelberge und den Taungup-Paß hinwegkommen sollten, lebend meine ich, dann werden Sie drüben von den Moskau-Jüngern mit Begeisterung empfangen! Aber man wird Ihnen kaum ein Haar krümmen, wenn Sie ohne Waffe ankommen. Überlegen Sie sich's!“
„Und die Tiger?“ warf ich, kleinlaut geworden, ein.
„Well, Sir – ich kann nichts für Sie tun! Warten Sie auf einen Konvoi von Ochsenkarren. Wenn der Trafik durch die Tigergefahr auch ziemlich brachliegt, so gibt es immer noch genügend Arakanesen, die trotzdem, um ihren Reis zu verdienen, jede Gefahr auf sich nehmen.“
Ich ging über die Dorfstraße zur Polizei. Der Kommissar war gerade beim Essen. Er konnte mir die Hand nicht geben, weil er mit den Fingern in der braunen Currysoße nach einem Stückchen Fleisch fischte. Meine Ankunft war für ihn eine Sensation, und er fühlte sich hochgeehrt, als ich ihm sagte, daß er wahrscheinlich der einzige Mann sei, der mir mit Rat und Tat helfen könne. Ich mußte gleich mit ihm essen, und bald fischte auch meine Rechte in der wie Feuer brennenden Soße herum. Er kam sogleich auf die Tiger zu sprechen.
„Mit dem gestern gemeldeten Fall sind bis jetzt einunddreißig Menschen zu beklagen“, berichtete er mit trockener asiatischer Gleichmütigkeit. Ich fragte ihn nach dem genauen Ort und ob die Überfälle der menschenfressenden Bestien bei Tage oder bei Nacht erfolgt seien.
Der Kommissar ließ sich eine Karte kommen, eine alte japanische Generalstabskarte, die die Japaner beim Rückzug 1945 zurückgelassen hatten. Kleine rote Kreuze zeigten die Tatorte der Bestien an. Die ersten Kreuze fanden sich bei Kilometer 60, die letzten jenseits der Paßhöhe, 140 Kilometer von Taungup entfernt. Die Gefahr der Tigerüberfälle bestand zu jeder Tages- und Nachtzeit auf einer Wegstrecke von 80 Kilometer!
Nachdem ich mir meine Finger in einer auf dem Tische stehenden Wasserschüssel gereinigt hatte, kopierte ich die Karte, was mir die Bewunderung der um mich herumstehenden Polizisten eintrug. Der Kommissar ließ es sich nicht nehmen, mich mit Wasser, Keks

und neuen Taschenlampenbatterien zu versorgen. Seine Einladung, die Nacht bei ihm zu verbringen, hatte ich abgelehnt. Ich wollte, da ich mich ziemlich frisch fühlte, den Tag ausnutzen, um möglichst bis zum Abend an die Gefahrengrenze im Dschungel heranzukommen.

Die Nacht, so dachte ich mir, kannst du irgendwo in einer Baumkrone zubringen. Und zwar könntest du dir aus deinem Zelt eine Art Hängematte machen. Für den folgenden Tag wollte ich dann die gefährlichen 80 Kilometer in zügiger Fahrt jenseits des Passes schaffen, wo es meist bergab ging.

Im übrigen rechnete ich darauf, daß das fast geräuschlose Auftauchen eines Fahrrades bzw. eines Radfahrers für die menschenfressenden Bestien genügend Überraschung und Abschreckung bedeutet. Hinzu kam noch, daß der Geruch eines Weißen für die Tiger etwas Ungewohntes sein müßte, womit sie nicht sogleich fertig werden dürften. Wer sich nur ein wenig mit der Tierpsychologie befaßt, muß mir darin recht geben. Keine Bestie wird blind angreifen, bevor sie nicht irgendwie versucht hat, ihren Gegner kennenzulernen.

Das alles hatte ich mir durch den Kopf gehen lassen, bevor ich mich entschloß, sämtliche gutgemeinten Warnungen in den Wind zu schlagen und aufzubrechen. . .

5 Kilometer hinter Taungup stieß ich auf eine kleine Ansiedlung stattlicher Bambushütten, die von einer ziemlich ansehnlichen Pagode überragt wurde. Als ich gerade an ihr vorüberfahren wollte, begegnete mir eine Reihe von Pungis.

Pungis sind buddhistische Mönche. Sie tragen über die nackte Schulter geworfen gelbe Gewänder. Ihnen voran lief eine ganze Schar kleiner Jungen mit einem mächtigen Gong. Vor jedem Haus stoppten sie, schlugen auf den Gong und warteten, bis die Hausfrau und die Mädchen mit den Kochtöpfen herauskamen, um den in Gänsemarschordnung stehenden, kahlgeschorenen Mönchen die lackierten Betteltöpfe mit Reis, Curry und getrockneten Fischen zu füllen.

Nach diesem Erlebnis nahm mich der Dschungel auf.

Es ging bergan. Bald mußte ich absteigen und mein Vehikel schieben. Felsbrocken und metertiefe, von den riesigen Rädern der Ochsenkarren gezogene Rillen erschwerten das Vorwärtskommen. Hin und wieder jedoch war der Weg ganz gut. Man konnte sehen, daß dieses einmal eine recht ordentliche Straße gewesen sein mußte. Die Japaner hatten sie als wichtigste Verbindung zwischen der Bengalischen See und dem Innern Burmas vor knapp zehn Jahren angelegt, und man konnte – wie mir die Missionare in Akyab berichtet hatten – noch gleich nach Ende des Krieges in

sechs bis sieben Stunden mit dem Jeep den Weg von Taungup bis ins Irawadi-Tal schaffen.
So kam ich auf den mehr oder weniger ebenen Strecken dieser ehemaligen Straße verhältnismäßig rasch vorwärts. Sobald es aber steil bergauf oder hier und da bergab ging, wurde der Weg zur Qual. Nicht selten mußte ich sogar mein hochbepacktes Rad auf die Schulter nehmen, um die von den Monsunregen ausgewaschenen, nackten Felsen zu überklettern. Es war mir rätselhaft, wie hier die Konvois der Ochsenkarren durchkommen konnten.
Mal Straße, mal Weg, mal Pfad . . . gesäumt vom Urwald des dichtstehenden Bambus. Dann und wann ragten riesige Eisenholz- oder andere tropische, mit Lianen behangene Bäume aus dem raschelnden Gelbgrün des wogenden Bambusmeeres heraus.
Wenn ich lautlos um eine Wegbiegung kam, bot sich mir meist ein interessantes Schauspiel: bunte, kleine Hähne, ähnlich unseren sogenannten „Italienern", flogen kreischend und flatternd in die Wipfel des Waldes. Kindergroße schwarze Affen schauten mich verdutzt an und verschwanden mit lautem Geschimpfe und Gejohle im Dschungel. Spaßig, wie einige von ihnen ihre kreischenden Babys sich unter den Bauch hängten und über die Straße setzten. Kleine Rehe ließen mich oftmals ganz nahe herankommen und blickten mich verwundert aus ihren melancholischen, braunen Augen an, bis sie sich im letzten Moment entschlossen, in langen, federnden Sprüngen die Straße entlang davonzueilen, um irgendwo einen Einbruch in den dichten Dschungel zu finden.
Der Weg führte noch bergan, rechts Dschungel, links voraus das Blau des weiten Horizonts. . .
Als ich keuchend und schwitzend in der späten Nachmittagssonne endlich diese Höhe erklommen hatte, bot sich mir eine Aussicht von unbeschreiblicher Schönheit. Vor mir lag ein weites Tal. Im Hintergrund die einsamen, vom Grün des Urwaldes überzogenen Berge, dort unten aber ein liebliches Wiesental und der Taungupfluß. Sein Wasser war so klar, daß ich aus 500 Meter Höhe jeden Fels darin erkennen konnte.
Rechts und links des Flusses standen Palmen und ganze Wälder wilder Bananen. Direkt unter mir aber, am Fuße des Steilhanges, tanzte und kreischte ein ganzes Volk wildgewordener Affen.
Es fiel mir schwer, mich von diesem Blick in die unberührte, menschenfreie Einsamkeit paradiesischer Schönheit loszulösen. Aber ich mußte weiter, um noch im Dämmern die Grenze der gefährlichen Tigerzone zu erreichen.
Plötzlich sah ich, daß irgendwo vor mir der Dschungel brannte! Anfangs vermutete ich deshalb, daß irgendwo in der Nähe Menschen wohnen müßten, aber dann fiel mir ein, daß sich ja der

Bambusdschungel selbst entzündet. Das ist ein ganz einfacher Vorgang. Im unablässigen Rhythmus des Windes reiben sich die abgestorbenen, dürren Bambusstämme so lange aneinander, bis sie glühend zu schwelen anfangen. Ein paar trockene Blätter und ein kleiner Windstoß genügen dann, um einen riesigen Waldbrand zu entfachen. Hunderte solcher Dschungelbrände sorgen dafür, daß der Urwald sich stets verjüngt und erneuert. Nach dem Brand ein gründlicher, tropischer Regen – und aufs neue sprießendes Grün wuchert und verdeckt nach wenigen Tagen die Kohle und Asche des Brandes. . .

Ich rechnete mir bei einer kurzen Rast mit Hilfe meiner Kartenskizze die zurückgelegten Kilometer aus und kam dabei zu der Feststellung, daß ich mich bereits mitten in der gefährlichen Tigerzone befinden müsse. Ein unangenehmes Gefühl befiel mich! Beim Rückwärtsblicken bemerkte ich, daß die hinter mir liegenden Berge langsam im bläulichen Dunst der Abenddämmerung verschwanden.

Es war also höchste Zeit, einen geeigneten Baum für die Übernachtung aufzusuchen. Ich hatte unterwegs Bäume genug gesehen, die ich leicht hätte besteigen können. Hier in meiner Umgebung aber standen außer dem unendlichen Grün des Bambus nur riesige Eisenholzbäume, die unmöglich zu besteigen waren. So setzte ich schwitzend und keuchend meinen Weg fort. In wenigen Minuten hatte die Dämmerung auch mich erreicht. Eine geradezu feierliche Stille herrschte um mich herum. Sie hätte mir gewiß wohlgetan, wenn ich nicht so schwer hätte schieben müssen, denn abermals ging es bergan. Ungeduldig und angestrengt schaute ich nach einem geeigneten Baum aus. Da knackte es neben mir im Gebüsch! Aber vorerst achtete ich nicht weiter darauf. Das kam ja oft vor. Dann knackte es abermals, und ein merkwürdiges, ungewohntes Rascheln begleitete meinen Weg. Ich hob einige schwere Steine und warf sie in das Grün der Bambusmauer. Ein unheimliches, gurgelndes Fauchen und Rascheln, Ästebrechen und Zweigeknacken war die Folge! Es entfernte sich aber – und ich atmete auf.

Wenn das nicht einer der menschenfressenden Tiger war, ging es mir durch den Kopf, will ich zehn Besen fressen! Denn kein Urwaldtier würde einen Menschen neugierig auch nur 10 Meter begleiten. Sie alle suchen beim Herannahen des „Herrn der Schöpfung" sofort das Weite. Es wurde mir vollkommen klar, daß die Bestie durch meinen Steinwurf nicht endgültig verscheucht war. Ich mußte ganz andere Überraschungen für sie auf Lager haben als einen Stein.

Mein Gott, wenn ich nur einen passenden Baum finden würde, um mich in Sicherheit bringen zu können!

So schob ich noch einige Minuten weiter. An einer Wegbiegung stand ein mächtiger Brotfruchtbaum mit meterlangen Früchten. Er schien mir sehr geeignet. Ich steckte meine Stablampe in den Gürtel und riß mein Zelt von der Lenkstange. Das Rad lehnte ich an einen Busch.

Während dieser Beschäftigung war es mir, als ob ich abermals ein sich näherndes Knacken gehört hätte. Meine Nerven waren zum Zerreißen gespannt. Ich warf mein Zelt in eine Astgabel über mir und sprang am Baum hoch, zog mich mit einem Schwung auf den nächsten Ast und noch eine Gabel höher. Befreit wollte ich gerade aufatmen, als sich unter mir etwas abspielte, das ich im Leben nie vergessen werde:

Zunächst knackte es laut in dem Busch, an dem mein Rad stand. Dann fiel mein Vehikel mit lautem Krach über einen kleinen Fels, und die in den Radtaschen steckenden Glasflaschen mit Wasser zerschellten splitternd. Im gleichen Moment raste etwas mit unheimlicher Wucht gegen meinen Baum. Ich hielt mich krampfhaft fest und zog unwillkürlich die Beine an.

Mein Zelt, das ich gerade von der Baumgabel unter mir heraufischen wollte, wurde heruntergerissen, und mit abermaligem Lärm fielen die Zeltstangen und die Aluminiumheringe heraus.

Ich riß meine Stablampe aus dem Gürtel und leuchtete in das Durcheinander unter mir. Der breite Lichtstrahl hatte sofort die flüchtende Bestie erfaßt. Sie sprang gerade mit einem mächtigen Satz auf einen etwa 5 Meter hohen Felsbrocken auf der anderen Straßenseite und blieb dort, von dem Lichtstrahl fasziniert, sitzen. Blinzelnd schaute sie in den Scheinwerfer, keine zwanzig Schritte von mir entfernt.

Ich hätte heulen können, daß ich keine Waffe bei mir hatte! Nichts wäre leichter gewesen, als die gefährliche Riesenkatze in diesem Moment zu erlegen. Ein herrliches Tier! Ganz anders als mein bengalischer Königstiger, breiter, höher, aber bei weitem nicht so lang. Dieser Bursche hier machte einen bedeutend wilderen Eindruck! Er war auch ganz anders gezeichnet und struppig. Unter der schwarzgezeichneten Ohrenpartie hatte er einen schneeweißen Fleck auf der Stirn. Ein roter Streifen rechts und links von seiner mächtigen Schnauze gab ihm ein furchterregendes Aussehen. Im übrigen war er ziemlich dunkel. Rostbraune und schwarze Streifen bedeckten seinen breiten, zottigen Rücken, während der Bauchansatz fast weiß zu sein schien.

Ich hatte den Kerl gute zwei bis drei Minuten im Lichte meines Scheinwerfers. Er wäre gewiß noch lange so sitzen geblieben, denn ich konnnte deutlich sehen – wie er – vollkommen fasziniert – es nicht wagte, sich zu bewegen. Aber um meine kostbare Batterie zu

schonen, löschte ich das Licht. Als ich gleich darauf wieder leuchtete, war der Platz auf dem Fels leer. . .
Für mich aber begann eine furchbare Nacht! Gar zu gern hätte ich mein Zelt als Hängematte benutzt. Doch die Erlebnisse der letzten Minuten hatten mich zum Feigling gemacht! Ich wagte es einfach nicht, in das Dunkel hinunterzusteigen und mein Zelt heraufzuholen. Mein Verstand sagte mir zwar wiederholt, daß ich im Schutze der Lampe wohl nichts zu fürchten hätte, aber ich war einfach feige geworden. Keine Macht der Erde hätte mich jetzt vom Baum heruntergebracht! Ja, ich spürte sogar das seltene Gefühl wirklicher Angst, denn ich begann plötzlich am ganzen Körper wie Espenlaub zu zittern.
Es dauerte lange, bis ich mich einigermaßen beruhigt hatte und micht damit tröstete, daß jeder andere Mensch an meiner Stelle wahrscheinlich die gleichen Reaktionen seines Nervensystems gezeigt hätte.
Die Nacht war unendlich lang. Sie war wohl die längste, die ich je erlebt hatte. Ich stellte mich auf meinen Ast, ich setzte mich, ich kniete. Schließlich taten mir alle Knochen weh, und ich war wie gerädert. –
Als endlich der Morgen graute, war in mir kein Gefühl größer als das Bedürfnis, vom Baum zu steigen, ob nun die menschenfressende Bestie noch in der Nähe war oder nicht. Um mir selbst Mut zu machen, und um auch die sich vielleicht noch in der Nähe befindliche Bestie zu verscheuchen, fing ich laut an zu singen, besser gesagt: zu grölen. So stieg ich vom Baum.
In wenigen Minuten hatte ich mein Rad wieder fertig gepackt. Der Weg wurde zusehends besser, aber es ging immer noch steil bergan. So mochte ich mein Fahrrad gute zehn Minuten geschoben haben, als mir etwa 50 Meter voraus auf einem niedrigen Felsen ein gestreiftes Etwas auffiel, das mit meiner nächtlichen Bekanntschaft verteufelte Ähnlichkeit hatte. Unter unheimlichem Lärm schob ich mich zaghaft einige Meter näher heran in der Hoffnung, die Bestie von dem Platz vertreiben zu können. Mein Bemühen war jedoch umsonst. Offenbar hatte sich die Tigerkatze an meinen Lärm längst gewöhnt, sie spitzte die schwarzen Ohren und duckte sich, sich an den von den ersten Sonnenstrahlen beschienenen Fels anschmiegend.
Ich war also mit meinem Latein der Tierpsychologie am Ende! Noch fünfzig Schritte waren es etwa bis zum Fels. Ich überlegte: Ein Satz der fünf bis sechs Zentner schweren Riesenkatze, ein, zwei, drei Tatzenhiebe – und Heinz Helfgen war einmal. . .
Was tun?
Der Paß war nicht mehr weit – aber ein Tiger versperrte den

Weg. . . Meine Freunde in Deutschland werden, wenn sie diesen Bericht lesen, natürlich sofort an den guten alten Münchhausen denken. . . Solche und andere Gedanken rasten wild durcheinander durch meinen müden Schädel . . . und dann erst wurde mir plötzlich klar, daß ich nur eine einzige Entscheidung treffen konnte: sofortiger und plötzlicher Rückzug!
Binnen einer Sekunde hatte ich mein Rad gewendet, war aufgesprungen und raste die steile Straße bergab, bis ich jene Stelle erreicht hatte, wo ich, über Felsen springend, mein Vehikel hatte tragen müssen. Wie ich dort jetzt in Sekundenschnelle hinüberkam, wie ich überhaupt auf den unbefahrbaren Wegstrecken mich auf dem Rad habe halten können, wird mir immer ein Rätsel bleiben.
Ich schaute mich einige Male um. Von dem Tiger war nichts mehr zu sehen. Vielleicht hatte ihm der Anblick seines ersehnten „Opfers", das sich plötzlich in ein anderes Wesen auf lautlosen Rädern verwandelte, doch die Courage genommen.
Am späten Abend dieses ereignisreichen Tages trudelte ich erschöpft und gedemütigt wieder in Taungup ein, jener Ortschaft, die ich sechsunddreißig Stunden vorher so siegesbewußt verlassen hatte.
Der Forest Range Officer der Regierung U San Giaw (Regierungsförster) begegnete mir am Rande des Dorfes und lud mich gleich zu sich in sein Haus, eine Konstruktion aus Eisenholz und Bambus, ein. Seine junge, hübsche Frau, eine Vollblutburmesin mit herrlichen, melancholischen Mandelaugen, machte mir ein Lager aus feingeflochtenen, luftigen Bambusmatten. Restlos ausgepumpt – und auch ein wenig verzweifelt – ließ ich mich darauf nieder. Ich lag noch nicht ganz, als ich schon in einen totenähnlichen Schlaf fiel. . .
„U, Abu, Sahib . . . steh auf, Sir! Wir haben gute Nachricht! Sir werden nun doch noch über den Taungup-Paß kommen!"
Ich rieb mir den Schlaf aus den Augen und schaute mich erst einmal um. Es dauerte lange, bis ich zu mir kam. Das Bambusgeflecht rings um mich herum und das mandeläugige Gesicht über mir machten zunächst einen derart fremden Eindruck auf mich, daß ich nicht gleich wußte, was überhaupt los war. Dann fiel mir ein, wie ich von zu Hause, von der Ruine in der Engelbertstraße in Düsseldorf geträumt hatte. . .
Hier draußen, außerhalb des Bambushauses, dröhnte indessen der feierliche Gong der bettelnden Pungi-Karawane. Die hübsche Gattin meines Gastfreundes huschte lautlos an meinem Lager vorbei. Sie hatte einen großen Reistopf in den Händen und begab sich damit vor die Haustür, um – wie gewohnt – jedem der

gelbgewandeten Mönche einen hohen Löffel voll gekochten Reis in den Bettelkrug zu füllen.
Es war also bereits Mittag. Ich rechnete mir aus, daß ich gute zwölf Stunden geschlafen hatte. Mein Freund U San Giaw räusperte sich: „Hallo, Sahib – du hast gut geruht. Zehn Mönche und vierzig Männer, tapfere Arakanesen, und fünfzehn Ochsenkarren sind in der frühen Morgenstunde in die Dschungel, über die Berge zum Irawadi aufgebrochen. Wenn du dich in ein oder zwei Stunden mit deinem Fahrrad auf den Weg machst, kannst du sie noch vor der Abenddämmerung einholen und im Konvoi schlafen!"
Das war in der Tat eine hervorragende Nachricht! Ich sprang hoch und badete mich, wie man das im Fernen Osten tut, indem ich mir eine Lungi (weiter Rock) geben ließ und mir draußen im Hof, nur mit diesem Kleidungsstück bekleidet, einige Eimer Wasser überschüttete. In der Zwischenzeit hatte mir die Hausfrau ein üppiges Mahl auf meine Matte gestellt: Reis, Curry und ein ganzes gebratenes Huhn mit einigen hartgesottenen Eiern. Die Temperatur war hier trotz der draußen herrschenden, fast unerträglichen Hitze recht angenehm. Ein beinahe kühler Luftzug wehte durch die Bambusstämme des Fußbodens. Während ich aß – natürlich mit den Fingern –, erzählte mir U San Giaw von der Größe seines Waldgebietes, das mehr als 25 000 Quadratkilometer umfaßt, 100 mal 100 Meilen. Zu tun habe er allerdings so gut wie nichts, weil sich das ganze Gebiet in den Händen der Aufständischen befinde. Er meinte schließlich, ich solle mit ihm zusammen eine Sägemühle aufmachen und deutsche Maschinen kommen lassen.
„Ja, mein Bester", erwiderte ich, „wie kann ich hier eine Sägemühle betreiben, wenn sich das ganze Land in den Händen der Aufständischen befindet?"
Er platzte mit einem kichernden Lachen heraus: „Ich sehe, Sahib, daß du von diesem Lande noch keine Ahnung hast! Wenn du nämlich hier mit einer Sägemühle anfangen würdest, dann wären alle Teile zufrieden. Die Regierung, weil du deine Baumgelder zahlst" – hierbei blinzelte er vielsagend und deutete mit dem Zeigefinger auf sein Försterabzeichen –, „und die Aufständischen wären ebenso zufrieden, weil du ihnen per Baum auch zwei Piaster zahlen und ihre Elefanten beschäftigen würdest. Wir alle würden glücklich sein und viel Geld verdienen!" Er machte mir seine Idee von der Sägemühle so schmackhaft, daß ich am liebsten gleich dageblieben wäre.
Dennoch brach ich auf, frisch ausgeruht und mit dem sicheren Gefühl, daß ich diesmal bestimmt den Taungup-Paß überwinden würde. Ich hatte sogar das Glück, daß der Himmel sich bedeckte

und von Westen her ein leichter kühler Wind wehte. So kam ich schneller als erwartet voran.
Ich genoß das Schauspiel des Urwaldes und seiner Tiere ein zweites Mal und war besser gelaunt denn je, als sich der Himmel plötzlich mit schwarzen Wolken überzog. Der Wind wurde zum Sturm, und ich konnte von der Bergspitze, auf der ich mich gerade befand, deutlich sehen, wie sich eine schwere, heranrasende Regenwolke unter Blitzen und Donnern teilte, ein Schauspiel, wie ich es aus solcher Nähe noch nie beobachtet hatte.
Mein Rad hatte ich schnell unter einen breitkronigen Baum gestellt, um es gegen den herannahenden tropischen Regen zu schützen. Dann brach der Gewitterregen los! Es schüttete wie aus tausend Eimern. Wir können uns in Europa von solch einem Gewittermonsun gar keinen Begriff machen. Ich war Zeuge, wie unter mir Dutzende von meterdicken Bäumen unter der Last des Windes und der Wassermassen krachend und splitternd auseinanderbarsten. Als ich das sah, fürchtete ich, daß auch der Baum, unter dem ich Schutz gesucht hatte, plötzlich bersten und mich mitsamt meinem treuen Drahtesel begraben könnte. Seine mächtigen Zweige wurden von dem Sturm ächzend nach vorn gerissen. Aber er hielt stand.
Als der Sturm nach etwa zehn Minuten nachließ und nur noch ein rauschender Regen herniederprasselte, schaute ich nach meinem Fahrrad. Aber ich traute meinen Augen nicht! Mein Vehikel war wie mit Lehm überschüttet, mein Zelt, der Schlafsack und die Radtaschen waren nicht mehr zu erkennen. Alles ein lehmverschmiertes Etwas! Beim näheren Hinsehen mußte ich zu allem Überfluß noch feststellen, daß Millionen von winzigen Ameisen, ebenso braun wie der Lehm, geschäftig über mein Rad tanzten.
Des Rätsels Lösung hatte ich schnell gefunden, als ich am Baume hinaufblickte und sehen mußte, daß der ganze Stamm von einer dicken Lehmschicht umgeben war, von Lehm, der durch die Ameisen in zäher Kleinarbeit dorthin geschafft wurde und diesem Ameisenvolk als Behausung diente. Der furchtbare Regensturm hatte nun einen Teil dieser Lehmkonstruktion abgewaschen und über mein Rad tropfen lassen. Ich nahm also das lehmige Fahrzeug und stellte mich damit mitten in den Regen. Wenige Minuten später sah es wieder aus wie zuvor. Dafür mußte ich ein neues Leid auf mich nehmen, denn einige tausend der kleinen Ameisen waren an mir heraufgeklettert und fingen an, mich überall zu beißen. . .
Ich riß mir die Kleider vom Leib und brauste mich in dem immer noch schüttenden Regen ab. Hemd und Hose mußte ich liegenlassen, denn ich sah bald ein, daß es hoffnungslos war, sie von den

kleinen, wildgewordenen Biestern zu reinigen. Zum Glück hatte ich noch ein Paar Shorts in meiner Zelttasche.
Der Regen ging, wie er gekommen war. Schon brach die Sonne wieder durch. Mein Körper brannte von den unzähligen kleinen Bissen wie Feuer. Je mehr die Sonne schien und je mehr ich ins Schwitzen kam, desto unerträglicher wurden die Schmerzen. Es half aber nichts – ich mußte weiter! So fing ich an zu rasen, mußte – genau wie bei meinem ersten Versuch, über den Taungup-Paß hinwegzukommen – oftmals absteigen und schieben oder mein Fahrrad gar über Felsen und schlammige Pfützen oder Stellen, an denen der Weg durch die Regengüsse in den Abgrund gerutscht war, hinwegtragen. . .
Am späten Nachmittag hatte ich die Tigerzone erreicht! Ich fand auch meinen Übernachtungsbaum wieder – und ein leichtes Gruseln lief mir über den Rücken. Mit verdoppelter Anstrengung schob ich mein Rad an der Stelle vorbei, an der zwei Tage vorher die Bestie gelauert hatte, um mir die Weiterfahrt unmöglich zu machen. . . Bei dem Gedanken daran wurden mir die Knie weich.
Vor mir hörte ich Stimmen und lautes Rufen. . .
Ja, das konnte nur die Karawane sein, die ich noch vorm Abend hatte einholen wollen, um wenigstens dieses Mal – wenn auch nicht allein, sondern in Begleitung – den tigerverseuchten Taungup-Paß zu bezwingen.
Ich bog noch um zwei oder drei Dschungelpfad-Biegungen – und hatte plötzlich den Konvoi der Arakanesen mit den Büffelkarren vor mir. Die gelben Gewänder der Pungis, jener umherziehenden Bettelmönche, leuchteten in der Abendsonne. Sie hatten sich, ebenfalls aus Angst vor den Tigern des Taungup-Passes, dem Konvoi der Arakanesen angeschlossen.
Die Arakanesen und die Mönche waren gerade damit beschäftigt, auf einem ziemlich breiten Platz inmitten des Dschungels das Nachtlager herzurichten.
Meine vollkommen unerwartete Ankunft wurde von den Arakanesen offensichtlich begrüßt. Sie hatten allerhöchsten Respekt vor einem Weißen, und überall, wohin ich grüßend nickte, falteten sie unter Kopfverbeugungen die Hände; das ist der Gruß des Mittleren und Fernen Ostens.
Die Verständigung klappte ganz ausgezeichnet, da einige der Pungis recht gut Bengalisch sprechen konnten, jene Sprache, die ich während meines Aufenthaltes in Kalkutta und Ostbengalen ziemlich erlernt hatte. Außerdem war noch ein junger Mann beim Konvoi, der während seiner Militärzeit in Rangoon einige Brocken Englisch aufgeschnappt und auch behalten hatte.
Wir gingen zunächst daran, das Lager zu errichten. Als erstes

wurden eine Menge Bambuszweige – und zwar unter den Gebetssprüchen der Pungis – rings um das Lager gelegt. Man erklärte mir, daß das ein jahrtausende alter Brauch sei, um die bösen Geister und die Krankheiten abzuhalten.
Hierauf wurden im Kreis um das Lager herum mehrere Feuer entzündet. Sie sollten die wilden Tiere abhalten.
Ein dritter Kreis wurde durch die zweirädrigen Karren gebildet, eine Art Wagenburg, was mich stark an Indianerbücher erinnerte, die ich als Junge gelesen hatte. An jeden Wagen steckten die Arakanesen eine Fackel, die sie aber erst bei einbrechender Dunkelheit entzündeten. Die Büffel, etwa sechzig an der Zahl, bildeten den letzten Kreis innerhalb unserer Wagenburg.
Auf dem inneren Lagerplatz wurden Palmfaser- und Bambusmatten ausgebreitet, das Nachtlager für uns Menschen – die Arakanesen, die Bettelmönche und mich.
Trotz all dieser Vorsichtsmaßnahmen waren doch einige Gesichter von verhaltener Angst gezeichnet. Die jungen Burschen unter den Burmesen verdrängten die Angst jedoch bald durch laute, aber dennoch schöne, melodische Gesänge. Ich versuchte mitzusingen, was jedesmal den größten Applaus der ganzen Gesellschaft auslöste.
So kam bald die Nacht heran. . .
Ich wurde von allen Seiten mit manchmal sehr zweifelhaften Leckerbissen, wie unendlich scharfen Paprikaschoten oder getrockneten Käfern, bedacht. . . Die Hauptmahlzeit bestand jedoch aus Reis, Curry und getrockneten Fischen. Das kannte ich ja schon zur Genüge und hatte mich aus ganz erklärlichen Gründen auch längst an dieses Gericht des Fernen Ostens gewöhnt. (Wie schmeckt eigentlich Brot? Wie schmecken Kartoffeln? Ich weiß es nicht mehr.) Am besten schmeckte mir der ausgezeichnete Tee.
Trotz des Lärms, den die Wachtposten mit Trommeln und Posaunen zur Verscheuchung der Tiger vollführten, konnte ich ausgezeichnet schlafen.
Die Nacht verging ohne besondere Vorkommnisse.
In der ersten Morgendämmerung wurde das Lager abgebrochen. Das ging außerordentlich schnell. Ich hatte kaum mein Rad gepackt, als die ganze Karawane sich bereits in Bewegung setzte.
Welchen Eindruck ich auf die Tiere machte, mußte ich bald zu meinem größten Bedauern feststellen. Beim Überholen des Konvois sprangen die sonst so gleichmütigen und durch nichts aus der Ruhe zu bringenden Büffel aus den Zügeln, und die Arakanesen mußten alle Gewalt anwenden, um die Tiere wieder zu beruhigen. Das war der Geruch des „Weißen Mannes“, der sie irritierte und ängstigte!

Um es mir leichter zu machen, warf ich bald mein ganzes Gepäck auf einen der Ochsenkarren. Dann nahm ich die Spitze des Konvois ein.
Gegen Mittag hatten wir die Paßhöhe erreicht, etwa 1800 Meter über dem Meeresspiegel gelegen. Wir waren hoch über den Dschungeln. So weit das Auge reichte, waren nur vom Urwald bedeckte Berge zu sehen, keine Dörfer, keine Wiesen und Felder, keine freien Ebenen, sondern nichts als das ewige Grün der Dschungel! Die einzige Unterbrechung des Grüns bildeten mehrere große und kleinere Waldbrände, die, wie ich bereits schilderte, durch Selbstentzündung von ausgetrockneten Bambusstämmen entstehen.
Am Nachmittag hielt der Konvoi an.
Als ich nach der Ursache des Halts fragte, sagte mir der Anführer der Karawane, ein alter Arakanese, daß wir im Urwald nach Wasser suchen müßten, weil die hier in dieser Gegend bekannte Wasserquelle aus unerklärlichen Gründen ausgetrocknet sei.
Die jungen Männer, bewaffnet mit Bambusstäben – einige trugen uralte breite burmesische Schwerter – suchten mit mir gemeinsam nach einem Durchbruch wilder Elefanten, und als wir nach wenigen Minuten einen solchen gefunden hatten, folgten wir dieser Fährte hinab in den Dschungel.
Je weiter wir hinabstiegen, um so zögernder wurden meine Gefährten. Ich setzte mich schließlich an die Spitze. Der immer fühlbarer werdende Durst und die absolute Notwendigkeit, Wasser zu finden, trieb mich vorwärts, abwärts, der Talsohle entgegen.
Unser Elefantentrack führte ziemlich geradlinig auf einige mächtige, genau unter uns liegende Riesenbäume. Ich wunderte mich ehrlich darüber, wie die riesigen Elefanten diesen steilen Pfad hatten hinunterklettern können. – Lautlos näherten wir uns einem schwarzen, etwa 6 bis 7 Meter hohen Felsen. Als wir ihn erreicht hatten, ertönte ein mächtiger Trompetenstoß! Ein lautes Brechen, Knacken und Splittern der Bäume folgte. Ich hatte gerade die Ecke des Felsens erreicht und konnte etwa 20 Meter vor mir zwei Elefantenbabys sehen, wie sie in eiliger Flucht im ewigen Grün des Bambus verschwanden. . .
Die Wasserstelle hatten wir also zu unserem größten Glück gefunden. Sie lag vor uns – ein etwa 5 Meter im Durchmesser großer Wassertümpel. Die Elefanten mußten mitten darin gestanden haben, denn das Wasser war derart aufgewühlt und schmutzig, daß wir lange warten mußten, bis der Dreck sich gesetzt hatte. So hatte ich Zeit, mir die unheimliche Umgebung dieser Wasserstelle näher anzusehen. Einer der mich begleitenden Arakanesen gab mit einem Büffelhorn ein Zeichen für die Karawane, daß das

Wasser gefunden sei. Von der Straße, besser: vom Dschungelpfad her ertönte die Antwort.
Während dann über uns die Büffel losgeschirrt wurden und die ganze Herde sich auf den Weg zu uns in den Talgrund aufmachte und das Wasser sich durch die ziemlich starke Quelle zusehends klärte, untersuchte ich den Boden der Quelle. Er war außer von den mächtigen Abdrücken der Elefantenstampfer von unzähligen Leoparden- und größeren Tigerspuren bedeckt!
An einigen Stellen konnte man auch die Abdrücke von Affen, Hirschen und Rehen feststellen. Der Dschungel war nach allen Seiten hin stark niedergetreten. Es dauerte lange, bis das vor Durst und Angst schreiende Hornvieh den Talgrund erreicht hatte. Wir hatten bereits alle unsere Gefäße mit dem erfrischenden Quellwasser gefüllt, als die Büffel endlich erschienen und angesichts des Wassers alle Angst vergaßen.
Unter viel Lärm machten wir uns auf den Rückweg und atmeten richtig auf, als wir nach zwanzig Minuten Aufstieg unseren ursprünglichen Konvoi-Pfad wieder erreicht hatten. Nachträglich erzählte mir der Englisch kauderwelschende Arakanese, daß vor drei Wochen eben an dieser Stelle zwei Burmesen von Tigern in den Dschungel geschleppt worden seien. Er meinte, wenn uns bisher nichts passiert sei, so läge es sicher daran, daß wir die Pungis – die heiligen Mönche – bei uns hätten, und vor allem auch daran, daß wir unterwegs kein Wild getötet und auch kein frisches Fleisch gegessen hätten. – Bei dieser Gelegenheit muß ich erwähnen, daß die Buddhisten vielfach den Glauben vertreten, in den Tierleibern seien menschliche Seelen zu Hause.
Wieder hatte ich die Spitze des Konvois übernommen, als plötzlich hinter mir lautes Schreien ertönte.
„Baaag!" – „Hoi-an-Toy lei!"
Das Wort „Bag" – Tiger – fuhr mir diesmal durch Mark und Bein! Ich raste sofort zurück zu dem ersten Büffelkarren. Die Tiere gebärdeten sich wie wild! Sie stoben an mir vorbei. Ein, zwei, drei, vier Fahrzeuge. Dann kamen einige Männer, junge Arakanesen und die Mönche. Sie hoben resigniert die Schultern, asiatisch gleichgültig.
Ich konnte nicht schlau daraus werden, was nun eigentlich passiert war.
Da gewahrte ich zwei Mönche am Rande des Pfades; sie hockten unter dem Bambus, drehten die Gebetschnur und murmelten ihre buddhistische Litanei herunter. Ich ließ sie einige Sekunden respektvoll in Ruhe. Dann, als sie mich bemerkten, erhoben sie sich, gesellten sich zu mir und erzählten mir mit Hilfe von Mimik und Fingergesten, wie sie wenige Meter hinter einem Arakanesen

aus Sandoway hergetrottet seien, als plötzlich ein Tiger im Zeitraum von zwei oder drei Sekunden diesen vor ihren eigenen Augen niedergeschlagen habe und mit ihm im Dschungel verschwunden sei.

Der Jüngere der Mönche machte mir diesen Vorfall so drastisch klar, daß mir eine Gänsehaut über den Rücken lief. Der Ältere aber meinte überlegen, das wäre nie passiert, wenn der Mann nach der Regel Buddhas gelebt hätte. Er habe selbst gesehen, wie dieser Arakanese in der vergangenen Nacht ein Stück gesalzenes Fleisch gegessen habe.

Wider Erwarten erfolgten aber keine weiteren Angriffe.

Der Urwald wurde gegen Mittag rasch lichter. Die dichte Bambuswand auf beiden Seiten des Weges wich einem Wald mächtiger Eisenholzbäume, zwischen denen hier und da sogar wilde Bananenstauden Platz fanden. Unsere Karawane versammelte sich auf einem freien Platz, um dort an einem offenen Feuer ihren Reis und ihren Tee zu kochen. Der Verlust des vom Tiger verschleppten und getöteten Mannes wurde mit asiatischem Gleichmut ertragen. Mehr noch – man zeigte sogar eine gewisse Freude und Genugtuung darüber, daß man selbst so glücklich davongekommen war.

Da mein Vorrat an Keks, Kondensmilch und Bonbons aufgebraucht war, aß ich, was die Arakanesen mir anboten: Reis, die überaus scharfen Pfefferschoten, ohne die man den Reis gar nicht herunterbekommt, und trockenen Fisch. Ich glaube, zu Hause hätte man mich totschlagen müssen, ich hätte eine solche Mahlzeit nicht herunterbekommen. Ich aß wie ein Scheunendrescher, den Reis elegant mit der rechten Hand zu kleinen Kügelchen formend. Hierauf folgte jedesmal ein nadelkopfgroßes Stückchen der roten Pfefferschote. Sie brennt zwar wie Feuer – unser schwarzer Pfeffer ist Zucker dagegen –, hinterläßt jedoch bis in den Magen hinein eine seltsam brennende Frische, ähnlich einem ganz hochprozentigen Schnaps.

Da nun auch der Weg zusehends besser wurde und meist bergab führte, entschloß ich mich, die Karawane zu verlassen und dem Irawadi-Tal, dem eigentlichen Burma, entgegenzustrampeln.

Nach meiner Schätzung konnten es nur noch höchstens 60 Kilometer bis zu dem Strom sein. Ich begab mich also zu dem Karren, auf dem ich mein Gepäck hatte. Ein alter Arakanese mit listigen schwarzen Augen reichte mir meine Habseligkeiten herunter. Der Mann war so überaus freundlich und seine Gebärde beim Zureichen der die wenigen Wertsachen und das Geld enthaltenden Aluminiumdose war so auffallend, daß mir unweigerlich der Gedanke kam, bestohlen zu sein. Ich schaute also sofort nach. Tatsächlich! Das wenige Geld, das mir die Akyab-Missionare mit auf den Weg gegeben hatten, war verschwunden!

Der Alte, offensichtlich erschrocken und mit einem schlechten Gewissen, war im selben Augenblick wie vom Erdboden verschluckt.
Ich rief sofort meine jungen Freunde heran und zeigte ihnen, was passiert war. Dann ging ich auf die Suche nach dem Alten. Er hielt sich hinter einem anderen Ochsenkarren versteckt. Als ich ihn entdeckt hatte, pflanzte ich mich in Angriffsstellung vor ihm auf und schüttelte ihn gehörig. Die gesamte Karawane hatte sich hierbei im Kreis um uns versammelt. Für einen Moment fürchtete ich, sie würden Partei für ihren Landsmann ergreifen. Ein kurzer Seitenblick überzeugte mich jedoch davon, daß auch sie auf den Arakanesen sehr böse waren. Dieser ließ sich zunächst nicht von mir einschüchtern. Im Gegenteil, er fing an, in seinem Kauderwelsch zu schimpfen, und als ich nicht lockerließ, griff er sogar nach seinem an der Seite hängenden Dolch. Oh, das war zuviel für mich! Mit einem schnellen Griff drehte ich ihm den rechten Arm aus, so daß der Dolch in weitem Bogen auf die Straße fiel. Seine Landsleute jubelten Beifall.
Alsdann stürzten sich die jungen Arakanesen auf den Dieb und rollten den Knoten seiner Lungi, des weiten, rockähnlichen und bis zur Hüfte reichenden Gewandes, auf. Mein Geld kam prompt zum Vorschein. Ohne den Dieb noch eines Blickes zu würdigen, verabschiedete ich mich, einem jeden die Hand schüttelnd, von meiner merkwürdigen Reisegesellschaft und raste von dannen. . .
Der Weg war doch weiter, als ich angenommen hatte. Plötzlich brach der Abend herein, und ich war immer noch nicht in der freien Ebene. Die Straße wand sich in unzähligen Serpentinen steil abwärts. Da hörte ich unter mir Hundegebell. Noch eine Wegbiegung – und ich sah vor mir die Lichter eines Dorfes!
Es war Naungdidauk, das erste Dorf in der Burma-Ebene.
In Taungup hatte mich die Polizei darauf aufmerksam gemacht, daß sich diese Ortschaft in den Händen der Kommunisten befände. So stieg ich also vom Rad und wollte einen taktischen Plan entwerfen, wie ich am besten, die allgemeine Überraschung ausnutzend, das Dorf passieren könnte. In den kommunistischen Gebieten Arakans hatte ich ja bereits einige wertvolle Erfahrungen gesammelt. Ich mußte vor allen Dingen ohne Licht fahren, um mich nicht schon vorher anzukündigen.
Langsam fuhr ich durch die Dunkelheit dem Dorf entgegen.
Dann mußte ich absteigen. Dicke Steine und Felsbrocken machten mir das Fahren unmöglich. Ich stellte fest, daß ich mich mitten in einem ausgetrockneten Flußbett befand. Von meinem bisherigen Weg war keine Spur mehr zu sehen.
Links neben mir bemerkte ich jetzt die Konturen einer zerstörten

Brücke. Vielleicht war dort die Fortsetzung des Weges zu suchen. Stolpernd stürzte ich in ein knietiefes Wasserloch, was einen tüchtigen Lärm verursachte und das laute Gequake einiger Ochsenfrösche zur Folge hatte.
Dann hatte ich endlich das jenseitige Ufer erreicht. Mein Rad samt Gepäck schleppte ich ächzend die Böschung empor. Oben angekommen, fand ich gleich den Weg wieder.
Da strahlten urplötzlich und gänzlich unerwartet mehrere Scheinwerfer auf!

Im Dschungel-Hauptquartier der Kommunisten

Ich war in eine wahre Lichtflut getaucht. Mehrere Männerstimmen riefen mich auf burmesisch an. Natürlich verstand ich kein Wort und mußte wohl ein furchtbar verdutztes Gesicht gemacht haben, denn hinter der Quelle des Scheinwerferstrahls hörte ich ein paar Frauen kichern. Was sollte ich tun? Eben der Tigerhölle entronnen, stand ich einem neuen Abenteuer gegenüber!
Obgleich mir gar nicht der Sinn danach stand – denn ich befand mich vor den Toren von Naungdidauk, einer Ortschaft, die, wie ich wußte, in den Händen der Kommunisten war –, lachte ich ebenfalls. Manchmal ist Lachen die beste erste Hilfe in solchen Situationen.
Alsdann ging ich der Lichtquelle entgegen und war sofort von einer ganzen Schar bis an die Zähne bewaffneter Männer umgeben. Einer von ihnen sprach mich in fließendem Englisch an. Er wollte wissen, wer ich sei, woher ich komme und ob nicht etwa bewaffnete Regierungstruppen in meiner Nähe wären, die vielleicht ebenfalls über den Taungup-Paß gekommen sein könnten.
Als ich ihm in aller Unschuld diese und andere Fragen beantwortet hatte, klärten sich die schlitzäugigen Gesichter zusehends auf. Man führte mich in eine Bambushütte. Eine alte Burmesin stellte mir frische Büffelmilch und ein Stück getrockneten Fisch vor. Dann eröffnete mir der Englisch sprechende Anführer der Bande, daß er leider Befehl habe, jeden fremden Weißen zum Hauptquartier der kommunistischen Aufständischen zu bringen.
Auf meine Frage, wie weit das bis dorthin denn sei, meinte der Mann, es sei nicht sehr weit, und um das Rad und um mein Gepäck brauche ich mich nicht zu kümmern. Man würde mir kein Haar krümmen und mir auch nicht das geringste abnehmen, falls es sich herausstellen sollte, daß ich kein Spion sei. Ich sah ein, daß man mir den Standort des Hauptquartiers nicht verraten konnte. So fügte ich mich in mein Schicksal, ja ich war sogar zufrieden, denn

vom journalistischen Blickfeld aus gesehen war es ja eine großartige Chance, einmal etwas Näheres über die Aufständischen Burmas zu erfahren.
Mein Fahrrad wurde an einer Bambusstange der Länge nach aufgehängt und von zwei Männern getragen. Wir überquerten abermals den ausgetrockneten Fluß und befanden uns bald in der Finsternis des Dschungels.
Nach etwa einstündigem Marsch über Stock und Stein, herabgestürzte Baumäste, einem Gewirr von Baumwurzeln und über den Boden kriechender Lianen hatten wir einen freieren Platz erreicht. Der volle Mond bestrahlte einige primitive Bambushütten. Bei unserem Erscheinen lösten sich mehrere Schatten aus dem Dunkel der umstehenden Bäume. Ein paar Scheinwerfer blitzten auf. Mir unverständliche Worte wurden gewechselt.
Dann kam ein in eine amerikanische Militärdecke gehüllter Burmese auf mich zu und begrüßte mich mit Handschlag. Er sprach ein ausgezeichnetes Englisch. „Bin erfreut, Sie hier zu sehen, German!“ sagte er und bot mir einen Platz am Boden vor einem glimmenden Holzkohlenfeuer an.
„Haben Sie Appetit auf einen guten Tee?“ fragte der Burmese.
Ich nickte nur und fügte hinzu: „Ich bin sehr müde.“
„Trinken Sie Ihren Tee“, sagte der Mann, „und schlafen Sie sich aus!“
Der Tee war in der Tat ausgezeichnet.
Ich bat um meinen Schlafsack. Zwei Männer sprangen auf und kamen in wenigen Minuten mit meinem Gepäck zurück. Ich stellte sofort fest, daß es geöffnet und untersucht worden war. Es fehlte aber nichts, außer den Papieren. Ich fragte meinen Betreuer, wo die Aluminiumdose mit meinen Papieren sei.
„Machen Sie sich darum nur keine Sorgen“, war die Antwort. „Und vergessen Sie nicht, daß wir uns im Krieg befinden. Ihre Dose ist gleich weiter zum Hauptquartier zur CIC-Untersuchung gegangen. Wenn nichts zu beanstanden ist, werden Sie alles unversehrt zurückbekommen. Bis dahin müssen Sie warten.“
Der typisch englische Ausdruck „CIC“ ließ mich aufhorchen, und ich mußte ein ziemlich erstauntes Gesicht gemacht haben, denn mein Burmese fügte sogleich erklärend hinzu: „CIC“ heißt Counter Intelligence Corps (Gegenspionage-Korps). Wir haben diesen Ausdruck von den Engländern übernommen, weil die meisten von uns während des großen Krieges in der britischen Armee gedient haben.“
Ich faltete meinen Schlafsack aus und streckte mich gähnend nieder. Im Einschlafen sah ich noch, wie vier Stäbe um mich herum in den Boden getrieben wurden. Ein paar Männer spannten ein Moskitonetz darüberhin. . .

Beim Aufwachen in der Morgendämmerung war das Moskitonetz bereits wieder verschwunden. Neben mir duftete in einer Kokosschale ein vortrefflicher Tee. Ich gewahrte mein Frühstück: Gekochter Reis auf einem Bananenblatt, rote Chillyschoten, ein getrockneter Fisch.
Als Gefangener der burmesischen Aufständischen keine allzu schlechte Behandlung! fuhr es mir durch den Sinn.
Ein uralter kleiner Burmese mit runzeligem Pergamentgesicht nickte mir den Morgengruß zu und machte sich daran, meinen Schlafsack aufzurollen. Das Essen schmeckte mir. Komisch, wie sich der Mensch, wenn er Hunger hat, an die unmöglichsten und ungewohntesten Speisen gewöhnen kann!
Nach dem Frühstück tauchte auch der Englisch sprechende Burmese vom Vorabend wieder auf. Jetzt bei Tageslicht konnte ich sein Gesicht näher betrachten. Er trug eine elegante Brille und machte einen sehr intelligenten Eindruck. Auch sein Benehmen war außerordentlich geschliffen. Man konnte sehen, daß er irgendwie zur geistigen Elite der kommunistischen Insurgenten gehören mußte.
Während wir zum Aufbruch rüsteten, war ich fast geneigt, mit diesem Manne eine Diskussion über den Kommunismus anzuknüpfen. Dann kam mir aber der Gedanke, daß es für mich und meine Befreiung doch besser sei, den Mund zu halten und so zu tun, als wenn ich selber Kommunist sei. So schwieg ich also und überließ die Initiative der anderen Seite.
Der mächtige burmesische Urwald hatte uns bald wieder aufgenommen.
In der Ferne, über uns in den Bergen, ertönten Trompetenstöße, und mir war, als ob ich auch menschliche Rufe gehört hätte. Das mußte mein Konvoi sein, in deren Begleitung ich den Taungup-Paß und die gefährliche Tigerzone durchquert hatte. Ich hatte ihn am Mittag des Vortages verlassen und war dann prompt in die Hände der kommunistischen Aufständischen geraten, während die Karawane der Mönche und Arakanesen mit ihren Ochsenkarren sich wahrscheinlich zur Zeit dem Dorfe Naungdidauk näherte.
Meine mit modernen Maschinenpistolen Made in USA bewaffneten Begleiter gaben sich jede erdenkliche Mühe, mir den Marsch durch den Dschungel so angenehm wie möglich zu machen. Mit mächtigen Buschmessern entfernten sie jeden den Weg versperrenden Ast. Einer der Männer kam sogar auf mich zu und bot mir eine seiner riesengroßen burmesischen Zigarren an. Ich wollte ihn nicht vergrämen und wies das Ding nicht zurück. Die Zigarre, das muß ich ehrlich gestehen, war eine angenehme Überraschung! Sie schmeckte hervorragend, und ihr Duft könnte mit der besten Havanna konkurrieren.

So mochten wir etwa drei Stunden durch den Urwald gewandert sein – meine kurz nach dem Abmarsch angezündete Zigarre brannte immer noch! –, als wir an einer Biegung des Dschungelpfades plötzlich vor einem Doppelposten mit Maschinengewehr standen.
Unser Anführer, der Englisch sprechende Burmese mit der Professorenbrille, wechselte einige Worte mit der Wache, und wir gingen weiter.
Fünf Minuten später standen wir vor einem schmalen Fluß mit kristallklarem Wasser. Auf der anderen Seite desselben befand sich eine Unmenge kleiner Bambushäuser, jedes unter einem riesengroßen Eisenholzbaum, gut geschützt gegen Fliegersicht. Auf der anderen Seite des Platzes sah ich eine langgestreckte Holzbaracke mit vielen Türen. Jede Tür hatte eine Inschrift in großen burmesischen Buchstaben. Das waren offensichtlich die Büros des kommunistischen Stabes. Mein Rad war bereits dort abgestellt worden, und auch ich wurde dorthin geführt. Mein Mann mit der Brille klopfte an eine dieser Türen, und wir traten ein.
Von dem Sonnenlicht noch geblendet, konnte ich zunächst in dem kühlen Halbdunkel nichts erkennen. Dann sah ich an einer Art Schreibtisch die Umrisse eines kleinen Mannes sitzen.
Er winkte mich zu sich heran und sagte: „Ich habe schon gehört. . . Sie kommen aus Deutschland. Seien Sie willkommen!“ Damit bot er mir seine Hand.
Ich wunderte mich über den freundlichen Empfang, sagte dem Manne aber sofort, daß ich diesen unfreiwilligen Besuch so sehr wie möglich verkürzt haben möchte. Er schaute mich daraufhin kurz prüfend an und meinte;
„Wenn Sie der sind, für den wir Sie gern halten, können Sie morgen schon Ihre Reise fortsetzen. Zunächst müssen wir aber wissen, ob Sie wirklich Deutscher sind. Wir sind nämlich“, so fuhr er schmunzelnd und selbstgefällig fort, „über Deutschland sehr gut informiert und wissen, daß das ganze deutsche Volk genau wie wir voll Sehnsucht auf die Befreiung durch den großen Stalin wartet.“
Ich hielt es für angebracht, diesen Unsinn mit einem freundlichen Lachen zu quittieren. Dann stellte ich fest, daß alle meine Papiere vor dem Manne auf dem Schreibtisch lagen, unter anderem auch meine gesamte Korrespondenz mit der Heimat.
„Wie wollen Sie denn ermitteln“, fragte ich, „ob ich wirklich Deutscher bin, wenn Sie hier niemanden haben, der Deutsch sprechen kann?“
Verschmitzt lächelnd schaute der Mann mich an und meinte schließlich: „Das ist sehr einfach! Wenn Sie mir die größten

deutschen Kommunisten nennen können, werde ich Ihnen glauben!"
Ich dachte kurz nach und zählte auf: „Karl Marx, Bebel, Engels, Karl Liebknecht, Rosa Luxemburg, August Thälmann (ob der Vorname stimmt, weiß ich heute noch nicht!), ferner Pick, Ulbricht und Grotewohl..."
Mein burmesischer Untersuchungsrichter war überrascht.
„Oh, ich sehe", sagte er, „Sie sind ideologisch sehr gut geschult!" Voller Hochachtung, wie es schien, platzte er damit heraus. Ich selber konnte ein breites Grinsen nicht unterdrücken.
Aus einem dicken Stoß von Illustrierten fischte der Mann alsdann ein buntes, chinesisches Heft heraus. Fast feierlich öffnete er es. Das erste Bild: Brandenburger Tor im Hintergrund . . . davor marschierende deutsche Jugend mit Stalintransparenten. . . Auf der zweiten Seite: Das Riesenkitschdenkmal der Berliner Russen . . . und wieder deutsche Jugend. . . So ging das weiter durch das ganze Heft, offenbar eine großaufgemachte chinesische Buntreportage über die kommunistischen Rummeltage der ostdeutschen Jugend . . . der sowjet-propagandistische Beweis dafür, daß die Deutschen in Väterchen Stalin den großen Befreier der Welt sahen.
Mir war jedenfalls in meinem besonderen Fall dieser sowjetische Humbug ganz recht; die burmesischen Kommunisten halten jeden Deutschen für einen Genossen!
Eine allzu große Gefahr drohte mir schon aus diesem Grunde nicht. . .
Ich konnte mich in dem burmesisch-kommunistischen Dschungel-Hauptquartier, obgleich ich Gefangener war, vollkommen frei bewegen. Man behandelte mich mit der gleichen Hochachtung wie den Chef der Aufständischen, der mich so freundschaftlich verhört hatte.
Trotzdem wagte ich es nicht, meine Neugier allzu offen zu zeigen. Gar zu gern hätte ich gewußt, was in den vielen anderen Bambushäusern los war.
Nach der Mittagsruhe, die im ganzen Lager strengstens eingehalten wurde, kam der Chef zu mir und sagte:
„Deutscher Genosse, ich will Ihnen nun zeigen, daß wir in Burma mit der Revolution gute Fortschritte machen!" Damit ging er zur nächstgelegenen Bambushütte und forderte mich auf, ihm zu folgen.
„Dieses hier", erklärte er stolz, „ist unsere Gefangenen-Schule!"
An den Wänden war eine Reihe dicker Folianten, alle in Burmesisch, der weitschweifigsten Sprache, die ich je kennengelernt habe. Im Gegensatz zu den Arabern oder Persern, die nur zwei

Drittel des Schreib- oder Druckraumes benötigten, schreiben und drucken die Burmesen zwei bis drei Zeilen, wenn wir mit einer einzigen auskommen. Das nur nebenbei.
Selbstverständlich fragte ich meinen Untersuchungsrichter, den Chef des Lagers, nach den Schülern. Denn was nützt eine Schule ohne Schüler?
Hierauf führte mich der Chef zu einer anderen Bambushütte.
Vor dieser saßen sechs Männer. Drei davon trugen die Offiziersuniformen der Regierungstruppen. Den anderen dreien konnte man ebenfalls ansehen, daß sie irgendwie der besseren Klasse angehörten. Sie spielten Karten und schauten erstaunt auf, als sie in mir einen Weißen erkannten.
„Ich überlasse Ihnen diesen deutschen Globetrotter! Sie können sich mit ihm frei unterhalten!" Mit diesen Worten verabschiedete sich der Chef und blinzelte mir bedeutungsvoll zu.
Nun gut! Das also waren die gefangenen Schüler!
Zunächst konnte ich mir wirklich keinen rechten Reim bilden, denn es war doch alles höchst merkwürdig. Ich befand mich in einer Situation, in der sich gewiß noch kein Deutscher befunden hatte. Dieser Gedanke indessen versöhnte mich mit allem.
Ganz plötzlich begann einer der Offiziere, ein junger Leutnant, zu reden. Nach dem üblichen Woher, Wohin und Wieso erzählte er mir die Geschichte ihrer Gefangennahme.
Sie waren alle sechs vor mehreren Wochen aus dem zwischen Rangoon und Mandalay verkehrenden Zug gekidnappt worden.
„Wir können uns trotzdem nicht beklagen", warf einer der gutgekleideten Zivilisten ein, „wir sind eben das Opfer einer sehr klugen kommunistischen Taktik."
„Wieso Taktik?" wollte ich wissen.
Alle sechs schmunzelten vergnügt, als sie mein neugieriges Gesicht sahen. Der Zivilist räusperte ich: „Sehen Sie – Sie sind Europäer. Ich kenne eure Mentalität, denn ich habe lange in England studiert. Hier in Asien sind die Menschen ganz anders. Wir sind in Burma alle Schüler Buddhas und alle Brüder – auch unsere kommunistischen Landsleute! Wir lieben einander! Sollten die Kommunisten den politischen Kampf gewinnen, können wir uns glücklich schätzen, daß man uns hier im Dschungel geschult hat. Denn wir werden bestimmt bessere Posten bekommen als zuvor und als alle anderen. Unser Land ist ja so arm an wirklicher Intelligenz!"
Hm! Wieder einmal ein typisches Beispiel asiatischer Passivität! dachte ich mir, indem ich mich nachdenklich von den merkwürdigen „Schülern" verabschiedete. . .
Aus einer niedrigen Hütte hinter dem nächsten Bambushaus

dröhnte das Geräusch eines Motors. Beim Näherkommen hörte ich das deutliche Flepp-Flepp einer ziemlich schnell arbeitenden Flachdruckpresse. Ich hatte mich nicht getäuscht.
An der Tür der Werkstatt wurde ich von meinem burmesischen Wegbegleiter, dem Manne mit der Brille, in Empfang genommen. Er zeigte mir voller Stolz seine Druckerei.
Da standen drei Flachdruckpressen. Eine war gerade in Betrieb und druckte Flugblätter.
„Es war keine leichte Arbeit, all die Maschinen in den Urwald zu transportieren", klärte der Burmese mich auf. „Wir haben sie im vergangenen Jahr bei der Regierung in Prome abgeholt, als wir die Stadt für eine Zeitlang besetzt hielten."
In einer anderen Bambushütte war die Funkstation eingerichtet. Durch die offene Klapptür konnte ich deutlich einen Weißen sehen. Gar zu gern hätte ich gewußt, was für ein Mann das war. Als ich jedoch näher an die Tür herantrat, wurde mir plötzlich der Weg versperrt. Mein bebrillter Freund war mir nachgekommen und hielt mich an der Schulter fest.
„Lassen Sie den in Ruhe", sagte er, „das ist nämlich ein ganz komischer Mensch. Er spricht nicht einmal Englisch."
Ich wollte mich nicht allzu neugierig zeigen. Spricht nicht einmal Englisch? Das hieß doch beinahe soviel wie „er ist ein Russe", denn wer in Asien – außer in Indochina – spricht nicht Englisch?
Kurz vor Dunkelheit erschienen die „Honoratioren" der aufständischen Burma-Kommunisten des Lagers, um mich zu verabschieden. Mir fiel so etwas wie ein Stein vom Herzen, denn wohl hatte ich mich unter den burmesischen Moskaujüngern gerade nicht gefühlt.
Ihr Englisch sprechender Anführer schenkte mir zum Abschied einen Beutel Tee, ein dickes Bündel burmesischer Riesenzigarren und – einen Stoß kommunistischer Flugschriften.
„Wir Kommunisten sind Menschen, das haben wir dir bewiesen", meinte er und fuhr dann fort: „Wenn du aber 10 Kilometer weiter kommst, mußt du aufpassen. Dort liegen die faschistischen White-Band-Banditen!"
Das interessierte mich natürlich. Ich fragte ihn genau aus, was er darüber wisse.
So erfuhr ich, daß ganze Regimenter von den Regierungstruppen an verschiedenen Plätzen des Landes desertiert seien und sich ganzer Landstriche bemächtigt hätten. Sie leben vom „leichten Geld", das heißt von Raub und Mord, haben indessen keinerlei politische Ziele. 10 Kilometer hinter Naungdidauk befand sich nun also solch ein Gebiet! Es erstreckte sich in einer Länge von etwa 100 Kilometer dem Irawadi entlang. Das schlimmste bei dieser

nicht sehr angenehmen Nachricht war, daß es für mich überhaupt keine Möglichkeit gab, dieses Gebiet zu umfahren, denn es grenzte im Osten an den Strom, im Westen aber an die Dschungeln, von denen ich weiß Gott genug erlebt hatte!
Wenn ich nur schon auf der anderen Seite des Irawadi wäre! war mein einziger Gedanke. Dort befand sich die herrliche Makadam-Straße nach Rangoon. Dort war die Stadt der wundervollen Pagode, in der ein Haar Buddhas aufbewahrt und verehrt wird, die gesegnete Stadt Prome – Sehnsucht von Millionen!
Prome zu erreichen, war für mich besonders wichtig, weil ich dort durch Funk schon länger angekündigt war und erwartet wurde. Mir blieb einfach keine Wahl. Ich mußte den Irawadi auf dem kürzesten Wege erreichen.
Zwischen mir und dem Strom befand sich lediglich eine Ebene, etwa ganze 30 Kilometer. Ich studierte immer wieder das Stückchen Generalstabskarte, das mir der Bischof Monsignore Newman in Akyab mitgegeben hatte. Falsch fahren konnte ich eigentlich nicht, denn zwischen Naungdidauk und dem der Stadt Prome gegenüberliegenden Ufer war nur eine breite, per Rad gut befahrbare Piste. Es blieb mir nur die Fragen offen, bei welcher Tageszeit ich die günstigste Chance zum unbemerkten Durchkommen hätte. Ich entschied mich für die noch dunklen Morgenstunden des nächsten Tages. So startete ich, während ich noch den ganzen Tag über bei meinen Bolschewisten blieb, um zwei Uhr in der Frühe.
Die Nacht war dumpfig-heiß, und warme Nebel umfingen mich, als ich die erste schweigsame Ortschaft in rascher Fahrt durchfuhr. Ich sah nichts, weder einen Posten noch sonst eine Menschenseele.
Eine halbe Stunde weiter begann ein unendlich langgezogenes Dorf. Zu allem Überfluß fingen dort die Hunde an zu bellen. An einer Straßenbiegung erhob sich ein Mann aus dem Schatten eines Baumes. Mir war, als hätte ich eine Waffe in seinen Händen gesehen.
Ich raste an ihm vorbei!
Dann hörte ich hinter mir einen Ruf. Nur nicht halten! war mein einziger Gedanke. Ich trat mit verdoppelter Kraft in die Pedale. Dann knallte ein Schuß! Mir war alles gleichgültig . . . ich raste wie ein Verrückter . . . meine Lunge gab alles her, was in ihr steckte. . .
Ein Glück, daß die Straße oder besser: die Lehmpiste keine Schlaglöcher hatte. Plötzlich war ich wieder auf freiem Feld. Noch weitere zwanzig Minuten . . . und dieser Weg war mit einem Male zu Ende. Vor mir lag ein weites, nebliges Nichts.
Um mögliche Verfolger von mir abzuschütteln, stampfte ich

nordwärts durch staubige Felder und sah zu, möglichst nahe an die neblige Leere heranzukommen.
Natürlich – plötzlich ging es nicht mehr weiter, ich stand mitten auf irgendeiner Landzunge, vor mir Wasser – der Irawadi!
Die Aussicht, Boote zu finden, wie während meiner fluchtartigen Durchquerung Arakans, schien mir sehr gering zu sein, da sich das andere Ufer allen Informationen nach in Regierungshänden befand.
Es stand fest: Dieses Mal mußte ich mir selbst helfen und einen mir unbekannten Strom bei Nacht und Nebel mit eigener Kraft und eigenen Mitteln überqueren!
Es mußte so gegen drei oder vier Uhr morgens sein. Vom Tageslicht war noch nichts zu sehen – ich war überaus froh darüber.
So ging ich also daran, ein Wagnis zu unternehmen, dessen Ausgang zwar ein wenig ungewiß war, das für mich aber den einzig denkbaren Ausweg bedeutete. Bei der guten alten Wehrmacht hatte ich gelernt, aus einem Zelt ein schwimmbares Floß zu machen. Außerdem hatte ich sieben Fahrradschläuche bei mir, die zwar alle porös und geflickt waren – ich benutzte die meisten als Bindung für Zelt und Schlafsack –, für ein paar Stunden aber würden sie bestimmt die Luft halten!
Ob mein Experiment glücken würde, stand in den Sternen!

Drei Stunden in den Fluten des Irawadi

Ich warf in aller Eile mein gesamtes Gepäck in das selbstgebastelte Schlauchboot – konstruiert aus besagten x-mal geflickten und porösen Fahrradschläuchen und meinem Zelt – und knickte mit Hilfe der Zeltverschnürung die Öffnung so oft, daß mir ein Eindringen des Wassers ausgeschlossen erschien. Dann pumpte ich sämtliche sieben Schläuche auf und band sie an die vier Zeltlappen, die normalerweise zum Einschlagen der Heringe dienen. Mein Rad band ich so obenauf, daß die verhältnismäßig leichten Vorder- und Hinterräder ins Wasser zu liegen kamen.
Hierauf sandte ich ein Stoßgebet hinauf in den nebligen Nachthimmel Burmas. Würde das große Experiment glücken?
Langsam schon ich mein „Floß“ ins lauwarme Wasser. . .
Sofort hatte uns die Strömung erfaßt!
Mit aller Gewalt stemmte ich mich, bis zur Brust in der Flut stehend, gegen diese Strömung an. Vom Fahrrad schaute nur noch die Lenkstange aus dem Wasser. Dann wurde ich plötzlich mit aller Macht fortgerissen!

Verzweifelt tastete ich nach dem Rad. Aber meine suchenden Hände griffen nur Wasser. Zu allem Überfluß verletzte ich mir das Bein. Ein elender Schmerz durchzuckte mich! Oder – war es ein Krokodil? Sicher gab es Krokodile im Irawadi! Aber nein – meine Gedanken drehten sich im Kreise wie ein Karussell –, das wäre ja gewiß viel furchtbarer . . . ich mußte mit dem Schienbein gegen etwas Hartes gestoßen sein! Natürlich – das Fahrrad! Ich hatte mich an meinem „Drahtesel“ gestoßen! Automatisch wandte ich mich um – doch meine tastenden Hände fanden das Rad nicht – sie stießen immer nur wieder in das sich wie ein Nichts anfühlende, körperwarme Wasser. . .

Das war eine furchtbare, nervenzerreibende Situation!

Nackt, ohne Fahrrad, ohne Paß mitten im Irawadi in Burma!

Dieser Gedanke kreuzte alle anderen Empfindungen und kam mir beinahe lachhaft komisch vor. Doch da hatte ich auf einmal die Lenkstange meines getreuen Vehikels in der Hand. Sie ragte überhaupt nicht mehr aus dem Wasser heraus.

Ich legte mich auf den Rücken und versuchte, mit den Füßen das Zelt zu berühren. Ein Flußwirbel hinderte mich aber daran, und ich mußte mich ganz flach halten, um nicht in die Tiefe gerissen zu werden. Dann spürte ich plötzlich einen der Schläuche an meiner Seite. Hastig fuhr mein Arm an ihm entlang – und ich fühlte das Zelt. Es schwamm samt Rad und Gepäck etwa 20 Zentimeter unter der Wasseroberfläche.

Die erste Aufregung hatte mich allerlei Luft gekostet.

Um neue Kräfte zu sammeln, ließ ich mich eine Weile treiben, sah aber dabei zu, daß ich, mein „Unterwasser-Floß“ dauernd vor mir herschiebend, weiter in die Richtung des noch unsichtbaren, gegenüberliegenden Ufers kam. . .

Am Himmel zeichneten sich allmählich einige graue Striche ab. Meine Sicht reichte kaum 50 Meter weit. Der einzige Gedanke war: Rechts gegen die Strömung . . . denn dort mußte das rettende Land sein!

Mein Floß blieb treu und brav vor mir, dann und wann rutschte es an meine Seite. Ich gab ihm dann jedesmal einen leichten Stoß in die alte Richtung – und so schwammen wir dem Tag und der Rettung entgegen.

Das Grau des nebligen Morgens weitete die Sicht ein wenig. Beide Ufer wurden erkennbar, und ich erschrak, als ich feststellen mußte, daß das feindliche Ufer erst kaum 100 Meter entfernt vorbeitrieb, während die andere Seite noch weit in nebliger Ferne zu sehen war. Ich legte mich abwechselnd auf die Seite und die Brust und so quer zur Strömung, daß ich mit kräftigen Arm- und Beinzügen schnell die Mitte des Stromes erreicht hatte.

Das rettende Ufer war eine weitläufige Sandbank.
Ein Elefant trottete mit einem guten Dutzend nackter brauner Kinder zum Morgenbad.
Ich glaubte zunächst, an dieser Stelle das Ufer zu erreichen, aber die Strömung trug mich schnell dort vorbei, und bald war sogar dieses liebliche Bild meinen Blicken entschwunden. Die Strömung war zu meinem allergrößten Feind geworden! So sehr ich mich auch anstrengte, ich hatte den Eindruck, als ob eine geheimnisvolle Kraft mich vom sicheren Ufer abhalte. Schließlich war ich so fertig, daß ich es aufgab, gegen diese Gewalt noch weiterhin anzukämpfen. Abermals ließ ich mich einfach nur treiben.
Dann waren meine Kräfte endlich wieder so weit erholt und beisammen, daß ich zum Endspurt auf das andere Ufer ansetzen wollte. In diesem Augenblick erschien urplötzlich hinter einer Landzunge ein weißleuchtender Dampfer. In Minutenschnelle kam er näher . . . befand sich auf meiner Höhe. . .
Ich konnte deutlich sehen, wie mehrere Ferngläser von der Brücke auf mich gerichtet waren. Es waren Männer in schneeweißen Uniformen. Der Dampfer stoppte, und ich konnte es nicht verhindern, daß ich von der Strömung genau auf ihn zugetrieben wurde.
Ein Rettungsring flog über die Reling!
Ich faßte ihn, nicht ohne mein „Unterwasser-Floß“ festzuhalten. Um den erstaunt nach unten blickenden Soldaten klarzumachen, was mich hinderte, mich hochwinden zu lassen, hob ich mit letzter Kraft das Zelt an, so daß mein Rad an der Oberfläche des Wassers erschien.
Man hatte begriffen und ließ ein Boot zu Wasser.
Als ich endlich samt Rad und Gepäck aus den Fluten des Irawadi herausgefischt und hochgehievt war, halfen mir der Kapitän und die Offiziere, das improvisierte Floß zu entwirren. Währenddessen bestürmten sie mich mit nicht abreißenden Fragen. Sie sprachen ausnahmslos ein geschliffenes Englisch.
„Wir wissen schon seit Wochen von Ihnen!“ berichtete mir der Erste Offizier, ein braungebrannter, hochgewachsener Burmese. „Aber niemand hat geglaubt, daß Sie je den Irawadi erreichen würden!“
Daß ich ziemlich erschöpft war, wird jeder verstehen.
Der fast dreistündige Aufenthalt im lauwarmen Wasser des gewaltigen Flusses hatte mich fertig gemacht. Als ich Anstalten traf, mich lang auf dem Bootsdeck hinzustrecken, wehrte der Kapitän ganz entschieden ab und führte mich hinunter zum Zwischendeck.
„Es tut mir leid, daß ich Sie vom frischen Bootsdeck herunterholen

muß", sagte er, „aber wir werden in wenigen Minuten an der nächsten Flußbiegung wahrscheinlich wieder beschossen. Da ist es immerhin besser, Sie schwitzen ein wenig in der Sicherheit der Panzerplatten des Zwischendecks!"

Mir war alles ziemlich gleichgültig geworden, und ich achtete nicht einmal besonders auf den Feuerwechsel, der sich tatsächlich nach einer knappen Viertelstunde zwischen dem Schiff und dem Ufer, dem ich entkommen war, entwickelte.

Ein gesunder, traumloser Schlaf hatte mich bald übermannt.

Als ich gegen Mittag aufwachte, holte mich ein Offizier zum Essen ab. Dann begab ich mich zum Bootsdeck, um mein Rad wieder in Ordnung zu bringen. Niemand hatte daran gedacht, Zelt und Fahrrad vor dem Feuergefecht zu sichern. Zum Glück jedoch hatte mein Vehikel nichts abbekommen. Das Zelt dagegen wies einige Durchschüsse auf. Ich habe es bis heute noch nicht geflickt, will es aber auf der Reise über den Pazifik nachholen.

Der Mechaniker des Schiffes half mir, das Rad in seine Bestandteile zu zerlegen, abzutrocknen und frisch zu ölen. Wir hatten diese Beschäftigung kaum vollendet, als wir im Hafen von Prome einliefen. . .

Der Polizeipräfekt war bereits durch Funk von meiner Rettung benachrichtigt worden. Er stand, umgeben von seinem Stab, an der Landungsbrücke.

Ein kleines, süßes, burmesisches Mandelaugen-Mädchen begrüßte mich mit einem Riesenstrauß mir unbekannter weißer und blutroter exotischer Blumen und drückte mir mit seinem kreisrunden, entzückenden Mäulchen einen burmesischen Kuß auf die Backe. In Burma, Siam und Indochina wird nämlich ganz anders geküßt als bei uns! Beim südostasiatischen Kuß fahren Nase und Mund schnuppernd, einatmend über die Haut des Partners. Ich muß gestehen, daß mir diese Art der Liebkosung gar nicht schlecht gefiel. .

Der Polizeipräfekt, ein naturalisierter Inder mit einem Spritzer englischen Blutes, gestaltete den Empfang recht feierlich und asiatisch lang. Mir brachen dabei bald die Beine ab. Trotzdem hielt ich mich tapfer aufrecht und rächte mich damit, daß ich jedem der Honoratioren von Prome einen recht herzlichen aber ebenso kräftigen Händedruck verabreichte.

Wer bedenkt, daß dieses Zeremoniell sich bei 45 Grad im Schatten abspielte, der wird meine seelische Verfassung verständlich finden.

Natürlich mußte ich in Prome bei dem Präfekten wohnen.

Er war sehr stolz, mir sein neues Haus, eine prächtige Villa, zeigen zu können. Später erfuhr ich, daß er diese Villa eine Woche zuvor von einem reichen chinesischen Großkaufmann, der eine unbe-

weisbare Schlüsselposition im Opiumschmuggel innehat, requiriert hatte.
Leider konnte ich die Annehmlichkeiten in der Luxusvilla gar nicht genießen, denn ich hatte mich am Abend kaum zu Bett gelegt, als ich von einer heftigen Magenkolik befallen wurde; alle Symptome deuteten auf eine Erkältung hin. Wahrscheinlich hatte ich sie mir durch den überlangen Aufenthalt im Irawadi zugezogen. Ich war ja vollkommen verschwitzt und überhitzt, als ich mich den Fluten hatte anvertrauen müssen. Dieses war nun die Folge davon.
Am frühen Morgen hatten sich sämtliche sieben Ärzte von Prome um mein Bett versammelt. Das Schlimmste, nämlich die Schmerzen, war aber bereits überstanden, und als ich hörte, daß außerhalb der Stadt amerikanische Missionare ein schönes Haus besäßen, entschloß ich mich, dieselben zu besuchen und eventuell dort meine Magengeschichte auszukurieren.
Ich packte also meine Siebensachen und radelte zur Stadt hinaus. . .
Prome zählt 80 000 Einwohner, die seit mehreren Jahren zum größten Teil in ganz armseligen Hütten hausen müssen, denn die ganze Stadt wurde mit Ausnahme der berühmten Pagode im Jahre 1948 von den Kommunisten ausgeplündert und in Brand gesteckt. Die Druckereimaschinen, die ich bei den Kommunisten im Dschungel hatte bewundern können, stammten ja ebenfalls alle aus Prome. –
Die Patres waren hocherfreut, als ich bei ihnen eintraf. Für sie war ich der erste Europäer, der erste Weiße, der nach dem Kriege in diesem Teile Burmas aufkreuzte. . .

Missionare, Karén-Rebellen und Polizeiverhör

Die Missionare von Prome, vier junge, sportliche Idealisten, erzählten mir, daß sie bei Kriegsende ebenfalls den Taungup-Paß bezwungen hätten. Damals sei der Weg über die Berge sehr belebt gewesen, denn die Japaner hätten stets ein kleines Heer von einheimischen Arbeitern unterhalten, um diesen Zugang nach Arakan für geländegängige Autos befahrbar zu halten. Die Tigerplage hätte aber schon immer bestanden. So sei es vorgekommen, daß oftmals übermüdete Fahrer, die sich neben ihre Wagen zum Schlafen hingestreckt hätten, von den Bestien in den Dschungel abgeschleppt worden wären.
Ich blieb zwei Tage bei den freundlichen Missionaren. Der Polizeipräfekt ließ es sich nicht nehmen, mich während dieser Zeit einige Male zu besuchen. Als ich ihm erklärte, ich wolle nun die

schöne Straße nach Rangoon hinunterrollen, meinte er kopfschüttelnd: „Fahren Sie doch lieber mit dem Regierungsdampfer!" Resignierend fügte er hinzu: „Aber ihr Deutschen seit ja keine Freunde der Bequemlichkeit! Ihr wollt es immer hart und schwierig haben!"

Zu meinem Start stand die ganze Polizei des Distriks zur Verfügung. Der Chef hatte es ganz offensichtlich darauf abgesehen, mir eine Demonstration seiner Macht zu geben. Auf der erstklassigen Asphaltstraße donnerten die Autos und Motorräder der Polizei an mir vorüber, und die Hüter der Ordnung grüßten mich jeweils mit ihrem breiten asiatischen Lächeln.

Nach etwa 100 Kilometer Fahrt durch mächtige Teakwälder, durch Reisfelder, vorbei an unzähligen gebrandschatzten Reismühlen und durch kleine und große Dörfer mit freundlich grüßenden Mädchen erreichte ich die Grenze des Polizeidistrikts.

Dort stand an einem Grenzstein ein riesiges Polizeiaufgebot und in dessen Mitte zwei Goldbetreßte, mein Freund Meng Mu Gob, der Distrikt-Superintendent der Prome-Polizei. Er stellte mich seinem Distriktnachbarn U Mg Ay vor, einem Angehörigen des Chan-Volkes, einer chinesischen Minderheit in Nordburma.

Als U Mg Ay hörte, daß ich bis nach Rangoon per Rad fahren wollte, wurden seine Schlitzaugen plötzlich kreisrund.

„For Christ sake – –" diesen Ausdruck hatte er sicher von den Amerikanern der Burma-Nachschub-Straße übernommen –, „nehmen Sie besser den Zug! Ich kann für Ihr Leben nicht garantieren wie U Meng Mu Gob. Ich fürchte sogar, ich muß Sie mit einem Panzerwagen durch mein Gebiet geleiten. Hier sind die gefährlichsten Rebellen zu Hause, von denen Sie je gehört haben werden – die Karén. . ."

Die Missionare in Prome hatten mich aber über diese Aufständischen-Gruppe bereits bestens aufgeklärt. Die Karén, ein Volk von fast vier Millionen, sind zum größten Teil Christen, ein Drittel Katholiken und zwei Drittel Baptisten. Sie hatten während des Krieges fleißig gegen die Japaner gekämpft und auf der Seite Englands gestanden. Angeblich sollen ihnen die Engländer damals für den Fall der Gründung eines burmesischen Staates staatliche Freiheit und Unabhängigkeit versprochen haben. Der burmesische Staat wurde ebenso wie Indien und Pakistan geschaffen, und die Karén wurden mit ihrem Gebiet am Unterlauf des Irawadi Burma einverleibt.

Es gibt nun zwei Gruppen von Karén. Diejenigen, die mit endloser Geduld mit der burmesischen Regierung einen Modus vivendi aushandeln, und jene, die es vorziehen, der burmesischen Gepflogenheit entsprechend, als Aufständische das Land unsicher zu

machen, in der Hoffnung, daß die Regierung eines Tages nachgibt. Die Missionare hatten mir außerdem erzählt, daß in Gyubingdau, mitten im Gebiet der rebellischen Karén, eine französische Mission mit einem schneidigen, jungen, französischen Priester besteht. Zwei seiner Mitbrüder waren 1950 von buddhistischen Regierungstruppen in ihrer Kirche ermordet worden.
Auf dieses Wissen um die Karén baute ich meinen Plan auf, auch dieses Gebiet mit heilen Knochen zu passieren. Ich erzählte also dem ängstlichen Polizeichef, daß ich keinerlei Schutz seitens der Polizei benötige und jede Verantwortung auf mich nehme.
Als ihm diese Zusicherung noch nicht genügte, zückte ich meinen Füller, nahm ein Stück Papier und gab ihm schriftlich, was ihm mündlich nicht genügte.
Nach einem kurzen Picknick in der nächsten, von der Polizei noch besetzten Ortschaft verabschiedete ich mich von meinen amtlichen Beschützern und steuerte dem Gebiet der kriegerischen Karén-Rebellen entgegen. . .
Angst hatte ich nicht, nur ein seltsames, unbestimmtes Gefühl, das mir sehr bekannt vorkam, denn ich hatte es schon oft während meiner Weltumradlung gehabt. Ich war jedoch fest davon überzeugt, daß mir auch diesmal nichts passieren würde.
Es war ein den Verhältnissen entsprechend kühler Nachmittag. Der beginnende Monsun schickte einige schwarze Wolken über die ausgedörrte Landschaft. Wenn auch kein Regen fiel – ein großer Vorteil war doch dabei, denn die brennende Sonne war durch die dichte Wolkendecke verdeckt. Mir lief zwar der Schweiß aus allen Poren, aber es war denn doch nicht die Hitze, die einem den Atem wegnimmt.
Die Straße führte durch einen gut angelegten Teakforst. Dann kam, versteckt unter mächtigen, breitkronigen Bäumen, ein großes Dorf. Ein Gattertor, geflochten aus Bambus, versperrte die Straße.
Als ich näher kam, erschienen mehrere Männer mit umgehängten Maschinenpistolen. Sie grüßten zu meiner Verblüffung recht freundlich und öffneten das Tor. Vor dem ersten Haus war ein mächtiger Brunnen. Ein kleines, nacktes Mädchen wusch dort seine Wäsche. Aus der luftigen Terrasse einer alten Bambushütte trat eine weiße Gestalt, eine Frau. Sie war gekleidet wie unsere Benediktinerschwestern. Beim Näherkommen sah ich ein Kreuz und einen Rosenkranz aus ihrem Gürtel ragen. Ihr Gesicht unterschied sich aber in nichts von denen der Bevölkerung.
Eine eingeborene katholische Schwester!
Sie eilte freudestrahlend auf mich zu und – küßte mir die Hand. Sie stammelte erregt ein Gemisch von Burmesisch, Karén und Franzö-

sisch. Nach langem Hin und Her – wir lachten uns angesichts unseres Sprachgestammels gegenseitig aus! – verstand ich schließlich das Wesentliche.
Sie hielt mich für einen neuangekommenen amerikanischen Missionar. Ich hatte nichts gegen diese Auffassung, konnte sie mir doch eine gewisse Garantie für mein Durchkommen durch das Gebiet der Karén bedeuten.
Ich schwang mich schließlich wieder auf mein Rad. Die eingeborene katholische Schwester und die anderen Dorfbewohner winkten mir freundlich nach.
Es war schon dunkel, als ich schließlich in Gyubingdau, der Missionsstation des französischen Paters, ankam. Der einsame Geistliche fiel mir mit Tränen in den Augen um den Hals. So sehr freute er sich über den Besuch aus Europa.
Wir unterhielten uns bis spät in die Nacht hinein.
Er erzählte mir unter anderem die traurige Geschichte der Ermordung seiner beiden Vorgänger, die von fanatischen Regierungstruppen am Altar ihrer Kirche niedergemetzelt worden waren.
Am Morgen besuchten wir gemeinsam die neben der Kirche liegenden Gräber der Märtyrer. Ich fragte den Pater, ob er für sich nicht ein ähnliches Schicksal befürchte.
Seine Antwort lautete schlicht und einfach:
„Während des Krieges war ich Soldat. Heute bin ich es mehr denn je."
Mit einem Geleitbrief des Missionars fuhr ich am späten Vormittag weiter gegen Rangoon. . .
In Thonge Tharrawaddy, etwa 30 Kilometer südlich von Gyubingdau, traf ich auf den ersten katholischen Karén-Priester. Er sprach ziemlich gut Französisch. Er besaß ebenfalls ein Fahrrad. Gemeinsam fuhren wir auf unseren Rädern ein Stück ins Gebirge hinein.
In einem kleinen, hinter einem Felsen versteckten Dorf machte er mich mit einigen Anführern der aufständischen Karén bekannt. Sie saßen hinter einer Baumgruppe um ein Lagerfeuer und hielten anscheinend Kriegsrat.
Es waren schlitzäugige, bartlose und stämmige Männer.
Über dem Feuer hing an einer geschwärzten Kette ein großer Reiskessel. Ein junger Bursche schabte Fische und legte sie auf ein frisches Bananenblatt.
Als der Priester mit seiner langen, weißen Soutane sich mit mir der Gruppe näherte, erhoben sich die Männer, grüßten mit einer tiefen Verbeugung und boten uns ihre Plätze auf geschichteten Bambusmatten an.
Verstohlen betrachtete ich der Reihe nach die Gesichter der

Rebellen. An einem Gesicht blieben meine Blicke hängen. Sofort sagte ich mir: Nein, das ist doch gewiß kein Asiat! Allerdings war er vielleicht noch dunkler als die anderen, und er trug auch die gleiche Kleidung, ein weißes Hemd über der rockähnlichen Lungi. Der Mann mußte meine Verwunderung bemerkt haben. Laut lachend sagte er etwas auf Karén. Fragend schaute ich den Priester an. Der meinte: „Sie können sich am besten italienisch mit ihm unterhalten."

Also raffte ich alle meine italienischen Sprachkenntnisse zusammen und hatte bald die seltsamste Unterhaltung mit dem Manne in Gang gebracht. Sie bestand aus einem gemischten Salat von Italienisch, Spanisch und Portugiesisch, aber wir verstanden uns großartig.

Antonio, so wurde er von den Karén genannt, war einstmals Offizier der italienischen Schwarzhemden. Mit Kriegsschluß begann für ihn ein wildes Abenteurerleben. Ägypten, Syrien, Tibet, China und schließlich Burma hatte er in den wildbewegten Nachkriegsjahren sehr aktiv miterlebt. Bei den Karén, so sagte er, habe er nun eine ideale Aufgabe als militärischer Berater gefunden. Nach seiner Meinung sei dieses Volk, die hochstehende burmesische Minderheit, bei weitem nicht so träge und korrupt wie das Staatsvolk, das – wie er behauptete – nur von Korruption, von Glücksspielen und der Unterdrückung der Minderheiten lebe.

Zur Abendmahlzeit erhielt ich – wie auch jeder andere – einen Eisenholzstab, an dem ich meinen Fisch über dem Feuer briet. Chilly, Reis und Fisch haben mir noch nie so gut geschmeckt wie in dieser romantischen Gesellschaft unerschrockener Rebellen. . .

Die Bergluft tat mir gut. Es wehte ein frischer Wind, und ich mußte mich seit dem Frühjahr zum erstenmal wieder in eine Decke hüllen.

In den frühen Morgenstunden startete ich mit meinem Empfehlungsschreiben der Karén-Rebellen zu meiner letzten Etappe nach der burmesischen Hauptstadt Rangoon.

Je näher ich Rangoon kam, desto mehr bemerkte ich die Zeichen kriegerischer Zusammenstöße. Hauptsächlich niedergebrannte Gehöfte, verwüstete und unbebaute Felder und zerstörte Säge- und Reismühlen.

Etwa 60 Kilometer vor der Hauptstadt stieß ich wieder auf Regierungstruppen. Ein Major ließ mich durch seinen Adjutanten, der mir mit einem Motorrad nachgefahren war, einholen und stoppen. „Der Major bittet Sie zum Mittagessen!" So war es auch. Ich kehrte um und lernte Minuten später den Major kennen.

Er hatte in der Zeitung von mir gelesen und machte sich eine Ehre daraus, mich seinem Stab wie ein Fabeltier vorzustellen. Er wunderte sich natürlich darüber, als ich ihm vorschwindelte, keine Aufständischen gesehen zu haben. Ich gebrauchte diese Notlüge – die mir auch meine Leser in der Heimat verzeihen werden –, um mich langen, neugierigen, zeitraubenden Ausfragereien zu entziehen.

20 Kilometer vor der Stadt wurde ich abermals angehalten, diesmal jedoch von der burmesischen Polizei. Die Männer hatten Auftrag, mich unter Bedeckung zur Stadt zu bringen.

Es formierte sich ein merkwürdiger Zug. Vor mir ein Panzerwagen, rechts und links Polizisten auf Motorrädern, hinter mir eine Reihe von Jeeps mit bis an die Zähne bewaffneten burmesischen Polizeibeamten. Ich kam mir fast wie ein Gefangener vor. Wir landeten bald darauf im Riesengebäude der Polizeidirektion von Rangoon – und hier mußte ich erfahren, daß ich tatsächlich nicht viel mehr als ein Gefangener war. . .

Ein freundlicher Polizeiinspektor, halb Engländer, halb Burmese, bedauerte ziemlich aufrichtig, daß er von seinem Chef die Aufgabe bekommen habe, mich zu verhören.

Ich war todmüde und hatte gewiß einen anderen Empfang erwartet. So wurde ich außerordentlich giftig und wütend. Ich verweigerte jede Antwort und erklärte dem Inspektor, daß ich es außerordentlich interessant finden würde, seinen Chef persönlich kennenzulernen, jenen Mann, der einem fremden Journalisten und Sportsmann so herzlich wenig Verständnis entgegenbringe. Ich wurde schließlich so böse, daß ich ihm sagte, es fehlte nur noch, ich würde von der burmesischen Regierung ins Gefängnis gesteckt. Die ganze Welt, sagte ich, müsse erfahren, wie man mich hier in Rangoon empfangen habe. Ich blieb so lange bei der Verweigerung jeder Aussage, bis der Polizeidirektor sich herabließ, mich zu empfangen.

Ein ziemlich großer Mann mit etwas blasiertem Gesicht. Als ich seinen Raum betrat, schaute er nicht einmal auf und ließ mich vor seinem Schreibtisch stehen. Hier siegt nur Frechheit! überlegte ich. So nahm ich mir einfach einen Stuhl, setzte mich und sagte, ohne angesprochen worden zu sein, auf englisch: „In den zivilisierten Ländern Europas behandelt man einen Gentleman anders. Zumindest bietet man ihm einen Stuhl an!"

Das war selbst für den all-asiatischen Gleichmut dieses Herrn zu starker Tobak. Er fuhr von seinem Stuhl hoch und schrie mich an. „Sie sind hier Fremder – vergessen Sie das nicht! Im übrigen ist Ihr Paß bereits abgelaufen! Außerdem haben Sie gegen Regierungsbefehl gehandelt!"

Ich schrie zurück und sagte ihm, daß weder die Kommunisten noch die anderen Aufständischen noch die Tiger im Urwald mir meinen

Paß hätten verlängern können. Ich sei also das Opfer höherer Gewalten, und solch ein Umstand werde in allen zivilisierten Gesetzen berücksichtigt.
Etwas ruhiger fuhr er fort: „Sie haben sich gegen den ausdrücklichen Befehl der Regierung vergangen, die jedes Passieren Burmas auf dem Landwege unter strengste Strafe stellt!"
Hierauf erwiderte ich ihm, daß es internationaler Brauch sei, solch ein Gesetz über die Konsulate im Ausland bekanntzugeben. Dozierend erklärte ich ihm: „Im übrigen kommt ‚Transit' vom lateinischen ‚transire', was soviel heißt wie ‚hindurchgehen'. In Kalkutta hat man mir ein solches Transitvisum ausgehändigt, und ich habe daraufhin Ihr Land durchquert, teils gehend, teils radelnd."
Ich machte dem Polizeidirektor von Rangoon alsdann den Vorschlag, meinen Fall dem zuständigen Minister zu unterbreiten. Und dann, als ich merkte, daß der mächtige Mann moralisch schon etwas angeschlagen war, schilderte ich ihm in den glühendsten Farben, welche Folgen es haben könne, wenn ich gezwungen sei, über Burma nur schlechte Erfahrungen der Weltpresse und später in meinem Buch zu berichten. Das machte offenbar einen gewaltigen Eindruck auf ihn. Er überlegte kurz und fragte dann:
„Gibt es irgendeine Gesandtschaft, die für Sie garantieren kann?"
Von Bagdad her trug ich noch einige Empfehlungsschreiben der französischen Botschaft bei mir. Also nannte ich die französische Gesandtschaft. „Gut", sagte der Polizeigewaltige von Rangoon.
Mit dem ganzen „Rattenschwanz" von Polizisten wurde ich quer durch die burmesische Hauptstadt zur französischen Gesandtschaft gebracht. Vor dem villenartigen Gebäude stoppte mein Geleitzug. Der freundliche Inspektor fuhr allein mit seinem Jeep in den Vorgarten, und ich folgte ihm mit meinem Fahrrad – unrasiert und staubverkrustet. . .
Ich betrat als erster den Raum. Es war bereits sechs Uhr abends, und die Hoffnung, noch irgendeinen Verantwortlichen anzutreffen, war außerordentlich gering. Zunächst lief ich einem reich betreßten einheimischen Diener in die Arme. Dieser hielt mich ganz offensichtlich für eine Landstreicher und vertrat mir den Weg, als ich ihn nach dem Geschäftsträger fragte. Aber im selben Moment kam ein junger Herr die Treppe herunter. Ich stellte mich ihm vor, und er begrüßte mich recht herzlich. Es war der Geschäftsträger selbst, und er hatte auch bereits von mir gehört.
So waren alle Schwierigkeiten schnell beseitigt. Niemand freute sich mehr als mein ratloser Inspektor. Er nahm mich sogar in seine Wohnung mit, wo ich zunächst ein gründliches Bad nahm und mich etwas zivilisierte. Am späten Abend brachte er mich dann zu dem vom Geschäftsträger vorbestellten Hotel Green.

Nach mehr als einem Monat Abenteuern und Dschungeldasein konnte ich mich endlich wieder einmal in einem europäischen Bett ausstrecken. Während unter meinem Zimmer bei amerikanischem Hot-Jazz getanzt wurde, wälzte ich mich unter dem riesigen Moskitonetz und sah in der Dunkelheit grünschimmernde Tigeraugen, stampfende Elefantenherden, ein wogendes Meer von grünem Bambus, Affen, Leoparden und Flintenläufe – bis sich alles zu einem einzigen Picasso-Gemälde vermischte und ich endlich einschlief.

Rangoon – ein wahres Kaleidoskop

Ich bin also in Rangoon!
Natürlich habe ich mir die Hauptstadt Burmas gründlich angesehen. Von Krieg, Aufständen und Unruhen ist hier nicht das geringste zu merken. Sie scheint aber außerordentlich überfüllt zu sein, wie alle Großstädte im Nahen, Mittleren und Fernen Osten.
In den Büros der Regierungsstellen sitzen – abgesehen von einigen Angloburmesen und Angloindern – meist alte Verwaltungsexperten, ausschließlich buddhistische Burmesen. Der Buddhismus ist trotz der erklärten Freiheit der Bekenntnisse die Staatsreligion.
Der Kleinhandel scheint zum größten Teil in den Händen von Indern zu liegen: In jeder der überaus zahlreichen kleinen Buden sieht man die meist feingeschnittenen, braunen Gesichter der Inder. Im Großhandel und in den Banken dagegen herrschen die Chinesen. Die ziemlich zahlreichen weißen Gesichter in Rangoon gehören meist den Vertretern Amerikas, deren Hilfsprogramm für den Schutz Asiens gegen den Kommunismus die USA-Vertretungen zu wahren Mammut-Organisationen aufgezogen haben. Interessant schien mir insbesondere, daß hier und da in den Hotels auch japanische Gesichter auftauchen. Sie verhandeln genau wie in Pakistan über den Aufbau von großen Produktionsstätten, sie bergen Schiffe und bauen Stauwerke und kaufen Schrott auf.
Die Deutschen in Rangoon kann man an einer Hand aufzählen. Ich fand einen deutschen Arzt, zwei deutsche Vertreter von Spezialmaschinen und Herrn Fischer-Benzon aus Frankfurt, der sich hier bestens in die burmesische und internationale Gesellschaft hineingefunden hat. Seine Freundschaft hat mir manchen Weg geebnet.
Die untere City von Rangoon macht einen ziemlich schmutzigen Eindruck. Der Völkermischmasch ist verwirrend. Selbst in Bombay oder Kalkutta habe ich solch einen Zusammenstoß von Extremen nicht beobachten können. Elegante Amerikanerinnen in

hypermodernen Luxusautomobilen, zugeknöpfte Engländer, Inder und Hindufrauen in ihren charmanten Sarees, Muselmanen, katholische Priester und Nonnen, meist Franzosen, reiche Chinesen, darunter viele Opium- und Waffenschmuggler, die mit dem Geld nur so um sich werfen. Zwischen diesem farbenfrohen Gemisch der Wohlhabenden bewegt sich das Heer der meist sehr armselig lebenden Bevölkerung. Pudelnackte Kinder laufen ihren Müttern nach, um an die Brust genommen zu werden. Es ist keine Seltenheit, daß ein siebenjähriges Kind noch zum großen Teil von der mütterlichen Milch lebt. Ich ging zur Messe in die katholische Kathedrale. Ein kleiner, etwa fünfjähriger Burmesenjunge fand das Zeremoniell offenbar langweilig und benahm sich danach. Als sich die Mutter von ihm weg zur Kommunionbank begab, fing er laut an zu schreien. Die Mutter entblößte sofort ihre Brust und nahm den kleinen Schreihals so mit zum Empfang des Sakraments. Die anderen Leute in der Kirche störten sich daran überhaupt nicht.

In den meisten Straßen Rangoons befinden sich Wasserzapfstellen, kleine, mit Steinen ausgemauerte Winkel mit einem ganz gewöhnlichen Wasserhahn. In den frühen Morgenstunden und kurz vor der Dunkelheit waschen sich die Leute dort, das heißt, sie baden, indem sie ihre weiten Lungis öffnen, sich aller Unterkleider – soweit überhaupt vorhanden – entledigen und sich dann mit Büchsen oder Töpfen Wasser überschütten.

Wer den Schmutz, den sozialen Wirrwarr und das Rassen-Tohuwabohu der City satt ist, der findet in der oberen Stadt ein fast europäisches Viertel mit breiten, sauberen Boulevards, großen Parks und einem herrlich gelegenen See. Dort ist der Sitz der Jagd- und Segel-Klubs, eine fast ausschließliche Domäne der Engländer und der wie Sand am Meer vertretenen Amerikaner.

An Sehenswürdigkeiten besitzt die burmesische Hauptstadt zwei uralte, aus der Zeit vor Christus stammende Pagoden, die ältere mitten in der City, umgeben von angebauten kleinen Geschäften und indischen Trödlerläden, die etwas jüngere dagegen, die durch ihre riesenhafte goldene Kuppel – 3 Millimeter Goldüberzug! – berühmte Shwe-Dagon-Pagode, beherrscht aus dem Grün des „Goldenen Hügels“ heraus das Bild der Stadt.

Tausende von Pilgern belagern täglich dieses buddhistische Heiligtum, opfern dort Reis, Früchte oder Weihrauch. Wollen sie ein ganz gutes Werk tun, so waschen sie einen der in allen Variationen vorhandenen Buddha-Götzen.

Während meiner Fahrt durch den Fernen Osten habe ich fast so viele Buddhas wie Menschen gesehen. Ich hatte mir vorgestellt, daß in jeder Pagode am Ehrenplatz, dort, wo sich in unseren

Kirchen der Altar befindet, ein Buddhabild oder eine Buddhastatue aufgestellt ist und war nicht schlecht erstaunt, als ich in den meisten Pagoden ein ganzes Museum von Buddhas vorfand, Hunderte von Buddhas. . .

In Rangoon wurde ich nun endlich über diese Vielfalt aufgeklärt. Ich fragte einen alten, intelligent aussehenden und etwas Englisch sprechenden Pungi, das heißt einen der unzähligen, in gelben Gewändern herumlaufenden Mönche. Er sagte ungefähr folgendes:

„Ihr Europäer – ihr versteht nicht die Tiefe und Größe Buddhas. Warum so viele Bilder von unserem allmächtigen Lord Buddha? Weil der Lord überall und überall anders ist, siehst du sein Bild überall und überall anders. Spende auch du einen Buddha – und du wirst seine Gnade fühlen!" Soweit der alte Mönch.

Ich habe zwar keinen Buddha gespendet; ich hätte viel lieber einen dieser interessanten und manchmal sehr künstlerisch wertvollen Buddhas gekauft und als Andenken heimgeschickt, wenn ich Geld gehabt hätte.

Der Buddhist, der Glück im Leben und Segen im Himmel haben will, kauft einen Buddha – je nach Geschmack und Geldbeutel – und stellt ihn in irgendeiner Pagode auf. Will er aber die ganze Gnade des Himmels über sich kommen lassen und hat er genügend Geld, so läßt er gleich eine ganze Pagode bauen. Das ist auch der Grund dafür, daß das ganze Land mit Tempeln und Pagoden – schön und häßlich, reich und arm, alt und neu – übersät ist, ähnlich den Kreuzen und Grabdenkmälern Frankreichs – künstlerisch wertvoll und Kitsch in buntem Sammelsurium. . .

Für einen deutschen Weltumradler, wie ich es bin, ist Rangoon wirklich eine Sehenswürdigkeit. Ein wahres Kaleidoskop!

Unter anderem war mir die unvorstellbar hohe Anzahl von Mönchen ein Rätsel. Ich kam zu der Feststellung, daß so etwa jeder zehnte Burmese ein Mönch sein müsse. Aber ich lernte dann in Rangoon einen solchen Mönch kennen, und er war so freundlich, mich aufzuklären:

Jeder Burmese läßt sich mindestens einmal im Leben für eine längere Zeit die Haare schneiden und nimmt das „gelbe Gewand". Er verbringt dann seine Tage in irgendeinem Pagodenkloster und hört dort die Erläuterungen der heiligen Buddha-Bücher. Essen und trinken darf er nur nach Sonnenuntergang. Die Ärmeren lernen im Kloster lesen und schreiben. Dieses ist auch der Grund dafür, daß es in Burma so gut wie keinen Menschen gibt, der nicht lesen und schreiben kann, wenngleich er auch sonst von der Welt kaum eine Ahnung hat. Bei all dem ist es überraschend, wie wenig Zeitungen im Lande kursieren. Der Buddhist interessiert sich ja

ohnehin sehr wenig für seine Umwelt. Seine Religion führt ihn zur nihilistischen Weltbetrachtung und macht die Menschen gleichgültig, das heißt charakterlich zu Phlegmatikern.
Bei dem Reichtum und der Fruchtbarkeit des Landes ist es verständlich, daß der Burmese kein Freund irgendwelcher Arbeit ist. So ist andererseits der ausländische Einfluß auf das von Europäern, Amerikanern und Chinesen beherrschte Land begreiflich. Mit der Befreiung Burmas von der englischen Herrschaft ist Burma zum Opfer der Burmesen geworden, nämlich zum Opfer einer Unzahl von Gruppen, die die Politik ausnutzen, um für sich selbst ein leichtes und bequemes Leben zu führen.
Burma hat etwa die Größe Deutschlands und 16 Millionen Einwohner. Davon sind mehr als 2 Millionen Ausländer, meist Inder und wohlhabende Chinesen. Von den verbleibenden 14 Millionen sind 4 Millionen nach Selbständigkeit strebende Karén, 2 Millionen chinesenstämmige Nordburmesen, die eine andere Sprache sprechen, und etwa eine Million westlich des Arakangebirges hausende Arakanesen sowie bengalische Moslems.
Das Staatsvolk buddhistischer Burmesen zählt etwa 40 Prozent der Gesamtbevölkerung. Von diesen 40 Prozent – das heißt von den verbleibenden 7 Millionen – sind 4 Millionen von Aufständischen-Gruppen kontrolliert.
Fest in Regierungshänden befinden sich außer der Hauptstadt lediglich die größeren Plätze, wie Mandalay, Akyab, Prome, Moulmein und andere. Sichere Verbindung zu diesen Städten ist ausschließlich der Luftweg. Selbst die Haupteisenbahn von Rangoon nach der nördlichen Hauptstadt Mandalay wird fast wöchentlich einmal überfallen und ausgeplündert.
Von den überaus zahlreichen Rebellengruppen hat außer den Karén und einer Gruppe fest nach Moskau ausgerichteter Kommunisten keine einzige wirklich politische Ziele. Sie sind vielmehr Banditenhaufen, die es darauf abgesehen haben, durch Raub und Plünderung ein leichtes Leben zu führen. Ein ausnahmsweise einmal ehrlicher und aufrichtiger burmesischer Immigrationsoffizier sagte mir, er würde manchmal sogar die Japaner nach Burma zurückwünschen. Damals, während der japanischen Besetzung, hätte man eine Geldnote mitten in Rangoon verlieren können – und man hätte sie wiedererhalten.
Aber das schien mir denn doch ein bißchen übertrieben. . .
Drei Tage Rangoon hätten mir vollkommen genügt; da war aber eine Schwierigkeit aufgetaucht, die mir die Weiterfahrt vorerst unmöglich machte.
Die burmesische Regierung hatte meinen Paß einbehalten!
Sie mußte mich bestrafen – und wollte es nicht tun.

Nach einem ihrer Gesetze – ich war ohne ihre besondere Erlaubnis mitten durch das Land gefahren! – mußte ich mit drei Monaten Gefängnis bestraft werden.
Die Herren im Innenministerium waren aber so freundlich, mich zu einer Aussprache einzuladen. Sie einigten sich, meinen „Fall" übersehen zu wollen.
Die mir aufgezwungene Wartezeit in Rangoon nutzte ich aus, indem ich mich von meinem bereits erwähnten Landsmann, Herrn Fischer-Benzon, zum Segeln einladen ließ. Dann kam endlich der Paß! Er wurde mir aber erst ausgehändigt, als mir Herr Fischer eine Flugkarte nach Bangkok/Siam gekauft hatte, und ich diese den Behörden vorzeigen konnte, zum Beweis, daß ich das letzte Stückchen Burma nicht mehr über Land mit dem Fahrrad zurücklegen würde.
Ein britischer Freund meines Landsmanns schenkte mir eine neue Kleinbildkamera.
Gar zu gern wäre ich dieses letzte Stück bis nach Bangkok per Rad gefahren, eine Strecke von ungefähr 800 Kilometer; bei guten Straßen über Moulmein in vier bis fünf Tagen zu schaffen. Die Route führt fast ausschließlich durch das Gebiet der Karén, für die ich ja Empfehlungsschreiben in der Tasche hatte. Um meine Fahrt wenigstens zum größeren Teil durchführen zu können, kam mir der thailändische (siamesische) Geschäftsträger, Prinz Malakul, entgegen. Ihm hatte meine Durchquerung Burmas so imponiert, daß er mich mehrmals zu sich einlud. Als ich ihm mein Leid klagte, die burmesische Regierung habe mich gezwungen, ein Flugzeug zu nehmen, meinte er:
„Nehmen Sie doch eine Maschine unserer thailändischen Gesellschaft, nehmen Sie dieselbe, die den amerikanischen Direktor der Asienhilfe, Mr. Deckers, über die Bucht nach Moulmein fliegt. In Moulmein verlassen Sie dann zusammen mit dem Amerikaner den Flugplatz – und niemand wird Sie aufhalten!"
Das war eine herrliche Idee, denn gerade das zwischen Moulmein und Siam gelegene Gebirge mit seinen Karén interessierte mich mächtig.
So begab ich mich am späten Nachmittag mit Sack und Pack zu dem 18 Kilometer außerhalb der Stadt gelegenen, neuerbauten hypermodernen Flughafen und fand dort den amerikanischen Diplomaten mit seinem Gefolge.
Eine große Menschenmenge hatte sich vor dem Flughafengebäude versammelt und schrie in Sprechchören etwas zu den Amerikanern hinüber. Ein burmesischer Journalist, der sich von mir verabschiedete, in Wirklichkeit aber den Auftrag hatte, festzustellen, ob ich auch wirklich per Flugzeug abreisen würde, klärte mich über das

Gejohle auf: Es waren Kommunisten, die eine Demonstration gegen Amerika veranstalteten.
Als ich die Maschine bestieg, hatte ich ein etwas mulmiges Gefühl, denn ich stellte fest, daß sie eine ganze Zeitlang unbewacht am Rande des Flugfeldes stand. Wie leicht hätte irgendein Sabotageakt bei dieser Gelegenheit vorbereitet werden können! Es ist jedenfalls heutzutage kein angenehmes Gefühl, in Asien mit irgendeinem hohen Diplomaten gemeinsam ein Flugzeug besteigen zu müssen.
Der Flug nach Moulmein dauert etwas mehr als eine halbe Stunde, lange genug, um weit von der Kontrolle der Regierung entfernt zu sein. Eine entzückende, kleine siamesische Stewardeß bot mir gleich einen aromatischen Schnaps an. So vergaß ich recht bald meine Sabotagebefürchtungen.
Aus der Luft sah Rangoon bedeutend besser aus als von unten. Wir waren kaum aufgestiegen, als dort sämtliche Lichter angingen. Wenige Minuten später schwebten wir bereits über der Bucht, um eine halbe Stunde darauf auf dem ziemlich primitiven Flugplatz von Moulmein holpernd und stolpernd aufzusetzen.
Clarence Deckers, der Diplomat mit den amerikanischen Millionen, erregte die Aufmerksamkeit der Behörden, wie vorausgesehen, derart, daß ich überhaupt nicht bemerkt wurde, was mir gerade recht war. So konnte ich, ohne daß mich jemand nach dem Woher und Wohin fragte, in aller Ruhe nach der Stadt fahren und dort die mir von dem Prinzen Malakul gegebene Adresse eines Siamesen auskundschaften.
Es war dies ein steinreicher Kaufmann, der mittels Bestechung und diplomatischer Manipulationen es fertiggebracht hatte, seine Waren von und nach Siam durch die Gebiete der Rebellen hindurchzuschaffen und dabei die glänzendsten Geschäfte zu machen.
Ein Englisch sprechender Polizist, der mir auf seinem Rad begegnete, zeigte mir den Weg zu Mr. Pribul. Wir fuhren weit aus der Stadt heraus – und ich wurde bereits mißtrauisch. Der Schutzmann schien das zu merken. Er sagte: „Du brauchst nichts zu fürchten! Ich bin selbst Karén und kenne Mr. Pribul sehr gut. Er wird morgen einen Konvoi mit Waren über die Grenze schicken – und ich werde mitgehen!“
Oh, überlegte ich, das ist eine glänzende Chance für dich!
Mr. Pribuls Haus, eine ziemlich geräumige Villa mit einem Autoparkplatz und einigen Lagerschuppen, lag plötzlich hell erleuchtet vor uns.
Der Hausherr hatte gerade Besuch. Ich wartete auf einem riesigen Diwan in der großen, mit pakistanischen Teppichen ausgelegten

Vorhalle. Ein summender Ventilator spendete etwas frische Luft. Trotzdem war es so heiß, daß mir der Schweiß aus allen Poren rann. Ein Diener brachte mir ein eisgekühltes Getränk und stellte eine goldene Dose mit Zigaretten vor mich hin. . .
Schließlich kam Mr. Pribul, ein kleiner älterer Herr in siamesischer Nationaltracht, durch eine von mir bisher gar nicht bemerkte Seitentür auf mich zu. Ihm auf dem Fuße folgte ein baumlanger Weißer, seinem unbekümmerten schlaksigen Benehmen nach tippte ich auf einen Amerikaner. Dann folgten drei überhöfliche Chinesen. Die gegenseitige Vorstellung war schnell erledigt. Ich hatte übrigens richtig getippt: der Weiße war ein Amerikaner. Er – Mr. Jackson – und die drei Chinesen waren geschäftlich bei Herrn Pribul abgestiegen und wollten am frühen Morgen nach Malaya weiterfliegen. Meine Frage nach der Art ihrer Geschäfte wurde fast als Beleidigung mit betretenem Schweigen aufgenommen, so daß ich mich zu einer Entschuldigung veranlaßt sah.
Die Kombination: Siamese, Amerikaner, Chinesen in dem Aufständischen-Dreieck Siam-Burma-Malaya schien mir jedenfalls außerordentlich interessant, um nicht zu sagen: verdächtig! Opium? Waffen? Weiß der Teufel! Was ging es mich an! Ich hielt strengste Diskretion und geschliffenste Höflichkeit für die beste Taktik, und statt zu fragen, fing ich an, von meiner Tour zu erzählen. Dabei streifte ich, durchaus bewußt, mit besonderer Ausschweifigkeit meine Erfahrungen und Erlebnisse mit den indisch-burmesischen Waffenschmugglern, die mir in Arakan begegnet waren.
Während die Chinesen sich hierbei wie die Mumien verhielten, blinzelten sich der Hausherr und der Amerikaner gegenseitig zu.
Wir tranken eisgekühlten Whisky-Soda. Hier und da reichte ein Diener Sandwiches und chinesische Leckereien herum, welch letztere ich aber des mir vollkommen fremden, jedoch nicht schlechten Geschmackes wegen nur probierte.
Dann verabschiedeten wir uns.
Ich zog es vor, mir das Moskitonetz auf der das ganze Haus umgebenden Veranda aufschlagen zu lassen. Die Geschäftsleute konferierten noch stundenlang. Sie mußten sehr wichtige Dinge zu besprechen haben. Dann schlief ich ein.

Heimatklänge im siamesischen Urwald

Im Morgengrauen brachen wir auf.
Ein steiniger Weg führte steil aufwärts in östlicher Richtung. Drei Traktoren und zwei Jeeps mit Anhängern bildeten den Konvoi.

Die Männer, es waren genau ein Dutzend, schienen erfahrene Abenteurer zu sein. Sie waren bis an die Zähne bewaffnet und machten finstere Gesichter. Ihre weit vorstehenden Backenknochen und ihre winzig kleinen, nur einen schwarzen Strich formenden Schlitzaugen waren starr nach beiden Seiten des den Weg begrenzenden Dschungels gerichtet.
Mein Begleiter vom vergangenen Abend fungierte als Fahrer eines Traktors. Er hatte mir beim Aufbruch noch schnell einige Verhaltungsmaßregeln zugeflüstert: „Werfe dich sofort hin, wenn geschossen wird! Die Regierung hat ein Regiment hier in der Umgebung liegen, feige Hunde, die zum Teufel gehen würden, sobald wir anfangen wollten zu schießen!“
Das waren also keine besonders freundlichen Aussichten!
Aufständische Karén . . . rebellische Kommunisten . . . hier burmesische Regierungstruppen . . . gleich hinter der Grenze die Truppen der siamesischen Regierung . . . ein wüstes Durcheinander sich überschneidender Interessen . . . ein Kampf aller gegen alle!
Es war ein Glück, daß sich die Fahrzeuge nur schrittweise den Berg hinaufwühlten. So konnte ich leicht – mein Rad meist schiebend – folgen. Wir mußten über mehrere Paßhöhen. Dabei ging es bergab noch mühsamer als bergauf, weil die östlichen Hänge des Gebirges sehr steil abfallen und durch eine Unzahl tiefer Wasserrinnen zerfurcht sind.
Die Sonne stand bereits hoch am Himmel, als wir in einer kleinen Ortschaft den ersten Halt machten. Bisher hatten wir ganze 35 Kilometer zurückgelegt. Von „feindlichen Soldaten“ – das heißt, von den Truppen der Regierung – war nichts zu sehen. Die Männer atmeten sichtlich erleichtert auf, ja sie versuchten sogar, ein Gespräch mit mir in Gang zu bringen. Ich war aber von all dem zermürbenden Bergauf und Bergab und von der sengenden Gluthitze – 45 Grad Celsius – so angeschlagen und fertig, daß ich nur noch mit Ja und Nein antwortete.
Die burmesisch-siamesische Grenze war noch volle 100 Kilometer entfernt. Mein Englisch sprechender Polizist – ich habe nie erfahren, ob ich ihn überhaupt als regulären Hüter der Ordnung bezeichnen durfte, denn ein europäischer Menschenverstand kann es einfach nicht fassen, daß ein Polizist im Regierungssold höchst offiziell eine Schmugglerbande begleitet und schützt – dieser ehrenwerte Polizistenbandit gab mir, während die anderen ihren Reis kochten, den Rat, vorauszufahren, denn man habe die Absicht, die Grenze noch in der folgenden Nacht zu passieren.
Ich fragte ihn: „Werden mich deine aufständischen Landsleute nicht niederknallen, wenn ich allein hier durch die Gegend rase?“

Daraufhin zückte er seinen Bleistift und wollte mir ganz offensichtlich ein paar empfehlende Worte aufschreiben. Dieses brachte mich auf den Gedanken, ihm meine Empfehlung der Karén, mit denen ich nördlich Rangoon zusammengetroffen war, unter die Nase zu halten. Er nahm mir das Papier aus der Hand. Während er las, weiteten sich seine Augen immer mehr. Dann drehte er sich urplötzlich um und rief seinen Kameraden laut etwas zu. Diese sprangen wie elektrisiert hoch und näherten sich uns. Ich wußte in diesem Moment wirklich nicht, was geschah und was das alles zu bedeuten hatte. Hatte ich etwas falsch gemacht? Stimmte irgendwas nicht mit diesem Hieroglyphenbrief?
Mein erster Schreck sollte sich recht bald legen. Es war nur blinder Alarm. Im Gegenteil, die Männer freuten sich und schüttelten mir die Hand. Ihr Mißtrauen, das trotz des Befehls ihres Herrn und Meisters, des Mr. Pribul, bisher dauernd zu spüren gewesen war, schmolz wie Butter an der Sonne. Der Polizist verschaffte mir schnell Klarheit. Er sagte: „Nun, da wir wissen, daß du ein Freund unseres großen Chefs bist, sind wir alle deine Diener!" Er sprach es im Brustton vollster Überzeugung. Mir fiel dabei doch ein Stein vom Herzen. Außerdem aber war es mir, als hebe sich ein Schleier von meinen Augen. Ich sah nun alles viel klarer:
Ich war also, ohne es zu wissen, an jenem Abend vor zehn Tagen von dem Karénpriester zu dem Hauptquartier der aufständischen Karén geführt worden, zu jenen Männern, die im Gebirge um ein Lagerfeuer saßen und in deren Mitte sich der mysteriöse Italiener befand, von dem ich ja erzählt habe.
Die Männer, mit denen ich mich jetzt auf dem Wege von Moulmein aus zur siamesischen Grenze befand und die soeben das Empfehlungsschreiben der Karén nördlich Rangoons zu Gesicht bekommen hatten, schnallten sofort mein Gepäck vom Fahrrad und warfen es auf ihre Wagen. Am liebsten hätten sie auch das Rad und mich selbst mit auf einen der Traktoren gepackt. Ich zog es jedoch vor, mein Prestige, nach Möglichkeit die ganze Strecke mit dem Fahrrad zurückzulegen, aufrechtzuerhalten.
Jedenfalls stieg ich nach diesem interessanten Vorfall bedeutend erleichtert wieder auf meinen treuen Drahtesel.
An drei Lagerfeuern wurden der übliche Reis und die trockenen Fische gekocht. Ich war sehr hungrig. Und selten habe ich mit solch einem Appetit gegessen wie hier an der burmesisch-siamesischen Grenze. Aber dann geschah etwas Merkwürdiges: Von meinen Begleitern erfuhr ich zu meiner allergrößten Überraschung, daß wir uns bereits auf thailändischem Boden befanden, also längst in Siam waren. So gerät man allmählich von einem Land

in das andere, ohne es zu bemerken. Wie klein ist die Welt und wie überflüssig sind die Grenzen!
Wir hüllten uns in Decken, tranken unseren heißen Tee und starrten empor zu den Sternen. Ich hatte mich lange nicht so wohl gefühlt. Der Magen war vollkommen beruhigt. Das leichte Brennen der zum Reis geschluckten Chillystückchen, der Nachgeschmack des bitteren, aromatischen Tees, der Geruch süßlichen, frischen Holzes, vermischt mit dem Duft brennender burmesischer Zigarren, das in der Ferne mit dem Quarren der Ochsenfrösche zusammenklingende Geräusch des Urwalds, das Murmeln eines neben uns vorbeifließenden Bergbachs und das dauernde Aufleuchten von Sternschnuppen, die nördlich vom deutlich sichtbaren Kreuz des Südens in fast regelmäßigen Intervallen aufzuckten – all das bewirkte eine wundervolle, satte Behaglichkeit, die in der überzivilisierten Welt so gut wie unbekannt ist. . .
Im ersten Morgenlicht nahm ich mein Kartenmaterial zur Hand und stellte zunächst einmal genau unseren Standort fest. Wir befanden uns etwas südlich vom 16. Breitengrad und leicht westlich vom 99. Längengrad. Der neben uns vorbeifließende Bach war ein Zufluß zum May-nam-khway-naung, der 50 Kilometer westlich von Bangkok in den Golf von Siam mündet.
Unsere Weiterfahrt ging nun den Bach entlang in fast südlicher Richtung zu der siamesischen Stadt Kanburi, die am 14. Breitengrad an dem genannten Fluß mit dem langen Namen liegt. Um den Konvoi, der eine Reihe von Pannen hatte und daher langsamer war als mein Rad, kümmerte ich mich nicht mehr. Mein Lehmpfad am Rande der steinigen Straße war glatt und trocken, und so kam ich zu meiner eigenen Überraschung schneller vorwärts, als ich es mir zu erträumen wagte.
Den rauhen Dschungelbergen war eine liebliche Hügellandschaft mit hellgrünem Gebüsch und Bambusdschungel gefolgt. Dann und wann durchquerte ich ein siamesisches Dorf. Die Leute waren sehr freundlich, so daß ich, statt im Freien zu übernachten, mich entschloß, in irgendeinem der Dörfer um Obdach zu bitten. Ich hatte nämlich, je südlicher ich kam, die Feststellung gemacht, daß die immer weiter werdenden Täler voller Sümpfe waren. Und wo in diesen tropischen Gegenden Sümpfe sind, da sind auch Moskitos, deren nächtlichen Luftangriffen ich mich nach Möglichkeit entziehen wollte.
Kurz vor einbrechender Dunkelheit erreichte ich ein größeres Dorf. Unter den weitausladenden Kronen mächtiger Bäume lag diskret eine kleine, geschmackvolle und saubere Pagode. Im Halbdunkel ihres Innenraumes erkannte ich die Konturen eines sitzenden Buddhas. Davor flackerte eine kleine blaue Lampe, und

der Geruch frisch aufgestreuten Weihrauchs drang bis zur Straße. Das Ganze war ein Bild exotischen Friedens und so einladend, daß ich vom Fahrrad stieg und einen Spaziergang um das Tempelgelände machte.
Ich war kaum dreißig Schritte gegangen, als mich an der Ecke des Tempels eine furchterregende Teufelsfratze, eine Teufelsgestalt erschreckte! Aber es war nur der in Stein gehauene und mit frischen, bunten Farben neu bemalte Wächter dieses Tempels. . .
Wenige Meter weiter führte der Pfad durch stark nach Jasmin duftendes Unterholz, und dann stand ich vor einem Barackenbau mit richtigen Kirchenfenstern und einem Kreuz auf dem Giebel.
Unter einem duftenden Jasminbusch saßen zwei merkwürdige Männer. Der eine mit kahlrasiertem Kopf und dem gelben Mönchsgewand über der nackten Schulter. Ich erkannte sofort, daß es ein Pungi (Mönch) war. Sein vergeistigtes Gesicht – eine Seltenheit unter den meist primitiven buddhistischen Mönchen – fesselte mich derart, daß ich den neben ihm kauernden Mann in einem langen, weißen Gewand zunächst gar nicht beachtete. Erst als dieser aufblickte, sah ich, daß es ein Weißer, ein Missionar war.
Die beiden Männer hatten mich noch nicht bemerkt. Ich hustete laut, und überrascht schauten sie zu mir herüber. Dann geschah es! Der Missionar redete mich in einem fürchterlichen Englisch mit auffallend französischem Akzent an. Ich lachte laut auf und sprach französisch, worauf mir der Mann mit ausgestreckten Armen entgegeneilte. Verwundert frage ich: „Wer sind Sie?“
Er antwortete: „Pater Bernard Kiefer!“
Da blieb mir glatt die Spucke weg!
Ich schaute ihn groß an, und dann holte ich erst einmal tief Atem, um in meinem saarländischen Heimatdialekt mir Luft zu machen: „Nee, so eppes! Da schlag doch eener lang hin! Sag bloß, du bischt der Kiefer von der Saarlouier Penn!“
„Natürlich!“ rief der Missionar. „Und du bischt der Hein! Der Fußballspieler! Nee, so eppes! Der Hein von der Saarlouier Penn, der Paukerschreck!“
Wir schüttelten uns lange die Hände, und der gute Pungi schaute entgeistert und fassungslos zu. Dann ging er kopfschüttelnd davon, um seinem Buddha frischen Weihrauch zu opfern. Ja, das war zu viel gewesen für den braven Pungi. Er ließ uns, den weißen Missionar und mich, allein...
Wir rechneten aus: es war fast genau ein Vierteljahrhundert vergangen, seit wir das humanistische Gymnasium in Saarlouis im Saargebiet besucht hatten. Er wurde Theologiestudent in Paris – und ich ging damals nach Südamerika, um dort meine Studien aufzunehmen. Wir hatten beide schon als Pennäler den Drang in

die Ferne. Während sein Leben aber in den geordneten Bahnen einer streng geregelten Ordensobservanz verlief, war ich, von ewiger Neugierde und Lebenshunger geplagt, durch alle Höhen und Tiefen des Daseins gerast – als Student, als freier Journalist, als Arbeiter, als Angestellter, als Soldat, als Rebell, als Gefangener und als freier Mann. Zwei ehemalige Schulkameraden, die beide die Welt gründlich gesehen hatten, aber vollkommen verschiedene Wege gegangen waren.
Wir unterhielten uns die ganze Nacht hindurch und kamen in der Betrachtung über unsere in allen Erdteilen gemachten Erfahrungen zu einem völlig übereinstimmenden Resultat:
Die Welt findet erst dann ihren Frieden, wenn jeder einzelne zum Verständnis des anderen erzogen wird, wenn sich die Menschen aller Rassen und aller Nationen erst einmal wirklich kennenlernen und feststellen, daß wir alle das gleiche Lebensrecht und die gleichen Sorgen haben. . .
Mein Abschied von dem auf so merkwürdige Weise wiedergefundenen Schulkameraden war herzlich und etwas wehmütig. – Erst als ich eine ganze Weile im automatisch gewordenen Rhythmus meine Pedale getreten hatte und meine Gedanken – wie üblich – in die Zukunft und nach vorn eilten, entschwand der Eindruck der letzten Stunden und wurde in der Erinnerung zu einem fast filmischen Traumbild. . .
Der mich begleitende Fluß wurde immer breiter, und mit seiner Größe weitete sich auch das Tal. Die Reisfelder wurden größer und üppiger.
Ich näherte mich in zügiger Fahrt trotz der drückenden Hitze der Provinzhauptstadt Kinpuri.
Kurz vor der Stadt begegneten mir mehrere vorsintflutliche Omnibusse. Dann überholte ich eine Karawane Teakholz schleppender Elefanten. Ein imposantes Bild, diese mächtigen, gutmütigen und klugen Arbeitstiere.
Als ich in die Stadt hineinfuhr, war es bereits dunkel.
Auf dem Platz in der Mitte des Ortes stand eine Menge Menschen. Rote und grüne Fackeln gaben der Versammlung einen magischen Zauber. Eine leise, vollkommen fremdartige, melodisch arme, aber rhythmisch um so großartigere Musik zog mich völlig in ihren Bann. Ich vergaß alle Müdigkeit und jede Vorsorge für ein Nachtquartier.
Wie von zauberhaften Kräften gezogen und getrieben begab ich mich mitten unter die erstaunt aufschauenden Siamesen. Sie lächelten und machten mir bereitwilligst Platz, bis ich den inneren Zirkel erreicht hatte, wo sich mir ein neues faszinierendes Schauspiel bot:

Im stets wechselnden Rhythmus der eindringlichen Musik bewegte sich ein Tanzpaar!
Die unendlichen Variationen ihrer schnell, aber geschmeidig vollführten Bewegungen, die bizarre siamesische Kostümierung und die harmonische Einfügung ihrer den ganzen Körper durchfließenden Hingabe in die Musik, all das war ein Bild der Vollkommenheit. Das war Einheit! Der Tanz, die Musik, die magische Beleuchtung, die umstehenden Eingeborenen, der ferne Gongschlag der sich irgendwo am Rande der Stadt zum Gebet begebenden buddhistischen Mönche – das alles faszinierte mich maßlos! Jetzt erst war ich wirklich mit Leib und Seele in dem „Land des Lächelns", wie Siam so gern genannt wird.
Das Tanzpaar aber lächelte nicht. Das einzige, was an ihm nicht lebte, war das Gesicht. Die Gesichter der Tanzenden blieben erstarrt und leblos und fügten sich so harmonisch in die Gesamtheit des Kostüms. Ich begriff und fühlte sofort, daß hier das menschliche Antlitz mit seinen eingegrabenen Sorgen und dem ihm eigenen Leben nur disharmonisch gewirkt hätte.
So wurde es Mitternacht.
Die Musik verstummte. Die Lichter erloschen.
Ich befand mich, vollkommen losgelöst von den harten Realitäten des Daseins, plötzlich allein . . . mitten in der fremden exotischen Kleinstadt. . .
Automatisch bestieg ich mein Rad und zog, die Pedale tretend, zum anderen Ende der Stadt hinaus. . .
Der zunehmende Mond warf sein blasses Licht über die flache, von überfluteten Reisfeldern durchsetzte Landschaft.
Nach einer Weile merkte ich, daß ich zum Erschöpfen müde war. Ich suchte nach einem geeigneten Lagerplatz, fand aber keine freie, trockene Fläche an Straßenrand. So mochte ich zwei Stunden und gute 35 Kilometer gefahren sein. Dann ging es einfach nicht mehr! Mit dem Rad zwischen den Beinen sank ich gegen einen knorrigen Teakbaum am Rande der Straße. Das Vehikel rutschte unter mir hinweg. Ich riß den Schlafsack vom Gepäckträger, war aber zu faul, ihn noch zu öffnen, sondern schob ihn nur als Kopfkissen unter mich. Dann schlief ich ein, fest und traumlos – vielleicht sogar lächelnd.
Denn ich bin ja in Siam – im Land des Lächelns. . .
Als ich wieder erwachte, war es hell. Aber ich konnte keine 10 Meter weit sehen. Feuchter, dichter Nebel kroch, von lauwarmen Winden getrieben, über den Boden dahin. Ich mußte wie ein Toter geschlafen haben, denn meine rechte Seite war buchstäblich gelähmt, eingeschlafen. Mein Rad war einen Meter weit davongerutscht und lag mit der Lenkstange und einem

Teil des daran befestigten Zeltsackes im Wassergraben am Rande der Straße.
Mir war übel, ganz hundsmiserabel zumute!
Dann fiel mir ein, daß ich seit dem vergangenen Mittag nichts mehr gegessen hatte. Eine Dose Ölsardinen, ein Geschenk des Paters Kiefer, ein paar Salzkekse und zwei Orangen als Nachspeise halfen mir wieder auf die Beine.
Kaum saß ich auf dem Rad, da mußte ich auch schon wieder absteigen. Panne! Pech gehabt! Aber ich sparte mir das Flicken und legte einen neuen Schlauch ein. Endlich konnte es weitergehen. Ich wunderte mich über meinen Körper, der nach der kleinen Anstrengung des Schlauch-Aufpumpens warm geworden war, nun alle Müdigkeit und Steifheit überwunden hatte und wie eine Maschine – langsam schneller werdend – geradezu automatisch im präzisen Rhythmus die Pedale trat. Dabei machte ich die Erfahrung, daß nach Befriedigung der körperlichen Bedürfnisse einzig und allein die psychologische Haltung die körperliche Minder- als auch die Höchstleistung bestimmt. Ich glaube, daß dieser Punkt von unseren Sportsleuten viel zu wenig beachtet wird.
Die mich umgebende Landschaft war entsetzlich eintönig geworden. Dazu kam noch, daß die Straße wie vom Lineal gezogen in einer unendlich scheinenden Geraden verlief . . . das fürchterlichste Handikap für einen Radfahrer!
Hier gab es nur ein Gegenmittel: Nicht aufschauen und weit über den Lenker gebeugt noch einen kleinen Zahn mehr draufzulegen, dabei an andere Dinge denken, die mit dem Radfahren überhaupt nichts zu tun haben.
Eine Zeitlang ging alles gut. Dann hörte ich laute Rufe vor mir. Ich hatte aufschauend gerade noch Zeit, vom Fahrrad herunterzuspringen, und landete samt meinem Vehikel im wassergefüllten Straßengraben. Eine ganze Herde Elefanten raste an mir vorüber. Die auf den Köpfen der Tiere sitzenden Treiber winkten mir lachend zu. Ich dachte erst, sie hätten die Kontrolle über die Riesenviecher verloren, stellte dann aber fest, daß sie hier, mitten in der Einsamkeit der unendlichen siamesischen Landstraße, ein privates Rennen veranstalteten. Die Herde verschwand so schnell wie sie gekommen war. Ich schätzte ihre Geschwindigkeit auf das Tempo eines normal fahrenden Lastwagens zwischen 30 und 40 Stundenkilometer. Nun, das war mal wieder eine nette Abwechslung gewesen!
Das unfreiwillige Bad im Wassergraben machte mir nichts aus. Und zwanzig Minuten später wäre gewiß alles trocken gewesen, wenn nicht inzwischen die hart brennende Sonne mir den Schweiß aus allen Poren getrieben hätte.

Plötzlich wieder eine Überraschung!
Ein Meilenstein! Der erste seit Burma. „Bangkok 34 Meilen" stand darauf. Also etwa 53 Kilometer. Vor lauter Freude machte ich einen Luftsprung! Das hatte ich nicht erwartet, und es ist mir heute noch unverständlich, wie ich die Distanz von dem über 200 Kilometer entfernten Kinpuri nach Bangkok in solch überraschend kurzer Zeit geschafft hatte. Hatte mir das Tanzerlebnis am vorigen Abend einen solchen Schwung gegeben?
53 Kilometer nur noch bis zur siamesischen Hauptstadt!
Das war ja nicht einmal die Strecke, die ich sonst mit nüchternem Magen – sozusagen zum Frühstück! – zurücklegte. Der Meilenstein wirkte also wie ein Droge. Ich legte noch einen weiteren Zahn auf. Nach einigen Kilometern rascher Fahrt zeigte sich bereits die Nähe der Hauptstadt. Die Straße hatte eine schön gewalzte Decke. Dann erschienen mehrere, immer größer werdende Dörfer. Sogar einige Personenwagen begegneten mir schon. Endlich stand ich vor einem gewaltigen Fluß, dem Chao Phya.
Vor mir breitete sich ein unvergeßliches Bild aus. Ich habe nie in meinem Leben einen so belebten Fluß gesehen. Hunderte von kleinen Hausbooten wimmelten kreuz und quer durcheinander. In jedem Boot waren weinende, schreiende, meist aber lachende Kinder. Und Frauen. Die Frauen trugen meist, wie die Männer, riesige, geflochtene Hüte von der Größe eines mittleren Wagenrades oder eines Sonnenschirms. Die braunen Oberkörper der Männer wie der Frauen waren meist unbekleidet. Die Kinder liefen fast ausschließlich nackt herum. Viele sprangen ins Wasser, tauchten lachend irgendwo wieder auf, um an Bord zurückzuklettern. Mehrere sehr tief liegende Flöße, bestehend aus Tausenden der kostbaren Teakstämme, trieben flußabwärts. Sie wurden von einem kleinen, schneeweißen Motorboot umkreist, wahrscheinlich um irgendwelche Diebstähle zu verhindern. Denn ein einziger dieser Baumstämme kostet nach deutschem Geld gut 1000 DM. Auf dem Motorboot befanden sich weiße Männer. Das sah ich ganz deutlich. Also winkte ich.
Das Schiff stoppte sofort seinen Motor und trieb langsam zu meinem Ufer. Zwei der Weißen sprangen ins Wasser und wateten auf mich zu, blondhaarige, junge Burschen, die nach meiner Schätzung kaum älter als fünfundzwanzig Jahre waren.
In einem sehr kultivierten Englisch mit skandinavischem Akzent fragten sie gleich, ob ich der Weltumradler sei. Als ich das bejahte, wurde ich förmlich von ihnen überfallen. Lachend nahmen sie mir mein Rad ab und balancierten es in ihr Boot. Da blieb mir nichts anderes übrig, als auch einzusteigen.
Ja, das war eine tolle Gesellschaft, in die ich da hineingeraten war!

Die drei Männer stellten sich vor als Jansen, Jaspersen und Gulbrandsen von der Ostasiatischen Kompanie, der größten Handelsgesellschaft des südöstlichen Asiens. Wohlversteckt in die Bordwand war ein Eisschrank eingelassen. Dieser wurde kurz nach unserer Begrüßung geöffnet. Eine Batterie von Bierflaschen „Carlsberg Kopenhagen" wurde sichtbar. Mir lief das Wasser im Munde zusammen! Was nun folgte, mag sich jeder Leser selbst ausmalen. Ich war jedenfalls in lustigster Stimmung, als wir nach dreistündiger Kreuzfahrt den Landesteg der Ostasiatischen Kompanie erreichten. Mitten in Bangkok.
Um Obdach hatte ich für die Wochen meines Bangkoker Aufenthaltes nicht zu sorgen. Ich wohnte in der luxuriösen Messehalle meiner neuen Freunde.
Am folgenden Morgen erfuhr ich, daß die Firma Continental mir ausgerechnet zu der Ostasiatischen drei neue Reifen für mein Rad per Luftfracht zugeschickt hatte. Hier lag ich also richtig!

Bangkok, die Stadt der Tempel, Pagoden und schwimmenden Häuser

Am ersten Tage meines Aufenthaltes in Bangkok fühlte ich bereits, daß ich meine übermäßigen Anstrengungen in der mörderischen Tropenhitze der burmesischen und siamesischen Dschungeln irgendwie mit meiner Gesundheit würde bezahlen müssen. Ich war kaum in der Lage, einen Brief nach Hause zu schreiben. Auch schlafen konnte ich nicht. Ich kroch darum bereits in der ersten Nacht aus meinem Zwei-mal-zwei-Meter-Bett, pellte mich aus dem Moskitonetz heraus und legte mich auf den Fußboden, in der Hoffnung, so vielleicht Schlaf zu finden. Dort wurde ich aber derart von den Moskitos zerstochen, daß ich bald wieder in die schier unerträgliche Hitze des Bettes zurückkroch. Nun versuchte ich es mit einem mächtigen Ventilator, den ich mit ins Bett nahm und dort brummen ließ. Das Resultat war eine schreckliche Erkältung, die ich lange nicht los wurde.
Ich war herzlich froh, daß ich bei den Dänen einen Unterschlupf gefunden hatte. Bangkok war nämlich, wie alle ostasiatischen Städte, unvorstellbar teuer für den Europäer. Unter 100 Ticohls (ein Ticohl oder ein Bath = 35 Pfennig) war kaum ein Hotelzimmer zu haben. Ein eintägiger Aufenthalt in der siamesischen Hauptstadt kostete nach deutschem Geld mindestens 60 bis 70 DM.
Meine größte Schwierigkeit war nun die Beschaffung des Visums für Indochina. Es war mir vollkommen klar, daß die Franzosen nicht so ohne weiteres jeden Fremden in dieses vom Krieg gegen

die Kommunisten zerrüttete Land hineinlassen würden. So holte ich erst einmal tief Luft, bevor ich die französische Botschaft betrat.

Im Vorraum der Konsulatsabteilung befand sich ein grauhaariger Herr, ein Franzose, der schimpfend auf und ab ging. Er schimpfte auf die französische Regierung, die ihn so lange auf seine Einreisegenehmigung nach Saigon warten ließ. Das war mir neu, daß selbst französische Staatsbürger Einreisegenehmigungen benötigen. Ich fragte den Herrn nach seiner Beschäftigung und erfuhr zu meiner weiteren Überraschung, daß er der Direktor der Bank von Indochina sei. Meine Zuversicht, das Visum überhaupt zu erhalten, sank somit auf den Nullpunkt. Denn wenn der Direktor der Bank von Indochina schon Schwierigkeiten hat, wieviel schwerer wird man mir es machen!

Zu meiner Überraschung empfing mich der Konsul mit aller Freundlichkeit, und als ich ihm meine Tour ganz von der sportlichen Seite auseinanderlegte, war er sogar begeistert. Radsport ist für die Franzosen eben mehr als Politik.

Der Konsul machte mir klar, daß er alles menschenmögliche unternehmen wolle, um mir die erforderlichen Papiere schnellstens zu besorgen, und verfaßte in meinem Beisein ein ellenlanges Telegramm nach Saigon an den Hohen Kommissar. Die Kosten für dieses Kabel und die nachfolgenden Telegramme nach Paris und meiner Heimatstadt Saarbrücken wurden in der offiziellen Begeisterung für den Radsport von der französischen Regierung übernommen.

Ich ging also mit dem Gefühl restloser Befriedigung von dannen und fühlte mich bedeutend wichtiger als der arme kleine Bankdirektor, der immer noch polternd und lärmend wie ein Tiger im Käfig im Zimmer des Konsuls auf und ab lief.

Trotzdem mußte ich mit einem längeren Aufenthalt in Bangkok rechnen, denn die bürokratischen Mühlen aller Regierungen unserer verrückten Zeit arbeiten unendlich langsam.

Ich nutzte die lange Wartezeit fleißig aus, um mich zunächst einmal zu erholen, und um einen Einblick in dieses exotische Land zu gewinnen.

Die Entwicklung Siams ist von der der anderen südostasiatischen Länder schon deshalb grundverschieden, weil dieses Land das einzige ist, das im Laufe seiner Geschichte niemals unter europäischer Bevormundung gestanden hat. Diese Feststellung gilt aber nur für die politische Entwicklung von der absoluten Monarchie zur konstitutionellen. War es früher die unbeschränkte königliche Herrschaft, die das unvorstellbar fruchtbare und reiche Land ausbeutete, so sind es heute die regierenden Schlüsselmänner.

An der Lage des Volkes hat sich so gut wie nichts geändert. Es ist arm. Aber dennoch ist es glücklicher als irgendein anderes Volk, denn die Leute haben überall im Lande im Überfluß zu leben. Und Kleidung benötigen sie herzlich wenig. Ihre frohe Lebensphilosophie ist ausschließlich auf das Diesseits gerichtet, auf das Heute. Sie brauchen auch nicht an morgen zu denken, denn zu leben haben sie immer. Sie wünschen den frohen Augenblick und werden niemals, solange sie leben, etwas für die Zukunft tun.
Dieses ist auch der Grund, warum sich in all den buddhistischen Ländern niemals aus eigener Volkskraft irgendeine Industrie entwickeln kann. Trotzdem liebt eine gewisse Klasse den vom Westen kommenden Luxus und all das, was damit zusammenhängt. Das kostet dann aber Geld – und so wird eben Geld „gemacht"... Dieses wiederum geschieht selbstverständlich auf die denkbar einfachste und müheloseste Art, durch irgendwelchen Handel, wobei die Korruption die Hauptrolle spielt.
Ich habe niemanden in Siam getroffen, der nicht die Korruption der gesamten Regierung zugegeben hätte. Ein aus Deutschland geflüchteter Jude, heute Besitzer der einflußreichsten siamesischen Zeitung, der „Bangkok-Post", zeigte sich sogar für die siamesische Korruption begeistert. Er sagte mir:
„Irgendwie hat sie ihr Gutes, diese Korruption... Durch sie wird lediglich der überfließende Reichtum des Landes abgesogen. Es spielt ja keine Rolle, in welche Taschen er fließt. Das Volk ist so vielleicht viel glücklicher, als wenn es sich alle Errungenschaften der Zivilisation durch einen erhöhten Lebensstandard aneignen würde."
Ein seltsamer Standpunkt. Man kann darüber denken, wie man will. Ich mußte jedoch zugeben, daß an dieser für uns Europäer etwas ungewohnten Logik etwas daran ist: Die Siamesen sind tatsächlich glücklich! Man muß vielleicht hinzufügen: Sie waren es.
Der größte Reichtum des Landes besteht in seinem Überfluß an Reis und den im Norden Siams befindlichen Teakholzwäldern. Reis und Teak bestimmen den Handel wie die manchmal vollkommen undurchsichtige Politik Bangkoks. Hinzu kommt noch ganz tief hinter den Kulissen der nicht unbeträchtliche Opiumschmuggel und seit dem Anlaufen des amerikanischen Hilfsplanes für Asien der Waffenschmuggel. Neuerdings der Touristensex.
So hat in der Bangkoker Gesellschaft jeder einmal die Chance und kann „an die Reihe kommen", sich in das Lager der Kapitalisten aufzuschwingen.
Der Opiumschmuggel ist die alleinige Domäne der Chinesen. Meist sind es kleine Sägemühlenbesitzer, die die Sägemühlen zum großen Teil nur unterhalten, um damit das „große Geschäft" zu

decken. Nicht zuletzt aber auch, um hier und da die mächtigen Teakholzstämme, die ja vom hohen Norden die weite Reise stromabwärts machen, als bestgeeignetes Transportmittel für die Schmuggelware zu benutzen.

Bremer Bier hilft über die Grenze nach Indochina

Nach zweiwöchigem Aufenthalt in Bangkok erhielt ich endlich mein Visum für Indochina. Ja, ich bekam sogar die Sondergenehmigung, mich über Land – also durch das Königreich Kambodscha – nach Saigon zu begeben. Das war mehr, als ich erwartet hatte. Die Franzosen hatten sich tatsächlich alle Mühe gegeben, um mir meine „Radtour" bis zu diesem äußersten Punkt Südasiens zu ermöglichen.
Der Militärattaché in Bangkok sorgte dafür, daß die Grenzposten und entlang meiner Straße alle Militärposten verständigt wurden. Somit garantierte die französische Armee für meine Sicherheit.
Ich glaubte also, daß mir nun keine Schwierigkeiten mehr im Wege stünden. Aber ich irrte mich gründlich! Denn da meldete sich mit einem Male das siamesische Innenministerium, und die Beamten der Einwanderungsbehörde versuchten mir klarzumachen, daß nach besonderem siamesischen Gesetz die Grenze nach Indochina hermetisch geschlossen sei. Da war nichts zu machen, und ich begab mich zum Innenminister.
Der Herr saß in Galauniform mit unendlich viel Lametta hinter seinem Schreibtisch. Als ich auf ihn zuging, stand er auf, begrüßte mich sehr freundlich und mit dem bestrickendsten siamesischen Lächeln. Dann trat er an einen schneeweißen Eisschrank, der sich in dem dunkel gehaltenen Raum höchst merkwürdig ausnahm. Dieser Kühlschrank schien sein ganzer Stolz zu sein. In der vollendeten Pose eines jovialen Gentleman fragte er mich alsdann: „Wünschen Sie einen soft oder einen dry drink?"
„Dürfte ich um einen eisgekühlten Peppermint-Soda bitten?" erwiderte ich.
Ich traute meinen Augen nicht! Der Herr Minister servierte mir – wie gewünscht – einen eisgekühlten Peppermint-Soda! Selbstverständlich war ich voll des Lobes für solch einen nie dagewesenen Kundendienst seitens eines Ministers.
Der hohe Herr zeigte höchstes Verständnis für meine Situation, aber – mit dem Ausdruck tiefsten Bedauerns erklärte er mir: „Es tut mir so unendlich leid, daß ich Ihnen die von Ihnen geforderte Sondergenehmigung zum Überschreiten der siamesischen Grenze

nicht geben kann. Ich bin aber bereit, Sie auf Kosten unserer Regierung per Flugzeug nach Saigon zu schicken."

Das lag auf keinen Fall in meiner Absicht. Deshalb lehnte ich dieses Entgegenkommen rundweg ab. Der Minister war untröstlich: „Verstehen Sie mich doch bitte nicht falsch!" sagte er. „Siam ist ein demokratisches Land, und auch ein Minister kann ein erlassenes Gesetz nicht aufheben!"

„Dann geben Sie mir doch wenigstens irgendein Empfehlungsschreiben, damit die Grenzbeamten mich hinüberlassen", erwiderte ich. Ich amüsierte mich innerlich über diese ziemlich blöde Umschreibung der Sondergenehmigung.

Seine Exzellenz aber lachte laut auf und meinte mit einer leichten Verbeugung zu mir: „Sie sind ein kluger Mann! So geht es – aber ich gebe Ihnen diese Empfehlung nicht an die Grenzbeamten, sondern an den Chef der Immigrationsbehörde, der wird dann für alles Weitere sorgen."

In siamesischen Hieroglyphen kritzelte er etwas in ein auf seinem Schreibtisch liegendes Notizbuch, riß das Blatt heraus, gab es mir – und ich war entlassen.

Beim letzten Händedruck hatte ich das Gefühl, als ob ein ziemlich verschmitztes Grinsen über das asiatische Gesicht des Ministers gelaufen sei. Aber vielleicht irrte ich mich. . .

Ich begab mich zum Chef der Immigration und reichte ihm den Zettel seines hohen Herrn. Er nahm ihn in Empfang, schaute nicht einmal drauf und entließ mich mit den Worten: „Na, dann ist ja alles in Ordnung! Gute Reise denn!"

Diese ganze Geschichte sah verteufelt nach Flucht aus der Verantwortung aus. Aber mir war schließlich alles gleichgültig geworden. Ich setzte mich also – ohne irgend etwas Schriftliches in der Hand zu haben! – auf mein Rad und fuhr im Morgengrauen des folgenden Tages entlang dem Chao Phya gen Norden. . .

Die Straße war die ersten 30 Kilometer hervorragend, aber dann wurde sie geradezu unmöglich, und ich war glücklich, wenn ich hier und da einen Lehmpfad an der Seite der Schottersteine und wassergefüllten Schlaglöcher fand.

Die lange Pause in Bangkok machte sich bemerkbar. Die automatische und rhythmische Funktion des Pedaletretens fehlte und wollte sich nicht wieder einstellen, so daß ich schon nach kaum 100 Kilometer mit dem berüchtigten toten Punkt zu kämpfen hatte.

Die brütende, tropische Hitze tat das ihre, um mir auch noch die letzten Energien zu rauben. So gab ich gegen zehn Uhr morgens auf und legte mich in den Schatten eines einsamen, verkrüppelten Teakbaumes. Eine Herde schlammbesudelter Wasserbüffel plumpste neben mir in einen breiten Wassergraben, so daß die

aufspritzenden Fontänen der lauwarmen Brühe über mich weg gingen. Die riesigen Leiber der schwerfälligen Tiere waren vollkommen in den gelben Fluten verschwunden. Nur ihre Köpfe schauten aus dem Wasser. Sie waren alle nach mir ausgerichtet, dreißig, vierzig glotzige aber verhältnismäßig sanftmütige Büffelaugen.
Dann schlief ich vor Übermüdung ein. . .
Als ich wieder erwachte, hatte die Sonne den Zenit bereits überschritten. Es mußte früher Nachmittag sein. Ich drehte mich herum – und sprang wie elektrisiert auf!
Da stand in aller Seelenruhe einer der Büffel mit seinem vorderen Lauf mitten zwischen dem Rahmen meines hingefallenen Fahrrades. Er war gerade dabei, den mächtigen Huf zwischen die Speichen des Rades zu setzen. Nein, hier gab es kein Zögern und untätiges Zuschauen mehr! Mit Todesverachtung warf ich mich, gleich einer Mutter, die um ihr Kind bangt und es unter allen Umständen versuchen wird zu schützen, dem Büffel in die Seite. Ich erfaßte wenige Zentimeter über den bedrohten Speichen den Fuß des riesigen Rindviehs und zog ihn unter Aufgebot aller Kraft über das gefährdete Rad hinweg. Das blöde Vieh wußte gar nicht wie ihm geschah und machte einen mächtigen Satz seitwärts, zum Glück, ohne mein treues Gefährt dabei in Mitleidenschaft zu ziehen.
Das war mal wieder gutgegangen. . .
Ich fühlte mich nach diesem Vorfall besonders stark, und siegesbewußt setzte ich meinen Weg fort . . . der siamesischen Grenzstadt Aranya Prades entgegen. . .
Die Bevölkerung in den zahlreichen primitiven Dörfern war sehr freundlich zu mir. Die Kinder winkten mir fröhlich zu. Und wenn ich dann und wann einmal abstieg, um mir am Wegesrand in irgendeiner Bambushütte eine erfrischende Wassermelone zu erstehen, hatte ich Mühe, die allzu große Zutraulichkeit der kleinen schlitzäugigen Gesellschaft abzuwehren.
Die größeren Buben interessierten sich dabei höchst eindringlich für mein Fahrrad, während die kleinen braunen Mädchen sich mehr mit meiner Person befaßten. Hierbei galt ihre ganze Aufmerksamkeit meinen behaarten Beinen und Armen. So etwas war ihnen gänzlich fremd, denn der Siamese ist vollkommen bartlos und unbehaart.
Ich hatte den Eindruck, als hätten sie geheime Zweifel, ob sie mich unter die Kategorie der Menschen oder die der Affen zählen sollten. Sie stellten aber instinktiv sehr bald fest, daß sie es zumindest mit einer sehr gutmütigen Art menschenähnlicher Affen oder affenähnlicher Menschen zu tun hatten, und rückten mir bald

näher und näher, bis sie den Berührungspunkt erreicht hatten. Nun konnten sie sich nicht genug darin tun, mir über die Arme und Beine zu streichen.
Ein kleines Mädchen von etwa zwölf Jahren besaß sogar zum Gaudium aller Umstehenden die Unverfrorenheit, mir mit ihren zierlichen und geschickten Fingern Knötchen in meine Brusthaare zu flechten. Ich war von dem kleinen Frechdachs so entzückt, daß ich ihm einen Kuß auf die Stirn drückte. Diese öffentliche Sympathiebezeigung löste sofort eine entsprechende Gegenreaktion aus. Die Kleine, von ihrer Umgebung aufgemuntert und angestachelt, blieb mir die Antwort nicht schuldig und küßte mich nach siamesischer Art auf den Mund. Sie drückte Mund und Nase gleichzeitig auf meine Haut und schnupperte dabei wie ein witternder kleiner Foxterrier vor einem eingerollten Igel.
Fahrräder sind in diesem Teil Siams ziemlich weit verbreitet. Wenn ich in irgendeiner Ortschaft haltgemacht hatte, so wurde ich meist bei meiner Abfahrt von allen Fahrradbesitzern eine tüchtige Wegstrecke weit begleitet. Bei den schlechten Straßenverhältnissen, die es mir nicht erlaubten, mein Rad im schnellsten Gang zu fahren, hatte ich jeweils Mühe, die Gesellschaft abzuschütteln und davonzurasen. . .
Hier und da begegneten mir auch arbeitende Elefanten.
In Deutschland ist man meist der Auffassung, daß der Elefant ein indisches Tier sei. Das stimmt aber nicht. In Indien war der Elefant lediglich Luxusbesitz reicher Maharadschas, die diese mächtigen Dickhäuter meist nur zu repräsentativen Zwecken benutzen. Ich habe auf meiner langen Tour durch den indischen Kontinent ganze zwei Elefanten gesehen. Erst nach Verlassen Kalkuttas, im südöstlichen Pakistan, südlich von Chittagong, ist der Elefant ein oft gesehenes Haustier. Hier lebt er auch wild in großen Herden in den Dschungeln.
Die Heimat des indischen Elefanten – des sogenannten indischen Elefanten – beginnt also in den Hilltracks von Chittagong, 200 Meilen östlich von Kalkutta, in den Dschungeln Arakans, und dehnt sich aus über ganz Burma und Siam hinweg bis hinein in die an die Chinesische See grenzenden Urwälder des östlichen Indochinas, wo man einen noch undressierten Elefanten für einige Hundert Mark kaufen konnte.
Die durchschnittliche Zugkraft eines Elefanten beträgt das Sechsfache eines guten Arbeitspferdes, und seine Tragkraft ersetzt die von fünfzehn Eseln.
Die üppige Vegetation der südostasiatischen Tropen liefert fast kostenlos die für die Elefanten erforderliche Nahrung, so daß der Dickhäuter besonders für die Ausbeutung des Holzreichtums der

dortigen Wälder das konkurrenzlos billigste Transportmittel bleiben wird.
Mit einbrechender Dunkelheit mußte ich mein Rad schieben. Der Weg war so schlecht geworden, daß ich nur noch im Schrittempo fahren konnte. Und auf diese Weise lieferte mein Scheinwerfer kaum genügend Licht.
Eine Herde Baumstämme schleppender Elefanten überholte mich. Ohne lange zu überlegen, schloß ich mich dieser Gesellschaft an, weil ich annahm, auf diese Weise in irgendeinem kleinen Sägewerk zu landen und dort übernachten zu können.
Nach einer halben Stunde mühevollen Schiebens – ich war dreimal bis über die Knie in tiefe, wassergefüllte Schlaglöcher gefallen – erreichten wir endlich eine hellerleuchtete Sägemühle.
Der Besitzer des Werkes, ein elegant gekleideter Chinese mittleren Alters, der hervorragend Französisch und Englisch sprach, empfing mich lachend. Ich schämte mich ein wenig, denn ich sah aus wie ein frisch aus irgendeinem Lehmtümpel kommender Wasserbüffel. – In einem modern eingerichteten Bad mit elektrischem Boiler verwandelte ich mich jedoch schnellstens in einen zivilisierten Menschen und erschien bald in schneeweißem, in Bangkok neu erstandenem Dreß an der chinesischen Tafel.
Selbstverständlich mußte ich mit Stäbchen essen!
Es war das erste Mal, daß ich sozusagen gezwungen war, mit diesen seltsamen Eßinstrumenten Bekanntschaft zu machen. Für meine Gastgeber – also die chinesische Familie – muß es ein wahres Gaudium gewesen sein, mir zuzusehen, denn kaum hatte ich ein Stückchen Fleisch oder Ei oder irgendein Reisklümpchen zwischen den Eßstäben, so kreuzten sich dieselben wie von einer tückischen Macht bewegt, und mein Bissen fiel wieder auf den Teller zurück. . . Es war zum Verzweifeln!
Die Hausherrin – eine schwarzhaarige, in dunkelseidenem chinesischem Hausanzug gekleidete, junge und exotisch schöne Frau – hatte Erbarmen mit mir und reichte mir mit dem Ausdruck unendlichen Bedauerns den Kinderlöffel ihres fünf Monate alten Babys.
Ich schämte mich in Grund und Boden und nahm mir ernstlich vor, koste es, was es wolle, täglich mit diesen tückischen Stäbchen zu trainieren. Ich bin diesem Vorsatz auch treu geblieben und habe heute mit diesen Instrumenten eine Fertigkeit erreicht, die alle Asiaten in Erstaunen versetzt.
Mein dummes Benehmen bei Tisch wurde mir aber nicht übelgenommen. Huan Tai, der Herr des Hauses, hatte in Paris studiert und mehrere Jahre in Singapore gelebt. Er erklärte mir das Stäbchenessen und vertrat den Standpunkt, daß Messer und Gabel

den Geschmack der Speisen irgendwie nachteilig beeinflussen. Im Laufe meines weiteren Aufenthaltes in Ostasien mußte ich ihm darin durchaus recht geben. Ich ziehe heute, wo immer es möglich ist, ebenfalls die Stäbchen vor, deren frischer Holzgeschmack sich jedenfalls besser mit den Speisen verträgt als der Metallgeschmack von Messer, Gabel und Löffel.

Die Strecke von Bangkok zur Grenzstadt Aranya Prades beträgt etwas über 300 Kilometer. 120 Kilometer bis zur Grenze lagen noch vor mir. Ich hatte mir fest vorgenommen, noch am frühen Nachmittag die thailändische Grenze zu überschreiten, und brach darum im ersten Morgengrauen von meinen freundlichen Chinesen auf.

Am Rande der mit Schlaglöchern durchsetzten Straße befand sich ein Fußpfad, den ich am Abend vorher in der Dunkelheit nicht bemerkt hatte. Auf ihm kam ich überraschend schnell vorwärts, bis wenige Kilometer vor der Grenze plötzlich ein Verkehrshindernis mich aufhielt.

Hier war ein kleiner Fluß über die Ufer getreten und hatte die primitive, hölzerne Straßenbrücke mit sich gerissen, so daß der Verkehr der ziemlich zahlreichen, mit frisch von den Sägemühlen kommenden, Teakholz transportierenden Lastwagen durch eine schmale Untiefe des Flüßchens geleitet werden mußte. Am Vortage war nun einer dieser Lastwagen bei der Durchfahrt steckengeblieben und sperrte jeden weiteren Verkehr. . .

Für die unbeholfenen Siamesen war guter Rat teuer!

Seit Stunden versuchten sie, mit einem allzu schwachen Traktor den Lastwagen herauszuziehen, ohne auch nur einen Zentimeter vorwärts zu kommen. Keiner kam auf die Idee, einige der dicken Teakholzbretter quer unter die Räder zu schieben.

Da auch ich nicht hinüber konnte, interessierte ich mich zwangsläufig für das Flottmachen des Vehikels und versuchte, den Leuten klarzumachen, sie müßten einige Bretter von dem Fahrzeug herunterwerfen. Sie konnten oder wollten mich jedoch nicht verstehen, so daß ich ziemlich wütend auf den Wagen sprang und anfing, die schweren Bohlen hinüberzukanten.

In diesem Moment kam ein Jeep mit der französischen Flagge aus Richtung Bangkok. Der Adjutant des Militärattachés und ein Angestellter der Botschaft stiegen aus und sahen sich kopfschüttelnd das Schauspiel an. Dann erkannten sie mich. Wir waren während meines Aufenthaltes in Bangkok gute Freunde geworden, und sie winkten mir freudestrahlend zu. Es gab ein großes Hallo! In Bangkok hatten wir uns jeden Mittag in den Anlagen des königlichen Sportklubs im Schwimmbad getroffen.

Unter den Augen der vollkommen kopflosen Eingeborenen spran-

gen meine beiden Freunde aus Bangkok auf den Lastwagen und halfen mir beim Abwerfen der Bretter, die wir dann sorgfältig unter die Räder schoben. Die guten Siamesen hatten immer noch nicht begriffen, um was es hier ging, und versuchten zaghaft zu protestieren. Das hinderte uns aber nicht im geringsten, schließlich die Führersitze des Traktors sowie des Lastwagens zu besetzen. Ein zweimaliges, scharfes Anrucken – und die Passage war frei!
Eine halbe Stunde später waren wir in Aranya Prades, einem kleinen, ziemlich verwahrlosten Städtchen, dem Endpunkt der von Bangkok zur indochinesischen Grenze führenden Eisenbahn. Meine beiden französischen Freunde (der Adjutant des Militärattachés Bangkok und ein Angestellter der Botschaft) bedauerten, daß sie mich nicht mit über die Grenze nehmen konnten. Nur der Adjutant besaß einen Diplomatenpaß. Offiziell war die Grenze hermetisch gesperrt. Die beiden hofften jedoch, mit Hilfe des Diplomatenpasses und auf Grund der allgemeinen Freundschaft, die zwischen den Grenzbeamten beider Seiten vorherrschend war, auf die andere Seite zu gelangen. Sie versprachen mir, dort mit dem französischen Kommissar irgend etwas zu organisieren, um anschließend auch mich hinüberzuschleusen.
Dieses durchaus gutgemeinte Versprechen schien mir etwas zu problematisch zu sein, und so ging ich direkt in die Höhle des Löwen – nämlich zu den Grenzbeamten. . .
Sie hatten in der Zeitung von mir gelesen, waren aber erstaunt, daß mir der Innenminister keine schriftliche Genehmigung für den Grenzübergang mitgegeben hatte. Ich sagte: „Nun, sie ist bestimmt unterwegs hierher!"
Es half mir nichts. „Dann müssen Sie eben warten, bis diese Genehmigung da ist!" lautete der Bescheid. „Vielleicht trifft sie morgen oder übermorgen ein. So lange müssen Sie warten!"
Nun kam folgendes Übel hinzu: „Meine Aufenthaltsgenehmigung für Siam war ausgerechnet an diesem Tage abgelaufen. Die armen Grenzer waren ratlos. Laut Gesetz mußten sie mich am nächsten Tag verhaften! Für den Fall nämlich, daß ich mich dann noch auf siamesischem Boden aufhielt. Laut Gesetz durften sie mich aber auch nicht über die Grenze lassen, denn ich hatte ja keine Genehmigung für den Grenzübergang.
Die Grenzer schimpften auf ihre eigenen „blöden" Gesetze! Beide, der Kommissar und sein Gehilfe, waren noch recht junge Burschen, sportbegeistert und vollkommen aufgeschlossen. Abwechselnd versuchten sie mir klarzumachen, daß es wirklich nicht in ihrer Macht stünde, mir den Passierstempel für die Grenzsoldaten in meinen Paß hineinzudrücken. Sie müßten eine solche Aktion in ihr Tagebuch eintragen. Und dieses Tagebuch würde jeden Monat

in Bangkok kontrolliert. Seit mehreren Wochen sei aber überhaupt kein Passierstempel mehr gegeben worden. Ich machte den Vorschlag, sie sollten das Eintragen in das Tagebuch vergessen. . . Da ich ja doch nicht mehr mit demselben Paß je nach Siam zurückkehren würde, könnte niemand von dem illegalen Stempel etwas erfahren. . .
Die armen Beamten! Sie wurden wankend.
Ich lud sie ein, eine Flasche Bier mit mir zu trinken. Es war ja auch unerträglich schwül. Wir begaben uns also zum Bahnhof, wo gerade der einzige Zug des Tages von Bangkok eingetroffen war. Das Bambus-Restaurant vor dem Bahnhof hatte eine Reihe halb weggeschmolzener Eisstangen und einige Kisten „Bremer Beck's Bier" empfangen. Welch herrlicher, unerwarteter Gruß aus der Heimat in diesem verlassenen Winkel Ostasiens! Das mußte richtig gefeiert werden! Ein teurer Spaß, denn das Bier kostet hier genau den sechsfachen Preis wie daheim. Trotzdem: ich zahlte mit den Resten meines „Vermögens". . . Es reichte genau für eine Kiste! Ich konnte drüben auf der anderen Seite das siamesische Geld ohnehin nicht mehr gebrauchen.
Meinen Grenzern schmeckte es ausgezeichnet. Und als sich auch noch ein Dritter dieser gleichen Kategorie Mensch zu uns gesellte, war der Biervorrat in einer knappen Stunde restlos vernichtet! Aber ich hatte eines auf jeden Fall erreicht: Meine Freunde waren jetzt bedeutend aufgeschlossener als zwischen den kahlen Räumen des Büros.
Mit einem vielsagenden Augenzwinkern schob ich dem Chef meinen Paß zu. Er gab ihn mit einem entsprechenden Befehl an den dritten Mann weiter. – Während ich nun auf Kosten der Beamten fortfuhr zu trinken, traf auch mein Paß von der kleinen Reise zur Dienststelle ein. Unter dem Tisch öffnete ich ihn. Der Stempel war drin!
Ich konnte also aufbrechen, und ich brach auch auf . . . trotz des heftigen Protestes meiner inzwischen stark angeheiterten Tischrunde. (Die Siamesen können herzlich wenig Alkohol vertragen.)
Fünf Minuten später passierte ich die Barriere Thailands. Die Zöllner riefen mir noch etwas nach, aber ich verstand sie nicht. Wahrscheinlich hatten sie sich über die Schlangenlinien lustig gemacht, die ich mit meinem Fahrrad zwischen ihrem Grenzposten und dem etwa 500 Meter entfernt liegenden indochinesischen Posten in den Sand zog. . .
Auf der anderen Seite wurde der Grenzbaum gehoben, und ein mächtiger Lastwagen polterte mir entgegen. Er bremste vor mir. Meine beiden Bangkoker Diplomaten stiegen aus und stellten mir

den Chef der anderen Seite vor, den französischen Grenzkommissar. „Menschenskind!“ hieß es. „Wie haben Sie das nur gemacht, offiziell hier herüberzumarschieren?“
„Köpfchen, Köpfchen!“ lachte ich.
Der Kommissar erzählte mir, daß er die Absicht gehabt habe, nach Entladung des Wagens mich darin zu verstecken und auf diese Weise über die Grenze zu bringen. Der Wagen war voll mit französischem Wein und Champagner – wie mir die Diplomaten versicherten, alles für die französische Botschaft in Bangkok! Ich hatte den Eindruck, daß es eine Freude sein müsse, dort angestellt zu sein. . .
Die Grenzformalitäten wurden am nächsten Morgen ohne mein Zutun erledigt. Der Kommissar war vom gestrigen Tag noch so müde, daß er sich – nachdem er mir meinen Paß ausgehändigt hatte – nochmals zum Schlafen niederlegte. Die beiden Bangkoker schliefen und schnarchten auch noch wie die Ratten. Ohne besondere Informationen über die Sicherheit der Straße wollte ich aber auch nicht aufbrechen und davonfahren. Es hätte zudem einen schlechten Eindruck gemacht, mich so ohne Abschied davonzustehlen. Ich zog es darum vor, einstweilen noch einen kleinen Morgenspaziergang entlang der Grenze zu unternehmen. . .
Mit dem Feldstecher des Kommissars bewaffnet, begab ich mich auf einen Pfad, der mitten durch den Dschungel zu einer kleinen Anhöhe führte. Der aufgeblähte Kadaver einer verendeten Kuh, die mitten auf dem Weg ihr Leben ausgehaucht hatte, verbreitete einen bestialischen Gestank. Ich hielt mir die Nase zu und stieg über die Tierleiche hinweg.
Der Urwald rechts und links des Weges war von den ersten Monsunregen vollkommen überschwemmt. Hier und da mußte ich bis zu den Knien die Pfützen brauner Brühe durchwaten. Dann aber wurde der Pfad trocken und steinig. Es ging bergan. Zwischen dem ewigen Bambus und den exotischen Büschen standen manchmal einige Palmen, jeweils zu Gruppen von drei oder vier Stämmen. Einige Wildschweine, große schwarze Tiere, brachen schnaubend aus dem Busch und machten schleunigst kehrt, sobald sie mich sahen.
Dann wurde die morgendliche Stille plötzlich von einer Stimme zerrissen: „Halte-là, qui vive?“ – Ein Schuß peitschte hoch über mir durch die Luft. Der Knall erfolgte fast gleichzeitig. Der Schütze konnte also nicht weit sein. Ein nervöser Posten, weiter nichts, überlegte ich. Ich rief zurück:
„Cesse tirer, c’est moi!“ („Hör auf zu schießen, das bin ich!“) Das war zwar heller Blödsinn, denn wie sollte mich der Posten, wenn es einer war, kennen! Aber die wenigen französischen Worte verfehl-

ten ihre Wirkung nicht. Um die Wegbiegung über mir erschien sofort ein kambodschanischer Grenzposten. Als ich ihn erreicht hatte, grüßte er stramm und machte Meldung in einem mir vollkommen unverständlichen Gemisch seiner Heimatsprache und einigen Brocken Französisch.
Ich klopfte ihm gönnerhaft auf die Schulter. Er grinste sein breitestes asiatisches Lächeln.
Auf der Höhe angekommen, sprangen die Soldaten des Postens wie elektrisiert auf. Man hielt mich zweifellos für einen inspizierenden Franzosen. . .
Von der Höhe des Postenstandes bot sich mir ein interessantes Bild. Über der unendlich scheinenden Ebene der siamesischen Reisfelder hingen tiefe Regenwolken. Nach Norden und Osten erstreckte sich der Urwald. Hellgrüner Bambus, dunkelgrüne mächtige, von Lianen umschlungene Baumriesen und hier und dort kleine Palmengruppen. – Von der Stadt Aranya Prades und dem kleinen Grenzdorf Poipet des Königreiches Kambodscha war nichts zu sehen, weil der aus den Dschungeln aufsteigende Waschküchendunst jede Fernsicht unmöglich machte.
Der Chef de Poste (Wachhabende) stieß mich plötzlich in die Seite und bat um das Fernglas. „Voilà, voilà!“ Er rief einige Worte nach unten zu seinen Soldaten. Im Handumdrehen hatte sich unter uns eine Gruppe in loser Marschordnung formiert. Ich starrte nach der bezeichneten Richtung durch das Glas, konnte aber beim besten Willen nichts Verdächtiges sehen. Der Chef de Poste blickte mich fragend an. Um meine Autorität nicht zu verlieren, setzte ich die tollsten nachdenklichen Falten auf, und nur um irgend etwas zu sagen, sagte ich:
„Tout de suite, tout de suite!“ („Schnell, schnell!“)
Drei Mann wurden auf den mit fünfzehn Mann besetzten Posten zurückgelassen. Die anderen entfernten sich gleich Siouxindianern und verschwanden lautlos im undurchdringlich scheinenden Busch. . .
Ich wartete eine halbe Stunde. Als dann immer noch nichts geschehen war, was Aufklärung gegeben hätte, eilte ich wieder zurück zum Grenzhaus. . .
Der Pfad kam mir jetzt unendlich lang vor. Dort, wo ich auf dem Hinweg den braun glänzenden Kuhkadaver hatte liegen sehen, befand sich jetzt ein schwarzer, beweglicher Fleck, der sich beim Näherkommen als eine Schar Aasgeier entpuppte. Freche Riesenvögel, die nicht einmal aufflogen, als ich, mir die Nase zuhaltend, unmittelbar vor ihnen stand. Sie reichten mir bis zur Brust und gingen gravitätisch zwei, drei Meter zur Seite, als ich abermals über das nun grausig zugerichtete Tier hinwegstieg.

Die Furchtlosigkeit der Aasgeier ist übrigens verständlich. Sie sind sozusagen die Gesundheitspolizei des Landes, indem sie alle herumliegenden Tierleichen mit außerordentlichem Instinkt ausfindig machen und sofort vertilgen, so daß ein Kadaver selten länger als zwei Stunden herumliegt. Die Menschen haben das seit langem erkannt, und in Kambodscha wird es nicht einmal dem tollsten Lausejungen einfallen, etwa seine Angriffsfreude gegen einen Aasgeier zu richten.
„Junge, wo warst du denn nur die ganze Zeit? Wir warten schon seit einer halben Stunde mit dem Frühstück!“ Mit diesen Worten empfing mich der Kommissar. „Ihr schlieft ja alle noch“, sagte ich, „da habe ich einen kleinen Spaziergang gemacht und die Posten inspiziert!“ Wir lachten herzlich.
Das Frühstück dehnte sich aus bis gegen Mittag!
Der Chef wollte weder mich noch die beiden Diplomaten aus Bangkok ziehen lassen. Immer und immer wieder machte er uns klar, daß er oft wochenlang keinen Weißen zu Gesicht bekäme. So wurde also weiter gefeiert!
Die französische Art zu essen und zu trinken tat mir gut. Trotz der Unmassen des vertilgten Stoffes, trotz der verschiedenen Weine und Aperitifs und der tollsten Auswahl an Platten – man betrinkt sich nicht, und auch der Magen ist ständig intakt. Eine Kunst, die nur der Franzose wirklich beherrscht!
Am Nachmittag erschien der Chef de Poste, dessen Stellung ich vormittags „inspiziert“ hatte. Seine Augen strahlten vor Freude und Stolz, als er mit blutig verschrammtem Gesicht vor unserem Tisch stand und seinem Vorgesetzten Meldung erstattete. Letzterer sprang sofort auf, und wir folgten ihm hinaus auf den Hof.
Im Kreise der Soldaten hockten vier Männer und einige Frauen. Sie hatten dicke Bündel Gepäck vor sich und waren gerade damit beschäftigt, sie zu öffnen. In Lumpen sorgfältig eingehüllt, kam auf diese Weise eine ganze Anzahl neuer Kleinwaffen zum Vorschein: Karabiner, Maschinenpistolen, Revolver, Munition und sogar zwei ziemlich ansehnliche Landminen!
Das war ein toller Fang!
Die Waffen kamen von Siam und waren amerikanischen Ursprungs. Nach meinem Dafürhalten Resultate der in Bangkok herrschenden Korruption.
Aus den Schmugglern war kein Wort herauszuholen.
„Die werden niemals reden!“ meinte der Kommissar resigniert. Er freute sich ganz offensichtlich über den guten Fang seiner Leute. Das war nämlich ein Grund für eine Reise nach der Provinzial-Hauptstadt Battambang. . .
Schnell wurde ein Konvoi von Lastwagen und Jeeps zusammenge-

stellt. Die drei Franzosen setzten sich mit entsicherten Maschinenpistolen auf den Kühler des vorausfahrenden Jeeps. Ich folgte in kurzem Abstand, so daß ich den Windschatten des Fahrzeuges für mich ausnutzen konnte. Natürlich wurde meinetwegen besonders vorsichtig gefahren. Mit einer Durchschnittsgeschwindigkeit von 15 bis 20 Kilometer kamen wir nur langsam vorwärts.
Die Straße mußte früher einmal sehr gut gewesen sein. Das konnte man deutlich sehen. Sie war aber seit mehr als zehn Jahren nicht mehr repariert worden. Stellenweise war noch ganz glatter, ebener, guterhaltener Asphalt.
Hin und wieder passierten wir kleine schmucke Bambusdörfer. Sie machten einen bedeutend besseren Eindruck als die siamesischen Ortschaften. Vom Krieg in Indochina war hier in diesem Teile des Königreiches Kambodscha nichts zu sehen. Was an Krieg und Unsicherheit erinnerte, war lediglich die ungewöhnliche Sicherung unseres Konvois und dann und wann mitten in die Landschaft hineingepflanzte Militärposten mit hohen hölzernen Wachttürmen. Bis jetzt hatte ich noch keinen einzigen französischen Soldaten gesehen. –
Nach 120 Kilometer Fahrt erreichten wir am frühen Abend mit einbrechender Dunkelheit die Provinzial-Hauptstadt Battambang. Glatte, saubere Asphaltstraßen, schmucke Häuser im Kolonialstil, breite Boulevards und ein repräsentativer Marktplatz mit einer Markthalle, wie ich sie sauberer und architektonisch schöner nirgendwo bisher gesehen habe. Ich kam überhaupt nicht mehr aus dem Staunen heraus! Seit dem Verlassen der modernen türkischen Hauptstadt Ankara habe ich keine solch saubere Stadt in ganz Asien gesehen.
Vom Krieg war auch hier nichts festzustellen. Die Bevölkerung scheint in verhältnismäßiger Wohlhabenheit zu leben, denn fast jeder einheimische Junge hat hier sein eigenes Fahrrad! Das sind schmucke, leichte französische Räder mit allem Drum und Dran, mit Gangschaltung und Dynamo und furchtbar viel Chrom.
Im Hotel, in dem wir abstiegen, war ein chinesisches Tanzfest, veranstaltet von den Kaufleuten der Stadt, die zumeist Chinesen sind. Von dem Grenzkommissar wurde ich einer Reihe französischer Offiziere und zivilen Verwaltungsbeamten vorgestellt. Die bei ihnen allgemein herrschende Auffassung lief darauf hinaus, daß Politik und Verwaltung des Landes schrittweise und von Tag zu Tag zunehmend in die Hände der Eingeborenen übergleitet und daß die Zeit der französischen Bevormundung endgültig vorbei sei.

Meine Ankunft in Battambang/Kambodscha hatte sich schnell herumgesprochen. – Am nächsten Morgen erschienen die Lehrer der französischen Schule bei mir und baten mich, ihren Schülern und Schülerinnen von meiner Reise zu erzählen. Das brauchte man mir nicht zweimal zu sagen, denn für die Jugend bin ich immer zu haben!

Die Kinder – meist kleine, braunhäutige Kambodschaner mit den ihrer Rasse eigenen sanften Mandelaugen – begrüßten mich mit völlig unerwarteter Begeisterung und deckten mich förmlich mit exotischen Blumen zu.

Ich wunderte mich über die mustergültige Sauberkeit ihrer einheitlichen, schneeweißen Schulanzüge.

Meine Plauderei mit ihnen dauerte den ganzen Vormittag über. Sie zeigten für alles Interesse, und wenn ich dann endgültig Schluß machen wollte, meldeten sich immer wieder andere Mädels oder Jungens, die noch diese oder jene Frage zu stellen hatten – über Deutschland, die Türkei, über Indien, Burma oder Siam. . . Die Autogramme, die ich zu verteilen hatte, waren dann der Abschluß, und ich mußte schließlich geradezu Reißaus nehmen, um die kleine Bande loszuwerden. . .

Im Hotel wartete der Direktor des archäologischen Institutes auf mich. Ein ernster, kleiner Mann mit sehr klugen Augen. Ich bewunderte seine asiatische Geduld, denn er hatte bereits zwei Stunden auf einem ziemlich unbequemen Stuhl in der Hotelhalle verbracht.

Er begrüßte mich mit den Worten: „Monsieur Helfgen, Sie haben Südostasien nicht gesehen, wenn Sie mich nicht nach Angkor-Vat begleiten!"

Natürlich konnte ich nicht gut nein sagen und erklärte mich bereit, mir das von ihm als Weltwunder bezeichnete Angkor-Vat anzusehen.

Nach einer guten französischen Mahlzeit mit Wein und allem Drum und Dran brachen wir per Jeep auf.

Es war eine weite Reise, entlang am Ufer des Tonle-Sap, einem riesigen Binnensee von mehr als 100 Kilometer Länge und 50 Kilometer Breite. Wir fuhren Stunden und Stunden, und es dunkelte bereits, als wir ziemlich angeschlagen vor einer überdimensionalen Tempelstadt haltmachten.

Der Eindruck der zum Himmel strebenden bizarren Tempeltürme war ungeheuerlich. Ich war von der Gewalt dieses architektonischen Zeugen einer jahrtausendealten Vergangenheit einfach erschüttert!

Im weiten Umkreis um uns rauschte der unendliche Urwald, und hier vor uns erhob sich gegen den tropischen Nachthimmel dieses gewaltige Bauwerk, von Menschenhand, von den Vorfahren der Kambodschaner errichtet.
Mein Führer, der die Geschichte seines Landes bis in alle Einzelheiten zu kennen schien und der in Paris mehrere Jahre Archäologie studiert hatte, wurde nicht müde, mir von der Vergangenheit Kambodschas und seiner uralten Geschichte zu erzählen.
Dieses Land, das heute zu gut drei Vierteln vom Dschungel bedeckt ist und nur 4 Millionen Einwohner hat, war früher einmal (im 12. Jahrhundert) eine Großmacht, die, von der Chinesischen See angefangen, die Königreiche Kotschinchina, Laos, Annam, Siam und sogar Teile von Burma und Malaya beherrscht hat. Angkor-Vat, vor dessen nächtlichen Ruinen ich nun stand, war das religiöse, buddhistische Zentrum jener Glanzzeit einer nun immer noch von Europäern beherrschten Nation. Letzteres sagte mir der Alte mit einer Art resignierender Verbitterung. . .
Dann ging der Mond auf. Sein fahles, kaltes Licht fiel auf die Wände eines vor uns sich öffnenden Tempeltores. Ein herrliches Relief wurde sichtbar: Tempeltänzerinnen, die in ihren Festgewändern vor buddhistischen Mönchen und ihrem König tanzten. Ein gut erhaltenes Meisterwerk!
„Das ist noch gar nichts! Sie können kilometerlang solche und bessere Steinreliefs bewundern", flüsterte mir der alte Archäologe zu, während wir – mit starken Taschenlampen bewaffnet – durch die Tempelpforte gingen und den Innenhof betraten. Zunächst erschreckte mich ein riesiger, in Stein geschlagener Wächter mit weitaufgerissenen, furchterregenden Augen! – Ein Wirrwarr von Skulpturen und vielen Tempeltürmen, die um so höher wurden, je weiter wir vorwärts drangen, verwirrte mich derart, daß ich den Eindruck hatte, mich in einem undurchdringlichen Labyrinth zu befinden.
Die schwarzen Schlagschatten und das gleißende, kalte Mondlicht erhöhten noch das mysteriöse Erleben um ein Beträchtliches.
Nach einer endlos scheinenden Wanderung erreichten wir eine Lichtung. Dort stand eine Reihe mächtiger Bäume. Das Licht unserer Taschenlampen glitt über eine steinerne Figur. Ich ging näher heran und blieb überrascht stehen. Ein sitzender, jugendlicher Buddha lächelte mich mit überlegener, ewigkeitsnaher Miene an. Mir war, als ginge von diesem Standbild eine magische Gewalt aus. Wie gebannt und angewurzelt blieb ich stehen, bis schließlich der Alte zum Aufbruch mahnte.
Gar zu gern hätte ich mir Angkor-Vat auch noch bei Tage

angesehen, aber ich hatte ja schon einen ganzen Tag zugegeben und wollte unter allen Umständen in spätestens vier Tagen Saigon, die Hauptstadt Indochinas, erreichen. . .
So trafen wir um drei Uhr morgens nach einer außerordentlich erlebnisreichen Nacht wieder in Battambang ein.
In meinem Hotelzimmer lag ein Scheck „von unbekannter Hand" über 1000 Piaster (200 DM) und eine ebenfalls von „Unbekannt" bezahlte Hotelrechnung!
Vier Stunden Schlaf war herzlich wenig, aber das tiefgreifende Erlebnis der vergangenen Nacht, dieser Ewigkeitshauch von Angkor-Vat, belebte mich derart, daß mir das Aufstehen gar nicht schwerfiel.
Kambodscha gilt im Rahmen des indochinesischen Krieges als befriedet. Das schließt aber nicht aus, daß die kommunistischen Vietminh nichts unversucht lassen, die öffentliche Sicherheit, insbesondere die der weitmaschigen Verkehrslinien, überall zu gefährden. Kleinere Rebellenhaufen, die in den unendlichen Dschungeln und in abgelegenen Dörfern ihren Unterschlupf finden, tauchen täglich hier auf und dort, zerstören die Eisenbahnlinie oder überfallen Warentransporte und kleine Militärkonvois.
Die Straße von Battambang nach der 360 Kilometer entfernten Hauptstadt des Königreiches Kambodscha – nach Phnom-Penh – gilt als besonders gefährlich! Aber ich dachte mir: Schlimmer als in Burma kann es ja gar nicht werden! Und zudem waren alle Militärposten bereits von meinem Kommen unterrichtet. . .
Ein sanfter Monsunwind aus westlicher Richtung schob mich und half mir beim Vorwärtskommen, so daß ich zum Frühstück etwa gegen elf Uhr gute 120 Kilometer zurückgelegt hatte. Die Sonne brannte ohne Erbarmen!
Die flachen, fischreichen Gewässer links und rechts der Straße dampften, wenn der kühlende Monsun über sie dahinstrich.
Durchaus verständlich, daß Fisch neben dem all-asiatischen Reis hier die Hauptnahrung ausmacht. Es gibt tatsächlich keinen Tümpel, in dem nicht bis zu einem Kilo schwere Fische sich herumtreiben, daß es eine wahre Pracht ist. Nahrungssorgen sind daher in Kambodscha vollkommen unbekannt.
Während ich Rast machte und mein Zelt an einem luftigen, etwas höher gelegenen Platz, es als Sonnenschirm benutzend, zwischen vier armdicken Bambusstäben befestigte, kam aus einem nahe gelegenen kleinen Dorf eine Schar von Mädels und Buben. Sie hatten große, aus Bambus geflochtene Körbe und dünne, spitze Bambusstäbe bei sich. Als sie einen kleinen, keine 50 Meter von mir entfernten seichten Weiher erreicht hatten, teilte sich die Gesellschaft in zwei Gruppen auf. Die Mädchen gingen zuerst ins

Wasser und bildeten dort, teilweise bis zu den Schultern im Wasser stehend, eine eng aneinander geschlossene Reihe. Ihre Körbe tauchten sie vor sich tief ins Wasser, die Öffnungen nach vorn gerichtet. Dann sprangen die braunen, schlitzäugigen Buben mit erschreckend lautem Geschrei ebenfalls ins Wasser, und der ganze Haufen bewegte sich dem seichten Ufer zu.
Das Resultat dieser Treibjagd nach Fischen war gleich zu sehen: Am Ufer wimmelte und krabbelte es bald ganz fürchterlich. Und je näher die junge, lärmende Gesellschaft dem Ufer kam, um so mehr wurde das flache Wasser von den flüchtenden Fischen aufgewühlt. Einige von ihnen fieen sogar in tollen, graziösen Luftsprüngen aufs Trockene. Hier wurden sie sofort von den Speeren der Jungen aufgespießt. Die Mädchen brauchten nur mit den Körben zu schöpfen. Die großen Tiere wurden auf den Bambusspießen einfach aufgereiht, wahrscheinlich weil sie sich so besser transportieren ließen.
Das ganze Schauspiel hatte keine Viertelstunde gedauert. Da zog die muntere Bande, mit den klatschnassen Lumpen am Leibe, auch schon wieder fröhlich lachend und schnabulierend in ihr Dorf zurück. Die Mittagsmahlzeit für das ganze Dorf war sichergestellt!
Ich war auf meinem angenehmen Platz eingeschlafen und wachte erst auf, als die Sonne bereits im Begriff stand, am westlichen Himmel zu verschwinden.
In der größten Bambushütte des Dorfes bat ich um Milch.
Die Leute waren sehr freundlich und konnten sich nicht genug darin tun, mir von ihren Leckerbissen anzubieben. Aber was waren das für Leckerbissen! Hören Sie gut zu, meine lieben Leser in der Heimat: Süße Fischbonbons, dazu geröstete Krabben und Käfer. Nein, wissen Sie, nein! Aber ablehnen konnte ich die Sachen auch nicht. So packte ich also den ganzen Kram ein, um ihn später irgendwo an andere Eingeborene zu verschenken.
Als ich meine Milch bezahlen wollte, fühlten sich die Leute fast beleidigt. Mit einigen französischen Brocken und mit Händen und Füßen versuchten sie mir alsdann klarzumachen, daß ich die Nacht über in ihrem Dorfe bleiben müsse, da die Landstraße – nach ihrer Darstellung – von Kommunisten nur so wimmele. Sie würden mich als Weißen bestimmt sofort erschießen, erklärte man mir.
Um dennoch fortfahren zu können, erzählte ich den Leuten, obgleich ich das gar nicht vorhatte, ich würde auf einem Militärposten ganz in der Nähe erwartet und wolle dort dann übernachten. – Mein Plan stand aber bereits fest. Die Nacht hatte sich schon in Persien und Belutschistan und anderen Ländern, später vor allem in Burma, als der beste Schutz gegen Banditen erwiesen. Ich nahm mir also vor, wiederum einmal meine altbewährte Taktik anzuwen-

den: ohne Licht und vollkommen geräuschlos die Überraschung auszunutzen und so immer etwaigen Rebellen „unter der Hand" davonzuschlüpfen.
Ich schwang mich auf meinen Sattel und radelte weiter – sicher allerlei ungewissen Abenteuern entgegen. . .
Die Straße zur Hauptstadt Kambodschas, also nach Phnom-Penh, war im Vergleich zu den unmöglichen Verkehrsverhältnissen in den meisten asiatischen Ländern fast ausgezeichnet, so daß ich, nachdem sich meine Augen an die Dunkelheit gewöhnt hatten, ein ziemliches Tempo einschlagen konnte.
Zweimal wurde ich von kambodschanischen Militärposten gestoppt, die neben ihren befestigten Wachttürmen während der Nacht auch noch Palisaden errichtet und Barrieren über die Straße gelegt hatten. Sie wollten keineswegs begreifen, weshalb ich sie nach einem jeweils nur zehn Minuten dauernden Aufenthalt wieder verließ. . .
Die Straße war wie ausgestorben. Die nächtliche Landschaft atmete eine geradezu bedrohliche Stille. Ich konnte das Gefühl nicht loswerden, daß irgendwo ganz in meiner Nähe eine Gefahr lauere.
Mein Tempo ließ in den letzten Nachtstunden gewaltig nach. Ich fuhr nur noch mit dem zweiten Gang, um im gleichen Rhythmus des ewigen Tretens zu bleiben, und alle meine Sinne lauschten gespannt in die vor mir liegende Dunkelheit hinein. . .
Als der Himmel vor mir langsam etwas Licht einfing und begann, sich dunkelgrau und dann immer heller zu färben, hörte ich plötzlich rechts neben mir – aber noch gute 50 Meter voraus – ein Geräusch, das sich anhörte wie menschliche Stimmen. Sofort sagte ich mir: Nein, das ist sinnlos, was du tust! Du mußt sofort umkehren! Hier gilt deine Taktik des Durchschlüpfens nichts, gar nichts!
Wahrscheinlich war das dauernde Erwarten einer vor mir liegenden, unbekannten Gefahr schuld daran, daß ich das Herz zum bedenkenlosen Drauflosfahren verloren hatte. – Ich drehte also mein Fahrrad herum und fuhr wieder zurück.
Wenige Minuten später schämte ich mich meiner Feigheit. Außerdem plagte mich – ich kann es nicht leugnen – eine unendliche Neugierde! So kehrte ich abermals um und tastete mich, ganz langsam fahrend, wieder zu meinem vorhin erreichten Platz zurück. Aber ich kam gar nicht mehr so weit, denn plötzlich wurde die Luft von einer scharfen Explosion zerrissen! Etwa einen Kilometer seitlich zischte eine mächtige Stichflamme zum Himmel. Ich rechnete mir sofort aus, daß dort ungefähr die Eisenbahnlinie von Poipet nach Phnom-Penh verlaufen könne.

Nach der Explosion herrschte einige Minuten tödliche Stille. . . Dann hörte ich laute Rufe, und kurz darauf brach ein tolles Maschinengewehrfeuer los! Einige Querschläger huschten ganz in meiner Nähe durch die Luft, so daß ich es vorzog, mich abermals etwas weiter zurückzuziehen.
Das Feuer hielt fast eine halbe Stunde an. Dann brach es jäh ab. Es war heller Morgen. Dort drüben hinter einem lang hingestreckten Buschwald knirschten die Bremsen einer Lokomotive. . .
Ich wagte nicht weiterzufahren, sondern versteckte mich und mein Fahrrad hinter einem kleinen Busch in der Nähe der Straße und wartete eine weitere Stunde ab. – Dann war mit einem Male das Rollen von Panzern zu hören. Sie kamen näher. Ich begab mich wieder auf die Straße.
Eines der stählernen Ungeheuer rollte langsam die Straße herauf und kam auf mich zu. Auf der Stirnwand unter der Kanone stand: „Les joies d'amour" („Die Freuden der Liebe") . . . ein verdammt komischer Name für solch ein Mordinstrument, andererseits aber doch ein Zeichen für den Humor der hinter den Stahlplatten verborgenen Soldaten.
Das Fahrzeug stoppte. Ein junger französischer Leutnant fragte mich aus der Turmöffnung heraus, wer ich sei. – Er machte große, ungläubige Augen und wollte meinen Paß sehen. So kletterte ich also an dem Ungeheuer hoch und reichte dem Manne meine Papiere. Interessiert blätterte er das mit Stempeln übersäte Dokument durch und lud mich ein, auf dem Heck des Fahrzeuges die gefährliche Strecke von etwa 10 Kilometer zurückzulegen.
Nun, warum sollte mein Vehikel nicht auch einmal auf einem Panzer spazierenfahren? dachte ich mir und nahm das Angebot des französischen Offiziers an. . .
Während der viertelstündigen ratternden, rasselnden Fahrt konnte ich das üble Gefühl nicht loswerden, daß von irgendwoher plötzlich ein Feuerstoß aus einem versteckt gelegenen Maschinengewehr mich geradezu mustergültig von meinem Thron hinunterfegen könnte! – Zum Glück aber geschah nichts dergleichen.
Das weitere Angebot, die ganze Fahrt bis zu dem nun noch etwa 100 Kilometer entfernt gelegenen Phnom-Penh auf dem Panzer mitzumachen, lehnte ich aber ab. Ich hatte die Nase restlos voll! Ich blieb sogar eisern, als mir die Besatzung – vier blutjunge Franzosen, Bauernsöhne aus der Normandie – einige Feldflaschenbecher mit dem in ihrer Heimat berühmten und beliebten Calvados (Apfelschnaps) verabreicht hatten.
Eine Zeitlang versuchte ich, mit dem davonrasenden Panzer Schritt zu halten. Das 30 Tonnen schwere Fahrzeug legte aber ein Tempo vor, daß mir bald die Luft wegblieb und ich im nächsten

Dorf abstieg, um dort eine kleine Frühstückspause einzuschieben. Als kurz nach meiner Ankunft in diesem Dorf mehrere Sanitätswagen eintrafen und haltmachten, erfuhr ich, was in den frühen Morgenstunden vorgefallen war: Ein etwa hundert Mann starker Rebellenhaufen hatte eine Mine auf der Strecke zur Explosion gebracht . . . nur einige Sekunden zu früh, bevor der allmorgendliche Panzerzug der französischen Expeditionsarmee den Punkt erreichte! Bei dem anschließenden Gefecht wurden mehrere Algerier und Marokkaner verwundet. Von den Rebellen fehlte jede Spur. . .

Gegen Mittag wurde die Straße plötzlich breiter. Sie weitete sich 20 Kilometer vor der Hauptstadt des kambodschanischen Königreiches zu einer herrlichen Allee, rechts und links bestanden mit mächtigen, uralten Bäumen.

Die ersten Häuser Phnom-Penhs, kleine Pavillons mit in voller Blüte stehenden Blumengärten, vermittelten ein friedliches Bild zufriedener Bürgerlichkeit. Vor den Türen spielten französische Kinder. Es war genau wie zu Hause in irgendeinem sauberen Villenvorort Frankreichs oder auch Deutschlands. Hier konnte ich für wenige Minuten den Orient und Asien vollkommen vergessen! Dann aber zeigte er sich wieder mit aller Eindringlichkeit. Eine Reihe buddhistischer Mönche lief über die Straße, hinüber zu einer der zahlreichen bizarren Pagoden.

Ich fuhr an den exotischen Gärten des königlichen Schlosses vorbei. In den Laubkronen über mir kreischten bunte Papageien.

Die Allee war längst zu einem modernen Boulevard geworden. Die meisten Häuser, zwei- und höchst selten dreistöckig, hatten gut gepflegte Vorgärten mit Palmen und wilden Bananenstauden. Hier und da tauchten französische Käppis auf, Soldaten der Expeditionsarmee. Die Eingeborenen waren meist sauber gekleidet. Sämtliche Fahrzeuge, Lastwagen, Pkw, Motorräder, Fahrrad-Rikschas und Fahrräder – französisches Fabrikat: Renault, Citroën und Peugeot. . .

Es herrschte in dieser Mittagsstunde kein sonderlicher Verkehr, und je mehr ich durch die Straßen kreuzte, um so deutlicher erhielt ich den Eindruck einer sauberen, riesigen Provinzstadt bei sonntäglicher Mittagsruhe.

Ich bin in der City von Phnom-Penh. Geschäft reiht sich an Geschäft. Aber alles scheint ausgestorben. Hier ist die Mittagsruhe ein eisernes, wenn auch ungeschriebenes Gesetz. Bei der stechenden, fast das ganze Jahr hindurch anhaltenden tropischen Hitze durchaus verständlich!

Am Ende einer langen, schmalen Geschäftsstraße ist die Stadt plötzlich zu Ende. Ein breiter Fluß, ein Nebenarm des vom

Norden aus Tibet kommenden Mekong-Flusses, fast so breit wie der Rhein, begrenzt hier die Stadt. Am jenseitigen Ufer sieht das Auge nur grünende Felder. Hunderte von Hausbooten liegen dort vor Anker, den Frieden des Landes genießend. Am städtischen Ufer aber herrscht reges Treiben. Hier liegen große und stattliche Schiffe. Einige von ihnen sind sogar ozeangängig. Denn der Fluß ist nicht nur breit, sondern hat obendrein eine beachtliche Tiefe, die nur verhältnismäßig wenig Kanalisierungsarbeit benötigt, um selbst durchschnittlichen Ozeandampfern das Anlegen in der kambodschanischen Hauptstadt zu ermöglichen. Am Ufer des Mekong wird ein großer Teil des Reichtums Kambodschas verschifft, insbesondere Reis, Gummi, Palmzucker, Pfeffer, Rindvieh, Schweine, grüne Bohnen, Mais, Holz und Tabak. Die Schiffe wiederum bringen dem vollkommen industrielosen Lande Autos, Maschinen, Benzin, raffinierten Zucker und Salz. Trotzdem führt Kambodscha dreimal soviel aus, wie es einführt. Seine Handelsbilanz dürfte wohl die beste der Welt sein. Ein Jammer, daß dieses frohe Land sich in dem vom Kriege so zerrissenen Indochina befindet und im Rahmen der französischen Union keine Chance hat, seinen Reichtum besser zu nutzen, als ihn in die „große Kasse mit dem Kriegsloch“ zu werfen. . .
An einem über 100 Meter breiten Luxus-Boulevard liegt zwischen Palmen versteckt das riesige Hotel Royal. Das diskrete Geklapper von Silberbestecken und der Duft gebratener Hühnchen übte einen solch verführerischen Reiz auf mich aus, daß ich kurzerhand abstieg und dort nach einem Zimmer fragte.
„Alles besetzt!“ war die lakonische Antwort des Portiers.
Nun, da fiel mir ein, daß ich gar nicht salonfähig genug aussah, um hier ein Zimmer bekommen zu können. Kleider machen eben Leute! Trotzdem wollte ich mich natürlich so schnell nicht abweisen lassen, zumal ich ja meine 1000 Piaster „von Unbekannt“ noch unangebrochen in der Tasche hatte.
Dem Portier war es sichtlich unangenehm, daß ich mitten in der mit dicken Teppichen belegten Halle stehenblieb. Er wagte aber nicht, mir irgend etwas Unangenehmes zu sagen, was er offenbar am liebsten getan hätte; ich war für ihn ja immerhin ein Europäer – vielleicht sogar ein Franzose. . .
In diesem Moment betrat ein französischer Oberst mit zwei englisch sprechenden Herren die breite Freitreppe des Hotels. Kurz entschlossen ging ich auf die Gesellschaft zu, entschuldigte mich wegen meines ungepflegten Aussehens und bat sie, entsprechend auf den Hotelportier einzuwirken.
Die Herren hatten mich schnell erkannt, denn seit Tagen berichtete nicht nur die Saigoner Presse, sondern auch der indochinesi-

sche Rundfunk von meiner Weltumradlung und meiner bevorstehenden Ankunft.
Der stolze Portier machte Augen wie Untertassen, als er zusehen mußte, wie ich plötzlich trotz meines Bartes und der staubigen Bekleidung von seinen Hotelgästen in die Mitte genommen und zum Speisesaal geführt wurde. Und siehe da – nun hatte er plötzlich auch ein Zimmer für mich frei, ließ mir ein Bad richten und konnte sich nicht oft genug entschuldigen. . .
Der Zauber der französischen Küche im Hotel Royal in Phnom-Penh im Königreich Kambodscha und insbesondere der herrliche Bordeaux versetzten mich in eine Stimmung, die ich am liebsten mit dem „Vorgeschmack des Himmels“ bezeichnen möchte.
Nach zwanzigstündigem Schlaf waren die Strapazen der letzten Tage restlos vergessen. In meinem Zimmer lagen mehrere Blumensträuße. In jedem derselben steckte eine Visitenkarte: Radsportverein . . . Fußballklub . . . Militär-Sportgemeinschaft . . . die Prinzessin Ping-Peang Yukanthor. . . Seine Königliche Hoheit Prinz Sisowath . . . und noch einige andere.
Das Auto der Königlichen Hoheit stand vor der Hoteltür.
Obwohl ich viel lieber kreuz und quer durch die Gegend zigeunert wäre – hier half nichts mehr, ich mußte eine Menge Besuche und Gegenbesuche über mich ergehen lassen. Meine Weiterfahrt nach Saigon wurde durch Kambodschas Hauptstadt um ganze drei Tage verschoben.
Daß ich von Königlichen Hoheiten empfangen wurde, war gar nichts Besonderes, wenn man es recht bedenkt. Zunächst sah ich nur Visitenkarten von Exzellenzen. An der Spitze der Vereinigungen, der Sportklubs, des Informationsamtes usw. stand jeweils eine Königliche Hoheit – Prinzen und Prinzessinnen. In Phnom-Penh herrscht nämlich ein Überangebot an Hoheiten, was darauf zurückzuführen ist, daß die absolutistischen Könige der Vergangenheit „freie Auswahl“ unter den Schönen des Landes hatten und diese freigebigst mit Kindern bedachten, die dann jeweils – königliches Blut in den Adern – zu Königlichen Hoheiten wurden! – Für den regierenden König Norodom Sihanouk ist es nicht gerade leicht, die Unmasse seiner königlichen Verwandten in entsprechend königlichen Stellungen unterzubringen. Die Folge hiervon: wachsende Unzufriedenheit der unbefriedigten Prinzen, die sich gerade in letzter Zeit in zunehmendem Maße dem von den Kommunisten gesteuerten, fremdenfeindlichen Nationalismus in die Arme werfen und gegen den König und gegen Frankreich konspirieren.
Die Bombe platzte gerade am zweiten Tage meines Aufenthaltes in Phnom-Penh!

S. M. König Norodom Sihanouk hatte mich zum Tee geladen.
Beim Betreten seines exotisch-bizarren Palastes fiel mir eine gewisse Nervosität der Wachen auf. Der Empfangschef führte mich in den luxuriösen Vorraum der Privatgemächer Seiner Majestät und ließ mich dort allein sitzen.
Die Sonnenstrahlen der sich neigenden Nachmittagssonne brachen durch ein kleines, hochliegendes Fenster und trafen in der Ecke des Raumes einen bronzenen, ernst dreinschauenden Buddha. Langsam kroch der Sonnenstrahl über die Statue, während von den hohen Wänden des in bläulichem Grün gehaltenen Raumes die Ölbilder der Ahnen des kambodschanischen Königshauses gleich mir ihre Blicke auf den nackten Buddha zu richten schienen. . .
Ich hätte das Gefühl für die fortschreitende Zeit in dieser asiatischen Buddha-Stimmung restlos verloren, wenn nicht plötzlich das Rasseln von Panzern und laute Kommandorufe mich an die Gegenwart erinnert hätten. – Ich hatte den Eindruck, daß man mich vollständig vergessen hatte. Vom Haushofmeister abgestellt und liegengelassen! ging es mir durch den Kopf. Ich wurde ärgerlich. Der Sonnenstrahl war schließlich nur noch am Fenstersims zu sehen und hatte sich vollkommen aus dem königlichen Raum herausgestohlen. Mein trauriger Buddha wirkte in seiner dunklen Ecke fast bedrohlich, und die Blicke der königlichen Ahnen schienen gestorben zu sein. . .
Das war zuviel für mich! Wie lange hatte ich hier schon gesessen? Nun wurde ich rebellisch! Schließlich war ich ja ein freier Mann. Bildet sich diese asiatische Majestät vielleicht ein, daß sie mich stundenlang warten lassen kann?
Auf einem mit grünem Samt bespannten Ecktischchen lag Papier und Bleistift. Ich knipste die Tischlampe an und schrieb auf das mit der königlichen Krone gezierte Papier: „In der begründeten Annahme, daß Seine Majestät plötzlich durch hohe politische Geschäfte verhindert ist, mich zu empfangen, erlaube ich mir, mich hiermit vom königlichen Palast zu verabschieden! Heinz Helfgen – Deutschland.“
Ohne von irgend jemand angesprochen zu werden, ging ich den Weg zurück, den ich zuvor mit dem königlichen Empfangschef gegangen war. Es begegneten mir mehrere Franzosen in Zivil und einige hochbetreßte Wachoffiziere. Die Palastwache ließ mich ebenfalls ungestört passieren.
Auf der breiten Allee, die den königlichen Palast begrenzt, standen mehrere Rikschas, Fahrrad-Rikschas. Eines dieser bequemen und billigen Beförderungsmittel brachte mich in schneller Fahrt zu meinem Hotel zurück. . .

Am folgenden Morgen startete ich zu meiner letzten Etappe bis nach Saigon. Um den radsportbegeisterten Franzosen in der Hauptstadt Indochinas auch eine sportliche Leistung vorweisen zu können, hatte ich mir fest vorgenommen, die Entfernung von 360 Kilometer (von Phnom-Penh bis Saigon) in einer einzigen Etappe zu schaffen und hiermit gleichzeitig auch einen persönlichen Tagesrekord zu erreichen. Meine bisher tollste Leistung war die Strecke Nagpur-Raipur (Zentral-Indien) mit 335 Kilometer gewesen, die ich trotz schlechter Straße und unheimlicher Hitze (etwa 36 Grad) auch in einem einzigen Tage zurückgelegt hatte. – Hier jedoch lag alles bedeutend günstiger: eine leichte Rückenbrise, bedeckter Himmel, wenn auch 38 Grad Hitze, und vor allem eine fast vorbildliche Asphaltstraße.
Ich klemmte mich also gleich am Stadtausgang hinter einen riesigen Lastzug, der ein annehmbares Tempo fuhr, und hielt mich gute drei Stunden in seinem Windschatten. So waren die ersten 100 Kilometer schnell und fast mühelos geschafft. Aber dann gab es eine Stockung! Vor mir befand sich eine Schlange von Lastwagen. Darunter viele Militärfahrzeuge mit Senegal-Negern.
Bedächtig schob ich mein Rad durch den Wirrwarr von Negern, einigen französischen Sergeanten und Eingeborenen. Dann stand ich plötzlich vor der Ursache dieser Verkehrsstockung – vor dem Hauptarm des Mekong-Flusses.
Er hatte hier die Breite des Rheins bei Düsseldorf.
Zwei Fährdampfer vermittelten den Verkehr nach beiden Seiten. Mit meinem Rad nahm ich nicht viel Platz weg, und der den Verkehr regelnde Polizist, ein junger Franzose, begleitete mich zur Fähre. Er sorgte auch dafür, daß ich dort einen angenehmen Platz fand.
Das Schiff mußte fast eine halbe Stunde gegen die mächtige Strömung angehen, um den Anlegeplatz am jenseitigen Ufer zu erreichen. Dort war dann eine strenge französische Militärkontrolle. Ich wollte meinen Paß aus den Radtaschen herauskramen. Doch der kontrollierende Leutnant hatte mich bereits erkannt und schenkte mir die Paß- und Gepäckkontrolle, ja, er lud mich sogar zu einem Aperitif ein. Aber nicht nur das! Als ich neben ihm in dem kleinen Restaurant am Straßenrand saß und mit diesem außerordentlich freundlichen Franzosen anstieß, meinte er: „Darf ich Sie um ein Autogramm bitten. . .?“
Der Leutnant hatte mich darüber informiert, daß die Gegend zwischen dem östlichen Ufer des Mekong und den Vororten von Saigon außerordentlich unsicher sei. Bis zur einbrechenden Dunkelheit könne ich aber die Straße, an der sich alle 800 Meter ein befestigter Posten befindet, ruhig benutzen.

So fuhr ich denn unter ständiger Beobachtung der Wachsoldaten, buchstäblich jeweils auf Sichtweite weitergereicht. Die Soldaten machten sich einen Spaß daraus, mir immer die jeweiligen Minuten meiner Fahrzeit von Hauptposten zu Hauptposten (jeweils 5 Kilometer) nachzurufen, um mich so zu einem Rekordtempo anzuspornen.
Die Zwischenposten waren von einheimischen Soldaten der kambodschanischen Armee besetzt. Wachttürme und die an sie angelegten Wohnbaracken waren mit einer meterdicken Lehmwand als Kugelfang umgeben. In einem weiteren Umkreis war ein vermintes Vorgelände durch Stacheldraht und Palisaden abgegrenzt. Das Merkwürdige an dieser kriegerischen Umgebung aber war, daß aus jeder der Wohnbaracken Kindergeschrei zu hören war.
Ich wurde schließlich so neugierig, daß ich es mir nicht nehmen ließ, einer dieser Baracken einen Besuch abzustatten.
Als ich mich an das Halbdunkel einer solchen Unterkunft gewöhnt hatte, traute ich meinen Augen nicht! Hier hausten nicht nur Kinder, sondern auch Frauen – ganze Familien!
Ich fragte den mich begleitenden Postenchef, ob es ihnen denn gestattet sei, ihre Frauen und Kinder mit in den vom Feind bedrohten Posten zu nehmen.
Das braune Gesicht des mandeläugigen Sergeanten verzog sich zu einem breiten Grinsen.
„Sehen Sie", versuchte er mir zu erklären, „wenn wir unsere Frauen und Kinder bei uns haben, dann wissen wir wenigstens, wofür wir kämpfen!" Leise flüsternd fuhr er fort: „Unsere Brüder, die Vietminh, haben viele Verwandte unter unseren Frauen. Wenn sie uns nun bei Nacht angreifen, dann können die Frauen zum Beispiel rufen: ‚Hier ist Pini-Pong, oder hier ist Poni-Pi oder Pri-Pa. . .' – und die Vietminh hören auf zu schießen. . ."
Die Unterhaltung mit dem kambodschanischen Chef de Poste war jedenfalls außerordenlih interessant und aufschlußreich, zeigte sie doch vor allem die vollkommen unterschiedliche Auffassung, den Krieg betreffend, die Haltung der Asiaten, die nicht den geringsten Sinn für die eigentliche weltpolitische Spannung und den Kampf gegen den Weltkommunismus aufbringen.
Für sie ist der Bruderkrieg in Indochina offenbar nichts anderes als ein unverständliches Phänomen. Vielleicht aber auch sogar der Kampf der Nationalisten gegen die Kolonisatoren. . .

Die Grenze des Königreichs Kambodscha ist nicht sehr weit von Saigon entfernt. Für den Reisenden ist sie überhaupt nicht feststellbar, denn die Indochinesische Union der drei Länder Vietnam, Kambodscha und Laos hat sämtliche Zollschranken und Grenzpfähle beseitigt.

Saigon, die ungekrönte Hauptstadt Indochinas, liegt in Kotschinchina, dem heutigen Süd-Vietnam. Zwischen Kambodscha und Süd-Vietnam besteht landschaftlich gar kein Unterschied. Mir fiel nur auf, daß, je mehr ich mich Saigon näherte, die Eingeborenen etwas anders aussahen. Sie waren nicht mehr ganz so dunkel wie die Kambodschaner und glichen mehr den Chinesen. Die sanften Mandelaugen der Siamesen und Kambodschaner machten den Schlitzaugen Platz.

Die Sonne neigte sich bereits zum Untergang, als ich immer noch 60 Kilometer von Saigon entfernt war. Mein Vorhaben, zum Schluß dieser Etappe noch eine demonstrative sportliche Leistung hinzulegen, wurde durch die einbrechende Dunkelheit zunichte gemacht. Die Hauptstadt würde ich nun heute doch nicht mehr erreichen! Aber immerhin: 300 Kilometer in diesem Klima mit 12 Kilo Gepäck war ja auch kein Pappenstiel!

Mit diesen Gedanken gab ich mich zufrieden und hielt Ausschau nach einer größeren Ortschaft oder einem annehmbaren Militärposten, um dort zu übernachten.

Hinter einem romantisch gelegenen Palmenwald schaute eine Gruppe roter Ziegeldächer heraus. Eingeborene haben keine Ziegeldächer auf ihren Hütten. Diese Erfahrung hatte ich bereits in ganz Asien gemacht. Also mußten hier Europäer wohnen, wahrscheinlich Soldaten. Mein Entschluß stand fest: Hier würde ich um eine Unterkunft für die Nacht bitten. Bisher hatte es in ganz Asien keinen Europäer gegeben, der mich nicht in seinem Hause aufgenommen hatte. Das war immer selbstverständlich gewesen!

Die Straße führte an dem letzten Militärposten vorbei, durch den Palmenwald hindurch, und unversehens befand ich mich auf einer breiten Dorfstraße. Rechts und links standen primitive Eingeborenenhütten, hier und da den Franzosen nachgeahmte Wirtschaften, sogenannte Bistros. Das deutete auf eine Garnison hin, denn den Eingeborenen würde es nie einfallen, eine solche Art von Lokalen aufzuziehen, wenn sie nur einheimische Kundschaft hätten.

Meine Kombination erwies sich als richtig. Kaum hatte ich die Wegbiegung der Dorfstraße erreicht, als ich vor mir eine Menge Soldaten mit weißen Käppis an den rohgezimmerten Tischen und

Bänken eines solchen Bistros erblickte. Sie sangen und schunkelten dabei. Sie schunkelten, wie man es auch bei uns zu Hause in vorgerückter Stimmung, vor allem im Rheinland, macht.
Sind das Franzosen? fuhr es mir durch den Sinn.
Ich stieg ab. Die Soldaten sangen und grölten: „Einmal am Rhein. . .!“ Also ich hatte Landsleute vor mir, Fremdenlegionäre! Im Handumdrehen war ich mitten unter ihnen! „Servus, Landsleute!“
Sie brachen ihren Gesang ab und schauten mich entgeistert von oben bis unten an. Ein alter Sergeant hatte die Sprache zuerst wiedergefunden: „Mensch, wat denn? ’n Zivilist, der deutsch spricht!?“
„Berliner?“ fragte ich.
„Icke – na wat denn?“
„Das können Sie doch gleich merken“, meinte ein Korporal, „der hat doch die Schnauze zuerst aufgemacht, also ist er ein Berliner!“
Alles lachte – und dann ging ein Sturm von Fragen los.
Es dauerte nicht lange, und die kleine Gastwirtschaft war von deutschen Legionären umlagert. Gern hätte ich sie einiges über ihr Legionärsdasein gefragt. Das Fragen lag aber bei ihnen, und ich wurde nicht fertig, ihnen von meiner Tour zu erzählen. Deutschland interessierte sie weniger, denn viele von ihnen waren noch gar nicht so lange von zu Hause fort. Auf einem Tisch in der Ecke des Lokals lag ein ganzer Stoß deutscher Zeitungen und Zeitschriften. Sie waren also über Deutschland ziemlich gut informiert.
Ich wäre bestimmt noch lange hier unter meinen Landsleuten sitzengeblieben, wenn nicht plötzlich das „Gardez vous!“ – „Achtung!“ die ganze Gesellschaft hochgerissen hätte. Ein französischer Oberleutnant hatte sich für die Versammlung interessiert und kam von der in der Nähe liegenden Wache herüber, um nach der Ursache des Zusammenlaufes zu sehen. Die Unteroffiziere stellten mich ihm sofort vor. Er begrüßte mich daraufhin mit einer gewissen, deutlich spürbaren Kälte und begab sich dann zurück zur Wache.
Die Männer fühlten sich wegen des frostigen Empfangs durch ihren Offizier ein wenig beschämt, und der Berliner konnte seine Gefühle nicht mehr verbergen: „So ein Idiot und Angeber!“ platzte er heraus, und der Korporal fügte dem hinzu: „Zum Glück sind nicht alle so wie der! Wir sollten nur einige deutsche Offiziere hier haben, das wäre besser!“ Es kam wie ein Stoßseufzer aus ihm heraus.
Das Dazwischenkommen des Offiziers hatte ähnlich wie eine kalte Dusche gewirkt. Es war, als läge etwas Bedrohliches in der Luft. Es wollte gar keine rechte Stimmung mehr aufkommen, und einer nach dem anderen der Männer verabschiedete sich von mir, nicht

ohne einige Worte des Bedauerns oder der Entschuldigung zu stammeln. Zwei Kölner und der Berliner blieben bei mir. Sie gaben mir den Rat, zum Bataillonskommandeur zu gehen und denselben um die Genehmigung zu bitten, in der Kaserne zu übernachten. Aber während wir noch unseren „Kriegsrat" hielten, kam ein Posten von der Wache und teilte mir mit, daß der Kommandeur mich zu sehen wünsche.
Die Kasernenmauer war mit vielen Schießscharten und einigen bunkerähnlichen Wachttürmen und Maschinengewehrposten besetzt. Wir passierten gemeinsam die Wache. Der Leutnant tat so, als ob er mich nicht sähe, und vertiefte sich in eine vor ihm liegende Zeitung. Der Wachunteroffizier dagegen ließ es sich nicht nehmen, mit mir zum Haus des Kommandanten zu gehen. Als wir aus Sicht- und Hörweite der Wachstube waren, flüsterte er mir zu: „Die Idioten denken, Sie wären ein deutscher Spion." Ich beruhigte ihn und lachte nur.
Die Sauberkeit der Wege und die blühenden, tadellosen Anlagen, in denen die Kaserne der Legionäre lag, waren vorbildlich. Die aus Sandsteinen gebaute Baracke des Bataillonskommandeurs glich allerdings mehr einem Sommerpavillon als einem militärischen Dienstgebäude.
Wir betraten zunächst die Bataillons-Schreibstube. Hier sah es genau so aus, wie es jeder Soldat bei uns daheim während des Krieges gewohnt war. Auch die Typen der dort sitzenden Soldaten waren die gleichen. Jedoch – sie sprachen französisch . . . mit deutschen Akzent. . . In der Ecke des Raumes steckten einige die Köpfe zusammen. . .
„Dem können sie gar nichts, Mensch. . . Glaub doch ja nicht, daß der hierherkommt, wenn er nicht alles in Ordnung hat, Papiere, Paß und so. . ." Sie sprachen also über mich. Alles in allem hatte ich aber den Eindruck, als wäre ich selber Soldat, einer, den man zur Bestrafung herbestellt hat und der sich nun vor seinem Kommandeur verantworten soll.
Die Tür zum Zimmer des Gewaltigen öffnete sich.
Ein gut gewachsener Offizier in meinem Alter mit einem repräsentativen, gut gepflegten schwarzen Schnurrbart erschien und bat mich zu sich. Sein Zimmer war an allen Wänden mit riesigen Generalstabskarten besät. Beim Oberstkommandierenden der indochinesischen Sreitkräfte hätte ich solch einen Zauber an Karten gelten lassen. Hier aber beim Kommandeur eines relativ ruhigen Bataillonsabschnittes, sah das alles ein bißchen zu sehr nach Angeberei aus – genau wie der Kommandeur, der den Eindruck machte, als ob er gerade dabei wäre, sich zu einem Diner ins kaiserliche Palais zu begeben. . .

Der Kommandeur bot mir etwas herablassend einen Stuhl an, betrachtete mich von oben bis unten, räusperte sich und – schwieg. So fing ich denn an zu reden, denn irgend etwas mußte ja getan werden, um eine Unterhaltung in Gang zu bringen: „Herr Kommandant", sagte ich, „ich habe leider den Eindruck, als wäre ich hier unerwünscht. . ."

„Darf ich Sie fragen", fuhr er mir in meine Worte, „ob Sie eine Sondergenehmigung des Generalstabes haben, eine Garnison der Legionäre aufsuchen zu dürfen?"

Ich war wie aus allen Wolken gefallen! Ich erklärte ihm, daß ich auf einer Weltreise per Fahrrad um die Erde sei und daß mir die Genehmigung des Hohen Kommissars zur Reise durch Indochina genüge.

Er erwiderte: „Der Hohe Kommissar ist Zivilist! Wir hier sind Soldaten! Sie haben also eine solche Genehmigung nicht? Gut, ich sehe mich gezwungen, Sie festzunehmen und sofort nach Saigon zu schicken!" Diese Erklärung konnte mich nur zu einem homerischen Gelächter bringen. Denn es war mir absolut klar, daß dieser Offizier, was schon aus den Bemerkungen seiner Soldaten hervorgegangen war und was nun durch sein Benehmen und seinen Aufzug noch unterstrichen wurde, zu der Kategorie der Angeber und Wichtigtuer gehörte.

Mein Gelächter hatte ihn vollkommen aus dem Konzept gebracht. Das hatte er offenbar nicht erwartet! Um ihn noch ratloser zu machen und um mich gleichsam zu rächen, stand ich auf und reichte ihm die Hand. Wie willenlos streckte er mir die seine entgegen. „Herr Kommandant", sagte ich, „Sie wollen mir also zwei oder drei nette Begleiter geben, einen Wagen fertigmachen lassen und mich gleich nach Saigon bringen. Das ist sehr freundlich von Ihnen! Herzlichen Dank! Ich danke Ihnen!" Damit drehte ich mich auf dem Absatz herum, verließ den Raum, ging durch die Schreibstube und ließ mich auf der Veranda an einem Tisch nieder, um bei einer Zigarette die weitere Entwicklung abzuwarten.

Den Kommandanten habe ich nicht mehr zu sehen bekommen.

Statt dessen kam der Unteroffizier von der Wache und fragte mich flüsternd, was denn los sei. Die Wache habe Befehl, zwei Mann abzustellen, die mich per Lastwagen samt meinem Fahrrad nach Saigon zur Sécurité Militaire (Militärischer Sicherheitsdienst) bringen müßten.

Zehn Minuten später war ich bereits mit einem Fahrer und zwei Unteroffizieren unterwegs. Die einzige Rache des Kommandeurs war die, daß er mir keine Deutschen zur Begleitung mitgegeben hatte. Meine verschiedenen Fragen wurden von ihnen nur knapp

und zögernd beantwortet. Sie hatten offensichtlich Befehl, nicht mit mir zu sprechen.
Nach einstündiger Fahrt wurde es ziemlich dunkel. Wir hatten auf vorbildlicher Straße die ersten Häuser der Stadt erreicht, fuhren aber links ab, eine Umgehungsstraße entlang in ein riesiges, von Stacheldraht und Posten umgebenes Gelände. Vor einem repräsentativen Gebäude mit Auffahrrampe machten wir halt. Auf einem kleinen, diskreten Schild las ich: „S.M.Q.G.". Ich kombinierte: „Sécurité Militaire Quartier Général" (Militärischer Sicherheitsdienst – Hauptquartier).
Der Posten im Empfangsraum war recht unwillig und meinte, wir sollten morgen wiederkommen. Erst nach langem Hin und Her wurde ich vor den wachhabenden Offizier, einen jungen und gut aussehenden Leutnant, gebracht.
Als ich sein Zimmer betrat, machten meine Begleiter sich schleunigst aus dem Staube. Sie hatten offenbar Angst, sie müßten mich wieder zurückbringen. Der junge Offizier war außerordentlich freundlich und ratlos. Er wußte sofort, wer ich war, schüttelte den Kopf und versuchte, seine Vorgesetzten per Telephon zu erreichen. „Ich möchte so gern alles mögliche für Sie tun", sagte er, „denn ich weiß, daß der Abschnitts-Kommandeur den größten Unsinn gemacht hat, aber ich bin doch nur eine Null hier und darf Sie nicht einmal laufen lassen!"
Der arme Bursche dauerte mich.
Dann fragte er mich, ob ich schon gegessen hätte. Als ich das verneinte, eilte er hinaus und brachte einige in Papier eingewickelte Sandwiches und eine große Flasche Straßburger Exportbier. „Entschuldigen Sie, daß ich Ihnen nicht mehr bieten kann. Das ist mein Frühstück, es ist aber so reichlich, daß wir es miteinander teilen können."
Nach langem Warten kam endlich ein Bescheid.
Ich sollte an den zivilen Sicherheitsdienst abgeschoben und von dort – eventuell! – freigelassen werden. Da nur ein kleiner Jeep als Transportmittel vorhanden war, ließ ich mein Rad samt Gepäck zurück und fuhr mit einem eingeborenen Fahrer durch die hell erleuchtete Stadt zum Gebäude des zivilen Dienstes.
Eine Menge subalterner Kriminalbeamter begrüßte mich dort sehr herzlich. Sie lachten alle sehr über den „Fauxpas" der Militärs, konnten mich aber auch nicht laufen lassen, weil mein Kommandant mich in seinem Begleitschreiben als „verdächtige Person" gebrandmarkt hatte. Es konnte also nur ein Kommissar – sozusagen ein Prokurist des Kriminalgeschäftes – die Verantwortung für meine Freilassung übernehmen.
Die Gesellschaft der mich bestaunenden und um Autogramme

bittenden Beamten war aber so lustig, daß ich den Zustand der Haft vollkommen vergaß. Zudem hatte ich ja für die Nacht noch kein Quartier. . .
Während ich von den Kriminalisten bewirtet wurde, hatte man endlich – nachdem man alle Bars der Stadt abtelephoniert hatte – einen Kommissar am Telephon. Ich ließ mir den Hörer reichen und sagte dem Gebieter über meine Freiheit, daß ich ihn in seinem Amüsement nicht stören wolle. Er könne mich ruhig am nächsten Morgen freilassen.
Die Männer machten mir in ihrer Wachstube ein angenehmes Bett, und bald hatte ich den ganzen Zinnober vergessen. . .
Leider wurde ich am frühen Morgen schon gegen sechs Uhr aus dem Bett geholt. „Bonjour, Monsieur – ich bin Kommissar Delloux! Sie müssen sofort Ihr Rad nehmen und von uns vor die Stadt gefahren werden!"
Aus dem schönsten Traum gerissen, konnte ich unmöglich sogleich alles begreifen. Immerhin war das eine ziemlich rätselhafte Zumutung! Ich hatte einmal in einem Tatsachenbericht über Rußland gelesen, daß dort Leute auf ähnliche Weise zum „Umgelegtwerden" aufgefordert wurden. So kombinierte ich schlaftrunken und fragte: „Wollt ihr mich dort draußen vielleicht verschwinden lassen?"
„Nein, um Gottes willen! Wir bedauern den Fehler der Militärs. Aber die Stadt erwartet Sie auf dem Fahrrad und will Sie empfangen. Die Radsportverbände sind bereits abgefahren, Ihnen entgegen. Sie müssen das verstehen: Sie sind immerhin der erste, dem es gelungen ist, diesen äußersten Zipfel Asiens von Europa her mit dem Fahrrad zu erreichen. Bitte, bitte, machen Sie schnell!"
Der Arme tat mir leid in seiner Nervosität. Ich sprang also im Nu aus dem Bett!
In einem gut geschlossenen Polizei-Überfallwagen rasten wir zur Sécurité Militaire, holten dort mein Rad ab – und fort ging es in rasendem Tempo zur Stadt hinaus!
Nach einer halben Stunde holten wir die Radsportler Saigons ein. Mir machte das Theater riesigen Spaß! Als wir die Spitze der rasenden Sportler überholten, mußte ich tatsächlich lachen über die ganze Verhaftungsaffäre und über den Einfall der Polizisten, diese für sie höchst unangenehme Sache auf diese originelle Weise aus der Welt zu schaffen. Ein Triumph aber war es, als wir die Garnison der Legionäre erreichten und dort vor der Wache haltmachten.
Als ich mein Rad zur Einfahrt nach Saigon fertigmachte, marschierte gerade der eingebildete Leutnant vom Vortage an uns

vorbei. Seine Neugier über den Polizeiwagen und die mich umgebenden Kriminalisten konnte er nicht ganz beherrschen. „Warum kommt die Kriminalpolizei und nicht die Sécurité Militaire mit dem Spion hierher?“ Seine Frage ging in dem frenetischen Gelächter der Beamten unter. Einige deutsche Legionäre, die ebenfalls zum Tor herauskamen, versuchten heimlich eine Unterhaltung mit mir anzufangen und waren erstaunt, daß ich ganz frei mitten unter ihnen den Reinfall ihrer Offiziere zum besten gab. Das machte meinen Triumph erst vollkommen.

Ich bestieg mein Rad und sah noch, wie der Leutnant mit hochrotem Kopf in die Kaserne zurückeilte, wahrscheinlich, um die Blamage mit seinem Chef zu teilen!

Mein Einzug in Saigon, der Hauptstadt von Indochina, war ein wahrer Triumph! Wenn ich zurückdenke an den 3. September 1951, als ich von Düsseldorf aus startete, die Welt zu umradeln, ein Arbeitsloser, mit 3,80 DM in der Tasche – so will mir heute alles wie ein Rätsel, wie ein Wunder vorkommen. . .

Es ist unmöglich, all die Persönlichkeiten – Franzosen wie Vietnamesen – aufzuzählen, die sich die Mühe gemacht hatten, mich mit Blumensträußen und Empfangsreden willkommen zu heißen. Ich sah nur noch Gesichter! Bis mich schließlich die Herren Kollegen von der Presse in ihre Obhut nahmen und mich – weiß der Himmel – wohin! – entführten!

Vietnamesen, Franzosen, Amerikaner, Inder, Engländer und sogar ein Chinese – alles Journalisten, Reporter, Berichterstatter! – bestürmten mich mit Fragen. Stundenlang ging das so! Vielleicht ist es auf die Dauer langweilig, immer über den Krieg zu berichten, da war ich ihnen einmal eine sensationelle Abwechslung!

Die Herren des französischen Informationsamtes und des Rundfunks (Studio France Asie) fragten mich schließlich nach meinen besonderen Wünschen.

Ich erklärte ihnen prompt, daß ich selbstverständlich meine Landsleute, die Fremdenlegionäre, sehen und sprechen und am liebsten einige Tage mit ihnen zusammen leben wolle.

Erstauntes Schweigen.

Schließlich sagte ich: „Entschuldigung, meine Herren! Wenn die französische Armee oder das Hohe Kommissariat meine Bitte für unerwünscht hält, dann. . .“

„Nein, so ist unser Erstaunen nicht gemeint! Aber Sie sind doch Zivilist und müssen verstehen, daß diese Ihre Bitte von den Militärs erfüllt werden muß.“

„Die Militärs hatten mich ja verhaftet!“ Damit war es heraus, was ich ja verschweigen sollte! Ich fuhr fort: „Nun haben die Militärs Gelegenheit, das wiedergutzumachen!“

Betretenes Schweigen bei den Herren der Presse. Dann sagte der Herr des militärischen Informationsdienstes:
„Gut, wir wollen es versuchen! Fahren Sie am besten gleich mit mir zu Colonel Clement. Der wird Sie verstehen, und wenn einer etwas für Sie tun kann, so ist es nur er als Leiter der militärischen Propaganda!"
Wir fuhren durch den Boulevard De Lattre de Tassigny und den Boulevard de Gaulle.
Jetzt erst hatte ich Gelegenheit, etwas von der Stadt zu sehen. Hier in der City von Saigon sieht es genau so aus wie in manchen Bezirken von Paris, abgesehen natürlich von den überhaupt nicht zu zählenden, radfahrenden Rikscha-Kulis. Wirklich, fast könnte man vergessen, daß man in Asien ist! Die von Bäumen und eleganten Geschäftshäusern eingefaßten Straßen machten ganz den Eindruck einer überaus sauberen, modernen Großstadt.
Die Villa des Obersten befindet sich ziemlich an der Peripherie der Stadt. Der Herr empfing mich mit ausgesuchter Höflichkeit. Ja, er lud mich sogar sofort zum Abendessen ein und brachte mich anschließend zum Oberkommandierenden des indochinesischen Kriegsschauplatzes, zu General Sallan.
Es war inzwischen dunkel geworden.
Im General-Hauptquartier herrschte noch reges Treiben. Einige Panzerspähwagen und eine Reihe von staubverkrusteten Kurier-Jeeps parkten in dem weiten Hof vor der hell erleuchteten Baracke der Generäle.
Wir hatten Glück, denn kaum bremste unser Renault an der breiten Freitreppe, als auch der geräumige Wagen des Oberbefehlshabers mit der Standarte am Kühler hinter uns erschien.
Der General, ein kleiner, aber energisch aussehender Herr in den Fünfzigern sprang mit zwei Sätzen die vier oder fünf Stufen der Treppe hinauf. Mein Oberst stoppte ihn sofort und vertrat ihm, militärisch grüßend, den Weg. Der hohe Chef hatte es offensichtlich eilig (aber Franzosen haben es ja wohl immer eilig!), indessen zeigte er jedoch keinen Unwillen, als Colonel Clement mich ihm vorstellte.
„Ah, voilà", sagte er „le Globetrotter!"
Mein Anliegen, im Fort der Fremdenlegionäre zu wohnen, veranlaßte ihn jedoch zu einigem Nachdenken. Dann schaute er mich plötzlich scharf an und meinte: „Monsieur, haben Sie von irgendeiner deutschen Zeitung einen fest umrissenen Auftrag, die Legion zu besuchen?"
Ich verneinte, fügte aber hinzu: „Mon général, ich interessiere mich persönlich, werde jedoch meiner Zeitung von meinen Erlebnissen berichten!"

„Bon! Eh bien, Sie sind der erste Journalist, dem es gestattet wird, in einem Fort der Legion zu wohnen und sich dort jede Auskunft einzuholen. Frankreich hat hier nichts zu verbergen, die Welt weiß, daß die Legion unsere beste Truppe ist!“
Mit dieser ausdrücklichen Erlaubnis des Oberkommandierenden der französischen Armee war unter anderem auch mein Problem der Unterkunft zunächst gelöst. . .
Durch die von vielfarbiger Lichtreklame schillernden Straßen rasten wir der Schwesterstadt Cholon entgegen!
Saigon und Cholon gehören zusammen wie beispielsweise bei uns Elberfeld und Barmen. Die Entfernung von der einen zur anderen Stadtmitte beträgt fast genau 10 Kilometer. Saigon und Cholon prallen dennoch aufeinander wie vollkommen verschiedene Welten!
Saigon ist bis auf seine Randgebiete vollkommen europäisiert. Cholon dagegen atmet in allen Winkeln den Geist Ostasiens. Das interessanteste dabei war, daß hier trotzdem sehr wenig von Vietnam zu sehen ist. Als wir ganz unvermittelt plötzlich unsere rasende Fahrt abstoppen mußten und uns durch das Gewühl der von Automobilen und Radfahrern verstopften Straßen schlängelten, fühlte ich mich zunächst erdrückt von der Fremdartigkeit des Straßenlärms, der unleserlichen, strahlenden Reklame-Hieroglyphen und der überquellenden Fülle der zum Teil taghell erleuchteten Geschäfte. Die Menschen, die sich stoßend und schiebend wie ein unentwirrbares Knäuel dort auf den Bürgersteigen fortbewegten, hatten ganz andere als die gewohnten vietnamesischen Gesichter. Die Frauen waren schlanker und zierlicher und auch ganz anders gekleidet. Sie trugen die gleichen, enganliegenden, aus einem Stück geschnittenen Kleider mit den hoch am Bein hinauflaufenden Gehschlitzen, wie ich sie bereits bei den Chinesinnen in Rangoon gesehen hatte.
„Aber das ist ja gar nicht Vietnam . . . das ist ja China!“ platzte ich heraus, und der Colonel begann mir die Geschichte Cholons zu erzählen. . .
Das heutige Vietnam – bestehend aus Kotschinchina, Annam und Tonking – war bis zur Besetzung durch die Franzosen im vergangenen Jahrhundert fast ein Jahrtausend lang unter chinesischer Herrschaft. Cholon ist seit dieser Zeit die Handelsmetropole mit Seeverbindung im Südosten Asiens gewesen. Die chinesischen Händler schwenkten mit dem Kommen der Franzosen die Fahne nach dem Wind und konnten so ihre Handelsvorrechte aufrechterhalten.
Auf einer kleinen Anhöhe hinter der Stadt liegen die Befestigungsanlagen des uralten Forts Kaj-May. Heute hat dieses Fort nur noch einen strategischen Wert, der nicht mehr sehr groß ist, bildet aber

vor allem eine ausgezeichnete Unterkunft für durchreisende Truppenteile. So hat es denn die Fremdenlegion für ihre sogenannte CP (Compagnie Passage) übernommen und entsprechend ausgebaut.
Unser Wagen bog plötzlich von der Straße ab, passierte ein leerstehendes Schilderhaus, und dann standen wir unversehens vor einer Barriere. Als der Colonel im Wagen erkannt wurde, öffnete sich die Schranke, und wir brummten den Berg hinauf zum Innenhof des eigentlichen Forts. . .
Der Kommandant, Kapitän Gunter, ein aus Mülhausen stammender Elsässer, empfing uns und führte uns zur Offiziersmesse. Hier wurde zunächst einmal mit einer Menge Aperitifs die richtige Stimmung geschafft. Sie mußte erst geschafft werden, denn da waren außer dem Kommandanten Gunter und meinem Colonel sowie einigen Herren Leutnants zwei mysteriöse Kapitäne, denen man die Kriminalbeamten, besser: die professionellen Schnüffler, schon von weitem ansah.
Diese beiden schwarzhaarigen Herren schienen mich geradezu mit ihren Augen auffressen zu wollen, und während wir langsam zu einer stockenden Unterhaltung gelangten, saßen sie wie unbeteiligt da. Sie paßten einfach nicht in dieses Ensemble!
Der Fort-Kommandant erwies sich als netter Mensch.
Da er die deutsche Sprache beherrschte, hatte man ihn von 1947 bis 1950 nach Baden-Baden und Germersheim abkommendiert, wo es seine Aufgabe war, Nachschub aus Deutschland für die Fremdenlegion zu rekrutieren.
„Ein undankbarer Job", bekannte er, „aber Soldat sein, heißt gehorchen!"
Er hatte sich freiwillig zum indochinesischen Kriegsschauplatz gemeldet. Nun sitzt er als Kommandant einer kleinen ruhigen Festung in Cholon und füllt seine Freizeit mit Violinspiel und Freskenmalerei aus. Die Wände der Offiziers- und Unteroffiziersmessen sind alle mit seinen impressionistischen Gemälden geschmückt. Soweit ich das beurteilen kann, halte ich diesen Fort-Kommandanten mehr für einen Künstler als für einen Berufssoldaten. Als ich ihm diese meine Meinung sagte, zuckte er schmerzlich die Schultern und wandte sich ab.
Wahrscheinlich hat auch er – wie fast alle Legionäre, einschließlich der Offiziere – seine Geschichte. Irgend etwas, das ihn aus der normalen Entwicklungs- und Lebensbahn warf. . .
Die eisgekühlte Bekanntschaft mit den beiden Intelligence-Offizieren am Vorabend hatte in mir das Gefühl wachgerufen, daß meine Zeit auf dem Fort mitten unter den Legionären irgendwie jäh unterbrochen werden könnte. Ich beeilte mich also und mischte mich mitten unter sie.

Stundenlang saß ich unter ihnen auf den Kanten der Barackenbetten und ließ mir erzählen. . .
Aufschneidende Abenteurer, kleine Verbrecher aus der Schwarzmarktzeit, die sich vor der strafenden Gerechtigkeit in die Legion, zur Rekrutierungsstelle in Baden-Baden oder Germersheim geflüchtet hatten, entsprungene Fürsorgezöglinge, die sich hier ein freieres Leben erhofften, aber auch viele Burschen mit einwandfreier Vergangenheit, junge Männer, die zum Teil mit einem gewissen Idealismus den Kampf gegen den Kommunismus einer längeren Arbeitslosigkeit vorzogen. . .
Viele von ihnen waren Berufssoldaten der alten deutschen Wehrmacht. Ihre Zahl ist aber im steten Schwinden, da die meisten von ihnen bereits ihre Zeit abgedient haben.
Ich hatte den Eindruck, daß die große Mehrzahl der Legionäre durchaus anständige Kerle sind, Soldaten, die von eiserner Disziplin zusammengehalten werden, die gut genährt – und im Vergleich zu den meisten Armeen der Welt – auch außerordentlich hoch bezahlt werden. Und dennoch haben die wenigsten von ihnen Geld – das heißt: sie kommen nicht damit aus!
Solch eine CP (Compagnie Passage) wie diese hier vom Legionärs-Fort Kaj-May in Cholon bei Saigon ist außerordentlich interessant. Vor allem, weil man dort Soldaten aus allen Einheiten und allen Ecken des Kriegsschauplatzes kennenlernt.
Schon am ersten Tage meines Aufenthaltes im Fort Kaj-May konnte ich verstehen, warum das Deuxième Bureau mich so scharf unter die Lupe nahm, ja es wurde mir das Entgegenkommen des Oberstkommandierenden geradezu unverständlich.
Wenn ich auch einem großen Teil der von den verschiedenen Fronten hier einlaufenden Soldaten nur zur Hälfte Glauben schenken konnte – Fremdenlegionäre flunkern gern, sie nennen es in ihrer eigenen Sprache „rasieren“ –, so lernte ich doch in wenigen Stunden mehr über den indochinesischen Krieg kennen, als mir die gesamte in- und ausländische Presse bisher darüber berichten konnte.
Trotzdem nahm ich mir vor, von all dem Gehörten nichts nach Hause zu berichten, bis ich mich nicht selbst durch einen Frontbesuch von der Wahrheit überzeugt hatte. . .
Am folgenden Morgen weckte mich der Fort-Kommandant: „Donnerwetter! Eben hat mich die militärische Sicherheitsbehörde angerufen. Sie dürfen nicht mehr hierbleiben!“
Ich radelte also nach meinem Frühstück nach Saigon und begab mich zum Informationsamt. Dort hatte man bereits von dieser Wendung der Dinge gehört und – bedauerte.
Ich spielte den Beleidigten.

Monsieur Hunt, der Leiter des Informationsamtes, meinte: „Lassen Sie sich bloß nicht irritieren! Das ist Journalistenlos!"
„Zum Teufel mit diesen Militärs!" wetterte ich. „Zuerst lädt man mich ein, und dann setzt man mir den Stuhl vor die Tür! Ich werde Indochina sofort verlassen!
Monsieur Hunt tat alles mögliche, um mich zu beruhigen. Er bot mir schließlich an, im Majestic, dem Luxushotel Saigons, auf Kosten des Informationsamtes zu wohnen.
Das war ein Angebot, das ich im Hinblick auf meinen schwindsüchtigen Geldbeutel nicht ablehnen mochte. (Das Hotelzimmer kostete täglich ohne Frühstück 380 Piaster, nach deutschen Geld 72 DM). Als mir Monsieur Hunt darüber hinaus noch den Vorschlag machte, einige hochbezahlte Vorträge für den Indochina-Rundfunk zu halten, war mein Zorn bald verflogen. Ich sah doch wenigstens, daß die Franzosen alles taten, um meine Laune zu erhalten.
Der politische Berater des Hohen Kommissars rief beim Informationsamt an und bat mich, bei ihm zu Mittag zu essen. Er sprach fließend Deutsch und war bis vor etwa einem Jahr politischer Ratgeber des Herrn François-Poncet in Bonn gewesen.
Nach dieser Einladung hatte ich wieder Oberwasser.
Am Abend wurde ich durch den Besuch des Colonel Clement überrascht. Er bedauerte das Vorgehen der Sécurité Militaire und überbrachte mir die Einladung des Oberkommandierenden zum Besuch der Front im hohen Norden Indochinas. Außerdem versprach er mir, daß ich dort einen Fallschirmjäger-Einsatz gegen ein kommunistisches Dorf im Norden Hanois mitmachen dürfe. . .
Das ließ ich mir nicht zweimal sagen! Zudem hatte ich mir vorgenommen, Indochina so gründlich wie möglich kennenzulernen. . .
Das Hotel Majestic, ein riesiger und repräsentativer Bau, liegt am Ende der Rue de Catinat, der europäischen Geschäftsstraße Saigons. Die Atmosphäre im Innern des Hotels ist die gleiche wie in allen Luxushotels, ob in London, Paris, New York oder Bombay. Das Publikum ist dort immer dasselbe: Diplomaten, damals 80 Prozent davon Amerikaner, hohe Offiziere, globetrottende Millionäre und hier und da ein gefeierter Schauspieler. Selten, daß sich einmal ein Journalist dorthin verirrt.
Die Hotelboys, die gewohnt sind, nur Wagenschläge zu öffnen, machten große Augen, als ich mit meinem Fahrrad vorfuhr. Ein Glück, daß der bereits informierte Hoteldirektor mich mit aller Hochachtung empfing – ich glaube, die Boys hätten mir den Eintritt verwehrt, noch bevor es der Portier hätte tun können!
Viel interessanter als das Hotel selbst war seine Lage.

Ich habe nie eine krassere Demonstration der Situation des Fernen Ostens gesehen als hier am Ende der Alten Welt, am äußersten Zipfel Südostasiens. Hier am Rande der eleganten und luxuriösen, fast rein französisch-europäischen Geschäftsstraße sieht man auf einmal – Asien!
Tausende von Kulifamilien, von der Eleganz dieses Stadtteils hart an den vorbeifließenden Strom gedrängt, hausen hier in kümmerlich winzigen Hütten und kleinen Hausbooten, die am Ufer kaum Platz finden, da dort die amerikanische Militärhilfe in Gestalt von Panzern, Flugzeugen und anderem Kriegsmaterial verladen wird.
Wenn man vom Dachgarten des Hotelrestaurants hinunterblickt, so sah man zunächst nur die mächtigen, stählernen Leiber der amerikanischen Liberty-Schiffe.
Den kleinen, etwa 100 Meter breiten Streifen, diesen Streifen wimmelnden asiatischen Lebens übersieht man meistens. Die Bewohner des Hotels lieben solche demonstrativen Kontraste nicht, und ich war erstaunt festzustellen, daß unsere Zivilisation auch hier das Übersehen fremden Elends glänzend organisiert hat. Obwohl hier das Elend 30 Meter vor der Hoteltür lag, wissen die wenigsten Gäste etwas davon. Die hochliegenden Fenster und der Dachgarten erlauben nur den Genuß eines herrlichen Weitblicks. Verläßt der Gast jedoch das Hotel, so stehen gleich zwei oder drei der in schneeiges Weiß gekleideten malerischen Boys an seiner Seite und geleiten ihn zum wartenden Auto, das ihn schleunigst aus der Zone des Zusammenpralls zweier Welten hinausbringt. . .
Eine amerikanische Lady, die ich auf den schmalen Streifen zwischen dem Hotel und dem Fluß aufmerksam machte, fiel mir ins Wort und meinte: „Is it not wonderful – dieses pittoreske Bild der Vietnamesen vor der Türe, die kleinen nackten Kinderchen und die braunverbrannten Männer und Frauen mit ihren riesenhaften Strohhüten!?"
„Jawohl, gnädige Frau! Aber ich habe gesehen, daß die Kinder und ihre Eltern voller Geschwüre sind und daß sie nur Lumpen tragen und daß sie in den Regennächten auf fauligen, feuchten und glitschigen Brettern schlafen. . ."
Wir saßen im Restaurantgarten auf dem Bürgersteig.
Ein kleiner, etwa achtjähriger Bursche wollte mir meine frischgeputzten Schuhe nochmals polieren, nur um einen Piaster zu verdienen. Ich schenkte ihm den Piaster. Das hatte ein anderer, etwas älterer Junge gesehen. Er schlich sich hinter dem Rücken des Obers an mich heran und zeigte mir mit einem abstoßenden Grinsen einen Stoß Bilder.
Die Lady wollte diese Bilder ebenfalls sehen. Aber der Junge hielt seine Hand so darüber, daß nur ich einen Blick darauf werfen

konnte. „Mister, nur fünf Piaster für das Stück!" gurgelte er mir ins Ohr.
Ich schaute genauer hin. Es waren die obszönsten pornographischen Photos, die ich je gesehen hatte!
Die Lady hatte in ihrer Neugier doch etwas davon gesehen, und während ich den Bengel zum Teufel schickte, machte sie ihrer Empörung Luft: „Nein, so eine Verderbtheit ist in den Staaten unmöglich! Oh, so jung und schon so verdorben!"
„Ja, meine Gnädigste", sagte ich, „das sind nur die Folgen des von Ihnen so bewunderten pittoresken Bildes! Es tut mir beinahe leid, daß ich dem Bengel nicht auch einen Piaster geschenkt habe!"
Empört stand die Lady auf. In ihrer Aufregung vergaß sie sogar, ihren Kaffee zu bezahlen. Ich bezahlte ihn. Er kostete 20 Piaster, gleich 4 DM, gleich dem Wocheneinkommen eines der hier herumlaufenden Kulis. . .
Am Abend desselben Tages brachte mir ein Kurieroffizier den militärischen Marschbefehl (Ordre de Mission) für die Front, unterschrieben von General Sallan, dem Oberbefehlshaber der indochinesischen Streitkräfte.
Mit diesem Marschbefehl in der Hand konnte ich am folgenden Morgen kostenlos das Billet für den Flug zur 1200 Kilometer entfernten Front im Hohen Norden abholen.
Um zehn Uhr startete mein Flugzeug, ein viermotoriger Skymaster der „Air Vietnam". . .

Frontflug nach Hanoi und Fallschirmabsprung in Feindesland

Wir überflogen in weiten Bogen Saigon und einen breiten Arm des von den tibetanischen Himalayabergen kommenden Mekong-Flusses. Unter uns lagen Tausende von überschwemmten Reisfeldern, kleine winzige Quadrate, durch federdünne schwarze Striche abgegrenzt, jenen schmalen Erddämmen, die das Überfluten regulieren. Dann kam eine Kette von befestigten Wachttürmen, von kleinen Forts in Sicht. Auf den dazwischenliegenden Feldwegen bewegten sich schwarze Punkte, Militärautos, die den Verkehr zwischen den einzelnen Posten aufrechterhalten.
Mit den ersten Hügelketten tauchten auch einige größere grüne Flecke auf, offensichtlich Gummiplantagen. Ich hatte den Eindruck, daß die in ihrem Zentrum liegenden Gehöfte niedergebrannt waren, denn von den üblichen roten Dächern war nichts zu sehen. Dafür schauten nur grauschwarze, unregelmäßige Umrisse zu uns empor. Ich fragte die vietnamesische Stewardeß, ein entzückendes, wohlerzogenes Mädchen. Sie hielt den Finger auf

den Mund und flüsterte mir ins Ohr: „Das ist hier doch Vietminh-Gebiet. . ." Dabei waren wir kaum zehn Minuten von Saigon entfernt.
Plötzlich nahmen uns dickgeballte Wolken auf. Die Maschine der „Air Vietnam" wurde gründlich hin und her geschüttelt. Wenn sich die Wolkendecke hier und da öffnete, war tief unten nichts zu sehen als ein unendlich scheinendes Meer von grünen Bergen. Das waren die Dschungel von Kotschinchina und Annam, dem Reich der wilden Elefanten, der Tiger, der gefährlichen Gaurs – das sind angriffslustige Riesenbüffel – und nicht zuletzt der kommunistischen Vietminh. . .
Bei einem Stundendurchschnitt von 450 Kilometer sind 1200 Kilometer keine große Entfernung. Wir schwebten noch keine zwei Stunden über den unendlichen Urwaldregionen, als plötzlich die Wolkenballen seltener wurden und der ewige Ozean, genauer gesagt: die Chinesische See unter uns lag.
Das Wasser unter uns zeigte plötzlich eine andere Färbung. Das dunkle Blaugrau des Meeres brach unvermittelt ab und machte einem lehmigen Braun Platz. Die Maschine hatte wieder an Höhe gewonnen. Land kam in Sicht! Schon lag es unter uns!
Ein neuer Regenschauer versperrte die weitere Sicht, und unversehens setzte auch schon die Maschine auf. Der Flugplatz Haiphong war von dem niedergehenden Guß in eine große Schlammpfütze verwandelt worden.
Eine vietnamesische Mutter mit ihren vier kleinen Kindern bestieg die Maschine. Die von außen in die Kabine einströmende feuchtwarme Tropenluft nahm mir fast den Atem. Die beiden Kleinsten der Vietnamesin schrien fürchterlich. Mir tat die arme Mutter leid, und während die immer freundliche Stewardeß sich um das Baby kümmerte, übernahm ich den zweiten kleinen Schreihals, einen etwa zweijährigen Buben. Mit allerlei Unsinn hatte ich den Kleinen bald beruhigt, und ein dankbarer Blick der Mutter wie der Stewardeß war die Belohnung.
Dieses kleine Intermezzo hatte unvorhergesehene Folgen. Es brachte mir nämlich über einen langen Weg die Freundschaft des vietnamesischen Staatschefs, des Kaisers Bao Dai, ein. Zunächst hatte ich die ewig lächelnde Stewardeß gewonnen, denn die startete bald eine längere Unterhaltung mit mir, in deren Verlauf sie erfuhr, wer ich war.
Als wir eine halbe Stunde später endlich mit einer Stunde Verspätung in Hanoi eintrafen, stellte mich die junge Vietnamesin ihrem Vater vor, Monsieur Luan-Huen, einem Offizier in der Uniform der vietnamesischen Armee.
Bei einer Tasse Tee im gepflegten Flughafen-Restaurant erfuhr

ich, daß Vater Luan-Huen der Ordonnanzoffizier und Chef des Protokolls Seiner Exzellenz des Herrn Gouverneurs Phom-Van-Binh ist. Vietnam war nämlich in drei Gouvernements aufgeteilt, in Süd-, Mittel- und Nord-Vietnam, also gleichbedeutend mit den ehemaligen Ländern Kotschinchina, Annam und Tonking. Phom-Van-Binh ist der Gouverneur von Tonking, also der Gouverneur des Kriegsgebietes. Die Einladung Luan-Huens, ihn in seinem Office zu besuchen, nahm ich selbstverständlich an, konnte ich doch hoffen, auf diese Weise auch den Gouverneur selbst kennenzulernen. . .

Der Presseoffizier der französischen Armee hatte mir einen Jeep geschickt, der mich vom Flugplatz nach Hanoi zum sogenannten Press Camp brachte. Das Press Camp in Hanoi bestand aus zwei requirierten, geräumigen Villen mitten in der Stadt. Die Fahrt vom Flugplatz dorthin brachte mich zunächst über eine riesige Brücke die vor Hanoi den durch den Krieg berühmt gewordenen Roten Fluß überspannt.

Als ich zwischen den Eisengerüsten auf die sich dahinwälzenden Fluten hinuntersah, verstand ich auch den Namen des Flusses. Denn sein Wasser ist wirklich rotbraun!

Wie alle Großstädte Indochinas, so macht auch Hanoi einen ausgezeichneten Eindruck. Die Boulevards und Avenuen sind hier noch breiter und noch gepflegter als selbst in Saigon. Der Baustil der Hauptstraßen weicht jedoch beträchtlich von dem fast vollkommen europäisierten Saigon ab. Außer den Regierungspalästen und einigen großen Hotel- und Geschäftsbauten besteht das repräsentative, weit ausladende Zentrum der Stadt aus Villen mit großen Vorgärten, teils in zweistöckigen Kolonial-, zum großen Teil aber auch im tonkinesischen Stil erbaut. Letzterer Baustil kann seine enge Verwandtschaft mit dem der südchinesischen Provinz Kwantung nicht verleugnen.

Die Entfernung von hier bis zur chinesischen Grenze beträgt noch keine 200 Kilometer. Die einzige Barriere zwischen Hanoi und dem kommunistischen China ist ein etwa 100 Kilometer breiter Dschungelstreifen. Hätte ich nicht alle zwei Minuten Kolonnen marschierender Soldaten gesehen, so wäre mir der Gedanke an den nahen Kriegsschauplatz und der Gedanke an die Kommunisten überhaupt nicht gekommen. . .

Hanoi macht genau wie Saigon oder wie Phnom-Penh einen durchaus friedlichen Eindruck.

In den vietnamesischen Geschäftsstraßen, die ähnlich aussehen wie die Geschäftsstraßen der Chinesenstadt Cholon, herrschte reges Treiben. Hier und dort sind alle Geschäfte mit Waren geradezu überladen. Trotzdem sind es von hier bis zum nächsten, von den

Kommunisten besetzten Gebiet im Norden, im Süden oder auch im Westen keine 70 Kilometer – dennoch tauchen selbst in dem sogenannten befreiten und gereinigten Delta in unmittelbarer Nähe der Stadt dann und wann über Nacht ganze Vietminh-Bataillone auf und verschwinden wieder, als habe der Erdboden sie verschluckt. . .
Dieses waren die ersten Informationen, die mir bereits der Chauffeur meines Presse-Jeeps, ein junger französischer Sergeant, auf der Fahrt zum Press Camp vertraulich mitteilte.
„Wann kommen die deutschen Truppen?"
Mit diesen Worten empfing mich im Press Camp ein recht gutmütiger und mehr als gutgelaunter Amerikaner. Er stellte sich vor als Larry Allen, Vertreter der Associated Press, zur Zeit der einzige amerikanische Pressevertreter in Indochina.
Kurz vor der Monsunzeit stoppen nämlich alle militärischen Aktionen, und es ist nicht mehr viel für die sensationshungrigen Journalisten zu erwarten.
So fand ich außer dem lustigen Amerikaner nur noch den Vertreter der französischen Agence France-Presse und einige Filmberichterstatter dort vor. Alles in allem eine gemütliche Gesellschaft, die den Krieg – in diesen Tagen wenigstens – nicht besonders ernst nahm. Es ist die Zeit der Parties, die Zeit der gesellschaftlichen Einladungen, die Zeit, in der man sich an feucht-fröhlichen Tanzabenden kennenlernt. Da war noch ein Gast, den ich nicht vergessen darf, der damals noch junge Peter Scholl-Latour, der wohl einzige deutsche Publizist, der diese Ecke der Welt wirklich kennt.
Ich stellte schon am ersten Abend fest, daß man mehr feucht ist als fröhlich, denn das Waschküchenklima von Hanoi ist im Anfang der Monsunzeit eher naß als feucht.
Ich trug Shorts und ein dünnes, durchsichtiges Hemd über der Hose. Trotzdem konnte ich auch das schon nach einer Stunde auswringen.
Schließlich machte ich dasselbe wie alle anderen auch. Ich kümmerte mich nicht mehr um all die Nässe und machte mit. Das heißt, wir spielten Canasta mit Würfeln und tranken Peppermint-Soda, bis wir ziemlich fröhlich und ausgelassen waren und die Punkte auf unseren Würfeln doppelt sahen. . .
In meinem geräumigen Zimmer mit Bad rauschte der riesige Ventilator. Er verstreute alles Papier, die Zeitungen, die Photos und die Manuskripte. Das mächtige Moskitonetz flog im Winde hin und her. An Schlaf war trotz des Alkoholdusels nicht zu denken. So wälzte ich mich bis zum frühen Morgen unruhig in dem großen Doppelbett von einer Seite zur anderen, stets auf der Suche nach einem trockenen und etwas kühlen Platz. . .

Mit meinen Gedanken war ich in der Vergangenheit, daheim zum Beispiel, aber auch in der Zukunft, beispielsweise an der Front. Ich wußte, daß es nicht beim Canastaspielen und beim Pepperminttrinken bleiben würde.
Der Kriegsschauplatz war nahe. . .
Am nächsten Morgen brachte mich ein Kuli mit seiner Fahrrad-Rikscha zum Palast des Gouverneurs. Der Vater der netten Stewardeß wartete bereits auf mich.
Luan-Huen hatte dem Gouverneur, der selbst ein fanatischer Sportsmann ist, von meiner Ankunft erzählt und schob mich gleich in den Arbeitsraum Seiner Exzellenz.
Phom-Van-Binh, ein kraftstrotzender, mittelgroßer Tonkinese in den Vierzigern, kam mir mit ausgestreckter Hand entgegen. „Wir kennen uns bereits!" begann er seine Unterhaltung. „Ja, natürlich!" lachte er. „Es sind fast vier Jahre her, daß ich Sie bei einem Fußballspiel des FC Saarbrücken in Paris gesehen habe!"
Ich war natürlich sprachlos und mußte erst einmal alle meine Erinnerungen zusammenkramen. Vor vier Jahren? Das ist eigentlich noch gar nicht so lange her. Aber trotzdem hatten die Erlebnisse des vergangenen Jahres eine ungeheure Zeit dazwischengeschoben, eine Zeit, die mir wie ein Jahrzehnt vorkam.
„Stimmt! Vor vier Jahren war ich in Paris zum Fußballspiel des FC Saarbrücken gegen Stade Française. Jawohl, wir hatten die Franzosen damals gründlich hineingelegt – und nach dem Spiel war da ein schlitzäugiger Herr in weißem Flanellanzug, der sich mit mir über die Verhältnisse an der Saar unterhielt. . ."
„Sehen Sie, dieser Herr – das war ich!"
Wir schüttelten uns die Hände wie alte Freunde.
„Herr Gouverneur, was haben Sie eigentlich damals in Paris gemacht?"
„Oh, ich war seinerzeit in Begleitung Seiner Majestät, um mit Frankreich wegen der Unabhängigkeit Vietnams zu verhandeln. – Wissen Sie", fügte er dem mit sichtbarem Stolz hinzu, „ich bin nämlich seit jeher mit Seiner Majestät durch dick und dünn gegangen – von der Verbannung in Hongkong bis zum Wiederaufstieg in unseren Tagen."
„Sie sagen: Wiederaufstieg, Exzellenz. . . Wollen Sie damit sagen, daß Seine Majestät Bao Dai oder daß Vietnam im Aufstieg begriffen ist?"
Der Gouverneur überlegte. Dann meinte er: „Bao Dai und Vietnam sollten für die Welt ein einziger Begriff sein! Wenn Sie die Geschichte unseres Landes betrachten, so können wir sehr wohl von einem Aufstieg sprechen, denn wir waren seit über tausend Jahren nicht mehr selbständig. Bis zum vergangenen Jahrhundert

lebten wir unter den chinesischen Kaisern. Dann kam die französische Kolonialzeit. Dann der letzte Krieg und der Unabhängigkeitskampf den wir zweiseitig führen bis auf den heutigen Tag. Die Verwaltung des Landes liegt bereits zu mehr als 90 Prozent in den Händen der Vietnamesen, und die Franzosen spielen nur noch eine beratende Rolle."

„Sie sprechen", sagte ich, „von einem zweiseitig geführten Freiheitskampf. Was verstehen Sie darunter?"

Phom-Van-Binh zögerte etwas, schaute mich groß an und fuhr fort: „Sie sind Deutscher. Das heißt, ich kann Sie als neutral betrachten. Wir kämpfen zweiseitig, Seine Majestät auf der einen Seite – und Hoh-Chi-Minh auf der anderen Seite. Beide wollen die Freiheit des Landes! Beide sind vaterlandstreu! Wir betrachten den Krieg gegen die Vietminh etwas anders als die Franzosen. Für uns ist das ein verabscheuungswürdiger Bruderkrieg. Wäre die kommunistische Gefahr nicht, und hätte sich Hoh-Chi-Minh nicht an die Kommunisten um Hilfe gewandt, so wäre sich das ganze Land einig im Freiheitskampf gegen die Franzosen. Hoh-Chi-Minh hat mit seinem Kommunismus Seine Majestät und uns in das Lager der Franzosen getrieben, deren Hilfe wir benötigen, um der größeren Gefahr – nämlich der kommunistischen Versklavung – auszuweichen. Unser Endziel ist und bleibt die Freiheit von Frankreich, dessen koloniale Leistung wir durchaus anerkennen und mit dem wir auch in besonderer Freundschaft verbunden bleiben wollen."

Diese offenen Worte des vietnamesischen Gouverneurs des Kriegsgebietes gaben mir die erste klare Vorstellung über die Haltung Vietnams in diesem stürmischen Wetterwinkel der Weltpolitik.

„Monsieur Helfgen", nahm Phom-Van-Binh die Unterhaltung wieder auf, „haben Sie kein Interesse, Seine Majestät Bao Dai kennenzulernen? Ich habe mich nämlich, als ich vor drei Tagen in seiner Residenz war, mit ihm stundenlang über Ihre sportliche Leistung unterhalten. Ehrlich gesagt, der Staatschef würde sich freuen, wenn er Sie zur Tigerjagd in die Dschungel einladen dürfte. . . Nun?. . ."

Wirklich, das ließ ich mir nicht zweimal sagen! Das war Wasser auf meine Mühle! Hatte ich doch schon bereits in Saigon gehört, daß unter allen Großwildjägern der Welt Bao Dai die unbestrittene Spitze hält.

Zunächst aber wollte ich mir das Kriegsgebiet um Hanoi einmal aus der Nähe ansehen. Ich war ja nicht umsonst mit dem Fahrrad von Düsseldorf aus um den halben Erdball geradelt. . .

Larry Allen, der Vertreter der amerikanischen Associated Press

für Indochina, beklagte sich über die Zensur, die der französische Presseoffizier über alle Berichte aus dem Kriegsgebiet verhängt: „My job is Peppermint-Soda, Canasta and may be tenwords cable!“
„Immerhin für 1200 Dollar im Monat auszuhalten!“ lachte ich und nahm mir vor, den gefürchteten Presseoffizier nach Möglichkeit zu umgehen, brauchte ich ihn doch eigentlich nur zur Organisation meiner Fahrten an die Front.
Der französische Vertreter der Agence France-Presse machte mir den Vorschlag, mich doch direkt mit den höheren Offizieren anzufreunden, wenn ich etwas mehr von der Front erleben wolle. Dieser Vorschlag schien mir ausgezeichnet.
Schon am Abend des gleichen Tages wurde ich ins Kasino der Fallschirmjäger eingeladen. „Würden Sie einen Sprung mitmachen?“ fragte mich zwischen zwei Cinzanos ein junger Oberstleutnant, Fallschirmjäger sind einander in allen Armeen ähnlich: sie sind sportlich und Draufgänger, die sich nach Möglichkeit nicht viel um die Vorschriften der Bürokraten kümmern. Ich befand mich also im „richtigen Haufen“. . .
Selbstverständlich wollte ich mitmachen! Ich mußte nur versprechen, in nächster Zeit nichts darüber und vor allem keine Namen zu berichten. Eine offizielle Sprunggenehmigung kann nämlich für Journalisten nur vom Kriegsministerium in Paris gegeben werden.
Am nächsten Morgen machte ich mich also zunächst einmal mit der französischen Sprungtechnik bekannt. Ein deutscher Legionär, der bereits als Unteroffizier in Kreta mitgesprungen und dort verwundet worden war, zeigte mir x-mal den in der französischen Armee eintrainierten Absprung – ein sonderbares Hinausdrehen aus der Maschine, indem das eine Bein vorgeworfen wird.
Mir kam das reichlich komisch vor. Außerdem wird mit zwei Schirmen gesprungen, dem automatischen Rückenschirm und dem manuellen Brustschirm, alles in allem ein tolles Paket um den Körper. Sprunghöhe bei 300 Meter. Kleine Fische! dachte ich mir – und sprang beim Übungssprung natürlich völlig falsch mit einem mächtigen Satz aus der „guten alten Tante Ju“. Diese Maschine genießt auch heute noch allgemeine Achtung in Indochina. Ich sprang also und – ein Ruck! – na, das muß so sein! – und dann fing ich wieder an zu fallen. . . Im Bruchteil einer Sekunde sah ich über mir zwei Beine im auseinandergerissenen Schirm. Automatisch riß ich den Reißverschluß vor der Brust auf – und der Brustschirm flitzte heraus!
Ein neuer Ruck. Er war offen! Noch zwei, drei Sekunden – unten rief einer: „Helfgen, traction avant!“ (vordere Schnüre ziehen!).

Er war aber schon zu spät. Ich landete mitten in der gelben, stinkenden Pfütze eines kleinen Reisfeldes. . .
Na, das war eine schöne Blamage – erst der falsche Sprung, dann das Abenteuer mit dem hierdurch in mich hineinspringenden Nachfolger und dem zerrissenen Schirm – und nun diese beschämende Landung!
Trotzdem – der Oberstleutnant meinte, ich hätte wenigstens Schneid und Geistesgegenwart gezeigt. –
Die folgende Nacht blieb ich bei den Fallschirmjägern. Auch hier wurde Canasta gespielt. Der bevorstehende Einsatz wurde überhaupt nicht weiter besprochen. Das war ganz einfach eine Routine-Angelegenheit. Besetzung eines kommunistischen Dorfes nördlich der befestigten Frontlinie, jenseits des nördlichsten Deltaarmes des Roten Flusses.
Wir hatten mit einer Kompanie im Morgengrauen das Dorf zu nehmen und dann nach der üblichen Waffendurchsuchung abzuwarten, bis Panzereinheiten mit nachfolgenden Transportfahrzeugen uns wieder abholten.
Für mich lag der Reiz darin, einmal ein von den kommunistischen Vietminh verwaltetes Dorf kennenzulernen. . .
Pünktlich um vier Uhr war Alarm!
Schlaftrunken bestieg ich mit dem Kompanieführer, einem blutjungen, blondhaarigen Bretonen, die Ju. Durch die Kabine zuckten ein paar deutsche Landserwitze.
Der östliche Himmel färbte sich bald etwas grau, und die Maschinen rollten im Gänsemarsch zur betonierten Startbahn. Das war ein herrliches Bild, die Kolonne der schwarzen Riesenvögel, die als einzige Beleuchtung lediglich links und rechts das rote und grüne Back- und Steuerbordlicht trugen. Ein kurzes Anrollen – und schon schwebten wir. . .
Die allgemeine Ruhe der Soldaten teilte sich mir mit. Ich hatte das Gefühl, als gehöre ich voll und ganz zu dieser Gesellschaft. – Kaum waren wir eine Viertelstunde in der Luft, als auch schon das Kommando zum Fertigmachen ertönte.
Ich stellte mich befehlsgemäß als dritter Mann vor meinen deutschen Instruktor. „Also“, sagte er, „diesmal richtig machen! Bein voraus!“ schrie er mir ins Ohr.
Dann ging es plötzlich: „Un. . . deux. . .“, und schon war ich draußen!
Die Landschaft, nur spärlich von der ersten Morgenröte beleuchtet, drehte sich und schwankte. Dann hatte ich mich gefaßt. Leicht schaukelnd konnte ich mir ein Bild machen: Rechts lagen einige Hütten. Ich sah deutlich zwei Männer aus der Türe der ersten Hütte hinausrennen. Sie hatten etwas unter dem Arm. Gewehre,

überlegte ich. Ein trockenes, großes Reisfeld raste mir entgegen. Ich zog meinen Körper zum Aufsprung und der nachfolgenden Rolle zusammen – und schon setzte ich auf. Die Rolle, den Purzelbaum, konnte ich mir sparen – ja, ich mußte einige Meter zur Seite springen, um dem sachte sich senkenden und zusammenfallenden Schirm auszuweichen.
Ein schöner und gemütlicher Sprung! dachte ich mir – doch dann hatte ich plötzlich keine Zeit mehr, mir irgendwelche Gedanken über die Eleganz meines Absprungs zu machen, denn links und rechts von mir knallten ein paar Schüsse. . .
Wieder knallte es links und rechts. Querschläger pfiffen durch die Luft. Nein, da blieb wirklich keine Zeit, sich die Landschaft in Ruhe zu betrachten. Zunächst suchte ich mir irgendein Loch, wo ich meine Nase hineinstecken konnte. Das hatte ich während des letzten Krieges ja gelernt!
Aber solche wilden Schießereien sehen meist gefährlicher aus, als sie in Wirklichkeit sind. Mit einem zünftigen „Sprung-auf-marsch-marsch" fand ich hinter der ersten Dorfbaracke eine ideale Deckung und gute Rundsicht.
Die Truppe war gerade dabei, sich in weiten Schützenlinien zu formieren und auf das Dorf einzuschwärmen. Die vorderste Gruppe lag kaum 100 Meter von mir entfernt. Da ich nichts hatte, um mich ihnen bemerkbar zu machen, zog ich mein Hemd aus und winkte damit. Ich fürchtete, sie könnten ausgerechnet auf meine Hütte ihr Feuer lenken.
Sie hatten mich gesehen. Im Sprung kamen sie zu mir.
Das Dorf schien verlassen. Nur aus dem gegenüberliegenden Waldgelände schoß hier und da ein Maschinengewehr. Dann setzte leichtes Granatwerferfeuer ein. Die orgelnden Geschosse gingen aber über uns hinweg und schlugen genau dort ein, wo die Gruppe sich wenige Sekunden vorher gesammelt hatte.
Am Himmel brummte es. Ein Geschwader Jagdbomber erschien. Sie zogen einen weiten Kreis über uns. Aus Signalpistolen wurde grünes Feuer nach oben geschossen, ein Zeichen, daß das Dorf nicht bombardiert werden solle. Dafür brauste der ganze Segen der schnellen Riesenvögel auf den gegenüberliegenden Waldrand herunter.
Langsam und vorsichtig drangen wir von einer der ziemlich armseligen Bambus-Lehmhütten zur nächsten vor. Wir fanden dort eine Menge Frauen, Kinder und ängstliche ältere Männer vor. Eine halbe Stunde später erreichten wir das andere Ende des Dorfes, ohne auf Feuer zu stoßen. Drei tote Vietminh, Opfer des Bombenangriffs, lagen dort zwischen den Büschen verstreut. Sie trugen aber keine Waffen mehr, obwohl sie ein Maschinengewehr

bedient haben mußten, was an den herumliegenden, zahlreichen Patronenhülsen leicht zu erkennen war. Die Vietminh pflegen selbst im tollsten Feuer noch ihre Verwundeten und sämtliche Waffen auf dem Rückzug mitzunehmen.
Während die Truppe den Waldrand sicherte, ging ich durch das Dorf und in die Hütten und besuchte die verängstigten Leute. Ein alter Mann, der während des Ersten Weltkrieges in der französischen Armee gedient hatte, kam aus einer Hütte und sprach mich an:
„Monsieur, hierbleiben! Soldaten, hierbleiben! Vietminh nicht gut. Nehmen weg alle Männer, nehmen weg allen Reis und verkaufen China."
Die Leute machten im Gegensatz zu den Bewohnern des Fluß-Dreiecks um Hanoi einen armseligen Eindruck, der mich an die Armut in Persien oder im östlichen Indien erinnerte.
Der Alte ging mit mir in eine der Hütten. Dort lag in Lumpen gehüllt eine junge weibliche Gestalt. In ihren Armen schrie ein taufrisches Etwas.
„In Nacht sie hat bekommen Baby, Monsieur!" erklärte der Alte.
Aus der Ferne wurde das Rasseln von Panzern hörbar.
Eine halbe Stunde später rollten drei leichte Tanks die steinige Dorfstraße entlang. Die Kompanie rüstete zum Rückzug. Die Dorfbewohner blieben verängstigt in ihren Hütten. Mein alter Tonkinese winkte dem Offizier der Fallschirmjäger heimlich zu und bedeutete ihn, er möge mit in die Hütte kommen.
„Wenn der Alte etwas von mir will, dann soll er hierherkommen!" meinte der Kapitän. Neben dem Alten erschienen zwei Frauen in der Tür der Hütte. Auch sie winkten heimlich. So wurde ich neugierig und ging hinüber, um zu fragen, warum sie nicht zu uns kommen wollten.
„O nein, Monsieur, andere Leute uns sehen und Vietminh sagen und Vietminh uns für Verrat totschießen!"
Das erzählte ich dem Kompanieführer. Wir kehrten, der Bitte des Alten entsprechend, zur Hütte zurück, und der Tonkinese begann im Flüsterton zu reden:
„Alter Hang-Ni war großer Krieg französischer Soldat. Hang-Ni lieben Frankreich und will zeigen, wo Vietminh haben Waffen im Dorf. Aber nicht zeigen, wenn nicht gehen mit Familie Hanoi."
Das war eine Überraschung!
Immer noch mißtrauisch folgten wir dem Alten durch das Dorf hinüber zum Dschungelrand. . .
Es dauerte eine ganze Stunde, bis wir mit Hilfe von Dschungelmessern und unter Aufgebot aller Sicherheitsmaßnahmen uns kaum 100 Meter tief in das chaotische Grün von Bambus, Lianen und

struppigen Büschen hineingewühlt hatten. Dann standen wir vor einem etwa 10 Meter breiten Flüßchen.
Die Männer hatten ihre Fallschirmkombination schon längst bei der schweren Buschmesserarbeit abgelegt. Sie wickelten die Patronengurte um den Hals, hielten die Gewehre und Maschinenpistolen über den Kopf und tasteten sich einer nach dem anderen vorsichtig durch die Uferböschung hinunter in das kühle Naß des Baches, der nun als Weg benutzt wurde. Ein unvergeßliches Bild, diese nackten, sehnigen und braungebrannten schwitzenden Männer, von denen die gute Hälfte junge Deutsche waren, bis zur Brust durch das Wasser watend.
Der deutsche Sergeant hatte die Spitze inne. Es wurde kein Wort gesprochen. Außer dem Plätschern des Baches, der sich hier und da bis auf gute 30 Meter verbreiterte und sich an diesen Stellen durch ein Gewirr von Felsplatten rauschend hindurchzwängte, war nichts zu hören als der übliche Urwaldlärm. Das Gekreisch von papageienähnlichen Vögeln, das aufdringliche Zirpen tropischer Riesengrillen und dann und wann das Geschimpfe kleiner Affenfamilien, die sich in ihrer Mittagsruhe gestört fühlten. . .
Hang-Ni gab plötzlich ein Zeichen zum Anhalten.
Wir befanden uns gerade an einer scharfen Biegung des Flüßchens. Jenseits der Biegung erhob sich ein etwa 10 Meter hoher schwarzer Fels.
Der Sergeant war bereits mit zwei anderen jungen Deutschen um die Flußbiegung verschwunden. Da ertönten zwei Schüsse! Sie mußten von der Höhe des Felsens aus abgegeben worden sein. Einer der Deutschen kam blutüberströmt auf uns zugewatet. „Da oben sind sie!“ stöhnte er und hielt sich seine rechte, nackte Schulter. . . Im Nu entwickelte sich ein Höllenlärm!
Die Männer feuerten blind und wild in die grüne Blätterwand des Dschungels hinein. Deckung gab es hier nicht. So war Feuer wohl der beste Schutz. Ein toller Anblick, die nackten Gestalten von allen Seiten unter lauten Flüchen, die meist unmißverständliches Deutsch waren, den Fels erklimmen zu sehen!
Fünf Minuten später befanden wir uns auf der Rückseite des Felsens mitten in einer winzigen Urwaldschneise vor einer großen, mit Palmblättern bedeckten Bambushütte. Der Tonkinese hatte recht gehabt!
Das war in der Tat ein fetter Fang!
Gewehre, Maschinenpistolen, Handgranaten, Minen und eine Unmenge von wohlgefüllten Munitionskisten neben einigen Kasten, die Verbandzeug und Medizin enthielten. Chinesische Schriftzeichen auf den Kistenbrettern und eine russische Inschrift auf der Bodenplatte eines Granatwerfers zeigten die Herkunft der

Waffen. Wir waren aber nicht schlecht erstaunt, als wir amerikanische Zeichen auf den Patronenhülsen der Pistolenmunition entdeckten. Wenn diese Patronen sprechen könnten! dachte ich mir. Sie hätten den amerikanischen Steuerzahlern bestimmt eine höchst interessante Story zu erzählen!

Als wir am folgenden Morgen nach zweistündiger Fahrt auf den Hecks der Panzer endlich den eintönigen Dschungelweg verließen und auf eine weite Ebene hinauskamen, trafen wir auf einen brennenden Außenposten der Expeditionsarmee.

Von dem Wachtturm war nur noch ein schwelender Balkenhaufen zu sehen. Dahinter lagen vier tote Senegalneger und ein halbverkohltes vietnamesisches Mädchen. Hier sah die Bilanz dieses ewigen Dschungelkrieges nicht so günstig aus.

„Können Sie jetzt die Schwierigkeiten dieses Krieges verstehen?" fragte mich der Major.

Ja, ich hatte schon längst verstanden, daß hier auch eine noch so modern ausgerichtete Kriegsmaschine herzlich wenig ausrichten kann, solange sich auch nur eine Handvoll verwegener Partisanen dort drüben befindet. Der Verteidiger Indochinas wird immer das Tausendfache anwenden müssen von dem, was der Gegner benötigt, um ihm das Leben sauer zu machen.

Hindernisse auf dem Weg zu Bao Dai

Bei meiner Rückkehr fand ich Hanoi in Feiertagsstimmung. Die Straßen waren mit Girlanden und Spruchbändern geschmückt. Aus den meisten Fenstern wehten die französischen und vietnamesischen Fahnen. Im Zentrum Hanois – am Rande des Stadtweihers mit der Inselpagode – waren zwei große Tribünen errichtet.

Was war los?

Die Leute munkelten etwas von einem Besuch Seiner Majestät Bao Dai. Ich rief kurzentschlossen beim Presseoffizier an. Man sagte mir: „Der Président du Conseil (Ministerpräsident) Van Tam und der französische Indochina-Minister Letourneau werden erwartet. Zu dem Empfang der Herren wird eine große Truppenparade stattfinden. Wir werden Ihnen eine Karte schicken, Monsieur Helfgen!"

Die Einladungskarte kam! Sie berechtigte mich, an der Seite der Minister auf der Ehrentribüne Platz zu nehmen.

Militärische Machtdemonstrationen – wie beispielsweise eben Truppenparaden – sind nicht so sehr eine theatralische Augenweide, sondern dienen einem recht konkreten Zweck, nämlich der Einschüchterung des Gegners und Staatsfeindes! In einem Kriegs-

gebiet wie Indochina sind sie eiserner Bestandteil der Machtpolitik. Ich erwartete also eine höchst effektvolle Schau der französischen Streitkräfte und begab mich rechtzeitig am folgenden Morgen zu meinem Tribünenplatz.
Es regnete.
Trotzdem ließ sich die Bevölkerung von Hanoi nicht abhalten, in wahren Strömen zum Stadtzentrum zu eilen. In den Tropen ist Feuchtigkeit und Nässe nicht so abschreckend wie bei uns. Man ist hier an „Wasser" gewöhnt, und es spielt fast keine Rolle, ob man durch Regen von außen oder durch den steten Schweiß von innen naß wird. . . In der tonkinesischen Monsunzeit fällt oft beides zusammen. . .
Als erster erschien auf der Tribüne der baumlange Oberkommandierende der Tonking-Front, General de Linares. Er kam in Shorts und kurzärmeligem Hemd, dessen Rückenpartie zwei klatschnasse Flecken aufwies. Dann brausten die vier Luxuswagen der hohen Herrschaften heran! Die Tribüne bestiegen: Der Oberstkommandierende Indochinas, General Sallan, der Franzose Letourneau, der winzig-kleine Ministerpräsident Van-Tam und mein Freund, der Gouverneur Phom-Van-Binh.
Phom-Van-Binh winkte mir zu und schickte mir nach der offiziellen Begrüßung der Generäle durch einen Diener seine Visitenkarte mit dem Vermerk, ich solle ihn bei einem Empfang am Abend aufsuchen, da er mich dem Präsidenten wegen des Besuches beim Kaiser vorstellen möchte. Ich schickte den wie einen General aufgeputzen schlitzäugigen Diener mit einem mündlichen „Okay!" zurück. Und dann rollte die Parade ab. . .
Vietnamesische Infanterie, Panzer, tunesische Spahis, marokkanische Stoßtruppen, senegalesische Negereinheiten, französische Sanitäter und Gebirgsjäger, schwere Panzerabteilungen und Pioniertruppen mit den modernsten Ungetümen an Bulldozern und haushohen Baumaschinen für den Brücken- und Wegebau. Auffallend, daß auf den gigantischen Baumaschinen die weißen Käppis der Fremdenlegionäre überwogen.
Dann folgte die schwere französische motorisierte Artillerie. Dazwischen ein Bataillon riesenhafter Guinea-Neger und – eine bis aufs letzte ausgerüstete Militärkapelle der Fremdenlegion, die vor der Tribüne ausschwenkte und sich zur Ablösung der französischen Kapelle in straffer Ausrichtung uns gegenüber postierte.
Die französische Kapelle verstummte, und während der Lärm der vorbeidonnernden Kettenfahrzeuge langsam in der Ferne verhallte, begann die Legionskapelle im langsameren und machtvolleren Takt mit ihren Märschen. Durch die Tribünenränge ging ein Raunen. . .

Les Légionaires. . .
Bis jetzt war alles auf den Stühlen sitzengeblieben, nun standen jedoch alle voller Neugier auf.
Ein Bataillon der Fremdenlegion-Fallschirmjäger näherte sich.
Donnerwetter, welch ein Unterschied! Alle bisherigen Truppen machten einen durchaus guten, ja hervorragenden Eindruck. Aber nun – diese Fallschirmjäger mit ihren Maschinenpistolen und ihrer einfach unübertrefflichen Haltung . . . das sah verteufelt deutsch aus! Eine Augenweide für alle unverbesserlichen Militaristen!
Es folgte das Dritte Regiment der Fremdenlegion.
Ihm voran die über und über mit Orden dekorierte Fahne, die am höchsten ausgezeichnete Fahne der gesamten französischen Armee. Als die Ehrengarde in Galauniform mit weißen Gamaschen und schneeweißen Stulphandschuhen mit der Fahne die Höhe der Tribüne erreicht hatte, verstummte die Musik. Sämtliche Offiziere, einschließlich der anwesenden Engländer und Amerikaner, grüßten feierlich.
Der Vorbeimarsch des Dritten Regiments der Fremdenlegion war ein Triumphzug! Er überschattete irgendwie die gesamte Parade.
Der amerikanische Militärattaché, der ganz in meiner Nähe Platz genommen hatte, und zwar neben meinem Associated Press-Korrespondenten Larry Allen, bemerkte hämisch: „That looks damned like Germany!"
Der Gouverneur Phom-Van-Binh, drückte mir eine Flugkarte nach Saigon in die Hand und sagte: „Suchen Sie übermorgen den Ministerpräsidenten in seinem Saigoner Büro auf!"
Damit war ich einstweilen verabschiedet.
Der Abschied von den Presseoffizieren in Hanoi war ebenfalls ziemlich formell und kühl. Wahrscheinlich hatte meine allzu große Selbständigkeit und meine Freundschaft mit den Vietnamesen irgendwie Mißfallen erregt. –
Als ich am nächsten Morgen das Flugzeug bestieg, war kein einziger Franzose dort, sondern lediglich der amerikanische AP-Vertreter Larry Allen und Luan-Huen, der Protokollchef des Gouverneurs.
Nun gut – vor mir aus. . .
In der Maschine machte ich die Bekanntschaft des Oberbefehlshabers der vietnamesischen Armee. Er erzählte mir, daß er der älteste Sohn des Premiers sei und daß er während des letzten Krieges in der französischen Armee als Fliegeroberst gedient habe.
Er sowohl wie sein Vater sind französische Staatsangehörige.
Jetzt konnte ich auch verstehen, daß viele Vietnamesen größtes Mißtrauen gegen ihren Premier und ihre Armee hegen. In der zweistündigen Unterhaltung mit dem General zeigte dieser eine

ziemlich feindselige Haltung gegenüber dem Staatschef, Seine Majestät Bao Dai, der für die breiten Massen des Volkes nach wie vor der Kaiser ist. Er war besonders böse darüber, daß Bao Dai sich praktisch überhaupt nicht in Saigon sehen ließe und daß es fast unmöglich sei, Seine Majestät aus den Dschungeln des Urwaldes herauszulocken.

Nach seiner Auffassung jagt der vietnamesische Staatschef in den Urwäldern Elefanten und Tiger, sonst tut er nichts.

Mir waren die politischen Kritiken des vietnamesischen Armeeführers ziemlich gleichgültig. Mir lag vor allem daran, von Bao Dai zu einer seiner Tiger- und Elefantenjagden eingeladen zu werden. Alle anderen Dinge ließen mich kalt.

Meine erste Überraschung in Saigon war die Vorlage der ziemlich hoch angelaufenen Rechnung im Hotel Majestic. Das Informationsamt hatte also nicht bezahlt!

Die Radioleute brachten mir eine zweite, recht unangenehme Nachricht, als sie mir erzählten, daß meine Sendung in deutscher Sprache an die Fremdenlegionäre von der Militärzensur gestrichen worden sei. Ich wunderte mich sehr darüber, denn was ich meinen Landsleuten auf die Platten gesprochen hatte, war in keiner Weise irgendwie frankreichfeindlich.

Ja, und dann trudelte noch eine dritte Hiobsbotschaft ein!

Ein Brief aus Hanoi. Er enthielt die Rechnung für meinen Aufenthalt im Press Camp!

Das war ein bißchen zuviel auf einmal! Aber die Aussicht auf die große Jagd im Dschungel ließ mich all die Sorgen schnell vergessen. Unannehmlichkeiten haben ja auch ihr Gutes, das hatte ich längst erfahren: man bekommt ein hübsches dickes Fell!

Mit solchen Gedanken begab ich mich am darauffolgenden Morgen in die Kanzlei des Ministerpräsidenten. Seine Exzellenz war die Freundlichkeit selbst.

Aber das war doch nicht so einfach. Es war nämlich keine startbereite Maschine zu bekommen. Endlich kam dann die Erlösung in Gestalt einer diesmal freudigen Überraschung. Es war ein Anruf vom Flugplatz: „Von Dalat kommend trifft in wenigen Stunden die große kaiserliche Maschine (eine funkelnagelneue Skymaster) in Saigon ein, um sogleich zum Dschungelflugplatz Banmethoud weiterzufliegen!“ Von dort, so wurde mir erklärt, würde mich dann ein Jeep zu dem Jagdhaus Bao Dais bringen, 50 Kilometer urwaldeinwärts an einem Gebirgssee gelegen.

Ich habe nie einen freundlicheren Ministerpräsidenten getroffen als diese kleine, aber energische Exzellenz in Saigon. Er stellte mir seinen persönlichen Wagen zur Verfügung, damit ich schnell zum Hotel zurückkäme, um dort meine Sachen zu holen.

Am Flugfeld kam ich mir beinahe furchtbar wichtig vor! Immerhin wurde ich im Wagen des Ministerpräsidenten als einziger Fahrgast zur kaiserlichen Luxusmaschine gebracht. Und in der Stadt im Hotel konnte ich nicht einmal meine Rechnung bezahlen. Welche Gegensätze! Ich muß gestehen, daß ich mich trotzdem sehr wohl fühlte.

Um die letzten Reste trüber Gedanken zu verscheuchen, ließ ich mir von der kaiserlichen Stewardeß, einer entzückenden Chinesin, die bestimmt auf jeder Schönheitskonkurrenz den ersten Preis bekommen hätte, Champagner servieren, wozu ich dann den Flugkapitän einlud.

Dieser Flugkapitän war übrigens ein ehemaliger französischer Jagdflieger. Er hatte nach der französischen Niederlage als Kapitän in der britischen Royal Air Force Dienst getan.

Während die Maschine ihre Kreise über der Millionenstadt Saigon zog, begab ich mich aus der luxuriösen Kabine hinaus nach vorn in die gläserne Führerkanzel, um dort einen besseren Blick auf die Landschaft zu genießen.

Es bot sich mir ein ähnliches Bild wie vierzehn Tage vorher, als ich zur Front nach Hanoi flog. Wir nahmen etwa denselben Kurs wie damals, überflogen den Mekong-Fluß, wandten uns dann aber etwas mehr gen Westen.

Bald lagen die unendlich scheinenden, mir bereits sehr vertrauten Urwälder unter uns. Hier und da war noch ein kleines Dorf zu sehen, dann jedoch schien die Gegend da unten vollkommen menschenleer zu werden.

Die Flugzeugbesatzung belehrte mich, daß hier das Reich der Mois, jener bald halb-, bald völlig wilden Bergvölker, beginne.

Die Mois – ich hatte schon von diesen den Mongolen verwandten und meist nackt herumlaufenden Stämmen gehört – sind ein durchaus freundliches und friedliebendes Völkchen. Ihre Gesellschaftsordnung ist wie überall in Ostasien feudalistisch, das heißt das patriarchalische System der Familie dehnt sich aus auf die Sippe und die Stämme. Ihr höchster Fürst aber ist der Kaiser Bao Dai, der für sie ein gottähnliches Wesen ist, an dem sie mit restloser Hingabe hängen. Dies mag wohl auch der Hauptgrund dafür sein, daß Bao Dai, obwohl gründlich vertraut mit allen Finessen westlicher Kultur und Zivilisation, es dennoch vorgezogen hat, Banmethoud, das Dschungeldorf, zu seiner Lieblingsresidenz zu machen.

Nach etwa einstündigem Flug über das ewige Grün der bewaldeten Berge, über viele kristallklare Bergseen und wilde, schäumende Gebirgsflüsse landete die schwere Maschine Bao Dais auf einer riesigen Wiese – dem „Flugplatz“ von Banmethoud. . .

Der Privatsekretär Seiner Majestät, ein junger, sportlich aussehender Vietnamese, stellte sich mir vor und begleitete mich zu dem einzigen Gebäude des Flugplatzes, einer kleinen, hölzernen Baracke. Hinter dem primitiven Bau parkten mehrere neue Citroën-Wagen. „Frisch aus Frankreich importiert", bemerkte mein Begleiter, „aber es war nicht leicht, sie über die unsicheren Straßen nach hier zu bringen. – Können Sie übrigens Auto fahren?"
„Selbstverständlich!" erwiderte ich.
„Das ist großartig! Wir haben das auch angenommen, und Seine Majestät wollte Ihnen darum eine Freude machen. Einer dieser neuen Wagen steht, solange Sie hier sind, zu Ihrer persönlichen Verfügung. Wir nehmen doch an, daß Sie ganz gern nach so viel tausend Kilometer Fahrradtrampeln auch einmal wieder hinter dem Steuer eines Autos sitzen möchten."
Während wir uns noch unterhielten, brummte in der Luft eine kleine Heinkel-Maschine. Sie landete und rollte auf unsere Baracke zu. . .
Ein Offizier und ein etwa dreizehnjähriger Junge stiegen aus. Der Sekretär begrüßte die Neuankömmlinge und stellte mich anschließend dem Offizier vor. Es war der Oberkommandierende der französischen Luftstreitkräfte in Indochina, General Chassin, nebst Sohn.
Als ich ihm erzählte, daß ich gebürtiger Saarländer sei, meinte er: „Auch ich bin mit Saarwasser getauft, Monsieur! Vor einigen Jahren nämlich, als ich mit einer neuen Jagdmaschine in die Saar stürzte!"
Ich wunderte mich darüber, daß General Chassin eine Heinkel-Maschine flog. Aber auf dem Flugfeld standen außerdem noch drei weitere Maschinen, zwei alte Junkers-52-Transportflugzeuge und ein Fieseler Storch, also ebenfalls deutsche Fabrikate.
„Ja, wissen Sie", meinte der General, „die modernen Engländer und Amerikaner oder auch Franzosen mögen schneller sein, aber am zuverlässigsten und am sichersten sind immer noch die alten Made in Germany!"
Der General fuhr sofort nach „Le Lac", wie der Platz der Jagdhütte Bao Dais genannt wird.
Ich folgte dem Sekretär im funkelnagelneuen Citroën zur nahe gelegenen Ortschaft Banmethoud.
Rechts und links der guten Asphaltstraße dehnten sich große Gummi- und Kaffeeplantagen aus. Später hörte ich, daß Bao Dai einige Dutzend solcher Plantagen hier in der Umgebung angelegt hat und damit sehr befriedigende Erfolge erzielt.
Banmethoud selbst ist das Einkaufszentrum der Moi-Bevölkerung. Die eigentliche Ortschaft besteht aus drei, vier kurzen Straßen,

Geschäftsstraßen, wenn man die primitiven Ladenhütten als Geschäfte bezeichnen will. Die Errichtung der großen Plantagen und vor allem die Einrichtung einer Garnison brachte aber Leben in diesen Dschungelplatz. Die europäischen und vietnamesischen Offiziere bauten sich moderne Bungalows. Die Kirche errichtete eine Missionsstation, ein Elektrizitätswerk wurde gebaut, und schließlich zog auch noch die kaiserliche Domänenverwaltung in das verlassene Nest ein, so daß neben dem uralten Moi-Zentrum nun eine vollkommen neue und moderne Ortschaft entstand.

Wir fuhren über einen großen Sportplatz zu zwei riesigen Holzbauten – große, geschmackvolle, auf Pfählen errichtete Gebäude mit mächtigen Freitreppen. Der vor mir angekommene Sekretär öffnete den Wagenschlag: „So, hier wären wir! Dieses ist das Gästehaus Seiner Majestät. Es ist zwar noch nicht ganz fertig, aber dafür haben Sie die Ehre, der erste Gast darin zu sein!"

Ich war tatsächlich erstklassig untergebracht.

Kaum hatte ich mich gewaschen und rasiert, als sich auch schon der erste Besucher meldete. Es war Van-Kim, Colonel der vietnamesischen Armee und Kommandeur des kaiserlichen Wachbataillons. „Seine Majestät", sagte er, „hat mich zu Ihrem Gastgeber bestimmt, solange General Chassin draußen bei ihm ist. Seine Majestät wird Sie erst morgen oder übermorgen empfangen können, denn er möchte Sie gern allein dort haben."

Die zwei Wartetage vergingen wie im Fluge. Meine Lieblingsbeschäftigung waren weite Ausflüge mit dem Citroën, so weit, bis der Wagen keine befahrbaren Wege mehr vorfand. Auf diese Weise traf ich mehrmals mit den Mois zusammen.

In einer winzigen Moi-Siedlung, mitten in den Dschungeln, es waren nur drei kleine Bambushütten, wurde ein wildes Fest gefeiert. Beim Schlagen der Trommeln hatte man das Herannahen meines Wagens vollkommen überhört. Die Überraschung war auf beiden Seiten. Während die mit Blumen geschmückten Frauen kreischend in den Wald liefen, kamen die Männer wankend und zögernd auf mich zu. Ein runzliges altes Männchen hielt ein Bambusgefäß in der Hand, trank daraus und reichte es dann mir. Ich roch daran. Donnerwetter, den Geruch kannte ich doch! Ich erinnerte mich an jene nette Szene in den pakistanischen Dschungeln, den Hilltracks von Chittagong. Dort waren die Menschen zwar völlig nackt und die Frauen so furchtbar tätowiert. Aber sahen sie nicht genau so aus wie die Mois? Ich will es den Ethnologen überlassen, festzustellen, ob die Mois und die viele tausend Kilometer im Westen wohnenden Wilden in der Nähe des Bengalischen Meerbusens nicht ein und derselbe Stamm sind, ein

Völkchen, das vielleicht vor vielen tausend Jahren aus Tibet oder aus der Mongolei nach dem wärmeren Süden gewandert ist.
Der Schnaps, den sie aus Reis und Baumwurzeln brauen, ist jedenfalls der gleiche.
Ich faßte mir ein Herz und trank einen tüchtigen Schluck. Das brannte wie Feuer! Aber es tat gut, und nicht nur mir, sondern auch meinen Mois, die plötzlich alle Scheu fallenließen und mich zu ihren Hütten begleiteten.

Mit dem Kaiser von Vietnam auf Großwildjagd

Am frühen Morgen klingelte das Telephon. Ich zog das Moskitonetz in die Höhe und nahm den Hörer auf.
„Hallo, Monsieur Helfgen! Hier ist Colonel Kim. Seine Majestät Bao Dai unterrichtet mich soeben per Funk. Er erwartet Sie heute morgen in seinem Jagdhaus am See. Die Militärposten am Wege sind informiert, Sie passieren zu lassen. Losungswort: Helfgen!"
Ja, das war die langersehnte Nachricht! Ein Satz – ich war aus dem naßgeschwitzten Bett!
Zehn Minuten später. . . Vor der Tür stand der Kommandeur der Leibwache mit einem uralten Mercedes. „Nehmen Sie diesen alten deutschen Wagen", sagte er. „Der kann einiges vertragen. Und fahren Sie vorsichtig, denn der Weg ist schlecht und manchmal etwas gefährlich." Er gab mir zwei vietnamesische Posten mit Maschinenpistolen mit. Die beiden machten es sich hinter mir im Wagen bequem und legten, unheimlich wichtig tuend, die Läufe ihrer Waffen zu den Fenstern hinaus.
Die Fahrt führte am Flugplatz vorbei, vorbei an den umzäunten Kaffee- und Gummiplantagen, über eine hervorragende Asphaltstraße. Dann aber ging es auf einem schmalen Weg hinein in den Urwald. Nach 20 Kilometer mühsamer Fahrt standen wir plötzlich vor einem Fluß.
Auf der anderen Seite lag ein großes Floß und nicht weit davon entfernt, auf der Höhe des ansteigenden Ufers, drohte ein befestigter Wachtturm. Ob man uns bemerkte? Es regte sich nichts. Wir vollführten einen Mordslärm. Erst als meine beiden Posten einige Schüsse aus ihren Maschinenpistolen abfeuerten, erschien auf der Höhe des Turmes ein Soldat und winkte uns zu.
Wenig später kamen einige nackte und sehnige Mois und ruderten das Floß zu unserem Ufer.
Die Holzplanken krachten bedenklich, bis wir endlich auf der kleinen, schwankenden Fähre Platz gefunden hatten. Auf der anderen Seite sah es böse aus. Ein in der vergangenen Nacht

niedergegangener Monsunregen hatte die Böschung durch und durch aufgeweicht. Ich versuchte, mit einer forschen Anfahrt die steile Steigung zu überwinden. Aber da geschah das Unglück!
Die primitiven und kurzen Pflöcke, die das Floß am Ufer halten sollten, wurden aus dem feuchtlockeren Boden gerissen und die Fähre dabei vom Ufer abgestoßen, so daß das Hinterteil des Wagens prompt in den Fluß fiel. Wir saßen fest! Das aufspritzende Wasser hatte uns dazu noch von oben bis unten durchnäßt, was meinen beiden Begleitern aber nichts ausmachte.
Die Mois brüllten vor Freude über diesen Zwischenfall!
Ich kletterte aus dem Wagen und sah mir die Bescherung von allen Seiten an. Ja, da war guter Rat teuer! Hier half nur eines: den Wagen mit brutaler Gewalt hochzuheben und dann durch den Schlamm die Uferböschung hinaufzuschieben. Ich rechnete und kam zu der Feststellung, daß solch eine Leistung mit Menschenkraft allein nicht zu schaffen sei. Ratlos schaute ich mich um. Die herbeigeeilten Soldaten taten nichts. Sie lachten ebenso wie meine beiden Beschützer. So blieb mir schließlich nichts anderes übrig, als mich mit asiatischem Gleichmut in mein Geschick zu fügen und zunächst einmal abzuwarten. . .
Eine Zigarette rauchend, legte ich mich auf die trockene Höhe der Böschung und überlegte, wie ich nun unter Umständen ohne den Wagen zu dem 30 Kilometer entfernten Jagdhaus gelangen könnte. Hätte ich doch nur meinen treuen Drahtesel bei mir gehabt! Für die Durchquerung solcher Gegenden ist und bleibt er das einzige zuverlässige Vehikel! In Vietnam gibt es viele Fahrräder. Vielleicht, fuhr es mir durch den Kopf, hatte einer der Soldaten oder der Sohn irgendeines Dorfhäuptlings ein Fahrrad, das er mir leihen konnte.
Während ich noch hin und her überlegte, kam ein riesiger Elefant auf mich zugetrottet. Er trug eine Menge aufgerollter Seile, die offensichtlich dazu bestimmt waren, unserem festliegenden Mercedes aus der Patsche zu helfen.
Die Eingeborenen gingen denn auch mit fachmännischem Geschick daran, die Seile hinter den Wagenfedern und vor dem Kühler zu befestigen. Der Dickhäuter wußte genau, was er zu tun hatte. Er wartete geduldig ab, bis alle Vorbereitungen beendet waren. Dann zog er die Seile straff an, wartete abermals ein wenig, um auf ein leichtes Kommando hin fast mühelos den schweren Wagen aus dem Dreck zu ziehen.
Die ganze Aktion dauerte keine fünf Minuten. Ein Zeichen dafür, daß die Leute dieses Manöver nicht zum ersten Male durchexerzierten.
Der brave Mercedes blumperte über Stock und Stein und tückische

Baumwurzeln den Dschungelpfad entlang, bis nach etwa einer Stunde die Gegend anfing, ein anderes Gesicht zu bekommen. Die die Aussicht versperrenden Bäume wurden seltener. In engen Serpentinen krochen wir den Berg, der sich vor uns erhob, hinauf. Von dieser Höhe hatte ich einen wundervollen Ausblick auf eine selten schöne Dschungellandschaft. Vor uns lag eine Ebene mit einem kleinen Dorf und einem großen See.
Auf einem Hügel jenseits dieses Sees grüßte eine schmucke kleine Villa – das Jagdhaus und der Lieblingsaufenthalt Seiner Majestät Bao Dai.
Als wir die Ebene erreicht hatten, wurden wir schon von weitem von spielenden Kindern gesichtet. Sie eilten an den Straßenrand, stellten sich dort in Reihen auf, und als der Wagen an ihnen vorbeifuhr, verneigte sich die nackte Gesellschaft und winkte uns nach. Rechts und links der Straße weideten Elefantenbabys. Sie durchwühlten den Boden nach Wurzeln, die für die Dickhäuter ein besonderer Leckerbissen sind.
Die Auffahrt zum Jagdhaus Bao Dais führte durch einen blühenden Garten. Dann waren wir endlich da!
Wir gingen die Freitreppe hinauf und betraten einen kleinen Salon, der über und über mit Tigerfellen ausgelegt war. An den Wänden hingen einige Dutzend Gaur-Geweihe. Die Gaurs sind überaus gefährliche und angriffslustige Urwaldbüffel. In Saigon wurde mir bereits erzählt, daß Bao Dai der einzige Jäger sei, der den Mut aufbrächte, diese Bestien ohne die Benutzung schützender Hochstände mitten auf freier Wildbahn zu erlegen.
Die großen Schiebefenster des gemütlichen Raumes gestatteten mir einen weiten Blick hinunter auf den herrlich gelegenen See und die umliegenden Urwaldberge. Während ich das alles auf mich einwirken ließ und hier und da in das weite, zum großen Teil noch unerschlossene Gebiet Vietnams blickte, öffnete sich eine große Flügeltür. . .
Ein kräftiger, gut gebauter Mann streckte mir seine Hand entgegen: „Willkommen!“ sagte er und lächelte etwas verlegen.
Ich hatte ihn sofort erkannt. Es war Bao Dai. Sein Bild war oft genug durch die Weltpresse gegangen. Sein Händedruck war fest und herzlich, seine dunkelbraunen Augen groß und ein wenig verträumt, wie mir schien.
„Haben Sie viel Zeit mitgebracht?“ fragte Bao Dai. Ich sagte ihm, daß mein Besuch bei ihm der Höhepunkt meiner Asiendurchquerung sei und daß ich mich in seiner Nähe sehr wohl fühlen würde. Die Antwort gefiel ihm. Spontan streckte er mir noch einmal seine Hand entgegen.
Bei Tisch wurde wenig gesprochen. Nur eine Bemerkung Bao Dais

werde ich nie vergessen. Er fragte mich, wie ich mich fühle. Ich antwortete, ich sei restlos glücklich, denn ich fühle mich als der freieste Mann auf unserer Erde. Nach dieser meiner Bemerkung herrschte eine Weile Stillschweigen. Bao Dai legte für einen Moment Messer und Gabel beiseite und meinte dann im Flüstertone: „Ich wollte, ich könnte dasselbe auch von mir behaupten. . .“

Wir verbrachten den Nachmittag damit, daß wir die vier weißen Hunde Seiner Majestät wuschen, trockneten und scherten. Mit der untergehenden Sonne wollten wir noch einige Photos machen, und Bao Dai sprang mit einigen Sätzen die Treppe hoch, um mir seine neue Rolleiflex zu zeigen. Aber mit langem Gesicht kam er zurück: „Es ist zu ärgerlich!“ sagte er. „Aber Van Kim, der Kommandeur meines Wachbataillons, hat sie mir geklaut!“ Er lächelte.

Während wir das Schauspiel der untergehenden Sonne genossen, kamen mehrere Kurierjeeps den Berg hinauf, Franzosen und Vietnamesen. Der Sekretär nahm die Post in Empfang und begab sich sofort mit Seiner Majestät in dessen Arbeitszimmer, das neben dem mir zugewiesenen Schlafzimmer lag.

Als ich am späten Abend einschlief, waren die beiden noch immer bei der Arbeit.

Am folgenden Morgen, ich hatte kaum ausgeschlafen, kam Colonel Kim zu mir ins Zimmer: „Höchste Zeit, Monsieur! Die Elefanten stehen bereit. Seine Majestät sitzt schon unten beim Frühstück!“

Drei Minuten später war ich auch schon an der Frühstückstafel. „Das Wetter ist gut für eine Tigerjagd“, meinte Bao Dai.

Am Fuße des Hügels wartete bereits eine Karawane von 36 (sechsunddreißig!) Elefanten. Ich wunderte mich über die große Anzahl und fragte Bao Dai, warum er denn alle seine Elefanten mit zur Jagd nähme, an der doch nur wir beide teilnehmen wollten. Schmunzelnd meinte er: „Sie werden schon sehen, wie nützlich sich die ganze Gesellschaft der Dickhäuter erweisen wird, falls wir eine Chance bekommen sollten, Wildelefanten zu überraschen!“

Die Besteigung des mir als Reittier zugewiesenen Dickhäuters, eines riesigen Bullen mit zwei wunderbaren, schweren Stoßzähnen, machte mir zunächst einige Schwierigkeit. Erst als Seine Majestät es mir zweimal vorgemacht hatte und dabei an meine sportlichen Fähigkeiten appellierte, gelang mir der Schwung!

Ein Dutzend halbnackter Moi-Diener hatte sich auf den Rücken der uns folgenden zwei Elefanten verteilt und rauchte halblange Wurzelpfeifen, so daß unheimliche Rauchschwaden zum Himmel stiegen. Die ganze Schar der 32 nachfolgenden Dickhäuter war unbemannt.

Obwohl, wie mir Bao Dai versicherte, diese Tiere besonders gut dressiert waren, machten sie den Eindruck einer Herde wilder Elefanten, die sich in nichts von ihren in den Dschungeln lebenden Brüdern unterschieden. Sie sind die eigentlichen Jagdelefanten! Ich war verständlicherweise sehr neugierig, zu erleben, wie diese Tiere auf der Jagd eingesetzt werden.
Um sich mit mir unterhalten zu können, setzte sich Seine Majestät rücklings auf das Hinterteil seines Reittieres. Er mußte deshalb seinen Sitz verlassen, und ich bewunderte die Geschicklichkeit, mit der er dort oben herumturnte. Mit einem kühnen Satz sprang Bao Dai dann auf den Kopf meines Tieres und setzte sich zu mir. „Sie machen so erstaunte Augen", sagte er, „verwechseln Sie mich nur nicht mit einem Zirkusakrobaten!"
Dann erzählte mir Bao Dai von den Lebensgewohnheiten seiner Dickhäuter und hielt einen richtigen Vortrag über ihre verblüffende Intelligenz. Nach seiner Meinung müssen Elefanten ein außerordentliches Kombinationsvermögen besitzen, eine Art Intelligenz, die manchmal sogar das Denkvermögen eines Menschen in den Schatten stellt.
In alten Zeiten wurden Elefanten bekanntlich in der Kriegführung asiatischer Länder zu taktischen Zwecken – gleich den modernen Tanks – verwendet, und wenn Pyrrhus seine Dickhäuter vor zweitausend Jahren an Feuer gewöhnt hätte, so wäre nach Bao Dais Auffassung die gesamte Geschichte des Römischen Reiches wahrscheinlich anders verlaufen. Eine Demonstration des eigenständigen Elefanten-Denkens sollte ich wenige Stunden später bereits erleben!
Während Bao Dai sich zu seinem Platz auf die vorhin erwähnte akrobatische Weise zurückbegab, um noch schnell einige wichtige Staatspapiere zu studieren, erreichten wir eine weite Hochfläche. Der Urwald mit seinen hohen, lianenbewachsenen Baumriesen hörte plötzlich auf. Statt dessen dehnte sich eine mit Bambus bestandene Ebene kilometerweit vor uns aus und wurde weit in der Ferne von Dschungelbergen begrenzt. Mein Elefant schwenkte vergnügt den hoch erhobenen Rüssel.
Als ich mich umschaute, gewahrte ich bei allen anderen Tieren die gleiche, mir noch unverständliche Geste. „Sie wittern ihre wilden Rassegenossen!" rief mir der Kaiser zu und stellte sich, mit dem Feldglas bewaffnet, auf den Rücken seines Tieres. Ich folgte seinem Beispiel – und sah in etwa 2 Kilometer Entfernung eine merkwürdige Bewegung im ewig-grünen Meer des vom Wind bewegten Bambus. . .
Unsere Karawane verharrte in spannungsvoller Stille. . .
In der Ferne krachten und splitterten die Bambusstämme. Ein

Geräusch wie Gewehrfeuer! Ich stieg balancierend auf den Kopf meines Elefanten und blickte abermals durch das Fernglas. Dort drüben tauchten deutlich die schwarzgrauen Leiber einiger wilder Elefanten auf. Der Wind wehte von ihnen zu uns und nicht umgekehrt. Ein überaus günstiger Umstand, dem wir es zu verdanken hatten, daß die wilden Dickhäuter uns nicht bemerkten. Auf einen leichten Pfiff galoppierten etwa zwanzig unserer unbemannten Jagdelefanten hinein in den grünen Bambusdschungel. Ich war nicht nur hierüber, sondern auch darüber erstaunt, mit welchem Tempo sie es taten und unseren Blicken entschwanden. Das Krachen der Bambusstämme verursachte einen ohrenbetäubenden Lärm.

Jetzt mußte die Herde der wilden Elefanten etwas bemerkt haben, denn das merkwürdige Schwanken der Bambusspitzen hörte auf. Dafür tauchte der mächtige Kopf eines Leitbullen aus dem Grün. Mit weitgestellten Ohren und erhobenem Rüssel witterte er zu uns herüber. Dann verschwand er plötzlich. Die Herde setzte sich in Bewegung. An den niederbrechenden Bambusstämmen konnten wir deutlich ihren Kurs erkennen und verfolgen. Wir sahen aber auch den Weg, den unsere Jagdmeute nahm. Das war Taktik in höchster Vollendung!

Während nämlich unsere Tiere in weitem Bogen an der flüchtenden, wilden Herde vorbei in den Wind hineinliefen, zwangen sie die Verfolgten zum Kurswechsel mit dem Winde. Mit anderen Worten: Die wilde Herde verlor durch dieses Manöver an Terrain und wurde auf uns zugetrieben!

Nun aber machten die Verfolger auf dem „Absatz“ kehrt und rasten in kurzem Abstand längsseits der Verfolgten. Bis hierher konnte ich das taktische Schauspiel gut verfolgen. Bao Dai bedeutete mir, ich solle mich auf meinen Platz, also in den Reitsitz, zurückbegeben. Dann pfiff er ein zweites Mal. Jetzt setzten sich die restlichen Elefanten in Bewegung.

Mit lauten Trompetenstößen trabten sie der sich uns nähernden Elefantengruppe entgegen. Drei Minuten später kamen sie im Galopp auf uns zu, machten aber kurz vor uns einen Haken nach links. Das war das Signal für uns!

Ich mußte mich krampfhaft an meinem Tragegestell festhalten, um nicht von dem mächtigen Rücken meines hinter unserer Meute herrasenden Jumbo herunterzurutschen. Solch ein Tempo hätte ich diesem schwerfällig aussehenden Tier niemals zugetraut. Ich glaube kaum, daß ein galoppierendes Reitpferd schneller ist.

Ich bemerkte bei dem Tempo kaum, daß wir nach einigen Minuten mitten auf eine freie Hochfläche gelangten. Erst als der wilde Galopp sich in einen langsamen Trab verwandelte, wagte ich, mich

umzublicken. Das erste, was ich feststellte, waren zwei Elefantenbabys, die, flankiert von unseren Jagdtieren, vor uns hertrabten.
Weit voraus, am Rande der mächtigen Urwaldbäume, verschwanden, immer noch in wildem Galopp, die Wildelefanten. Sie hatten ihre Babys offensichtlich hinter sich gelassen. Die jungen, etwa anderthalb Meter hohen Dickhäuter hatten anscheinend noch gar nicht bemerkt, daß sie sich in falscher Gesellschaft befanden. Sie trotteten ganz vergnügt mitten zwischen uns und schwenkten gemeinsam mit unserer Herde auf einen einsam stehenden Baumriesen zu. –
Kurz bevor wir diesen Baum erreichten, spielte sich eine kleine Tragödie ab. Unsere Moi-Begleiter rutschten, mit dicken Seilen bewaffnet, affenartig von ihren Elefanten herunter und liefen, so schnell ihre kleinen Beine sie tragen konnten, hinter den beiden Babys her.
Im Zeitraum von wenigen Sekunden hatten sie jedem der beiden nichtsahnenden Urwaldkinder weite Schlingen um die schenkeldicken Stampfer geworfen, die Schlingen angezogen und dann Reißaus genommen!
Die Elefantenbabys hatten dieses Attentat auf ihre Freiheit jedoch bald bemerkt. Mit erhobenen Rüsseln drehten sie sich herum und stürmten auf die davoneilenden Mois zu. Dabei zogen sie aber die an zwei Elefantenbullen befestigten Seile stramm an und stürzten schließlich, kurz bevor sie noch einen der Mois erreichten, zu Boden.
Im Handumdrehen befanden sie sich von den hinzueilenden Jagdelefanten eingeklemmmt. Das gab ihnen offensichtlich irgendwie das Gefühl der Geborgenheit, denn sie erhoben sich langsam und trotteten nun – trotz der mitschleppenden Seile – langsam auf den alleinstehenden Baum zu. Dort angekommen, blieb die ganze Herde stehen, und während die nichtsahnenden Elefantenkinder sich wohlig an den mächtigen Leibern einiger Jagdtiere rieben, wurden die Seile um den Baum geschlungen und dort befestigt. Dabei zogen sich aber die Schlingen nur fester.
Die gefangenen Kleinen wurden furchtbar wütend. Mit erhobenen Rüsseln stampften sie links und rechts um den sie gefangenhaltenden Baum herum, bis sie schließlich das Seil so um den Baum geschlungen hatten, daß sie sich kaum noch bewegen konnten. Wutschnaubend wühlten sie alsdann mit ihren Rüsseln im Wurzelwerk herum, rissen faustdicke Wurzeln heraus und warfen Steine und Erde um sich und über sich.
Aber ihr Schicksal war besiegelt!
Am westlichen Horizont rötete sich der dunstig-graublaue Himmel. Eine frische, wohltuende Brise wehte über die Hochebene.

Die Mois schlugen ein großes Zelt auf, unsere Behausung für die nächsten Jagdtage.
Seine Majestät Bao Dai lag genießerisch träumend auf einem dicken Tigerfell und betrachtete die untergehende Sonne. Die Nacht im Zelt war kühl. Kurz vor dem Einschlafen fragte Bao Dai: „Nun, hier fühlen Sie sich doch bestimmt wohler als in dem heißen Saigon oder dem Waschküchenklima von Hanoi?“ Dabei reichte er mir eine dicke Kamelhaardecke. Ich antwortete: „Ja, ich bin sehr glücklich! Und ich kann auch verstehen, daß Sie das große Jagderlebnis in den Dschungeln der korrupten Zivilisation vorziehen.“
Während ich langsam ins Reich der Träume hinübersank, lärmten und schnaubten die beiden gefangenen Elefantenbabys, und Tausende von Riesengrillen vollführten eine annamitische Nachtmusik, die mir noch heute manchmal beim Einschlafen in den Ohren klingt. . .
An den folgenden beiden Tagen ging ein tropischer Regenguß nieder. Wir verbrachten die Zeit beim Schachspiel, lasen Anatole France und führten lange Gespräche. Langsam begriff ich, warum sich Bao Dai so sehr von der Öffentlichkeit abschließt, obgleich ihm das sowohl von den Franzosen als auch von seinen vietnamesischen Politikern sehr übelgenommen wird.
Besonders erstaunt war ich über Bao Dais tiefes religiöses Verständnis. Sein Prinzip ist absolute Toleranz und Hochachtung vor jedem religiösen Bekenntnis. Seine Frau, die Kaiserin, ist Katholikin. Auch die Prinzen sind Katholiken. Aus Gründen der Staatsraison hält Bao Dai sich persönlich jeder Konfession gegenüber strikt neutral, obwohl ihm das christliche Prinzip der Universalliebe die höchste ethische Lehre der Menschheit bedeutet.
Die gefangenen Elefantenbabys hatten nach den zwei Regentagen ihre Wut restlos verloren und lagen geschwächt am Boden, so daß wir es wagen konnten, uns ihnen zu nähern. Sie nahmen willig kleine Leckerbissen in Empfang – frische, zarte Baumwurzeln und die grünen Knospen vom Bambus. Gierig tranken sie das ihnen gereichte, frische Wasser. Noch immer gefesselt, durften sie sogar schon gemeinsam mit zwei unserer Elefantenkühe einen kleinen Spaziergang unternehmen.
Bao Dai bestieg mit mir – ohne andere Begleitung – unsere Reiseelefanten. Wir begaben uns bergab in Richtung des Urwaldes. Die Morgensonne brannte stechend auf das dichte Blätterdach. Bald dampfte es vor warmer Feuchtigkeit zwischen den Lianen, den riesigen Baumstämmen und im Unterholz. Mit Ausnahme einiger kleiner Papageien und einiger weniger schwar-

zer Affen, die sich kreischend von Wipfel zu Wipfel davonschwangen, waren keine Tiere zu sehen.
Der Mond stand schon hoch am Himmel, als wir zur Tigerjagd aufbrachen. Schwarze Wolkenschatten huschten langsam und bedächtig über das windige Hochplateau. Obwohl unser Jagdrevier keine 2 Kilometer von unserem Lagerplatz entfernt lag, bestiegen wir dennoch unsere Jagdelefanten. Bao Dai, der meine Verwunderung darüber bemerkte, sagte: „Die Elefanten nehmen wir aus zweierlei Gründen. Erstens überdeckt ihr Geruch den unseren, so daß die Tiger uns schwerlich wittern werden. Zweitens müssen wir, um unbemerkt zu dem Tigerwechsel zu kommen, in einem weiten Bogen gegen den Wind reiten."
Wir machten also einen weiten Umweg von mehr als 10 Kilometer, und es dauerte fast eine ganze Stunde, bis wir das von vollem Mondschein beleuchtete Hochplateau verließen.
Es fiel mir schwer, mich an die Dunkelheit des Urwaldes zu gewöhnen. Unsere Tiere tasteten sich nur schrittweise vorwärts. Die Atmosphäre war geradezu bedrohlich. Hier und da hatte ich den Eindruck, als ob uns drohende Katzenaugen aus der Schwärze des Unterholzes begleiteten. Dann aber stellte ich fest, daß es hauchdünne Lichtreflexe des Mondlichtes waren, die von den helleren Blättern im Buschwerk aufgefangen wurden.
Nach wenigen Minuten, die mir wie Stunden vorkamen, hatten wir endlich eine kleine Lichtung erreicht. Unter den mächtigen Beinen unserer Dickhäuter spritzte Wasser auf. Wir befanden uns in dem Bett eines kleinen Baches. Vor uns lagen mitten in der vom Mondlicht beschienenen Lichtung mehrere Felsblöcke. Ein kleiner weißer Fleck in ihrem Schlagschatten meckerte ängstlich.
„Was ist denn das?" frage ich Seine Majestät.
„Das ist unsere Köderziege", erklärte mir Bao Dai.
Lautlos glitten wir von den rauhen Rücken unserer Tiere, schnallten uns die Jagdhelme mit den mächtigen Scheinwerfern auf den Kopf, prüften die Gewehre und begaben uns auf einen der etwa fünf Meter hohen Felsen.
„Dieses hier ist Ihr Platz", sagte Bao Dai. „Achten Sie nur auf die enge Passage zwischen den beiden Steinen vor Ihnen. Ich gehe zum gegenüberliegenden Felsen." Damit verließ mich der Kaiser. Katzengleich glitt er in den Schlagschatten hinunter und verschwand dort.
Ich kam mir furchtbar einsam und verlassen vor. Trotzdem fühlte ich einen gewissen Stolz, denn Bao Dai hatte mich wie einen alten erfahrenen Tigerjäger behandelt. Er hatte mir keinerlei belehrende Vorschriften gegeben.
Die von den Mois wenige Stunden vorher angepflockte Lockziege

meckerte manchmal böse und ängstlich vor sich hin. Sonst war weit und breit nichts zu hören. Unsere Elefanten lagen etwa 50 Meter von uns abseits im Dunkel der Urwaldbäume. Sie kannten solche Manöver und scherten sich herzlich wenig um die Riesenkatzen, da sie ihnen ja erfahrungsgemäß niemals etwas antun.
Ich tastete nach dem Lichtknopf meines Scheinwerfers, um mich zu vergewissern, daß ich notfalls den breiten Lichtstrahl der Bestie, falls eine auftauchen sollte, entgegenschleudern konnte. Bao Dai hatte mir am Nachmittag erzählt, daß in der vergangenen Regennacht hier eine Lockziege von zwei Tigern geschlagen und fortgeschleppt worden sei. Es war darum anzunehmen, daß die Bestien sich in dieser Nacht mit bedeutend weniger Vorsicht der Stelle abermals nähern würden.
Diese und ähnliche Gedanken beschäftigten mich, während ich fast krampfhaft – den Worten Bao Dais gehorchend – auf die enge Passage zwischen den beiden Findlingen achtete.
Dann hörte ich plötzlich ein Geräusch. Es war mir, als ob hinter mir Zweige niedergetreten würden. Angestrengt lauschte ich nach rückwärts, warf aber dennoch hier und da einen Blick zu den jetzt vom Mondschein beleuchteten Steinen.
Da war es wieder! Aber ein wenig mehr seitlich. Diesmal schlugen Zweige zusammen. Jetzt war kein Zweifel mehr möglich! Das war das typische Heranschleichen von Katzen.
Ich beruhigte mich schnell wieder, denn hinter mir war jetzt absolute Stille. Dafür vernahm ich aber noch mehrere Male das merkwürdige Geräusch aneinanderschlagender Zweige. Dieses Geräusch schien sich der von Bao Dai angegebenen Stelle immer mehr zu nähern.
Nun wimmerte auch die Ziege unter mir geradezu furchterregend. Hatte sie die sich nahende Gefahr bemerkt?
Der Mond schien nun genau auf die beiden Steine und spiegelte sich in dem Bach. Da tauchte auch schon der langgestreckte Schatten einer Tigerkatze auf. Sie wurde klar sichtbar und legte sich hart neben den etwa drei Meter hohen Stein.
Ich entsicherte das Gewehr und legte an. Aber ich wartete noch auf den Moment, daß sich die Bestie etwas mehr aufrichtete, um besser auf das Blatt zielen zu können. In diesem Moment geschah etwas Unvorhergesehenes!
Ein zweiter Schatten tauchte auf und sprang lautlos auf den Stein, um dort aber sofort wieder zu verschwinden. In diesem Moment krachte ein Schuß, und mein Tiger richtete sich plötzlich auf. Was folgte, lag außerhalb meines Willens. Ich drückte meinen Abzugshahn, und ich kann mich nur dunkel erinnern, daß ich ganz automatisch die rot-weiß schimmernde Brust des Tigers im Visier hatte.

Dann drückte ich den Knopf meines Jagdhelm-Scheinwerfers. Der breite Lichtstrahl fiel auf zwei sich im Bache rollende Bestien. Vom gegenüberliegenden Fels huschte ein zweiter Strahl auf das Schauspiel. Der mächtiger Körper einer der Riesenkatzen sprang plötzlich hoch und klatschte gegen den Fels. Ein eisiger Schreck durchfuhr mich! Der Tiger war schlecht getroffen und nur verwundet!
In diesem Augenblick tauchte drüben, etwa zwei Meter über der verwundeten Bestie, Bao Dai in voller Größe auf. Er hielt sein Gewehr in der Hüfte. Den Tiger unter sich konnte er nicht sehen. Dieser aber fiel jetzt, offensichtlich entkräftet, vom Felsen gleitend, nach unten, richtete sich noch einmal auf. Er schien zu überlegen. Dann duckte er sich abermals zum Sprung. Ich hatte mein Gewehr angelegt und einen kleinen schwarzen Fleck hinter dem Ohr der Riesenkatze im Visier.
Jetzt oder nie! durchfuhr es mich und drückte los.
Diesmal saß der Schuß!
Die Bestie streckte sich und blieb bewegungslos liegen. Der zweite Tiger lag ebenfalls regungslos in dem sich rotfärbenden Wasser.
Insgeheim ärgerte ich mich ein wenig darüber, daß auch mein zweiter Tigerabschuß zwei Kugeln notwendig machte. Damals in Ostpakistan war mein erster Schuß auch nicht sehr präzise gewesen. Ich war genau wie in dieser Nacht gezwungen gewesen, das Tier durch einen zweiten Kopfschuß endgültig zu erledigen. Für einen Großwildjäger ist das kein allzu gutes Zeichen.
Seine Majestät Bao Dai ließ mich mein Mißgeschick jedoch nicht fühlen. Im Gegenteil, er gratulierte mir sogar herzlich zu der Geistesgegenwart, mit der ich der verwundeten Bestie den Fangschuß gegeben hatte, und versuchte mir noch weiszumachen, daß er den Fehlschuß getan hätte. Das war natürlich schwer zu widerlegen, aber es war mir absolut klar, daß diesem erfahrenen Jäger so etwas nicht passiert sein konnte.
Am frühen Morgen brachen wir unser Lager ab und ritten durch den Dschungel zurück zum Jagdhaus. Der Kaiser wurde dort von mehreren Journalisten und einigen Politikern erwartet. Er war über diesen Besuch keineswegs erfreut, wahrte jedoch sein Gesicht, das nun wieder das stereotype asiatische Lächeln zeigte. Ich war sehr stolz, daß ich ihn anders gesehen und kennengelernt hatte.
Trotz der ungeduldig wartenden Besucher nahm Bao Dai sich noch die Zeit, um mich zu verabschieden und sich gemeinsam mit mir zu einem Photo aufzustellen. Es war das erste Mal, daß sich Seine Majestät zusammen mit einem Ausländer photographieren ließ.
Ein Militärjeep brachte mich nach Banmethoud zurück.

Dort empfing mich der Minister des kaiserlichen Hofes und teilte mir mit, daß Bao Dai ihn angewiesen habe, mir aus seinem persönlichen Fonds die Summe von 50 000 Piaster (= 10 000 DM) auszuzahlen. „Seine Majestät wünscht, daß Sie diese Summe dazu verwenden, um Ihre Schulden in Saigon und darüber hinaus Ihre Sorgen für die Weiterreise nach Japan, einschließlich des dortigen Aufenthaltes, zu decken."
Das war mehr, als ich je zu erträumen gewagt hatte!
Die kaiserliche Maschine war angewiesen worden, mich von Banmethoud nach dem 150 Kilometer entfernten Dalat, der offiziellen Residenz Bao Dais, zu bringen. So erreichte ich eine Stunde nach meiner Rückkehr nach Banmethoud die Residenzstadt des annamitischen Hochplateaus.
In Dalat war es empfindlich kühl. Hier vergaß ich vollständig die Tropen, denn die mich dort umgebende Vegetation war eher mitteleuropäisch als südasiatisch. Riesige Tannenwälder und Berge, ähnlich dem Schwarzwald, umgaben hier einen malerisch gelegenen See.
Ich verlebte drei unvergeßliche Ruhetage in diesem fast deutschen Herbstklima und machte weite Spaziergänge in den friedlichen Tannenwäldern. Am dritten Tage besuchte ich auf dem alten Marktplatz der Stadt einen Modesalon im deutschen Stil, um mir einige Andenken für meine Frau in der fernen Heimat zu kaufen.
Als ich das Geschäft betreten hatte, begrüßte mich eine Dame in hervorragendem Deutsch ohne Akzent. Ich war vollkommen sprachlos. War ich wirklich im Schwarzwald? Lächelnd meinte die Dame, ich hätte schon allen Grund sprachlos zu sein, denn sie sei tatsächlich die einzige Deutsche in dem weiten Lande. Sie stellte sich mir als die Witwe des in Indochina verstorbenen ehemaligen deutschen Konsuls und Orientalisten Neumann vor. Sie wollte das Grab und das von ihrem Gatten so geliebte Land nicht verlassen.

Hongkong – „ein chinesisches Fort unter britischer Flagge"?

Die wenigen Tage in dem europäischen Klima des annamitischen Hochlandes hatten genügt, mir den notwendigen Aufschwung zur Fortsetzung meiner Reise zu geben. In den vier Wochen Indochina hatte ich mehr von diesem Lande gesehen, als ich mir je erträumen konnte. Ich war in Kambodscha, in Laos, in Kotschinchina und sogar in Tonking gewesen. Ich hatte das Volk der halbwilden Mois und die hochzivilisierten Vietnamesen kennengelernt, aber auch die französische Kolonialarmee und den Kaiser Bao Dai.
Mit der Abreise hatte ich Glück.

Im Hotel Majestic hatte man mir verraten, daß die dänische East Asiatic Co. ein schönes Schiff im Hafen liegen habe, das schon am folgenden Tage über Hongkong nach Japan dampfen würde. Ein Telephonanruf bei der Gesellschaft – und mein Platz auf der „Kambodia“ war gebucht!
Das japanische Visum hatte mir freundlicherweise und völlig unentgeltlich der befreundete erste Nachkriegs-Botschafter in Bangkok, Herr Suzuki, in meinen Paß gedrückt. Das Visum für Hongkong erhielt ich überraschenderweise binnen zehn Minuten vom britischen Konsul, so daß es keine der verhaßten papiernen Schwierigkeiten gab.
Als ich am Tage darauf von Saigon abdampfte und meinen Blick ein letztes Mal über die unendlich scheinende, meist vom Monsunregen überschwemmte Ebene von Saigon schweifen ließ, brauste ein Geschwader französischer Bomber über das Schiff dahin. Bis an die Masten bewaffnete Kanonenboote überholten uns. Die Soldaten winkten, und Fetzen des Liedes „Ich hab' mein Herz in Heidelberg verloren. . .“, begleitet von einer Handharmonika, schallten über das Wasser. Fremdenlegionäre, die zum Einsatz irgendwo an der 2000 Kilometer langen Küste fuhren! Ob diese jungen Männer wohl jemals ihre Heimat wiedersehen werden? durchfuhr es mich. . .
Die Flugzeuge und Kriegsschiffe verschwanden hinter irgendeiner Biegung des weitverästelten Stromnetzes. Bis zur offenen See mußte unser Schiff noch einige Stunden durch das Delta hin und her kriechen. Ein merkwürdiger Anblick, wenn andere Ozeanschiffe irgendwo am Horizont über dem Grün der überschwemmten Dschungellandschaft auftauchten. Das sah so aus, als ob die großen Dampfer über Land rollten, denn von dem sich kreuz und quer hinschlängelnden Fluß war meist nichts zu sehen.
Ich begab mich hinauf zum Bootsdeck, wo ich einstweilen mein Fahrrad abgestellt hatte. Mehrere dänische Seeleute – die Dänen sind bekanntlich passionierte Radfahrer – hatten sich dort um mein Vehikel versammelt. Sie wollten nicht glauben, daß das immer noch gut aussehende Fahrrad den ganzen Weg von Europa bis hierher zur äußersten Spitze Südostasiens gerollt war. „Made in Germany“, erklärte ich stolz, „das Fahrrad und ich auch!“
Bei der ersten Mahlzeit an Bord gab es eine kleine Mißstimmung. Eine ältere dänische Dame sprach nur gebrochen englisch, dafür aber ein gutes Deutsch. Als sie bei der englisch geführten Unterhaltung auf Schwierigkeiten stieß, wechselte sie zum Deutsch über, was den alten, bärbeißigen Kapitän zu der Bemerkung veranlaßte: „Auf meinem Schiff wird nicht deutsch gesprochen!“

Das war natürlich eine Provokation, die ich mir nicht bieten lassen konnte, obwohl ich alles andere als Nationalist bin. Es gab einen gehörigen Krach, der damit endete, daß sich der Kapitän während der nächsten Tage überhaupt nicht mehr sehen ließ. Er nahm die Mahlzeiten in seiner Kajüte ein. – Kurz vor Hongkong jedoch entschuldigte er sich bei mir, und von da ab verstanden wir uns ganz ausgezeichnet.

Als wir uns nach zwei Tagen Fahrt der chinesischen Küste in Richtung Hongkong näherten, erschienen plötzlich mehrere britische Düsenjäger am Himmel. Im Handumdrehen waren sie über uns und zischten in weitem Bogen um unser Schiff herum, um dann in Richtung Land wieder zu verschwinden.

Wenig später kam die Felsenküste Chinas in Sicht. Britische Patrouillenboote kamen auf uns zu, drehten dann aber wieder ab. Unter der Küste innerhalb der Dreimeilenzone war ein ganzer Wald von Segeln zu sehen. Als wir uns ihnen näherten, stellten wir fest, daß es Tausende von kleinen chinesischen Fischkuttern waren. Die am weitesten vorgeschobenen Boote hatten eine Wache rotchinesischer Soldaten an Bord. Durch den Feldstecher konnten wir die roten Sowjetsterne auf ihren Feldmützen erkennen. Sie hatten offensichtlich die Aufgabe, darauf aufzupassen, daß keines der Fischerboote sich selbständig machte und dem „roten Paradies“ in Richtung Hongkong entfloh. . .

Die Kette der Fischerboote brach plötzlich ab. Wir steuerten im rechten Winkel auf mehrere Felseninseln zu. Hier waren die äußersten Vorposten der britischen Kronkolonie Hongkong. Ein Leuchtturm, eine auf einem kahlen Felsen gelegene schneeweiße Wetterstation.

Hinter den ersten Inseln, die wir bald passiert hatten, öffnete sich uns ein unvergeßliches Bild von Felseneilanden, zwischen denen sich ein Labyrinth von Meeresarmen hinzog.

Tief im Innern der weiten Bucht wurden die Wolkenkratzer der Hongkong-Insel Viktoria sichtbar. Die Stadt befindet sich teils auf dieser Insel, teils auf dem Festlande. Viktoria, diese kahle und steile Felseninsel, eine unter Hunderten an der zerklüfteten chinesischen Küste, wurde vor mehr als hundert Jahren von den Engländern herausgesucht und zum Stützpunkt der Empire-Politik im Fernen Osten ausgebaut.

Viktoria gegenüber, auf einer schmalen Festlandhalbinsel, liegt der andere Stadtteil, Kawloon.

Unser Schiff legte im Hafen Kawloon an.

Die Reise nach Japan sollte schon am nächsten Tage weitergehen. Ich hatte also nicht sehr viel Zeit, wollte aber dennoch soviel wie irgend möglich über die Stadt Hongkong und vor allem über

Rotchina erfahren. Ich hatte erwartet, viele Hunderte von britischen Soldaten zu sehen. Ich sah nicht einen einzigen.
Wo immer ich in einer Kuli-Rikscha durch die weiten und eleganten Straßen fuhr, überall wurde gebaut, große Appartementshäuser mit sechs bis zehn Stockwerken, Geschäftsbauten, Bürohäuser, Fabriken. . .
Die Seitenstraßen aber wimmelten von chinesischen Flüchtlingen, die ihre Mahlzeiten mitten auf der Straße auf kleinen Holzkohlenfeuern kochten, Fischsuppen, den unentbehrlichen Reis und etwas Gemüse.
Und die luxuriösen Restaurants waren von wohlhabenden Chinesen überfüllt. Ebenso die zahlreichen Nachtlokale.
In einem solchen Nachtlokal traf ich einen jungen, intelligent aussehenden Chinesen. Als er seiner Tischdame, einer zierlichen, hübschen und elegant gekleideten Chinesin, ein Blumenarrangement kaufte, sah ich, daß seine Brieftasche vollgespickt war mit Hongkong-Dollars (1 Hongkong-Dollar = 0,70 DM). Der Mann hat Geld genug, dachte ich, hier besteht keine Gefahr, geneppt zu werden!
Ich fragte den Mann: „Wie lange wird Hongkong britisch bleiben?“ Er lachte: „Hongkong ist ja gar nicht britisch, sondern hat lediglich die Position eines kommunistischen Forts unter britischer Flagge.“ Ich machte ein dummes Gesicht.
Jetzt griff die junge Chinesin erstmalig in das Gespräch ein. Sie stellte sich vor als Delegierte der kommunistischen Lehrergewerkschaft. „Sehen Sie“, meinte sie belehrend und in fließendem Englisch, „die kommunistische Politik ist der amerikanischen haushoch überlegen, denn wir gehen keine dogmatischen Wege. Hongkong bleibt so lange unter britischer Flagge, wie es – genauso wie Europa – unserer Sache dient – dann wird nur auf den Knopf gedrückt . . . und die Stadt feiert ihre Befreiung!“
Auf dem Heimweg zum Schiff lernte ich im Zollgebäude des Hafens den englischen Superintendenten des Hafens kennen, der gerade auf einer nächtlichen Inspektionstour war. Ich stellte ihm die gleiche Frage wie dem jungen Chinesen: „Wie lange, meinen Sie, bleibt Hongkong noch britisch?“
Er schaute mich verwundert an und meinte dann: „Well – vielleicht bis übermorgen, vielleicht bis nächste Woche oder fünf Wochen oder auch Jahre. . . I want to go home, good night. . .“
Was ich an diesem einen Abend in Hongkong gesehen und gehört hatte, wollte mich nicht zur Ruhe kommen lassen. Was da geredet wurde, war sehr pessimistisch. Warum aber, fragte ich mich, wird so toll und verrückt gebaut, wenn die Menschen kein Vertrauen in die Zukunft haben?

Unsere „Kambodia“ stampfte durch eine aufgewühlte See in den Pazifischen Ozean hinein und beeilte sich, einem angekündigten Taifun noch rechtzeitig auszuweichen.
Der nächste Kurs nach Japan führt durch die Straße von Formosa. Wir hätten uns also nach Norden wenden müssen. Der dänische Kapitän machte mir aber klar, daß dieser Weg für die gesamte Schiffahrt von den Amerikanern gesperrt sei, um – wie es heißt – den Frieden in Ostasien zu erhalten. Besser gesagt: um der amerikanischen Marine einerseits die Kontrolle des roten Festlandes zu ermöglichen, und andererseits, um den letzten Rest des freien Chinas Tschiang Kai Scheks – nämlich die Insel Formosa – vor einem kommunistischen Überfall zu schützen.
Wir fuhren also in einem weiten Bogen nach Osten um Formosa herum und nahmen dann Kurs gegen Nordosten, an der Okinawa-Inselgruppe vorbei, hinauf gegen die japanische Inselwelt.
Die großen japanischen Häfen befinden sich fast ausnahmslos an der Pazifikküste. Die meisten Ozeanschiffe, die von Europa, Asien oder Australien kommen, laufen als ersten Hafen Kobe, dann Nagoya und schließlich Schimizu und Yokohama an.
Wir landeten nach drei stürmischen Tagen diesem Kurs entsprechend zunächst in Kobe.
Stundenlang waren wir an der Insel Schikoku entlanggefahren und hatten den ersten Blick japanischer Landschaft genossen: steile, grüne Berge und freundliche Fischerdörfer. Hunderte von Fischerbooten grüßten zu uns herüber.
Dann hatten wir plötzlich Land auf beiden Seiten, backbord die Insel Awaji und steuerbord das eigentliche japanische Festland, die Rieseninsel Honshu, auf der alle großen japanischen Städte liegen, Tokio, Osaka, Nagoya, Kobe und Kyoto.
Dort tauchte auch bald die Millionenstadt Osaka in der Ferne auf – und wenig später waren bereits die riesigen Dockanlagen der großen Hafenstadt Kobe zu sehen. . .
Je näher wir dem Lande kamen, um so mehr wurden wir von dem unendlichen Verkehrsgewimmel am Strand gefangengenommen. Ein riesiger, viaduktartiger Bahnkörper fällt zuerst und am meisten auf. Alle dreißig Sekunden rast dort eine elektrische Eisenbahn in Richtung Osaka oder Kobe.
Die Straßen wimmeln von Autos. Der Hafen vor uns hatte offensichtlich Hochbetrieb. Es kribbelte wie in einem Bienenkorb. Trotzdem ging es mit unserer Einfahrt wie am Schnürchen. Es klappte vortrefflich. Der Lotse raste in einem schnellen Motorboot längsseits und brachte uns in das riesige Hafenbecken. Hier

warteten bereits die Schlepper, um uns zur Pier zu bringen, an der wir nach wenigen Minuten auch bereits festgemacht hatten.
Ich war gespannt auf die ersten Japaner.
Kaum war die Gangway heruntergelassen, so stürmten auch schon einige hundert Dockarbeiter herauf an Bord, alles kräftige, untersetzte und gut genährte Arbeitertypen.
Was mir an ihnen am meisten auffiel, war ihre merkwürdige Fußbekleidung. Das sind weder Schuhe noch Socken, eher so eine Art Zwischending. Aus Segeltuch mit leichter, weicher Gummi- oder Ledersohle. Und was das Merkwürdigste dabei ist: die große Zehe hat ihren ganz besonderen Platz, ähnlich wie bei unseren Box- oder Fausthandschuhen. Wirklich, so etwas hatte ich noch nie gesehen.
Die japanischen Zollbeamten hatten bereits von mir gehört, ich war so gut wie avisiert.
Einer unter ihnen sprach sogar ein wenig Deutsch und war überaus stolz, mich auf deutsch begrüßen zu können. „Ich habe Schubert und Beethoven studiert. Und Haydn!" erklärte er mir und summte einige Takte aus irgendeiner Beethovensymphonie vor sich hin, während seine beiden Kollegen gleich mit einstimmten.
Es sind seit Kriegsschluß wenige Deutsche nach Japan gekommen, und das erklärt vieles. . .
Dann kamen die Journalisten an Bord. Eine wilde Meute, die sofort alle ihre deutschen Worte auspackten, die sie einst gelernt hatten. Blitzlichter flammten überall wo ich ging, auf – ich kam mir entsetzlich wichtig vor. Und dann begann die fürchterliche Prozedur der Kreuz-und-Quer-Interviews.
„Wir lieben Deutschland mehr als irgendeine andere Nation auf der Welt!" erklärte mir einer der Pressemänner.
Ein anderer meinte: „Sie werden sich hier in Japan bestimmt ganz wie zu Hause fühlen."
Wirklich, ich glaubte es ihm, denn ich bin tatsächlich noch in keinem Lande so herzlich und freudig empfangen worden. Wie ich später erfuhr, hatte meine inzwischen zur Hälfte überstandene Weltumradlung gerade in Japan außerordentlichen Eindruck gemacht und war journalistisch schon tüchtig ausgeschlachtet worden.
Selbstverständlich erhielt ich gleich eine Menge Einladungen, und im Nu hatte ich ein gutes Dutzend Visitenkarten vor mir liegen. Diese sogenannte „Meishi" wird bei jeder Vorstellung ausgetauscht. Man begrüßt sich nicht wie bei uns mit einem Händedruck, sondern mit mehreren, sehr tiefen Verbeugungen und – mit der Überreichung der „Meishi". . .
Kobe ist die kleinste der sechs japanischen Millionenstädte. Neben

Yokohama besitzt Kobe den größten und wichtigsten Hafen des Landes. Seine riesigen Anlagen mit den gewaltigsten Schiffswerften Asiens machen einen imposanten Eindruck. Japan kann jährlich 800 000 Tonnen Schiffsneubau auf Stapel legen und ist damit der zweitgrößte Schiffsproduzent der Erde.
Hatte ich in Asien bisher nur unterentwickelte und halbzivilisierte Länder gesehen, so stand ich hier zum erstenmal wieder mitten in dem Getriebe einer mächtigen Industriestadt. Immer und immer wieder mußte ich die Gesichter betrachten, die mich umgaben, nämlich um mich zu vergewissern, daß dieses hier wirklich Asien sei.
Ich wanderte zu Fuß durch die Hauptgeschäftsstraßen, durch den ohrenbetäubenden Lärm, den die Straßenbahnen und die Autos verursachten. Das sah ganz genauso aus wie in Europa, wie in irgendeiner europäischen Großstadt, einer Hafenstadt wie Le Havre, Liverpool oder Hamburg.
Kreuzte ich aber eine der Nebenstraßen, so war ich wieder mitten in Asien. Laden reihte sich an Laden, Geschäft an Geschäft, Lokal an Lokal. Und überall waren die typisch japanischen Reklamebänder und Lampions. Eine drängende und schiebende Menge wogte hin und her, dazwischen einkaufende Hausfrauen, die ihre Babys auf den Rücken geschnürt hatten, wie es in Japan Brauch ist.
Es wurde langsam dunkel. Kobe strahlte plötzlich in Millionen von Lichtern auf. Da begegneten einem amerikanische Soldaten . . . verschwanden in den zahlreichen Nachtlokalen; Seeleute aus allen Nationen schlossen sich ihnen an. – Ich ging weiter. Die Straßen, die mich immer mehr vom Hafen wegführten, wurden steiler. Und je weiter ich bergan wanderte, um so mehr spürte ich Japan. Hier war kein Europäer, kein weißes Gesicht mehr zu sehen. Es waren nur noch gelbe, schlitzäugige Gesichter, die mich ein wenig verwundert, aber gutmütig anstarrten. . .
Ich folgte einer Prozession von Kindern, singenden, fröhlichen kleinen Buben und Mädels, die in duftige und blumige Kimonos gekleidet waren. Rechts und links der Straße waren steinerne, japanische Laternen aufgestellt, deren magisches Licht der fröhlichen Gesellschaft einen faszinierend exotischen Ausdruck verlieh. Der Zug löste sich auf, und die kleine Bande stürzte sich jubelnd auf mehrere Marktstände. Die Buben kauften sich Raketen und Knallerbsen und entfachten bald einen Krach, daß ich glaubte, taub werden zu müssen. Die kleinen, schwarzhaarigen Mädchen mit ihren riesigen, bunten Schleifen und den farbigen Kimonos knieten um große Fischbehälter.
Neugierig stellte ich mich hinter sie und wurde so Zeuge eines ebenso lieblichen wie merkwürdigen Fischspiels.

Jedes der Mädchen erhielt ein kleines, kaffeesiebähnliches Papiernetz und eine kleine mit Wasser gefüllte Schüssel. Dann begann die Jagd nach den im Wasser sich tummelnden Goldfischen. Die Netze wurden ganz vorsichtig und flach ins Wasser gesenkt und verfolgten die flüchtenden Fische. Etwas zuviel Temperament – und das Papiernetz riß entzwei, und die Fischerei war zu Ende! Wer von den Mädchen die meisten Fische gefangen hatte, bekam eine große Chrysantheme.

Dann formierte sich der Zug wieder.

Im dämmernden Dunkel, am Ende der Straße, waren die Umrisse eines Tempelbaues zu sehen. Jung und alt zog dort vorbei, warf eine Münze in den Opferstock, faltete mit einer tiefen Verbeugung die Hände. Einige der Mädchen, die eben noch das Fischspiel gespielt hatten, warfen ihre gewonnenen Chrysanthemen hinter das trennende Tempelgitter und klatschten dabei in die Hände, um dann jubelnd davonzulaufen.

Das war der Tempel der Maya-Bunin. Sie ist die Mutter des asiatischen Erlösers Gautama Buddha – eine merkwürdige Parallele zum Mutter-Gottes-Kult der katholischen Kirche.

Neben dem Tempel stand ein seltsames Gerüst, eine turmähnliche Holzkonstruktion. Ich wollte schon wieder zum Hafen zurückpilgern, als dieser Platz plötzlich hell erleuchtet wurde.

Von der Höhe des Turmes ertönte eine merkwürdige, rhythmische Musik, gespielt von zwei mir unbekannten Zupfinstrumenten, einem Horn, einer Flöte und begleitet von zwei Pauken und zwei Trommeln.

Die bunte Menge der Kinder gruppierte sich im Nu um den Turm und bildete einen weiten Kreis. Mehrere junge, in Kimonos gekleidete Männer, gefolgt von erwachsenen Mädchen, begaben sich ebenfalls in den Kreis – und dann begann der Tanz!

Ein Volkstanz, der sogenannte Odori.

Nie in meinem ziemlich erlebnisreichen Leben habe ich etwas Lieblicheres gesehen als diesen Tanz, die ernsten und doch froh sich hingebenden Kindergesichter – Blumen im wahrsten Sinne des Wortes. Sie tanzten ihr tägliches Leben, Symbole der Arbeit, Leid und Freude in einem stets sich ähnelnden, aber nie ermüdenden Rhythmus.

Geradezu drollig waren ein paar kleine zwei- bis dreijährige Buben und Mädchen, die mit tiefstem Ernst und stolpernder Unbeholfenheit ihre ersten Tanzbewegungen versuchten. Dieses Schauspiel hatte mich vollkommen in seinen Bann gezogen, denn hier erlebte ich Japan und die japanische Seele. Hier wurde ich zum ersten Male bekannt mit der harmonischen Tiefe einer Rasse, die wir gemeinhin als fremd und unergründlich hinstellen.

Der japanische Odori hatte mein Herz restlos erobert, aber nicht nur für den Tanz schlechthin, sondern auch für das Volk, das diesen Reigen tanzt. . .
Es war spät nach Mitternacht, als ich mit lahmen, müde gelaufenen Beinen zum Hafen und damit zur „Kambodia" zurückfand. . .
Kobe wird von zwei mächtigen Berggruppen hart an den Strand und an den Hafen gedrängt, so daß die Stadt keine Ausdehnungsmöglichkeit mehr besitzt. Der steile, bewaldete, 1000 Meter hohe Rokkosan und sein Nachbar, der fast ebenso hohe Maya, halten die kühleren, von Norden und Nordosten kommenden Winde ab. Die in der Stadt herrschende Hitze war daher auch fast unerträglich.
Als ich am folgenden Morgen erfuhr, daß unser Schiff noch einen weiteren Tag im Hafen von Kobe liegenbleiben würde, stand mein Entschluß, einen der beiden Berge zu besteigen, fest. Mit Fernglas und Kamera bewaffnet, machte ich mich also auf den Weg.
Nach einstündigem Marsch befand ich mich schweißtriefend mitten in einem Tannenwald. Der Weg führte steil bergan und endete am Fuße einer breiten Treppe. Rechts und links dieser Treppe standen merkwürdige, steinerne Laternen, ähnlich denen, die ich am Abend vorher an der Tempelstraße gesehen hatte. Aber die Treppe schien nicht enden zu wollen. . . Ich war bestimmt schon mehr als tausend Stufen emporgeklettert, als sich endlich das Bild änderte.
Ein breiter, bunt bemalter japanischer Torbogen mit einer mächtigen Lampe in der Mitte bildete den Abschluß meiner „Himmelsleiter". Hier oben herrschte eine mysteriöse Stille. Die majestätischen Tannen warfen dunkle Schatten auf einen weiten Platz. Zu beiden Seiten standen kleine, verlassene Tempelbauten, und im Hintergrund schien ein größerer Tempelbau das Bild abzuschließen. Der Geruch des Tannenwaldes vermischte sich mit dem Hauch brennenden Weihrauchs. Ich wagte kaum, meinen Fuß auf das Pflaster des Tempelplatzes zu setzen, denn jeder Schritt hallte hohl von mehreren Seiten. . .
Vorsichtig näherte ich mich trotzdem dem Tempel – und erschrak, als ein mächtiger Gongschlag die geheimnisvolle Stille plötzlich zerriß!
Dann stand ich vor dem großen Tempel. Aus seiner dämmerigen Tiefe schaute die überlebensgroße Gestalt eines sitzenden Buddha. Rechts von mir wurde eine Schiebetür geöffnet, und gespenstergleich huschte ein weißgekleideter Mönch an mir vorüber. Er begab sich, ohne mich zu beachten, geradewegs auf den Buddha zu und streute Weihrauch und kleine gebrochene Zweige auf eine Opferschale. Kurz darauf war der lächelnde Buddha von einer dichten Weihrauchwolke umhüllt.

Ein steiniger Pfad führte an der Seite des Tempels steil bergan. Ich wählte diesen Pfad, um die Bergspitze zu erreichen.
Hier erkannte ich, daß ich mich mitten in einen heiligen Hain verirrt hatte, denn wo immer ich hinblickte, standen kleine, steinerne Marterln, mit winzigen, oftmals nur 10 Zentimeter großen Götzen. – Blumen, Reiskörner, kleine Münzen und oft auch winzige Kieselsteine in den Opferschalen deuteten darauf hin, daß dieser Hain von vielen Gläubigen besucht wird.
Irgendwo klatschte jemand in die Hände. Erschrocken drehte ich mich um.
Dort stand, von mir bisher unbemerkt, eine junge Mutter mit ihrem Kind auf dem Rücken, vollkommen selbstverloren und in Andacht versunken, vor einem kleinen, steinernen Gott mit einem Kinderkopf. Sie legte einen Kieselstein vor die Füße des Götzenbildes und klatschte abermals in die Hände.
Ich erinnerte mich einer Geschichte, die ich in Indien gehört hatte. Es war die Geschichte von dem „kinderbringenden Gott", der die kleinen Wesen durch den Fluß des Übels watend in den Mutterleib trägt. Ihm werden Kieselsteine geopfert, um ihm einen Damm durch das üble Wasser zu errichten, damit kein Schmutzfleck die Seele des Kindes erreicht. . .
Auf einem steinigen Pfad verließ ich den heiligen Hain.
Es ging langsam bergab, ständig durch Tannenwald. Dann erreichte ich freie Felder und ein kleines Bauerndorf. Die Leute – Männer, Frauen und Kinder – arbeiteten auf den terrassenförmig angelegten Reisfeldern.
Auf der Straße kam mir ein Pferdefuhrwerk mit einem angekoppelten vorsintflutlichen Pflug in die Quere. Der Fuhrmann, ein altes, runzliges Männchen, grinste zu mir herüber und sprach mich an. Ich konnte jedoch kein Wort verstehen. Seine einladenden Bewegungen ließen darauf schließen, daß ich neben ihm Platz nehmen solle. Gut – mit einem Satz saß ich neben ihm! Freundlich schnalzend trieb der Alte nun seine beiden Pferde zu schnellerem Trab an.
Die Sonne brannte unbarmherzig, was den Pferden aber nicht viel ausmachte, denn in Japan trägt jedes Pferd während der Hundstage im Sommer einen weiten Hut aus Strohgeflecht und ein luftiges Bambusdach hoch über dem Rücken, so daß die Luft frei über das Tier hinwegstreichen kann. Dies fiel mir schon an den ersten beiden Tagen meines Aufenthaltes in Japan auf. Die Japaner sind nämlich außerordentlich tierlieb. In jedem Haus sieht man wohlgenährte Hunde oder Katzen, und in den Städten gibt es viele Kliniken und Hospitäler für alle möglichen Haustiere.
Am nächsten Tag lief unsere „Kambodia" den weiter nördlich liegenden Hafen von Nagoya an.

Nagoya, berühmt durch seine Textil- und Maschinenfabriken, ist genauso groß wie Hamburg, war aber durch den Krieg vollkommen zerstört. Inzwischen ist diese große Industriestadt längst wieder aufgebaut worden. Das geht in Japan bedeutend schneller als in Deutschland. Holz und Papier sind außerordentlich billig, und die Arbeitslöhne lagen um 50 Prozent unter den unsrigen. Aus Holz, Papier, einigen Kilo Nägeln und Schrauben, etwas Zement und einigen Natursteinen zaubert der japanische Architekt die schönsten Wohnhäuser.
Der Durchschnittspreis eines Einfamilienhauses, bestehend aus drei Räumen, Bad, Küche und Nebenkammern, betrug etwa 3000 DM. Der Wiederaufbau Japans war darum bedeutend leichter und ging entsprechend schneller vonstatten als der Deutschlands.
Die „Kambodia“ legte am späten Nachmittag vom Pier ab, um noch am selben Abend den nächsten Hafen, nämlich Schimizu, zu erreichen.
Ich begab mich auf die Brücke und studierte dort die Karte. Zu meiner größten Überraschung stellte ich fest, daß der Hafen Schimizu nur wenige Kilometer vom Fuße des berühmten heiligen Berges, des Fujiyama (3778 Meter), entfernt ist.
Der Fujiyama, der zu den schönsten Bergen der Erde zählt, ist das Wahrzeichen Japans. Ich entschloß mich also, auf Deck zu bleiben und Ausschau nach diesem Berg zu halten. Der Kapitän lächelte jedoch mitleidig, als ich ihm den Grund meines Verweilens auf der Brücke mitteilte.
„Oh, Mr. Helfgen“, sagte er, „da werden Sie aber Pech haben, denn es wird bereits völlig dunkel sein, bis wir den Fuji sehen können! Wenn Sie wollen“, fügte er hinzu, „können Sie jedoch die ganze Küstenlandschaft am Radar betrachten!“
Nun, das ließ ich mir nicht zweimal sagen!
Schimizu – Yokohama . . . das war der letzte Sprung entlang der Küste, der Endpunkt meiner Seereise zwischen der Chinesischen See und dem Pazifik.
Wohl zwei Dutzend japanische Journalisten erwarteten mich in Yokohama, und ich mußte erst eine Flut von Blitzlichtern über mich ergehen lassen, bis ich mich von dem Kapitän und der Schiffsbesatzung der „Kambodia“ verabschieden konnte. Das war übrigens an einem sonnigen Morgen, und der Fujiyama – die Japaner nennen den Berg Fujisan – leuchtete, ja schwebte geradezu einsam über der Landschaft. Wirklich – wer diesen Berg einmal gesehen hat, der wird das Bild nie vergessen. . .
Yokohama hat weit über eine Million Einwohner und ist der größte Hafen des Landes. Das interessierte mich aber nur am Rande, denn die Nähe der Hauptstadt Tokio, dieser Riesenstadt

mit ihren Millionen Menschen, wirkt wie ein Magnet und läßt Yokohama nur als Vorort erscheinen. Jede Viertelstunde rast eine elektrische Vorortbahn die Entfernung von mehr als 30 Kilometern in einer halben Stunde herunter. Ich verstaute mein Gepäck und mein Fahrrad in einer Taxe und ließ mich auf dem schnellsten Wege nach Tokio fahren, um noch in irgendeinem Hotel unterzukommen.
Tokio wird von einer Fremdenflut überschwemmt, und es ist nicht leicht, ein Hotelzimmer zu finden. Ich kam jedoch in einem der drei besten Hotels unter. Es war das „Hotel Teito“ in der Marunouchi Chiyoda-Ku.
Ja, das waren „haarsträubende Preise“!
Mehrere Journalisten des japanischen Zeitungsverbandes (es gibt in Japan mehr als hundert große Tageszeitungen, von denen fast alle eine Auflage von mehr als 100 000 und eine stattliche Anzahl sogar Millionen-Auflagen haben!) gaben mir den Rat, in diesem Hotel zu bleiben und für ihre Zeitungen zu schreiben, um auf diese Weise die überhohen Hotelrechnungen bezahlen zu können.
Von meinem Fenster aus hatte ich eine herrliche Aussicht auf den Hybiapark, auf die Hauptverkehrsstraße mit den mächtigen Verwaltungsgebäuden verschiedener Ministerien und der Vereinten Nationen. Das war Weltstadt im wahrsten Sinne des Wortes! Schaute ich ein wenig nach rechts, so hatte ich den unübersehbaren kaiserlichen Park vor mir. Ein riesiger Wassergraben mit einer dahinterliegenden grauen Steinmauer trennt das kaiserliche Gelände von der Stadt. Aus dem Grün des Kaiserparks grüßen einige kleinere Villen der Riesenstadt. Man erhält unwillkürlich den Eindruck, daß hier in der Umgebung des „Hotel Teito“ die rasende Hast westlicher Zivilisation und der ewige Friede asiatischen Gleichmuts in glücklicher Harmonie zusammentreffen.

Japanisches Bad, Besuch beim Perlenkönig Mikimoto und Besteigung des Fujiyama

Mein Patria-WKC-Sportrad war für die Japaner eine kleine Sensation. Fast jeder zweite Japaner – einschließlich der Frauen und Kinder – fährt Rad. Ihre in Japan hergestellten Räder sind nicht schlecht, aber unheimlich schwer. Man wollte einfach nicht glauben, daß mein so leichtes Rad, das noch immer ziemlich neu aussieht, solche Strapazen quer durch Dschungel, Wüsten und über die unmöglichsten Straßen hatte bestehen können.
Nach einwöchigem Aufenthalt in Tokio – ausgefüllt durch nicht abreißende Besuche und Gegenbesuche sowie durch Pressearbeit –

faßte ich den Entschluß, mir das Land Japan etwas näher anzusehen. Zwar ist Tokio auch Japan, aber als Weltstadt ist die japanische Metropole international, und manchmal hat man den Eindruck, daß hier in erster Linie die Amerikaner, die sich in allen Winkeln der City sehen lassen, den eigentlichen Ton angeben.

An einem sonnigen Morgen radelte ich zur Stadt hinaus, und zwar nach Südwesten in Richtung des Fujiyama. Ich mußte jedoch sage und schreibe 60 Kilometer auf staubiger Landstraße heruntertrampeln, bis ich endlich außerhalb der Mammutstadt Tokio war und mich zwischen freien Feldern befand.

Eine Gruppe lustiger Japanerinnen, Mädchen einer höheren Schule, schlossen sich mir an. Bald war die netteste Unterhaltung im Gange, denn die Mädels sprachen ziemlich gut englisch. Sie wollten den Heiligen Berg besteigen.

Fast jeder Japaner macht die Besteigung des Fujiyama zum Höhepunkt seines Lebens. Die Bezwingung des Fujiyama ist zwar keine alpinistische Leistung, sondern vielmehr eine mühselige Kraxelei durch den Gürtel der umliegenden Urwälder und dann über rauhe Lavaasche, immer steiler und steiler, wobei die stets zunehmende Dünne der Luft allerhand Anforderungen an Herz und Lunge stellt.

Um die Besteigung des Fujiyama richtig zu würdigen, muß man sich vor Augen halten, daß die Kletterei fast in Meeresspiegelhöhe beginnt und nicht – wie in unseren Alpen – bei durchschnittlich 1000 Metern. Wer zum Beispiel die Zugspitze besteigt, startet in Partenkirchen in fast 1000 Meter Höhe und hat so nur 2000 Meter zu bezwingen. Der Fujiyama ist 3778 Meter hoch. Der Aufstieg beginnt, wie gesagt, in Höhe des Meeresspiegels. Man muß also fast doppelt soviel klettern wie bei einer Zugspitzbesteigung.

Etwa 20 000 Japaner nehmen jährlich diese Strapaze aus religiösen Gründen auf sich.

Als ich am Abend mit den lustigen Mädels den Fuß des Berges erreicht hatte, entschloß ich mich, meine Fuji-Besteigung auf einen späteren Termin zu verschieben, auf eine Zeit, in der die Wallfahrtsperiode zu Ende ist und ich mutterseelenallein die Schönheit des Berges genießen kann. Mein nächstes Ziel sollte Nagoya und die südlich dieser Stadt gelegene Perlenfischerei sein.

Es war spät am Abend, als ich in der kleinen Ortschaft Fujinomya die Leute nach einem Hotel fragte. Die Verständigung war außerordentlich schwierig. Man lächelte, grinste und lachte vor Verlegenheit. Immer und immer wieder wiederholte ich: „Hotel. . . Hotel. . .", bis endlich ein junges Mädchen sagte: „Hoteru, hai, hai, nihon hoteru, hai arimasu!"

Daß „hai“ soviel wie „ja“ heißt, hatte ich bereits in den ersten Tagen meines Aufenthaltes in Japan herausgefunden.
Das Mädchen führte mich zu einem Haus, das sich von den anderen Häusern der Ortschaft nur durch seine Größe unterschied. Wir gingen über weitausladende Quadersteine durch einen üppig blühenden Garten. Ein junger Bursche nahm mir stillschweigend mein Fahrrad ab und brachte es durch einen anderen Eingang ins Haus. Eine mächtige, gläserne Schiebetür wurde lautlos geöffnet – und ich stand im Empfangsraum.
Der erste Eindruck war der einer unvorstellbaren Sauberkeit. Die Fliesen, auf denen ich stand, schienen erst vor wenigen Minuten mit Seifenwasser geschrubbt worden zu sein. Während das mich begleitende Mädchen einige Worte ins Haus hineinrief, erschien ein gutes Dutzend anderer junger Mädchen, alle in blumige Kimonos gekleidet, und kniete auf der Holzempore, die die Fliesen ablöste, nieder, um mir unter tiefen Verbeugungen den Willkommensgruß zu entbieten.
Ich muß gestehen, daß mich das sehr verlegen machte. Unentschlossen blieb ich stehen, bis endlich ein älteres Mädchen nach meinen Beinen griff und mir meine Schuhe auszog. Ein anderes Mädchen brachte mir ein Paar bunte Schlupfpantoffeln. Dann schlurften die anmutigen Japanerinnen nach allen Richtungen davon, aber ihr Schlurfen war eine Art Trippeln, und man muß es selber gesehen haben, man kann es einfach nicht schildern! Grazil und anmutig.
Hierauf wurde ich durch einen Gang von Papierschiebetüren geführt. Eine Begleiterin war mir geblieben, mein sogenanntes Hotelmädchen. Sie öffnete eine weitere Tür und bedeutete mir, daß ich nun auch meine Pantoffeln ausziehen müsse. Also war hier mein Hotelzimmer! Ein kleiner Raum mit einer riesigen, kunstvollen Blumenecke, und ein ganz kleiner, niedriger Tisch. Daneben befand sich der große Raum; er war vollkommen leer, abgesehen von etwa vier oder fünf dekorativen Nischen, die durch rohe, hochpolierte Äste und durch Bambusgeflecht geschmackvoll eingefaßt waren. In einer dieser Nischen stand ein herrlicher, geschnitzter Buddha, in einer anderen eine riesengroße Vase und im Hintergrund eine mit chinesischen Schriftzeichen versehene, offene Pergamentrolle.
Das Interessanteste aber war der Fußboden. In sauber eingefaßten Rechtecken war der ganze Raum bis in die kleinste Ecke mit dicken, weißgelben Schilffasermatten ausgelegt, den sogenannten Tatamis. Die dicken, papierenen Wände mit den Schiebetüren und Fenstern und die schallaufsaugenden und warmen Tatamis, die bunten Farben der Wände und vor allem die hochkünstlerischen

Holznischen gaben dem Zimmer eine Intimität, in der man sich sofort wohl fühlen mußte.
Mein Hotel- bzw. Zimmermädchen wich nicht von meiner Seite. Als ich mir die neue Umgebung lange genug angesehen hatte, kniete sie sich diskret vor mir nieder und knüpfte mir meine Kleider vom Leibe. Hierauf reichte sie mir den Hotelkimono. . . Aber mir sollten noch weitere, merkwürdige Dinge in diesem Hotel widerfahren. . .
„Ofuro, dooso!" rief eine Stimme von unten.
Das Zimmermädchen führte mich hinunter zum Keller und schob mich durch eine Glastür in einen kleinen Raum. Hier standen verschiedene Körbe mit weiblicher Unterwäsche und weiteren Kimonos. Hinter einer anderen Glastür plätscherte es. Jetzt erst war es mir klar, daß hier das Bad war.
Während ich noch zögerte, unschlüssig, ob ich nun im Adamskostüm ins Bad marschieren sollte, öffnete sich die Tür, und mein Mädchen brachte mir meine Toilettensachen und ein Handtuch. Sie lachte über das ganze Gesicht und nahm mir meinen Kimono wieder ab. Dann öffnete sie die andere Tür und schob mich in den Baderaum. . .
Obwohl ich nicht behaupten möchte, besonders schamhaft zu sein, so wollte ich doch im ersten Moment in den Boden versinken! Wenn nur ein einziger Mann nackt hier herumgelaufen wäre, so hätte es mich ein wenig beruhigt. Aber ich befand mich vielmehr mitten unter einem halben Dutzend splitternackter Mädchen. . .
„Konban wa, konnichi wa, gozaimasu", grüßten die Nixen lächelnd. Ohne mich weiter zu beachten oder anzuschauen, fuhren sie fort, sich zu baden. Das Ganze geschah völlig selbstverständlich, und die Atmosphäre war so sauber, daß meine ursprüngliche Scham im Bruchteil von Sekunden verflog.
Ich wusch mich außerhalb der riesigen, in den Boden gelassenen, hölzernen Badewanne, seifte mich ab und rasierte mich.
Dann kam eines der Mädchen und fragte mich etwas, was ich zwar nicht verstand, aber ich nickte. Und dann begann sie mir den Rücken abzuschrubben und schüttete mir anschließend einen kleinen hölzernen Bottich Wasser aus der riesigen Badewanne über den Kopf. Das Wasser war so heiß, daß ich am liebsten laut aufgeschrien hätte.
Auf die Zähne beißend stieg ich in die gerade unbesetzte Wanne. Erschrocken zog ich den Fuß zurück. Das war doch unmöglich, diese Temperatur! Die Mädels kicherten.
Hm, dachte ich, was die können, das kann ich auch! Ich holte also tief Luft und sprang in die Wanne. Daß ich nicht das Bewußtsein verlor, schien mir wie ein Wunder!

Das Wasser brannte unter den Fingernägeln. Ich blieb ganz still sitzen, denn das Wasser brannte bei jeder noch so kleinen Bewegung wie Feuer.
Ein junges Mädel setzte sich neben mich, offensichtlich, um mir zu zeigen, wie ich mich in dieser unvorstellbaren Hitze zu verhalten habe. Es gehört nämlich eine gewisse Atemtechnik dazu, das Wasser in dieser Temperatur zu ertragen. Ich prustete also in demselben Rhythmus wie die Kleine an meiner Seite und fand es tatsächlich auch bald erträglicher.
Als ich nach drei Minuten, rot wie ein Krebs und aus allen Poren schwitzend aus dem Bad stieg, war ich richtig stolz darauf, das Vertrauen der Japanerinnen so weit gewonnen zu haben, daß sie mich genau wie einen der ihren aufgenommen hatten.
Man hatte mir nämlich schon in Tokio erzählt, daß seit der Besetzung Japans durch die Amerikaner, die Japaner das gemischte Baden aufgegeben hätten. Die Japanerin ist an und für sich sehr schamhaft. Ihre Volkstracht, der Kimono mit dem überbreiten Obi, dem Gürtel, ist voll und ganz darauf zugeschnitten, die weiblichen Formen vor der Öffentlichkeit zu verbergen. In der Intimität des eigenen Hauses und der Nachbarschaft benehmen sie sich jedoch außerordentlich frei, und es gilt offenbar der Grundsatz: Es hat nur der sich zu schämen, der hinschaut.
Und im japanischen Hotelgewerbe gilt seit jeher nur ein Prinzip: dem Gast das Heim zu ersetzen. . .
Die Fahrt entlang der pazifischen Küste ist eine Reise durch ein wahres Märchenland. Man spricht von der Riviera als der schönsten Küstenlandschaft der Welt. Aber wer das behauptet, der hat bestimmt Japan noch nicht gesehen.
Ich bin in früheren Jahren durch die schönsten Küstenlandschaften Europas, Afrikas und Südamerikas gewandert; auf dieser längsten und abenteuerlichsten meiner bisherigen Reisen hatte ich die anatolische und kleinasiatische Küste, die Küsten Persiens und Arakans, den Indischen Ozean und die Chinesische See bewundert – aber diese japanische Pazifikküste hatte es mir dennoch am meisten angetan!
Ich habe lange darüber nachgedacht, was den Zauber der japanischen Küstenlandschaft ausmacht.
Südlich von Atami, dem weltberühmten Badeort Tokios, fand ich die Erklärung. Es ist die vollkommene Harmonie der Formen und Farben, der bewaldeten, teils schroffen, teils sanft hügeligen Berge mit dem Blaugrün des unendlichen Ozeans. Es ist der Gleichklang des Baustils der japanischen Dörfer mit ihrer Umgebung sowie die harmonische Einfügung der Volkstrachten, die wie die Wiesenblumen das sanfte Blau und Grün von Himmel, Bergen und Meer

bereichern. Der weiche Klang der melodischen japanischen Sprache ist es, das plätschernde Lachen und die stete sonnige Freundlichkeit dieses Volkes.
Das alles bildet eine große Harmonie, die den Besucher des Landes glücklich machen muß, ihn festhält und nur schwer wieder losläßt.
Es ist gewiß kein Zufall, daß Tanz und Musik das japanische Volk beherrschen. Wir hören in Europa so viel über die asiatische Verschlagenheit oder das ewige, unergründliche Lächeln der Japaner – über die sogenannte asiatische Maske. Aber ich möchte, ich muß protestieren.
Denn nirgendwo fand ich Unoffenheit oder maskenhaftes Lächeln, ja ich behaupte sogar, daß kein Volk der Erde so freimütig und so oft lacht wie das japanische. Es stimmt zwar: auch der Japaner lächelt. Aber er zeigt sein konventionelles Lächeln in Situationen, in denen Weinen natürlicher wäre. Diese Gepflogenheit findet ihre Begründung in der vorherrschenden Sehnsucht nach ununterbrochener, glücklicher Harmonie. Der Japaner versucht eben, in jeder Situation glücklich zu sein oder zumindest sein Unglück für sich selbst zu behalten. Er will andere nicht damit belästigen. Daß dieser lobenswerte Brauch zu solchem Mißverstehen einer ganzen Rasse führte, ist außerordentlich bedauerlich und beweist nur, wie oberflächlich und vorurteilsvoll die weiße Rasse andersfarbige Völker betrachtet.
Nach dreitägiger Fahrt entlang der pittoresken und abwechslungsreichen Küste erreichte ich endlich die Industriestadt Nagoya. Die Stadt ist wie die meisten Industriezentren der Welt alles andere als schön. Ich hatte schon in Tokio erfahren, daß hier eine berühmte katholische Universität ist, die von deutschen Missionaren geleitet wird.
Stundenlang fuhr ich durch die weit ausgestreckt daliegende Stadt an meist ein- oder höchstens zweistöckigen Wohnhäusern entlang, zwischen großen Fabrikanlagen hindurch – Maschinenfabriken und Webereien –, bis ich endlich am anderen Ende Nagoyas den Gebäudekomplex der Universität fand.
Die Patres empfingen mich, wie man einen Landsmann empfängt, und erklärten sich sogleich bereit, mir die Hörsäle und die Laboratorien zu zeigen.
Den größten Eindruck machte auf mich die Linguistische Sektion, in deren Sälen mehr als zwanzig Sprachen in modernster und technisch vollausgestatteter Form gelehrt werden. Jeder Student hat eine eigene Zelle mit Radioanlage, in der er über einen Kopfhörer von Schallplatten seine Lektion immer und immer wieder abhören kann, bis er den rechten Akzent der zu lernenden

Sprache aufgenommen hat. Um eigene Akzentfehler auszumerzen, spricht er selber wöchentlich einmal auf Band und kann dann diese Bandaufnahme mit der Orginalplatte vergleichen.
Unter Zurücklassung meines Fahrrades fuhr ich am folgenden Morgen mit einem deutschen und einem amerikanischen Professor, beide Ordensangehörige der Steyler Mission, per Auto nach Süden, nach Toba, und von dort weiter hinunter nach Schimenoura zur Ago-Bai, berühmt durch die Perlenzüchterei des weltbekannten Erfinders der Perlenzucht, zu Kokichi Mikimoto.
Unterwegs besuchten wir eine Missionsstation, eine Baumwollspinnerei. Es war ein heller und heißer Sonntagmorgen. Die Fabrikmädchen – zum größten Teil Katholikinnen – tummelten sich im Schwimmbad der Mission.
Unter dem kichernden Gelächter der Mädchen warfen die Patres ihre Soutanen beiseite und stürzten sich mit mir ins kühle Naß.
In Deutschland gibt es kirchliche Kreise, die heute noch gegen das an und für sich unschuldige Familienbad Stellung nehmen. Die katholische Kirche in Japan denkt jedoch völlig anders.
Es ist nicht leicht, vom Perlenkönig Mikimoto empfangen zu werden. Der alte Herr – er ist bereits 95 Jahre alt! – liebt die Einsamkeit seiner Perleninsel und schließt sich mehr und mehr von der Öffentlichkeit ab.
Ein Glück, daß ich die japanisch sprechenden Patres bei mir hatte. Sie bemühten sich abwechselnd, den Sekretär Mikimotos zu überreden, mich zu dem Perlenkönig vorzulassen. Aber ihre Mühe schien keinen Erfolg zu haben. Da sagte der eine der Patres zu mir: „Ja, wenn Sie achtzehn oder neunzehn Jahre alt wären, dann wäre es nicht so schwer!"
„Wieso?" fragte ich.
Der Pater sagte: „Kokichi Mikimoto liebt die Jugend, er ist ein großer Kinderfreund und. . ."
„Gut", rief ich, „dann soll der Sekretär dem Perlenkönig bestellen, daß ich auch für die Jugend schreibe. Wenn ich wieder in Deutschland bin, werde ich ein großes Jugendbuch über meine Weltumradlung herausbringen. . ."
So geschah es! Und der Hinweis auf die Jugend zündete prompt!
Wir wurden über einen Waldpfad zu einem einsam gelegenen Hügel geführt. Der japanische Perlenkönig Kokichi Mikimoto saß in einem weiten, warmen Kimono eingehüllt auf einer hölzernen Bank vor der Tür seiner Hütte. Seine ganze Umgebung fiel durch eine überaus schlichte Einfachheit auf. Verwundert schaute ich mich um, denn ich hatte mir die Umwelt dieses Milliardärs doch entschieden anders vorgestellt. Der alte Herr weidete sich an meinem Erstaunen. Er brach in ein schallendes Gekicher aus und

meinte dann: „Ja, junger Mann, Mikimoto ist alt. Aber auch sein Haus ist alt. Und das paßt gut zusammen."
Ich fragte ihn, ob er sich hier denn nicht sehr einsam fühle.
„Warum einsam?" Er sah mich erstaunt an. „Sehen Sie", fuhr er fort, „mein Leben gehörte dem Schönsten, was uns der Schöpfer gegeben hat: den schönen Frauen!" Verschmitzt lächelnd fügte er hinzu: „Millionen Frauen sind glücklich mit meinen Perlen. Einige tausend von ihnen werden dabei wohl auch an den alten Mikimoto denken, und dann besuchen mich ihre Gedanken und die Seelen der Millionen getöteter Austern. Wie soll ich mich da wohl einsam fühlen, junger Mann?" (Kokichi Mikimoto ist Buddhist.)
Mit Mikimotos besonderer Erlaubnis besuchten wir die Laboratorien und die Bucht mit den Perlenflößen. Wir beobachteten eine Schar dreißig- bis vierzigjähriger Frauen, Taucherinnnen in weißen Flanellkleidern, die unermüdlich 10 bis 20 Meter tief in die Bucht tauchten, um dort Austern zu sammeln. Mikimoto nimmt nur Frauen für diese Beschäftigung. Nach seiner Auffassung sind Frauen gerade in dem Alter für diese Arbeit am besten geeignet. Sie tauchen nach den sogenannten „Perlmüttern", den zwei- bis dreijährigen Austern, und sammeln sie in großen Bambuskörben. Wir folgten dem Weg eines solchen gefüllten Korbes. Er wurde von einem stämmigen Burschen zum Laboratorium gebracht. Die Austern wurden dann an die dort sitzenden Mädchen verteilt.
Jedes der Mädchen hatte einen besonderen Tisch mit feinen, fast möchte ich sagen: ärztlichen Instrumenten. Ich sah Pinzetten, glitzernde Skalpelle, Gläser, Fläschchen mit allerlei Flüssigkeiten, Vergrößerungsgläser und so weiter. Die Austern wurden vorsichtig in eine Art Schraubstock gespannt und mit einem Instrument behutsam geöffnet. Aus einem der Fläschchen wurde alsdann ein bißchen von einer dunklen, zähen Flüssigkeit entnommen. Ich war neugierig und fragte, was das sei. Freundlich lächelnd antwortete die kleine, junge Japanerin: „Das sind natürliche Bindegewebe. Woher, das ist Mikimotos Geheimnis!" Nun nahm sie mit äußerster Behutsamkeit mit der Pinzette ein wenig von dieser Masse auf und führte das Instrument mit ruhiger, geübter Hand mitten in die Auster. Mit einem zweiten Spezialinstrument pickte sie ein Sandkörnchen – es glitzerte wie Muschelsand – und stieß dieses an der Pinzette entlang, offensichtlich in die vorher eingeführte Gewebemasse hinein. Damit war die „Muscheloperation" beendet.
Der uns begleitende Sekretär erzählte uns, daß es dreijährigen harten Trainings bedürfe, bis ein geschicktes Mädchen mit ruhiger Hand diese wesentliche Operation an den Muscheln vornehmen könne. Das Entstehen der Perle ist von dieser „Samenlegung" abhängig.

Die Austern werden alsdann in Drahtkörbe gelegt und an Bambusflößen 5 bis 10 Meter tief in die Bucht hineingehängt. Dort hängen sie, wohlbehütet, 2 bis 5 Jahre lang. Sie leben von den durch das Meerwasser hin und her flutenden Mikroben, und mittlerweile vollzieht sich in ihrem Innern das große Wunder der in ihrem Fleisch wachsenden Perle.
Es wurde mir erlaubt, einige der „fertigen" Austern zu öffnen und mit einem feinen Messer zu sezieren. Ein aufregender Moment, als das Messer auf etwas Hartes mitten im Fleisch der Auster stieß – und ein Erlebnis, als aus der grau-gelben Masse der milde, faszinierende Schein einer großen, vollkommenen Silberperle hervorschimmerte. – Ich durfte die selbst entnommenen Perlen behalten und schickte sie einige Tage später durch den gerade in Tokio weilenden deutschen Olympialäufer Herbert Schade meiner Frau.
In der Perlen-Sortiererei wurde ich fast geblendet von dem dort herumliegenden Reichtum an Perlen aller Größen und Schattierungen. Selbst schwarze und goldschimmernde Exemplare lagen da zu Hunderttausenden. Ich fragte den Sekretär nach dem Wert aller hier aufgespeicherten Perlen. „Der durchschnittliche Wert, der hier in Monaten währendem Sortieren und Vergleichen herumliegt", sagte er, „beträgt mehrere Millionen Dollar!" Lächelnd fügte er hinzu: „Dennoch kennen wir hier kein Kontrollsystem für unsere Arbeiterinnen und Arbeiter. Wir haben nicht einmal einen Geldschrank!"
Ich mußte ein ziemlich dummes Gesicht gemacht haben, denn die meist sehr hübschen, jungen Sortiererinnen brachen in ein schallendes Gelächter aus. „Es gibt hier tatsächlich kein Kontrollsystem, und die Mädchen könnten täglich Hunderte der kostbarsten Perlen ohne weiteres mit nach Hause nehmen und in Tokio zu höchstem Preis verkaufen", fuhr der Sekretär fort. Der mich begleitende Pater übersetzte und erklärte mir anschließend, daß es für das einfache japanische Volk auf dem Lande unvorstellbar sei, unehrlich zu sein. Die Ehrbarkeit der Dorfbevölkerung an der Perlenbai Mikimotos ist fester und haltbarer als alle stählernen Tresore, die die westliche Zivilisation zu erfinden vermag. . .
Ich glaube, daß diese Feststellung allen Besitzern von Japan-Perlen bekanntgemacht werden müßte. – Während die Geschichte des Goldes und der Diamanten sehr oft mit Blut und Tränen geschrieben wurde, kennt die Mikimoto-Perle in ihrem Werdegang nur das Lachen und die herzliche Fröhlichkeit hübscher und grundehrlicher Mädchen. . .
Der Unterschied zwischen der sogenannten echten Naturperle und der japanischen Zuchtperle ist kaum festzustellen. Es wird behaup-

tet, daß die japanische Perle um ein Tausendstel leichter sei als die reine Naturperle, doch auch hier soll es Ausnahmen geben. Mikimotos Perlen sind echte Perlen, denn sie sind genauso in der Auster gewachsen wie die „Zufallsperlen", die hier und da in der Südsee gefunden werden. Der einzige „Fehler" – sie ist infolge der überaus reichen Auswahl in ihrem Schmelz und der Form beinahe zu rein und zu vollkommen. Mikimoto läßt alle unvollkommenen Perlen vernichten. Das sind jährlich Millionenwerte!
Als ich mich von dem alten Kokichi Mikimoto verabschiedete, fragte ich ihn, ob er denn auch an die medizinische Zauberkraft der Perlen glaube wie so viele Völker. Verschmitzt lächelnd erwiderte er: „Ich glaube sehr wohl, daß ein hübsches Perlengeschenk medizinische Wunder vollbringen kann und schon manche Träne hübscher Frauen getrocknet hat. . ."
Von Mikimotos Perlenfarm reiste ich kreuz und quer durch Japan und war von der herzlichen Freundschaft, die man mir als Deutschem entgegenbrachte, immer wieder überrascht. . . Sehr viele Japaner sprechen Deutsch. Die meisten kennen unsere Kultur, unsere Dichter, Philosophen und insbesondere unsere Komponisten besser als mancher Deutsche.
Ich hielt mich für einige Tage auch in Futaminoura, einem Badeort an der Küste auf. Futaminoura ist ein rein japanischer Wallfahrtsort, berühmt durch seinen Sonnenaufgang.
Abseits der Hotelstraße befindet sich hart an der felsigen Küste ein Tempel. Hundert Meter weiter, mitten in der Brandung des Ozeans, liegen zwei Felsen, die durch einen mächtigen, aus Reisstroh geflochtenen Strick miteinander verbunden sind. Es geht die Sage, daß jeder Frühaufsteher, der vom Tempel aus die Sonne über jenem Strick aufgehen sieht, die Erfüllung aller seiner Wünsche erhoffen darf. . .
Selbstverständlich wollte ich mir dieses Schauspiel des Futami-Sonnenaufganges ansehen. Ich brauchte aber keinen Wecker, denn Hunderte und aber Hunderte von Getas, das sind die berühmten japanischen Holzsandalen, klapperten im ersten Morgengrauen unter meinem Hotelzimmer vorbei. Das sprudelnde Gekicher und Gelächter aus vielen Mädchenkehlen bildete die Melodie zu diesem Rhythmus. Mit meiner Kamera bewaffnet raste ich im Hotelkimono hinaus auf die Straße, mischte mich unter die Schar der munteren Gesellschaft – und erlebte bald darauf das so berühmte Schauspiel.
Es war in der Tat der schönste Sonnenaufgang, den ich je gesehen hatte. Auch ich klatschte mit allen Gläubigen in die Hände, als nach langem Warten endlich der feurige Sonnenball sich majestätisch über dem Seil erhob.

Die Mädchen hatten Mundharmonikas mitgebracht und sangen japanische Volkslieder. Ich war für sie eine kleine Sensation, denn Europäer oder Amerikaner werden in Futami selten gesehen. Ihre freundlichen Zurufe konnte ich nur mit einem verlegenen Lächeln quittieren. Als ich einem der Mädchen eine große Mundharmonika – eine deutsche „Hohner" – abnahm, wurden sie alle mäuschenstill und schauten sich erwartungsvoll an. Ich spielte: „Am Brunnen vor dem Tore." Mir blieb jedoch glatt die Spucke weg, als die ganze Gesellschaft mehrstimmig, wenn auch mit japanischem Text, das Lied mitsang. Ich spielte dann noch andere deutsche Volkslieder und – die Mädchen kannten sie alle und sangen mit. . .
Es war einer der schönsten Morgende, die ich je erlebt habe. Die schlitzäugigen, anmutigen Japanerinnen in den Kimonos am zauberhaften Strand des Pazifiks und – deutsche Volkslieder . . . ein Stück Heimat in einer fremden Welt, inmitten einer Rasse, die es verdient, von uns viel mehr beachtet und geliebt zu werden.
Wenige Tage nach diesem Erlebnis startete ich zur Besteigung des Fujiyama, des Heiligen Berges. Die Wallfahrtssaison war vorbei, der Berg lag einsam und verlassen. Die vielen Rasthütten an seinen Hängen waren geschlossen. Es war schon eine mühsame Angelegenheit. Der mehr oder weniger sanfte Anstieg durch den Gürtel des üppig wuchernden Dschungels bis zu einer Höhe von etwa 2000 Metern war noch ein Genuß. Dann aber begann ein wahrer Kreuzweg über nicht enden wollende Lavamassen. In 3000 Meter Höhe erreichte ich die siebte Hütte. Auch sie war verschlossen. Ein eisiger Wind herrschte hier oben. Eilig davonstiebende Wolkenfetzen schoben sich an mir vorbei hinein in die unendliche Leere. Die dünnere Luft machte sich bemerkbar. Aber ich schaffte es noch bis zur nächsten, ebenfalls verschlossenen Hütte. Dann mußte ich mein Vorhaben, den Gipfel an einem Nachmittag zu erreichen, aufgeben.
Unter mir war es bereits dunkel. Ohne Proviant und ohne Decken war es keine besonders gute Aussicht, die Nacht hier zu verbringen. Eine Weile überlegte ich, und dann brach ich die Hütte auf! Mit Hilfe meiner Taschenlampe fand ich genug Holz, machte mir drei Feuer und kauerte mich dazwischen nieder. Die Stunden vergingen, und als der Morgen zu grauen begann, löschte ich die Glut, verriegelte die Hütte und machte mich auf den restlichen Aufstieg. Die Japaner haben mir diesen Einbruch auf der Hütte ihres Heiligen Berges nicht übelgenommen und die angebotene Bezahlung des Schadens höflich lachend abgelehnt!
Ich erlebte hier in etwa 3500 Meter Höhe einen zweiten unvergeßlichen Sonnenaufgang. Diesmal nicht so sanft und melodisch wie wenige Tage vorher dort unten am Strand des Meeres. Ein eisiger

Wind raste um den steilen Kegel. Schwere Wolken verbargen zunächst die aufgehende Sonne. Dann aber erschien sie plötzlich, drang durch einen Schleier eisiger Nebel. Der von ihr ausgehende Strahlenkegel gab dem Ganzen das Bild der japanischen Flagge, die strahlende Sonne in weißem Feld. Es tat mir leid, daß ich keinen passenden Filter für meine Kamera hatte, um dieses Erlebnis in seiner ganzen Schönheit festzuhalten.
Über einen steilen Schneehang erreichte ich endlich den Gipfel und wenige hundert Meter weiter den weltberühmten Felsenkrater des seit 1708 ruhenden Vulkans. Der Krater hat einen Durchmesser von etwa einem Kilometer. Er ist umgeben von mehreren Hügeln. Auf einem dieser Hügel befindet sich die Wetterstation in 3750 Meter Höhe.
Sieben einsame Japaner verrichten hier ihren Dienst.
Sie hatten von mir gehört und gelesen und mein Bild in den Zeitungen gesehen. Sie erkannten mich sofort und führten mich in ihren Wohnraum. Dabei hatten sie sich eine ganz besondere Überraschung ausgedacht. Als ich nämlich den besagten Raum betrat, wurde der draußen pfeifende Eissturm von einem vollen Orchester übertönt:
Beethovens Neunte auf Schallplatte! –

Japan macht mir den Abschied schwer

Die Strapazen der vergangenen Monate, der dauernde Klimawechsel und die nicht abreißende Selbstüberwindung des Pedaletretens bei einer Durchschnittstemperatur von 35 bis 40 Grad tropischer und meist feuchter Hitze waren nicht ohne Folgen geblieben! Von meiner Tour per Fahrrad quer durch Japan nach Tokio zurückgekehrt, brach ich buchstäblich zusammen. Hohes Fieber, verbunden mit einer akuten Herzschwäche, brachte mich ins Krankenhaus, und es dauerte Wochen, bis ich wieder soweit hergestellt war, um an eine Weiterfahrt nach Amerika zu denken.
Meine japanischen Freunde, insbesondere die Journalisten des japanischen Presseverbandes, taten alles menschenmögliche, um mir wieder auf die Beine zu helfen. Das schlimmste jedoch war, daß durch die lange Krankheit meine Geldmittel vollkommen aufgebraucht waren. Außerdem ließ mein Visum für die Vereinigten Staaten auf sich warten.
In dieser prekären Situation war es eine japanische Familie, die mich einlud, in einem Vorort von Tokio, in Asagaya, zu wohnen. Herr Ichikawa war ein pensionierter Diplomat, ehemaliger Konsul in China. Während meines vierwöchigen Aufenthaltes im Schoße

dieser sehr konservativen japanischen Familie lernte ich mehr von Japan kennen, als ich in einem mehrjährigen Hin- und Herreisen hätte erfahren können. Hier erlebte ich als Familienmitglied die japanische Gedanken- und Gefühlswelt und war Zeuge nicht nur der täglichen Sorgen und Nöte, mit denen Japan zu kämpfen hat, sondern auch eines gewissen geistigen und soziologischen Umbruchs, der mit der kommenden Generation das Gesicht Japans weitgehend verändern wird.

Die letzten Japan-Wochen – ausschließlich unter Japanern verbracht – sind mir unvergeßlich.

Das einzige, was ich nicht ausstehen konnte, war die japanische Küche!

Zum Frühstück zum Beispiel gab es regelmäßig Nori, Gohan, Homono und O-cha. Das war entsetzlich! Ach so, meine Leser in der Heimat wissen vermutlich nicht, was ich damit meine. Ich will es erklären: Nori = Seealgen, Gohan = gekochter Reis, Himono = trockener Fisch, O-cha = japanischer grüner Tee.

Fisch und Reis ist ohnehin in hundert Variationen die tägliche Nahrung des Japaners. Daran hatte ich mich schon in Burma, Siam und Indochina ein wenig gewöhnen können, aber Seealgen und dieser seltsame grüne Tee – nein, das war denn doch nichts für meinen Gaumen!

Mama Ichikawa indessen hatte Erbarmen mit mir und versuchte fast täglich mit mehr oder weniger Erfolg, mir ein richtiges Beefsteak oder ein Kotelett zu fabrizieren. Das war schon eher etwas für mich! –

Selbstverständlich trug ich auch im Hause den Kimono, genau wie die Japaner, und die Eltern mochten mich schon allein deshalb so gut leiden, weil ich den beiden modernisierten Töchtern immer die Hölle heiß machte, wenn sie westliche Kleider statt des Kimonos und des Haori (Überwurf), des Obi (Gürtel) und der Geta (Holzsandalen) trugen. . .

Die Haupthaarfrisur ist für die unverheirateten Mädchen in Japan die Shimada und die Momoware, für die Frauen jedoch die Marumage, unbeschreiblich künstlerisch „hoch"-gezüchtete Haartrachten, deren Konstruktionen unendlich viel Zeit in Anspruch nehmen.

Mutzuki Ichikawa und ihre jüngere Schwester hatten das Problem schon lange gelöst, indem sie sich einfach Bubiköpfe schneiden ließen und damit die ratlos verblüfften Eltern völlig überraschten.

Trotz dieses in allen japanischen Familien beginnenden Umbruchs der Sitten wäre es absolut verkehrt, von einer Verwestlichung Japans zu sprechen oder gar von einer Amerikanisierung. Im Gegenteil! Gerade die jüngere Generation ist außerordentlich

volksbewußt, und überall im Lande wachsen aus der Jugend heraus nationale Bewegungen, die meist einen gänzlich unpolitischen Charakter haben und sich hauptsächlich auf die Wiedererstehung alter Volksbräuche besinnen.
Bevor ich Tokio verließ, hatte ich noch ein besonderes Erlebnis: Ich spendete auf der UN-Blut-Bank einen halben Liter meines Blutes, um damit das Leben eines Korea-Soldaten der „Freien Nationen" zu retten. In der japanischen und amerikanischen Presse erschien mein Bild mit der Überschrift: „Deutsches Blut für die Vereinten Nationen". . .
Zum Jahresende begab ich mich an Bord des neuerbauten japanischen Schiffes, der „Masashima Maru".
Die Japaner hatten sich alle Mühe gegeben und waren sehr großzügig. Sie offerierten mir die Staatskabine gleich neben der Kabine des Kapitäns. Beim Abschied erklärte mir Herr Iino: „Sie dürfen dieses Schiff, das eines der schnellsten Frachtschiffe der Welt ist, während der Überfahrt völlig beherrschen!" Lachend fügte er hinzu: „Ich ernenne Sie hiermit gewissermaßen zum Superkapitän, Herr Helfgen! Aber, um eines möchte ich Sie bitten: Sie mögen wohl ein Allerweltskerl sein – aber überlassen Sie die Navigation bitte meinem Kapitän!"
Das war ein herzlicher, ein fröhlicher Abschied aus Japan!
Es war bereits dunkel, als ich Yokohama und damit das Land verließ. Eine Menge Leute waren an der Pier erschienen, Freunde, Sportler, Presseabordnungen und lächelnde Japanerinnen. . .
Hunderte von Papierschlangen zerrissen und lösten nur äußerlich die vielen herzlichen Bande, die mich so lange in diesem herrlichen Lande festgehalten hatten. Ich war überzeugt, daß ich niemals wieder ein zweites Japan auf unserem Erdball finden würde.
Dieses Land war wirklich in kurzer Zeit meine zweite Heimat geworden. Warum beträgt das durchschnittliche Lebensalter eines Menschen nicht 200 Jahre? O Freunde in der Heimat, es gibt so unendlich viel zu sehen in der Welt!

Ein Radfahrer gilt nichts in den USA.

Von See kommend ist diese erste Berührung mit einem anderen Kontinent immer wieder ein Erlebnis. . .
Die Einfahrt nach San Francisco, mitten durch die Lichterflut amerikanischer Superreklamen hindurch, dann die Fahrt unter dem Golden Gate, jener meisterhaften, einmaligen Brückenkonstruktion, die sich in schwindelnder Höhe über die viele Kilometer

breite Bucht hinwegzieht – das alles ist einfach mit simplen Worten sehr schwer zu schildern. Das muß man erlebt haben!
Die „Masashima Maru" brauchte von San Francisco bis Los Angeles nur vierundzwanzig Stunden.
Der Abschied von den freundlichen Japanern tat mir in der Seele weh. Ich stand mit meinem Fahrrad und den Koffern, die ich mir in Indochina und Japan angeschafft hatte, plötzlich einsam und verlassen am Pier, als der japanische Schnellfrachter der Iino-Kaiun-Kaisha-Linie wieder ablegte. Die ganze Besatzung des stolzen Schiffes hatte sich an der Reling versammelt und grüßte. Und der Kapitän ließ zum Abschied dreimal lang-kurz-kurz die tiefe Sirene losbrüllen. Ich hatte ihm nämlich einmal bei einer Unterhaltung erzählt, daß dieses für meine Frau Kuni zu Hause mein Klingelzeichen sei. . .
Das Stadtzentrum besteht aus einigen wenigen Wolkenkratzern und mehreren Straßenzügen mit zwölf- bis zwanzigstöckigen Häusern. In einer halben Stunde kann man zu Fuß durch die City spazieren. Dann kommen allerdings die Wohnviertel – und die hören und hören nicht auf, da hier die meisten Häuser im Villenstil und nur ein- oder zweistöckig gebaut sind. Das über mehr als 50 km!
Ein paar Leute in der Pacific Electric, mit denen ich sofort ins Gespräch gekommen war, hatten mir etwas von einem Radsportler in Beverly Hills erzählt, einem ehemaligen Amateurmeister Hans Ohrt, der dort in diesem Stadtviertel ein Fahrradgeschäft haben sollte.
Nach zweistündiger Autobusfahrt durch das nicht endende Häusermeer von Los Angeles und Hollywood fand ich endlich jenen Hans Ohrt, einen stets im Radsportlerdreß herumlaufenden Fünfziger deutscher Herkunft. Er war lange Zeit amerikanischer Amateurmeister gewesen.
Als ich mich ihm vorgestellt hatte, erklärte er sich sofort bereit, mir mein Rad gründlich und völlig umsonst zu überholen. Nun, das war immerhin schon etwas!
In der Nähe seines Ladens fand ich ein sauberes und billiges Hotel für 3 Dollar die Nacht. In einem Drugstore aß ich meine erste amerikanische Mahlzeit: Heiße Würstchen, Sauerkraut, Kartoffeln, Suppe und eine Flasche Bier.
Ich wälzte mich schlaflos in dem weichen Hotelbett hin und her, als mir plötzlich einfiel, daß ich ja irgendwo in meinem Gepäck eine Los-Angeles-Adresse haben mußte. Das war damals gewesen . . . im Dezember 1951 . . . ich kam von Aleppo . . . mitten in der Syrischen Wüste stieß ich auf ein amerikanisches Baulager. . . Tausende von Arabern, Assyrern und einigen britischen und

amerikanischen Ingenieuren errichteten dort seinerzeit eine neue 30-Zoll-Pipeline. Der Verpflegungschef dieses riesigen Unternehmens, ein baumlanger Mann mit einem Spitzbart und einem riesigen Texashut, hatte mir damals einen Brief geschrieben, den ich – falls ich je nach den USA kommen sollte – dem Herausgeber einer in Los Angeles erscheinenden Monatsschrift überbringen könnte.
Vielleicht finde ich über diesen Weg eine Lösung, dachte ich. Aber erst einmal muß ich den Brief finden, dann das Verlagsgebäude der besagten Monatsschrift und dann den Herausgeber. . .
Am nächsten Morgen raste ich per Bahn wieder zurück nach Long Beach, wühlte dort meine unendlich vielen Papiere durch, fand den besagten Brief, fuhr sofort zur City zurück und machte prompt auch mitten im Herzen der Stadt, an einem herrlich angelegten Rasenplatz, unter dem sich eine vollbesetzte sechsstöckige Garage für 3000 Automobile befindet, den betreffenden Herausgeber der genannten Zeitschrift ausfindig.
Der Mann war ein älterer, aber freundlicher Herr. Wenn er selbst auch nicht viel für mich tun konnte, so lernte ich doch durch ihn einen anderen Redakteur kennen, nämlich Mr. Evans Plummer, einen Vollblutjournalisten indianischer Herkunft, mit dem Herzen auf dem rechten Fleck.
Plummer lud mich sofort in sein Haus in Hollywood ein und räumte mir dort ein vollmöbliertes Stockwerk mit Bad und allen nur denkbaren Annehmlichkeiten ein. Er wurde inzwischen mein bester amerikanischer Freund, und ich weiß nicht, wie die Dinge verlaufen wären, wenn ich nicht – wie immer, toi, toi, toi! – mein sprichwörtliches Glück in der letzten Minute gefunden hätte.
Ich sitze in Hollywood in einem Drugstore.
Draußen fahren einige Filmschönheiten vorüber. Ich glaube, die eine habe ich schon mal im Kino gesehen. Aber es ist mir Wurscht! Mein erster Eindruck in den USA ist nicht der beste. Ich habe eine Mordswut, ich weiß nur nicht auf wen! Alles ist hier schreiendfarbig gekleidet, salopp die Männer, frech und gewagt die Frauen. Heute morgen habe ich, wenn ich mich nicht irre, Clark Gable gesehen, aber das ist ja auch gleichgültig. Alles ist hier so wahnsinnig teuer, und Leute, die einem helfen würden, ohne zu fragen, wieviel sie dabei verdienen, muß man mit der Laterne suchen.
Ich wollte eine Filmreportage über Hollywood schreiben, wie ich es in Tokio auch gemacht habe. Aber es ist mir nicht gelungen. Man hat mich zu keiner der Filmgesellschaften vorgelassen.
In Hollywood machen sie Filme und Mode. An der Wand des Drugstores hängt ein Plakat: Morgen große Soiree der Hollywoo-

der Filmgrößen im Kristallsaal des Beverly-Hills-Hotels. Ich mache mir Gedanken, wie ich weiterkomme. Soll ich meinen Mexiko-Plan aufgeben und statt dessen quer durch die USA radeln, über Nevada, Arizona, Texas und so weiter? Hm, das sind gewaltige Entfernungen – und Amerika ist teuer!
Billig hingegen ist jedoch die neue Gesichtscreme des Mr. Woodbury, wie es aus dem Drugstore-Radio herausschreit. Die Melodie des Liedes ist nicht schlecht, der Rhythmus ist ein Boogie-Rhythmus, und der Text lobt Mr. Woodburys Gesichtscreme über den grünen Klee. Das geht von morgens bis abends so! Mal sind es Hosenträger, mal ist es Zahnpasta, mal sind es Büstenhalter, die einem durch das Radio empfohlen werden. Hier in Amerika kann es einem passieren, daß plötzlich ein Symphoniekonzert im Radio unterbrochen wird, nur um dir von den Qualitäten der Miller-and-Smith-Suppenwürfel zu erzählen.

Ich schmuggle mich zur Atomexplosion

Wir schreiben den 11. März 1953. Heute ist Mittwoch.
Am Sonntag, also vor drei Tagen, bin ich von Los Angeles aufgebrochen und soeben in Las Vegas eingetroffen. Ich habe wieder einmal 500 Kilometer im Fahrradsattel, mit Pedalen unter den Füßen zurückgelegt und habe drei Nächte im Zelt kampiert. – Schon gleich hinter Los Angeles begann die noch zu Kalifornien gehörende Mojave-Wüste mit den Ausläufern der Sierra Nevada und dem berüchtigten „Tal des Todes" . . . Wilder Westen! Hier lieferten sich noch vor einigen Jahrzehnten die Rothäute die furchtbarsten Verzweifelungskämpfe gegen die weißen Eindringlinge, die Gold und Silber, Land und Reichtum, nichts als Reichtum wollten. . .
Ohne es zu bemerken, war ich im Staate Nevada.
Nun erwartete mich eine Wüste, die noch viel schlimmer ist als die kalifornische. Also, solch eine Wüste habe ich noch nicht gesehen! Und ich habe doch schon manche Wüsten durchradelt! Kein Baum, kein Stein, nur Sand, verbranntes Steppengras und unbewachsene, kahle, erschreckende Hügel, die in der Gluthitze daliegen wie etwas außerordentlich Trostloses, wie etwas Vergessenes aus der Zeit, da hier in Nevada noch das Zentrum der Gold- und Silberminen-Industrie lag. Aber das war einmal. . . Die Minen sind ausgebeutet, die Erde gibt nichts mehr her. . .
Eigentlich weiß ich gar nicht, was ich in Las Vegas soll. Geld zum Verspielen habe ich nicht, und scheiden lassen will ich mich auch nicht. Vielleicht mache ich noch einen kleinen Abstecher in die

Nevadawüste zum Atomversuchsgelände. Ich habe davon gehört, daß die Amerikaner übermorgen wieder eine Atombombe in die Luft jagen wollen. Vielleicht komme ich bis an das Versuchsgelände heran. Und dann werde ich sehen, daß ich weiterkomme!
Im Hotel „Sand" lernte ich einen schwarzen Studenten kennen. Er wollte mir helfen, in die Nähe von Frenchman's Flat zu kommen, dem Versuchsgelände für Atombomben – heimlich natürlich!
Mein schwarzer Freund und Mitverschworener Jimmy hat mich in seinem klapprigen Ford, Baujahr 1934, heimlich und verschwiegen in zweistündiger Fahrt in die Gegend etwa 100 Kilometer nördlich von Las Vegas gebracht. Leider war die Straße ziemlich belebt. Es vergingen kaum fünf Minuten, ohne daß in beiden Richtungen Fahrzeuge des US-Marinekorps an uns vorbeibrausten. Aber schließlich fanden wir doch eine günstige Stelle: eine unübersichtliche Straßenkurve, in die ein Fels hineinragte. In Sekundenschnelle lud ich dort mein hochbeladenes Fahrrad vom Wagen und verschwand unbeobachtet hinter den Felsen. Jimmy raste unbekümmert heim.
Von hier aus bis Yucca Flat, dem berühmten Versuchsplatz inmitten der Bergwüste Nevadas, wo die Atombombenexplosion stattfinden sollte, hatte ich rund 40 Kilometer zurückzulegen. 40 Kilometer über fast unüberwindliche, nackte und steile Felsen. Bis zu dem für die Explosion festgesetzten Zeitpunkt hatte ich noch genau 38 Stunden Zeit.
Zwei Stunden schob ich mühsam mein Fahrrad vor mir her. Dann sah ich ein, daß ich so niemals zu meinem heimlichen Beobachtungspunkt gelangen würde. Mitten zwischen den Klippen fand ich ein gutes Versteck für mein Stahlroß. Ich lud mir meine Habseligkeiten auf den Buckel und marschierte weiter.
Nach einer schrecklich ermüdenden Kletterei von weiteren vier Stunden erreichte ich endlich einen Berggipfel. Dort rechnete ich mir aus: Noch mindestens 30 Kilometer bis zur Explosionsstelle. Es dunkelte bereits, und so entschloß ich mich, mein Zelt hier oben in einer geschützten Felsennische aufzuschlagen.
Kaum hatte ich meine Behausung fertig, da zitterten mir die Knie, und mein Puls jagte hinauf bis 130. War das die Aufregung oder bloß Überanstrengung? Immerhin schleppte ich außer Zelt, Schlafsack, Luftmatratze und meinem schweren Fernglas noch mindestens fünf Pfund Proviant und ein winziges Kofferradio mit, das mir ein Journalist in Las Vegas geliehen hatte.
Nach einer halben Stunde Rast fühlte ich mich schon bedeutend besser. Ja, ich fand es sogar fast gemütlich, mitten in der amerikanischen Atomwüste bei Kerzenlicht und gedämpfter Radiomusik.

Das Radio hatte ich wegen der „Atomnachrichten" mitgenommen, die der lokale Sender Boulder City brühwarm von Stunde zu Stunde durchgibt.
Eben höre ich: Entgegen allen Erwartungen soll diesmal nicht aus der Atomkanone geschossen werden, sondern man will eine Bombe, die der mutmaßlichen russischen Bombe entspricht und etwa 25 Prozent kleiner ist als die von Hiroshima, explodieren lassen. Sie wird auf einem etwa 100 Meter hohen Stahlgerüst angebracht sein und elektrisch gezündet werden. Der Versuch soll der amerikanischen Zivilverteidigung zeigen, wie sie sich auf einen eventuellen Atomangriff einzurichten habe. Viele mehr oder weniger billige oder teure Bunker, wie sie für den Schutz der Zivilbevölkerung hergestellt werden, sind in verschiedenen Abständen vom Explosionszentrum aufgebaut. Sie sind mit verschieden gekleideten Modellen von Menschen „bemannt". In der Nähe des Explosionszentrums hat man zwei typische amerikanische Farmhäuser vollmöbliert aufgestellt. Autofirmen haben an verschiedenen Punkten um die Explosionsstelle ebenfalls mit Puppen besetzte Wagen gruppiert.
In den nächsten Tagen werden noch sieben oder acht weitere experimentelle Atomexplosionen folgen, sagt der Radiosprecher.
Ich hatte mich mit den Leuten in Las Vegas und Umgebung oft über die vorangegangenen Explosionen unterhalten. Sie alle hatten schon mehr als ein dutzendmal den Atomtrubel erlebt. Aber dennoch war für sie der kommende Versuch immer wieder das Hauptthema. Bei der letzten Explosion waren in einem Umkreis bis zu 200 Kilometern Fensterscheiben eingedrückt worden. Leute, die 150 Kilometer von der Explosionsstelle entfernt wohnen, erzählten mir, der Atomblitz habe selbst die Ecken im Hause taghell erleuchtet, die sonst bei normalem Tageslicht dunkel bleiben.
Es war fast Mitternacht. Mit gespannten Erwartungen für den kommenden Tag kroch ich in meinem Zelt auf felsigem Gipfel in den Schlafsack.
Ich sitze in meinem Zelt hoch oben in der Nähe einer mindestens 2000 Meter hohen Bergspitze. Der berühmte 100 Meter hohe Turm, von dem in etwa sechs Stunden die zerstörende Gewalt der aufgelösten Atome losgelassen werden soll, ist nur 10 bis 15 Kilometer von mir entfernt. Wie ich so nahe an das Gelände herangekommen bin?
Es war durchaus nicht einfach. Wenn ich nicht lange Jahre Soldat gewesen wäre und in meiner Jugend nicht tausend Indianergeschichten gelesen hätte, so säße ich jetzt todsicher statt in luftiger und goldener Freiheit als Spionageverdächtiger irgendwo in einer Wüstenkaserne hinter schwedischen Gardinen.

Schon am frühen Morgen, als ich noch rund 30 Kilometer weiter hinten erwachte, brummten einige Flugzeuge ganz nahe über mir, und ich glaubte schon erkannt worden zu sein. In wenigen Minuten hatte ich mein Zelt abgebrochen, gebündelt und über den Rücken geworfen. Um mich gegen Sicht aus der Luft zu schützen, tarnte ich mich mit einigen der schönsten Dornenbüsche. Bevor ich mich vorwärts bewegte, peilte ich mit meinem starken Fernglas erst vorsichtig die ganze Gegend ab. Nach meiner Karte hatte ich in Richtung Frenchman Flat drei Gebirgszüge zu überqueren.
Als ich nach vierstündigem Marsch über Felsen und Geröll mühsam den zweiten Höhenrücken erklommen hatte, sah ich mich plötzlich in weitem Bogen von Soldaten umgeben. Unter mir lag ein riesiges Barackenlager, aus dem sich eine Kolonne von Marinern in feldgrauer Uniform bergwärts bewegte. Im Sprung-auf-marsch-marsch suchte ich Deckung hinter einem Felsen. Aber auch hier war ich nicht geborgen, denn in kurzer Entfernung trottete eine Gruppe Soldaten geradewegs auf mich zu. In buchstäblich letzter Sekunde kam mir die rettende Idee: ich konnte den etwa 6 Meter hohen Felsen, wenn ich mich sehr beeilte, noch unbemerkt besteigen. So war ich mit drei mächtigen Sätzen oben und machte mich dort so klein wie nur möglich. Die Landser gingen eine halbe Minute später, nichts ahnend, an meinem Felsen vorbei, und ich konnte befreit aufatmen.
Der nächste und letzte Gebirgszug vor der im Süden durch einen ausgetrockneten See begrenzten Atomebene war noch ziemlich weit entfernt. Wenn ich wirklich von meinem Abenteuer etwas haben und die Explosion in sichtbarer Nähe erleben wollte, mußte ich dort hin und die vor mir liegenden Berge erklettern. Das war nicht leicht, denn im Tal wimmelte es von Militärfahrzeugen. Ich fand zwar einen felsigen Grat, in dessen Schatten ich fast bis an die an der anderen Seite des Tales gelegene Straße herankam. Dann aber kam eine mächtige Ebene, die ich unmöglich unbeobachtet überqueren konnte.
Meine Uhr zeigte auf drei am Nachmittag. Eine Stunde später hatte ich die Straße erreicht. Dort stand, keine 100 Meter von mir entfernt, ein nagelneuer Cadillac, in dem zwei Zivilisten saßen. Einer von ihnen hatte ein mächtiges Schild auf der Brust. „We take it for you“, las ich mit dem Fernglas darauf. Es handelte sich hier also gar nicht um Zivilisten, sondern um Puppen, und der Cadillac war wahrscheinlich der am weitesten vorgeschobene Versuchswagen.
Als ich das sah, rutschte mir doch ein wenig das Herz in die Hose, und ich zögerte lange, bis ich mich entschließen konnte, doch noch näher an die Explosionsstelle ranzurücken. Nachdem es zu däm-

mern begonnen hatte, wagte ich den Sprung über die Straße, stieg den Berg hinan und erreichte nach dreistündiger Kraxelei endlich den Grat.
Mächtige Felsen mit tiefen Rillen ersparten es mir hier, ein besonderes Schützenloch zu kratzen. Ich fand sogar einen guten Platz für mein Zelt.
Hier sitze ich nun. Vor mir liegt eine weite Ebene, besser gesagt, ein hügeliges Wüstengelände, gute 1000 Meter unter mir. Ich sehe deutlich eine Unmasse von Scheinwerfern, die offensichtlich von Militärfahrzeugen herrühren. Wenn ich mich nicht irre, sehe ich im Glas sogar den von Scheinwerfern angeleuchteten Turm, auf dessen Spitze sich die Atombombe befindet. Ich schätze die Entfernung auf höchstens 15 Kilometer.
Langsam kommen Zweifel in mir auf, ob ich dies alles überleben werde. Habe ich nicht doch irgendwo einen Fehler gemacht? Wird die Explosion nicht gerade in meiner Höhe eine viel stärkere Wirkung haben als dort unten im Tal?
Für Sekunden ist mir zumute, als ob ich mich doch wieder zum nächsten Höhenzug zurückziehen sollte. Doch da kommt mir der Gedanke, daß an derselben Stelle schon mehrere Atomexplosionen stattgefunden haben. Die Felsen um mich herum, die scharfen Klippen, stehen aber immer noch unberührt. Sie werden also auch diesmal stehenbleiben und mich nicht unter sich begraben.
Außerdem habe ich mehr als einmal gelesen, daß die radioaktive zerstörende Gewalt und die damit verbundene, alles auflösende Hitze, von mehr als Millionen Grad, nur einen Radius von etwa zehn Kilometern besitzt. Sind meine mächtigen Felsen um mich herum nicht ein ausgezeichneter „Unterstand"?
Es überkommt mich langsam ein Gefühl der Sicherheit. Ich glaube, daß ich meinem guten Stern vertrauen darf, und bleibe in der Hoffnung, daß ich bereits morgen früh von hier oben, nach meiner Rückkehr von Las Vegas aus, den Lesern das große Ereignis der Atomexplosion schildern darf.
Während ich dies niedertippe, ist es ein Uhr in der Nacht geworden und noch vier und eine halbe Stunde bis zur Explosion.
Ich habe das größte Erlebnis aller Abenteuer hinter mir. Bis um fünf Uhr habe ich gut versteckt in meinem Nylonzelt geschlafen. Unter mir im Tal rauschten einige schwere Tanks vorbei; dann war der Lärm einiger Flugzeuge zu hören, es war noch dunkle Nacht. Aber hinter mir, hinter dem Kamm des Berges, auf dem ich mich versteckt hatte, hellte sich der Himmel langsam auf.
Meine Spannung stieg ins Unermeßliche. Noch fünf Minuten! Ich setzte die dunkle Autobrille auf und bewaffnete mich mit einem Feldstecher. Mit einigen aufgebrauchten Fahrradschläuchen hef-

tete ich meine aufgeblasene Luftmatratze um mich, um im Falle eines allzustarken Schocks Brust und Schädel vor den harten Klippen zu schützen.
Dann kam der Moment, in dem laut Rundfunkansage die Explosion stattfinden sollte. Angestrengt schaute ich, das Glas leicht über die Felsenbrüstung schiebend, hinunter ins Tal. Sollte ich mich in der Zeit geirrt haben oder ging meine sonst so genaue Uhr verkehrt? Schon wollte ich mein Glas sinken lassen, als plötzlich eine riesige Stichflamme von unbeschreiblichem Weiß den gesamten Horizont vor mir zerriß. Trotz der schwarzen Vorsatzlinsen an meinem Fernglas und der dunklen Autobrille sah ich nur Schneeweiß vor mir. Was folgte, war das Werk eines Augenblicks.
Ich sah plötzlich Rot, helles Rot, eine Feuersäule gleich einem Baumstamm, der sich viele tausend Meter über mich erhob und die gesamte Gegend in helles Tageslicht tauchte. Der Stamm erhielt im Zeitraum von drei Sekunden etwas dunklere Äste und bekam schließlich eine dunkle Krone, mindestens 12 000 Meter hoch, eine Krone von wolkenähnlicher Form, gleich einer schweren Gewitterwolke. Diese Wolke wurde in ihrem östlichen Teil, hoch und genau über mir, von der noch unsichtbaren, aufgehenden Sonne in rötliche Farben getaucht.
Das gesamte Schauspiel dauerte gute zehn Sekunden. Dann verblaßte die Feuersäule in demselben Moment, in dem etwas Seltsames mit mir geschah.
Sei es nun, daß die Erde bebte oder daß ein unvorstellbarer Luftschock es tat, ich wurde plötzlich hochgehoben und mit unheimlicher Gewalt gegen die drei Meter hinter mir liegende Felswand geschleudert und – von dort wieder abgestoßen, entweder durch die Luft oder das Erdbeben.
Es ist mir unmöglich, mich an die wirkliche Ursache dieses Phänomens zu erinnern. Es kam einfach zu plötzlich. Als ich nach diesem, eigentlich erwarteten Schock wieder zu mir kam, schaute ich nach meiner Uhr. Ich sah nichts. Die Brille von den Augen reißend und noch am Boden liegend, schaute ich mich etwas seelisch zerrüttet um und konnte immer noch nichts sehen.
Ich konnte doch nicht geblendet sein, fuhr es mir durch den Kopf! Ich hatte doch ganz deutlich den riesigen und dunklen Pilz über mir gesehen, ja sogar die ersten Sonnenstrahlen, die den Rauchpilz über mir in 10 000 bis 12 000 Meter Höhe trafen. Ich versuchte meine Gedanken zusammenzuhalten, als eine neue Überraschung mich traf, eine nie gehörte Detonation, begleitet von einem lauwarmen Luftstoß, der von allen Seiten in meine Felsenspalte eindrang.
Ich fühlte, im Dunkeln tastend, nach meinen Gliedern. Warmes

Blut sickerte an meinem rechten Arm. Ich mußte mich bei dem Sturz gegen den Felsen an irgendeinem Stein, einer scharfen Felsklippe verletzt haben. Das verschobene Luftkissen um mich herum losbindend, kletterte ich tastend zu meinem zwei Meter höher liegenden Beobachtungsstand zurück. Dann sah ich das erste Licht unter mir.

Starke Scheinwerfer blitzten auf und erhellten das Wüstental dort unten. Ich kletterte zurück in die dunkle Felsspalte, tastete nach meiner Stablampe und suchte dann dort nach dem verlorengegangenen Fernglas. Dann konnte ich endlich meine Uhr im Schein der Taschenlampe erkennen. Es waren vier Minuten seit der Explosion verstrichen.

Die ersten Sonnenstrahlen schossen über den hinter mir liegenden Berggrat und verloren sich in der Weite des unendlichen, vor mir liegenden leeren Raumes. Unten im Tal war es noch finster, nur das künstliche Scheinwerferlicht leuchtete die Umgebung der Explosion ab.

Meine Augen gewöhnten sich nur langsam an das Schauspiel unter mir. Autos rasten dort unten kreuz und quer durcheinander, hielten aber in einem Umkreis von etwa 3 Kilometern um die Explosionsstelle, wahrscheinlich aus Furcht vor tödlichen radioaktiven Strahlungen. Von dem über 100 Meter hohen Turm, auf dem die Bombe postiert war, war nicht das geringste zu sehen. Beobachter früherer Explosionen hatten mir erzählt, daß dieser Turm nach jeder Explosion restlos verschwände, ohne irgendwelche Trümmer zu hinterlassen; er löst sich jeweils durch eine unvorstellbare millionengradige Hitze in Dampf auf. –

Dann sah ich genau an der Peripherie der Drei-Kilometer-Grenze das amerikanische Versuchshaus. Es war offensichtlich stark beschädigt, aber zu meiner Überraschung stand es noch. Ich suchte das Gelände in ein Kilometer Entfernung vom Explosionspunkt ab. Dort hatte auch ein Haus gestanden. Es war verschwunden, aber ich konnte einen Trümmerhaufen feststellen, wo es gestanden hatte.

Die zwei Autos, die im Abstand von nur wenigen hundert Metern vom Turm gestanden hatten, waren vollkommen verschwunden. Alles in allem hatte ich den Eindruck, daß die Amerikaner, genau wie angekündigt, dieses Experiment unternommen hatten, um der Zivilbevölkerung zu beweisen, daß sie sich im Falle eines Atomkrieges sehr wohl gegen die Folgen dieser unfaßbaren Gewalt schützen könne.

Andererseits glaube ich behaupten zu dürfen, daß der größte Teil des Schocks sich in Höhe von 2000 Metern und vielleicht noch höher auswirkt. Ich war jedenfalls gute 2000 Meter hoch und mehr

als 10 Kilometer entfernt und gut durch eine mächtige Felswand geschützt und wurde dennoch mit unbeschreiblicher Gewalt aus den Angeln gehoben, während das nur 3 Kilometer entfernte Haus unten im Tal stehenblieb.
Die Sonne stieg höher, und es wurde taghell unten im Tal. Aus dem Gewimmel der Soldaten konnte ich nicht klug werden. Ich versuchte nochmals, irgendwelche Trümmer des stolzen Eisengerüstes, des Atombombenträgers, festzustellen, sah aber nur einen riesigen schwarzbraunen Fleck. Dann packte ich meine Siebensachen und machte mich auf den Weg zum jenseitigen Tal.
Mein Abenteuer war noch nicht beendet, denn nun galt es, ungesehen und unbelästigt durch die Gebirgswüste in die Zivilisation zurückzufinden. Dies gelang besser und schneller, als ich erwartet hatte. Als ich nämlich nach zweistündiger Kletterei die bereits früher erwähnte Straße erreichte, das heißt den Punkt, an dem ich den ersten Versuchswagen gesehen hatte, der übrigens noch dort stand wie vor der Explosion, stellte ich gleich durch mein Glas fest, daß alle Soldaten offensichtlich noch ganz unter dem Eindruck des Erlebnisses standen. Hunderte von Zivilisten, Journalisten und Beamte der zivilen Verteidigung rasten in ihren Autos über die Straße in Richtung der nicht allzu entfernten Atomstadt Alamo.
Ich faßte also unter Berücksichtigung der allgemeinen psychologischen Situation einen kühnen Entschluß: ich begab mich in voller Sicht zur Straße und stoppte den ersten Wagen. Der Besitzer des Fahrzeugs, ein Ingenieur aus Alamo, hielt mich offensichtlich, trotz meines wilden Aussehens, für einen amerikanischen Journalisten – Ausländer waren ja zu dem Experiment angeblich nicht zugelassen – und brachte mich nach Alamo, wo ich einen anderen Wagen fand, der mich dort absetzte, wo ich meinen schwarzen Freund Jimmy verlassen hatte.
Am frühen Nachmittag hatte ich mein Rad wiedergefunden, und gegen vier Uhr war Jimmy pünktlich zur Stelle und brachte mich nach Las Vegas. Ich brach sofort von dort auf, um so schnell wie möglich die Vereinigten Staaten per Rad zu durcheilen. Ich hoffte, bei einem Tagesdurchschnitt von mehr als 150 Kilometern auf den guten Autostraßen die 3000 Kilometer bis Louisiana in weniger als drei Wochen zu schaffen und dennoch einige gute Erfahrungen über das Leben in den Südstaaten, im wilden Westen und unter den Indianern der Reservate zu machen.

Nun rolle ich durch die unendlich scheinende Weite des amerikanischen wilden Westens, mitten durch Nevada. Ich schlafe völlig übermüdet irgendwo auf einem wildzerklüfteten, 2000 Meter hohen Plateau, den sandigen Winden ausgesetzt. Nach meinem gelungenen Abenteuer habe ich nun geradezu eine Art Angst vor der eigenen Courage. Es ist meine Absicht, mich so schnell wie möglich aus dem Staube zu machen! Man kann nie wissen, welche Sprünge solch ein Amtsschimmel im Rahmen der inneramerikanischen Spionageabwehr wohl machen könnte. . .

So raste ich dann zunächst die 30 Meilen südlich durch die Steppe von Las Vegas und kam auf vorzüglicher Autobahn nach einer weiteren guten Stunde in Henderson an.

In einem kleinen Drugstore, einem winzigen Laden, in dem ebenfalls mehrere Slot-Maschinen aufgestellt waren, nahm ich ein gutes Frühstück mit Ham und Eggs zu mir. Bei dieser Gelegenheit kam ich mit einigen Arbeitern ins Gespräch. Das hätte weiter gar nichts zu bedeuten, aber diese Arbeiter trugen besondere Erkennungsmarken und fesselten darum mein Interesse.

Nach längerer Unterhaltung stellte sich heraus, daß sie in einer ganz besonderen Fabrik arbeiteten. Sie zeigten mir ein Stück Metall, wie ich es noch nie gesehen hatte, sogenanntes Titanium, eine gewisse Magnesiumlegierung. Es ist fast so leicht wie Aluminium, aber bedeutend härter, ja härter als der härteste Stahl! Das idealste Material also für den Flugzeugmotorenbau.

Die Arbeiter erzählten mir auch – ob sie das durften, weiß ich nicht –, daß dieses Metall augenblicklich nur für den Bau von Turbinenflugzeugen verwandt wird und daß darum nur die Regierung selbst darüber verfüge.

Ich fuhr ein paar Stunden später an der einsam in der Bergwüste gelegenen Fabrik vorbei. Es ist wirklich ein Riesenunternehmen, aber es gleicht eher einer chemischen als einer Metallfabrik.

Ja, diese Wüste – 500 Kilometer vom Pazifik entfernt – hat es in sich! Wenn wirklich einmal ein Krieg ausbrechen sollte – hier liegt das Arsenal, von den Atombomben angefangen bis zu den schweren und schwersten Landungswaffen und den Geheimfabriken! Diese Wüste hier ist ein wunderbarer, geradezu idealer Schutz, nicht nur gegen jegliche Spionage und Sabotage, sondern auch gegen sämtliche feindliche Angriffe!

Von Henderson aus führte mich mein Weg weiter südlich zum größten Kraftwerk der Welt, dem berühmten Boulderdamm.

Die ganze Anlage hat solche gigantischen Ausmaße, daß sämtliche vergleichenden Maßstäbe einfach fehlen. Man kann es außerdem zunächst gar nicht fassen, daß es das größte Stauwerk der Welt sein soll. Der einige hundert Kilometer lange und weitverzweigte Stausee verschwindet schon nach wenigen Kilometern hinter steilen, kahlen Felsklippen, und die zwölf überdimensionalen Turbinenhäuser wirken in der Tiefe des 160 Meter tiefen Cañons und der ebenso hohen Staumauer wie Spielzeugschachteln.

Nur wer sich die Mühe macht, die gesamte Anlage im einzelnen zu besichtigen, kann sich ein einigermaßen klares Bild machen von diesem Wunderwerk der Technik.

Nach der Überquerung des Boulderdamms ging es in endlosen Serpentinen hinauf zur Grenze des Staates Nevada. Riesige, für die Touristen bestimmte Tafeln stehen am Straßenrand: „Hier beginnt der Staat Arizona!"

Aber von Menschen keine Spur. . . Ich bin mutterseelenallein mit meinem treuen Drahtesel. . .

Bis zur nächsten menschlichen Ansiedlung, der kleinen Stadt Kingman, waren es noch gute 100 Kilometer, 100 Kilometer ödeste Bergwüste. Aber vielleicht ist öde gar nicht das richtige Wort, es kommt ganz auf die Stimmung an, in der man sich befindet. Von einem Cadillac aus hätte ich diese Landschaft vielleicht sogar sehr malerisch gefunden.

Von einer Stelle aus konnte ich sogar den Colorado, den Strom, sehen. Ich beobachtete, wie seine dunklen Fluten zwischen den Steilwänden eines engen Cañons verschwanden. . .

Die ziemlich einsame Straße befindet sich – wie alle Straßen Amerikas – in tadellosem Zustand. Ich fand sogar zwei Tankstellen am Wege und konnte dort Coca Cola bekommen, was mich beinahe vor dem Verdursten rettete.

Kingman liegt nur 300 Meter über dem Meeresspiegel.

In meiner Richtung – stets gen Osten, also der „Heimat" entgegen – führte die Autostraße bergauf, höher und immer höher bis zu jenem Hochplateau in mehr als 2000 Meter Höhe, in diese berühmte, zerklüftete Hochebene der rot und blau schimmernden Felsen, durch die sich der Colorado sein fast 2000 Meter tiefes Bett gegraben hat: Grand Canyon. . .

Als ich nach zweitägigem mühseligen Bergaufstrampeln den Grand Canyon endlich erreicht hatte und erschöpft und ausgepumpt in dieser Weltwunder-Wildnis dastand, war es mir, als wäre ich soeben, von einem anderen Stern kommend, gelandet. . . Es war alles so entsetzlich bedrückend! Erst als ich mein Zelt hart am Rande dieses mächtigen Abgrundes aufgeschlagen hatte, ja, und als ich in Muße das Schauspiel der untergehenden Sonne und das Glühen der fernen Schneeberge und die Lichtreflexe der roten

Felsen bewundern konnte, da erst kehrte meine Lebensfreude, trotz allen Alleinseins, zurück.
Während tief unten die dunklen Fluten des Colorado von der Schwärze der Nacht aufgesogen wurden und die Schatten der Nacht, das undurchdringliche Schwarz der Tiefe immer höher zu mir heraufstieg, wurde die ganze Landschaft um mich herum vom Abendglühen überzogen. . .
Nach einer bitter kalten Zeltnacht fuhr ich weiter.
Die Straße stieg auch jetzt noch an. Nach etwa 100 Kilometern Fahrt mußte ich Flagstaff, eine kleine Stadt im Staate Arizona, erreichen. Auf dieser Strecke durchfuhr ich eine immer abwechslungsreicher werdende Steppenlandschaft, einen weiten, fast menschenleeren Raum. Es ist das Reich der berühmten Navajos (sprich: Ná-wahos) und der Apachen, die in diesem Teile von Arizona ein von der amerikanischen Regierung beschütztes Reservat, ein nur den Indianern gehörendes Territorium von der Größe Bayerns, bevölkern.
Kein Wunder also, daß ich einigermaßen neugierig war! Würde ich irgendwelchen dieser Indianer begegnen? –
Der Hi-Way 66 (Highway Nr. 66) ist nicht zu vergleichen mit den deutschen Autobahnen. Es gibt aber kaum in der Welt eine Autostraße, die so viel benutzt wird und die über solche weiten Strecken führt. Hi-Way 66 ist die kürzeste Verbindung zwischen Los Angeles in Kalifornien und Chicago am Michigan-See. Das ist noch etwas weiter als von Paris bis Moskau.
An dieser Autostraße – etwa 1000 Kilometer östlich von Los Angeles, mitten in den Bergen des wildzerklüfteten Arizona – beginnt das Gebiet der Navajos-Indianer.
Am Fuße des schneebedeckten, 3844 Meter hohen San-Francisco-Berges berührte ich das erste Indianerdorf. Ich hatte bisher nur in Karl May und anderen Abenteuerbüchern von den Rothäuten gelesen, hier sah ich sie also – und war grenzenlos enttäuscht! Oh, es ist auch in diesem Punkte nicht mehr viel von der Romantik früherer Jahrzehnte übriggeblieben!
Die mehr braun- als rotfarbigen Gestalten tragen zwar ihre alte nationale Kleidung, aus Schafwolle hergestellte und bunt gefärbte, handgewebte, weite Röcke sowie enganliegende, zerzauste Hosen; sie wohnen auch noch in grob zusammengezimmerten Blockhäusern – aber sie sind ganz offensichtlich, wenigstens hier am Rande des ihnen vorbehaltenen Territoriums, dem allmächtigen Dollargott verfallen wie die meisten Amerikaner. . .
Auf großen, neonbeleuchteten Reklametafeln kündigen diese Indianer – natürlich gegen anständige Bezahlung! – echte indianische Volks- und Kriegstänze an.

Als ich versuchte, mit meiner Kamera von einigen besonders malerischen Indianergestalten ein paar Schnappschüsse zu machen, stürzten sich mehrere junge Burschen auf mich und zerrten mich in ein kleines, in der Nähe stehendes Blockhaus.
Dort hockte eine alte, verrunzelte Squaw und – bot mir Photo-Tickets an, aus denen ersichtlich war, daß das Betreten eines Indianerhauses einen Dollar koste und jede photographische Aufnahme innerhalb des Territoriums 25 Cent.
In einem kleinen Café fiel mir ein Schild auf.
Ich las: „Ich schenke keinen Alkohol aus an Kinder, an Betrunkene und an Indianer!"
Es gelang mir, die Bekanntschaft des Wirtes zu machen, der dieses Schild aufgestellt hatte. Er war ein Weißer. Ich fragte ihn, nachdem ich ihm erzählt hatte, ich sei mit dem Fahrrad unterwegs um die Welt: „Haben denn die Indianer in den USA nicht die gleichen Rechte wie alle anderen amerikanischen Bürger?"
Der Mann zuckte die Schultern und sagte dann: „Mit den Indianern ist das hier so ähnlich wie mit den Negern in den Südstaaten. Sie sind eben Menschen zweiter Klasse. Man kann nichts daran ändern. Hier sind sie vor allem die billigeren Arbeitskräfte. Der Indianer arbeitet nämlich 30 Prozent billiger als der weiße Amerikaner."
Ein junger indianischer Arbeiter, der in stoischer Ruhe in einer Ecke des Lokals saß und dort Coca Cola schlürfte, hatte unsere Unterhaltung offenbar mitangehört. Er zwinkerte mir vielsagend zu, und als der Inhaber des Cafés einmal abgerufen wurde, setzte ich mich kurz entschlossen zu dem jungen Indianer.
Er sagte: „Was dir der Wirt da eben erzählt hat, ist die reine Wahrheit. Aber wir – die einzigen wirklichen Amerikaner – machen diesen Zustand nicht mehr lange mit! Ich zum Beispiel", und damit tippte er selbstbewußt auf seine Nase, wirklich – auf seine Nase, „ich bin jetzt der Gewerkschaft beigetreten, und seit einigen Wochen erhalte ich pro Stunde genau wie alle Weißen statt einen Dollar zwanzig – einen Dollar achtzig. Das ist doch schon etwas, nicht wahr? Hoffentlich tun es mir meine Brüder bald gleich und gehen auch in die Gewerkschaft!"
Östlich von dem über 2000 Meter hoch gelegenen Ort Flagstaff hatte ich einen tollen Rückenwind. Dazu ging es auch noch meist bergab, und ich fraß die Meilen geradezu. Meine Durchschnittsgeschwindigkeit in der Stunde betrug mehr als 30 Kilometer. Solches Glück hatte ich auf meiner ganzen Tour noch nicht gehabt. . .
Auf diese Weise legte ich die 187 Meilen (etwa 300 Kilometer) bis nach Gallup in einem einzigen Tage zurück und wurde nicht einmal müde dabei.

Aber ich mußte auch wirklich schnell vorwärts kommen, denn mein Geldbeutel war wieder einmal leer geworden, was in Amerika dasselbe bedeutet wie eine riesengroße Katastrophe. Das bedeutet nämlich: verhungern müssen! Der Amerikaner, der in wahnsinnigem Tempo durch die Gegend saust, hat keine Zeit, sich um einen verhungernden Radfahrer zu kümmern. Bis hierher war ich nur ein einziges Mal von einer Familie, die am Straßenrand mit ihrem riesigen Wohnanhänger eine Panne reparierte, zum Essen eingeladen worden. Im übrigen mußte ich mir meine Mahlzeiten selbst kaufen.

So raste ich also los und hatte während der ersten 100 Kilometer dasselbe Glück wie am Vortage. Der Wind blies tüchtig, und ich richtete mich beim Fahren so hoch wie möglich auf, um dem Wind eine ordentliche Angriffsfläche zu geben und so selber als Segel zu dienen.

Dann aber wurde es ungemütlich!

Aus dem scharfen Wind wurde eine Art Sandsturm. Ich hatte die sogenannte „gemalte Wüste" erreicht, eine einzigartige und nie gesehene Landschaft, unglaublich wildzerklüftete, nackte Felsen, die in allen Farben – vom dunkelsten Blau über Gelbgrün und ein schreiendes Rot – sich bis in die unendlich scheinende Ferne schneebedeckter Berge ausdehnt. Hier wurde der Wind dann zum Sturm und wirbelte den die Felsen bedeckenden Staub auf, so daß schon nach wenigen Minuten kaum noch die Hand vor Augen zu sehen war und sämtliche Autos ihre Scheinwerfer aufstrahlen ließen, was aber auch kaum etwas half. Sie krochen nur schneckenlangsam an mir vorüber.

Ich band mir mein Taschentuch um Mund und Nase und raste unbekümmert weiter. Nun fuhr ich mitten auf der Fahrbahn, denn die Autos waren gezwungen, so langsam zu fahren, daß ich jetzt den Vorteil hatte, bestenfalls auf einen der Wagen aufzurennen, nicht aber von ihnen überrannt zu werden.

Trotzdem wäre beinahe ein Unglück geschehen, als mit dem Sandsturm ganze Schwaden von Dornbüschen – Gott weiß, woher sie kamen! – über die Straße fegten und mir einer dieser Dornbüsche unerwartet zwischen die Speichen und die Kette kam. . .

Ich hatte zehn Minuten Arbeit und mußte sogar die Räder ausmontieren, um das ausgetrocknete Dornengestrüpp wieder loszuwerden.

Mittlerweile dörrte ich buchstäblich aus! Die Lippen schmerzten, und ich hätte alles um einen Schluck Wasser gegeben! Der Sturm ließ auch nicht nach, bis ich endlich, zum Umfallen erschöpft, Albuquerque erreicht hatte.

Mein Puls jagte weit über 100!
Mein erster Weg in Albuquerque war der zur Post, um mir dort meine postlagernden Briefe aus der Heimat abzuholen. Ein kleiner Lichtblick für mich, denn wieder einmal waren meine Sorgen sehr groß. Ich hatte noch ganze 50 Cent in der Tasche. Wie konnte ich mir meine erste, so dringende Mahlzeit beschaffen – und wo sollte ich schlafen? Zudem sah ich wie ein Landstreicher aus nach dem gerade überstandenen Sandsturm. Unrasiert und von oben bis unten mit dem gelben Wüstensand eingestaubt, sah ich nicht sehr vertrauenserweckend aus. Trotzdem sprach ich mir eine ganze Menge Mut zu und ging, so wie ich war, zur örtlichen Zeitung, dem „Journal".
Die Redakteure schauten verwundert auf, ihre Beine lagen auf den Schreibtischen. Ich hatte mir, nur um den Eindruck einer gewissen Wohlhabenheit vorzutäuschen, meine teure japanische Kamera und meinen schweren Feldstecher umgehängt.
Amerikanische Journalisten sind komische Käuze. Es gehört zu ihren Berufseigenschaften, sich zu allen Gelegenheiten über ihr wirkliches Gesicht eine Art Pokergesicht zu streifen. Es ist schwer, sie aus der Ruhe zu bringen.
Als ich mich ihnen vorgestellt hatte, meinte der Chefredakteur gähnend: „Ja, ich habe von dir gelesen. Wir setzen gleich eine schöne Story in unser Blatt. Das gibt ‚Publicity' – und wie du selbst etwas daraus machst, das ist deine Sache!"
„Junge, ich habe aber Hunger und kein Nachtquartier und bin völlig broke (ohne Geld)", erklärte ich ihm.
Lachend ergriff der Boss der Redaktion den Telephonhörer und rief das Hilton-Hotel, das Luxushotel der Stadt, an. Er sprach mit dem Direktor. Dann überreichte er mir den Apparat, und ich lauschte verwundert der Stimme des Hotelgewaltigen: „Hier Tedd Burns! Ich bin der Direktor vom Hilton, und Sie sind der Weltradler. Das ist okay! Ich habe Sie vor einiger Zeit, als Sie in Amerika ankamen, im Fernsehgerät gesehen. Wir wären sehr glücklich, wenn wir Sie bei uns haben könnten, aber es ist 'ne kleine Bedingung dabei: nämlich daß Sie ihr Weltumradlungs-Fahrrad in unserer Lobby (Hotel-Vorhalle) aufstellen und dort zur allgemeinen Ansicht stehenlassen. Sie können dafür bei uns im besten 20-Dollar-Raum wohnen und essen, was Ihnen schmeckt."
Knack, eingehängt, aufgelegt! Außer „Helfgen speaking!" hatte ich kein einziges Wort mehr sagen können. . .
So kam ich also ins Hilton-Hotel in Albuquerque/New Mexico. Die Hilton-Hotels bilden einen großen Konzern in den USA. Und mein verdreckter Drahtesel wurde von den Hotelboys zur allgemeinen Besichtigung mitten zwischen ein paar empfindlichen

Rokokomöbeln auf die schweren, kostbaren Teppiche der Vorhalle gestellt. Eine Ehre, die meinem treuen Rad wohl schwerlich ein zweites Mal begegnen wird.
Wenige Stunden später erschien auch schon die Zeitung mit meiner Geschichte auf der ersten Seite. Und dann fing das Hoteltelephon an zu klingeln. Von allen Seiten regnete es Einladungen, die ich wegen der Kürze der mir zur Verfügung stehenden Zeit jedoch – bis auf eine einzige Ausnahme – ablehnen mußte. Die Professoren der Universität luden mich zu einem kleinen zwanglosen Vortrag für den nächsten Nachmittag ein.
Ich hielt diesen Vortrag. Um 13 Uhr des nächsten Tages, und zwar vor den Studenten der Journalistenklasse. Um 14 Uhr aber waren so viele andere Studenten als neugierige Lauscher in die Klasse gekommen, daß der Raum zu klein war. Wir wechselten über zum großen Auditorium, und um 15 Uhr war auch dieses mit über 1000 Hörern überfüllt. Es wurde eine einzige große Aussprache, denn die Studenten waren außerordentlich wißbegierig und bombardierten mich immer wieder mit neuen Fragen. So wurde es 18 Uhr abends, und ich mußte abrupt Schluß machen. Außerdem war ich recht heiser. Aber das Allerwichtigste war, daß ich für die Geschichte ein paar Dollar bekam. Die Frage meiner Weiterfahrt war also – finanziell gesehen – vorerst nicht mehr problematisch.
Nach dreitägiger Ruhepause in Albuquerque brach ich neu gestärkt auf. Strampelnd ging es weiter bergan, bergan . . . bis ich endlich den letzten Paß des Arizona-New-Mexico-Hochlandes in 2300 Meter Höhe überwunden hatte.
Kurz vor Amarillo erreichte ich die Grenze des Staates Texas!
Nach den tagelangen Bergen, Felsen und bergig-felsigen Wüsten öffnete sich jetzt vor mir die unendliche Weite einer ziemlich trostlosen Steppe. Außerdem empfing mich Texas alles andere als liebenswürdig!
Zunächst hatte ich den Wind gegen mich. Gegenwind ist das Schlimmste, was einem Radfahrer passieren kann. Mühsam ächzend mahlte ich mich mit gesenktem Kopf in die Gegend hinein. Plötzlich — Panne!
Halb verzweifelt riß ich die Decke vom Vorderrad herunter. Ein winziger Dorn hatte dieses Unglück bewirkt. Ich war kaum fertig mit der Reparatur und eben wieder ein paar hundert Meter gefahren — Panne!
Abermals mußte ich absteigen und wieder flicken.
Dieses Theater wiederholte sich auf kaum 50 Kilometern vierzehnmal! An einer Tankstelle (Gas-Stationen, man begegnet ihnen in den USA alle 30 bis 40 Kilometer), fragte ich nach dem verfluchten Kraut, dessen Dornen mir so viel zu schaffen machten.

Der Tankwart sagte: „Es ist ein Dornbusch mit Namen ‚Goldheads' (Goldköpfe)."
„Was denn", rief ich, „Sie nennen dieses Unkraut Goldköpfe?"
„Ja, die Sträucher sehen nicht schlecht aus. Daß sie Ihren dünnen Fahrraddecken nicht gut bekommen, ist Ihr persönliches Pech! Wer fährt auch schon mit einem Fahrrad. . .!" Achselzuckend wandte er sich ab.
Der Wind hatte hinter Amarillo etwas nachgelassen. Ich fing darum förmlich an zu rasen, nur um endlich die eintönigen, fast 1000 Kilometer weiten Steppen von Texas hinter mich zu bringen. . .
200 Kilometer hatte ich an diesem Tage schon geschafft. Am späten Abend aber fühlte ich mich immer noch so wohl, daß ich mich entschloß, die Nacht auch noch durchzufahren. . .
So wurde es morgens fünf Uhr. 320 Kilometer hatte ich in einem einzigen Rutsch zurückgelegt. Ich war ordentlich stolz, aber dann machte ich plötzlich schlapp. Ich war so müde, daß ich selbst auf das Aufschlagen des Zeltes verzichtete, sondern nur meinen Schlafsack vom Gepäckständer riß und hineinkroch.
Ich war sofort in tiefen Schlaf gefallen.
Aber das Unglück nahte schnell. Dabei hätte ich niemals in dieser Nacht an Regen gedacht, zumal mir die Bevölkerung erzählt hatte, daß sie bereits seit zwei Jahren auf Regen warte. Ganze Gebiete von Texas seien verarmt, nur weil infolge des fehlenden Regens die Baumwolle nicht wachse. Plötzlich und unvermittelt wurde ich wach!
Noch schlaftrunken stellte ich fest, daß ich klatschnaß war. Ich lag mitten in einem Teich, und der Schlamm quoll in alle Ecken meines Schlafsackes. Neben mir hatte sich ein reißender Bach gebildet, der alle meine Kleider, die ich achtlos aus dem Schlafsack gerollt und neben mich geworfen hatte, mit sich fortgenommen haben mußte. Es war zu spät, danach zu suchen. Außerdem konnte ich mich kaum auf den Beinen halten. Ich fror wie ein Schneider!
Abseits – durch die Regenwand – sah ich die Straße liegen. Hunderte von Autos sausten vorüber. Ich wurde nicht gesehen, und Erbarmen hätte wohl auch, wenn man mich gesehen haben würde, niemand mit mir gehabt.
Um mir einen trockenen Platz zu schaffen, schlug ich mein Zelt im strömenden Regen auf, wusch – pudelnackt – meine Kleider und meinen Schlafsack und hängte die Sachen, die ich eben noch am Leibe getragen hatte, an der Zeltleine auf. Dann kroch ich mit klappernden Zähnen in mein Zelt und wartete, daß ein gütiges Schicksal, oder besser, ein scharfer und trockener Wind meine Kleider trocknen würde.

Nach einer guten halben Stunde, die mir allerdings wie eine Ewigkeit vorkam, hörte der Regen auf. Einige wenige Sonnenstrahlen heizten mein Zelt, während draußen mein Hemd und meine Shorts, vor allem aber die Socken und die Schuhe etwas antrockneten.
Mein Magen knurrte. . . Alles in allem: ich fühlte mich wieder einmal sehr unglücklich! Es ist schon besser, mit einem Packard um die Welt zu fahren – mit einem Fahrrad werd' ich's bestimmt nicht wiedertun!
Gegen Mittag faßte ich einen Entschluß.
Ich ließ den ganzen Plunder samt Zelt liegen, wo er lag, zog mir die noch ziemlich klammen Sachen an und machte mich auf den Weg in die nächste Ortschaft, um Hilfe zu holen. Auch meinen Schlafsack ließ ich liegen. Zwar hätte ich meine Fahrt ohne ihn unmöglich fortsetzen können, aber jetzt wog er vor lauter Wasser mindestens einen halben Zentner!
10 Kilometer weiter fand ich eine kleine Ortschaft und eine Tankstelle, in der sich die halbwüchsige Jugend gerade ein Stelldichein gab. Ich erzählte ihnen von meinem Pech, und die ganze Gesellschaft ließ es sich nicht nehmen, mit ihren Autos nach der Unglücksstelle zu rasen. . .
Jawohl – mit ihren Autos!
Fast jeder amerikanische Junge (und auch viele Mädels) besitzen ihr Auto. Meist sind das alte Klapperkisten, die sie für wenige Dollar kurz vorm Autofriedhof gerettet haben.
Einer der Jungens hatte sich in meine japanische Kamera verliebt und bot mir als Gegenwert dafür seinen alten Chrysler an. „Er macht immer noch seine hundert Sachen!" erklärte er stolz. Natürlich lehnte ich ab, und ich bin überzeugt, daß mir das der brave Jimmy – siebzehn Jahre alt – niemals vergessen wird!
Mit Hilfe der Jungens und Mädels brachte ich – außer einem Teil der fortgeschwommenen Sachen – alles wieder in Ordnung. Die netten Texas-Boys und Texas-Girls leisteten mir für die Dauer des Tages Gesellschaft, und ich muß sagen, daß ich sehr gut mit ihnen zurechtkam (von Jimmy natürlich abgesehen!). Man half mir sogar, mein Fahrrad wieder aufzumöbeln und gründlich zu überholen.
Am nächsten Morgen setzte ich dann meine Fahrt fort und erreichte bald darauf die Großstadt Dallas, die erste wirkliche City nach Verlassen von Los Angeles.
Die Innenstadt von Dallas erinnert mit seinem Wolkenkratzer-Viertel sehr stark an New York.
Ein religiöser Verein bat mich, einen Vortrag über meine Erlebnisse und Erfahrungen mit den indischen Missionen zu halten. Ich

tat es. Wenn der Magen knurrt, dann kann man alles! Selbst in Dallas! Für meinen Vortrag erhielt ich 20 Dollar.
Während meines Aufenthaltes in Dallas hatte ich ein Erlebnis, das ich auf jeden Fall noch schnell erzählen möchte, ehe ich über meine Weiterfahrt in Richtung New Orleans im Staate Louisiana am Golf von Mexiko berichte.
In Dallas machte ich die Bekanntschaft eines Managers für internationale Ringkämpfe. Der Mann war außerordentlich offen zu mir und erzählte mir den ganzen Humbug um diesen sogenannten „Sport", der in Amerika nichts anderes ist als ein großartig aufgezogenes Theater. Die größten kassemachenden Kämpfe werden oftmals sogar vorher geprobt.
Die Amerikaner wenden bei ihren Mammut-Ringkämpfen einen psychologischen Trick an, und zwar dergestalt, daß jeweils ein Ringer die Sympathie und sein Gegner den Haß der Zuschauer haben muß.
Der „böse Mann" wird vertraglich gezwungen, sich so unsportlich und übel wie nur möglich zu benehmen.
Der am meisten gehaßte internationale Ringer in Amerika ist ein sogenannter Lord Carlton, ein an und für sich sehr sympathischer, in Indien geborener Engländer, der ebenfalls durch einen Vertrag gezwungen wurde, sich selber unpopulär zu machen. Er tat das dadurch, daß er vor dem Rundfunk und im Fernsehstudio die Amerikaner als die schlechtesten Sportsleute der Welt bezeichnete.
Lord Carlton schlug eine Weile alle amerikanischen Gegner und hatte einen Kampf nach dem anderen vor vollbesetzten Häusern. Ganz Amerika möchte diesen „bösen Kerl" endlich besiegt sehen, aber er wird natürlich nicht eher besiegt werden, als bis die großen Drahtzieher den rechten Moment dafür erblicken.
Ich wurde zu einem solchen Kampf mitgenommen. Es war ein Kampf gegen den sogenannten Weltmeister McShean. Dieser pompös im Hermelinmantel erscheinende König des Ringes streckte dem Publikum sogleich die Zunge heraus. Ohne ein Zeichen des Ringrichters abzuwarten, sprang er seinen Gegner, den Liebling der Bevölkerung, an und schmetterte ihn mit ein paar Fausthieben zu Boden. Als der Schiedsrichter dazwischensprang, warf er ihn aus dem Ring.
Ich sprang empört von meinem Sitz auf. Mein Freund, der Manager, hielt mich jedoch lachend zurück und meinte: „Ist ja alles Theater! Allerdings ein sehr notwendiges Theater! Man kann jede noch so geringfügige Sache durch einen Skandal populär und zur Sensation machen."
Mittlerweile spielte sich im Ring eine wüste Schlägerei ab, wobei

eine Reihe Zuschauer und hysterisch scheinende Anhänger des Publikumslieblings in hohem Bogen über die Seile flogen. Das ganze Haus tobte!
Als wir endlich nach Hause gingen, konnte ich feststellen, daß die große Masse heute ihren guten Tag gehabt hatte. Der Manager rieb sich schmunzelnd die Hände. Das hatte er herrlich hingekriegt, und es bedeutete für den kommenden Tag abermals übervolle Kassen! Der Manager sagte: „Box- und Ringkommission, Schiedsgerichte – alles Theater, mein Lieber! Gut, das mag die Seite Amerikas sein, die man mit Recht als den großen Bluff bezeichnet. Und die meisten Leute hier im Lande wissen das sehr wohl, aber sie sind reineweg vernarrt in dieses Bluff- und Selbstbetrugsspiel! Es bringt solch herrlich aufregende Momente, die sie als Nervenkitzel auf keinen Fall mehr entbehren möchten!"
Ich hatte die Nase völlig voll! Aber ich bin überzeugt: Das gibt's nicht nur in Texas!

Schwarz und Weiß im Staate Louisiana

Texas lag hinter mir. Ich radelte auf den schlechten und engen Straßen Louisianas New Orleans entgegen. Zwischendurch hatte ich einen Unfall, der sich kurz vor New Orleans ereignete und der meinen Plan, nach dem etwa 1000 Kilometer weiter östlich gelegenen Miami in Florida zu radeln, zu Wasser werden ließ. Ein Lastkraftwagen hatte mich – nach dem hier geltenden Motto: „Was hat ein Radfahrer auf der Straße zu suchen?" – von hinten angefahren und zum Sturz gebracht! Nach einigen Minuten war mein linkes Knie zu einem Ballon angeschwollen, ein anderer Lkw nahm mich und mein verbeultes Fahrrad mit nach New Orleans, wo sich der jüdische Professor Dr. Coper von der Loyola-Universität meiner annahm. Nach dreitägiger absoluter Ruhe habe ich heute meine ersten Schritte unternommen. . .
Der Zwangsaufenthalt in New Orleans ermöglichte es mir, mich sehr eingehend mit der in den Südstaaten der USA vorherrschenden Negerfrage zu befassen.
Aus aller Welt erreicht die Amerikaner immer wieder dieser Vorwurf: „Ihr propagiert auf der einen Seite die Freiheit und Gleichheit aller Menschen, andererseits aber begeht ihr in eurem eigenen Land die schreiendsten Ungerechtigkeiten gegen die Neger! Wie ist das zu erklären?"
Daß Amerika so viele Neger besitzt, ist durchaus nicht die Schuld der Schwarzen. Im Gegenteil, die weißen Amerikaner kamen ungerufen und freiwillig durch Auswanderung nach Amerika, die

Neger dagegen wurden im 17. und 18. Jahrhundert unter den grausamsten Bedingungen nach den Staaten verschleppt.
Die Südstaaten hätten ihren unglaublichen Reichtum an Baumwolle-, Zucker-, Tabak- und Reisplantagen niemals ohne die mehr als ein ganzes Jahrhundert währende billige Arbeitskraft ihrer Negersklaven entwickeln können. Das pharisäische Christentum der reichen Plantagenbesitzer betrachtete die Neger als heidnische Untermenschen, die oft schlechter behandelt wurden als das Vieh.
Als dann im christlichen Abendland in den ersten Jahrzehnten des vergangenen Jahrhunderts das Gewissen zu schlagen begann und die Jahre der sogenannten Sklavenbefreiung einsetzten, war es in den USA der bekannte Präsident Lincoln, der, entsprechend der amerikanischen Verfassung, allen in Amerika lebenden Menschen die gleichen Rechte, und somit auch den schwarzen Sklaven die Freiheit zusicherte.
Ein Sturm scheinheiliger Empörung ging durch die Südstaaten, deren einflußreiche Farmer nun durch den Verlust der billigen Arbeitssklaven einen wirtschaftlichen Bankrott fürchteten. Es kam zu dem berühmten amerikanischen Bürgerkrieg und zum Sieg der auf der Seite des Präsidenten stehenden Nordstaaten.
Die Sklaven wurden frei – auf dem Papier!
An fast sämtlichen Tankstellen befinden sich drei Toiletten. Eine für Männer, eine für Frauen, eine für Farbige.
Die Neger haben ihre eigenen Lokale, und man wird es in den amerikanischen Südstaaten nie erleben, daß Weiße und Neger in dem gleichen Restaurant sitzen.
In New Orleans lernte ich einen deutschen Gastwirt kennen. Sein Lokal liegt an dem berühmten Strand von Long Beach. Eines Tages kam nach einer langen Autofahrt völlig ausgehungert und verzweifelt eine Negerfamilie zu ihm und bestellte Essen. Der Deutsche bediente die Schwarzen aus purem Mitleid. Die Folge: Die Hälfte seiner früheren Gäste boykottierte ihn länger als ein halbes Jahr lang und brachte ihn für seine menschliche Haltung an den Rand des Abgrunds.
Katholische Schwestern, die in einem kleinen Dorf am Mississippi eine Schule eröffnet hatten und dort auch schwarze Kinder aufnahmen, mußten die Schule sehr bald wieder schließen, weil die weißen Eltern lieber auf den Unterricht ihrer Kinder verzichteten, als sie gemeinsam mit farbigen Kindern erziehen zu lassen.
Als ich mich in New Orleans mit einem Studenten der schwarzen Universität angefreundet hatte und gemeinsam mit ihm die Straßenbahn bestieg und mich dort ganz selbstverständlich neben ihn setzte, kam der Schaffner zu mir und verwies mich auf die für die Weißen bestimmten vorderen Plätze.

Ich sagte: „Entschuldigen Sie, aber ich bin Ausländer."
Seine Antwort: „Das ändert gar nichts. Sie müssen sich hier nach unserem Gesetz richten."
Trotz dieser sich einem geradezu aufdrängenden Zeichen rassischer Diskriminierung, die ja im krassesten Gegensatz zur amerikanischen Mentalität und der amerikanischen Verfassung steht, wäre es falsch, sich daraufhin nun der antiamerikanischen Propagandameinung anzuschließen und etwa von einer Doppelzüngigkeit der USA zu sprechen. Die amerikanischen Südstaaten sind eben noch nicht hundertprozentig amerikanisch. Ich möchte beinahe behaupten: der Bürgerkrieg ist noch nicht ganz überwunden, denn die Südstaaten befinden sich in einer steten Entwicklung und noch immer im Begriff, sich der Gesamtheit, die sich USA nennt, erst einzugliedern.
Wer die Südstaaten vor zehn Jahren bereist hat und nun wiedersieht, stellt diese Entwicklung, insbesondere im Hinblick auf die rassische Diskriminierung, sofort fest. Damals konnten die Neger in der City nicht einmal mit den Weißen zusammen auf demselben Bürgersteig gehen. Das hat sich nach dem Kriege gewaltig geändert. Seinerzeit lagen auch die Löhne der schwarzen Bevölkerung weit unter denen der weißen Arbeiter, was es heute dank dem Eingreifen der mächtigen Gewerkschaften nicht mehr gibt.
Die Neger haben inzwischen wirklich große Fortschritte gemacht. Sie besitzen in New Orleans sogar zwei beachtliche, sogenannte schwarze Universitäten.
Ich bin für morgen zu einer dieser Universitäten zu einem Vortrag mit zwangloser Aussprache eingeladen worden und hoffe, dort weitere und wichtige Auskünfte in der Frage des Negerproblems zu erhalten.
Innerhalb der weißen Studentenschaft gibt es eine allgemeine und sehr starke Resistenz gegen jede Rassendiskriminierung. Als vor kurzem einem schwarzen Studenten der Zuzug zu einer weißen Universität verweigert wurde, wandte sich dieser, auf die amerikanische Verfassung berufend, an das oberste Gericht in Washington, und dieses entschied zugunsten des Schwarzen.
Ja, so sieht es hier zwar heute noch aus. Nach und nach aber fällt eine Schranke nach der anderen. Insbesondere die weiße Jugend kümmert sich zunehmend immer weniger um die überlieferten Vorurteile.
In der Xavier-Neger-Universität in New Orleans sitzen die weißen Lehrer und Besucher mitten unter der schwarzen Studentenschaft. Ich hatte das Glück, dort 27 junge Deutsche in der Universitätsmensa beim Mittagessen zu überraschen. Sie waren rückhaltlos

von ihren schwarzen Kollegen begeistert und hatten bereits einige Freundschaften angebahnt.
Eine große und unvergeßliche Überraschung wurde uns bereitet, als die Musikstudenten uns ihren gemischten Sängerchor präsentierten. Ich habe schon einige der besten Chöre der Welt gehört, aber es ist dennoch keine allzukühne Behauptung, wenn wir uns – die deutschen Studenten und ich – darüber einig waren, daß diese jungen Neger mit jedem Berufschor der Welt erfolgreich konkurrieren können. Die Fülle und Sauberkeit der dreißig Stimmen, von denen jede ein vollwertiges Solo ist, die gesangliche Disziplin und Harmonie dieses Chores waren geradezu unübertrefflich.
Die Tage in New Orleans verrinnen. . . Dank der freundlichen Hilfe von Professor Dr. Coper bin ich wieder einigermaßen fit. Und dennoch: der Unfall, den ich kurz vor New Orleans hatte, ist nicht spurlos an mir vorübergegangen. Mit dem Radfahren ist es noch nichts. Deshalb wird auch mein nächstes Ziel Cuba sein. Herr Ehlers, der Schiffahrtssachverständige des Deutschen Konsulats, hat mir eine kostenlose Überfahrt von New Orleans nach der mittelamerikanischen Insel Cuba versprochen.
Hoffentlich klappt es!
Dann lägen die USA also endgültig hinter mir. Ich habe zwar nicht alle Staaten durchradelt, aber es reicht mir auch so. Ein zweites Mal werde ich es sowieso nicht tun! Es war nicht der reine Bienenhonig, wirklich nicht!
Aber der Fehler lag bei mir! In Asien war alles einfacher. Die Asiaten helfen, ohne zu fragen. Die Amerikaner wollen gebeten werden. Ich habe in den Wochen, die ich brauchte, um durch die USA zu radeln, sehr viel gehungert, ich war ohne Geld und habe vor hypermodernen Großstädten im Zelt geschlafen. Manchmal habe ich Vorträge für Geld gehalten, das war meine einzige Einnahmequelle. Ein Radfahrer wird einfach nicht beachtet, es sei denn – und da liegt mein großer Fehler! –, ich hätte mir einen Manager nehmen müssen, der für mich Propaganda gemacht hätte. Er hätte mich als ein Wundertier herausgestellt und viele Dollars dafür kassiert, von denen ich natürlich meinen Anteil bekommen hätte.

Cubanische Abenteuer

Ja, die Würfel waren gefallen! Ich würde also mit dem kleinen deutschen Charter-Schiff M/S „Marabu“ von New Orleans nach Cuba hinüberdampfen.
Ich las: „Marabu“. Die Kapitänsbrücke reichte gerade bis zum

Pier. Sehr zögernd nur schob ich meinen Drahtesel über die Gangway, lehnte das Rad an die Reling und machte mich auf die Suche nach dem Kapitän. . .
Ein kleiner, verwitterter Mann mit aufgekrempelten Hemdsärmeln streckte mir die Hand entgegen. Er sprach ein waschechtes Hamburger Platt, und ich verstand daraus vorerst nur: „Käpten", „Radfahrer" und „Konsul". Naja, es schien also zu stimmen.
Bei einer Flasche Coca Cola mit Rum begannen wir uns dann jedoch bedeutend besser zu verstehen, und das Schiffchen war trotz seiner 500 Tonnen nicht gar so schlecht, wie ich anfangs glaubte. Die sauberen Kabinen mit fließendem kalten und heißen Wasser, mit Couch und bequemen Doppelbetten imponierten mir, und ich fühlte mich gleich wie zu Hause.
Kaum hatte ich mich eingerichtet, so begann auch schon der 500-PS-Diesel sein monotones Lied. Wir dampften zur Schleuse hinaus. In rascher Fahrt ging es den Mississippi abwärts.
Nach viertägiger Fahrt durch den Golf von Mexiko und das Karibische Meer und ebenso langen Sorgen um das bevorstehende Landungsproblem kam eines frühen Morgens Land in Sicht.
Cuba. . .
Die „Marabu" stoppte vor einer kleinen malerischen Bucht, und der Lotse kam an Bord. Eine Stunde später lagen wir an der schwankenden, halbverrotteten Holzpier des Hafens Campanillo der cubanischen Zucker- und Erzstadt Nuevitas.
Vom Hafen Campanillo bis hinein in die Stadt Nuevitas sind es gute 10 Kilometer. Ein altmodischer Eisenbahnzug besorgt die Verbindung entlang der buchtenreichen Küste. Ich durfte keine Zeit verlieren und stolperte über die halsbrecherische Pier zwischen rangierenden Zügen hindurch zur Station.
Die Luft roch süßlich nach Zuckermelasse, die dort zu Tausenden von Tonnen in riesigen Tanks lagert. Der Boden aber ist von rötlichem Roststaub, den Überbleibseln von Eisen- und Manganerzen, bedeckt.
Auf der Station war kein Zug zu sehen. Wir hatten an Bord vergessen, die Uhr eine Stunde vorzustellen, eine weitere Stunde näher der Heimat. . . Ich brauchte aber trotzdem nicht lange zu warten. Unser Aushilfssteward Ernesto, ein Hondurasneger, stand plötzlich neben mir.
„Wohin, Ernesto?" fragte ich.
Mit einem breiten Grinsen klopfte er auf seine Brieftasche und zeigte in Richtung Nuevitas. „Aber der Zug ist doch schon weg!" wandte ich ein.
Ernesto grinste abermals und zeigte auf eine Rangierlokomotive. „Führer von Lokomotive", sagte er, „sein von mir guter Freund.

Ich ihm geben eine Schachtel Zigaretten, er uns bringen ganz schnell nach Nuevitas. Du mitkommen!"
Ungläubig folgte ich dem Schwarzen. Im spanischen Slang begann Ernesto eine lange Unterhaltung mit seinem Rassegenossen auf der Lok. Und dann waren die beiden handelseinig. Wir stiegen auf die Lokomotive und rasten los. Es wurde die halsbrecherischste Eisenbahnfahrt meines Lebens, obgleich auch ich in dieser Beziehung schon allerlei mitgemacht habe. Aber der Neger wollte offensichtlich zeigen, was er aus seinem vorsintflutlichen eisernen Ungetüm alles herauszuholen vermochte. Mir blieb trotz oder infolge seiner Künste leider keine Zeit zur Bewunderung übrig, denn ich hatte alle Mühe, mich mit Händen und Beinen festzuklammern, um nicht von der in allen Fugen klappernden Maschine heruntervibriert oder in den Kurven herausgeschleudert zu werden.
So erreichten wir die Stadt.
Am Abend gingen wir in See in Richtung Nikaro, zu dem berühmten amerikanischen Nickelbergwerk, etwa 1000 Kilometer südöstlich von Habana, der Hauptstadt Cubas.
Die See war stürmisch, und die Küste, die wegen ihrer Felsenriffe bekannt und gefürchtet ist, blieb ungesehen, denn sie war völlig unbeleuchtet. Nur irgendwo in der Ferne brannte ein einziges schwaches Leuchtfeuer. Alles was glaubte, gute Augen zu haben, stand auf der Brücke und hielt krampfhaft Ausschau nach den in den Seekarten verzeichneten Leuchttürmen.
Aber nichts war zu sehen. . . In seiner Verantwortung um das Schiff entschloß sich Kapitän Dreyer daher, noch einige Striche mehr seewärts zu steuern. Er hatte eine verteufelt gute Nase, unser alter Seebär von der M/S „Marabu", denn kaum zwanzig Minuten nach Kurswechsel erschien gespensterbleich auf Steuerbordseite ein Riff und darauf stand – ein erloschener Leuchtturm!
Ohne unsere Kursänderung wäre die „Marabu" an der cubanischen Küste unweigerlich aufgelaufen und verlorengegangen wie so viele andere Schiffe vor ihr. Trotz des erloschenen Leuchtturms hätte das Seefahrtsgericht den Kapitän zur Rechenschaft gezogen. Denn er hätte ja ankern oder die gefährliche Küstenfahrt bei Tage machen können. Hätte er sie aber wirklich bei Tage gemacht, dann wäre er wiederum bei seinen Brotgebern, nämlich den Reedern, wegen des Zeit- und Geldverlustes in des Teufels Küche gekommen.
So ein Kapitän in fremden Gewässern hat also auch seine Sorgen! Das stellte ich in dieser Nacht fest und konnte blitzartig verstehen, warum die Rumflaschen in der Kapitänskajüte ihre gute Berechtigung hatten.

Nach dem Abenteuer mit dem erloschenen Leuchtturm – und den vorhergegangenen – glich auch ich einem Nervenbündel und durfte somit an der tröstenden Kapitänsmedizin teilhaben. Nochmals meinen besten Dank, Kapitän Dreyer!
Mit der aufgehenden Sonne kam endlich Nikaro, die Minenstadt, in Sicht. Dunkle, schwarzbraune Berge begrenzten den Horizont. Über der Küstenlandschaft mit den unendlichen Palmenwäldern und den Millionen Bananenstauden lagerte eine dichte, braungelbe, schmutzige Wolkenbank. Das supermoderne Nickelbergwerk arbeitete auf vollen Touren. Das konnte man von See her bereits deutlich erkennen, denn aus sämtlichen, am Horizont aufsteigenden Schornsteinen stieg dicker Qualm.
Durch eine kurvenreiche, gefährliche Einfahrt erreichten wir den modernen Fabrikhafen. 2500 Minenarbeiter bauen die schwarze, nickelhaltige Erde über Tage mit modernsten amerikanischen Maschinen ab und bringen sie zur riesigen Fabrik, wo sie, mit Ammoniak versetzt, nach einem ziemlich komplizierten Verbrennungsprozeß das Rohnickel ausscheidet.
Wir gingen nach dem Löschen einiger Maschinenteile sofort wieder in See, mit Kurs auf den größten Zuckerhafen Cubas, dorthin, wo vor 361 Jahren angeblich Christoph Columbus gelandet sein soll, nach Porto Padre.
Diesmal gab es ein Wettrennen mit der Finsternis!
Kapitän Dreyer wollte noch vor Einbruch der Dunkelheit die offene See erreichen. Ein Glück, daß er und sein Erster Offizier die Ausfahrt trotz der abgebrochenen Bojen schon auswendig kannten, denn das Lotsenboot, das nach eineinhalbstündiger Fahrt draußen in einer weiten Meeresbucht erscheinen sollte, war nicht zu sehen.
So hielt unsere „Marabu“ auf ein schwaches Richtfeuer an Land zu. Nach viertelstündiger voller Fahrt, wiederum in Richtung Küste, blinkte aus der Dunkelheit eine halberstickte, funzelnde Taschenlampe auf. . .
Es war statt des Lotsenbootes ein Ruderboot mit zu Bruch gegangenem Außenbordmotor. Am Ruder saß ein schmächtiger, erschöpfter Negerjunge. „Das ist doch nicht der Lotse!“ sagte ich. „Natürlich nicht“, erwiderte der Kapitän, „es ist sein Vertreter. Der Lotse, der heute Dienst hat, ist wahrscheinlich mal wieder besoffen! Sie sehen jedenfalls, daß wir es hier nicht ganz leicht haben in den cubanischen Gewässern!“
Hierauf begab sich der Kapitän in die „tröstende Einsamkeit“ seiner Kajüte. Ich durfte mitkommen.
Als ich am nächsten Morgen mit schwerem Kopf erwachte, lagen wir bereits in Porto Padre, dem letzten Hafen Cubas. Von hier aus sollte die M/S „Marabu“ wieder zurück nach den USA gehen.

„Ohne mich!“ sagte ich mir, als ich beim Rasieren meinen Blick über die weite und herrlich schöne tropische Bucht schweifen ließ. . .
Es dauerte lange, bis die Beamten an Bord erschienen.
Der Zollbeamte erzählte, er habe einen Telephonanruf aus Habana erhalten, aber die Verständigung sei so schlecht gewesen, daß er nicht genau verstanden habe, um was es sich handle. „Es hängt mit der ‚Marabu‘ und einem Radfahrer zusammen“, sagte er.
Kaum hatten die Behörden das Schiff verlassen, so richtete ich mein treues Fahrrad sowie mein Gepäck. Als am Nachmittag die Luft sauber war und gerade eine Motorbarkasse mit Richtung Stadt in der Nähe festmachte, verabschiedete ich mich ziemlich überhastet von Kapitän Dreyer („Und vielen Dank auch für die ungezählten Buddel Rum, Käpten!“), nahm mein Fahrrad auf den Buckel und turnte hinunter zur Pier und hinüber zur Barkasse.
Polizei und Zoll saßen dösend in irgendeiner Kabine.
Eine halbe Stunde später legte die Barkasse vor der uralten historischen Stadt Porto Padre an. Das war gerade am 1. Mai, und die neugierigen Cubaner umstanden mich und bestaunten das deutsche Fahrrad. Ich hätte mich gern auf eine Unterhaltung mit ihnen eingelassen, aber der Boden brannte mir unter den Füßen. . .
Ich mußte weiter!
So sah ich denn also zu, daß ich fortkam, und trampelte bei glühender Hitze durch die Stadt, und zwar stets bergauf, bis ich an einem Fort aus dem 16. Jahrhundert anlangte und dort die ins Landesinnere führende Landstraße ausfindig machte.
Diese Straße ist nicht gerade als erstklassig zu bezeichnen, sie besteht aus einem ziemlich ausgefahrenen Asphalt, und ich machte mir meine Gedanken darüber, warum man eine Straße, über die doch der Reichtum des Landes – Zucker, Tabak, Vieh und Früchte – zur Hafenstadt gebracht wird, nicht laufend repariert und sorgfältig instand hält. Ich denke, mit den Straßen ist es so wie mit den Strümpfen: Stopft man sie gleich, so ist der Schaden halb so schlimm.
Die Verkehrsverbindung nach dem wichtigen cubanischen Zuckerhafen ließ jedoch mehr und mehr zu wünschen übrig, je näher ich dem Landesinnern kam. Im Landesinneren Cubas ist eine über 1000 Kilometer führende Autostraße, die sich ziemlich in der Mitte der langgestreckten Insel hält. Sie ist an keiner Stelle weiter als 100 Kilometer von der karibischen oder der atlantischen Küste entfernt.
Mein Knie war wieder gesund. Und dennoch, des Radelns noch

ungewohnt, legte ich nur knappe 20 Kilometer zurück und stieg in einem mittelgroßen Dorf ab. Ganz groß wurde hier der 1. Mai gefeiert! Die Musik überschlug sich geradezu, und die offenen Dorfkneipen waren überfüllt mit festlich gekleideten Männern. Nur einige wenige trugen billige Flanellanzüge. Die meisten hatten ihre Nationaltracht an, eine preiswerte Hose mit der unerläßlichen Bügelfalte und darüber ein weißes, offenes, reichlich plissiertes Hemd. Die Frauen, die Dorfschönen und die Kinder spazierten auf der Straße und hielten dort „Modenschau“. . .
In der Kneipe, in der ich meine Flasche Coca Cola und dann eine Flasche cubanisches Bier für 20 Cent trank, wurde viel mehr geredet als getrunken. Ich konnte von dem spanischen Kauderwelsch jedoch nur wenig verstehen. Man sprach aber offensichtlich über Politik, denn als plötzlich mehrere Jeeps, besetzt mit Polizisten und Soldaten, vor dem Lokal hielten, verstummte auf einmal die Unterhaltung. . .
Das hatte ich schon lange nicht mehr erlebt, daß die Gespräche am Biertisch verstummen, wenn die Hüter der Ordnung aufkreuzen! Da muß doch irgend etwas im Staate faul sein! dachte ich mir und nahm mir vor, bei nächster Gelegenheit den Dingen einmal auf den Grund zu gehen. . .
Die spanische Rasse ist bekannt wegen ihres Stolzes. Aber es ist kein weiter Weg vom Stolz bis zur Arroganz. Das Bewußtsein eigener Stärke, beruhend entweder auf einem dicken Geldbeutel oder auf physischer Gewalt, der Besitz von Waffen, und dieses alles gepaart mit ein bißchen Dummheit – das ergibt Arroganz!
Ausgesprochen arrogant ist zum Beispiel die cubanische Polizei! Das ohnmächtige Volk indessen macht gute Miene zum bösen Spiel und sieht zu, wie es mit der überall plötzlich auftauchenden Polizei zurechtkommt. Cuba ist eine Militärdiktatur, und auch die Polizei ist eingegliedert in die Wehrmacht und entsprechend ausgerüstet; alles um das Volk niederzuhalten, wenn es irgendwo gegen die Teuerung, gegen die Arbeitslosigkeit oder andere Mißstände im Lande rebellieren sollte.
Mehr als ein dutzendmal war ich auf meiner 800-Kilometer-Fahrt von Porto Padre nach Habana Zeuge, wie die Unterhaltungen plötzlich verstummten, wenn ein Uniformierter auftauchte. Die meist mit modernen Maschinenpistolen (Made in USA) und mit nagelneuen Jeeps ausgerüsteten Vertreter der Staatsdiktatur nehmen sich in der Tat Dinge heraus, die in zivilisierten Ländern undenkbar sind.
So kam ich eines Nachts durch die Kreisstadt Santa Clara, noch etwa 250 Kilometer vor Habana gelegen. Dort hielt der einzige D-Zug, der die beiden Zipfel der Insel Cuba – Santiago de Cuba

und Habana – täglich verbindet. Hunderte von Reisenden stürmten die Bar des Bahnhofsrestaurants, um sich eine Tasse des in Cuba sehr billigen Kaffees zu genehmigen.
Unter den Reisenden waren auch eine Menge Polizisten und Soldaten. Aber es fiel diesen Herrschaften durchaus nicht ein, etwa ebenfalls vor der Theke zu warten. O nein! Sie begaben sich einfach hinter die Theke, nahmen dem Wirt die große Kaffeekanne aus der Hand und bedienten sich zuerst einmal selbst.
Die anderen, dadurch zu kurz kommenden Leute ballten die Faust in der Tasche. Ich fragte einen still vor sich hinmeuternden kräftigen Mann: „He, warum lassen Sie sich denn so etwas gefallen?"
Da nahm der andere seine Lippen zwischen Daumen und Zeigefinger und machte mir damit das Zeichen, das ich auf Cuba wohl gute hundertmal habe sehen müssen, das Zeichen: „Pst!" –
Wenig später sollte auch ich mit den cubanischen Hütern der Ordnung zusammengeraten.
Ich wunderte mich wirklich sehr, daß ich von den überall auftauchenden cubanischen Militärs und Polizisten auf der über 700 Kilometer langen Fahrt auf der „Estrade Central" niemals angehalten und kontrolliert wurde. Offensichtlich hielt man mich meiner dunkelbraun gebrannten Haut wegen für einen Cubaner.
Die „Estrade Central", diese über 1000 Kilometer lange Haupt- und Autostraße der Insel ist der Stolz Cubas. Trotzdem ist diese Straße längst nicht zu vergleichen etwa mit den Autobahnen Deutschlands oder den guten Hi-Ways der USA. An romantischer Schönheit aber übertrifft die „Estrade Central" die meisten Autostraßen der Welt! Vielfach ist sie, einem Laubengang gleich, überschattet von mächtigen, tropischen Bäumen, deren Äste ein für jeden Sonnenstrahl undurchdringliches Dach bilden.
So konnte ich selbst bei 45 Grad Hitze meine Kilometer förmlich fressen und legte manchmal am Tage 220 Kilometer zurück.
Die heiße Luft, die sich hier und da im Laubengang der Straße verfing, roch süßlich, roch nach Zucker, dem Reichtum – und dem Sorgenkind! – des Landes. Bananen, Palmen, Ananas und immer wieder Zuckerrohr, Hunderte von Kilometern weit, lösten einander ab.
Die ärmlich gekleidete Bevölkerung, deren mit Palmenblättern bedachte Hütten hier und da die Straße säumten, winkte mir freundlich zu. Und wenn ich anhielt, wurde ich sogleich von vielen Kindern umlagert und begafft. Sie hatten einen Riesenspaß daran, mein Fahrrad zu untersuchen. Fragte ich nach Wasser, so wurde mir stets ein anderes Getränk – Kokosmilch, Zuckerrohrsaft oder Kaffee – gereicht.

Ich fragte nach dem Verdienst der Leute und war überrascht, wenn die meisten von ihnen sagten: „Verdienst? Wieso denn? Wir sind fast alle arbeitslos!“ Nun, schön – aber sie leben alle . . . von süßen Kartoffeln, Reis, billigen Fischen und Zucker . . . alles Dinge, die sie sich so gut wie kostenlos beschaffen oder selbst pflanzen. Trotzdem ist kaum jemand gut auf die Regierung zu sprechen. Man haßt die Militärdiktatur des Generals Batista. Man macht sie für alles Elend im Lande verantwortlich, und der kleinste Mann weiß, daß Batista 80 Tage vor den freien Wahlen die Regierung durch einen Militärputsch an sich gerissen hat.
Immer und immer wieder wurde ich gewarnt, das Wort „Dictatura“ auszusprechen. Aber ich kümmerte mich herzlich wenig um alle diese Warnungen, denn schließlich war ich ja ein freier Mann, ein Weltenbummler, ein Fahrradtramp, noch dazu ein ausländischer Journalist – und dennoch: 24 Kilometer vor Habana ereilte mich mein Schicksal!
Ich fragte einen Polizisten nach einer „Plaia libre“, nach einem freien Strand, wo ich mein Zelt zum Übernachten aufschlagen könne. Zufälligerweise aber war dieser Bursche kurz vorher Zeuge meiner Unterhaltung mit Bauern in einem kleinen Restaurant gewesen und hatte wahrscheinlich etwas davon aufgeschnappt, als ich den Bauern sagte, ich hoffte, daß ich zu einem späteren Zeitpunkt einmal wieder nach Cuba zurückkäme, dann aber in ein freieres Cuba! Natürlich war das erzdumm von mir gewesen, und ich kann auch nicht mit unbedingter Gewißheit sagen, ob meine Vermutung richtig ist. Der Polizist gab sich lediglich sehr arrogant, aber erwähnte meine Unterhaltung mit den Bauern mit keiner Silbe. Wunschgemäß wies er mir den Weg zum Strand, 10 Kilometer nördlich der Hauptstraße.
Auf einer weit ins Meer hinausreichenden Landzunge schlug ich am späten Nachmittag mein Zelt auf und machte mich mit den Leuten eines kleinen, in der Nähe liegenden Restaurants bekannt. Diese luden mich gleich zum Abendessen ein und lehnten es ab, irgendeine Bezahlung dafür von mir anzunehmen.
Als wir unter dem herrlichen, südlichen Sternenhimmel bei Rum und Kaffee und exzentrischen Rhythmen von Rumbas und ähnlichen heißen Tänzen in bester Laune waren, erschienen urplötzlich drei Feldgendarme in einem Jeep und – wollten mich sehen!
Ein Sergeant, ein junger Kerl mit arrogant-frechem Gesicht und Tango-Schnurrbart, drückte mir seine Maschinenpistole auf die Brust. „El suo passaporte!“ herrschte er mich an. Es war eine geradezu widerliche Knabenstimme.
Ich war gerade in der allerbesten Stimmung, äffte lachend seine Arroganz nach und reichte ihm meinen Paß.

Aber der cubanische Sergeant wurde nicht schlau daraus, blätterte wie wild darin herum und schien nach original spanischen Schriftzügen oder Stempeln zu suchen. Die indessen fand er natürlich nicht, denn trotz der 29 Sprachen, die in meinem Paß vertreten waren – Spanisch fehlte!
Da fing denn der Sergeant an zu schimpfen und ich – ich schimpfte tüchtig mit. Es war sehr spaßig! Schließlich sagte ich: „Mein lieber Freund, du mußt noch sehr viel lernen!"
Klar, damit hatte ich ihn mehr gekränkt als er vorher mich. Aber ich wußte auch, daß die cubanische Regierung höchsten Wert darauf legt, einen guten Eindruck bei allen Ausländern, vor allem bei ausländischen Journalisten zu erwecken. Das tun ja bekanntlich alle Diktaturen und alle Regierungen, die irgendwie ein „schlechtes Gewissen" vor der öffentlichen Weltmeinung haben.
Nach langem Hin und Her und nachdem meine Gastgeber den Polizisten ebenfalls einen Rum spendiert hatten, gab mir der Sergeant meinen Paß wieder zurück und trollte sich mit seinen beiden Begleitern von dannen.
Ich glaubte, die Situation überstanden zu haben. Aber mit der Tanzerei war es vorbei. Etwa ein Stunde später begab ich mich in mein Zelt zurück, schloß mein Moskitonetz und schlief ein. . .
Sehr lange hatte ich noch nicht geschlafen – als ich plötzlich geweckt wurde!
Ein grelles Scheinwerferlicht durchleuchtete mein Zelt und weckte mich auf. Dann hörte ich eine Menge aufgeregter Stimmen. Irgend jemand kommandierte: „Arriba!"
Ich schoß, wütend gemacht durch diese unerwünschte Störung, durch die Zeltöffnung hinaus – und war sofort umringt von einem guten Dutzend weiß uniformierter Marinesoldaten. Einige hielten sogar ihre Maschinenpistolen auf mich gerichtet. Wieder war es ein Sergeant mit drei Ärmelstreifen, der das Wort führte. Auch ihm zeigte ich meinen Paß, und auch er verstand davon so wenig wie sein Vorgänger am Abend zuvor von der anderen Waffengattung.
Diesmal gelang es mir nicht, die Burschen abzuschütteln. Ich mußte meine Papiere mitnehmen und in das bereitstehende Auto steigen. Es war ein funkelnagelneuer Buick.
Vor meinem Zelt wurde ein Posten mit Karabinern zurückgelassen. . .
Eingeklemmt zwischen drei Soldaten rasten wir quer durch die Ortschaft und erreichten dort eine kleine Marinestation. Ein älterer Reserveoffizier, unrasiert und bei weitem nicht so elegant wie seine Untergebenen, empfing mich murmelnd, klemmte seinen Kneifer auf die Nase und begann meine beiden Pässe (Paß I reicht nur bis Japan!) zu durchblättern.

Während dieser sich lange hinziehenden Beschäftigung füllte sich der Raum langsam mit den Honoratioren des Dorfes, mit wohlbeleibten Bürgern und einigen Hornbrillenträgern, die höchstwahrscheinlich die Intelligenz repräsentierten. Es war und blieb mir schleierhaft, wo all die Leute zu dieser späten Stunde plötzlich herkamen.

Im Nu hatte sich ein schwatzender Haufen gebildet und – dann auch zwei Parteien! Eine, die meine sofortige Freilassung forderte. Eine andere – und das waren die dicken Herren –, die mich für einen gefährlichen Spion hielten und mich umgehend eingesperrt oder gar erschossen haben wollten!

Die Situation war so komisch, daß ich ein breites Grinsen nicht unterdrücken konnte und schließlich sogar laut lachen mußte, als mein Blick auf die Straße fiel und ich dort Frauen und Kinder mit aufgelöstem Haar in ihrem Nachtzeug erblickte. Und dann kam ein offenbar besonders wichtiger Mann in tadellosem, weißem Flanellmaßanzug in die Marinestation hereinspaziert. . .

Daß dieser Mann, der seine pechschwarzen Haare vor bestimmt nicht mehr als drei Minuten erst mit duftender Pomade einbalsamiert hatte, sehr wichtig war, sah ich nicht etwa an seinem selbstgefälligen und wichtigtuenden, fast königlich-majestätischen Auftreten, sondern vielmehr daran, daß die Schwatzerei mit einmal abbrach. Der Neuankömmling wurde von dem Offizier, der immer noch meinen Paß studierte, mit einem Händedruck begrüßt. Dann stellte sich der Mann im Flanellmaßanzug mir vor. Er sagte:

„Teniente Garcia, vom Marine-Intelligence-Korps!"

Ich verbeugte mich ebenfalls sehr höflich und erwiderte:

„Endlich jemand, der vielleicht intelligent genug ist, mich in Ruhe zu lassen!"

Der Teniente machte daraufhin ein furchtbar dummes Gesicht, blähte sich aber erneut auf und erklärte mir schießlich: „Die Regierung von Cuba erwartet jede Nacht die Invasion verbrecherischer Konterrevolutionäre. Sie", und er schien mich mit seinem Blick durchbohren zu wollen, „haben sich mit Ihrer starken Taschenlampe unten am Strand außerordentlich verdächtig gemacht und außerdem Äußerungen laut werden lassen, derentwegen wir uns befugt sehen, Sie besonders zu bewachen!"

Bums, jetzt war es heraus!

Nun wußte ich, woran ich war! Ich tat das Beste, was ich in solch einer Lage tun konnte: Ich lachte! Ich lachte mich halbtot!

Dann sagte ich zu dem Teniente Garcia vom Marine-Intelligence-Korps: „Sie haben soeben den besten Witz erzählt, der mir auf meiner Rundreise um die Erde vorgekommen ist. Und meine

Leser und Hörer – wo auch immer! – werden herzlich mitlachen, wenn sie davon hören, und sie werden davon hören!"
Mein selbstsicheres Benehmen machte die Herrschaften ziemlich unsicher, und nach längerer Beratung – die wieder in Spanisch geführt wurde, wovon ich nicht allzuviel verstand – brachte man mich schließlich denselben Weg zu meinem Zelt zurück, ließ aber vorsichtshalber einen Posten mit Gewehr bei Fuß zurück.
Ich fühlte mich wie ein Fürst, vor dessen Palast ein Posten auf und ab patrouilliert.
Todmüde, wie ich war, schlief ich bald ein. . .
Als ich gegen sieben Uhr aufwachte, hielt gerade wieder ein Wagen unten am Strand vor meinem Zelt. Diesmal beehrte mich der andere Wehrmachtsteil, die Armee.
Man lud mich mit ziemlich finsterer Miene ein, samt meinem Fahrrad das Auto zu besteigen. Ich gehorchte stillschweigend.
Der neben mir sitzende Offizier gab mir auf meine Fragen, die ich unterwegs während der Fahrt an ihn richtete, völlig unverständliche Antworten.
10 Kilometer weiter hielten wir in einer großen Ortschaft. Am Kilometerstein las ich: Habana – 24 km. Es war gut, daß ich das wußte, denn fünf Minuten später befand ich mich im Kriegszustand mit den Vertretern der cubanischen Macht. . .
Kaum hatte der mich begleitende Rattenschwanz von cubanischen Soldaten die Militärstation betreten, so fiel ein Dutzend der Brüder auch schon über mein Fahrrad her und zerrte brutal das gesamte Gepäck herunter.
Wie ein Panther sprang ich dazwischen! Aber es half nichts, ich wurde zurückgerissen und kam dann selbst an die Reihe. Ein Sergeant mit verwegenem, vernarbtem Gesicht fühlte nach meiner Tasche, Nun, das war zuviel für mich, und ich war außer mir vor Wut! Was dann folgte, war das Werk eines Augenblicks. . .
Alles flog kunterbunt durcheinander! Ich sah rot, nur rot – und es machte mir geradezu Spaß, ordentlich dreinzuhauen, um den Kerlen zu zeigen, daß ich ihr Vorgehen unter gar keinen Umständen so ohne weiteres hinnähme. Im Unterbewußtsein machte ich mir klar, daß diese kleine Schlägerei für mich kaum ernstere Folgen haben konnte. Schließlich wußte ich ja, daß die diktatorische Regierung Cubas alles tut – und nicht ohne Grund –, um ausländische Journalisten nicht zu verärgern.
Als unsere herrliche, befreiende Schlacht noch im vollsten Gange war – ich war zum Glück noch nicht bedeutsam angeschlagen –, trat der Kommandant zwischen uns Kampfhähne.
Er hatte eine riesige Hornbrille auf und entsetzlich viel Lametta an der Brust baumeln. Ich schlug noch einmal kurz um mich,

verbeugte mich dann vor dem Offizier und fragte ihn, ein wenig außer Atem, wie sich denken läßt: „Ist das hier Brauch auf Cuba, fremde Journalisten so zu behandeln?“
Der Kommandant klopfte mir auf die Schulter, führte mich – beinahe väterlich liebevoll – hinaus auf einen langen Gang und dann. . . Ja, ich hatte dummerweise gar nicht auf eine kleine Gittertür geachtet, und so befand ich mich denn plötzlich in einer – Zelle! In einer Gefängniszelle! Mutterseelenallein! Der gewitzte Kommandant – Hut ab vor dem Kerl! – hatte sich bereits zurückgezogen, und – schwapp, ich saß also und hatte nun genügend Muße, darüber nachzudenken, wie ich am schnellsten aus dieser ungemütlichen Falle wieder herauskäme.
Als mir zehn Minuten später auch mein Fahrrad nachgeschoben wurde, war ich gerade dabei, ein Telegramm an den französischen Botschafter in Habana zu verfassen.
Ich schrieb: „Heinz Helfgen, journalist German Sarrois — Passeport 273 Yokohama — arrested 24 km de Habana reason unknown stop — please immediate intervention.“
Diesen Schrieb warf ich mit einer Dollarnote durch die Zellentür, ein riesiges Gitter. Dann nahm ich meinen Photoapparat, stellte mein Fahrrad, meinen treuen Gefährten, vor dieses Gitter und photographierte mein „Erlebnis“ – das Stahlroß des Weltumradlers Heinz Helfgen in einem cubanischen Gefängnis.
Dann machte ich mich daran, meine Zelle genauer zu untersuchen. Sie war sehr sauber, abgesehen von einigen Blutspritzern, ein Zeichen dafür, daß die Cubaner hier ziemlich scharf mit ihren Gefangenen umgehen.
Aber mit mir war man offensichtlich vorsichtig geworden.
Der Sergeant erschien sogar vor dem Gitter und fragte mich recht höflich, was mit dem Papier und dem Dollar geschehen solle. Ich sagte: „Du kommst in des Teufels Küche, wenn du das Telegramm nicht sofort aufgibst! Verstanden?!“
Er machte ein furchtbar blödes Gesicht, schickte mir dann aber einen seiner Soldaten, und dieser erklärte sich, nachdem ich ihm einen weiteren Dollar als Trinkgeld versprochen hatte, bereit, das Telegramm aufzugeben und mir auch die Quittung zu bringen.
Auf diese Weise war ich eine sehr große Sorge losgeworden. Denn es war mir klar, daß der französische Botschafter zumindest routinegemäß sofort die cubanische Regierung um Aufklärung bitten würde. Die Nacht jedoch – das war sicher – hatte ich bestimmt noch zu brummen! Am Abend erhielt ich einen Zellengefährten, einen hochgebildeten Neger und – schneeweiße Wäsche für mein Bett!
Ich schlief großartig. . .

Und gegen zehn Uhr vormittags kam prompt meine Entlassung. Ich sollte etwas unterschreiben. Ich versuchte das Schriftstück zu entziffern, und es gelang mir auch einigermaßen. . . „Endunterzeichneter erklärt hiermit, daß ihm während seiner Haft nichts seines Besitzes abhanden gekommen ist und daß er gut behandelt wurde. . ."
Natürlich – unterschrieb ich nicht! Das war keine Halsstarrigkeit oder so etwas Ähnliches, sondern meine wohlüberlegte kleine Rache, um den Burschen noch einiges zu denken zu geben. . .
Vor der Gefängnistür hatte sich ein kleiner Menschenauflauf angesammelt. Die Leute wollten den „Franzosen" sehen! Wahrscheinlich hatte der Soldat mit dem Telegramm an den französischen Botschafter oder aber das Telegraphenmädchen den Mund nicht halten können. Die Leute waren alle sehr freundlich, und ich konnte nicht umhin, mit ihnen in das nächste Restaurant zu gehen, wo sie sich eine Ehre daraus machten, mich freizuhalten.
Als wenig später auch noch einige Journalisten der Habana-Presse eintrafen, fiel es mir schwer, ihnen allen klarzumachen, daß ich nicht Franzose, sondern Deutscher sei.
Am nächsten Tag stand in einem großen Artikel in der „Diario de Marina", der größten Tageszeitung Cubas, ein Lobgesang meiner Leistung. Sie wurde hingestellt als die Verkörperung des deutschen Willens, zu leben und aus dem Nichts heraus wieder nach vorn zu kommen. – Aber über meine Verhaftung wurde zu meinem größten Ärger in keiner der elf Tageszeitungen Habanas auch nur ein Wort verloren. . .
Die Millionenstadt Habana, die vielfach die Perle der Karibischen See genannt wird, enttäuschte mich zunächst. Ich sah nichts anderes als eine Großstadt mit schmutzigen Vororten wie hundert oder tausend andere in der Welt. Das Zentrum der Stadt mit seinen zwei oder drei Prachtstraßen, tropischen Parks und dem ansehnlichen Parlament, dem Kapitol, einem etwas protzhaften Kuppelbau, sieht nicht viel anders aus als in anderen Hauptstädten der Welt eine südländische Großstadt-City.
Nach dem Hafen zu erstreckt sich die Altstadt mit ihren überengen und dem Verkehr durchaus nicht mehr gewachsenen schmalen altspanischen Straßen. Die etwa 30 Quadratkilometer weite Hafenbucht, die, von mehreren kleinen spanischen Forts bewacht, sich unmittelbar an die offene See, den Atlantischen Ozean, anschließt, ist dem riesigen Schiffsverkehr ebenfalls kaum noch gewachsen.

Besuch bei Ernest Hemingway

In Habana suchte ich zunächst den Vertreter des United-Press-Büros auf, um mich nach der Adresse Ernest Hemingways zu erkundigen.
Ich wollte dem Verfasser vieler berühmter Bücher unter allen Umständen einen Besuch machen – oder es jedenfalls versuchen!
Der Kollege vom United-Press-Büro lachte mich aus. „Sie müssen wissen", sagte er, „daß Hemingway grundsätzlich keine Interviews gibt und jedem Besucher davonläuft. Ich selber lebe schon sechs volle Jahre hier in Habana und habe den besten Namen, den man sich denken kann, aber es ist mir nur erst einige wenige Male gelungen, meinen berühmten Landsmann im Rahmen größerer Veranstaltungen, also in Gesellschaft, zu Gesicht zu bekommen. Ihn zu interviewen ist ein Ding der Unmöglichkeit!"
„Es gibt also keine Chance?" fragte ich.
„Die einzige Chance", sagte der United-Press-Mann, „Hemingway vielleicht zu sehen, besteht in einem kleinen Restaurant hier in der Nähe. Möglicherweise können Sie dort auch die genaue Adresse Hemingways von den Kellnern erfahren."
So machte ich mich auf den Weg zum Restaurant „Florida", der Stammkneipe des Schriftstellers.
An dem langen Bartisch standen eine Reihe Männer und tranken. Ich ging durch das sehr gepflegte Lokal auf mehrere sich unterhaltende Kellner zu und fragte sie nach Hemingway. Der Ober, den ich ansprach, zeigte nach der Ecke des Bartisches auf einen mächtigen Mann, der ein weißes Hemd über der Hose trug und dessen Gesicht, gleich einem normannischen Fischer, von einem vollkommen ungepflegten weißen Stoppelbart eingerahmt war. „Das ist Hemingway!" sagte dienstbeflissen der Kellner.
Ich ging also schnurstracks auf den „Meister der Short Story" zu.
Ich stellte mich vor: „Heinz Helfgen, ein um die Erde radelnder Zeitungsschreiber aus Deutschland!"
Hemingway schlug mir daraufhin auf die Schulter. Seine mächtige Pranke zwang mich fast in die Knie. „Da haben Sie ja eine großartige Idee gehabt!" sagte er. „Schade, daß ich zu schwer für ein solches Abenteuer bin. Was wollen Sie denn trinken?"
Ich wählte dasselbe, was er selbst trank, in Eiswasser geschlagenen Rum. Mir gingen noch immer die Worte des United-Press-Mannes im Kopf herum, deshalb war ich höchst verblüfft, als Hemingway sagte: „Erzählen Sie mir von Ihren Abenteuern!"
Ich begann zu erzählen, und Hemingway wäre bestimmt der beste und dankbarste Zuhörer gewesen, den ich je gehabt habe, wenn nicht immer und immer wieder gewollte und ungewollte Freunde

des Meisters in unsere Unterhaltung hineingeplatzt wären. Über Hemingways Stirn huschte eine Falte des Unwillens. Dann meinte er nachdenklich: „Gegen die unangenehmen Folgen des Berühmtseins hilft nur das Meer. Ein eigenes kleines Schiff auf dem Meer." Hinter den kleinen Brillengläsern leuchteten seine Kinderaugen auf, und er fing an, von seiner kleinen Jacht zu erzählen, auf der er gerade drei herrliche, ungestörte Wochen träumend und fischend verbracht hatte.

Lachend meinte Hemingway: „Daher auch der weiße Stoppelbart, denn ich war noch gar nicht zu Hause." Selbstzufrieden schmunzelnd ließ er mir einen zweiten Rum mit Eiswasser einschenken.

Eine Bande junger und salopp gekleideter Cubaner, die schon eine ganze Weile unwillig und ungeduldig neben uns gewartet hatten, nahmen die Pause wahr und zwängten sich zwischen den Schriftsteller und mich. „Komm, Papa!" riefen sie und nahmen ihn bei den Armen. Unter „Papa" verstehen die Spanisch sprechenden Völker den Papst. Wenn Hemingway hier im allgemeinen von den Cubanern so angeredet wird, so bringen sie damit lediglich zum Ausdruck, daß sie in Hemingway den Papst, den höchsten Priester der Dichter und Schriftsteller, sehen.

Freundlich lachend schüttelte Hemingway die Cubaner ab und sagte: „Boys, noch eine halbe Minute! Ich muß erst noch mit meinem deutschen Freunde einig werden." Dann wandte er sich an mich: „Wir müssen uns ein paar Stunden bei mir zu Hause unterhalten. Sie kommen am besten übermorgen nachmittag zu mir nach San Francisco de Paula hinaus. Das ist ein hochgelegener Vorort 12 Kilometer vor der Stadt."

Hemingway nahm ein Stück Papier aus der Tasche, zückte seinen Füllhalter und schrieb: „Ernest Hemingway – Tel. 154 – Finca de Vigia – San Francisco de Paula – Cuba."

Wir verabschiedeten uns mit einem herzlichen Händedruck.

Als ich aus dem kühl temperierten Restaurant in die tropische Hitze der Hauptverkehrsstraßen hinaustrat, hatte ich das beglückende Empfinden, die Bekanntschaft, ja vielleicht sogar die Freundschaft einer einmaligen Persönlichkeit gefunden zu haben. . .

Ich fuhr zur Via Blanca, einer breiten, neu angelegten Luxusstraße, und dann durch die flimmernde Hitze hinaus zum 30 Kilometer außerhalb der Stadt liegenden Atlantikstrand von Guanabo und schlug dort mein Zelt auf.

Hunderte von Cangrechos – das sind tellergroße, schwanzlose, krebsartige Tiere mit acht Beinen und riesenhaften Zangen – huschten spinnengleich um mein Zelt herum und verschwanden in ihren Sandlöchern, sobald ich mich ihnen näherte. Sie waren meine einzigen Nachbarn.

Das Meer war glasklar und leuchtete in der Nähe des Strandes in allen Farben, vom hellen Gelb über Hellgrün, bis es sich in der Ferne in tiefes, drohendes Schwarzblau färbte. Ich blies meine Luftmatratze auf und ließ mich stundenlang von den meterhohen Brandungswellen auf- und niederwiegen.
So verbrachte ich zwei unvergeßliche Tage der Ruhe und Einsamkeit, um dann mein Zelt wieder abzubrechen und über Habana nach San Francisco de Paula, zum Wohnsitz Hemingways, zu radeln.
Nach zweistündiger Trampelei, die meist bergauf führte, erreichte ich ein kleines Dorf, San Francisco de Paula. Rechts und links der Hauptstraße, der durch die Insel führenden Estrada Central, liegen einige einstöckige Geschäftshäuser und ein halbes Dutzend Kaschemmen. Die männliche Bevölkerung schien sich vollzählig in letzteren versammelt zu haben. Um mich nach dem Haus des Dichters zu erkundigen, betrat ich eine kleine Wirtschaft, bestellte mir Rum und Eiswasser (für 5 Centavos) und geriet gleich in eine Unterhaltung mit meinem Tischnachbarn.
„Ist heute Werktag oder Feiertag?“ wollte ich wissen.
Der Mann, ein junger, kräftiger, kraushaariger Mestize, antwortete: „Hier ist jeder Tag Feiertag – ein trauriger, geldloser Feiertag!“ Und sein Kamerad, ein älterer Neger, fügte murmelnd hinzu: „Seit dieser ‚Hijo de Puta‘ (Sohn einer Hure) Präsident ist, wird die ganze Nation arbeitslos!“
Nun, das war Politik – und nach Politik stand mir im Augenblick der Sinn gar nicht. Ich war bei Hemingway eingeladen. Also zahlte ich und brach auf.
Der Wohnsitz Hemingways ist jedem Dorfbewohner bekannt und leicht zu finden, ein großes, in einem Park liegendes Grundstück. Als ich dort anlangte, stand ich vor einem verriegelten Gitter. Ein fast verblichenes Holzschild wies in Spanisch darauf hin, daß Besucher nur nach Vereinbarung und vorherigem telephonischem Anruf empfangen würden. Die Telephonnummer steht aber in keinem Telephonbuch! Eine Vorsichtsmaßnahme, die Hemingway getroffen hat, um sich vor der Flut besonders der amerikanischen Besucher zu schützen, denn jeder zweite der Tausende von USA-Touristen glaubt, Hemingway sehen zu müssen.
Nun hatte ich ja seine Telephonnummer und begab mich sofort zum Wirtshaus zurück, wo ich ein Telephon auf der Theke hatte stehen sehen.
Am anderen Ende der Leitung meldete sich eine Frauenstimme. Sie sprach englisch: „Was wollen Sie? Sie wollen meinen Mann besuchen? Da werden Sie wenig Glück haben. Er ist heute sehr müde, und außerdem ist er kein öffentliches Denkmal!“ Letzteres fügte sie ziemlich giftig hinzu.

„Aber, meine Gnädigste“, erwiderte ich, „er hat mich doch für jetzt eingeladen, er höchstpersönlich! Oder glauben Sie, ich strampele auf meinem Fahrrad um die ganze Welt, schließlich noch 1000 Kilometer durch Cuba und durch die Tropenhitze hier bergauf, um jetzt aufzugeben, was ich mir bereits vor mehr als einem Jahr vorgenommen habe – und außerdem liebe ich keine öffentlichen Denkmäler!“
Ich hörte einen langen Seufzer, und dann kam eine Männerstimme, aber sie gehörte nicht Hemingway: „Kommen Sie ruhig her! Mrs. Hemingway hat zwar recht, wenn sie behauptet, ihr Mann sei müde. Hier sind aber noch ein paar Freunde aus England und Spanien, und es würde uns viel Freude bereiten, Sie hier zu haben! Der Schlüssel zum Tor befindet sich im letzten Haus. Das Negermädchen dort wird Ihnen öffnen!“
Genauso war es auch. Innerhalb der Umzäunung führte eine steinige Straße in weitem Bogen bergauf. Rechts standen einige Platanen und dazwischen Kaktushecken. Links hinter einer Reihe mittelgroßer Königspalmen öffnete sich ein weiter, ziemlich gepflegter Rasen, und darauf weidete ein uralter, klappriger, dem Sterben naher Gaul.
Bestimmt hat hier das Mitleid den Dichter so weit mitgenommen, daß er das todkranke alte Tier irgendwo aus der dürren Nachbarschaft auf diese duftige Weide entführte. Auf meiner Fahrt durch die Insel Cuba habe ich mehrere solcher abgewirtschafteten Pferde in der Sonnenglut ausgebrannter Weiden stehen sehen. Ein Anblick trostlosen Jammers, diese Tiere mit den glanzlosen, träumenden Schleieraugen, den Blick zu Boden gerichtet, die Herzlosigkeit der Menschen anklagend.
Dann wurde oben am Hügel das zwischen uralten Bäumen versteckte Haus sichtbar. Ich hatte einmal von einer Luxusvilla gelesen, die der Schriftsteller auf Cuba bewohnen soll. Nun, da war zwar eine breite Freitreppe und davor sogar eine Auffahrt für Autos. Aber dann folgte ein langgestreckter, fast möchte ich sagen – Barackenbau.
Ich stellte mein Rad an die Treppe und öffnete eine weite Flügeltür. Nun befand ich mich mitten in einem riesigen, aber sehr gemütlich eingerichteten Raum. Ein dicker Teppich verschluckte das Geräusch meiner Schritte, und ich mußte husten, um mich einer Gesellschaft von vier Männern bemerkbar zu machen. Sie saßen in Badehosen in tiefen Klubsesseln um eine Batterie von Flaschen. . .
Der Dichter hatte mich zuerst erblickt. Er war heute ohne den weißgrauen, ungepflegten Fischerbart, in dem ich ihn zwei Tage vorher gesehen hatte. Sein weinseliges Gesicht strahlte ver-

schmitzt, als er mir entgegenging, mir die Hand reichte und sagte: „Ritter Ernst von und zu Hemingstein!“ Er sagte es wortwörtlich, also in deutscher Sprache.
Seine Zechfreunde waren zwei Kameraden aus dem spanischen Bürgerkrieg, die er nach siebzehn Jahren zum ersten Male wiedersah, sowie ein englischer Oberst, eine Freundschaft aus dem vergangenen Kriege.
Zur Begrüßung mußte ich gleich Champagner trinken.
Und dann wurde mir auch die Dame des Hauses vorgestellt. Mrs. Hemingway ist eine kleine bewegliche Blondine mit der harten Nonchalance einer vollkommenen Amerikanerin. An und für sich ist sie Irin, aber sie hat lange Zeit bei der US-Zeitschrift „Time“ als Journalistin gearbeitet. Mrs. Hemingway war mit den Vorbereitungen zu einem Flug in ihre Heimat so voll beschäftigt, daß ich keine Gelegenheit fand, ihre guten Seiten zu ermitteln. Ich sagte ihr das auch, was sie aber nur als Bonmot auffaßte, um sich überhastet wieder in ihre Packerei zu stürzen.
An ein ernsthaftes Gespräch mit Hemingway war nicht zu denken. Die Umstände waren dagegen, denn er schien schon einiges getrunken zu haben. Zu fünft tranken wir weiter, erzählten uns Witze, machten allerlei Unsinn – und die Zeit rann. . .
Nach einem weiteren, starken Sherry kreuzte Ernest Hemingway seine Beine auf dem Sitz des weiten Sessels, so daß mich sein Anblick an jenen zufriedenen Buddha erinnerte, den ich einst in Siam gesehen hatte, und – schlief ein!
Seine Kameraden erzählten mir noch von seinem unerschrockenen Draufgängertum während des spanischen Bürgerkrieges, und daß die Gestalt des heldenhaften Robert Jordan in seinem Buch „Wem die Stunde schlägt“ fast vollkommen identisch sei mit der des Dichters und seinen Erlebnissen in Spanien. Hemingway hat den zu erwartenden Tod seines Romanhelden in seinem Buche wohlweislich nicht geschildert, weil damals Jordan-Hemingway wie durch ein Wunder gerettet wurde. Somit hatte also seinerzeit die Stunde doch noch nicht geschlagen, wenigstens nicht für den wirklichen Helden, für Ernest Hemingway, der mir hier in seinem Haus, nun einem glücklichen Buddha gleich, schlafend gegenübersaß. . .
Es war dunkle Nacht, als ich aus dem Hause trat.
Gomez, der eine der beiden Spanier, wollte mich absolut im Hause behalten. Ich sollte sein Zimmer mit ihm teilen. Trotzdem ging ich, weil die Dame des Hauses keine Anstalten getroffen hatte, mich für die Nacht einzuladen.
Mein Zelt fand einen herrlichen Platz unter uralten und mächtigen Mangobäumen. Vom Meer her blies eine frische Brise und jagte

Wolkenfetzen zwischen mich und die hier besonders hell strahlenden Sterne. Die unter mir im Westen liegende Millionenstadt Habana funkelte und leuchtete die Wolken an, und diese warfen den Lichtschein wieder zu mir zurück.
Es war märchenhaft schön hier oben, und ich bereute es nicht, daß ich das Zelt vor dem Hause, in Ernest Hemingways Garten, aufgeschlagen hatte.
In den frühen Vormittagsstunden betrat ich abermals das Haus des Dichters. Er hatte mich schon kommen sehen und empfing mich oben an der Freitreppe in der Badehose.
„Wo waren Sie diese Nacht?“ fragte er und: „Haben Sie schon gefrühstückt?“
Ich sagte ihm, daß ich in seinem Garten gezeltet hätte, unter dem Himmel, den Sternen und dem Wolkenleuchten Cubas.
Hemingway war großartig besorgt um mich. Als ich meinen Magen gründlich befriedigt hatte, meinte der Dichter: „So, und nun fragen Sie mich, was Sie wollen!“
Diese Worte aus dem Munde des so interviewfeindlichen Meisters der Story waren immerhin eine Sensation. Ich war verblüfft. Aber ich hasse die üblichen Interviews mit gezücktem Bleistift und Notizblock und sagte ihm, ich würde viel lieber ein bißchen mit ihm plaudern. Trotzdem war ich riesig neugierig und wollte zunächst wissen, wie er eigentlich arbeite.
„Ich stehe wie alle Naturmenschen mit der Sonne auf“, begann er zu erklären. Dann führte er mich in sein Schlaf- und Arbeitszimmer, ein Raum mit einem breiten, niedrigen Bett und einem an der Wand entlanglaufenden Bücherregal. Auf dem Regal, in Brusthöhe, stand eine uralte Schreibmaschine. „Hier arbeite ich, wenn ich mir gleich nach dem Aufstehen drüben in der Küche mein Frühstück gemacht habe.“
Ich wunderte mich, daß kein Tisch und Stuhl da war.
„Wie können Sie denn ohne Tisch und Stuhl schreiben?“
„Ich arbeite fast immer im Stehen“, erwiderte Hemingway. „Das hält mich wach und befruchtet die Gedanken. Ich kann einen ganzen Tag stehen, ohne zu ermüden.“ Damit zeigte er auf seine eisenharten, muskulösen Beine und fuhr fort: „Manchmal schreibe ich mit der Hand, das geht meist besser, manchmal aber auch mit der Maschine. Aber ich schreibe überhaupt nicht sehr viel, ich lese in erster Linie.“
„Was lesen Sie am liebsten?“
„Meine eigenen Sachen!“ lachte Hemingway. „Wirklich: meine Hauptbeschäftigung ist das Lesen meines eigenen Manuskriptes, an dem ich gerade arbeite. Verstehen Sie das richtig! Bevor ich wieder zu schreiben anfange, lese ich immer zuerst das ganze

Manuskript durch, das ich bisher geschrieben habe. Die Folge ist natürlich die, daß ich umso mehr zu lesen habe, je näher ich dem Ende komme. An meinem letzten, noch nicht veröffentlichten Manuskript habe ich zum Beispiel in den letzten Wochen täglich mehr als sieben Stunden gelesen, um dann nur eine halbe Stunde daran zu schreiben. Eine etwas seltsame Art, einen Roman zu schreiben, aber es ist eben meine Art."

„Sie haben also nach dem letzten, mit dem Pulitzer-Preis gekrönten Buch ‚Der alte Mann und das Meer' bereits ein weiteres geschrieben?" fragte ich.

Ich schaute ihn verwundert an. Hemingway zeigte darauf sein verschmitztes Lächeln und sagte selbstzufrieden: „Ich habe nicht eins, sondern drei unveröffentlichte Manuskripte, die ich herauslasse, wenn die Zeit dafür gekommen ist. – Im übrigen bin ich ziemlich überarbeitet, und die letzten Wochen beim Fischen auf See brachten auch nicht genügend Erholung. Ich gehe jetzt auf vier bis fünf Monate nach Afrika, nach Mombassa, Tanganjika und Kenia."

Ernest Hemingway ist als erstklassiger Schütze und Jäger bekannt, und ich fragte ihn darum, ob er in Afrika auf Großwildjagd gehen wolle.

„Das auch", meinte er, und nach einer kleinen Gedankenpause: „Es gibt dort noch mehr zu sehen und zu lernen." Ich hatte ihn, den fanatischen Kämpfer für die Freiheit, verstanden. Er wird mit Sicherheit ein Buch über den Kampf um die Freiheit der Neger schreiben wollen, dachte ich mir, während Hemingway mich durch das Haus führte, um mir seinen „Turm" zu zeigen. . .

Das ist ein kleines, aber hohes, vierstöckiges Gebäude, an dem außen eine Holztreppe emporführt. In jedem Stockwerk befindet sich nur ein einziges Zimmerchen. Im obersten Stock liegt ein kleiner Arbeitsraum. „Hierher flüchte ich", lächelte Hemingway, „wenn mir verrückt gewordene Verehrer da unten mein Haus auf den Kopf stellen!"

Von hier oben zeigte mir Ernest Hemingway die Aussicht.

Im Westen liegt Habana mit dem Hafen, im Norden und Osten der Atlantik, im Süden hohe Berge. Unmittelbar unter uns im Park das große 50-Meter-Schwimmbecken.

„Hier mache ich täglich meine fünfzig Bahnen, um in Form zu bleiben!" sagte der Dichter erläuternd. (Hemingway wiegt trotzdem 220 Pfund!)

Wir begaben uns zurück in den Salon und machten es uns bei importiertem spanischem Rotwein bequem.

Ich fragte Hemingway, ob er glücklich sei mit seinen großen Erfolgen und seinem Reichtum.

Hemingway: „Glücklich bin ich mit meiner Arbeit, besonders an Tagen, wenn ich nicht korrigieren und umschreiben muß. Ich freue mich aber noch mehr, wenn ich nach harter Arbeit endlich eine Lösung gefunden habe. Freude, mein Lieber, ist die Medizin dieses Lebens! Ich freue mich, wenn ich Gutes von anderen höre, wenn irgend jemand auf unserer traurigen Erde glücklich ist, ja selbst, wenn mein Hund mit dem Schwanze wedelt und die Katzen in irgendeiner Ecke zufrieden schnurren. Und ich werde mich freuen", fügte er hinzu, „wenn ich eines Tages hören sollte, daß auch Sie Ihren Weg gemacht haben. . ."
Wir fingen an zu philosophieren.
Hemingway: „Es gibt einen unendlichen, aber unverständlichen Gott, an den wir gezwungen sind zu glauben, auch wenn es manchmal sehr schwerfällt."
„Und die Menschen?" fragte ich.
Hemingway: „Die Menschen sind Geschöpfe, die man als Einzelwesen nicht ernst genug nehmen kann. Ich habe mir angewöhnt, jeden Menschen anzuhören und selbst, wenn er verrückt ist, ernst zu nehmen. Vor der Größe Gottes ist der Unterschied zwischen einem Genie und einem Blödsinnigen nicht allzu groß."
„Und die Politik?" wollte ich wissen.
Hemingway holte tief Luft, sog an seiner Zigarette und meinte dann: „Ich bin Schriftsteller und verstehe nicht sehr viel davon. Als man aber in Deutschland Bücher verbrannte, da hat man auch mich verbrannt. Da wurde ich wach, und ich wurde Rebell, und ich habe zu den Waffen gegriffen und gekämpft, in Spanien auf der Seite der vermeintlichen Freiheit, und es war die falsche Seite, genauso falsch wie die der bücherverbrennenden Faschisten, und ich habe wieder zu den Waffen gegriffen im großen Krieg, und – es war wieder nicht ganz richtig. . .
Hemingway kam dann auf Deutschland zu sprechen. „Ich freue mich", sagte er, „daß es mit Deutschland wieder aufwärts geht."
Als ich ihn fragte, ob er Deutschland kenne, lachte er und fing an, deutsch zu reden. „Als ich jung war, habe ich gern im Schwarzwald Forellen gefangen und – Schwarzwälderinnen. Donnerwetter, das waren Zeiten! Vielleicht ist es in Deutschland nicht bekannt, daß meine Mutter von dort stammt", fügte er träumerisch hinzu.
Wir haben uns noch lange und vertraulich unterhalten, viele Stunden. . .
Hemingway erzählte mir von seinen drei bereits erwachsenen Söhnen. Ich berichtete ihm von meinen Plänen und von meiner Familie. Als ich ihm erzählte, daß meine Frau begeistert seine Bücher liest, stand er spontan auf und brachte einen alten Band der Erstausgabe „Wem die Stunde schlägt" und schrieb hinein:

„. . . To Kuni Helfgen with all good wishes from her friend Ernest Hemingway, Habana 1953."
Zum Abschied – am Spätnachmittag des übernächsten Tages – machten wir eine Reihe Aufnahmen, Hemingway in Badehose auf meinem Fahrrad usw. Leider kam der Film völlig unbelichtet aus der Entwicklung. Ich habe mich darüber schon halbtot geärgert! Aber die blödsinnigen cubanischen Polizisten hatten mir bei meiner Verhaftung wahrscheinlich den Verschluß der Kamera beschädigt!
Abschließend muß ich bekennen, daß von allen großen Persönlichkeiten, mit denen ich auf meiner Weltumradlung zusammentraf, Ernest Hemingway bestimmt den tiefsten und nachhaltigsten Eindruck auf mich gemacht hat, der Mensch mehr noch als der Dichter.

Nochmals 1000 Kilometer durch Cuba

Ohne Geld in einer der teuersten Städte der Erde, in Habana, und dann noch auf einer Insel – da kann ein Fahrrad nicht viel nützen. Es wird zum Gepäck – zur Last. . .
Nach den Tagen, die ich bei Hemingway verbrachte, hatte ich von dieser Insel eigentlich genug. Außerdem ließ mich das ständige Gefühl der Unsicherheit, das ein freier Mensch in solch einem von Polizei und Militär beherrschten Lande haben muß, nicht los. . .
Ich verkaufte meine Schreibmaschine für ganze 25 Dollar und sauste abermals quer durch die Insel – 1000 Kilometer – hinunter bis nach Santiago de Cuba, um, wie es meine Absicht war, irgendwie nach der Insel Jamaika überzusteuern und dann zu sehen, wie ich weiterkomme. . .
Es ist ein riesiger Unterschied zwischen der asiatischen, also der buddhistischen, und der weißen, sogenannten christlichen Welt. Durch den Fernen Osten kommt jeder Wanderer ohne einen Pfennig Geld. Dort nehmen sich die Menschen die Zeit, sich um jeden Fremden zu kümmern, sich in ihn hineinzuversetzen und ihm ihre ganze Gastfreundschaft anzubieten. – Dies war mit dem Betreten amerikanischen Bodens anders. Wer hier weder Geld besitzt noch bettelt oder arbeitet, der muß verhundern. Auch ich besaß kein Geld, aber ich verhungere lieber, als daß ich bettele. Mit Vorträgen und Zeitungsartikeln brachte ich mich immerhin recht und schlecht durch den amerikanischen Kontinent. . .
Hier auf Cuba aber hatte ich diese Möglichkeit nicht, und es blieb mir nichts anderes übrig, als nach und nach alle persönlichen Wertsachen zu veräußern, Scheibmaschine, Fernglas und schließ-

lich auch meine Kamera, die infolge der unfairen Behandlung durch die nervöse Soldateska des Cuba-Diktators bedeutend an Wert verloren hatte.
Aber was wird geschehen, wenn der letzte Wert, der letzte Centavo ausgegeben ist? Diese Frage bedrückte mich, je näher ich Santiago de Cuba kam. Zu meiner Beruhigung flüsterte mir eine innere Stimme zu: „Dem Mutigen gehört die Welt!“, aber dann war da noch eine andere Stimme, die ebenfalls aus dem Inneren kam, und sie antwortete: „Ja, dem Mutigen – aber nicht dem Verrückten!“
Und war es nicht wirklich verrückt von mir, mich auf blauen Dunst hin in ein unübersehbares Abenteuer zu stürzen? Aber was hatte ich bisher schon anderes getan, als mich mehr oder weniger blind in irgend etwas hineinzustürzen?
Santiago de Cuba ist eine herrlich zwischen Bergen und einer wundervollen Bucht gelegene Stadt! Sie liegt am äußersten Ende dieser Meeresbucht, auf einem Hügel, dem Ausläufer eines das Wasser umragenden und über 1000 Meter hohen Berges. Wenn man von den umliegenden Bergen auf die Bucht hinabsieht, glaubt man sich in die Schweizer Berge versetzt, ja man hat den Eindruck, den Vierwaldstätter See vor sich zu haben, und plötzlich ist man sehr erstaunt, riesengroße Ozeanschiffe zu sehen. – Der schmale Ausgang zum Meer ist schwer zu finden. Er liegt hinter einer starken Krümmung des Sees versteckt durch einen Hügel zwischen dem geschichtlich berühmten Felsenfort „El Morro“ und den unbewohnten Felsen der südlichen Küste.
Santiago de Cuba mit seinen 160 000 Einwohnern leidet mehr Not als irgendeine andere Stadt auf Cuba. Mehr als 50 Prozent der Bevölkerung ist arbeitslos, und die Kette der Bettler, die jeden Fremden angehen, reißt nicht ab. Zu allem Elend kommt noch hinzu, daß die Stadt nur alle fünf Tage Trinkwasser erhält. Die Bevölkerung macht hierfür zu Recht oder zu Unrecht die Regierung verantwortlich. –
Obwohl die Industrie Santiago de Cubas so ziemlich am Boden liegt, wird doch sehr fleißig gebaut, nämlich – Villen für Offiziere, die seit der Machtergreifung des Generals Batista doppelte Löhnung erhalten, wie auch alle anderen Soldaten. Kein Wunder, daß alle Uniformierten, die in öffentlichen Reden des Diktators mit „Meine lieben Kinder“ („Mi caros niños!“) tituliert werden, auf der Seite des Diktator-Generals stehen und die Zivilisten nur sehr unwillig mitmachen.
Während ich auf ein Schiff warte, das mich nach Jamaika bringen soll, war ich Gast des vom früheren deutschen Konsul Michaelsen gegründeten „Club Nautico“. Dieser Klub, der früher ein reiner

Sportklub war, ist nach dem Tode seines deutschen Vorsitzenden wie die meisten cubanischen Klubs zu einem ausgesprochenen Gesellschaftsunternehmen herabgesunken. Sportliche Betätigung ist wie jede körperliche Arbeit auf Cuba nicht sehr populär. Wer sich heute von den Mitgliedern ein Ruderboot ausleiht, leiht gleichzeitig auch einen Außenbordmotor. . .
Übrigens: Deutsche gab es in Santiago de Cuba nur zwei: Herrn Heisinger, der dort unser letzter Konsul war, und Herrn Dr. Stettmeier, Psychiater und Psychologie-Professor an der Universität von Santiago de Cuba.
Während ich Tag um Tag auf irgendeine Transportmöglichkeit nach Jamaika wartete, wurde ich zum ständigen Gast des deutschen Professors Dr. Stettmeier. Er ist einer der Auslandsdeutschen, die man als würdige Vertreter ihres Vaterlandes im Ausland bezeichnen darf. Seine Gastfreundschaft war so selbstverständlich, daß ich sie mit Freude annahm. Wir unterhielten uns stundenlang über Politik und seine spezielle Wissenschaft, die Kinderpsychologie.
Dr. Stettmeiers hoch über der Bucht auf einem Fels gelegenes Haus gehört zu den schönsten Wohnsitzen, die ich je gesehen habe. Kein Wunder, daß er ein oft aufgesuchter Gastgeber seiner Universitätskollegen ist, die, wie alle Cubaner, nur eines an ihm auszusetzen haben: nämlich, daß er viel zuviel arbeitet! Aber der Professor meint zu diesen Vorwürfen lachend: „Oh, ich habe es noch nie im Leben so gemütlich gehabt!"
Einer seiner Kollegen der medizinischen Fakultät kam gerade von einer Expedition ins südlichste Cuba zurück und berichtete schaurige Geschichten von undurchdringlichem Dschungel und wildzerklüfteten Bergen. Er brachte eine große Auswahl von Photos, von Porträts der Bevölkerung mit, negroide und mongoloide Typen, eine vollkommen degenerierte Rassenmischung, die jedoch für den Ethnologen und Anthropologen eine willkommene Fundgrube ihrer Wissenschaft bedeuten dürften.
Nach den Erzählungen des jungen cubanischen Forschers scheint mir eine tolle Theorie bewiesen, nämlich daß die von Kolumbus entdeckten Eingeborenen, die später fast vollkommen ausgerottet wurden, vornehmlich aus einer nordost-asiatischen mongoloiden Eskimorasse bestanden haben, was den Entdecker wohl endgültig zu der Annahme zwang, sich in Asien zu befinden.
Tatsache ist, daß sich in dem fast unzugänglichen Gebirge des südlichen Cuba reine Mongolentypen als Reste der ausgerotteten Indianer befinden.
Aber wie kamen die Eskimos nach Cuba?
Gar zu gern hätte ich einen Abstecher in die Berge gemacht, um

dieser Frage auf den Grund zu gehen. Leider – oder Gott sei Dank! – platzte jedoch die Nachricht ins Haus, daß ein norwegisches Schiff mit dem Namen „Enu" im Hafen läge, bereit zur Abfahrt nach Kingston auf Jamaika, der nächsten Insel, die ich besuchen wollte.

Labyrinth Jamaika

Es ist geschafft! Ich kann mit dem norwegischen Schiff, der „Enu", von Santiago de Cuba übersetzen nach Kingston auf Jamaika. Aber eine Überstürzung war nicht notwendig, denn es regnete. . . Cubanische Arbeiter pflegen solche Gelegenheiten auszunutzen und regen keine Hand, wenn es regnet. Sie werden dabei von ihren Gewerkschaften fleißig unterstützt und müssen für die verregneten Arbeitsstunden bezahlt werden. Sie behaupten, Regen sei gesundheitsschädlich.

Mein Schiff ging erst am nächsten Morgen in See, und ich hatte genügend Zeit, mich von allen Freunden, insbesondere von dem gastfreundlichen deutschen Professor Stettmeier, zu verabschieden.

Die See war spiegelglatt.

Ich stand an der Reling und überlegte mir, ob dort unten in mehr als 100 Meter Tiefe noch irgendwelches Leben möglich sei, als urplötzlich kleine, gischtige Wellen hochsprangen und bald das ganze Meer zu tanzen anfing.

Dies ist eine tückische Eigenart dieser See. Es sind die sogenannten Pyramidenwellen, die den gelehrtesten Ozeanographen noch heute vor ein Rätsel stellen.

Den großen Schiffen sind diese Wellen ziemlich ungefährlich. Sie bedeuten aber unbedingten Schiffbruch für nicht ganz seefeste Fischerboote, und die cubanischen Fischer können ein Liedchen davon singen, denn es gibt kaum eine Familie unter ihnen, die nicht irgendwann Angehörige durch dieses plötzlich aufkommende und ebenso schnell wieder verschwindende Meeresphänomen verloren hätte.

Kurz nach dem Mittagessen wurde Land sichtbar. Hohe, blaue Berge. Jamaika!

Wir umschifften die östliche Spitze der Insel und näherten uns einem weißen Streifen, der sich bald als Brandungswelle über hier und da aus dem Wasser schauenden Korallenriffen herausstellte. Aus der Ferne grüßten Kokospalmen und eine weit ausgedehnte Stadt mit niedrigen Häusern. Kingston.

Als wir an der Pier festmachten, bot sich uns das gleiche Bild, das

der Welt sieht: wartende Schauerleute, Zoll-Immigrationsbeamte und Schiffsagenten mit den unerläßlichen Aktenmappen unter dem Arm. Der einzige Unterschied war der, daß hier alle Neger sind.
Leider klappte es wieder einmal mit meiner Landeerlaubnis nicht, wenigstens nicht so, wie ich es mir vorgestellt hatte. Der schwarze Beamte wollte ein Deposit von 50 Pfund oder eine Fahrkarte sehen, einen Beweis, daß es mir möglich wäre, die Insel auch wieder zu verlassen. Nichts ist in diesem Teil der Welt so schrecklich wie ein Mann ohne Geld! Er ist einfach aufgeschmissen!
Nach langem Hin und Her wurde mir schließlich die Genehmigung erteilt, für die Dauer von zwei Stunden an Land zu gehen. Gut und schön . . . aber was dann? Was würde dann geschehen?
Ich raste zunächst zur Firma H. D. Hopwood & Company Ltd. in der Harbour Street, die die Vertretung für Continental hat, und holte mir dort die von Hannover auf dem Luftwege geschickten neuen Reifen ab. Leider jedoch konnten die Herren von der Firma Hopwood in meiner Landeangelegenheit nichts für mich tun.
So rief ich als nächstes meinen Freund Herb McKenley, den bekannten Olympiasieger, an. Er hatte mich, als ich noch in Japan war, nach Jamaika eingeladen. Wir kennen uns seit 1935/36 und von der Olympiade her, denn ich war ja selbst als Anwärter für den 100-Meter-Lauf und den Dreisprung in der Olympia-Trainingsgemeinschaft, mußte nur nachher wegen einer Meniskusverletzung aufgeben. Vielleicht wußte McKenley, der in Jamaika übrigens als Nationalheld gilt, einen Ausweg.
Ich betrat ein Restaurant, um von dort Herbert anzurufen.
Sein Vater meldete sich, ein Kingstoner Arzt: „Sorry, Herb ist leider außer Landes, in New York. Er hat dort bessere Chancen. Er ist vorgestern abgereist. Sorry." Eingehängt.
Ziemlich niedergeschlagen lief ich durch die Harbour Street, eine der Hauptgeschäftsstraßen Kingstons. Mehrere Luftfahrtgesellschaften haben hier ihre Niederlassungen. Und bei dieser Gelegenheit kam mir eine tolle Idee!
Wie wäre es, wenn ich mir eine Luftpassage nach irgendwohin „leihen" würde, ein Billett, das ich ja zurückgeben könnte, sobald ich es den Immigrationsbehörden vorgelegt hätte. . .? Ein toller Bluff!
Kurz entschlossen betrat ich solch ein Luft-Reisebüro.
„Guten Tag", sagte ich, „darf ich den Chef sehen?"
Sofort wurde ich dem Manager vorgestellt, einem sportlich aussehenden Amerikaner. Das ist mein Mann! fuhr es mir durch den Kopf. Und er war mein Mann!

In Stichworten erzählte ich ihm meine Geschichte. Es dauerte immerhin eine gute halbe Stunde. Aber der Mann hörte zu, und damit hatte ich, wie ich fühlte, schon halbwegs gewonnen.
Und wirklich: Lächelnd ließ der Manager der Luftfahrtgesellschaft ein Flugbillett nach Haiti ausstellen. Er sagte: „Ich gebe es Ihnen auf Ehrenwort. Für die Dauer einer Stunde. Sofort nach Erledigung der Formalitäten bringen Sie es mir zurück.“ Er gab mir die Hand. Wir sahen einander in die Augen, und das genügte. Ich hätte mein Leben ohne Bedenken in die Waagschale geworfen, nur um diesem freundlichen Amerikaner das Billett auch wirklich nach Ablauf dieser einen Stunde zurückzubringen.
Beim Abschied fühlte ich die diebische Freude, die dieser Mann hatte, daß er den Immigrationsbeamten ein Schnippchen schlagen konnte. Mir war es wieder einmal ein Beweis, ein Zeichen dafür, daß man überall in der Welt die bürokratischen Schranken nicht besonders liebt.
In der Tat gaben mir die schwarzen Hafenbeamten, nachdem sie meine Luftpassage nach Haiti eingesehen hatten, das Billett zurück. Eine halbe Stunde später hatte es auch der Amerikaner aus dem Reisebüro wieder. „Ein großartiger Bluff“, sagte er, „sind Sie selbst darauf gekommen?“
Ich hatte jedenfalls auf diese Weise meine Landeerlaubnis für Jamaika erhalten!
Ja, nun bin ich in Kingston auf Jamaika! Dennoch hing schon wieder ein neuer schwarzer Schatten über allen meinen Gedanken: Wie komme ich von Jamaika weiter?! Es war wirklich meine größte Sorge von Anfang an, als ich Jamaika betrat.
Trotzdem war ich natürlich einigermaßen glücklich, endlich wieder ein anderes Land betreten zu haben, und nahm mir vor, diese Insel, eine der Großen Antillen, zum britischen Commonwealth gehörend, genau anzusehen.
Zwei Tage Kingston genügen vollkommen; die Stadt, bestehend aus meist einstöckigen, oft sehr geschmacklosen Häusern, hat nicht sehr viel zu bieten. Sie liegt am Ende einer schmalen, zwischen hohen Bergen und dem Karibischen Meer eingezwängten Ebene, so daß sie mit ihren 180 000 Einwohnern gezwungen ist, sich über die sanften Ausläufer der 2000 Meter hohen Berge auszudehnen.
Sehr auffallend war, daß mir kaum Weiße begegneten. Über 90 Prozent der 1,5 Millionen Bevölkerung ist schwarz. Es sind Nachkömmlinge von Negersklaven, die vor 150 Jahren meist an der afrikanischen Goldküste gefangen wurden. Nachher hat man sie hier in Jamaika an die britischen Zuckerrohrfarmer verkauft.
In Kingstons Geschäftsstraßen jedoch überwiegen die schlitzäugigen Chinesen, die den gesamten Lebensmittelhandel beherrschen.

Ich will es auf der letzten Etappe meiner Weltumradlung gerne glauben, daß fast ein Drittel der Menschen auf der Welt Chinesen sind. Hier in Kingston auf Jamaika haben sie sogar ihre eigenen chinesischen Tempel und Schulen. Trotzdem sprechen die meisten jungen Chinesen nicht mehr Chinesisch, sondern das singende Insulaner-Englisch. Viele haben sich mit Negern vermischt und stellen eine neue Rasse dar, deren weiblicher Teil in Gestalt reizender und wohlgebauter junger Damen sich eines besonders guten Namens erfreut.
Neben den Chinesen sind noch verhältnismäßig viele Araber aus dem Libanon und vor allem dunkelhäutige Inder anzutreffen. Letztere siedelten sich zu Beginn des Jahrhunderts zu Tausenden auf der südlich gelegenen britischen Insel Trinidad an und schwärmen seither als Textilkaufleute über das gesamte britische Inselreich Westindiens.
Unter den Jamaikanern gibt es übrigens nur 0,5 Prozent reinblütige Weiße, zum größten Teil englische Verwaltungsbeamte, einige Soldatenfamilien und reiche Plantagenbesitzer und deren Beamte, also ein Weißer unter zweihundert Farbigen.
Ich habe mich redlich bemüht, Indianer, die Reste der Urbevölkerung, ausfindig zu machen. Aber sie wurden scheinbar von den spanischen Eroberern kurz nach der Entdeckerzeit restlos niedergemetzelt.
Bis zum spanisch-englischen Krieg war die Insel Jamaika spanischer Besitz.
Als Kolumbus zu Beginn des 16. Jahrhunderts seine zweite Westindien-Reise antrat und hierbei Jamaika entdeckte, schilderte er nach seiner Rückkehr der Königin Isabella die Insel, indem er ein Stück Papier zusammenknüllte und es ihr auf den Tisch legte. „So“, sagte er, „sieht diese Insel aus!“
Wie Kolumbus das gemeint hat? Nun, über 90 Prozent des Landes besteht aus Gebirgen, teils aus sehr steilen, bis zu 2000 Meter aufsteigenden felsigen, bewaldeten Bergen und tiefen Tälern, von denen einige trotz des in ihnen fließenden und spurlos verschwindenden Wassers keinen Ausgang haben. Das alles sind wilde und liebliche, oft mit Königspalmen bestandene Labyrinthe, aus denen der sich verirrende Wanderer nur herausfindet, wenn er den Mut aufbringt, die steilen Berge zu erklimmen, auf und ab in einer Richtung, bis er schließlich – wenn er Glück hat – auf einen Weg trifft. . .
Meine erste Tagesetappe war gleich das entgegengesetzte Ende der Insel, die 200 Kilometer von Kingston entfernte, an der nordwestlichen Küste gelegene Montego Bay. Diese Bucht Jamaikas ist ein Badeort mit Weltruf.

Am frühen Morgen trampelte ich durch die Kingston-Ebene zwischen riesigen Zuckerrohrplantagen hindurch und an weltberühmten Rumdestillerien vorbei nach Spanish Town, der „Spanischen Stadt“. Spanish Town ist neben Kingston die Hauptstadt des Landes. Die Straße ist gut asphaltiert, und noch bevor mir die Sonne mit der aufkommenden tropischen Hitze zu schaffen machte, verließ ich schon die Ebene und lenkte mein Stahlroß an einem malerischen Flüßchen entlang in ein von steilen Felswänden begrenztes Tal.
Mein hochbepacktes Rad erregte überall die Aufmerksamkeit der mir begegnenden Schwarzen. Scherzworte flogen hin und her. Die schwarzen Jamaikaner sind ein friedliebendes Völkchen. Wie die kleinen Kinder sind sie zu jedem nur denkbaren Unsinn bereit. Und ein Weißer auf einem Fahrrad – nun, das bekommen sie sehr selten zu sehen! Kein Wunder also, daß ich, wenn ich einmal vom Rad stieg, gleich von einer ganzen Horde neugieriger Burschen und Mädchen umringt war. Das Fahrrad – die deutsche Marke – erregte ihr besonderes fachmännisches Interesse. Denn Radfahren ist auf Jamaika sehr populär. Aber man kennt nur englische Räder.
Ich hatte mich schnell an die schwarzen Gesichter gewöhnt, und es fiel mir kaum noch auf, daß ich nur noch unter Schwarzen lebte, zumal das Benehmen der Jamaikaner, abgesehen von dem Ausdruck ihrer oft sehr lebhaften Gebärden, geradezu vorbildlich ist. Ja, ich machte mir denn auch Gedanken darüber, ob wir Weißen, in Amerika wie in Europa, nicht noch eine Menge von diesen Negern lernen könnten. Sicherlich, es gibt auch hier Rabauken, aber die weitaus größte Mehrzahl der Jamaikaner fällt durch ihre ausgesuchte Höflichkeit auf, nicht nur im Umgang mit Fremden, sondern auch im Verkehr untereinander. Und das dürfte wohl eigentlich das Wichtigste und Ausschlaggebende sein. . .
Meine Fahrt führte mich immer steiler bergan, je mehr ich mich dem Mittelpunkt der Insel näherte.
Die tropische Sonne tat das Ihre, um mir die letzten Schweißtropfen aus der Haut zu saugen, und nur mit allergrößter Selbstüberwindung erreichte ich den fast 2000 Meter hohen Paß des Mount Diablo (Teufelsberg).
Ich hatte in vier Stunden fast 60 Kilometer und den Aufstieg von der Höhe des Wasserspiegels her geschafft.
Rechts unter mir lag ein tiefes, mit Palmen und Bananen bewachsenes Tal, im Hintergrund die flache Bucht von Kingston, und am Horizont hinter feinen weißen Linien, den gischtigen Brandungswellen, die sich über den Korallenriffen bilden, grüßte das unendlich tiefe Blau der Karibischen See. Die frische, kühlende Brise in dieser luftigen Höhe des Mount Diablo wirkte recht

belebend, und bald hatte ich denn auch die hinter mir liegenden Strapazen vergessen und raste die Serpentinen entlang talwärts zur nördlichen Seite der Insel. . .

Ich kann nicht gerade behaupten, daß ich mein Fahrrad, meinen getreuen Begleiter während meines bisherigen Trips – es waren etwa 80 Prozent des Erdumfanges –, besonders gut behandelt habe. Im Gegenteil: ich ließ es oft wochenlang ohne Öl, trocknete es nicht ab, wenn es naß geregnet oder von Küstenfahrten voller Salzwasser war. Mit einem Wort – ich habe mich bisher meinem treuen Drahtesel gegenüber ziemlich verantwortungslos benommen!

Diese Gedanken schwirrten mir durch den Kopf, als ich von der Höhe des Mount Diablo talwärts raste und auf den vielgeschwungenen Serpentinen die vorsichtig bergab kriechenden Touristenautos überholte. Übrigens ein erhabenes Gefühl für einen Radfahrer, die meist sehr stolz und geringschätzig lächelnden Autofahrer auf diese Weise hinter sich zu lassen.

Mein Rad sieht zwar nicht mehr gut aus, was, wie gesagt, einzig und allein meine Schuld ist, aber es läuft trotzdem noch wie der Teufel! Und während ich vom Teufelsberg hinabjage, denke ich für einige Sekunden an jenen Augenblick vor fast zwei Jahren, als ich arbeits- und mittellos bei dem Leiter der Patria-WKC-Werke das Sportrad, das mir bis heute so unsagbar gute Dienste geleistet hat, aushandelte. . .

Die Talfahrt vom Mount Diablo zur Nordhälfte der Insel Jamaika führt meist durch riesige Plantagen. Hier in dieser Gegend haben jedoch Kokospalmen und Bananen den Vorzug vor Zuckerrohr. Letzteres wächst offensichtlich am besten in Meereshöhen.

Die exotische Schönheit der Insel, die fast überall zum Rasten einlädt, beachtete ich nur nebenher, denn ich wollte unter allen Umständen so schnell wie möglich zur Nordhälfte der Insel, also zur Küste gelangen, um mich dort in die kühle Flut des Karibischen Meeres zu stürzen. . .

Aber vom Meer war noch lange nichts zu sehen. . .

Die tropische Sonne Jamaikas brannte unbarmherzig! Der Teufelsberg lag glücklich hinter mir, aber die Nordwest-Küste der Insel war noch nicht erreicht. Noch befand ich mich mitten in Jamaika. Trotz des rinnenden Schweißes hatte ich mich bald in den monotonen Rhythmus des zügigen Trampelns hineingefunden, in jenes Geheimnis der Langstreckenfahrten.

Zu allem Unglück jedoch ging es wieder bergauf.

Eine Gruppe von schwarzen Landarbeitern auf englischen Rädern, die vor einer der zahlreichen Lehmbudiken rasteten, luden mich laut schreiend zu einem Rum mit Eiswasser ein.

Oh, das war eine tolle Versuchung! Ich hatte dieses köstliche Getränk bereits auf Cuba lieben und schätzen gelernt, nicht zuletzt während meines mehrtägigen Aufenthaltes im Hause Ernest Hemingways. Sollte ich anhalten?
Nein! Ich winkte ab und raste weiter. Lieber jetzt nichts trinken!
Aber die schwarzen Burschen verstanden mich falsch. Mein Weiterrasen deuteten sie als eine Herausforderung zu einem Rennen, denn sie sprangen auf ihre Räder und setzten mir nach. Ich liebe es gar nicht, begleitet zu werden, um nicht aus meinem eingespielten Tempo zu geraten.
Die Schwarzen hatten mich bald eingeholt und erzählten mir keuchend, daß sie im „Gleaner", der führenden Zeitung Jamaikas, von mir gelesen hätten. „Geben Sie uns nur Ihr Autogramm!" meinte einer der jungen Schwarzen.
„Warum?" fragte ich zurück. „Was ist schon ein Autogramm?"
Ein anderer antwortete: „Wir möchten so gern ein Andenken von einem Deutschen!"
Da konnte ich nicht anders, und wir stiegen in der nächsten Ortschaft, einem kleinen Dorf, ab. Bald war die halbe Einwohnerschaft um mich versammelt, und ich mußte ihnen von Deutschland erzählen. . .
Ein junges, pechschwarzes Mädel – es war die Dorflehrerin – wollte von mir wissen, ob es wahr sei, daß wir in Deutschland die Neger als Affen bezeichnen und sie einfach niedermetzeln. Ein älterer Neger, der Obmann einer Landarbeiter-Gewerkschaft, fuhr hitzig in diese ziemlich naive Frage: „Ich habe es euch doch gesagt, es ist alles Propaganda!" Dann wandte er sich an mich mit den Worten: „Hast du schon von unserem Propheten, von Markus Garbee, gehört?"
Der Name war mir in der Tat schon vertraut, und zwar von einer kurzen Unterhaltung her, die ich am Tage meiner Ankunft auf Jamaika mit einem Zollbeamten hatte. Dieser hatte mir einiges von einem Propheten Garbee erzählt, der während des Zweiten Weltkrieges die schwarze Bevölkerung Jamaikas gegen England und für Deutschland aufgewiegelt hatte. Nun mußte ich mir die ganze Geschichte dieses inzwischen verstorbenen Negerrebellen anhören, der nur ein Ziel kannte: die volle Freiheit seiner Rasse, eine Freiheit, die er seinerzeit mit Deutschlands Hilfe hatte erkämpfen wollen.
„Markus Garbee lebt und bleibt unter uns, auch wenn er gestorben ist!" endete der Alte, und alle Leute, einschließlich der hübschen Lehrerin, murmelten ihren Beifall.
Unter den Grüßen und Glückwünschen der schwarzen Dorfbevölkerung stieg ich wieder auf mein Rad und bemühte mich, bergauf

schwitzend, die verlorene und doch so kostbare halbe Stunde wieder aufzuholen.
Es ist immer wieder ein erhabenes und stolzes Gefühl, überall rund um den Erdball das hohe Ansehen Deutschlands unter den Völkern festzustellen. Ich habe die Welt bereits zu einem guten Teil vor der deutschen Niederlage gekannt und kann darum feststellen und behaupten: Der deutsche Name hat nicht gelitten. Im Gegenteil, nun, nachdem ich in einigen Dutzend Ländern mit dem Volke gelebt habe, darf ich mit vollem Recht sagen, daß Deutschland wohl noch nie in seiner Geschichte so geachtet und geschätzt wurde wie gerade jetzt nach seiner furchtbarsten Niederlage und dem in aller Welt so bewunderten Wiederaufstieg.
Zwei Stunden nach der herzerfrischenden Unterhaltung mit der schwarzen Dorfbevölkerung hatte ich endlich die letzte Anhöhe genommen. . .
Unter mir, in etwa 15 Kilometer Entfernung, grüßte das blauschwarze Meer, der 7000 Meter tiefe Meeresgraben, der die Inseln Cuba und Jamaika trennt.
Die Sonne neigte sich gerade zum Untergang und tauchte das Meer und die Küste in ein geheimnisvolles Leuchten. Zwischen mir und dieser so prachtvoll leuchtenden Küstenlandschaft lagen noch gute 15 Kilometer, diesmal Dschungel, ein unübersehbares Gewirr von Palmen, Bambus und mit Lianen umschlungenen Urwaldriesen.
Zum Glück führt hier eine schmale, aber gute Asphaltstraße in hundert Kurven talwärts zu dem Badeort Ocho Rios. Der Name stammt noch aus der spanischen Zeit Jamaikas und heißt auf deutsch „Acht Flüsse“, wahrscheinlich nach den kleinen spiegelklaren Gebirgsflüßchen, die sich hier mitten aus ihrer schäumenden munteren Jugend heraus in die Salzfluten der See ergießen. . .
In der Abenddämmerung hatte ich die Nordwestküste Jamaikas beinahe erreicht. Beinahe, weil ich wegen davorliegender Privatgrundstücke nicht ans Wasser herankam. Kleine Luxushotels und reiche Weiße haben hier die Küste mit Beschlag belegt.
Ich fuhr mit der hereinbrechenden Dunkelheit mehr als 10 Kilometer die Küstenstraße entlang. Was sah ich? Einen Park neben dem anderen, einen Zaun neben dem anderen. Resigniert machte ich kehrt. Es war bereits dunkel.
Dann fand ich in einer langen Mauer ein breites, offenes Doppeltor. In Stein gemeißelt stand da: „Palm Beach“, auf deutsch: „Palmenstrand“. Ich war zum Umfallen müde und so verschwitzt, daß ich nur einen Gedanken hatte: ein kurzes Bad nehmen, dann schlafen!
So bog ich kurz entschlossen in die Toreinfahrt und fuhr über Stock und Stein zwischen geisterhaft leuchtenden Palmen zum Strand

hinunter. Die letzten Meter zu einem mir entgegenschimmernden weißen Sandfleck mußte ich mein Rad eine steile Treppe hinuntertragen. Ein idyllisches Plätzchen! Mitten zwischen Felsen eingebettet war hier ein künstlicher Strand geschaffen worden, keine 50 Meter breit und von einer niederen Zementmauer eingefaßt, so daß die heranrollenden Meereswellen den offensichtlich mühsam herangebrachten Sand nicht wegspülen konnten.
Ich war viel zu müde, um mir Gedanken darüber zu machen, ob ich ein Recht hatte, hier zu sein. Nachdem ich die verschwitzten Kleider abgeworfen hatte, sprang ich ins Wasser. Der volle Mond und unzählige phosphoreszierende Meerestierchen leuchteten mir den Weg zu einem Korallenriff, das nur wenige hundert Meter von der Küste entfernt knapp aus dem Wasser herausragte. Die heranrollenden Wellen brachen sich dort mit aufspritzender Gischt und bildeten mit Tausenden kleinen emporgeschleuderten Leuchttierchen ein herrliches, einmaliges Feuerwerk. Dieses Schauspiel lockte mich, und ich schwamm ziemlich nahe heran.
Als ich, ganz nahe herangekommen, tauchte, um die Beschaffenheit des Meeresbodens abzutasten, griff ich auf etwas, das sich wie die Stacheln eines Igels anfaßte und einen brennenden Schmerz verursachte. Das nahm mir die Lust, weiter zu tauchen. Ich suchte nach einem Platz, wo ich im Wasser stehen konnte, um von dort aus das großartige Schauspiel zu genießen, das die sich brechenden leuchtenden Wellen boten. Zu allem Überfluß aber stieß ich bei dieser Gelegenheit mit dem Knie an eine Muschel, die auf den Korallen festgewachsen war. Das tat tüchtig weh. Ich kehrte also wieder um und hatte Mühe, meinen im Schlagschatten des Mondlichtes liegenden Strand wiederzufinden.
Die Erfrischung des kühlenden Seebades im Karibischen Meer war nur von kurzer Dauer. Eine bleierne Müdigkeit überfiel mich, so daß ich den Gedanken aufgab, mein Zelt aufzuschlagen, und mich kurzerhand auf meinen Schlafsack fallen ließ. –
Die Sonne stand bereits am Horizont, als ich die kalte, schnuppernde Schnauze eines Hundes auf der Haut spürte und so geweckt wurde. Es war eine halbwüchsige Bulldogge. Erschrocken sprang ich auf. Eine zweite und eine dritte Dogge sprangen mich nun auch noch von hinten an. O Schreck in der Morgenstunde!
Aber es waren keine böswilligen Tiere. Dazu waren sie noch zu jung. Sie wollten spielen. Ich tat ihnen den Gefallen und balgte mich eine ganze Weile mit ihnen am Strand herum. Es war ein großartiger Frühsport! Außerdem habe ich Hunde furchtbar gern – und ich bemerkte den Mann erst, als er mich anredete: „Wer sind Sie, und wie kommen Sie hierher?!“
Ach so!

„Ich bin Heinz Helfgen, der Deutsche, der mit einem Fahrrad um die Welt fährt“, erwiderte ich. „Ich kam gestern abend hier an, von Kingston herüber, wollte baden und schlafen, es war kein anderer Platz am Strand ausfindig zu machen. . .“

„Ich bin Lord Graham“, sagte der andere, mich unterbrechend, „der zeitweilige Besitzer dieses Fleckchens Erde. Kommen Sie mit!“

„Wohin?“ fragte ich.

Er lachte: „Frühstücken. . .“

Das Haus lag auf einem steilen Felsen, keine 300 Meter entfernt von meinem Privatstrand. Ich wurde im Laufe des Tages gut Freund mit den Grahams und konnte es nicht ablehnen, mich auch noch für die kommende Nacht von dem Luxus eines Jamaika-Lord-Haushaltes umschmeicheln zu lassen. . .

Die Nordküste Jamaikas, etwa 200 Kilometer lang, ist zum größten Teil ganz auf Fremdenverkehr eingerichtet. Hauptgrund hierfür ist die Devisenknappheit des britischen Finanzministers. England hat in den letzten Jahren seine reiche Oberschicht dazu erzogen, ihre Ferien nach Möglichkeit irgendwo in den Sterling-Ländern – am besten in den britischen Kolonien – zu verbringen. Als Ersatz für die von den Engländern bisher sehr gern besuchte Französische Riviera oder für das dollarverzehrende Miami wurde die Nordküste Jamaikas geradezu krampfhaft als der Welt schönster Badestrand propagiert und sogar ein schneller und verbilligter Luftverkehr von London nach den Westindischen Inseln eingerichtet.

Heute schießen hier überall an der malerischen Nordküste Luxushotels und Pensionen wie Pilze aus der Erde, und sehr reiche Engländer – neuerdings aber auch die Amerikaner – erwerben sich ein eigenes Stück Küste. Die Landpreise an den schönsten Plätzen haben erklärlicherweise Spekulationshöhen erreicht, und die arme Bevölkerung fängt schon an, sich zu beschweren, daß sie kaum noch einen freien und kostenlosen Platz zum Baden besitzt.

Nach dem Abschied von Lord Graham mußte ich tatsächlich über 20 Kilometer stramm die Pedale entlang der Küste treten, bis ich hart an der Straße einen freien, schönen Palmenstrand traf, wo ich zu einem kurzen Bad rasten konnte. Aber auch hier stand ein großes, für die vorbeirasenden Autofahrer lesbares Schild: „Herrliches Strandgelände zu verkaufen, Makler, Tel. usw.“

Nach weiteren 40 Kilometern Fahrt entlang der Nordküste Jamaikas traf ich auf eine überaus malerische Bucht. Auf einem Schild las ich: „Discovery Bay“, auf deutsch: „Entdeckerbucht“. Ein anderes Schild mit Pfeil wies den Weg zur „Columbus Inn“ (Kolumbus-Gasthof). Ich witterte irgendwelche geschichtlichen

Zusammenhänge und folgte dem guten betonierten Weg bergan zu der sogenannten Columbus Inn.
Ich fand ein prachtvolles Luxushotel hoch oben am Berg mit eigenem Schwimmbad und einer unbeschreiblich schönen Aussicht. Zwei junge Mädchen, eine Kanadierin und eine Jamaikanerin weißer Herkunft, leiten dieses Unternehmen. Besitzer ist eine amerikanische Gesellschaft, die hier in der Nähe Bauxit abbaut, jene kostbare rote Erde, aus der Aluminium gewonnen wird.
Für die beiden Mädchen war der Erdumradler eine große Sensation, und sie luden mich sofort ein, einige Tage kostenlos hier oben zu verbringen, wo man normalerweise einen Pensionspreis von täglich 80 DM (heute 400 DM) zu zahlen hat.
Die Mädchen erzählten mir auch die Geschichte von dem ersten Touristen der Insel Jamaika, von Kolumbus, der bei seiner zweiten Amerikareise im Jahre 1502 von Cuba kommend hier in der Discovery Bay gelandet sei. Obwohl ich keine geschichtlichen Beweise für diese Behauptung erhielt, ist die Geschichte von der Landung an dieser Stelle durchaus glaubhaft, denn jedes von Cuba kommende Segelschiff wird fast automatisch von der Strömung und vom Winde zu diesem Platz Jamaikas getragen.
Luxushotels sind eine große Versuchung. Man wird dort faul und verliert sich an die Überzivilisation. Man vergißt die mit zeitlichen Gütern nicht so sehr gesegnete Umwelt, nämlich die Bevölkerung eines Landes. Nach einem Ruhetag in der Columbus Inn, durchsetzt mit einer Unzahl von Cocktails und Auskünften an snobistische englische und amerikanische Gäste, war mein Bedürfnis an Zivilisation reichlich gestillt. . .
Ich radelte weiter ostwärts, dem weltberühmten Luxusbadeort Montego Bay entgegen. Die Fahrt führte wieder einmal durch riesige Zuckerrohrplantagen und an mehreren Zuckerfabriken vorbei, bis ich auf einen übermodernen Flughafen stieß. Die noch im Bau befindliche, fast 4 Kilometer lange Zementrollbahn soll demnächst für die schnellsten Turbinenflugzeuge als Landeplatz freigegeben werden, so daß reiche Engländer die Möglichkeit erhalten, ein ausgedehntes Wochenende auf der Insel der Neuen Welt zu verbringen. Dollarschwere New Yorker verbringen ihre Wochenenden jetzt schon in Montego Bay und legen die 3000 Kilometer Luftstrecke in etwas mehr als fünf Stunden zurück.
Ich habe die schönsten Strandpartien der Welt schon früher vor dem Kriege gesehen, habe in Copacabana, an dem unendlich schönen weißen Strand von Rio gewohnt, habe die Französische und die Italienische Riviera und die dalmatinische Küste abgefahren. Auf meiner jetzigen Weltumradlung bin ich viele Dutzend Kilometer an der vollkommen unbekannten Sandküste des paki-

stanischen Arakan am Bengalischen Meer entlanggeradelt, von so vielen anderen romantischen Strandgebieten ganz zu schweigen. In einem Prospekt des Jamaika-Reisebüros wurde Montego Bay als der schönste Strand der Welt angepriesen. Voller Erwartung und in der Hoffnung, hier mein Zelt aufschlagen zu können, raste ich vom Flugplatz aus in Richtung des angekündigten Strandes. . .

Ich passierte wiederum mehrere Luxushotels und einige Pensionen, alles moderne Bauten im Tropenstil, so wie ich sie zum Beispiel in der Wüsten- und Spielhöllenstadt Las Vegas in Nevada gesehen hatte. Aber ich fand keinen Strand!

Ich fuhr durch die ziemlich geschmacklose und vor Armut strotzende Stadt Montego Bay und sah die Bucht aus einem von Moskitos verseuchten und von Wasserdschungeln durchsetzten Gelände – und machte wieder kehrt, fuhr zurück zu den Hotels. Und dort war tatsächlich (hinter einer Mauer) ein kleines Stückchen Badestrand zu sehen. Eintrittspreis: 2 Schilling. „For members only!“, Nur für Mitglieder!, stand auf einem kleinen Schild.

Kurz entschlossen fing ich eine Unterhaltung mit der Kassiererin an, einer älteren englischen Dame. Sie rief den Direktor des Klubs, der sich mir als Oberstleutnant in Ruhe vorstellte und mich einlud, hier den Tag zu verbringen.

Das also war der berühmte Montegostrand, alles in allem etwa 3 Kilometer hier und da von Felsen unterbrochener Sandstrand mit herrlichem, klarem Wasser, das bis zu 6 und 7 Meter Tiefe die Korallenbänke am Boden erkennen ließ. In der Tat ein großartiger Strand, der nur den einen Nachteil hat, daß er hinter teuren, mondänen Luxushotels versteckt liegt und sein Besuch nur gewissen Klubmitgliedern gegen Zahlung eines kleinen Vermögens zugänglich ist.

Als ich mich später mit der schwarzen Eingeborenenbevölkerung von Montego Bay bekannt machte, wurde mir erzählt, daß die Eingeborenen draußen im äußersten Winkel der Bucht einen aus „schwarzem“ Sand bestehenden Badestrand hätten. Ein alter Jamaikaner schloß den Bericht mit folgenden Worten: „Aber der Strand für uns kann in dieser Jahreszeit wegen der Myriaden von Moskitos nur am hellen Mittag besucht werden, wenn die Moskitos schlafen.“

Als sich der Abend über der Montego Bay herniedersenkte, nahm ich ziemlich enttäuscht und in strömendem Regen Abschied vom Strand, der angeblich der Welt schönster sein soll. Außerdem hatte ich die Dummheit begangen, in einem Restaurant etwas zu essen. Dabei waren meine letzten paar Schillinge draufgegangen. Das machte mich mal wieder vollkommen bankrott, ein tolles Gefühl in einem Lande, in dem nur das Geld Bedeutung hat.

Trotzdem machte ich mir nicht viel aus diesem Mißgeschick, fühlte ich mich doch stark genug, die mit dicken Früchten behangenen Kokospalmen zu besteigen. Im Gegenteil, ich empfand eine gewisse Befriedigung darüber, daß ich nun endlich gezwungen sein sollte, wieder einmal der Zivilisation Lebewohl zu sagen, um mich der herrlichen Primitivität des Lebens eines armen Eingeborenen hinzugeben.

In der „Discovery Bay“ ging die Sonne auf. Am Ende der Bucht, dort wo sich die ersten Sonnenstrahlen rosarot in der Gischt über den Korallenriffen brachen, kämpfte ein kleines Fischerboot um den Eintritt in die ruhigeren Gewässer der Bay. . .

Mit viel Geschick und noch mehr Anstrengung gelang es schließlich den beiden Insassen, zwei kräftigen Schwarzen, das „Einbäumchen“ in den schmalen und tiefen Kanal zwischen die Riffe hineinzumanövrieren. Mit schnellen Paddelschlägen brachten sie ihr Boot zu meinem palmenbestandenen Stückchen Strand, keine 10 Meter von meinem Zelt entfernt.

Die beiden halbnackten Männer stöhnten vor Erschöpfung. Sie mußten dort draußen auf der hohen und wildbewegten See allerhand mitgemacht haben. Ihre schwarze Haut glänzte vom Schweiß. Sie sprangen ins Wasser, um das Boot an Land zu schieben. Vergebliches Bemühen. Hilflos schauten sie zu mir herüber. Sie taten mir leid, die beiden; und so sprang ich auf und half ihnen, ihr Schiffchen an Land zu hieven.

Dankbar reichte mir einer der beiden einen großen Fisch von etwa 5 Kilogramm. „Boys“, sagte ich, „was soll ich mit eurem Geschenk? Ich weiß ja gar nicht, wie man einen solchen Fisch zubereitet.“ So kamen wir ins Gespräch.

Die beiden Schwarzen stellten sich vor. Sie hießen Poul und Salomon. „Wir sind Maroons“, erklärte Poul stolz und schlug sich dabei auf die nackte Brust, während Salomon seine schneeweißen Zähne zeigte und mich breit und selbstgefällig angrinste.

„Maroons“, fragte ich, „was ist das für ein Volk?“

„Maroons – wir sind freie Afrikaner, wir sind ganz besondere Leute. Wir haben uns vor mehr als hundert Jahren selbst befreit aus der Sklaverei und haben die Engländer in einem großen Befreiungskrieg besiegt“, erklärte mir Salomon. Poul fügte dem hinzu: „Wir haben hier auf Jamaika, dort oben in den wilden Bergen, seitdem unser eigenes und selbständiges Land.“ Dabei zeigte er nach oben, in Richtung der von tropischem Waldgestrüpp überzogenen steilen Bergriesen.

Ich hatte nie etwas von diesen sogenannten Maroons gehört, selbstverständlich wollte ich aber diese Nachkömmlinge jener rebellischen Sklaven gern näher kennenlernen. Als ich diesen

Wunsch äußerte, machte Poul ein bedenkliches Gesicht, wobei ihm das Weiße aus den Augen trat. „No, Master", meinte er dann, „da muß ich erst unseren Colonel fragen, ob du unser Land, das Cockpit, betreten darfst. Wir wollen keine Fremden bei uns haben, und Weiße dürfen nur sehr selten zu uns. Du mußt deswegen aber nicht böse sein."

„Ich bin nur außen weiß", versuchte ich zu scherzen. Die beiden grinsten. Wir verhandelten lange hin und her. Sie wollten und wollten mich nicht mitnehmen hinauf in ihre wilden Berge, bis ich ihnen erzählte, daß ich Deutscher sei und daß Markus Garbee, der Prophet der schwarzen Jamaikaner, die Deutschen besonders gern gehabt hätte. Das endlich zündete! Deutscher und Markus Garbee scheinen für die Jamaikaneger zwei magische Worte zu sein. Die beiden betrachteten mich plötzlich wie ein Wundertier, fast als wollten sie sagen: „So also sieht ein Deutscher aus!"

Als Salomon endlich mit seiner Betrachtung fertig war, entfuhr es ihm halb verwundert, halb enttäuscht: „Ihr Deutschen seht aber aus wie alle anderen Weißen auch!" Auf meine Glatze und meine behaarte Brust deutend fügte er hinzu: „Nur daß ihr eure Haare nicht auf dem Kopf, sondern auf der Brust tragt. . ."

Mein Zelt war im Nu abgebrochen und zusammengerollt. Schwieriger war der Aufstieg in die Berge, denn gar zu bald hörte die Asphaltstraße auf. Verbissen schob und stieß ich mein Fahrrad über Stock und Stein der Höhe entgegen. Stunden vergingen . . . der Schweiß lief in Strömen an mir herunter . . . bald war kein trockener Fetzen mehr an mir, und selbst die Taschentücher in der Hosentasche wurden naß, ohne daß ich sie benutzt hätte.

Dann wehte endlich eine frische Brise. Nach fünfstündiger Wanderung hatten wir den Kamm des Gebirges in fast 2000 Meter Höhe erreicht. Poul jedoch bedeutete mir, daß ich hier warten müsse. Ohne vorherige Anmeldung darf man das Land der Maroons nicht betreten. Gut also – ich wartete.

Ich wartete bis zum späten Abend und schlug, bereits etwas resignierend, mein Zelt auf. Ein einmaliger schöner Sonnenuntergang, der die weite See in hundert Farben tauchte und das wildzerrissene Bergland in einem blassen Rosa erstrahlen ließ, nahm mich so gefangen, daß ich das Herannahen von Schritten vollkommen überhörte und erschrocken auffuhr, als plötzlich mehrere Neger vor mir standen. Unter ihnen hatte ich gleich den Fischer Salomon erkannt. Er war es auch, der nach einer kurzen Pause das Wort an mich richtete: „Der Colonel ist glücklich, dich empfangen zu können, heute oder morgen, wenn du willst." – Ich war sehr müde, und außerdem gefiel mir der stille, kühle Abend hier oben, und so sagte ich dem Schwarzen, daß ich nicht heute,

sondern morgen in das Dschungellabyrinth ihres Tales herabsteigen wolle.
Am nächsten Morgen knurrte mir ganz gehörig der Magen. Ich hatte seit dem vergangenen Morgen noch nichts gegessen. Unter mir im Tal der Maroons rauschten die Kokospalmen. Sie waren mit Früchten förmlich überladen. Was lag da näher als ein kleiner Ausflug im Morgengrauen, ein Spaziergang, oder besser eine kleine Kletterpartie zu jenen Bäumen im Vordergrund, deren kopfgroße Früchte so einladend zwischen den Palmfächern zu mir heraufgrüßten!
Ich sprang, stolperte, kletterte also in die Tiefe. Bald war der erste Stamm erreicht. Seit meiner Jugend, die ich zum Teil in Südamerika verbracht hatte, habe ich keine Palme mehr erstiegen. So scheiterte auch prompt mein erster Versuch. In 3 Meter Höhe rutschte ich ab. Dann fiel mir ein, daß es barfuß besser geht, und ich zog die Schuhe aus. Es ging wirklich besser, aber ich riß mir an dem rauhen Stamm die Knie auf – und rutschte nach 4 bis 5 Metern abermals ab. Nun entsann ich mich der Klettertechnik, die ich vor einigen Tagen bei einem jungen Schwarzen bewundert hatte. Dieser Neger hatte sich seinen Hosengürtel um die gespreizten Füße gespannt. Ich versuchte es ebenfalls. Das ging tatsächlich großartig! Nur hatte ich das Pech, daß mir in halber Höhe des Baumes die Hose rutschte und ich sie schließlich ganz abstrampelte, um nicht behindert sein zu müssen.
Während dieser Operation in 10 Meter Höhe überraschte und erschreckte mich ein dröhnendes Gelächter unter mir. Dort standen meine schwarzen Freunde Poul und Salomon und fingen die herabfallende Hose auf. Mein erster Schreck ging in der Komik der Situation unter, und auch ich fing an zu lachen und wäre dabei beinahe von der Palme gefallen. Trotz der verlorenen Hose vermochte ich meinen Negerfreunden zu imponieren, als ich ihnen aus 20 Meter Höhe die reifen Früchte zuwarf. . .
Wir stiegen alsdann gemeinsam wieder zu meinem Zelt empor, wo bald ein lustiges Feuer prasselte. Salomon hatte einige grüne Platanas (große Bananen) und getrocknete Fische sowie rote Pfefferschoten mitgebracht. Die Platanas werden übrigens auf den Karibischen Inseln genauso gekocht wie bei uns die Kartoffeln. Sie schmecken auch so ähnlich wie unsere Kartoffeln, nur daß sie bedeutend zarter sind. Die roten Pfefferschoten gaben der Mahlzeit eine wohltuende, für Europäer unvorstellbare Schärfe, die geradezu die Eingeweide umdreht, aber auf diese Weise auch den Appetit anregt.
Seit Burma kann ich mir ein Essen ohne dieses den Atem verschlagende Gewürz nicht mehr vorstellen. Ich mache mir

bereits jetzt schon Sorgen, wie ich mir die roten Pfefferschoten, wenn ich erst wieder in Deutschland bin, besorgen soll. . .
Das war wirklich ein Dschungellabyrinth, wie ich noch keines gesehen hatte. Aber es war ein Paradies wahrhaft exotischer Schönheit! Ich konnte mir auch sehr gut vorstellen, daß die Engländer, damals vor fast zwei Jahrhunderten, keine rechte Möglichkeit fanden, den Guerillakrieg gegen die hier hausenden Maroon-Neger, jene freiheitsliebenden schwarzen Sklaven, zu gewinnen.
Wilde, bizarre Felsen, tropisches Kakteengestrüpp, Palmen- und Bananenhaine, aber auch saftige Wiesen mit glasklaren Bächen – all das löste sich hier oben in wildester Unordnung ab. Es ist tatsächlich sinnlos, in diese Talsenke in 2000 Meter Höhe ohne Führung hinabzusteigen. Mehr als einmal standen wir plötzlich vor steilen und überhängenden Felsen. Das klare Bächlein, dessen Lauf wir gefolgt waren, verschwand mit einem Male im Fels, und nur ein außerordentlich geübtes Auge konnte einen Durchgang im Unterholz des Urwaldes entdecken.
So stolperten und schlichen wir stundenlang meist abwärts, und immer wieder brachte dieses sogenannte Cockpit (etwa soviel wie Lagerplatz, also das Gebiet, in dem die wilden Maroon-Neger hausten), ein weiter Talkessel ohne ersichtlichen Ausgang, neue Überraschungen. So trat auf einmal der Bach wieder an die Oberfläche und plätscherte murmelnd durch ein mit Zuckerrohr und Reis bepflanztes, immer weiter werdendes Gelände, an dessen Ende vor 1000 Meter hohen Felsen ein kleines Dorf sichtbar wurde.
Nackte Negerkinder kamen uns schreiend entgegen und inspizierten sofort mein mit viel Fleiß und Schweiß herangeschlepptes Fahrrad. Die Häuser, mit Palmen- und Bananenblättern gedeckte Lehmhütten, machten einen recht sauberen Eindruck. Einige von ihnen hatten sogar einen mehr oder weniger gepflegten Vorgarten. In der Mitte des Negerdorfes stand eine langgestreckte Holzbaracke. Es war die Kirche. Und daneben eine größere Hütte mit Veranda, das Haus des Chefs, des Colonels. Wahrhaftig, das stimmt – die Maroons nennen ihren Häuptling „Colonel". . .
Dieser würdige Herr, ein feister, aber freundlich grinsender Schwarzer, stand vor seiner Hütte und kam, als er mich sah, mit ausgestreckter Pranke auf mich zu. Wir schüttelten uns die Hände, und der Gedanke, vielleicht einen Wilden vor mir zu haben, verschwand schnell. Denn der Colonel sprach ein tadelloses Englisch, ein Zeichen, daß er seine Schulbildung wahrscheinlich in Kingston, der Hauptstadt, erhalten hatte. Seine ersten Worte waren die üblichen, nämlich die Frage: „Wie gefällt es Ihnen in

Jamaika?“ Interessant schon die Tatsache: Die beiden schwarzen Fischer Poul und Salomon, ebenfalls Maroons, die mich hier heraufgebracht hatten, hatten mich mit „du“ angeredet, ihr Häuptling aber sagte „Sie“ zu mir.
Auf die Frage: „Wie gefällt es Ihnen in unserem Lande?“ wird in den Landstrichen, in denen ich mich zur Zeit befinde, meist dieselbe Antwort erwartet, entweder: „Es ist ein herrliches Land!“ oder: „Ich bin angenehm überrascht!“ Um rascher mit den Leuten ins Gespräch zu kommen, habe ich mir jedoch angewöhnt, solche Einleitungsphrasen gleich beim Schopf zu fassen und der allgemeinen Höflichkeitsfloskel irgendeine kleine Kritik beizufügen. Das tut dem Gastgeber manchmal weh oder es schockiert ihn sogar ein wenig, aber man kommt auf diese Weise gleich zur Sache und, was noch wichtiger ist, man löst seinen Partner aus der konventionellen, nichtssagenden Höflichkeit heraus und zwingt ihn meist zur Preisgabe seiner Meinung.
So sagte ich also zu dem Maroon-Häuptling: „Mir kommt Jamaika in vielen Punkten wie eine Märcheninsel vor. Aber ich bin andererseits sehr überrascht von der grenzenlosen Armut der Massen, insbesondere der Stadtbevölkerung, von der über 50 Prozent arbeitslos sind.“
Das wirkte in diesem Falle wie eine Bombe! Der „Colonel“ wurde sofort todernst und sagte, sich räuspernd: „Kommen Sie herein, ich muß Ihnen hier viel erklären!“
Auf der luftigen Veranda hinter der Hütte des schwarzen Häuptlings, im Schatten eines gigantischen Mangobaumes, ließen wir uns nieder. Ein frisches, etwa siebzehnjähriges Mädchen, dessen schwarze Haut vor Aufregung glänzte, weil sie einen Weißen bediente, servierte uns Rum und frisches Quellwasser.
„Sie sind Deutscher“, begann der Maroon-Colonel seine Erklärungen, „vielleicht können Sie uns verstehen. Die Engländer sind blind und glauben, Jamaika bleibt für alle Zeiten eine Ausbeutungskolonie für die Zucker- und Rummagnaten. Der Bevölkerung geht es wirtschaftlich so schlecht, weil die Engländer es verstanden haben, unter uns Schwarzen Verräter heranzuzüchten, Leute, die sich glücklich schätzen, wenn sie einem Weißen die Hand drücken dürfen. Wenn Jamaika einig wäre“, so fuhr er nach einem tiefen Schluck aus dem Rumglas fort, „dann würden wir von heute auf morgen unser Schicksal selbst in die Hand nehmen!“
Wir unterhielten uns, nachdem ich zu einer saftigen Hühnchen-mit-Reis-Mahlzeit eingeladen worden war, noch stundenlang über das Thema England und Jamaika, und ich wunderte mich sehr über den hohen Bildungsgrad, über das geschichtliche und politische

Bewußtsein dieses Vertreters der in der wildesten Bergeinsamkeit wohnenden Neger vom Stamme der afrikanischen Maroons.
Wichtig in diesem Zusammenhang war mir die Bestätigung einer schon längst gewonnenen Erkenntnis, nämlich daß es heute überhaupt keine wahren Kolonialvölker mehr gibt, daß heute, nach dem Zweiten Weltkrieg, jedes Volk – gleich welcher Hautfarbe – sein Geschick liebend gern in die eigene Hand nehmen möchte.
Ich blieb recht lange bei den Maroon-Negern in der Bergwildnis Jamaikas. Nicht Tage, sondern mehrere Wochen. Die gutmütigen Schwarzen taten alles menschenmögliche, um mir Freude zu machen, und bald war ich so weit mit ihnen „gleichgeschaltet", daß meine Hautfarbe überhaupt nicht mehr auffiel und daß ich meinerseits vollkommen das Gefühl dafür verlor, mich unter Andersrassigen zu befinden. . .
Als ich wieder in Kingston war, lag im Christlichen Verein Junger Männer ein Brief für mich. Eine Einladung, im International Club über meine bisherigen Abenteuer zu sprechen. Das war vielleicht eine Chance, um zu Geld zu kommen, denn ich wollte nun endlich meine Fahrt fortsetzen. . .
Aber meine Erwartungen auf ein saftiges Honorar für den Vortrag gingen in Rauch auf. Das war für mich eine riesengroße Enttäuschung, hatte ich doch gehofft, auf diese Weise meine Weiterfahrt in Richtung Südamerika finanzieren zu können. Aber der Klub scheint von Schotten geleitet zu werden – man zahlte mit einem dankbaren Lächeln. . .
Obgleich also die Sache mit dem International Club finanziell gesehen ein Reinfall war, brachte sie doch einen gewissen Vorteil mit sich. Allen vornehmen Klubs der Welt gehören Diplomaten an, so auch dem International Club in Kingston. Ich lernte einige dieser Herren kennen, kam mit ihnen ins Gespräch. Tags darauf hatte ich prompt eine Einladung, den Ministerpräsidenten Mr. Bustamante zu besuchen.
Bisher hatte ich nur Kritiken über diesen Mann gehört. Die Gesellschaft von Jamaika nennt ihn einen „klugen Schauspieler". Sie sagt: „Er ist der geborene Demagoge. Er redet in der Sprache des Volkes, und deshalb hat er das Volk gewonnen!" Leider hat er viele seiner Versprechungen, die er dem Volke vor seiner Wahl gemacht hatte, nicht wahrmachen können. Auch heute noch sind 50 Prozent aller Jamaikaner arbeitslos!
Mr. Bustamante bemüht sich nun, dieses Fiasko auf sozialem Gebiet im Feld der Politik wieder wettzumachen, und er tut dabei dasselbe, was alle ohnmächtigen oder unfähigen Politiker des britischen Commonwealth tun: Sie wälzen die Schuld – teils zu

Recht, teils zu Unrecht – auf England. Ich war sehr neugierig, was mir der hohe Herr in dieser Hinsicht erzählen würde. Um es schon vorwegzunehmen: Ministerpräsident Bustamante hat mich sehr enttäuscht!
Ich hatte die übliche Viertelstunde im Warteraum abgesessen, als mich Mr. Bustamante in seinem Arbeitszimmer empfing.
Ein etwa sechzigjähriger Herr von ziemlich heller Hautfarbe, dem man aber trotzdem den spanischen Typ auf weite Entfernung ansah. 1,90 Meter groß, schlank, eine graue Künstlermähne, zweireihiger schwarz-weiß gestreifter Anzug. Sehr attraktiv und amüsant die bunte Fliegenkrawatte, ein wehender Querbinder, der jeden Zirkusdirektor legitimiert haben würde. Wirklich, ich muß zugeben, daß mir unwillkürlich der Gedanke an einen Zirkusmenschen gekommen ist. Nicht daß ich etwas gegen Zirkus und Zirkusleute hätte – bewahre! –, aber ich finde: Zirkus ist Zirkus, und ein Politiker sollte eigentlich nicht aussehen wie ein Zirkusdirektor. . .
Wie dem auch sei – Mr. Bustamante ließ mich während einer ganzen Stunde keine fünf Sätze sagen. Er redete und redete nur von sich selbst, so daß ich gar nicht dazu kam, mir überhaupt irgendeine Frage richtig zurechtzulegen. Unter anderem sagte mir der Ministerpräsident eine ganze Reihe Schmeicheleien für Deutschland, die aber so, wie sie vorgebracht wurden, kaum sehr ernst zu nehmen waren.
Schließlich kam Mr. Bustamante auf seine Position als Ministerpräsident von Jamaika zu sprechen. „Mein Leben“, so erklärte er, „gehört nur meinem Volke! Ich liebe mein Volk, und mein Volk liebt mich!“ Es hätte bloß noch gefehlt, daß er gesagt hätte: „Und damit basta!“ Mit einer wirklich südländisch-theatralischen Geste sprang Bustamante von seinem Stuhl auf und rief, sich umwendend: „Dieser Stuhl hier wird, solange ich lebe, von keinem anderen besetzt werden! Es ist der Ministerpräsidentenstuhl, und er gehört nur mir!“
Ich rückte einen guten Meter vom Schreibtisch ab, um so das Schauspiel des temperamentvollen Mimen besser genießen zu können. Und dann kam der Clou des Ganzen. Mr. Bustamante drückte auf den Klingelknopf für die Sekretärin, ließ sich sein Ministerpräsidenten-Scheckbuch bringen, schrieb einen Scheck aus und reichte ihn in würdevoller Herablassung. „Bitte sehr“, sagte er, „nehmen Sie dieses Geschenk als Ersatz für die schlechte Behandlung, die Sie auf der Nachbarinsel Cuba erfahren mußten!“ Es war ein Scheck über 10 Pfund.
Das ganze Benehmen dieses arroganten Herrn hatte mich aus dem Häuschen gebracht. So kam ich denn auf keine bessere Idee, als zu

sagen: „Ich bin es nicht gewohnt, Geschenke auf diese Art zu akzeptieren. Aber ich werde die 10 Pfund dem notleidenden Christlichen Verein Junger Männer weiterreichen!“ Hiermit zückte ich meinen Füllhalter und schrieb quer über den Scheck in großen Buchstaben: YMCA, während der Ministerpräsident ziemlich verlegen dreinschaute. Er sah direkt hilflos aus, und ich hatte meine Genugtuung.

Und schon tat's mir leid! Schon bereute ich es! Und dennoch: ich hatte mich wirklich sehr geärgert über diese herablassende Art, mit der mir der Ministerpräsident eine für die Jamaikaregierung so lächerliche Summe anbot. Ich bin jetzt zwei Jahre unterwegs, aber ich bin niemals zum Bettler geworden. Viele, sehr viele Menschen haben mir während meiner Weltumradlung geholfen, aber es geschah immer in einer Art, die bewies, daß da so etwas wie Herz mitsprach. . .

Klar, 10 Pfund wären mir jetzt sehr gelegen gekommen, denn ich brauchte ja Geld, um meine Fahrt fortsetzen zu können.

Der Himmel hatte indessen ein Einsehen mit mir, etwas sehr Merkwürdiges geschah: Mein Verhalten dem Ministerpräsidenten gegenüber sprach sich herum wie ein Lauffeuer, und der Erzdekan von Kingston, der Mitglied des YMCA ist, stellte mir großzügigerweise das Reisegeld für meine nächsten Ziele – nämlich die Insel Aruba und Venezuela – zur Verfügung.

Nach sechs Wochen Jamaika ging es nun endlich weiter!

Um rasch vorwärts zu kommen, wählte ich diesmal zur Überquerung des Wassers, also des Karibischen Meeres, als Transportmittel das Flugzeug. Ich hatte ja Geld! Bei der KLM kaufte ich mir eine Flugkarte über Aruba nach Maracaibo, der Hafenstadt Venezuelas.

Ich hatte die Insel Jamaika und ihre Bewohner wirklich lieben gelernt, vor allem die schwarze Bevölkerung. Ich bemerkte es erst jetzt, als ich in mehreren tausend Metern Höhe einen letzten Blick auf die sich aus dem Meer erhebenden grünen Berge warf. . .

In Aruba gibt es keine Armen

Nach mehrstündigem Flug senkte sich die viermotorige Maschine, stieß durch das silberglänzende Wolkengebirge hindurch und schwebte dann über dem unendlichen Tiefblau des Karibischen Meeres. In der Ferne wurde eine scheinbar fast flache Insel sichtbar. Sie mutete an wie eine größere Gartenstadt. Mehrere kleine Dörfer, ein paar Felder und eine riesengroße Industrieanlage mit Dutzenden von silbrigen Tanks grüßten zum Himmel empor. . .

Ja, das war Aruba! Mein nächstes Reiseziel vor Maracaibo in Venezuela.
Aruba ist eine niederländische Antilleninsel, am Eingang des Golfs von Maracaibo, nordwestlich gelegen von der ebenfalls niederländischen Insel Curaçao. Sie ist 165 Quadratkilometer groß, bis zu 180 Meter hoch, sehr wasserarm und besteht meist aus vulkanischen Gesteinen. Ausgeführt werden Phosphate, Aloe, Strohhüte und Kokosnüsse.
Ein supermoderner Flugplatz nahm unseren „Fliegenden Holländer", nämlich die KLM-Maschine, auf. Die Paß- und Zollangelegenheiten waren nur Formalitäten von wenigen Minuten, und bald saß ich wieder auf dem Sattel meines Fahrrades und raste, von einer starken Seebrise getrieben, der Hauptstadt Oranjestad entgegen.
Trotz der tropischen Hitze, die aber von dem strammen Seewind erheblich gemildert wurde, trotz der überreichen exotischen Vegetation, der Palmen und Riesenkakteen, der Mangobäume und Bananenstauden, hatte ich den Eindruck, mich in einer blitzsauberen holländischen Kleinstadt zu befinden. Als ich dann mitten in der Stadt vom Rad stieg, um spielende Kinder zu beobachten, fiel mir auf, daß diese Kinder das tollste Sprachendurcheinander redeten, das ich je gehört hatte.
Mich umschwirrten teils holländische, teils spanische, teils englische Laute. Aber da war noch etwas anderes, was ich noch nie gehört hatte und darum auch nicht verstand. Später erfuhr ich, es sei „Rubian", ein Sprachüberbleibsel indianischen Ursprungs.
In Oranjestad suchte ich einen Friseur auf. Er war Spanier, aufgewachsen in Venezuela und hier gelandet. Es ist in der ganzen Welt so, daß man beim Friseur am schnellsten zu einer informativen Unterhaltung kommt. Ich fragte: „Gibt es hier am Strand irgendwo einen netten Lagerplatz, wo ich mein Zelt aufschlagen kann?"
„Natürlich, Señor!" bekam ich zur Antwort. „Am besten, Sie begeben sich geradewegs zum Gelände des Beach-Klub! Es ist himmlisch dort!"
Als ich dem braven Figaro seine Verschönerungskunst – Haarschnitt und Kopfmassage – bezahlen wollte, lehnte er dankend ab. „Bitte, Señor", sagte er, „geben Sie mir statt dessen ein Autogramm!"
Inzwischen war es dunkel geworden. Ich strampelte dem Strand auf der anderen Inselseite entgegen, der freundliche Haarkünstler hatte mir den Weg genau beschrieben. Die Insel Aruba ist nur 20 Kilometer breit.
Das hell erleuchtete Klubgebäude zwischen vom Winde zerzausten

Palmen war schon von weitem zu sehen. Dort war mein Ziel. Die Gesamtanlage, besonders der Vorhof mit seinen gepflegten Blumenbeeten und der luxuriösen Autoauffahrt, ließ erkennen, daß hier sehr viel Geld investiert worden war. Für die Luftreise von Jamaika nach Aruba hatte ich mich statt im üblichen „Räuberzivil" in fleckenloses Weiß – weißes Hemd und weiße Shorts, weiße Sportschuhe und weiße Socken – gekleidet. Wenn irgendwo, dann gilt gerade in solchen Lokalen das Sprichwort „Kleider machen Leute" außerordentlich viel.

Trotzdem fiel meine Ankunft im hell erleuchteten Klubrestaurant mächtig auf. In den Abendstunden trägt man hier nämlich lange weiße Hose und einen weißen Schlips. Außerdem war mein dunkelbraun gebranntes Gesicht hier unbekannt. Der Geschäftsführer, ein älterer Herr, kam sofort auf mich zu und stellte ziemlich eisig die Frage: „Sir, darf ich erfahren, was Sie hier wünschen?"

„Es würde mich freuen", sagte ich, „wenn ich den Präsidenten des Klubs oder dessen Vertreter sprechen könnte!"

Es dauerte nicht lange, und ein grauhaariger Herr stellte sich mir vor. Er war begeistert, als er von meiner Tour erfuhr, und bot mir sofort an, eine ganze Woche kostenlos bei ihm zu logieren. Großartig! Wir unterhielten uns lange Stunden, und nachdem ich im Telegrammstil meine Geschichte erzählt hatte, plauderte er von seiner geliebten Insel Aruba.

Auf Aruba wohnen 50 000 Menschen. Es gibt keine Armen. Es gibt keine Arbeitslosen. Trotzdem beklagt man sich über die Ausbeutung durch die Holländer, denen 50 Prozent des Steueraufkommens zufließen. Man schimpft über die Herrschaft der katholischen Geistlichkeit, in deren Händen die gesamte Jugenderziehung liegt und die man zu Agenten Hollands deklariert. Man schimpft über die Höhe der Steuern, die etwa nur ein Drittel unserer deutschen Steuerlast ausmacht.

Andererseits aber ist man wohlgenährt und gut gekleidet. Fast jede Familie besitzt ihr eigenes Häuschen, ja, die meisten Arubaner besitzen sogar ein mehr oder weniger anständiges Sparkonto. Merkwürdig, dachte ich, sind die Menschen denn niemals zufrieden? Selbst nicht auf dieser glücklichen Insel, die doch eine Insel der Glücklichen sein könnte? –

Trotz der freundlichen Angebote des Klub-Präsidenten zog ich es vor, draußen am Strand mein Zelt aufzuschlagen, und wenig später waren es die Brandungswellen, die mich mit ihrem sanften Rollen und Plätschern einschläferten. . .

Ich war jedenfalls glücklich, wenn es die anderen auch nicht waren!

Am frühen Morgen erwachte ich in meinem Zelt durch ein

lärmendes Geschnatter. Ich kroch, noch ziemlich schlaftrunken, hinaus und traute meinen Augen nicht!
Mein Zelt war geradezu umlagert, und zwar von einigen hundert Schulkindern. Es waren kleine Amerikaner, Kinder von Angestellten der Ölraffinerie. Mein Zelt, mein Fahrrad und ich selber waren ihnen eine willkommene Sensation. Gemeinsam mit ihren Lehrern bettelten sie darum, ich möchte ihnen doch einige meiner Abenteuer erzählen. Als ich schließlich zusagte, fand der Jubel kein Ende mehr!
Wir schwammen alle hinaus zu einer Riesenboje, wo sich auch ein Sprungturm und eine Wasserrutsche befanden. (Sie konnten übrigens alle schwimmen, diese kleinen Amerikaner!)
Das weite, blaue Meer war eine herrliche Kulisse, und ich fand selten dankbarere Zuhörer als diese amerikanischen Kinder, die klatschnaß in der Tropensonne auf der schwankenden Boje saßen und oft selbstvergessen meinen richtungsweisenden Fingern folgten nach dort drüben zum Horizont, wo hinter der halben Erdrundung sich jene Geschichten mit den Wölfen, den Banditen, den Krokodilen und den Tigern abgespielt hatten. . .
Meine Erzählungen hätten sich stundenlang hingezogen, wenn man nicht vom Klubgebäude nach mir gerufen hätte. Dort war nämlich eine ganze Reihe von Herren mit Kameras und Schreibmaschinen aufgetaucht. Man verlangte nach mir.
Während ich zum Strand zurückschwamm, überlegte ich, daß die Journalisten von Aruba wohl durch meine Anwesenheit aus der Langenweile ihres Insellebens gehörig aufgeschreckt wurden. Als ich aber die vielen Herren erblickte, war ich doch recht erstaunt. So viele Journalisten gab's also auf Aruba?
Aber schon bei der Vorstellung wurde ich eines Besseren belehrt. Die Herren waren gar nicht von Aruba! Der freundliche Klubpräsident, mit dem ich mich am Abend vorher so nett unterhalten hatte, hatte inzwischen nämlich telephoniert, und zwar mit der Hauptinsel Curaçao. Und da waren sie alle – Vertreter der Oil-Company-Press und der Curaçao-Nachrichten sowie anderer Blätter – gleich in ein Flugzeug gestiegen und nach Aruba geflogen, um mich zu interviewen.
Natürlich hatte der arubanische Klubpräsident seine Hintergedanken dabei! Für ihn war es nichts weiter als die Publizität für den sich anbahnenden Fremdenverkehr des wundervollen Eilandes. – Aruba besitzt in der Tat den schönsten Strand, den ich bisher auf einer karibischen Insel gesehen habe. Hinzu kommt noch, daß die venezolanischen, oder besser gesagt, die amerikanischen Ölgesellschaften auf Aruba die nach Abadan und Aden weltgrößte Raffinerie gebaut haben. Das bringt Geld auf die kleine Insel, und

die holländische Kolonialregierung hat bestimmt das Ihre getan, um diesen Aufschwung der Industrie nicht zum Nachteil der Bevölkerung oder des stets zunehmenden Fremdenverkehrs ausarten zu lassen. Die Preise gingen nicht in die Höhe, wie das sonst in solchen Fällen üblich ist. Die Währung blieb stabil. Ein westindischer Gulden ist auch jetzt noch gleich zwei holländischen Mutterlandsgulden.
In diesem Zusammenhang: Arubas Preise sind mit denen in Hongkong und denen in Deutschland die niedrigsten und damit günstigsten in der Welt. Meine Landsleute, die in Deutschland über die hohen Preise schimpfen, sollen wissen, daß Deutschland – nebst Hongkong, Österreich und einigen britischen Besitzungen zu den billigsten Ländern der Erde gehört. Ich habe es auf meiner Weltumradlung oft genug erfahren können. Man kann sich in der Heimat gar kein rechtes Bild machen, wie teuer die gute alte Mutter Erde geworden ist!
Vom Klubhaus des Long-Beach-Klubs machte ich noch eine Runde um die Insel. Das waren kaum 50 Kilometer, aber doch war es ein tolles Unternehmen. Ich mußte nämlich um vier Uhr nachmittags auf dem Flugplatz sein zum Weiterflug nach Maracaibo und hätte bei normalen Straßenverhältnissen ohne Steigungen die kleine Tour durchaus in etwa zwei Stunden geschafft. Als ich kurz vor ein Uhr aufbrach, bemerkte ich jedoch eine besondere Eigenart dieser Insel: die konstante Seebrise!
Es war jenes Wunder, das mich am Vortage so schnell vom Flugplatz zur Stadt gebracht hatte. Aruba kennt nämlich nur einen einzigen Wind, der seit ewigen Zeiten – Tag und Nacht – mit fast gleichbleibender Stärke von Nordost bläst, so daß sich alle Bäume und Pflanzen der Insel ausschließlich nach der entgegengesetzten Seite neigen. Das war mir zwar gestern schon aufgefallen, aber nun bekam ich diesen konstanten Aruba-Nordost erst richtig zu spüren. Für einen Radfahrer gibt es ja bekanntlich nichts Schlimmeres als starken Wind von vorn. Ich kämpfte mich förmlich vorwärts und verlor Zeit. Erst als ich schweißgebadet nach zwei harten Stunden knapp 25 Kilometer und damit das andere Ende der Insel geschafft hatte, ging es bei Seitenwind etwas besser. Ich fuhr an der Ölraffinerie vorbei, und zwar auf einer erstklassigen Autobahn. Noch eine Rechtskurve und, ich hatte endlich den Wind im Rücken. So sauste ich in Richtung Flughafen, wo ich zehn Minuten vor dem Start der Maschine ankam.
Die Zollbeamten halfen eifrig, mein Fahrrad in dem schmalen Kofferraum des kleinen zweimotorigen Flugzeugs zu verstauen, und kaum hatte ich Platz genommen, da brummten auch schon die Motoren ihr donnerndes Lied auf dem Weg zur Startbahn.

Fünf Minuten später schwebten wir schon zwischen den schneeigen Wolkenfetzen in 1000 Meter Höhe dahin. Die Insel verschwand. Auf Wiedersehen, Aruba – Perle im Karibischen Meer!
Unter uns war das schwärzliche Meerwasser mit kleinen Gischtflecken. Aber schon war vor uns neues Land sichtbar – die Küste von Venezuela. . .
Der südamerikanische Kontinent!
Und damit wird wieder einmal eine neue Etappe meiner Weltumradlung beginnen. . .

In Venezuela muß der „Caballero" schwitzen!

Unter mir lag eine Meerenge, die rechts und links von niederen Hügeln flankiert war. Ein unübersehbares Netz von lehmigen Pisten verband einzelne Höfe und kleine Ortschaften miteinander. Selten ein rotes Ziegeldach. Die meisten Häuser waren mit Palmblättern gedeckt. Bebaute Felder waren nur wenig zu sehen, statt dessen viel Gestrüpp, Unterholz – soweit ich das aus 1000 Meter Höhe erkennen konnte.
Die Küste von Venezuela wurde 1498 von Kolumbus entdeckt, und im Jahre 1499 war es Alonso de Hojeda, der als erster den Golf von Maracaibo anlief. Als er ein auf Pfählen erbautes Eingeborenendorf erblickte, gab er dem ganzen Lande den Namen „Venezuela", also „Klein-Venedig".
1528 wurde Venezuela von Karl V. dem reichen Augsburger Bankhaus Welser zum Pfand für seine Schulden als spanisches Lehen abgetreten. Somit war Venezuela die erste deutsche Kolonie in Übersee. Aber sie blieb es nicht lange. Die Landsknechte unter Ambrosius Alfinger bedrückten Venezuela und sogen es aus, so daß Kaiser Karl V. es 1545 wieder an sich nahm und 1550 das spanische Generalkapitanat Caracas daraus bildete. Erst 1810 erhielt Venezuela seine Unabhängigkeit, nachdem es sich von Spanien losgesagt hatte. In den nachfolgenden Jahren wurde es jedoch von Spanien zweimal erneut unterworfen, aber beide Male von Simon Bolivar, dem großen südamerikanischen Nationalhelden, wieder befreit. Seither stehen in Venezuela innerpolitische Machtkämpfe, Revolutionen, Bürgerkriege und Präsidentenstürze auf der Tagesordnung an erster Stelle.
Ich erinnerte mich eines Zeitungsartikels, den ich vor Jahren gelesen hatte. Er stammte von einem Manne, der ebenfalls in Venezuela gewesen war und dieses Land gut kannte. Er schrieb: „Ob es von der Hitze oder der Langenweile kommt, weiß ich nicht, aber Revolutionen scheinen in Venezuela eine Art Nationalsport

zu sein. Zum Glück wird dabei mehr geschossen als getötet. Wenn Sie einen Venezolaner fragen, warum eigentlich dauernd Revolution in seinem Lande sei, so wird er entrüstet abwehren, diese Tatsache als übertrieben bezeichnen und Ihnen versichern, daß jetzt schon ‚über vier Jahre' keine Revolution gewesen sei. . ." –
Die Meerenge wurde landeinwärts immer breiter und weitete sich zu einem riesenhaften See. Dort schwammen sogar einige große Ozeanschiffe, meist Tanker, Öltanker. Weit hinten, fast am Horizont, wurde ein Wald sichtbar, ein Wald von Öl-Bohrtürmen. Eine moderne Stadt mit großzügig angelegten Avenuen und Boulevards lag unter uns. Jedoch die Randgebiete, das konnte man aus 1000 Meter Höhe gut erkennen, waren Armutsviertel und Slums.
Die Maschine neigte sich, flog einen weiten Bogen und setzte auf einem modernen Flugfeld auf. „Maracaibo!" schallte es aus einem Lautsprecher.
Maracaibo, die venezolanische Öl-Hauptstadt, ist mit 300 000 Einwohnern die zweitgröße Stadt des Landes. Im übrigen ist Venezuela so groß wie Frankreich und Spanien zusammen. Dennoch leben in diesem großen Lande nur etwa 5 Millionen Menschen!
Ehrlich gesagt: ich hatte Zoll- und Einreiseschwierigkeiten erwartet. Aber nichts dergleichen! Im Gegenteil, die Beamten überprüften kurz meinen Paß, trugen meine Personalien in ein dickes Buch ein und bedeuteten mir, daß ich nunmehr freie Bahn hätte! Großartig!
Ich hatte südamerikanischen Boden betreten!
Und dann kamen die üblichen Kollegen von der Presse mit ihren Blitzlichtern und einer Menge Fragen. Man kannte mich bereits, ich war gewissermaßen avisiert. Etwa nach dem Motto: „Die eine Zeitung ruft's der andern zu!"
Ich erzählte den Herren venezolanischen Journalisten in Stichworten meine bisherige Route, aber die wußten sie längst. Meine Pläne? Ich schwieg. Ich hatte ein großes Geheimnis, und das behielt ich für mich!
Nach meiner Ankunft auf dem Flugplatz von Maracaibo radelte ich auf einer vorbildlichen sechsbahnigen Avenida zwischen reichlich bombastischen Gebäuden amerikanischen Stils hinunter zum Zentrum der Stadt, der Plaza Bolivar. . .
In Venezuela ist jedes Stadt- und Dorfzentrum die „Plaza Bolivar", benannt nach Simon Bolivar, jenem großen Freiheitshelden, der im vergangenen Jahrhundert außer Venezuela noch mehrere andere südamerikanische Länder von der spanischen Kolonialherrschaft befreit hat, wie etwa Bolivien und Kolumbien. Bolivar ist für

die Südamerikaner das, was George Washington für die Nordamerikaner ist: der Befreier, der Nationalheld, der Vater des Vaterlandes.
Die Verehrung des venezolanischen Nationalhelden Simon Bolivar ist echt südamerikanisch: leidenschaftlich und grenzenlos! Ja, sogar das venezolanische Geld wird nach ihm benannt. Der Bolivar ist im wahrsten Sinne des Wortes der Dollar des Südens. Er hat etwa den Wert von 1,25 DM, und es wird behauptet, daß dieses Geld infolge der venezolanischen Bodenschätze, des Öls und des Eisens, die härteste Währung der Welt sei. – Damals!
Planlos fuhr ich kreuz und quer durch die Stadt.
Maracaibo wirkt gar nicht allzu südamerikanisch, überlegte ich, nachdem ich so ungefähr alle Straßen der City durchradelt hatte. Nordamerikaner, Europäer und natürlich auch die dunkleren Typen der spanischen Rasse, ihre stolzen und strengen Frauen mit den schmalen Taillen und den breiten Hüften, diese Menschenmischung und diese modernen Geschäftshäuser, die Restaurants, Bars und Hotels – das alles findet man an fast allen Plätzen unseres Planeten. . .
Übermüdet stieg ich im „Hotel Detroit“ ab, bestellte ein einfaches Zimmer und – fiel fast auf den Rücken, als ich zufällig auf einer Tabelle an der Tür den Preis las. 40 Bolivar für einen airconditioned, also für einen Raum mit Klimaanlage, 25 Bolivar für ein einfaches Zimmer. Also glatte 50 bzw. 35 DM! Ziemlich angeschlagen wechselte ich mein letztes Geld, 50 gute US-Dollar gleich 165 Bolivar.
Das Zimmer war gut, wenn auch etwas heiß. Aber Hitze bin ich gewohnt, und so schlief ich recht vorzüglich, denn ein Nachtschlaf für 35 DM ist immerhin eine kostspielige Angelegenheit, die natürlich gewürdigt werden muß!
Als ich am nächsten Morgen nach dem Frühstück klingelte, fiel mir plötzlich der tolle Hotelpreis wieder ein. Aber es war schon zu spät! Das Zimmermädchen stand da. Also bestellte ich ganz bescheiden: Kaffe, Milch, Brötchen und Marmelade. Mit dem Frühstück kam dann auch die Rechnung: 5 Bolivar gleich 6 DM für ein Frühstück. Da wußte ich, daß ich mich in einem sehr teuren Lande befinde und daß ich meine Restbarschaft von etwas mehr als 100 Bolivar sorgsam hüten müßte.
Fluchtartig verließ ich das Hotel, radelte wieder etwas in der Gegend herum, wobei mir eine Gruppe indianischer Frauen auffiel, die mitten auf dem Bürgersteig Pfeife rauchten und Karten spielten.
Dann hörte ich plötzlich deutsche Laute!
Da gingen zwei Landsleute, junge Männer. Sie redeten eifrig

miteinander. Ich fuhr ihnen nach, und an der nächsten Straßenkreuzung redete ich sie an. Kaum hatte ich den ersten Satz gesprochen, als mir der eine ins Wort fiel: „Sagen Sie, sind Sie nicht der Weltumradler aus Düsseldorf?"
„Ja", sagte ich erstaunt, „aber wie kommen Sie darauf?"
„Weil wir Ihre Berichte in der Presse mit großem Interesse verfolgen. Wir bekommen die Zeitung aus Deutschland zugeschickt, glaubten aber, Sie seien noch auf Cuba oder Jamaika. . ."
Der Kontakt war hergestellt!
Die beiden Landsleute luden mich freudestrahlend in ihre Junggesellenwohnung ein. Im geheimen fiel mir im Gedanken an meine Finanzschwäche sofort ein Stein vom Herzen. Die beiden waren Ingenieure. Sie hatten Glück gehabt, vor drei Jahren einen guten Vertrag bekommen, der ihnen nun schon ein Monatseinkommen von 1500 Bolivar gleich fast 2000 DM einbrachte.
„Aber wir müssen sehr sparsam leben", erklärten sie mir, „sonst reicht es vorne und hinten nicht! In diesem Lande gelten nur Ersparnisse, aber die Phantasiepreise machen das Geld fast wertlos. Am teuersten sind die Wohnungen. 400 Mark Monatsmiete für ein möbliertes Zimmer!"
Nun, ich hatte es bereits an Hand meiner Hotelrechnung erfahren. Billig ist in Venezuela nur das Benzin und somit das Autofahren. Der Liter kostet 10 Pfennig! –
Von Maracaibo nach Caracas, der Landeshauptstadt, sind es rund 1000 Kilometer. Die großangelegte Autostraße ist leider noch nicht fertig, und ich mußte mich darauf gefaßt machen, die Hälfte des Weges über Kies und Lehmstraßen zu fahren. Seit Siam, in Ostasien, hatte ich das nicht mehr mitgemacht. So kaufte ich mir eine Masse Flickzeug, um mich auf die Dinge, die da kommen sollten, gut vorzubereiten.
Zwei Nächte hatte ich bei meinen deutschen Landsleuten verbracht. Dann folgte der Aufbruch zu meinem großen südamerikanischen Abenteuer.
Rechts von mir lag der riesige Maracaibo-See, der 190 Kilometer lang und fast 100 Kilometer breit ist. Ein 50 Kilometer langer Kanal verbindet den Maracaibo-See mit dem Karibischen Meer. Am Ufer des Sees lagen Wälder von Öltürmen, große, moderne Erdölanlagen mit Hunderten silbrig glänzender Tanks, große Wohncamps für die Arbeiter und Angestellten der Ölfirmen.
Links von mir – also nach Osten zu – dehnte sich die unbekannte, kaum bewohnte Weite des Landes. Am Horizont dschungelbewachsene Berge; irgendwo dort auf der anderen Seite der Berge mußte Caracas liegen. Hätte man die Straße über diese Berge gezogen, so würde sich die Verbindung zwischen den beiden

großen Städten Maracaibo und Caracas gewiß um gute 200 Kilometer verkürzen.
Trotz der tropischen Hitze fühlte ich mich nach 180 Kilometern Fahrt noch so frisch, daß ich mir vornahm, 200 Kilometer als Tagesleistung herauszuholen. Langsam brach die Dunkelheit ein. Die Straße war von klebrigem Öl überflutet. Links und rechts von mir loderten an verschiedenen Punkten große Flammen zum Himmel empor. Das waren frische Bohrlöcher, aus denen Erdgas entströmte. Man hat für dieses kostbare Gas hier keine Verwendung und läßt es darum abbrennen, und zwar so lange, bis man an das Pumpen des Öls herangehen kann, das heißt, bis der Gasvorrat ausgebrannt ist, was manchmal Monate dauert. . .
So fuhr ich in die Nacht hinein und schlug mein Zelt erst auf, als ich plötzlich in eine bergige Gegend kam und dort beim Steigen bemerkte, wie müde ich war. . .
Am folgenden Morgen bot sich mir ein großartiger Anblick: die Ausläufer der Anden mit dem schneebedeckten Gipfel des Pico Bolivar.
Gar zu gern wäre ich weiter gegen Süden in die Berge hineingefahren, denn in den Tropen sehnt man sich nach nichts mehr als nach Kühle, nach kaltem Regen, nach Schnee und Eis. Mein Ziel war und blieb jedoch die 800 Kilometer weiter nordöstlich gelegene Hauptstadt Caracas.
Die Straße wurde bald furchtbar schlecht. Ich mußte absteigen und flicken. Dann noch einmal, ein drittes Mal, ein viertes Mal! Es war zum Verzweifeln!
Jedes der zahlreichen Autos – der Taxen, Omnibusse und Lastwagen – wirbelte unheimliche, rotbraune Staubwolken auf, und bald waren wir, mein Rad und ich, von der Farbe der Straße nicht mehr zu unterscheiden.
Die Sonne brannte unbarmherzig! Hinzu kam das ewige Auf und Ab, eine Freude auf glatter Straße, aber eine Marter, wenn man bei Talfahrten das Rad nicht laufen lassen kann.
Verbissen kämpfte ich mich durch die Hitze, durch die staubige Berg- und Talfahrt, und resigniert flickte ich meine Schläuche. . .
Aber es geht ja alles einmal im Leben vorüber!
Am folgenden Tage erreichte ich Barquisimeto, die drittgrößte Stadt des Landes, ein riesiges, einförmiges Dorf. . .
An vielen Stellen traf ich auf großangelegte Bauarbeiten, auf die Konstruktion der Autobahn Caracas-Maracaibo. Schade, ich war genau ein Jahr zu früh gekommen! Erst 1954 wird dieses Bauvorhaben beendet sein und die Fahrt zwischen den beiden Großstädten eine Angelegenheit von 10 Stunden. Vorausgesetzt, die

Venezolaner ändern ihre Verkehrsgesetze und lassen auch höhere Geschwindigkeiten als 45 Stundenkilometer zu.
Der gesamte Verkehr des Landes spielt sich auf den Straßen ab, denn Eisenbahnen gibt es noch keine, von einer unbedeutend kleinen Strecke im Norden abgesehen.
Am dritten Tage meiner Marterfahrt erreichte ich endlich bei Puerto Cabello die See, das Karibische Meer – und dann folgte meine letzte Tagesetappe zur Hauptstadt.
Diesmal wurde ich für alle vorangegangenen Strapazen reichlich entschädigt. Eine großartige Asphaltstraße, ein kühler, sanfter Regen und eine herrliche Landschaft. Je näher ich Caracas kam, um so gewaltiger wurde der Verkehr.
Caracas liegt nur 15 Kilometer Luftlinie vom Meer entfernt. Es ist 1000 Meter hoch gelegen und eine von steilen Bergen, die sich bis über 2000 Meter erheben, eingeschlossene Stadt. Von welcher Richtung man auch kommen mag – jeder Weg nach Caracas führt über halsbrecherische Serpentinen, über wild zerklüftete Bergpässe. Erst in letzter Zeit ist die venezolanische Regierung daran gegangen, die Straßen nach der Hauptstadt durch moderne, geradlinige Autobahnen zu ersetzen.
So entsteht hier unter Aufwendung märchenhafter Baukosten – 3 Millionen Dollar pro Kilometer! – eine der modernsten und auch kühnsten Straßen der Welt, die Autobahn von Caracas nach La Guaira, der Hafenstadt.
Heute sind es noch 36 Kilometer auf und ab über schwindelnde Serpentinen – nächstes Jahr wird eine sanft gewundene Rollbahn über kühne Brückenbauten und durch kilometerlange Tunnels in stetem Bergab bei nur halber Entfernung die Metropole mit dem Meer, dem in tropischer Hitze brütenden La Guaira, verbinden und die Reise von eineinhalb Stunden atemraubenden Zickzacks auf 20 Minuten verkürzen. . .
In rasender Talfahrt schwang ich mich um die Kurven und hatte wieder einmal das seltene Vergnügen, den Autofahrern das Nachsehen geben zu können. Einem Militärwagen der venezolanischen Armee ging das offenbar gegen die Ehre. Er drückte tüchtig aufs Gas und überholte mich auf einer Geraden. Ich setzte nach, überholte ihn wieder – und dann geschah das, was ich nicht erwartet hatte: Die Straße war zwecks Bauarbeiten kurz hinter einer unübersichtlichen Kurve aufgerissen worden. Zum Glück konnte ich die Geschwindigkeit noch etwas abmindern – aber schon befand ich mich auf dem losen Schotter!
Die Erschütterung warf die Kette vom Zahnkranz, so daß der Rücktritt ausfiel! Die Handbremse war auch nicht zu gebrauchen, weil sich ein Zeltstock unter den Handgriff geschoben hatte.

Verdammt – und vor mir ein gähnender Abgrund! Würde ich ihn „umschiffen“ können? Nein! Niemals! Ich war gezwungen, vom Rand hinunterzuspringen und meinen Drahtesel einfach sausen zu lassen!
Zwei-, dreimal überschlug ich mich, landete aber mit einigen Hautabschürfungen wieder auf den Beinen; trotzdem hatte ich nichts anderes im Sinn, als schnellstens mein an einem Busch hängengebliebenes Fahrrad wieder aufzurichten, um den mir folgenden Soldaten, die jede Sekunde um die Felsecke biegen mußten, nicht Gelegenheit zu einem schadenfrohen Gelächter zu bieten. Ob es mir wirklich gelungen ist, weiß ich nicht. Ich war vom Schreck und von dem nachfolgenden Sturz viel zu sehr benommen.
Der Militärwagen rauschte an mir vorüber. Ich legte meine Kette wieder auf den Zahnkranz und fuhr, nun bedeutend vorsichtiger geworden, etwas langsamer der Hauptstadt Venezuelas entgegen. . .
Beim Christlichen Verein Junger Männer in Kingston auf Jamaika hatte ich die Bekanntschaft des venezolanischen YMCA-Vertreters gemacht. Dieser gewisse Herr Romero hatte mich nach Caracas eingeladen. Ein großes Glück für mich, denn so hatte ich wenigstens eine Anlaufadresse, einen Platz, wo ich zunächst auch ohne Geld bleiben konnte – wie ich hoffte.
Nach einigem Hin und Her fand ich in einer vom Verkehr verstopften, winzigen Straße das kleine Gebäude des YMCA.
Ich wurde mit Herzlichkeit empfangen.
Die jungen Leute legten mir jedoch sofort nahe, meine Shorts gegen lange Hosen zu vertauschen. Ja, man wunderte sich allgemein, daß mich die Caracas-Polizisten wegen meiner kurzen Hosen nicht längst verhaftet hatten.
Es war eben so: in den südamerikanischen Ländern galt das Tragen von Shorts als unkeusch und ärgerniserregend, obwohl die Schönen des Landes fast halbnackt herumlaufen dürfen! Der „Caballero“ mußte schwitzen!

Auf dem Wege zur Grünen Hölle

In der zweiten Woche meines Aufenthaltes in Caracas versuchte ich, den französischen Botschafter Arnal zu erreichen. Er war früher einmal Sekretär bei François Poncet und anschließend Generalkonsul in Düsseldorf. Ich hoffte, ich könnte durch Monsieur Arnals Hilfe mit dem französischen Forscher Cruxent in Verbindung kommen. Cruxent ist ein berühmter Kenner des Amazonas-Beckens und der Entdecker der Orinoco-Quellen.

Leider befand sich der Botschafter gerade auf Urlaub in Europa. Dafür traf ich in seiner verlassenen Villa im Country-Club die lustige Gesellschaft einiger seiner Angestellten. Unter ihnen befanden sich zwei, die mit dem Botschafter zusammen in Düsseldorf gewesen waren. Da ich ja selber in Düsseldorf zu Hause bin, war schnell ein Kontakt gefunden. Einer von den beiden, Anatole, ein weißrussischer Baron, hatte die Woche zuvor gerade ein deutsches Mädchen geheiratet. Der andere, Francis Casse, hatte seine Frau und seine Kinder in Düsseldorf wohnen. So wurde also im Hause des französischen Botschafters in Caracas fast nur Deutsch gesprochen!

Dann lernte ich den deutschen Gesandten Dr. Mohr kennen, der mir im Namen der Gesandtschaft einen größeren Geldbetrag überreichen ließ, um mir mein großes südamerikanisches Abenteuer – die Fahrt vom Orinoco zum Amazonas – zu ermöglichen.

Auf Veranlassung von Dr. Mohr deckte mich das Bayer-Institut in Caracas mit der notwendigen Medizin, insbesondere mit so viel Resochin ein, daß ich die größte Plage der „Grünen Hölle“, die gehirnlähmende tropische Malaria, vermutlich sicher würde umschiffen können.

Resochin, das wunderbare deutsche Malariamittel, hatte mich bereits zweimal von dieser ekelhaften, heimtückischen Krankheit gerettet. Das war damals in Saraipali in Indien und wenige Wochen später in Akyab im arakanischen Burma, wo ich ebenfalls an diesem tropischen Fieber zusammenbrach und binnen 24 Stunden geheilt war.

Es war mitten in der Nacht, als ich von Caracas aufbrach. Ich fuhr zunächst in Richtung Südosten, dem 1000 Kilometer entfernten El Pao entgegen, um dort, nicht weit vom Zusammenfluß des immer noch geheimnisvollen Caroni mit dem Orinoco, in einer mitten im Urwald gelegenen amerikanischen Eisenmine meinen Freund Hermann Hock aus Düsseldorf zu besuchen.

Hermann Hock kannte ich aus amerikanischer Kriegsgefangenschaft. Heute ist er Chefchemiker dieses Millionenunternehmens.

Fünf mühevolle Tage durch fast unbewohnte und unbewirtschaftete Steppen, die meist mit dichtem Gestrüpp bewachsen waren, brachten mich auf einer Straße, die verhältnismäßig gut war, zum Orinoco.

Der Orinoco ist der majestätische Strom des nördlichen Südamerika.

Ciudad Bolivar, die Hauptstadt des venezolanischen Staates Bolivar, zählt 50 000 Einwohner. Aber vorerst hatte ich diese Stadt noch lange nicht erreicht. Erst einmal befand ich mich nur im

Staate Bolivar, auf dem Wege nach El Pao zu den amerikanischen Eisenminen.
Die Hauptstadt des Staates hat verhältnismäßig wenig mit dem Riesengeschäft der benachbarten amerikanischen Eisenminen zu tun. Sie lebt vielmehr vom Gold- und Diamantenhandel, von jenem Gold und jenen Diamanten, die unerschrockene Abenteurer aus dem unbekannten Urwalddschungel des Südens heranschaffen.
Außerdem ist Ciudad Bolivar die Verwaltungsstadt dieser riesengroßen Provinz, die so groß ist wie Ostdeutschland, und der Umschlagplatz für kleinere Ozeanschiffe, die bis hierhin den Riesenstrom Orinoco aufwärts fahren.
Südlich und östlich von Ciudad Bolivar dehnt sich zum größten Teil unbekannte Wildnis.
Ich fuhr südöstlich weiter über eine Straße, die von den amerikanischen Mammut-Gesellschaften für ihre Eisenerz-Minen gebaut wurde.
Nach Überquerung des Caroni, der ungefähr die Breite des Rheins bei Düsseldorf hat, führte die Straße durch fast undurchdringlichen Urwald. Hier machte ich auch meine erste Bekanntschaft mit der dortigen Tierwelt.
Einem schmalen, aber sehr langen Baumstamm gleich lag eine etwa 15 Meter lange Boa constrictor, eine Riesenschlange, quer über der Straße. Vorsichtig schlich ich mich heran. . .
Aber das Biest war tot!
Ein schwerer Lastwagen hatte die Boa überfahren. Ich stieg über sie hinweg. Am Straßenrand hockten einige Dutzend der großen Leichengeier. Sie schauten mich scheu an, trafen aber keine Anstalten zur Flucht. Offenbar wissen sie, daß ihnen die Menschen nichts tun. Südamerika und alle anderen tropischen Länder wären übrigens voll von Seuchen, wenn es diese Leichengeier nicht gäbe. Sie sind die Tropenpolizei, fliegende Beamte der Dschungel-Gesundheitsbehörde!
Nach weiterer, stundenlanger Fahrt durch eine aufregende Dschungellandschaft bei ewigem Bergauf und Bergab öffnete sich plötzlich vor mir der Urwald. Vor mir lag eine große, weitläufige Kolonie amerikanischer Stahlhäuser.
Zweifellos war es die amerikanische Eisenmine von El Pao, bei der mein Freund Hermann Hock als Chefchemiker beschäftigt war. . .
Eine riesengroße, rostbraune Halde, höher noch als die umliegenden Berge, stand über der Gegend. In einem Schilderhaus saßen einige Soldaten der Nationalgarde. Ich fuhr hinüber zum Camp. Vor der größten Baracke machte ich halt, stellte mein Rad ab und trat ein. Ich öffnete die Tür zum erstbesten Büroraum. Am

Schreibtisch saß ein älterer Herr, dem ich sofort den Amerikaner ansah.
„Haben Sie hier einen Deutschen, der Hock heißt?" fragte ich erwartungsvoll.
„Oh – yes, Sir! That is Hermann!" antwortete er und schaute mich neugierig an. Dann wählte er eine Nummer und reichte mir den Telephonhörer.
Es ist ein merkwürdiges Erlebnis, wenn man in einem weit entfernten Lande am Telephon plötzlich eine alte, vertraute Stimme hört. Ich sprach englisch und ließ den alten Kameraden aus amerikanischer Kriegsgefangenschaft raten, wer ihn denn da wohl anrufe. Natürlich hatte er keine Ahnung – hier, im verlassenen venezolanischen Dschungel! Wie sollte er auch auf die Idee kommen, daß da ein alter Freund auftaucht, per Fahrrad herübergekommen vom entgegengesetzten Ende der Erde!
Als er dann meinen Namen hörte, ließ er den Kopfhörer fallen.
Wenige Minuten später knirschten die Bremsen eines Chevrolets im Kies vor der Baracke. Hermann war kurz entschlossen in seinen Wagen gesprungen und von seinem Laboratorium heruntergerast.
Das war wirklich ein tolles Wiedersehen!
Für uns an Sparsamkeit gewöhnte Europäer ist der Bodenreichtum und die Verschwendung in einem Lande wie Venezuela unfaßbar.
Mein Freund Hermann Hock raste mit mir in seinem Chevrolet über Stock und Stein durch die Besitzung der Iron Mines Comp. of Venezuela. Die Gesellschaft, ein Zweig des neben der United Steel größten Stahlkonzerns der Welt, der Betlehem Steel Corporation, hat das Gebiet südlich vom Orinoco und östlich vom Caroni 100 Kilometer tief erschlossen, indem sie dort eine Eisenbahn von dieser Länge und eine ebenso lange Autostraße baute. Am südlichen Ende dieser mitten durch den Dschungel führenden Eisenbahn liegt das eisenhaltige Gebirge.
Die Kompanie hat hierbei gute 300 Millionen DM investiert. Nun ist es ihr einziges Interesse, diese Investition so schnell wie möglich zu amortisieren.
Wir fuhren zur „Abfallhalde", zu dem Platz, an dem die nicht genügend Eisen enthaltenden Erze einen riesigen Berghang hinuntergekippt werden. Mein Freund erklärte mir, daß alles Erz unter 40 Prozent hier herunterwandere. Hätten wir bloß diese „Schutthalde" in Deutschland, überlegte ich mir – Bochum oder Duisburg oder Essen brauchten kein Eisenerz mehr zu kaufen. Die Iron Mines baut also nur Eisen ab, das mehr als 40prozentig ist. Die große Mehrzahl der abbauwürdigen Erze enthält 60–70 Prozent des kostbaren Metalls. Das gesamte an dieser Stelle lagernde Vorkommen wird auf 200 Millionen Tonnen geschätzt, wovon die

Iron Mines in diesem Jahre „nur“ 2 Millionen Tonnen abgebaut hat. Die Gesellschaft will die Ausbeute im nächsten Jahre verdoppeln.
Weiter im Süden sollen noch viel größere Mengen von Eisenerz liegen. Geologen, die unter unvorstellbaren Strapazen die unzugänglichen Gebiete südlich des Orinoco, besonders an den Flußläufen des Caroni und seiner Seitenflüsse, des Paragua und des Uriman, erforschen, kommen mit den tollsten Berichten zurück. Sie fanden Bauxit, Mangan, Magnesium, Gold und Diamanten. . .
Die großen Schwierigkeiten sind nur die Unzugänglichkeit der „Grünen Hölle“ und das teilweise mörderische Tropenklima.
Ich schlief übrigens schlecht während meiner ersten Nacht in diesem von Dschungeln umgebenen El Pao. Denn um mich her ertönte ein stundenlanges Konzert wütender Brüllaffen, die wahrscheinlich unter dem Einfluß eines bevorstehenden Wetterumschwungs völlig aus dem Häuschen geraten waren. . .
Ich radelte von El Pao den Orinoco entlang nach Ciudad Bolivar. Der braune Eisenstaub dieses erzhaltigen Gebietes drang sogar durch meine Kleider und färbte mich bald so rostbraun, daß ich, in San Felix bei Ciudad Bolivar angekommen, wie ein zurechtgeschminkter Filmstar aussah!
Mir ging es zunächst darum, den Weg zur brasilianischen Grenze und zum Flußsystem des Rio Branco zu finden. Die hier in Ciudad Bolivar herumschwirrenden Gerüchte, das stellte ich gleich fest, widersprachen einander genauso wie die verschiedenen Landkarten, die ich zu Rate zog. So faßte ich den Entschluß, den Paragua aufwärts zu dringen bis zu einem Dorf namens San Vincente, das auf der Karte schön säuberlich und genau in der Nähe der brasilianischen Grenze am Fuße der Sierra Pacaraima eingezeichnet steht.
Französische Forscher und Geologen, die vom Paragua zurückkamen, ebenfalls um San Vincente zu suchen, erklärten mir, es müsse sich bei diesem Nest um ein sagenhaftes Kloster handeln, von dem lediglich die Indianer genauso sprechen wie von dem Goldenen Felsen und dem geheimnisvollen Goldsee der Pacaraima-Ebene, die vor drei Jahren vom Westen her durch die Expedition Gheerbrant berühmt geworden war.
Die Franzosen waren tatsächlich bis zu dem Punkt der Landkarte in dreimonatigen, unbeschreiblichen Strapazen vorgedrungen, hatten aber nichts von einem ehemaligen Kloster, geschweige denn von einem Dorf entdecken können. Trotzdem hätten die Indianer, die dort hausenden, nicht ungefährlichen Guaribos, die Existenz eines verfallenen Klosters bestätigt. Angeblich hätten sie sogar die Lage und den Weg gewußt. „Aber vielleicht haben sie uns nur in

eine Falle locken wollen, um uns zu töten und zu berauben", beendete der junge französische Geologe seinen Bericht.
Ich suchte weiter nach einem Weg, um nach Brasilien durchzustoßen. Wieder in Ciudad Bolivar, traf ich einige Tage darauf mit mehreren Gold- und Diamantensuchern zusammen, die tatsächlich östlich vom Caroni in der Sierra Pacaraima nach Gold gesucht hatten.
Dahin würde ich also bestimmt kommen. Und von dort aus würde, wie mir die Gold- und Diamantensucher versicherten, auch ein Indianerpfad bis Santa Helena, also an die brasilianische Grenze führen. . .
Heute werde ich nun noch einmal mein Fahrrad gründlich überholen. Morgen breche ich dann zu meinem wohl bisher größten Abenteuer auf. . . Vor mir die „Grüne Hölle". . .

Das letzte große Abenteuer: Vom Orinoco zum Amazonas

Es war schon immer mein Wunsch, eines Tages jenen weißen Landkartenfleck zu durchstreifen, der sich südlich vom Orinoco in Venezuela zum Amazonas in Brasilien erstreckt. Als ich venezolanischen Boden betrat, stand es für mich fest: jetzt oder nie! Natürlich erkundigte ich mich zuerst recht eingehend und wurde gehörig ausgelacht!
Da war zunächst der Professor in Maracaibo. Er zog die Stirn in Falten und versuchte mir folgendes klarzumachen:
„Junger Mann, nehmen Sie ein Flugzeug oder schließen Sie zumindest eine Lebensversicherung ab, damit wenigstens Ihre Familie gesichert ist, denn Sie kommen nie lebendig durch die Amazonasdschungel!"
Nun, für ein Flugzeug hatte ich kein Geld, und zudem wäre das ja auch nicht das gewesen, was ich wollte. Und eine Lebensversicherung? Ha! Dreimal ha! Einem, der in der Grünen Hölle bleibt, nützt eine Lebensversicherung gar nichts, denn er wird ja nie einen Arzt finden, der ihm für die Versicherung den Totenschein ausstellt.
In Caracas lernte ich den französischen Professor und Forscher Cruxent kennen, den Entdecker der Orinocoquellen. „Natürlich können Sie von hier zum Amazonas gelangen", meinte er. „Das ist zwar sehr umständlich und gefahrvoll, aber Sie brauchen nur den Wasserweg vom Orinoco zum Rio Negro mit einem Boot abzufahren. Dann erreichen Sie das von dem deutschen Forscher Humboldt entdeckte Phänomen, den Casiquiare, jenen seltsamen, nach zwei Richtungen fließenden Fluß, das Wassersystem des Amazonas."

Ich war durch diese Erklärung nicht viel klüger geworden.
Mehrere Expeditionen sind bisher diesen von Professor Cruxent erwähnten Weg gegangen, aber nur eine einzige von ihnen hat es fertiggebracht, über Land vom Rio Ventuari, einem Nebenfluß des Orinoco, bis zum Rio Branco, dem Nebenfluß des Rio Negro, und somit bis zum Amazonas zu gelangen. Dieses war die sehr kostspielige Expedition des Franzosen Alain Gheerbrant, der mit drei Kollegen und mehreren indianischen Führern auf dieser Strecke von 1950 bis 1951 unterwegs war.
Der Wasserweg sagte mir natürlich gar nicht recht zu. Ich war ja schließlich mit einem Fahrrad unterwegs, die Welt zu umreisen. Man wird mir vorhalten, ich hätte ja die Grüne Hölle umgehen können, um vielleicht auf einer Touristenstraße weiterzuradeln, aber meine Absicht war, den weißen Landkartenfleck zwischen dem Orinoco und dem Amazonas näher unter die Lupe zu nehmen.
Als ich wenige Wochen nach meinem Aufenthalt in Caracas endlich an dem kilometerbreiten Riesenstrom des Orinoco ankam, hörte ich von abenteuerlichen Diamantensuchern, daß es einen Indianerpfad gibt, der über viele hundert Kilometer hinweg über das Gebirge des Grand Sabanah und die Berge der Sierra Pacaraima hinüber nach Brasilien führt. Damit stand mein Entschluß fest!
Warum sollte ich das nicht fertigbringen, was die Indianer konnten!
Allerdings hatte ich kaum noch Geld, um mich entsprechend auszurüsten und zu verproviantieren. Der lange Aufenthalt in Ciudad Bolivar hatte fast meine ganze Barschaft aufgezehrt. Und dennoch – ich wollte es wagen!
Es war am 30. September 1953. Morgens fünf Uhr.
Die Nacht war trotz des niedergegangenen Regens unangenehm warm gewesen. Ungeachtet der frühen Morgenstunde stand das Thermometer auf 32 Grad Celsius.
Mein Fahrrad war gut gereinigt und frisch geölt.
Wenige Minuten nachdem ich aufgewacht war, rollte mein getreuer Drahtesel mit über 20 Kilo Gepäck – darunter mehrere Konserven – gen Süden, und zwar auf einer guten Asphaltstraße, die die amerikanischen Erzfirmen gebaut hatten. Aber bereits nach 5 Kilometern hörte diese Asphaltstraße auf. Wieder begann jene eintönige Staubschluckerei, wie ich sie schon gute 1000 Kilometer in Venezuela kennengelernt hatte.
Links und rechts der Straße unendliches Steppengelände . . . und jedesmal, wenn ich einen der kleinen Hügel erklommen hatte,

wurde – immer weiter gen Norden rückend – hinter mir das breite Band des Orinoco sichtbar.
Nach sechsstündiger Fahrt, die Sonne stand schon fast senkrecht, gelangte ich zum Caroni, zum Rio Caroni, wie er in manchen Karten verzeichnet steht. Der Caroni entspringt der noch unbekannten Sierra Pacaraima, jenem Gebirge, das die Wasserscheide zwischen Orinoco und Amazonas bildet, irgendwo dort unten an der Grenze zwischen Venezuela und Brasilien. Die Quelle des Caroni ist noch unbekannt!
Die Motorfähre braucht eine Viertelstunde, um über diesen breiten Strom zu setzen.
Östlich vom Caroni beginnt die Straße erheblich zu steigen. Dort fängt das Hochplateau der gold- und diamantenreichen Grand Sabanah an. Hier beginnt auch der Urwald, der aber seine Schatten kaum bis zur Straße wirft, da seine Bäume weit auseinanderstehen und aus undurchdringlichem Unterholz hervorragen.
Vollkommen erschöpft und durchschwitzt erreichte ich kurz vor der Dämmerung nach 160 Kilometern die erste Ortschaft, Upata.
Von dort wendet sich die Straße, die bisher fast östlich verlief, immer mehr nach Süden. Die Hügel werden langsam zu Bergen, und obwohl hier schon der 8. Breitengrad überschritten ist, wird es der zunehmenden Höhe wegen etwas kühler.
150 Kilometer südlich von Upata befindet sich ein Dorf, in dem viel Englisch gesprochen wird, El Callao. . .
Von hier sind es nur wenige Kilometer bis zur Grenze von Britisch-Guayana. El Callao ist berühmt durch seine Goldgruben. Man merkt es sofort, daß hier Geld verdient wird. . .
Als ich später in der Nacht dort eintraf, glaubte ich, ich sei in einen Jahrmarktrummel geraten. Es war jedoch nicht so schlimm, wie es zuerst den Anschein hatte. Die überlaute Karusselmusik – meist venezolanische Rumbas, Cucarachas, Mambos und amerikanische Schlager – wurden von den aus den USA importierten Music-Box-Automaten nach dem Motto „Je lauter, umso schöner!“ in die Nacht hinaustrompetet!
Die großen Gewinner am Goldgeschäft sind übrigens die Goldaufkäufer und die Geschäftsleute, die ihre Ware zu haarsträubenden Preisen an den Mann bringen. Und die Käufer zahlen mit Gold!
Eine weitere Tagesreise per Fahrrad – immer dicht an der Grenze Venezuela und Britisch-Guayana entlang – wieder ein Goldgrābernest: Tumaremo.
Hier geht es etwas solider zu. Warum nur? Aha! Tumaremo ist Hauptquartier eines Bataillons der Nationalgarde. . .
Von Tumaremo 40 Kilometer weiter südlich befindet sich gewissermaßen das „Ende der Welt“ . . . Die Ortschaft heißt Eldorado!

Auch Eldorado ist bekannt wegen seiner Goldfunde. Hier besitzt die venezolanische Regierung ein Goldbergwerk und die – Strafkolonie für unverbesserliche Schwerverbrecher!
Es geht allerdings das Gerücht, daß sich unter den tausend in quittengelben Anzügen – mit Rückennummern – herumlaufenden Gefangenen zu einem großen Teil auch Gegner des Präsidenten Jimenez befinden. Eine Flucht von Eldorado wird als schwieriger bezeichnet als eine solche von der ja nicht allzuweit entfernt gelegenen, sehr berüchtigt gewesenen französischen Strafinsel Cayenne, der bekannten „Teufelsinsel" von Französisch-Guayana. . .
Wie gesagt – hier, unter dem 7. Breitengrad, hört die Welt auf! Bis hierher konnte man noch, wenn auch unter unglaublichen Strapazen, mit einem Fahrrad gelangen. . .
Und was nun? Was sollte jetzt geschehen?
Ich hatte bereits in Ciudad Bolivar so viel von den Diamantensuchern gehört, war aber bisher nie dazu gekommen, diesen abenteuerlichen Glücksrittern bei ihrer Tätigkeit zuzusehen.
Nicht weit von Eldorado am Unterlauf des Cuyuni befindet sich eine tiefere Flußstelle, wo sich in 10 bis 20 Meter Tiefe eine gewisse Quarz-Kieselstein-Schicht angelagert hat. Dieses ist die sogenannte Formation, das heißt jene Gesteinsart, in der Diamanten gefunden werden. Kein Wunder, daß sich im ganzen Flußgebiet des Caroni, wozu auch der Cuyuni als Seitenfluß gehört, nach solchen Fundgruben suchende Glücksritter niedergelassen haben.
So brach ich unter Zurücklassung meines Fahrrades zu der sogenannten Diamantengrube auf, um die Taucher bei der Arbeit zu beobachten.
In einem kleinen Motorboot fuhr ein Handelsmann aus Eldorado, Don Enrique hieß er, mit mir flußabwärts. Er hatte Büchsenbier und Benzin geladen, Waren, an denen er gute 100 bis 200 Prozent verdiente. Mit uns fuhr außerdem Mr. Kahn, der Aufkäufer für die gefundenen Edelsteine.
Nach wenigen Stunden erreichten wir durch unzählige Flußwindungen und einige nicht ungefährliche Stromschnellen das Lager der Taucher. Es befand sich auf der linken Flußseite auf einer kleinen grünen Wiese.
Eigentlich war ich enttäuscht, denn ich konnte mir nicht vorstellen, daß Menschen in solchen Behausungen, wie ich sie hier vorfand, überhaupt wohnen könnten. Das ganze Lager bestand nämlich nur aus vier Hütten, die außer den vier Lehmwänden nur ein dürftig mit Palmen- und Bananenblättern gedecktes Dach aufwiesen. Ihre Betten waren kreuz und quer durcheinandergezogene Hängematten. Der Boden der Hütten war bedeckt mit geleerten Bierdosen,

leeren Rumflaschen, die meistens zerbrochen waren, und Zigarettenkippen.
Als ich die erste der leeren Hütten betrat, huschte eine ein Meter lange Korallenschlange fast zwischen meinen Beinen hindurch. Don Enrique zertrat ihr so ganz nebenbei den Kopf und sagte nur: „Caramba! Caracho! – Wo steckt bloß die Bande?“
Wir suchten sie und fanden sie schließlich hinter der nächsten Flußkrümmung, wo sie gerade damit beschäftigt waren, einen Taucher auszuziehen.
Es waren sechs wüst aussehende, unrasierte Gesellen und ein noch toller wirkendes Indianerweib, das den Posten eines Kochs versah. Es würgte mich, als ich daran dachte, heute abend aus dem Kochtopf dieser alten Dame essen zu müssen.
Der Taucher, dem man soeben eine an den Ärmel zerrissene und in Bauchhöhe abgeschnittene Taucherjacke auszog, sah aus wie der leibhaftige Tod, bleich und mit tiefliegenden Augenhöhlen. Ich ging zuerst auf ihn zu, und er wurde mir vorgestellt als Mr. Tom. Seine hellen Haare deuteten darauf hin, daß er irgendwoher aus dem Norden gekommen sein mußte. So grüßte ich ihn auf englisch, woraufhin er mir mit erschöpfter Stimme entgegenhauchte:
„Ich bin kein Gringo. Ich bin Ungar. Die anderen nennen mich beim Spitznamen. In Wirklichkeit heiße ich Stefan.“
Stefan war also der Taucher, das heißt die Brotquelle für die anderen. Als er etwas zu sich gekommen war, fragte ich ihn nach dem Geschäft. Er meinte daraufhin in gebrochenem Deutsch: „Diese Schufte hier – alle Schweine, Betrüger! Ich werde gehen und mir anderen Platz suchen!“
So wurde ich durch Mr. Tom langsam in die Geheimnisse der Diamantensucherei eingeführt und konnte ein wenig hinter die Kulissen sehen.
Von Rechts wegen sollten drei Mann mit einstündigem Schichtwechsel in die lauwarmen Fluten tauchen, während die anderen drei die Aufgabe hatten, die bereits genannte, vom Flußboden losgebrochene Formation durch ein Sieb zu rütteln, um dann in langweiliger Kleinarbeit die etwa vorhandenen Diamanten herauszusortieren.
Mr. Tom gefiel das deshalb nicht, weil er praktisch die gesamte Taucherei allein machen mußte. Die beiden anderen, ein Venezolaner namens Emilio, und ein Brasilianer, der sich Fernandez nannte, waren Feiglinge. Ihnen war die Tiefe von 15 Metern bereits zu gefährlich. Außerdem faselten sie mir etwas von einer gefährlichen Riesenschlange vor, die zwischen den hier liegenden Felsen im Fluß ihr Nest haben sollte.

Mr. Tom lachte nur und meinte: „Nicht glauben! Alles Unsinn – Colebraschlangen gar nicht leben in solche Tiefe!"
Aber es war nichts zu machen. Emilio und Fernandez weigerten sich, den Taucheranzug anzuziehen. Ihre Aufgabe sahen sie darin, in stiller Übereinkunft mit den anderen Banditen, den armen Europäer zu betrügen, ihm also die wirkliche Diamantenausbeute zu verschweigen.
Anfangs war ich der Meinung, daß der Fund von Diamanten doch eine große Seltenheit sei. Wenige Stunden später wurde ich aber doch Zeuge, und zwar völlig unfreiwillig, wie man einander mächtig um die Diamantenfunde betrog. Und das kam so:
Während der Abend dämmerte und die ersten Fledermäuse hier und da zaghaft zwischen den halbverfallenen, schäbigen Lehmhütten hin und her schwirrten und die ersten Petroleumfunzeln angezündet wurden, war Don Enrique dabei, seine Ware, die er mitgebracht hatte, zu den ihm eigenen Wucherpreisen abzusetzen. Die kleine Kolonie der Abenteurer – unter ihnen auch der Taucher Stefan – versuchte vergeblich, die Preise des Wucherers auf vernünftige Grenzen herabzudrücken.
Mich widerte diese schreiende Feilscherei an, und so begab ich mich zu der letzten der vier Hütten. Außerdem hatte ich Mr. Kahn und den Venezolaner Emilio vermißt. Als ich endlich die schon im Dunkel gelegene Hütte, etwa einen Steinwurf weit von den anderen entfernt, erreicht hatte, hörte ich ein gedämpftes Flüstern. Wie ein Dieb in der Nacht schlich ich mich um den Bau herum und wurde so Augen- und Ohrenzeuge einer höchst merkwürdigen Unterhaltung. Die grunzende Stimme Mr. Kahns zischte gerade unter mehreren Carambas und Carachos: „Du mußt zufrieden sein mit dem halben Preis – oder Mr. Kahn kauft einfach nicht mehr, und du wirst gezwungen, ein ehrlicher Mensch zu sein!"
Emilio schluckte daraufhin einige Male hörbar und erwiderte dann: „Bueno."
Daraufhin trat Stille ein. Durch einen Riß in der Lehmwand fiel ein dünner Lichtstrahl. Von dort aus sah ich das Innere der Hütte. Mr. Kahn und Emilio hatten ein schwarzes Tuch zwischen sich gelegt. Darauf lagen mehrere winzige, glitzernde Steinchen – Diamanten!
Mr. Kahn hatte ein Lupe, betrachtete jeden Edelstein einzeln und taxierte: „Dieser 20 Punkte – dieser 55 Punkte – und der da, na – sagen wir . . . also gut, 30 Punkte!" Und so ging das weiter.
Rohdiamanten werden von den Tauchern nach Punkten verkauft. So bedeuten 100 Punkte einen Karat.
Später, als ich mich zu vorgerückter Stunde noch mit Stefan unterhielt, hörte ich einiges mehr über die Preise der Diamanten.

Die in den Urwald kommenden Aufkäufer – meist handelt es sich dabei um Agenten der großen Edelsteinbörsen in New York und Amsterdam – bezahlen für einen reinen Diamanten pro Karat nur 100 Bolivar, also 125 DM. Das ist ungefähr ein Fünftel des wirklichen Preises. Den großen Gewinn schieben also die Händler in die Tasche und nicht etwa jene Männer, die in den Urwäldern unter ständiger Lebensgefahr versuchen, ihr Glück zu machen.
Die monatliche Ausbeute an Diamanten in den Seitenflüssen des Caroni beträgt nach Schätzungen der Fachleute in Ciudad Bolivar ungefähr 80 000 US-Dollar. Das ist in Anbetracht der tollen Gerüchte, die in ganz Venezuela ihren Weg fanden, eine verhältnismäßig geringe Summe. Diese Tatsache wird jedoch von den abenteuerlichen Glücksrittern, die aus aller Welt herbeieilen, völlig übersehen. Sie glauben mehr den Gerüchten von sagenhaften Funden und lassen sich durchaus dazu verleiten, in einem mörderischen Klima und unter unsagbaren Strapazen und Gefahren nach Diamanten zu suchen. Oft erreichen sie mit den letzten Pfennigen ihrer Barschaft die Diamantenplätze, um dann eines Tages enttäuscht die Flinte ins Korn zu werfen, wenn sie nicht ohnehin längst den Strapazen zum Opfer gefallen sind und als „unbekannte Tote" von der Welt vergessen wurden.
Die vielen Hunderte, die ausgezogen waren, um hier ihr Glück zu machen, sind fast alle enttäuscht worden. Lediglich drei oder vier unter ihnen sind – außer den Händlern – durch außerordentlich glückliche Funde wirklich reich geworden. –
Der Besuch bei den Diamantentauchern am Cuyuni hatte mich ziemlich traurig gestimmt, und ich war froh, als der Wucherer Don Enrique mit mir am nächsten Morgen in seinem hustenden Motorboot nach Eldorado zurückfuhr. . .
In Eldorado wohnt ein Deutscher, ein ehemaliger Flieger, der dort für das Kraftwerk als Ingenieur arbeitet. Leider war er jedoch gerade in Ferien. Ich bedauerte das außerordentlich. Dafür traf ich aber einen jungen deutschen Landmesser, der im Auftrage der venezolanischen Regierung das unbekannte Land weiter im Süden vermessen sollte.
Dieser Deutsche war mit einem Jeep bis hierher gekommen, hatte sich zwei Indianer und einen intelligenten Neger angeheuert und war dann per Boot aufgebrochen. Er war unter unendlichen Strapazen über die Wasserfälle des Cuyuni drei Tagesreisen bergauf südlich vorwärts gedrungen. Wegen dauerndem Nebel und nachdem ihm die Lebensmittel ausgegangen waren, mußte er jedoch unverrichteter Dinge wieder umkehren. „Sehen Sie sich das meinetwegen selbst an", sagte er, „aber lassen Sie um Himmels willen Ihr Rad zu Hause!"

Daß ich mein treues Fahrrad hier nicht benutzen konnte, war mir selber schon klargeworden, aber sollte ich diesen treuen Reisegefährten jetzt einfach im Stich lassen? Da kam mir der Zufall zu Hilfe. . .
Ich lernte den Chefmechaniker der Airo-Postal, einer venezolanischen Luftfahrtgesellschaft, kennen. Das war ein Spanier, der mit der Division Azul als Flieger in Rußland gekämpft hatte. Er machte mir folgenden Vorschlag, nachdem ich ihn in meine Pläne eingeweiht hatte:
„Sie schicken Ihr Fahrrad, auch wenn Sie sich nicht von ihm trennen möchten, aber es muß ja sein, zurück nach Ciudad Bolivar. Von dort kann es dann ja nach Santa Elena verfrachtet werden. Santa Elena liegt an der brasilianischen Grenze und ist nur durch die Luft erreichbar. Das ist die beste Lösung, glauben Sie mir! Auf dem berüchtigten Indianerpfad – mit Fahrrad, das ist wirklich einfach unmöglich!“
Santa Elena war ohnehin meine nächste Etappe, und so verließ ich mich denn auf die Ratschläge meines Spaniers und – nahm Abschied von meinem Fahrrad. . . Für wie lange, konnte mir niemand sagen. Die Voraussagungen der sich in Eldorado herumtreibenden Indianer schwankten zwischen zehn Tagen und zwei Monaten. . .
Es käme auf die „Umstände und auf die Zwischenfälle“ an.
Der Cuyuni, ein Flüßchen, ungefähr so groß wie unser Main, windet sich zwischen undurchdringlichen Dschungeln hinab bis zum Caroni. Von Eldorado kann man auf Indianerbooten, die aus ausgehöhlten Baumstämmen bestehen, drei Tage flußaufwärts fahren. . .
Ich lernte Antonio kennen, einen kleinen, älteren Indianer, der in der Mission der Franziskaner erzogen wurde, dort schreiben und lesen gelernt hatte, und dann – dann hatte er eines Tages „lange Finger“ gemacht. . . Seither treibt er sich in ganz Venezuela herum, tut mal dieses, tut mal das. Die Leute warnten mich vor ihm.
Dennoch schloß ich Freundschaft mit Antonio, denn er erzählte mir, daß er nach der Grand Sabanah, nach dem Hochplateau im Süden, wolle.
So zogen wir – Antonio, dessen Vetter Guaniko und ich – zum Fluß, bestiegen dort das Einbaumboot, das sich Guaniko erst vor einigen Tagen zusammengezimmert hatte und das er an die Gold- und Diamantensucher bei der Escalateira verkaufen wollte.
Die Escalateira – auf deutsch: „Leiter“ – wird der sehr steile Anstieg zum Hochplateau genannt. Dort hört auch die Schiffahrt selbst mit den kleinsten Booten auf. Der Cuyuni erreicht hier

praktisch die ersten Anfänge der bekannten Welt! Niemand kennt die Quelle dieses Flusses!
Als ich meine Sachen – insbesondere mein Zelt und die Luftmatratze – verstaut hatte, setzte ein sintflutartiger Regen ein. Ich zog mich aus, fing dann aber an zu frieren – nur jetzt keine Malaria! – und warf mein Zelt über mich. Durch die Regenschauer konnte man rechts und links nur die wenigen Umrisse besonders großer Bäume erkennen – dabei waren diese nur kaum 50 Meter von uns entfernt.
Nach wenigen Stunden paddelten wir dicht am Ufer, unter mächtigen Baumkronen entlang. Dann befanden wir uns unter einem Wasserfall. Wir stiegen aus und schleppten das schwere Boot über Felsen und durch eine steile Dschungelschneise etwa einen halben Kilometer weit über den Wasserfall und hatten dann alle Hände voll zu tun, um schiebend und paddelnd von den in umgekehrter Richtung ziehenden Wassermassen freizukommen.
Der Regen hörte nicht auf.
Als die Nacht kam, war ich so fertig und von der Nässe erstarrt, daß ich mich in Schlafsack und Zelthülle eingepackt einfach auf die Erde des Dschungelbodens warf und dort, ohne gegessen zu haben, sofort einschlief. . .
Der zweite Tag unserer Bergauf-Fahrt glich dem ersten wie ein Ei dem anderen. Trotzdem gab es ein großes Ereignis, als wir – völlig durchnäßt – unser Lager mitten zwischen den Hütten einer Goldwäscherkolonie von einem Dutzend verwegener Gesellen aufschlugen.
Der Anführer dieser Goldsucher war ein Ungar, der Deutsch sprach. Er hatte am Vormittag einige Gürteltiere erlegt, sie geschlachtet, ausgenommen, mit Kräutern und Gewürzen gefüllt und sie dann in nassen Lehm gehüllt in einem provisorisch errichteten Backofen gebacken.
Gerade als wir ankamen, wurden die zu Ziegeln gebrannten Leckerbissen auseinandergeschlagen. Der Duft der im eigenen Saft gebackenen Gürteltiere war sehr appetitanregend. An jenem Abend meinte ich, daß es kein saftigeres und schmackhafteres Fleisch gäbe als das eines gebackenen Gürteltieres. . .
Am Nachmittag des dritten Tages ging es nicht weiter. . .
Wir hatten den Oberlauf des Cuyuni erreicht. Da begann auch schon die berüchtigte Escalateira!
Der Oberlauf des Cuyuni verschwindet im undurchdringlichen Dunkel des Urwaldes. Ein Pfad führt durch lichter werdendes Unterholz steil bergan. Lange farbige Eidechsen huschen über den Weg. Bunte kleine Vögel mit unwahrscheinlich langen schwarzen Schnäbeln umschwirren uns.

Wir müssen noch das steile Bett eines klaren, stürmischen Gebirgsbaches überklettern.
Antonio flüstert: „Dieser Bach ist voller Diamanten! Er führt auch sehr viel Gold mit sich. Man sieht es an seinem merkwürdig schimmernden und mit Quarzen durchsetzten Grundsand. Ein wahres Wunder, daß sich hier noch keine Goldsucher angefunden haben!"
Es ist schon nicht mehr so schwül, so heiß und so feucht wie einige hundert Meter weiter unten. Eine kleine baum- und strauchlose Ebene breitet sich vor uns aus. Hinter ihr eine steile Felswand, rechts und links davon – Dschungel! Nichts als Dschungel! Ich blicke den Fels hinauf und sehe kein Ende. Seine Höhe verliert sich in etwa 700 Meter in drohenden, regenschweren Wolken. . .
Antonio und Guaniko sind plötzlich sehr schweigsam geworden. Antonio zeigt nur stumm mit dem Daumen zur Höhe hinauf und hängt sich seinen Bogen und den hölzernen Köcher mit den vergifteten Pfeilen quer über die Schulter.
Zunächst ist mir unbegreiflich, wie wir da hinaufkommen sollen. Die zwei Indianer gehen aber sicher über das steinige Geröll auf einen kleinen, bisher nicht sichtbaren Buschwald zu. Der Pfad ist hier zugewachsen. Nun müssen die Buschmesser in Aktion treten. Mit einer für uns unvorstellbaren Geschwindigkeit meistern die südamerikanischen Indianer ihre Macheta, das notwendigste Werkzeug im Dschungel. Die den Weg versperrenden Schlinggewächse und Luftwurzeln sinken vor den Hieben ihrer langen Messer so schnell, daß wir fast mit unvermindertem Tempo weitermarschieren.
Eine etwa 2 Meter lange Schlange flüchtet durch das Laub raschelnd zwei bis drei Schritte weit in den Busch und hängt sich dort, an einem dünnen Baumstamm emporwindend, auf. Im Vorbeischreiten streckt sie uns ihren breiten Kopf züngelnd entgegen, und Guaniko schlägt ihr so schnell, daß ich die Bewegung kaum mit den Augen wahrnehmen kann, den Kopf ab!
Mich schüttelt es ein wenig.
Dann sehen wir einen sehr großen, riesigen Ameisenbären. Urplötzlich sind die sonst so schweigsamen Indianer wie elektrisiert. Sie tuscheln miteinander, lassen mich einfach stehen und verschwinden in Sekundenschnelle im Unterholz.
Ein Glück, daß hier auch der Dschungel vorübergehend zu Ende ist. Am steilen Fels steht eine roh zusammengezimmerte Leiter, zwei Baumstämme und Sprossen, die statt mit Nägeln mit zähen, dünnen Lianen an die Stämme geflochten sind. Ich betrachte dieses Knotengeflecht und muß staunen über die Kunstfertigkeit der Indianer.

Von der obersten Sprosse der Leiter kann ich das soeben durchschrittene Stück Buschland übersehen. Nach etwa zehn Minuten tauchen auch Antonio und Guaniko wieder auf, völlig lautlos, ganz einfach stehen sie mit einem Male am Fuße der Leiter. . .
Guaniko trägt den erlegten Ameisenbären über der Schulter, Brust und Schultern des Indianers sind blutverschmiert. Die beiden haben das Tier offensichtlich bereits ausgenommen. Während Antonio die Waffen – also die Bogen und die Pfeilköcher – schleppt, keucht Guaniko mit seiner schweren Beute die Leiter empor. . .
Hier oben befindet sich ein kleiner Felsbalkon, von dem ein steiler Pfad zu einem sich fast senkrecht emporwindenden Felskamin führt. Nach einstündiger Kletterei erreichen wir den Kamin und – müssen uns blitzschnell in eine kleine Höhle flüchten . . . denn von oben donnert ein Steinschlag auf uns hernieder!
Zentnerschwere Felsbrocken schlagen auf unseren Pfad, zerbersten dort, springen erneut auf und jagen weiter nach unten, wo sie vom Buschwald verschlungen werden. Die Reibung der aufschlagenden Felsstücke erzeugt einen schwefelartigen Geruch, der eine ganze Weile in der Luft hängenbleibt.
Wir sind hungrig.
In den Felsspalten um uns wachsen dürre Sträucher und einige verkrüppelte Bäume. Die kleine Höhle, in der wir Schutz vor den Steinlawinen fanden, zeigt Spuren eines Feuerplatzes. So lag kein Gedanke näher, als hier unser Mittagsmahl zu halten. Wozu sollte auch Guaniko die schwere Beute noch weiter felsan tragen?
In wenigen Minuten hatte Antonio das Tier zerlegt. Ich machte derweil Feuer, während Guanikos Macheta für das nötige Brennholz sorgte. Es gab Ameisenbär-Spießbraten!
Die Indianer schmatzten, daß ihnen das heiße Fett die Kinnladen hinunterlief. Ich suchte mir die halbverkohlten Stücke heraus und mußte diese noch gründlich salzen, um den scharf nach Wild riechenden „Leckerbissen“ hinunterwürgen zu können. Aber Hunger war auch hier wieder einmal der beste Koch.
Mein Magen war schließlich so voll, daß ich gleich den Indianern mich zu einem gründlichen Verdauungsschlaf niederstreckte.
Ein abermaliger Steinschlag weckte uns. Diesmal war er stärker als der erste und dauerte auch länger. Aber Antonio deutete nach oben und meinte: „Das ist gut – nun keine Steine mehr kommen bis es Nacht sein. . .“
In der Frühe verließen wir frisch gestärkt und ausgeruht unseren Lagerplatz und stiegen in den steilen Kamin ein. Das obere Ende dieser von drei Seiten vom Fels umgebenen Rinne verlor sich im

Nebel einer tiefhängenden Wolke. Nach dorthin kletterten wir – Antonio vorn, ich in der Mitte und Guaniko hinter mir.
Antonio war – vom Standpunkt der Alpinisten betrachtet – ein schlechter Kletterer. Er kam zwar schnell vorwärts, trat aber dabei so viele Steine los, daß wir, die Nachkommenden, alle Aufmerksamkeit darauf verwenden mußten, nicht von den herabfallenden Felsstücken getroffen und verletzt zu werden.
Ich wurde des dauernden Ausweichens schließlich müde und kletterte an Antonio vorbei. Für ein paar Augenblicke öffnete sich eine herrliche Aussicht nach Norden. Dort lagen riesige Urwälder und die Steppen der Orinoco-Ebene. Dann huschten die ersten Nebelfetzen, wie von Geisterhand getrieben, an uns und dann unter uns vorbei, und dann – urplötzlich – waren wir mitten in den Wolken, in einem wahren Waschküchendunst!
Es dämmerte bereits, als wir nach dreistündiger, zügiger Kletterei den Ausgang des Kamins und damit das eigentliche Hochplateau erreicht hatten.
Der erste Eindruck erinnerte mich an die Nibelungen. . .
Feuchte Nebel krochen hier über Moosbänke und setzten sich zwischen die kümmerlichen Stämme halbhoher, verkrüppelter Bäume. Moos, Felsbrocken, zerfallene Bäume, deren Stämme mit einer faustdicken, regennassen Moosschicht umgeben waren, und meterhohes, messerscharfes Gras – so sah hier die Landschaft aus!
Es war schwer, ein trockenes Plätzchen für die Übernachtung zu finden. Während die beiden Indianer sich in ihren Hängematten zwischen die Baumkrüppel hängten, hatte ich mit meinem Zelt allerhand Arbeit.
Mit einem scharfen Felsstück schabte ich das Moos von den Steinbrocken. Es glich einem mit Wasser vollgesogenen, grünen Schwamm. Dann sammelte ich dürres Holz und machte ein Feuer. Das Holz enthielt aber trotzdem noch so viel Feuchtigkeit, daß es nur schwer brannte und dann so viel Rauch entwickelte, daß man sich in einem Umkreis von 10 Metern überhaupt nicht am Feuer aufhalten konnte. So schob ich den Brand einfach auf die Seite und schlug auf dem jetzt warm und trocken gewordenen Feuerplatz mein Zelt auf.
Und ich schlief großartig!
Aber dann erwachte ich mitten in der Nacht. Ein sintflutartiger Regen peitschte gegen mein Zeltdach. Meine beiden Indianer taten mir sehr leid, und obwohl es mir irgendwie widerstrebte, siegte dann doch das Mitleid.
Ich kroch hinaus in den Regen, um die beiden zu mir ins Zelt zu holen.
Im Schein der Taschenlampe sah ich aber, daß sie sich auf ihre

Weise höchst kunstgerecht gegen den Dschungelregen geschützt hatten. Sie hatten mit Hilfe ihrer Macheten im Zeitraum von wenigen Minuten ein künstliches Blätterdach geflochten und über ihre Hängematten gezogen. . .
Ich begab mich also wieder in mein Zelt zurück. Aber nun war die erste Müdigkeit vorüber. . .
Was würde mich noch alles erwarten auf meinem Wege zur brasilianischen Grenze. . .?
Ich habe schlecht geschlafen. . .
Es war kalt geworden im Zelt, feuchtkalt. Und nach langer Zeit habe ich mich wieder einmal wie ein Hund zusammenrollen müssen. Außerdem war da ein widerlicher Geruch, modrig und süß. Er erinnerte mich an die Schlachtfelder vor einem Dutzend Jahren. Ein ekelhafter, penetranter Leichengestank!
Als ich im Morgengrauen aufstand, waren meine Glieder bleischwer. Und noch immer war da dieser süßliche Geruch. Er kam durch den Eingang meines Zeltes herein.
Vorsichtig, in der Annahme, vielleicht eine Tierleiche vorzufinden, kroch ich auf allen vieren durch den schlauchähnlichen Eingang meines Zeltes hinaus ins Freie.
Gleich einer Riesenschlange hing dort von einem krüppeligen Baumstumpf eine vielgewundene und korkenzieherartige Liane herunter und darüber – ich traute meinen Augen kaum! – ein seltsam schillerndes Gebilde, ein riesiger Stern mit überlangen, matt silbergrau schimmernden Blätterstrahlen. Eine Orchidee also, eine Orchidee von seltener Schönheit. Sie war es, die den süßlichen Leichengestank ausstrahlte. Trotz dieser Schönheit und Pracht, die ich da vor mir hatte, würgte es mich doch in der Kehle, und ich beeilte mich, mein Zelt abzubrechen.
„Hallo, Antonio! Hallo, Guaniko!“ rief ich. „Faule Bande – laßt uns sehen, daß wir Boden gewinnen!“
Die beiden Indios räkelten sich in ihren Hamacas (Hängematten), aber im Nu waren sie fertig.
Den ganzen Tag zogen wir im Gänsemarsch durch den feuchten Krüppelwald. Oft rutschte das schwammig feuchte Moos unter unseren Füßen weg, und der blanke Fels trat zutage.
Bald lüftete sich auch das Rätsel dieser verkrüppelten Bäume.
Die Vegetation befindet sich hier ganz offensichtlich in einem Urzustand, so wie damals, vor vielen Millionen Jahren, als die Erde noch meist aus nacktem Gestein bestand und nur hier und da von einer hauchdünnen Humusschicht bedeckt war. Die Pflanzen schossen in ihrer Jugend daraus empor, verkümmerten dann aber, wenn ihre Wurzeln nach kurzem Wachstum statt Erde nur noch

Fels vorfanden. Genauso ist es hier auf der Mesa, dem Norden der Grand Sabanah.
Auch die Tierwelt ist dementsprechend. Ich sah weder Vögel noch Säugetiere, dafür aber die viel primitiveren Echsen und andere Kaltblütler wie Krebse und Schlangen.
Zwei Tage marschierten wir eintönig und melancholisch durch dieses Nebelland.
Am dritten Tage morgens klarte es auf.
Wir standen am Rande eines Abbruchs. Hier fiel unsere Hochebene urplötzlich und steil ab, und unter uns dehnte sich die Unendlichkeit des Urwaldes aus. Nebel, gleich heißen Dampfschwaden, lagen darüber und strebten mit zunehmender Erhitzung des noch jungen Tages den Wolken entgegen. . .
Während wir noch hinabstiegen, auf den Urwald zu, zerrissen die Nebel, und ein überraschtes „Ah"! entfuhr meinen Lippen. Es öffnete sich eine Aussicht, eine Landschaft von solch überwältigender Freundlichkeit, ein Bild, wie ich es noch nie erlebt hatte.
Aus den bis zum weitesten Horizont reichenden Urwäldern erhoben sich in weiten Abständen gigantische Felsen, von denen die meisten senkrecht bis in die Wolken ragten. Als eine dieser Wolken zerriß, wurde der Blick frei auf den über 1000 Meter hohen Gipfel eines dieser Giganten. Ein Tafelberg, dessen Gipfelebene fast den gleichen Umfang hatte wie der aus dem ewigen jungfräulichen Urwald herausragende Bergfuß.
Ob jemals ein menschlicher Fuß diese Gipfel betreten hatte?
Ich fragte Antonio.
Der Indio bekreuzigte sich, wie er es bei den Missionaren gelernt hatte. Dann legte er den Finger an den Mund und deutete verstohlen und scheu hinüber zum Felsen. „Dort oben wohnt der Gott des Goldes", sagte er. Weiter in die Runde weisend, fuhr er fort: „Dort und da und da und auf allen anderen leben die Diamantenteufel. Nie wird ein Mensch dorthin gelangen", meinte er schließlich.
Ich studierte die Anstiegsmöglichkeiten des zunächst liegenden Felsriesen und glaubte, mehrere gut begehbare Kamine festzustellen. Für einen guten Alpinisten kein Problem! Die größere Schwierigkeit war meiner Meinung nach der Weg durch den Urwald zum Fuß dieser Felsen und vor allem die Proviantfrage.
Da ich nur eines im Sinn hatte, nämlich möglichst rasch – unter Umständen sogar in Eilmärschen – durch die Urwälder zur brasilianischen Grenze zu gelangen, vergaß ich mit dem Betreten der hitzeschwangeren Grünen Hölle die verlockenden Höhen der Goldgötter und Diamantenteufel. . .
Der Unterschied zwischen der verhältnismäßig großen Kühle der

Hochplateaus der Mesa, jener überraschenden Urweltlandschaft, und den mich nun umgebenden Dschungeln, war mehr als fühlbar. Dort oben konnte ich auch nicht recht froh werden. Das Unheimliche des „Nibelungenlandes“ wirkte jedoch sehr erfrischend im Vergleich mit der bedrückenden Schwüle des in der Hitze des vollen Mittags dampfenden Urwalds.

Zunächst mußten wir zwischen armdicken Lianen hindurch. Sie pendelten aus schwindelnder Höhe auf den sogenannten Urwaldpfad herab. Wir mußten uns förmlich durch diese mächtigen Schlingpflanzen hindurchzwängen. Einige Male kam mir das Lianendickicht wie ein grüner Vorhang vor, und wenn Guaniko und Antonio nicht vorangegangen wären, hätte ich beim besten Willen und bei aller Intelligenz den bewußten „Pfad“ überhaupt nicht feststellen können!

Kreuz und quer lagen vor uns vom Sturm gefällte Urwaldriesen. Wir mußten sie umgehen oder überklettern. Wie lange sie dort schon gelegen hatten, ließ sich nur schwer bestimmen. Aber ich machte mir trotzdem meine Gedanken darüber. . .

Einmal lag da zum Beispiel auch wieder einer dieser riesigen Baumstämme mitten auf unserem „Wege“. Davor ein mit Moos bewachsener Stein. Die beiden Indianer trafen Anstalten, um diesen Stamm herumzugehen. Ich wollte es aber besser wissen, sprang auf den Felsen und von dort auf den gefällten Baumriesen. Beim Aufsprung gab es einen leichten Krach, der mich an das Einbrechen eines sehr morschen Holzdaches erinnerte und – schon steckte ich bis zur Brust im Stamm des Baumes!

Im gleichen Augenblick krachte es noch mehr um mich herum, und der Riese teilte sich. Gut möglich, daß es tausend Jahre her war, daß ein Sturm diesen Baum umlegte. Doch was war das? Ich erschrak mächtig.

Ein Schwarm großer, grünlich schillernder Schmeißfliegen entstieg wie eine Wolke dem morschen Holz. Und als ich an mir herunterschaute, sah ich, daß sich vor meinen Füßen ein Nest mit winzigen Schlangen befand. Sie bemühten sich sofort, der gewichenen Dunkelheit nachzukriechen.

Guaniko, statt mir zu Hilfe zu eilen, stieß einen wahren Freudenschrei aus. Er grunzte einige unverständliche Worte, griff mit seinem nackten Arm in das Morsche hinein und zog eine Handvoll leichenblasse, sich krümmende Engerlinge, kleine Schlangen und dicke Würmer daraus hervor. Mit der anderen Hand zerdrückte er jedes einzelne dieser Tiere zwischen den Fingern und führte sie schmatzend hinter das Gehege seiner schneeweißen, grinsenden Zähne. . .

Zum Glück hatte ich auch in dieser Beziehung schon viel erlebt

und konnte einen aufkommenden Brechreiz noch rechtzeitig überwinden. . .
Stunden vergingen. . .
Der Urwald war gar nicht so eintönig.
Hier waren wilde Bananen, dort standen Palmen, dann wieder große und kleine Laubbäume und dazwischen dann und wann einer der gigantischen Urwaldriesen, deren zum Himmel strebende Baumkronen sich in 30 bis 50 Meter Höhe zu einem dichten Blätterdach vereinigten.
Unten, zwischen dem meist undurchdringlichen Unterholz, schwirrten und schwankten buntfarbige Käfer und märchenhafte Riesenschmetterlinge umher. Manchmal, wenn ein Strahl des Sonnenlichts durch das Blätterdach fiel, färbte sich das Unterholz durch Millionen farbiger Blumen und Blüten, und dann schwirrten – über den Blütenkelchen wie angewachsen in der Luft stehenbleibend – winzige bunte Kolibris mit langen Schnäbeln vorüber. . .
Alles in allem ein Bild von unbeschreiblicher Schönheit, und mehr als einmal vergaß ich meine Absicht, so schnell wie möglich voran zu kommen.
Da war zum Beispiel wieder einmal ein undurchdringlicher Vorhang auf unseren Pfad herabhängender Lianen, die dicht besetzt waren mit einer Fülle farbenprächtiger Orchideen. Zunächst hatte es mir die Buntheit dieser Farben angetan, dann aber – als ich näher herankam – um diese rätselhaften Blüten genauer zu betrachten, stellte ich ein Wunder nach dem anderen fest.
Fast unten am Boden war da eine Orchidee, die einem riesigen Löwenmaul glich, außen grellrot und nach innen immer heller werdend. Ihr äußerer Rand mochte einen Durchmesser von etwa einem halben Meter haben; er verengte sich nach innen wie ein Kelch. Und dann wurde ich Zeuge eines Dramas, von dem ich bisher nur in Büchern gelesen hatte.
Die bunte Pracht der Blume hatte einen großen Käfer angelockt. Er mochte von der Größe des in Deutschland lebenden Hirschkäfers sein. Jedenfalls war er auf den grellroten Rand der Orchidee geflogen. . .
Es war sein Schicksal!
Im selben Augenblick schoß mitten aus dem Blütenkelch heraus ein gelblicher Fangarm – wie eine Leichenhand – und legte sich wie eine Schlange um den kräftigen Panzer des rundlichen, braunen Käfers. Krampfhaft bemühte er sich, wieder freizukommen. Es war ein Kampf um Leben und Tod – und er schien es zu wissen, ich sah es ihm an. Sollte ich ihm helfen? Nein, sagte ich mir, dieses seltene Schauspiel mußt du dir ansehen, bis es zu Ende ist!
Immer mehr pumpte sich der arme Käfer auf. Es mochte die Folge

seiner Kraftanstrengung sein. Aber dann wurden, während die Leichenhand der Orchidee nicht nachgab, seine Bewegungen schwächer und schwächer. Langsam, aber unendlich sicher, glitt er – von dem geheimnisvollen Arm festgehalten – in den weißlichen Trichter des Blumenkelches hinab. Die roten Lippen schlossen sich allmählich nach innen. Das ganze Drama hatte noch keine drei Minuten gedauert.
Von der Blütenpracht dieser Orchidee war nun jedoch nichts mehr zu sehen. Vor mir lag nur eine etwa kinderkopfgroße grüne Knospe – der Sarg des von der Schönheit angelockten Rieseninsekts. . .
Gern hätte ich hier und da länger verweilt und die Unannehmlichkeiten der fast unerträglichen Schwüle auf mich genommen, aber jetzt waren es Guaniko und Antonio, die zur Eile mahnten. Bald verlor ich das Interesse an der Fremdartigkeit und den Überraschungen, die der Urwald bietet, und schlich genauso stumpfsinnig wie die beiden Indios vorwärts. Aus dieser Stumpfsinnigkeit wurde ich auf die unangenehmste Art gegen Abend jäh herausgerissen!
Wir mußten wieder einmal einen vom Sturm entwurzelten Giganten des Dschungels umgehen. Antonios Buschmesser bahnte den Weg durch muffiges und feuchtes Gestrüpp, und als wir endlich unseren Pfad wieder erreicht hatten, blickte ich an mir hinunter. Meine Hosenbeine waren völlig zerfranst. Aber was war das? Ein schwarzer Fleck, der lebte, der immer größer wurde und bis zum Rand der Hose auseinanderlief. Ehe ich mich noch gebückt hatte, begann ein unheimliches Jucken und Beißen am Schienbein. . .
Carapates – Tausende von winzigen, schwärzlichen Zecken, die mit unheimlicher Geschwindigkeit nun am nackten Bein herumliefen, so daß ich, von einem nicht zu beschreibenden Juckreiz getrieben, meine Hose von mir warf und einen minutenlangen Kampf gegen das Ungeziefer aufnahm.
Zum Glück hatte ich ein kleines Fläschchen mit reinem Alkohol bei mir. Das half. Die Biester fielen bei der Berührung mit dem Alkohol von mir ab, aber ich wagte es trotzdem nicht, meine Hose wieder aufzunehmen. Vielmehr zog ich es vor, sie liegenzulassen, wo sie lag, und in Shorts weiterzulaufen.
Nun, es war das Verkehrteste, was ich tun konnte! –
Als wir mit einbrechender Dunkelheit die Hängematten quer zwischen einigen kleinen Palmstämmen zogen, strich ich mit den nackten Beinen an einem großen, herzförmigen Blatt entlang – und dann schrie ich auf. . .!
Ein furchtbarer Schmerz, der mit dem Brennen einer an und für sich harmlosen Brennessel durchaus nicht verglichen werden kann, nahm mir geradezu den Atem!

Antonio stürzte sofort herbei, um sich die Stelle an meinem Bein anzusehen, wo sofort eine immer größer werdende, rötliche Schwellung entstand.

„Du warten“, tröstete er mich, „ich kann das gleich heilen!“

Damit verschwand er im Dickicht, um bald darauf mit einer Handvoll bräunlicher Erde wiederzukommen.

Mir war inzwischen der kalte Schweiß auf die Stirn getreten. Ich bemerkte, daß ich Fieber bekam. Der Puls ging schneller. Aber die braune Erde – wie ich später feststellte, war es gar keine Erde, sondern ein ganz bestimmtes, vermodertes Laub – half großartig! In wenigen Minuten ging der wahnsinnige Schmerz zurück.

Doch das Fieber blieb. Aber ich war so unendlich müde, daß ich meinen beiden Indianern dankbar war, als sie mir die Hängematte herrichteten und ich mich endlich zur Ruhe niederlegen konnte.

Mehrere Tage waren wir schon durch den Urwald gezogen. . .

Alles, was ich hatte, war naß von Schweiß. Die Kleider strömten einen ätzenden, schweißigen Geruch aus, und wie die Kleider, so war ich selbst. Ich hatte das Gefühl des letzten Heruntergekommenseins, und wenn nicht am Ende alles Fühlens und Denkens der eiserne Wille gewesen wäre, das gesteckte Ziel zu erreichen – es wäre zum Verzweifeln gewesen!

Ich bewunderte meine beiden Begleiter. In ewig gleichbleibender, stoischer Ruhe und Gelassenheit gingen sie mir voran. Da war kein Murren, nicht die geringste Spur von schlechter Laune. Aber Guaniko und Antonio waren ja Kinder des Urwalds. Und doch – gar zu gern hätte ich gewußt, was hinter ihren niedrigen Stirnen vor sich ging.

Oft kam mir sogar der Gedanke und der Wunsch, wenn wir miteinander die Köpfe tauschen könnten, wie schön das wäre! Nun gut, ich wurde gereizt. Meine Stimmung war schlecht. Am liebsten hätte ich jemanden umgebracht! Die große Depression der Grünen Hölle umfing mich mit aller Macht. Sie legte sich wie eine unendlich schwere Last auf mich. . .

Damned! Zum Teufel bloß mit meinem blöden „Vom Orinoco zum Amazonas“-Gedanken!

Zu allem Überfluß konnte ich jetzt auch des Nachts nicht mehr schlafen, und wenn die Dunkelheit sich urplötzlich auf uns legte und der dunkle Hintergrund der Dämmerung beim sich senkenden Tag immer näher auf uns zukroch, dann war es mir, als ob mich der Urwald endgültig verschlingen wolle. Nach einbrechender Dunkelheit erwachte regelmäßig die Grüne Hölle und begann zu leben. Von allen Richtungen wurden Schreie von Vögeln oder kleinen Säugetieren oder das Gebrüll und Geschimpfe kleiner und großer Affen hörbar. Beständig rann mir der Schweiß aus allen Poren.

Die Nächte blieben fast genauso schwül wie die trüben Tage unter dem ewigen verdammten Blätterdach. . .
Deutschland – überhaupt die ganze zivilisierte Welt – war mir ferner denn je. Und das, obwohl ich wußte, daß bei Gelingen dieses Abenteuers die Heimat schon nahe war. . . Hatte ich doch bis hierher schon fast 60 000 Kilometer auf meiner Weltreise zurückgelegt.
Die Tage vergingen. . . Der fünfte Tag, der sechste Tag. . . Und es war immer dasselbe. Nächtlicher Lärm, Affengebrüll und Tiergeschrei, wunde Füße, das Beißen, Stechen und Brennen von Ungeziefer – und der ewige, lästige Schweiß. . .
Und dann endlich eine Abwechslung!
Vor uns lag ganz plötzlich und unerwartet ein Fluß. . .
Mit Riesenschritten stürmte ich den beiden Indios voran und hätte mich am liebsten – so wie ich war – in die Fluten gestürzt. Aber Antonio eilte mir nach, hielt mich fest und machte ein furchtbar bedenkliches Gesicht.
„Was ist los", brüllte ich ihn an, „du brauner, eintöniger Halunke!"
Ich wußte, daß ich ungerecht war, aber meine überreizten Nerven fragten nicht mehr nach Recht oder Unrecht. Sie suchten sich einfach ihr Opfer. Doch die unendliche Demut, die grenzenlose Unterwürfigkeit des Eingeborenen entwaffneten mich.
„Hier, Señor", sagte er, „hier darfst du nicht ins Wasser! Hier ist es sehr gefährlich, Señor! Hier sind Jacares und vielleicht auch Piranhas!"
„Zum Teufel mit allen euren Biestern!" murmelte ich, kleinlaut geworden, und vorsichtig näherten wir uns gemeinsam dem Ufer des Flusses. . .
Mit einem Stoßseufzer der Erleichterung trat ich endlich aus dem Urwald heraus, der uns allerdings auf der anderen Seite des etwa 50 Meter breiten Flusses wieder aufnehmen und umfangen sollte.
Vor uns lag nur ganz niedriges Gestrüpp, und als wir noch weitere 40 Meter gelaufen waren, sahen wir unmittelbar vor uns in wild durcheinandergewürfelter Reihe eine Menge braungrünlicher Baumstämme liegen. Ich hatte diese 40 Meter nur an mir heruntergeblickt und den Boden vor mir betrachtet. Dann schaute ich wieder auf und hielt erschrocken inne!
Teufel, das waren gar keine Baumstämme! Biester, Bestien waren das – tückische Riesenechsen . . . Krokodile!
Sie lagen träge, kreuz und quer verstreut und über eine Fläche von etwa 50 Meter im Quadrat verteilt. Es mochten vielleicht hundert oder auch zweihundert Tiere sein. Die mir zunächst liegenden hatten eine Länge wie daheim unser sehr geräumiges Wohnzimmer.

In respektvoller Entfernung schlichen wir uns an der „Sonnenwiese“ der Riesenechsen vorbei und erreichten das Flußufer unterhalb eines moosüberzogenen Felsens.
Ich war unendlich durstig, aber Guaniko kam mir zuvor und stieg den steil hinabführenden Pfad zum Flußufer hinunter. Wie ein verdurstendes Tier neigte er sich dort mit dem ganzen Kopf in die Flut. . .
Plötzlich sprang Guaniko hoch und schrie entsetzt auf! Wie ein Besessener rannte er mich, der ich gerade hinter ihm angekommen war, um und warf sich – vor Schmerz schreiend und brüllend – auf die Urwalderde nieder!
Jetzt erst sah ich, daß drei oder vier im Sonnenlicht silbrig glänzende kleine Fische neben ihm herumzappelten und versuchten, wieder ins Wasser zu kommen. Eine große Blutlache quoll zwischen Guanikos verkrampften Fingern, mit denen er sein Gesicht bedeckte, hervor, und der hinzueilende Antonio sagte lakonisch nur ein einziges Wort: „Piranhas!“
Hilflos und ratlos blickte ich über den ruhigen Fluß und sah zwei oder drei derselben silbrigen und fast heringsgroßen Fische springend über den Wasserspiegel huschen.
Guaniko schrie und brüllte noch immer.
Was konnten wir tun?
Ich wußte es nicht.
Dann riß ihm Antonio die Hände vom Gesicht. Wir sahen nichts anderes als quellendes Blut, das die rechte Gesichtshälfte Guanikos vollkommen verschmierte.
Bei näherem Hinsehen stellte ich fest, daß der arme Teufel ein gutes Teil seiner Backe eingebüßt hatte. Dort klaffte fast bis zu den Kiefern hinunter ein großes Loch, aus dem unaufhörlich das Blut hervorquoll.
Um ihm wenigstens etwas zu helfen, riß ich aus meinem Gepäck ein Röhrchen mit Sulfonamid-Tabletten heraus, zerrieb sie zwischen zwei Steinen und streute sie auf die Wunde, nachdem das Bluten etwas nachgelassen hatte. Dann gab ich ihm eine meiner elastischen Binden, und Guaniko, immer noch stöhnend vor Schmerz und Aufregung, sah bald wie ein Lazarus aus mit seinem verbundenen Kopf.
Antonio kümmerte sich nicht viel um seinen Rassegenossen. Indianer zeigen nur wenig Mitgefühl für andere.
Mir war es noch immer ein Rätsel, wie wir den Fluß überqueren sollten. Etwa schwimmen? Bei all den Krokodilen und den vielen, gefährlichen Piranhas, die erfahrungsgemäß einen Menschen in Sekundenschnelle zerfressen, zernagen, um nur die Knochen übrigzulassen?

Aber bald ging mir ein Licht auf.
Antonio hatte wieder die Uferböschung erklommen und war damit beschäftigt, mit heftigen Schlägen seiner messerscharfen Machete eine Palme zu fällen. Als ich mich ebenfalls hinauf begab, um ihm bei seiner Arbeit zu helfen, war ich erstaunt, daß er in den wenigen Minuten bereits die Hälfte des mehr als einen Meter dicken Stammes durchschlagen hatte.
Ich nahm ihm die Machete ab, weniger um ihn abzulösen, als vielmehr darum, die in mir schwelende Wut auszutoben. Und so hieb ich denn mit aller Kraft auf den Baum ein.
Es ging großartig. Die Späne flogen nur so. Und als meine erste Wut verraucht war, sah ich mir das Holz näher an.
Es war weich und unvorstellbar zart.
Antonio erklärte: „Das ist Palmetto. . .“ Ich glaube, auf deutsch nennen wir es Balsaholz.
Als endlich nach nur halbstündiger Arbeit der große Baum krachend niederstürzte, war ich überrascht, wie schnell der Indio sein begonnenes Werk fortsetzte. Das Innere der Palme bestand aus einem leichten Faserwerk, einer Art Mark, das sich leicht aus dem festeren Holz der Rinde entfernen ließ. So entstand im Handumdrehen ein Kanu. . .
Noch bevor sich die Sonne neigte, setzten wir mit Hilfe des schnell entstandenen Bootes über den Fluß.
Aber beinahe wäre es doch noch zu einer Katastrophe gekommen, denn plötzlich stießen wir mitten im Fluß auf etwas Hartes, das sich in Sekundenschnelle als der Panzerleib eines Krokodils entpuppte. Das Boot schwankte so stark, daß der stehende Antonio beinahe über Bord gefallen wäre. Mit einem langen Stab stocherte er, nervös und ängstlich geworden, nach allen Richtungen in das Wasser, aber schon hatten wir das jenseitige Ufer erreicht und machten uns aufatmend daran, unser Nachtlager aufzuschlagen. . .
Aber an Schlaf war in dieser Nacht überhaupt nicht zu denken.
Zu dem üblichen Urwaldlärm gesellte sich nun auch noch das entsetzliche Gestöhne des von den Piranhas verwundeten Guaniko. . . Und was noch viel schlimmer war: Mit der einbrechenden Dunkelheit begann das Gesumme der sich zu Millionen auf uns herabstürzenden Moskitos. . .
Müde und zerschlagen setzten wir am Morgen den Marsch durch den Urwald der Grand Sabanah fort.
Unsere Lebensmittel, eine Tapirlende und ein in Blätter gehülltes Tatu (Gürteltier), das Guaniko noch am Tage seines fürchterlichen Unfalls mit seinen vergifteten Pfeilen erlegt hatte, außerdem zwei Dosen Fischkonserven, die ich für den äußersten Fall immer noch

zurückgehalten hatte, waren alles, was uns noch zur Verfügung stand.
Zu allem Überfluß entpuppte sich die Tapirlende als bereits verdorben. Sie stank fürchterlich, und als wir sie aus ihrer Blätterverpackung herausholten, krochen bereits lange, dünne, weiße Würmer aus ihr hervor. Kein Wunder, daß wir an diesem Abend auch das Letzte – nämlich meine beiden Fischdosen – öffneten und uns mit nur halbgefüllten Mägen den Hängematten anvertrauten.
Noch am gleichen Abend, mitten im Urwald, wurde das Maß der Unannehmlichkeiten noch dadurch voll, daß wir keinen rechten Lagerplatz finden konnten.
Der Boden glich einem Morast, der nicht enden wollte. Es wurde aber dunkel, und so waren wir gezwungen, uns zwischen die nächsten Bäume „aufzuhängen". . . Und gerade das hätten wir nicht tun sollen!
Kaum hatte uns das muffige Dunkel der Dschungelnacht umfangen, da begannen bereits die Myriaden der blutdürstigen Moskitos mit ihren Luftangriffen und setzten sich auf alle freien Körperstellen, um ihren Blutdurst zu stillen. An Moskitos kann man sich schließlich gewöhnen – wer dauernd gebissen wird, verliert das Gefühl. Hinzu kommt die unendliche Müdigkeit und jene gefühllose Apathie, der bekanntlich vor allem den Indios eigen ist.
Auch ich wehrte mich nicht mehr. Die surrenden kleinen Bestien hingen mir um Mund- und Augenwinkel. . . Ich wischte sie nicht mehr ab und überließ ihnen geduldig wie ein Schaf mein Blut. . .
Kaum war ich in einen bleiernen Übergangsschlaf gesunken, als eine neue böse Überraschung auf mich hereinbrach.
Meine Brust und meine Beine fingen an, wie Feuer zu brennen. Es war ein Schmerz, der sich einfach nicht ertragen ließ. Die Qual mit den Moskitos war dagegen beinahe eine Wohltat. Aber nun war es zum Verrücktwerden, und ich wundere mich jetzt, ein paar Wochen später, sehr darüber, daß ich es nicht auch geworden bin!
Und mit diesem teuflichen Brennen vermischte sich der salzige Schweiß, der aus meinem Körper drang.
Nein, es war nicht zum Aushalten – raus aus der Hängematte!
Bis zu den Knien im quellenden Morast steckend, wischte ich an mir herum, griff dann zur Taschenlampe und leuchtete die schmerzende Haut ab. Ja, natürlich – diesmal waren es wieder die ekelhaften Carapaten, jene unangenehmen Zecken, die sich in dieser Nacht von den höher gelegenen Zweigen auf mich herabfallen ließen, um gleich den Moskitos ihren unsagbaren Blutdurst an mir zu stillen.
Wieder half mir mein Fläschchen mit Alkohol, und müde und

verzweifelt kletterte ich, vom Morast von unten bis oben besudelt, in meine klebrig-schmutzige Hängematte zurück.
Der folgende Tag war ein großes Leiden. . .
Sämtliche Glieder schmerzten. Die Haut war von Stichen, Schwellungen und Blasen übersät. Ich fühlte mich gleich einem leidenden persischen Esel, der mit stoischer Apathie seine Schmerzen, die Mißhandlungen gefühlsroher Eingeborener ein Leben lang über sich ergehen lassen muß.
So trotteten wir weiter, über Baumstämme kletternd, uns zwischen Lianen hinschiebend und mit der Machete durch dichtes, muffiges Unterholz hindurchkämpfend.
Die Orchideen, sonst aus der Ferne eine Augenweide, wurden durch ihren penetranten Gestank lästig und immer lästiger. Sie legten ein dumpfes, einengendes Gefühl um den Schädel, der fast zu platzen drohte.
Und dann – –
. . . dann fühlten wir Hunger! Hunger! Ich mehr als die beiden Indios, denn diese fanden hier und da einige „Leckerbissen“ unter dem für uns Europäer ungenießbaren Gewürm des Dschungelmorastes.
Am späten Nachmittag hatte Guaniko sich von uns entfernt, und als wir abermals, wie schon so oft, unsere Hängematten zum Nachtlager an die Bäume knüpften, kehrte er von seinem „Ausflug“ zufrieden grunzend zurück und hielt uns triumphierend einen von ihm getöteten Affen – so groß wie ein zweijähriges Kind – entgegen. Er glich einem Raubtier, dieser brave, gute Indio, als er diesem merkwürdigen Wild das Fell vom Leibe riß und schnitt und ihm dann die Eingeweide ausnahm.
Der Anblick des getöteten Affen erinnerte mich an eine Kinderleiche, und ich zog es vor, abermals mit hungrigem Magen meine Hängematte aufzusuchen. . .
Doch als der Morgen graute, da knurrte mir der Magen so sehr, daß ich alle ästhetischen Bedenken vergaß und mich daran machte, eine am Spieße gebratene Affenlende abzuknabbern. Sie schmeckte etwas süßlich, aber gar nicht so schlecht. Es war der Hunger!
Bin ich denn nun wirklich ein Tier geworden? Ein gefühlloser Kannibale?
Was tut's – nur der Selbsterhaltungstrieb und der instinktive Wille zum Leben macht all dieses möglich!
Endlich – am achten Tage unserer Urwaldwanderung, am dreizehnten Tage nach dem Verlassen der dürftigen Zivilisation Eldorados – wurde es licht.
Der Urwald, von dem ich die Nase mehr als voll hatte, wurde

abgelöst von einer weiten, hügeligen Steppe, und wir stiegen langsam bergan. . .
Die erbarmungslose Sonne, die 45 Grad Hitze waren mir nun nichts als eine Wohltat!
Und dennoch wußte ich, daß ich auf dem Wege nach Süden zu den Quellflüssen des Rio Branco noch mehr als einmal diese verdammte Grüne Hölle zu überwinden hatte. Wir stiegen weiter bergan, und mit zunehmender Höhe wurde es mir leichter, mein Schicksal zu ertragen.
Zwar blieb die Verpflegungsfrage, und nur selten gab es etwas Wild, kleine schmackhafte Vögel oder Gürteltiere für den knurrenden Magen.
Wir stiegen einen steilen Hügel hinan und genossen von dort einen herrlichen Anblick. Weit am Horizont wurde eine menschliche Ansiedlung sichtbar.
Santa Elena. . .
Müde und doch zuversichtlich trotteten wir diesem erst in den letzten Jahren entstandenen Grenzort Venezuelas entgegen.
Santa Elena ist angeblich nur durch die Luft erreichbar.
Dennoch hat ein venezolanischer Apotheker, ein kühner Forscher, vor Jahren dasselbe getan, was ich nun gottlob hinter mir hatte. Er war von Eldorado südwärts gewandert und entdeckte diese herrliche, vom Urwald freie Weite. Es war Dr. Peña, der die für einen Südamerikaner seltene Qualität des Forscherdranges besaß und seinem Lande unendliche Dienste mit der Entdeckung der südlichen Grand Sabanah erwies.
Dr. Peña fand die tätige Unterstützung der venezolanischen Regierung, und nachdem er verschiedene Goldfunde in der Umgebung der von ihm gegründeten Siedlung gemacht hatte, bauten ihm die Regierungsbehörden sogar eine wenn auch primitive Flugzeugpiste, so daß hierdurch Santa Elena für den Verkehr – obgleich nur durch die Luft – der Zivilisation erschlossen wurde.
All diese Dinge hatte ich bereits in Caracas, der Hauptstadt Venezuelas, gehört. So war ich selbstverständlich brennend interessiert, diesen abenteuerlichen Mann kennenzulernen.
Der Weg war doch weiter, als ich gedacht hatte.
Erst am nächsten Tage erreichten wir die Siedlung Santa Elena, und ich fragte gleich nach der Hacienda des Dr. Peña. Jedoch war ich grenzenlos überrascht, dort einen Landsmann aus Württemberg anzutreffen.
Dieser, ein älterer Ingenieur aus Stuttgart, hatte seinerzeit versucht, bei den amerikanischen Eisengruben unterzukommen, aber ohne Erfolg. Er war dann – aller Zivilisation müde – nach Santa

Elena geflogen und ist heute der „Herr Professor“. Er unterrichtet nämlich die zahlreichen Kinder und versucht, außer der Zivilisation auch Kultur in diesen weltverlassenen Winkel Venezuelas zu bringen.
Meine Ankunft bei den Peñas war eine Sensation!
In einem großen, schneeweiß getünchten Lehmhaus mit riesigem, palmblättergedecktem Dachstuhl wurde mir ein Festmahl serviert, und all die Menschen um mich herum hießen Peña.
Ein junger Mann namens Peña brachte mir eine ganz besondere Überraschung. Er war der Flugplatzverwalter, sofern man überhaupt von einem Flugplatz sprechen kann. Die hölzerne Tür ging auf, und mit einer großen Orchidee geschmückt, wurde mein treuer Reisegefährte, mein Patria-WKC-Sportrad, in den Raum geschoben.
Es war fast wie das Wiedersehen mit einer lang entbehrten Braut!
Ich schäme mich nicht, aber eine Träne stand mir im Auge, und ich fuhr liebkosend mit der Hand über das kühle Gestänge meines Stahlrosses. . .
Leider war der Patriarch der Siedlung, Dr. Peña, krank und lag mit Leber- und Nierenschmerzen im Bett. Er wollte mich aber unbedingt sehen, und so begab ich mich an das Krankenlager.
Aus dem verfallenen und von der Krankheit gezeichneten Gesicht des Alten leuchteten ein Paar Augen, die mir unvergeßlich bleiben. Es waren die Augen eines Menschen, die jenes stolze Bewußtsein zum Ausdruck brachten, der Menschheit ein schönes Stückchen Erde erschlossen zu haben.
Dr. Peña erzählte mir mit fast jugendlicher Begeisterung, wie er vor fünfundzwanzig Jahren ausgezogen war, um die unbekannte Weite dieses südöstlichen Venezuela zu erkunden, ja zu erschließen, und wie er dann zum Heros des Landes wurde, als die venezolanische und die brasilianische Regierung ihn mit der Aufgabe betrauten, die Landesgrenze zwischen den beiden riesigen Ländern festzustellen. Diese wurde dann nach der Wasserscheide zwischen den beiden Riesenströmen des Orinoco für Venezuela und des Amazonas für Brasilien bestimmt. Es war dieses die Sierra Pacaraima, der Höhepunkt meiner Odyssee vom Orinoco zum Amazonas!
Santa Elena, heute noch ein weltvergessener Winkel, der auf dem Luftwege erreicht werden kann, wird sicher einmal eines Tages, und das kann mit Bestimmtheit gesagt werden, das blühende Zentrum einer riesigen Kornkammer Venezuelas sein!
Heute ernähren sich zwar die wenigen Einwohner – etwa 500 – fast ausschließlich von den Funden, den Gewinnen, also vom Handel mit den im ganzen Gebiet der Grand Sabanah vorhandenen

Diamanten. Dieses ist natürlich eine sehr fadenscheinige Basis für die Entwicklung. Aber die große wirtschaftliche Stärkc dieses weiten und klimatisch so wundervollen Landstrichs liegt in den landwirtschaftlichen Möglichkeiten.
Es ist kaum glaublich, daß hier – nur 4 Grad nördlich des Äquators! – ein fast europäisches Klima herrscht, in dem, von der tropischen Banane angefangen bis zu den nur im Norden wachsenden Kartoffeln, aber auch einfach alles gedeihen kann.
Die Menschen sind gesund und kräftig, und es gibt in diesem weiten Gebiet, das zum weitaus größten Teil noch völlig unerforscht ist, keine einzige der so gefürchteten Tropenkrankheiten.
Von Santa Elena, das sich genau in dem Drei-Länder-Winkel Venezuela, Brasilien und Britisch-Guayana befindet, sind es bis zur brasilianischen Grenze nur noch 20 Kilometer!
Es geht dort ein Pfad hinüber nach Brasilien. Mehrere Abenteurer, meist Diamantensucher, sind ihn bereits gezogen und haben unter unvorstellbaren Strapazen die Wasserscheide, das Gebirge des Pacaraima, überschritten.
Zunächst wollte auch ich diese Route nach Surumu, dem äußersten Vorposten Brasiliens, benutzen. Dann aber glaubte ich es meiner Mission schuldig zu sein, doch noch ein wenig näher in die unerforschte und unbekannte Weiße der Landkarte eindringen zu müssen..
So entschloß ich mich, in einem weiten, nach Westen führenden Bogen die Sierra Pacaraima zu überschreiten und auf diese Weise den Surumu, einen der Quellflüsse des Rio Branco, zu erreichen.
Meine beiden Indios Guaniko und Antonio weigerten sich jetzt, mich noch weiterhin zu begleiten. Vielleicht befürchteten sie, ich könne nicht genug kriegen von dieser Hölle, die wir hinter uns hatten und die in ähnlicher Form noch vor uns liegen mußte.
„Señor jetzt allein weiter!“ grunzte Antonio, und es wäre auch nicht möglich gewesen, die beiden Indianer umzustimmen.
So war ich plötzlich, nachdem ich mich am folgenden Tage von meinen Peña-Freunden verabschiedet hatte, allein. . .
Mein Fahrrad und ich – wir zogen gen Westen!
Ich konnte sogar aufsteigen und fahren, die Steppe war nur mit wenigen Büschen bestanden, und meist waren es wilde Wiesen mit vielen exotischen Blumen und einem festen Untergrund, die ich radelnd überquerte.
Dr. Peña, der Apotheker aus Santa Elena, hatte mich reichlich mit Lebensmitteln versorgt. Ich schlief genau wie früher wieder in meinem Zelt, und außer einigen wenigen Klapperschlangen, die mich mit dem Rasseln ihres knorpeligen Schwanzes immer schon vorher warnten, waren fürs erste keine Gefahren zu befürchten.

Keine Moskitos, keine Carapaten, keine Flüsse mit Krokodilen und Piranhas.
Es war beinahe wie in einer bergigen deutschen Heide, und die Depression der vergangenen Urwaldtage war trotz meiner Einsamkeit in dem weiten, menschenleeren Raum bald von mir gewichen. Die Berge wurden höher und höher, und in den Talgründen standen Gruppen weit in den Himmel ragender Palmen.
Das alles wirkte wie eine große Beruhigung, und ich empfand einen Frieden, ein Glück, wie es einem Menschen nur selten begegnet. Kleine, glasklare Bergbächlein rauschten in den friedlichen Tälern. . . Wasser, das nicht verseucht war, wie das des hinter mir liegenden Dschungels. . . All dieses Wasser fließt hier noch nach Norden, und zwar zu den Seitenflüssen des Caroni zum Orinoco hin.
Am zweiten Tage meiner glücklich-einsamen Alleinwanderung stand ich auf einem mächtigen Bergrücken – gleichsam auf dem Dach der Welt! Der Blick weitete sich und war nach Süden vollkommen frei. Ich hatte keine Berge mehr vor mir. Hier mußte die Wasserscheide zwischen Orinoco und Amazonas und somit die gedachte brasilianisch-venezolanische Grenze sein.
Dort unten im Süden sah ich zwar wieder neue Urwälder – die Grüne Hölle auf brasilianischer Seite, die sich bis zum Horizont hinzog. Nach Norden öffnete sich die gleiche Sicht; dort hatte ich das Abenteuer hinter mir – im Süden lag es noch vor mir!
Nach Ost und West zogen sich die Bergrücken der Sierra Pacaraima hin. Menschen hatte ich noch keine gesehen.
Der Abstieg begann.
Immer noch die gleiche Landschaft; die glasklaren Bergbächlein flossen aber nun nach Süden, dem Amazonas entgegen. Jetzt wußte ich endgültig, daß ich mich auf brasilianischem Boden befand! Diese Seite der Sierra Pacaraima war leider nicht mehr mit dem Fahrrad zu befahren. Die Berghänge waren mit zahllosen Steinen und Felsen übersät, so daß ich das Rad bestenfalls schieben konnte.
Im ersten Talgrund, wenige Kilometer vom Bergrücken entfernt, traf ich auf die ersten Spuren menschlicher Ansiedlungen.
Es waren verlassene Lehmhütten von Indianern, ausgebrannte schwarze Feuerplätze und einige zurückgelassene, nicht mehr brauchbare Waffen, Stücke eines Blasrohrs, zerbrochene Pfeile.
Dann kam ein kleines Waldstück von etwa 1 Kilometer Breite, und dort erkannte ich deutlich einen Pfad, der am Ufer des Baches entlangführte. – Ich mochte etwa einige hundert Meter diesen Pfad entlanggewandert sein, als ich den ersten Abdruck eines nackten, menschlichen Fußes im Lehm entdeckte. . .

Neugierig schob und trug ich mein vollbepacktes Fahrrad und ächzte über einige kleine Schluchten, über morschc, gefällte Baumstämme hinweg. Es wurde bald wieder genauso unangenehm wie einige Tage zuvor, und dennoch fühlte ich mich diesmal einigermaßen wohl dabei, denn ich hatte von der Höhe aus schon festgestellt, daß der Wald nicht allzu groß sein konnte.
Und dann endlich, nach Stunden mühseliger Schlepperei, kam ich wieder ins Freie – und vor mir lag eine Indianersiedlung!
Zuerst sahen mich die Kinder, kleine braune Wilde, die ängstlich auf die Hütten zuliefen, als sie mich bemerkten. Nein, das hatten sie noch nie gesehen, einen weißen Mann mit solch einem komischen Instrument, dem Fahrrad!
Hinter den Hütten erschienen die neugierigen, aber ängstlichen Blicke der Frauen, und als ich nur noch wenige Meter von dem ersten Lehmbau entfernt war, traten mir drei mit Speeren und Armbrüsten bewaffnete Männer entgegen.
Ich wunderte mich darüber, daß sie bekleidet waren. Sie trugen lange, weiße Leinenhosen und darüber mehr oder weniger zerrissene Hemden. Mißtrauisch blinzelten sie mich aus ihren schwarzen Augen an.
Ich lächelte, lachte dann, aber es half nichts – sie blieben wie angewurzelt und fast drohend vor mir stehen.
Sollte ich auf sie zugehen? Wir waren nur noch 20 Meter voneinander entfernt! Blitzschnell fuhr es mir durch den Kopf, daß ich nun sehr diplomatisch sein müsse, um den Kontakt mit den Indios aufzunehmen.
So blieb ich zunächst stehen und winkte ihnen zu. Ihr Verhalten änderte sich aber nicht. Im Gegenteil, ich hatte den Eindruck, als ob sie ihre Bogen und Speere fester als zuvor umfaßten.
Dann kam mir plötzlich ein rettender Gedanke:
Ich griff in mein Gepäck und zerrte ein bunt-schillerndes Seifenpaket, eine vornehm eingepackte, billige venezolanische Gesichtsseife, heraus. Ich hielt das Päckchen hoch in der Luft, und damit fiel der Bann von den Indios. Neugierig, aber doch zögernd, kamen sie näher, und dann griff der größte von ihnen nach der entgegengehaltenen Seife.
Das kleine Päckchen wanderte von Hand zu Hand, aber die Indianer sprachen kein Wort.
Nach etwa zwei Minuten, die mir wie eine Ewigkeit vorkamen, machte der, der den Mut gehabt hatte, mir die Seife aus der Hand zu nehmen, eine einladende Bewegung, die unmißverständlich soviel heißen sollte wie: Ich lasse bitten!
So zogen wir denn gemeinsam auf die sechs Hütten zu und ließen uns am Ende derselben auf dem Boden nieder.

Ich kramte noch weiter in meinem Gepäck herum, und während ich kramte, kamen noch mehrere Männer hinzu. Es folgten in kurzen Zeitabständen zaghaft eine Menge nackter Kinder, und schließlich eilten auch noch einige ältere Frauen herbei.
Bald darauf befand ich mich in einem ganzen Kreis lebhaft gestikulierender Indianer. . .
Gesprochen wurde immer noch nichts. Bis endlich ein gebeugt gehender Indianergreis an einem Krückstock sich seinen Weg zu mir bahnte und mich mit kaum verständlicher, lispelnder Stimme in einem sehr schwer zu verstehenden Spanisch nach meinen Wünschen fragte.
Mehr mit Händen und mit Füßen als mit Worten machte ich ihm klar, daß ich zum Surumu wolle. Das Wort „Surumu" verstanden sie offenbar alle. Wahrscheinlich ist es indianischen Ursprungs.
Man spricht so viel, wenn man die Eingeborenen irgendwelcher Länder meint, von „Wilden". . . Aber waren dieses nun Wilde?
Ich fragte den Alten, welchem Stamme sie angehörten. Er konnte nicht verstehen, was ich meinte. Dann aber sagte er etwas, und ich glaubte dem etwa dieses entnehmen zu können: „Wir Ichiros Brüder der Guaribos! Wollen keine Weißen! Diese haben viele unserer Brüder getötet, und oben im Norden (gemeint ist Venezuela) werden wir Indios gefangen und müssen arbeiten für die Missionare!"
Der Alte war der einzige in der Indiosiedlung, der schon einmal Fühlung mit Weißen gehabt hatte, und er war auch der einzige, der etwas Spanisch sprach. Ich habe nicht erfahren, wann, wo und wie er diese Sprache gelernt hat, aber so viel war mir doch klar: Die Ichiros, deren Gebiet noch nie von einem Weißen berührt wurde, hatten schon genügend über diese Art Menschenrasse gehört und wenigstens indirekt mit Weißen in Verbindung gestanden – jedenfalls insofern, als die Hemden und Hosen und die bunten Röcke und Blusen der Frauen irgendwo in Amerika oder Europa hergestellt worden waren.
Diese Indios bekleiden sich übrigens nicht etwa aus Scham. O nein! Das wurde mir erst richtig bewußt, als ich zum Flußufer hinunterging, wo Frauen und Kinder pudelnackt ihre Wäsche wuschen und keinerlei Anstalten trafen, die auf irgendwelche Schamgefühle hindeuteten. Sie bekleideten sich einmal, weil sie herausgefunden haben, daß Kleidung einen gewissen Schutz gegen die vielen, vielen Insekten des Dschungels bietet, andererseits aber kann man mit solchen Dingen auch ein bißchen angeben und protzen. . . Auch diese „Wilden" sind nicht viel anders als wir, jedenfalls von diesem Standpunkt aus betrachtet.
Am späten Nachmittag. Die Sonne stand schon nahe dem Bergrük-

ken der Sierra Pacaraima, und ich trank eine Art bitteren Tee, aß dazu gekochte Maiskolben mit Vogelfleisch. . . Übrigens eine Delikatesse!
Der Alte und einige nackte Kinder kauerten vor mir und verfolgten alle meine Bewegungen beim Essen. Zwei Ichiro-Männer, die ich bisher gar nicht gesehen hatte, kamen den staubigen Pfad entlang und postierten sich mit ihren über den Schultern hängenden Bogen wenige Meter vor mir.
Der Alte fragte sie etwas, und sie antworteten in ihrer hellen, gurgelnden Sprache. Gern hätte ich gewußt, worum es sich handelte, denn ihren Gebärden nach zu urteilen, war ich das Zentrum der Unterhaltung.
Fragend schaute ich den alten Ichiro-Indio an.
Der räusperte sich endlich, und dann kam es heraus:
„Die Ichiros jenseits der nächsten Mata (Wald) haben großes Unglück. Sie haben die Hitze, und viele, viele, viele sterben!"
Hitze, überlegte ich, sollte wohl soviel heißen wie Fieber. Nun wollte ich wissen, warum er mir das überhaupt erzähle.
„Du sein Weißer von hinter dem großen Wasser. Du können heilen die Brüder von der anderen Seite der Mata", fuhr der Alte fort und schaute mich mit fast hündisch flehenden Blicken an.
Ich war glücklich, denn es bedeutete für mich eine große Chance. Dr. Mohr in Caracas hatte mir nämlich über die Filiale der Bayer-Werke ein großes Paket des Malariamittels Resochin mitgegeben. Ich war sicher, daß dieses großartige Mittel auch hier helfen würde. Selbstverständlich war ich sofort bereit, den Medizinmann zu spielen, und erklärte dem Alten feierlich:
„Ich, der weiße Mann von jenseits des großen Wassers, ich bin gekommen, euch Indios zu helfen. Nichts will ich, der weiße Mann, dafür haben. Ich gehe sofort mit euch und werde die Kranken von der tödlichen Hitze befreien."
So brachen wir auf. . .
Ich schleppte mein Fahrrad nicht mit, denn das hätte ja unter der Würde eines weißen Zauberers gelegen. Ich nahm es auseinander und lud mein Gepäck samt Fahrradteilen den Indios auf die Schultern – und dann ging es los!
Es war schon dunkel, als wir aus dem nächsten Wald im Talgrund heraustraten. Die Nachricht von meiner Ankunft mußte bereits in der betreffenden Indianersiedlung angekommen sein, denn im Mondschein konnte ich jenseits der Schatten hoher einzeln stehender Palmen eine wild durcheinanderredende Menschenmenge sehen, die, als ich aus dem Wald herauskam, sofort langsam auf uns zuschritt. . .
Ehrerbietig und scheu machten mir die Indios Platz und geleiteten

mich zu einer großen Hütte. Dort saß vor einem hellodernden Feuer ein alter Mann, den ich zunächst für den gleichen Alten aus der ersten Siedlung gehalten hatte, aber ich wußte ja, daß der Alte zurückgeblieben war. So ähnlich waren hier alle einander. Vielleicht sind es Brüder, dachte ich mir. . .
Mit einer graziösen Bewegung lud mich der Indio neben sich und bot mir eine Kokosschale mit einem heißen Getränk an. Dieses Zeug war furchtbar bitter, aber ich konnte es natürlich nicht abschlagen. Es war ein Gemisch von Tee und Suppe, und ich hätte gewiß etwas darum gegeben, zu erfahren, was es eigentlich war. . . Aber es tat gut und belebte mich.
Dann gingen wir von Hütte zu Hütte, und das ganze Volk der Indios dieser Siedlung lief mit. Die murmelnden Männer, die schwatzenden und schnatternden Frauen und die Kinder, die noch nicht wußten, daß die Welt voller Krankheiten ist.
In den Hütten lagen sie, die Kranken mit der „großen Hitze“. . .
Mit feierlicher Miene fühlte ich den Puls eines jeden, nahm meine Armbanduhr ab, für die Ichiros ein mysteriöses Wunderwerk. . .
Dem Alten mußte ich sie besonders zeigen, und als ich sie an sein Ohr hielt und er das Ticken hörte, trat er erschrocken einen Schritt zurück.
Das erregte wieder die Aufmerksamkeit der anderen Indianer, und nun wollten sie alle die Uhr sehen und an ihre Ohren drücken.
Dann nahm ich das kleine mechanische Wunder in meine Hand, um am Sekundenzeiger die Pulsschläge der Kranken festzustellen. Nötig war das an und für sich nicht, denn daß sie alle die tropische Malaria hatten, war mir absolut klar. Aber ich mußte ja wichtig tun und ordentlich angeben, um mich bei den Indios in ein entsprechendes Licht zu setzen – die ja ebensogut auch meine Feinde hätten sein können!
Und dann kramte ich mein Resochin hervor. . . Natürlich verschrieb ich den Indios nur die halben Portionen, die sonst zur Heilung notwendig sind. Indianer, also Naturvölker, reagieren in ihrer biologischen Unverdorbenheit viel besser als die von allen möglichen Medikamenten verseuchten Körper der Zivilisierten.
Ich schlief die Nacht im Hause des Alten und hängte meine Hängematte zwischen die seiner nackten Enkelkinder, die jeweils zu zweit und dritt in einer Matte lagen.
Mit unheimlicher Andacht und genauester Befolgung des von mir vorgeschriebenen „Zeremoniells“ wurde das Resochin aus mit Wasser gefüllten Kokosschalen eingenommen. Die Leute waren dabei so genau, daß sie alle Bewegungen, die ich ihnen gezeigt hatte, ja selbst mein mir entschlüpftes Räuspern und Hüsteln

nachmachten. Jeder Arzt wäre glücklich, wenn er solche folgsamen Patienten hätte!
Am folgenden Mittag stellte sich schon die heilende Wirkung des Bayer-Präparates heraus. Drei Viertel der Patienten, etwa zwanzig an der Zahl, waren bereits fieberfrei. Ich hatte meinen „Ruf" eindeutig bekräftigt. Und nun konnte ich auch mit Forderungen kommen.
Unter dem Versprechen, eines Tages wiederzukehren, gab man mir zwei Ichiros und vier Maulesel zur Weiterreise mit.
So ging es weiter in Richtung Surumu, dem nördlichen Außenposten der brasilianischen Regierung entgegen. . .
Die Landschaft blieb dieselbe.
Steine, Steppen, Palmenhaine und immer wieder kleine und größere Urwaldstücke, die besonders dort lagen, wo die von allen Seitentälern kommenden Bergbäche sich zu Flüssen vereinigten.
Am dritten Tag nach Verlassen der Ichiros erreichten wir den letzten Bergrücken.
Einer der beiden Indianer erklärte mir: „Surumu – da – dort!", und dabei beschrieb er eine Kreisbewegung mit der Hand in der Luft, die mir eindeutig sagte, daß dort hinter dem Bergmassiv mein heißersehntes Ziel liegen mußte. Noch galt es, einen großen Urwaldkomplex zu überwinden, der sich am Fuß der Berge hinzog. Wieder mußten wir einige Flüsse durchschreiten. Doch hier gab es zum Glück nur kleine Jacares, aber keine Piranhas. Mehr als einmal mußten wir bis zur Brust durch das Wasser waten, und dann stieß meinem Fahrrad dummerweise noch ein Unfall zu!
Ich hatte den Rahmen – und das war allein mein Fehler! – so auf einem der Eselsrücken befestigt, daß die vordere Gabel nach vorne zeigte. Bei dem ständigen Hin- und Herrütteln rutschte das Ganze etwas auf die Seite, und eine Liane, die sehr tief herunterhing, verfing sich in ihr. Der Esel trottete ruhig weiter, aber die Liane war stärker als die Radgabel, die sich fast um 90 Grad verbog.
Ich bog sie mit aller Gewalt wieder zurück. . . Dennoch erhielt mein treues Fahrrad die erste und auch die letzte Narbe, die an dieses große Abenteuer erinnert. . .
Fünf Stunden zogen wir auf und ab durch diesen hoffentlich letzten Dschungel. . .
Als wir endlich ins Freie kamen und zurückblickten, färbte sich der Himmel rötlich. Blaue Dunstwolken erschienen über dem Tal. Dann begann es zu regnen, und ein fürchterliches Gewitter, wie ich es noch nie erlebt habe, donnerte auf die Erde hernieder.
Die Luft war wie elektrisch geladen. Blitze zuckten nach allen Richtungen. Als ich mein Fahrrad auf dem Eselsrücken berührte, hatte ich den Eindruck, einen elektrischen Schlag zu erhalten.

Meine Indianer kauerten sich furchtsam am Boden nieder und deuteten unentwegt zum Himmel hinauf. Ständig flüsterten sie:
„Uramua. . . Uramua. . . Uramua. . .“
Das war die Bezeichnung für den Sturm oder der Name des „Gottes der Gewalten“, ich weiß es nicht, aber Uramua wird mir unvergeßlich bleiben. . .
Gegen Abend war der Bergrücken erreicht, und im Schein der hinter uns untergehenden Sonne konnten wir in weiter Ferne ganz unten in einer unendlich erscheinenden Ebene ein silbriges Aufblitzen erkennen.
Aufgeregt zeigten die beiden Indios nach dort und flüsterten scheu: „Surumu. . . Surumu. . .“
Das schimmernde, silbrige Blitzen im untergehenden Sonnenschein stammte unverkennbar von verzinktem Wellblech. Und Wellblech kann es ja nur dort geben, wo es Fühlung mit der Zivilisation gibt. Ich war außerordentlich froh, fühlte ich mich doch nun den großen Gefahren enthoben!
Und dennoch – mir war gar nicht wohl! Ich fühlte meinen Puls. Er raste! Ich hatte Fieber! Ich kannte das!
Aber was heißt schon Fieber? dachte ich. – Hm – Malaria. . .! Ich hatte ja noch genug Resochin. Aber es war nicht nur das. Ich fühlte auch Leibschmerzen, die um so schlimmer wurden, je näher wir dem Talgrund kamen. . .
Schließlich ging es nicht mehr!
Vollkommen erschöpft sank ich am Bett eines schäumenden Bergbaches nieder und bedeutete den Indios, hier das Lager aufzuschlagen.
Ich konnte mit meinen Blicken noch verfolgen, wie man die Radteile vom Eselsrücken abnahm. Dann schwand mein Bewußtsein. . .
Ich kam erst wieder zu mir, als die Sonne nicht mehr hinter mir, sondern blutig rot vor mir lag. Es war der Sonnenaufgang des folgenden Tages.
Nun richtete ich mich auf, schaute umher, rief nach den Indios. Aber sie waren verschwunden, und mit ihnen auch die Tragtiere.
Das war eine böse Überraschung!
Zum Teufel mit ihnen! überlegte ich. Die einzelnen Fahrradteile und mein Gepäck lag ja neben mir.
Unter größten Anstrengungen schaffte ich mich zum Wasser und nahm dort Resochin ein. Am gegenüberliegenden Ufer lagen träge einige Krokodile und ein besonders großes Exemplar einer Krododilmutter mit ihren Jungen, die wie große Eidechsen aussahen und ein katzenähnliches Miauen von sich gaben.

Vor einem Felsen, der mitten im Wasser stand, tummelten sich zwei Tempranos – das sind Zitterfische –, die wegen ihrer elektrisch geladenen Schwanzschläge von den Eingeborenen beinahe ebenso gefürchtet werden wie die Piranhas.
Die Magenkolik kehrte wieder zurück, und dann fühlte ich und wußte genau, daß mich außer der Malaria auch noch eine der gefürchtetsten Tropenkrankheiten erwischt hatte, nämlich die Dysenteria amoebiana, im Volksmund Amöbenruhr genannt.
Es war zum Verzweifeln!
Erschöpft und mutlos brach ich auf meinem Lager, der nur flüchtig hingeworfenen Zeltbahn, zusammen. Die Sonne stieg und brannte. Gelbe Schmeißfliegen umschwirrten mich, und in der Luft schwebten die Urubus, die Aasgeier Südamerikas. . .
Sollte ich hier zur Hölle gehen?
Sollte hier jetzt all das enden, was bis jetzt auf meiner Weltreise so gut gegangen war?
Ja, und dann kam das Fieber wieder. . .
Ich zerkaute und schluckte ohne Wasser die bitteren Resochintabletten und fraß sie in solchen Mengen, vielleicht vier- bis fünfmal so viel, wie die ärztlichen Vorschriften erlauben.
Es war Verzweiflung, und doch sagte mir eine innere Stimme, daß es so und nur so richtig sei.
Dann fror ich plötzlich und hatte das Gefühl, mich mitten in ein Feuer stürzen zu müssen. Die Magenkrämpfe waren so furchtbar, daß ich noch mehrere Male am Tage das Bewußtsein verlor. . .
Am Abend fühlte ich mich wieder etwas besser. Das Fieber war gewichen.
Übrigens hatte ich seit dem vergangenen Mittag nichts gegessen – ich stand auf, und wiederum war da das Aufblitzen der Zinkdächer von Surumu. Und dann wurde ich förmlich elektrisiert! Da unten, im Talgrund, brummte ein Flugzeug! Mit einem Male verstummte das Gebrumm wieder. Mich durchfuhr ein Gedanke: Das ist die Verbindung zur Zivilisation!
Die Maschine mußte gelandet sein, wahrscheinlich um den Außenposten der brasilianischen Regierung zu versorgen. Schon in Santa Elena hatte ich gehört, daß die Brasilianer alle vierzehn Tage eine Versorgungsmaschine ihrer Luftwaffe nach Surumu entsenden.
Wie von geheimnisvollen Kräften belebt, fügte ich die einzelnen Radteile wieder zusammen, lud das Gepäck auf und strebte talwärts. Die Sonne ging unter, aber es war Vollmond, so daß ich selbst die entferntesten Bergrücken im kühlen Mondlicht genau erkennen konnte.
Mir war es, als ob nun ein Rennen um Leben und Tod beginnen müsse. Ich achtete überhaupt nicht mehr auf das nächtliche

Ungeziefer und kaum noch auf die Gefahren, die mir beim öfteren Durchschreiten des Flusses drohten.
Es gab nur einen Gedanken für mich: Surumu – Rettung – Heimat!
So wurde es Morgen. . .
Ich stand in der großen Ebene. Neben mir floß der inzwischen ruhig und breit gewordene Fluß. In der Ferne aber glänzten die Zinkdächer der Lehmhütten von Surumu.
Mein Fahrrad konnte ich sogar fahren, wenn es auch infolge des Gabelknicks eine starke Schlagseite nach steuerbord hatte.
Riesige, saftige Weiden mit großen Rinderherden zeigten mir, daß hier fruchtbares Land ist und vor allem, daß hier Menschen wohnen. Und dann fiel mir auf, daß unendlich viele getretene Pfade nach allen Richtungen liefen – und endlich stieß ich sogar auf eine Fahrradspur!
Das war wohl das größte Erlebnis auf dieser Etappe! Denn wo es Fahrräder gibt, sagte ich mir, da kann es dir nicht schlecht gehen!
Mit dem Aufgebot der letzten Kraft radelte ich der Spur entlang und landete auf einer Fazenda, einer brasilianischen Farm, wo ich mit großem Hallo empfangen wurde.
Aber ich konnte nicht viel reden. . .
Die Brasilianer, ein Farmerehepaar mit sieben schon fast erwachsenen Kindern, hatten gleich meinen Zustand erfaßt. Sie gaben mir ihren großen Sohn mit – übrigens den Eigentümer des Fahrrades, dessen Spur mich zur Fazenda geführt hatte.
Noch eine Stunde, und gegen acht Uhr morgens standen wir an einem hohen Pfahl mit einer Wetterfahne darauf – der Windfahne des Flugfeldes von Surumu. . .
Ich konnte nicht mehr weiter – war es doch geschafft!!
In 100 Meter Entfernung bemerkte ich eine Menschenmenge. Man schleppte mich zur Funkstation und legte mich dort nieder. Ich hatte nur noch die Kraft, mit dürren Worten meine Situation zu schildern, aber die Brasilianer – zwei Soldaten, ein Funker und der Flugzeugführer – hatten mich verstanden! Sie sandten sofort einen Funkspruch nach Rio de Janeiro, und dann handelte die Regierung. . .
Gegen Mittag kam bereits die Antwort.
„Der Weltumradler Heinz Helfgen ist als Gast der brasilianischen Regierung zu betrachten und sofort nach Manaos zu fliegen."
Der lange, junge und sehr sympathische Flugzeugführer entpuppte sich als der Kommandierende Offizier der nordbrasilianischen Luftstreitkräfte. Er war mit einer schweren „Catalina", der handlichsten Land- und Wassermaschine, selbst nach Surumu geflogen, um in diesem weitentfernten, sogenannten Territorio Rio Branco nach dem Rechten zu sehen.

Die Freude, endlich wieder ins zivilisierte Leben zurückkehren zu dürfen, half gewaltig mit, meinen körperlichen Zustand zu verbessern. Trotzdem war ich erst am nächsten Morgen transportfähig.
Leider wurde meine Nachtruhe erheblich gestört durch das Schreien und Brüllen von fünfunddreißig Ochsen, die neben meiner Baracke geschlachtet wurden und deren Fleisch am nächsten Mittag bereits in den Kühlhäusern des 800 Kilometer entfernten Manaos hängen sollte. Der Geruch des warmen Blutes ließ einen unwiderstehlichen Brechreiz aufkommen, der infolge des leeren Magens die Galle nach oben trieb. . .
Am Morgen endlich weckte mich das Gebrumm von zwei Flugzeugen aus einem kurzen, bleiernen Schlaf.
Teils schleppte ich mich selbst zum Flugfeld, teils wurde ich getragen oder gestützt. Und dann stiegen wir auf!
Oberst Macedo erwies sich als ein wundervoller Kamerad. Er räumte mir sogar den Platz des Mitpiloten ein, und ich erhielt auf diese Weise Gelegenheit, aus der mir zuliebe niedrig fliegenden Maschine Photographien des Rio Branco, des Rio Negro und schließlich sogar des Amazonas zu machen.
Nach viereinhalbstündigem Flug schwebte die Maschine über Manaos, der 170 000 Einwohner zählenden Hauptstadt des Staates Amazonas. . .
Wir fuhren im Wagen zum Hauptpostamt, wo ich die dort seit Wochen lagernde Post meiner Freunde und besonders meiner Frau abholte.
Dann machte mich der Oberst auf eine Zeitungsnotiz aufmerksam, in der es hieß, daß die M/S „Liebenstein", ein deutsches Schiff des Bremer Lloyds, in Belem läge und am nächsten Tage in Richtung Hamburg in See steche.
Nun, sagte ich mir, das ist ein Fingerzeig von oben!
Oberst Macedo las mir meine Gedanken von den Augen ab. Ein neuer Telegrammwechsel mit Rio. Und Antwort: „Richten Sie sich nach den Wünschen des Gastes!" –
So schwebten wir bereits eine Stunde nach unserer Ankunft in Manaos wieder in der Luft und flogen den größten, mächtigsten Fluß der Erde entlang die 1200 Kilometer nach Belem, der Basis der brasilianischen Luftstreitkräfte.
Die Zeitungen Nordbrasiliens hatten bereits von mir gehört, und so blieb es mir nicht erspart, mit dem Aufgebot der allerletzten Kraft noch riesenlange Interviews zu geben.
Der Konsul von Venezuela bot mir als Vertreter des letzten Gastlandes seine Gastfreundschaft an, half mir mit Kleidern aus und brachte mich am folgenden Morgen zwei Stunden vor Abgang des Schiffes an Bord.

Es gab noch eine Menge bürokratischer Formalitäten zu erledigen, da das Schiff keine Berechtigung hatte, Passagiere an Bord zu nehmen. Aber die Freundschaft mit den Brasilianern ebnete in einem für Südamerika unvorstellbaren Tempo alle Wege, und so startete ich unter dem Titel eines „Überarbeiters“ endlich die Heimfahrt.

Die letzten achtundvierzig Stunden kamen mir vor wie ein Traum. . . Aber das Wunder war geschehen. Nach zweieinviertel Jahren Weltumradlung winkte die Heimat. . .

DÜSSELDORF
RHEIN
DONAU
MARIBOR
ZAGREB
SAVE
ADRIATISCHES MEER
BEOGRAD
SKOPJE
SCH
XÁNTHE
ISTAMBUL
I-ÜS
AD
ANKARA
ÄGÄISCHES MEER
MITTELLÄNDISCHES MEER

RZES MEER
AR
ZARI
KASPISCHES MEER
ISKENDERUN
YA
HALAB
NAHR DYLAH
AL-FURAT
HAMADĀN
THERĀN
KĀNIQIN
AR-RAMADI
BAGHDĀD
QOM
ESFAHĀN
YAZD

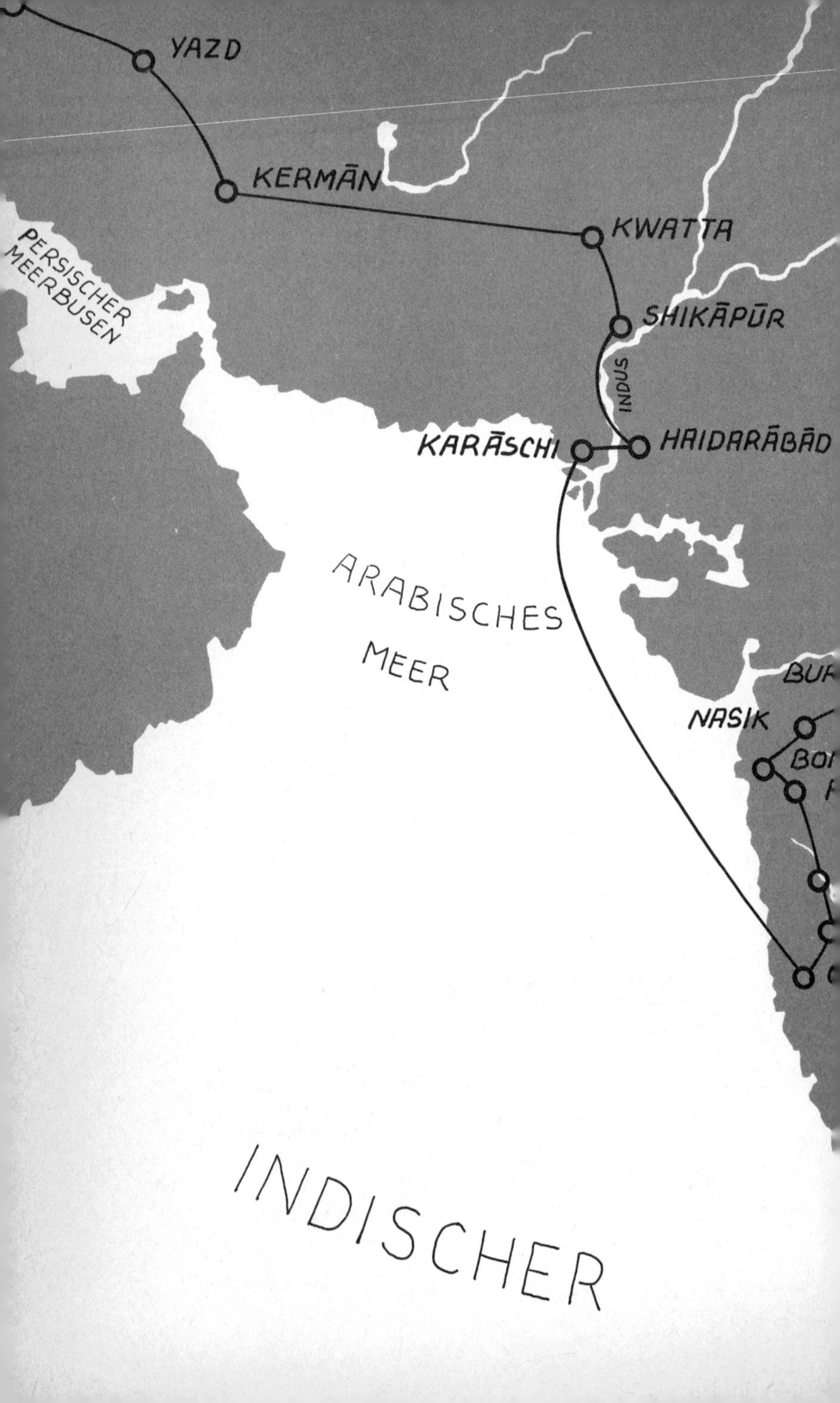
YAZD
KERMĀN
KWATTA
PERSISCHER MEERBUSEN
SHIKĀPŪR
INDUS
KARĀSCHI
HAIDARĀBĀD
ARABISCHES MEER
NASIK
INDISCHER

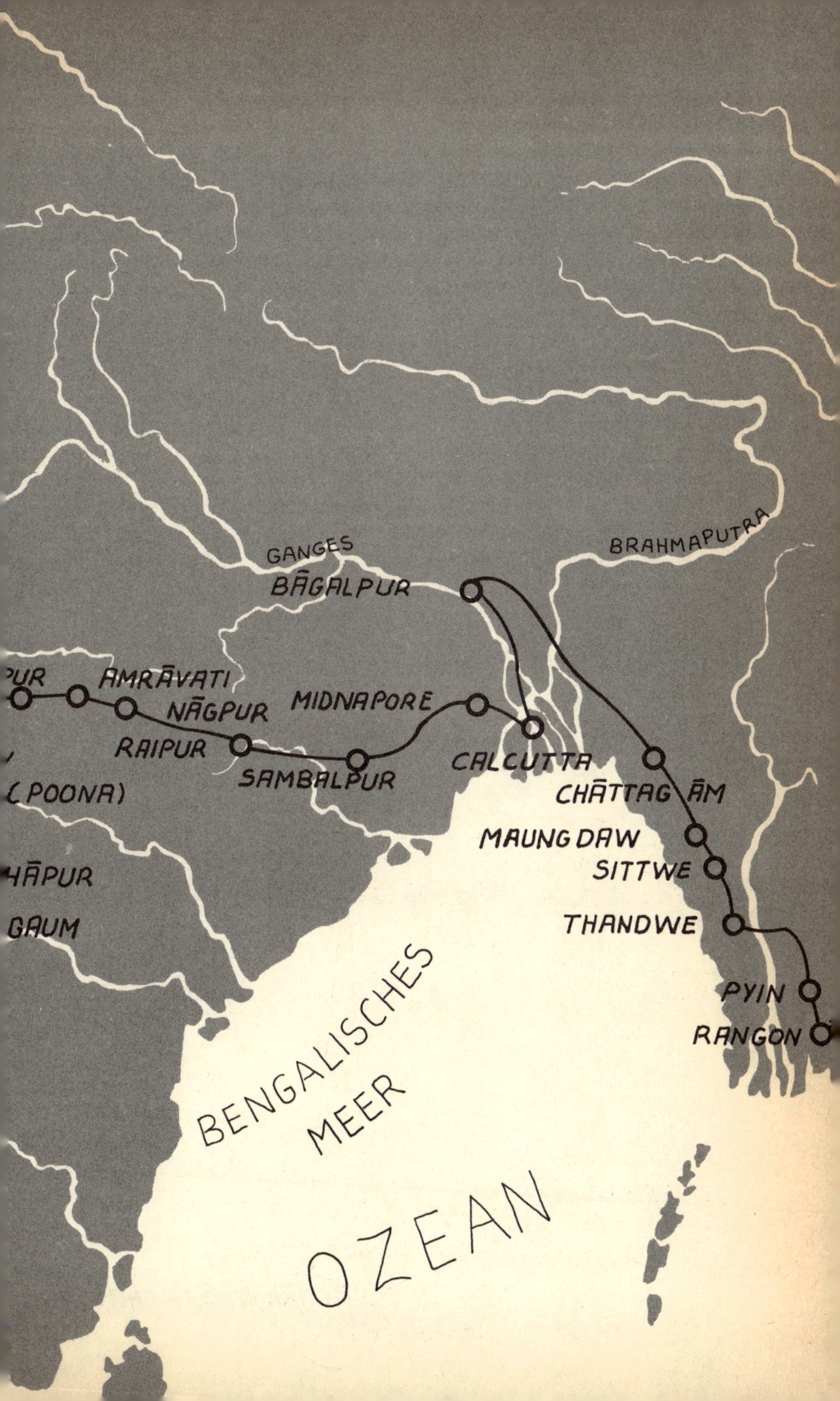

GANGES
BRAHMAPUTRA
BĀGALPUR
PUR
AMRĀVATI
NĀGPUR
MIDNAPORE
RAIPUR
SAMBALPUR
CALCUTTA
(POONA)
CHĀTTAG ĀM
MAUNG DAW
SITTWE
HĀPUR
GAUM
THANDWE
BENGALISCHES
MEER
PYIN
RANGON
OZEAN

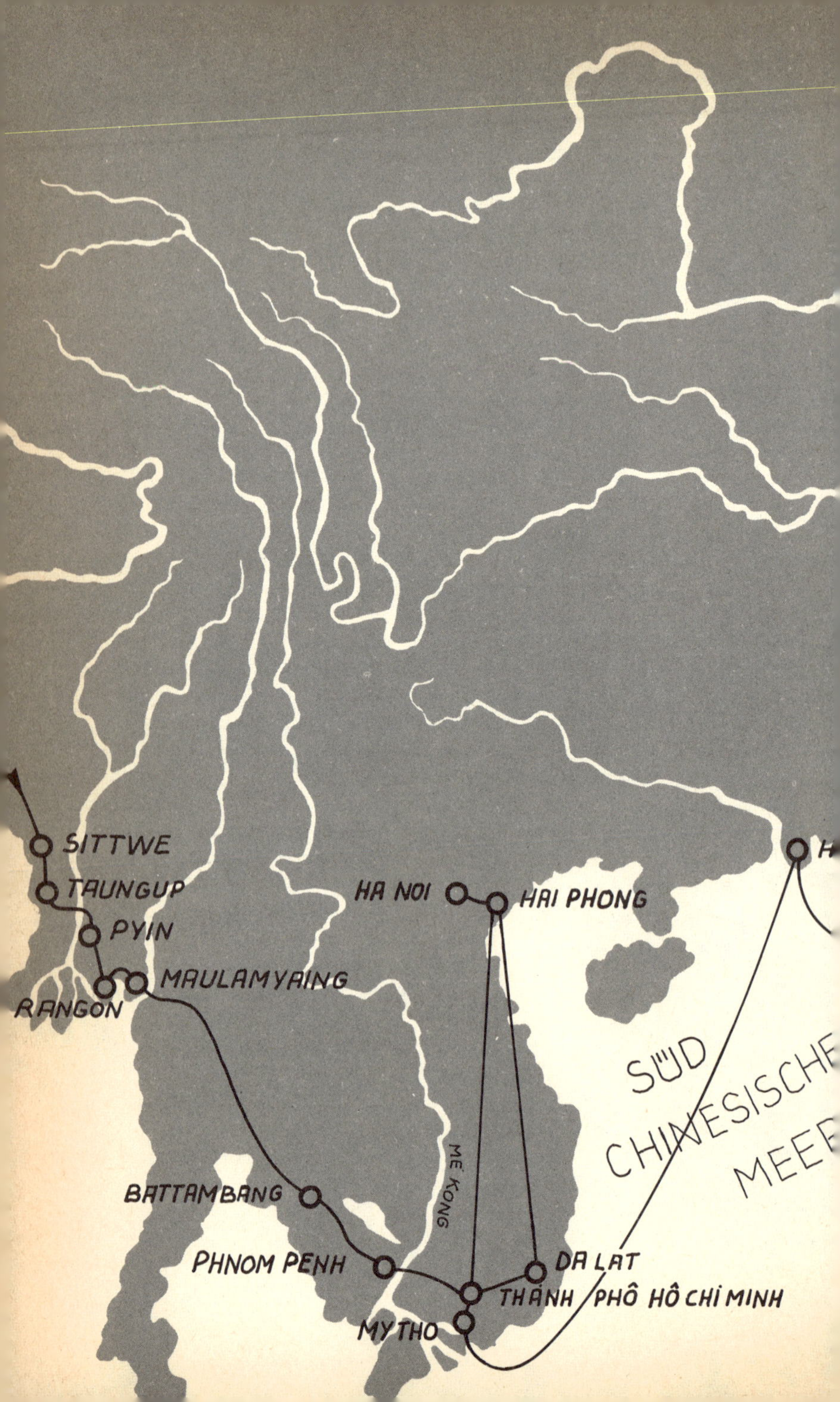
SITTWE
TAUNGUP
PYIN
RANGON
MAULAMYAING
HA NOI
HAI PHONG
SÜD
CHINESISCHE
MEER
MÊ KONG
BATTAMBANG
PHNOM PENH
DA LAT
THÀNH PHÔ HÔ CHI MINH
MYTHO

TOKYO
YOKOHAMA
NAGOYA
SHIMIZU
KŌBE
TSU
OST
CHINESISCHES
MEER
ONG
GROSSER
OZEAN

SAN FRANCISCO
LAS VEGAS
KINGMAN
GALLUP
FLAGSTAFF
OS ANGELES
ALBUQUERQUE
LONG BEACH
DALLAS
SHREVEPORT
NEW O
GOLF VON MEXICO
KIN
GROSSER OZEAN
ÄQUATOR

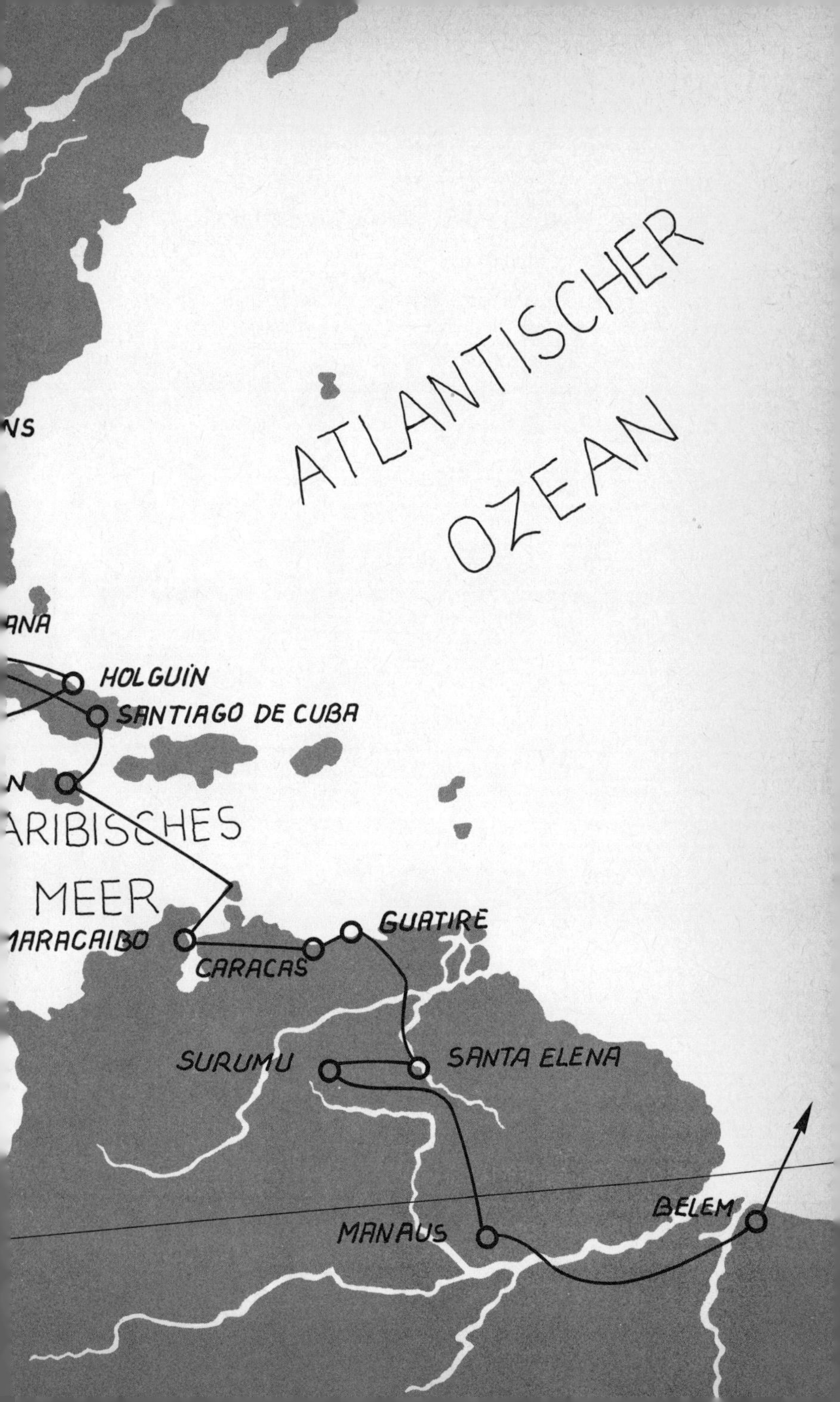
ATLANTISCHER
OZEAN
NS
ANA
HOLGUIN
SANTIAGO DE CUBA
N
ARIBISCHES
MEER
MARACAIBO
CARACAS
GUATIRE
SURUMU
SANTA ELENA
BELEM
MANAUS